유대교와 헬레니즘 ②

기원전 2세기 중반까지 팔레스타인을 중심으로 한
유대교와 헬레니즘의 만남 연구

나남
nanam

나남신서 1622

유대교와 헬레니즘 ②

기원전 2세기 중반까지 팔레스타인을 중심으로 한
유대교와 헬레니즘의 만남 연구

2012년 2월 29일 발행
2021년 12월 10일 2쇄

지은이 마르틴 헹엘
옮긴이 박정수
발행자 趙相浩
발행처 (주) 나남
주소 10881 경기도 파주시 회동길 193
전화 (031) 955-4601 (代)
FAX (031) 955-4555
등록 제 1-71호(1979.5.12)
홈페이지 http://www.nanam.net
전자우편 post@nanam.net

ISBN 978-89-300-8622-6
ISBN 978-89-300-8215-0 (세트)

책값은 뒤표지에 있습니다.

유대교와 헬레니즘 ②

기원전 2세기 중반까지 팔레스타인을 중심으로 한
유대교와 헬레니즘의 만남 연구

마르틴 헹엘 지음 | 박정수 옮김

나남
nanam

Judentum und Hellenismus
Studien zu ihrer Begegnung unter besonderer Berücksichtigung Palästinas bis zur Mitte des 2. Jh. v. Chr.

유대교와 헬레니즘 ②

기원전 2세기 중반까지 팔레스타인을 중심으로 한
유대교와 헬레니즘의 만남 연구

차 례

제 3 권 차 례 유대교와 헬레니즘 ③

제 4 부 유대교의 '그리스적 해석'과 예루살렘의 그리스어사용 유대인의 개혁시도

▪ 일러두기

1. 성서와 원문의 본문 및 단어번역은 저자가 제공한 독일어 번역이 있는 경우는 독일어에 의해 번역하고, 없는 경우는 역자가 직접 번역하였다. 이 경우 앞뒤의 문맥을 파악하기 어려운 비문이나 몇 개의 단어들만 나열된 경우 오역의 발생가능성을 줄이기 위하여 번역하지 않고 원문을 그대로 적어두었다.
2. 그리스어는 근본적으로 국립국어원의 외래어와 그리스어 표기법을 따르되, 인명과 지명은 기존의 관용(慣用)이나 성서의 표기를 고려했다(예. 유다스→유다, 마카바이오스→마카베오. 반면 토비아→토비아스. 다른 한편 폴뤼비오스→폴리비오스, 튀로스/두로→티레. 반면, 셀류코스→셀레우코스, 유폴레모스→에우폴레모스).
3. 서양고대사와 간격을 좁히기 위해 무엇보다 현재 신학계에서 매우 빈번하게 사용하는 '헬라(어)'/'헬라주의(적)'이라는 용어를 우리말 공동번역을 기준으로 '그리스(어)' 혹은 '헬레니즘(적)'으로 번역했다(예. '헬라주의적 유대교'→'헬레니즘적 유대교'). 특히 'Hellenist'('Ελληνισταί)는 '헬라주의자'가 아니라 '그리스어사용 유대인'으로 번역했다.
4. 원본에서 위첨자가 붙은 각주번호는 그 다음 일련번호로 산정하여 표기했다(예: 14[a]→15). 각주의 지시사항은 각부(各部)별로 지시되거나(예. "제3부 각주 78을 보라"), 해당 부(部) 안에서 지시되는 경우는 각주번호만 표기하였다(예. "각주 78을 보라").
5. 역주는 짧을 경우 용어 바로 뒤 ( ) 안에 '역주.'로, 긴 경우는 미주번호로 분리하여 각부(各部)별로 뒤에 배치해 두었다.
6. 학계의 관용례(慣用例)를 따라서 저자가 사용하는 수많은 인용부호 " "는 인용문장일 경우에만 사용하고, (직간접적인) 인용단어일 경우에는 ' '를 사용했다. 저자가 문장이나 단어를 강조할 때 사용하는 이탤릭체는 고딕체로 표기했다.
7. 고전문헌은 단행본일 경우 《 》로, 전집에 들어있는 단편은 〈 〉로 표기했다. 다만 현재 우리말 성서의 정경(正經)과 외경(外經)에 속한 문헌은 〈 〉 없이 표기하고, 그 외의 위경(僞經)들은 〈 〉로 구분하여 표기했다(단, 〈에녹서〉는 매우 자주 사용되기에 '에녹서'로 표기했다). 본문의 ( ) 안에, 그리고 본문 하단의 각주에 장절표기를 위해 사용될 때는 《 》 혹은 〈 〉 없이 축약어를 사용했다(예. 다니엘서→단 3:5, 마카베오 상(上)권→1마카 3:5, 유대전쟁사 12, 125 등).
8. 참고문헌의 표기법과 약어표기는 저자가 사용하는 방식을 따랐다. 그러나 저자는 출판도시 및 출판사를 표기하지 않고 있어서 영역본과 같이 ( )를 제외하고 출판연도만을 콤마로 구분했다. 또 저자는 책이름을 이탤릭체로 처리하지 않았으나, 역자는 이탤릭체로 구분하여 다음과 같이 기록했다(예. 단행본: H. Bengtson, *Die Strategie in hellenistischer Zeit* 3, 1952, 166, 정기간행물: M. Hengel, *ZNW* 57, 1966, 179f.).
9. 찾아보기는 저자가 정리한 항목과 페이지를 그대로 사용해 번역본의 면수를 적었다. 주의할 점은 면수에 f가 딸린 경우는 오차범위(+/-) 1면을 참고해야 한다(예. "1권 23f"→"1권 22~24 이하").

제 3 부

팔레스타인의 유대교와 헬레니즘적 시대정신의 만남과 대결

팔레스타인의 유대교는 특히 포로기 후기에 풍부하고 다양한 문학을 낳았다. 비록 유대인이 바빌로니아와 이집트의 디아스포라와 긴밀히 접촉했다고 가정하더라도, 그들이 가난하며 정치적으로 대수롭지 않은 민족이었음을 고려해 볼 때 이는 놀라운 사실이다(1권 p. 92f. 를 보라). 이런 문학활동은 그들의 통치자가 알렉산드로스 대왕에서 프톨레마이오스 1세로 변화되었던 시기에도 결코 단절된 것은 아니었고, 오히려 헬레니즘 시대에 그전보다 더욱 번성했다. 그럼에도 불구하고 현재 우리가 보존하는 히브리어나 아람어로 기록된 문헌들, 혹은 원래 이 언어들로 저작되거나 번역된 문헌들에서 직접적인 '헬레니즘의 영향'을 입증하기란 매우 어렵다.

1. 먼저 언어문제에서 그렇다. 그리스 외래사상은 유대인의 언어로 번역되면서 상황에 따라 현저하게 바뀐다. 왜냐하면 후기 지혜문학에 사용된 히브리어나 아람어가 추상적인 개념형성의 초기단계를 보여주기는 하지만, 아직은 그리스어같이 추상적 표현을 사용하는 높은 단계에 도달하지는 못했기 때문이다. 그러므로 명백한 그리스 어법이나 차용어들이 등장하지 않는 한, 어떤 특정 사상이 그 고유의 사색의 결과로 발전되었는지 아니면 거기에 외래사상의 영향이 있었는지를 말하기 어려울 때가 많다. 또한 그러한 어법이나 어휘들은 비교적 후기단계에서만 나타난다.

2. 더구나 그리스 영향을 받았다는 주장이 자주 제기되었던 전도서와 욥기, 잠언, 아가서, 요나서 등과 같은 문서의 연대를 설정하는 것은 매우 어렵다. 학자들의 연구는 연대설정에서 때로는 수세기까지 차이가 나고, 때로는 이방의 영향을 지지하거나 완전히 부정하는 입장, 그리고 영향을 받은 시기에 관한 주장들 사이를 맴돌기도 한다.

이 문서들의 저작시기를 5세기나 6세기로까지 초기로 산정함에서, 당시 이미 군사·무역교류가 존재했기에 그리스의 '영향'이 존재했다는 주장은, 그 가능성이 아주 불가능한 것은 아니지만 개연성은 떨어진다.[1]

3. 뿐만 아니라 가장 최근의 연구들은 고대 동방세계의 신화와 지혜, 고대 그리스의 정신세계 사이의 놀랄만한 연관성을 더욱 밝혀주는데, 고대 초기시대에 그리스인들은 주로 영향을 받는 입장이었다. 동방세계의 영향은 단지 호메로스나 헤시오도스와 같은 초기시대의 시인들에게만 국한되지 않았고,[2] 이오니아의 자연철학에도 나타났고, 간접적으로는 플라톤과 아리스토텔레스에게까지도 영향을 미쳤다.[3]

---

1) 페니키아는 그전부터 에게 해와 경제·문화적으로 깊이 교류하고 있었다. 예술과 경제분야에 미쳤던 상당한 영향은 알렉산드로스 원정 이전에도 두드러지게 나타났다. 그러나 문제는 여기서 사상적 혹은 문학적 영향을 고려할 수 있는가 하는 점이다. 유대와 이집트, 바빌로니아, 페르시아 왕들에게 고용된 그리스 용병들은 그 영향력을 매개했던 수단이라고 생각할 수 있으리라(1권 p. 64ff., 144ff. 와 제 2부 각주 26, 27을 보라).

2) 예를 들어 W. Baumgartner, "Israelitisch-griechische Sagenbeziehungen," *Zum AT und seiner Umwelt*, 1959, 145-178, 특히 171ff. 를 보라. 또한 다음의 연구들을 보라: C. Gordon, "Homer and the Bible," *HUCA* 26, 1955, 43-108; *Before the Bible*, 1962 (그러나 이것들은 논란이 되고 있다; 더 상세한 문헌에 대해서는, 303ff.); F. Dornseiff, "Hesiods Werke und Tage und das alte Morgenland," *Antike und Altes Orient*, ²1959, 72-95; F. Dirlmeier, "Homerisches Epos und Orient," *Rhein Mus* 98, 1955, 18-37; P. Walcot, "Hesiod and the Didactic Literature of the Near East," *REG* 75, 1962, 13-36; *Éléments Orientaux dans la Religion Grecque Ancienne*, 1960; M. C. Astour, *Hellenosemitica*, 1965는 기원전 2000년의 에게 해와 동방 셈족 계열 간의 여러 측면의 신화적이고 역사적인 관련들을 다룬다.

3) 다음을 보라: U. Hölscher, "Anaximander und die Anfänge der griechischen Philosophie II," *Hermes* 81, 1953, 385-418과 이를 증보하고 수정한 O. Eissfeldt, in: 앞에서 언급한 *Éléments Orientaux dans la Religion Grecque Ancienne*, p. 3ff., 14; H. Schwabl, in: *op. cit.*, 41 각주 1, PW Suppl.

이 사실이 그리스인들에게는 잘 알려져 있었다:

> 기원전 600년 이후 신화작가인 쉬로스의 페레키데스(Pherekydes von Syros)는 "페니키아인의 비밀의 책"을 소유했음이 분명한데 포세이도니오스(Poseidonios)는 최초로 영혼불멸설을 페레키데스에게서 받은 것으로 알려진다.[4] 그리고 가명의 데모크리토스(Pseudo-Democritos)와 아리스토텔레스의 제자(3권 p. 14를 보라) 테오프라스토스(Theophrast)는 아히카르(Achikar)의 지혜서인 〈아히카르서〉를 그리스어로 옮겼다고 전해진다.[5] 이미 고대시기에 이러한 상호관계성이 알려져 있었고, 또한 바로 이러한 점을 유대교 변증의 근거로 삼을 수 있었다는 사실이 요세푸스의 《아피온 반박문》 1, 14에 나타난다. 즉, 요세푸스에 따르면, 페레키데스(Pherekydes)와 피타고라스(Pythagoras), 탈레스(Thales)는 모두 "이집트인과 바빌

9, 1484, 1505ff., 1513ff.: 탈레스(비교. U. Hölscher, *op. cit.*, 388f.; 이 책 제2부 각주 212); 1515ff.: Anaximander. 플라톤이 직접적으로 동방세계에 의존했다는 것은 입증된 바 없다. 비록 그가 동방세계의(예, 이집트) 전승들(Timaeus 21e ff.를 보라)을 사용했고, 초기에 이른바 그의 이집트, 페니키아와 바빌로니아를 여행했다고 추론되기는 하지만 말이다. T. Hopfner, *Orient und griechische Philosophie*, *BhAO* 4, 1925, 7ff.를 보라. J. Kerschensteiner, *Plato und das Orient*, 1945, 여러 곳과 비교하라. W. Jaeger, *Aristoteles*, 21955, 133ff.는 반대의견을 갖고 있다. 그러나 W. Baumgartner, *op. cit.*, 175 각주 4를 보라. *Epinomis* 986e-987d를 근거로 해서, 플라톤이 노년에 이집트와 시리아(갈대아)의 천문학에 관심을 가진 것에 관해서는 E. des Places, *MUSJ* 37, 1960/61, 201-205(Lit.)를 보라. 유대인에 관한 테오프라스토스에 관해서는 3권 p. 14f.를 보라. 한 아카데미아 회원은 "바빌로니아인"이었다(*op. cit.*, 203 각주 a). 근본적으로 M. L. West, *Early Greek Philosophy and the Orient*, 1971을 보라.

4) Diels, Vorsokratiker 1, 44 fr. 2와 K. v. Fritz, PW 19, 2025ff.; 상세한 것은 M. L. West, *op. cit.*, 1-75를 보라.

5) F. Dornseiff, *Echtheitsfragen in der Antik-Griechischen Literatur*, 1939, 26; E. Schürer 3, 255f., 251f.를 보라.

로니아인의 제자(μαθητάς)"라고 묘사했는데, 이는 역사적인 측면에서도 그리 부적절한 것은 아니었다.

그러므로 유대문헌들에서 그리스적 관념들과 유사한 것들이 등장한다고 해서, 그것이 반드시 그리스 관념에 종속되었다고 추론할 수는 없다는 점을 고려해야만 한다. 왜냐하면 그러한 유사성이 고대 동방세계의 공통적 배경에서 나왔을 수도 있기 때문이다. 더구나 페르시아 시대에 존재하던 지중해 동부문화에 나타난 통일성을 고려함에서, 어떤 유사한 현상들이 동시에 일어났을 가능성도 염두에 두어야만 한다. 왜냐하면 이러한 특성이 인과율적 파생과 종속관계만으로 설명할 수는 없기도 하거니와, 특정한 사상들은 곧바로 성숙하게 되고 상호 관련되지 않고 동시에 다른 곳에서도 표출되기 때문이다.

4. 마지막으로 주의해야 할 점은, 구약정경 가운데 후기의 문서들과 현존하는 외경들, 묵시서들, 쿰란의 도서관에서 나온 성서 이외의 단편들은 우리가 문제제기하는 관점에서 볼 때, 한쪽 측면에서만 선택된 자료라는 사실이다. 왜냐하면 이 문서들은 과도한 헬레니즘의 영향을 막는 것을 사명으로 여기던 공동체에 의해 수집되고 보존되었기 때문이다. 이들은 마카베오 혁명의 성공을 통하여 자신들의 정당성을 입증했다. 그들이 헬레니즘적 외래사상의 기원을 의식하고 그 영향력을 받아들였다고 생각할 수는 없다. 이와는 반대로 그들은 이 외래관념들을 방어하고 대결하면서도, 도리어 새로운 사상들은 수용자들에게 낯설다고 의식하지 못한 채 유대교에 침투되었다.

유대사상 사이에 존재할 수 있는 유사성을 추구하고 거기에서 나온 그리스 정신세계와의 관련성을 추론하는 방향에서 후기 히브리어·아람어 문학을 상세히 분석하는 것은 이 연구의 범위를 훨씬 넘는다. 그 문학작품들은 초기 랍비들의 저작들은 물론 묵시문학과 에센파의 저작에 이르기까지 이른바 '치밀하게' 연결되었다. 그러한 연구작업은 구약과 유대학, 고전문헌학과의 밀접한 연관을 통해서나 가능하다. 그러므로 여기서는 이제까지 지속적으로 주장되는 그러한 의존관계가 어느 정도인지를 제한적으로나마 개관할 수 있을 뿐이다. 있을 수 있는 '영향'을 추적하는 작업보다 더욱 중요한 것은, 새 시대의 정신적 세력들과 대결하는 유대교적 사상의 발전경로를 추적하는 작업이다.

제 1 장

구약정경의 후기 히브리문학에서 나타난 이른바 그리스 영향

학자들은 지속적으로 히브리 정경의 후기문서들에서 그리스 '영향'을 밝히려 했다. 그래서 구약을 역사적으로 이해하는 데 상당히 혁신적 느낌을 주는 사상을 제공했던 몹수에스티아의 테오도로스(Thedor von Mopsuestia)는 욥기를 그리스 비극의 모방으로 보았다.[6] 더욱이 최근에는 이 작품이 에우리피데스(Euripides)나[7] 아이스킬로스(Aischylos)의 '포박된 프로메테우스'①를 의존한 것으로 추정하거나,[8] 심지어는

---

6) L. Pirot, *L'oeuvre exégétique de Théodore de Mopsueste*, 1913, 131-134; "paganica scientia esse eruditus"의 저자는 이방인(그리스 비극시인들)을 모방했다고 한다(132f. 각주 3). 또한 J. M. Vosté, RB 38, 1929, 390-393을 보라. 이런 추측은 R. Lowth, *Praelectiones de sacra Poesi Hebraeorum*, 1753에 의해 다시 수용되었다. C. Kuhl, *TR* 21, 1953, 204-306은 욥과 그리스 전승을 연결시키려는 더 최근의 시도들에 대해 개관하고 있다.

7) 특히 H. M. Kallen, *The Book of Job as a Greek Tragedy*, 1918(재판은 1959), 19ff.를 보라. M. Hadas, *HCu*, 136ff.; C. G. Montefiore, *HTR* 12, 1919, 219-224와 비교하라.

8) N. Schmidt, *The Message of the Poets*, Vol. 7, *The Message of the Bible*, 1907, 76ff., 87ff., 91ff.; M. Jastrow, *The Book of Job*, 1920, 177ff., 185ff.는 비판적이다. J. J. Slotki, *ExpT* 39, 1927/28, 131-134는 욥기의

플라톤의 《대화편》과도 관련되었다고[9] 추측했다. 그러나 이런 가설들이 거의 모든 곳에서 문제제기를 받는 것은 당연하다. 그리스 비극을 맨 처음 실질적으로 모방한 사람은 기원전 2세기 알렉산드리아의 유대인 '비극작가' 에체키엘(Ezechiel)이었다.[10] 욥기는 형식이나 주제에서 고대 동방세계에 철저히 의존하고 있다. 그리스 비극과 욥기

저자가 정한 "프로메테우스 경계를 신중하게 연구"하는 것을 전제한다(134). W. A. Irwin, *JR* 30, 1950, 90-108은 더 유보적인 판단을 내린다: 아이스킬로스(Aischylos)와 알고 있었을 가능성이 있지만, 그러나 유사성이 있다고 종속되었음을 의미하는 것은 아니다. 또한 C. J. Lindblom in: P. Nilsson, *Dragma Martino*, 1939, 280-287; H. G. May, *ATR* 34, 1952, 240-246을 보라. 두 학자 모두는 프로메테우스와는 대조적으로 욥기는 하나님 편에서의 변화로 문제가 해결된 것이 아니라, 욥의 굴복으로 해결되는 것이라고 올바르게 판단했다. A. Alvarez de Miranda, *Anthologia Annua* 2, 1954, 207-237은 상세하게 비교한다. C. Kuh1, *op. cit.*, 306은 다음과 같은 결론에 도달한: "우리는 이전보다 … 욥기의 작가가 아이스킬로스의 비극을 알고 있었다는 점에 대하여 … 더 익숙해져야 한다." F. M. Heichelheim, *ZRGG* 3, 1951, 253 각주 3은 욥기의 작가가 그리스 비극을 알게 된 것은 아테네인들이 도르(Dor)에 정착했던 기원전 460년이라고 믿는다(이 책 제1부 각주 222를 보라). 그러나 이 모든 것은 매우 불확실하다. 이것은 후기지혜와 그리스적 사유(思惟) 간에는 기껏해야 약간의 유비만 남아있기 때문이다.

9) K. Fries, *Das philosophische Gespräch von Hiob bis Platon*, 1904는 《일리아스》나 이집트 등에서 나타나는 초기의 "철학적 대화" 모델들을 언급한다. 홀츠만은(O. Holtzmann)은 B. Stade, Geschichte des Volkes Israel 2, 1888, 348-351에서 욥기의 연대를 프톨레마이오스 시대로 옮긴다: "우리는 의심할 여지없이(!) 플라톤에게 있었던 철학적 대화의 히브리적 모방을 연관시켜야 한다." 또한 N. Schmidt, *op. cit.*, 80, 84와 비교하라. N. Peters, Das Buch Job, 1928, 58조차도 그리스 시와 산문과의 사상적 유사성을 보고, 그 연관성을 배제하지 않으려 한다. 반면 M. Jastrow, *op. cit.*, 181과 비교하라: "합리주의의 물결이 아마도 5세기와 그 다음의 세기에 고대 동방세계에 퍼져나간 것에 대하여 우리는 매우 일반적인 방법으로 추측할 수 있다 … ."

10) Euseb. Pr. Ev. 9, 28f., GCS VIII, 1, 524-538, ed. Mras.

는 주제에 있어 특정한 유사성을 가지고 있지만, 양자 사이에는 "부분적으로 근본적인 방식의 차이"가 존재한다.[11] 다른 한편 욥기는, 이미 '지혜'의 시대라 할 수 있는 페르시아의 아케메네스 왕조시대(*Achämenidenzeit*)의 사고(思考)[12]에서 분명한 그리스 영향 없이도 헬레니즘적 기원의 시기로 향하던 지적 발전이 어떻게 준비되고 있었는지를 보여준다. 구약 중에서 가장 학술적이라 할 수 있는 이 작품에서 우리는 박식한 '백과사전적인' 지식으로 발전되는 명백한 경향을 발견하게 된다. 그것은 하나님에 대한 매우 보편적인 사상과[13] 보응교의로 아로새겨진 학파전승에 대한 개인적·비평적 태도이다. 후자는 더 후기의 전도서에서 나타나는 것과 유사하기는 하지만, 그렇다고 냉철하고 단호한 회의주의로 표현되는 것은 아니고 격렬한 형태로 표현된다. 욥기의 결론은 체념이나 프로메테우스적인 반항으로 끝나는 것도, 또 전횡을 부리는 신에서 의로운 하나님으로 변화하는 것도

11) G. Fohrer, *Das Buch Hiob*, 1963, 47.

12) 욥과 "지혜"의 문제에 관해서는 H. Gese, *Lehre und Wirklichkeit* …, 1958, 1ff.와 74ff.를 보라.

13) R. H. Pfeiffer, *Introduction to the OT*, 1948, 679는 미지의 저자를 "그 시대에 이르기까지 우리에게 알려진 가장 학식 있는 사람"이라고 칭했다. 또한 H. Richter, *ZAW* 70, 1958, 1-20을 보라. 욥이 그리스 모델에 의존하고 있다는 것을 부인한 파이퍼조차도 그것은 600년경에 어떤 에돔인(Edomiter)이 쓴 것(R. H. Pfeiffer, *op. cit.*, 678-683)이라고 믿고 하나님에 대한 욥의 관념의 특수성을 강조했는데(*op. cit.*, 703), 아마도 이 주장은 틀린 것 같다: "욥의 신학은 이스라엘 사상보다는 그리스에 더욱 유사하다. … 욥기에 나타난 신의 기능과 속성들은 저자가 자신의 하나님을 주로 우주적 힘으로가 아닌, 국가의 후견자(*patron*)로 생각했다는 것을 가리킨다." G. von Rad, *Theoloie des AT I*[4], 430은 이 작품이 "신학적으로는 비주류적인 정황"에 처해 있었음을 말한다. 또한 P. Humbert, "Le modernisme de Job," *SVT* 3, 1955, 150-161, 특히 164를 보라. '전도자'처럼 욥도 엘리후(Elihu)의 담론을 첨가함으로 그 교리적 수정을 하고 있다. G. Hölscher, *Das Buch Hiob*, 21952, 6f.를 보라.

아닌, 하나님의 우월한 힘에 겸허히 복종하는 것으로 끝맺는다. 여기서 욥기의 신에 관한 담화는 하나님의 주권적 권리를 보여준다. 이 작품의 연대를 너무 초기로 잡을 수는 없다.14) 가장 바람직해 보이는 것은 기원전 5세기나 4세기이다.15)

좀더 초기에 제시된 가설들을 따르는 최근의 히브리어로 된 연구는, 아가서에 대해서도 그리스 작품과의 많은 유사성을 근거로 하여 아가서의 저자가 헬레니즘시기의 에로틱한 서정시, 특히 테오크리토스의 목가시를 잘 알고 있었음을 증명하려 애썼다.16) 그러나 이미 도른자이프(F. Dornseiff)가 인식했듯이, 알렉산드리아의 서정시 그 자체가 동방의 유형, 가령 고대 이집트의 연가(戀歌)를 의존했을 개연성이 더욱 크다.17) 이것은 《그리스 명시선집》(*Anthologia Graeca*)에 나

---

14) G. Fohrer, *op. cit.*, 552-557. 그러나 욥 38-40의 "신(神) 담론"(*Gottesrede*)은 그분의 "구원하고 축복하는 관심"보다 그분의 절대적인 주권을 훨씬 더 표현한다(G. von Rad, *op. cit.*, 1, 430). 하나님의 전능은 그의 돌보심이 아닌 그의 의로 입증된다!

15) 다음의 개관을 보라 C. Kuhl, *op. cit.*, 314ff.: 기원전 700-200. G. Fohrer, *op. cit.*, 42f.: 기원전 5세기에서 3세기, O. Eissfeldt, *Einl.*[3], 636과 비교하라: 4세기가 가장 맞는 것 같다. G. Hölscher, *op. cit.*, 7f.는 비교적 늦은 기원전 400과 200년을 자신의 주장의 출발점을 삼는다.

16) M. Rosier, אשכלות(SCOLIA) *Commentationes de Antiquitate Classica* 1, 1954, 33-48; H. Graetz, *Schir Ha-Schirim*, 1871, 67ff.; N. Schmidt, *op. cit.*, 229ff.; C. Gebhardt, *Das Lied der Lieder*, 1931, 19ff.는 이미 이와 유사한 견해를 주장했다. Gebhardt는 무엇보다도 테오크리토스(Theokrit)의 《목가(牧歌)》(*Idylle*)의 마임(*Mimos*, 역주. 촌극과 같은 즉흥적인 연극)과 비교한다. 하지만 K. Budde, *ChrW* 45, 1931, 957 60의 비평; M. Hadas, *Journal of History of Ideas* 19, 1958, 5; *HCu*, 1 59ff.; 반면 C. Schneider, *Gnomon* 33, 1961, 308을 비교하라. 또 다른 예에 관해서는 W. Rudolph, *Das Buch Ruth, Das Hohe Lied*, 1962, 117을 보라.

17) F. Dornseiff, *ZDMG* 90, 1936, 593f.; 예를 들면, Philodemus, *Anth. Gr.* 5, 132; 아 7:1-7과 비교하라.

오는 에로틱한 풍자시들의 가장 중요한 저자들과 팔레스타인계(係) 시리아인이었던 멜레아그로스(Meleagros)와 가다라의 필로데모스(Philodemos von Gadara)에게서 더욱 분명하게 나타난다(1권 p. 297f.를 보라). 이들은 자신들의 고국에서 형성된 대중적 주제를 종종 매우 자유로운 운문시로 엮었다고 추측할 수 있다.

프리드랜더(M. Friedländer)는 욥기와 개인 시편들, 잠언 1-9장, 전도서를 포함한 히브리 지혜문학에서 매우 일반적인 방법으로 그리스 철학의 흔적을 입증하려 했다. 그러나 대개 이런 '범헬레니즘'(*Panhellenismus*)은 당연히 거절되어야 한다.[18] 기껏해야 헬레니즘시기 이전의 유대 지혜학파 정도가 프톨레마이오스 통치 이후 '범세계적이고' 합리적·실용적 특징을 지닌 가르침으로 헬레니즘 문명의 침투와 방어의 토양을 만들었다고 말할 수 있다. 이러한 연관성은 루돌프 키텔(Rudolf Kittel)이 자신의 책 《이스라엘의 역사》의 말미에서 내린 판단에서 적절하게 표현되었다.[19]

> 만약 누군가 그런 결론을 내린다면, 유대교에 대한 헬레니즘의 실제적인 침투가 있기 전에 유대교는 자신의 지혜의 가르침에서 그리스의 대중적 철학과 연관이 있으면서도 동시에 이것과 대항할 정신적 경향을 이미 생산해 내고 있었다고 보아야 한다.

---

18) M. Friedländer, *Griechische Philosophie im Alten Testament*, 1904, 여러 곳; 그러나 W. Swart, *op. cit*(이 책 제3부 각주 52)와 E. Sellin, *Die Spuren griechischer Philosophie im Alten Testament*, 1905, 17ff.는 반대한다. 여기서 셀린은 잠 1-9와 욥 28; 29:18(Pönix Sage는 이 책 제3부 각주 553을 보라)의 "그리스 문화와 생활양식의 영향"이 배어있는 약간의 흔적들을 배제하지 않는다. 또한 P. Heinisch, "Griechische Philosophie und AT," *Biblische Zeitfragen* 6/7, 1913, 15ff.는 비판적인 개관을 제공한다.

19) *Geschichte des Volkes Israels*, 1929, III, 2, 733. 또한 Bousset/ Gressmann, 497 각주 2와 비교하라.

전도서의 특별한 배경을 제외한다면(2권 p. 33f. 를 보라), 시락서 이전의 현존하는 히브리어 문학들에 대한 그리스 영향을 직접적으로 입증할 수 있는 언급은 아무 데도 없다.

제 2 장

초기 헬레니즘시기 유대 문학의 발전

그렇다면 새로운 시기의 전형(典刑)으로 간주될 수 있는 특정한 문학형태들은 어느 정도 후기의 문헌들과, 부분적으로는 묵시문학에 속하는 몇몇의 문서들에서나 나타난다. 그러나 이 진술도 전적으로 성립하는 것은 아니다. 이 작품들은 그리스어로 보존된 것인데, 이들 거의 대부분은 히브리어나 아람어로 기록된 모델로 거슬러 올라간다. 의미심장하게도 이런 형태의 문학은 팔레스타인과 알렉산드리아 모두에서 나타난다.

여기에 속하는 것은 제일 먼저 문학적 편지(*Kunstbrief*), 즉 서신(*Epistel*)인데,[20] 예를 들면, '느부갓네살의 칙령'(단 3:31-4:34)과 '예레미야의 서신'(*Epistula Jeremiae*), 허구적인 '절기편지'(*Festbrief*. 2마카 1:10b-2:18), '모르드개와 에스더의 편지'(에 9:20-32), 〈에스더서 부록〉①에 나오는 '하만과 아르타크세르크세스(Artaxerxes)의 편지'(에스더서 3:13; 8:12f.)가 있다. 또한 묵시서인 바룩서의 후기 편지들도 언급할 수 있다.[21] 이에 해당하는 전형적인 알렉산드리아 작품은

20) K. Galling, BRL, 121; O. Eissfeldt, *Einl.*³, 30f.; Sellin/Fohrer, *Einl.*¹⁰, 92.

21) 에스더서 부록에 나오는 것과 마카베오2서의 절기편지에 관해서는 1권 p. 350f.를 보라. '예레미야의 서신'(Ep. Jer.)에 관해서는 O. Eissfeldt,

〈아리스테아스의 편지〉이다.

그러나 이런 '서신들' 또한 구약의 '편지들'을 모방했다. 그래서 '예레미야의 서신'과 바룩서의 편지들이 갖는 연관성은 예레미야 29:1-23절의 확대된 편지와, 24-32절에 2개의 편지에 있는 것으로 추정된다.[22] 에우폴레모스(Eupolemos)의 단편에 나오는 페니키아와 이집트 왕들과 주고받았던 '솔로몬의 편지'는 단순히 역대기하 2:2-15가나 열왕기서상 5:15-23의 솔로몬과 히람 사이에 — 아마도 편지형태로 — 오간 메시지의 확장일 뿐이다(1권 p. 328f. 를 보라). 그래서 이 새로운 '장르'는 구약과 어느 정도 관련이 있다.

헬레니즘시대의 또 다른 문학형태는 소설식 이야기(*romanhafte Erzählung*)이다. 이 형태는 팔레스타인 지역에서 에스더서와 토비트서, 그리고 마카베오의 투쟁에서 얻은 강한 민족적 색채를 가진 유딧서에서 발견된다. 이들 작품에 사용된 자료는 바빌로니아 디아스포라에서 유래했다. 이 작품들의 본질적 특징은 다양하게 변이된 남녀 간의 사랑의 모티브이다.[23] 여기서 하나의 특수한 경우는 매우 정교하게 쓰인 〈열두 족장의 유언서〉에 나오는 '요셉 유언'(*Test. Joseph*)이

---

op. cit., 806; R. H. Pfeiffer, *A History of NT Times*, 429f. 를 보라. '바룩 문헌'(*Barucklit.*)에 대해서는 *Syr. Bar.* 78ff. 장을 보라. 그리고 이른바 "바룩의 나머지 어록"(*Rest d. Worte des Barucks*) Riessler(tr.), *Altjüdisches Schrifttum* 6, 17ff. (912) ; 7, 23ff. (914f.)과 비교하라.

22) W. Rudolph, *Jeremia*, ^{2}1958, 166ff. ; O. Eissfeldt, *Einl.*^{3}, 29f. ; 바룩서에 관해서는 렘 36:4f., 32를 보라. 단 3:31ff. 의 느부갓네살의 칙령은 페르시아 왕들의 다양한 칙령들의 모델 역할을 했다. 스 1:2ff. ; 4:17ff. ; 5:6ff. ; 6:3ff. ; 또한 단 6:26ff. 와 비교하라. 덕론(德論)적인 문체는 이미 〈니보니도스의 기도서〉에서 발견된다(이 책 제3부 각주 36을 보라). 또한 대하 21:12-15의 엘리야의 전설적인 편지와 비교하라.

23) O. Eissfeldt, *op. cit.*, 50; 특별히 에스더에 관해서는 R. Stiehl, *WZKM* 53, 1957, 6-9; Sellin/Fohrer, *op. cit.*, 273을 보라. 또한 이전의 Bousset/Gressmann, 495f. 를 보라.

다. 브라운(M. Braun)은 이것이 에우리피데스의 작품《히폴리토스》(*Hippolytos*)에서 사용된 형식에 나오는 페드라(Phädra)의 전설과 관련성이 있음을 보여주었다. 또한 요세푸스도 틀림없이 〈요셉과 보디발〉의 에피소드와 같은 소설적 형식을 알았기에 이것을 사용했을 것이다(유대고대사. 2, 39-59).[24] 〈요셉과 아세나트〉(*Joseph und Asenath*)와 같은 풍유적이고 소설풍의 이야기는 기원전 1세기 알렉산드리아의 헬레니즘적 유대교의 환경에서 생겨났다.[25] 더욱 그리스화된 이집트의 유대인 공동체에서 생긴 또 다른 '장편소설'(*Roman*)은 기원전 2세기에 기록된 아르타파노스(Artapanos)의 〈요셉의 전기(傳記)〉와 〈모세의 전기〉이다. 이는 놀라울 정도로 혼합주의적인 사상에 여전히 개방적이며, 또 '덕론'(德論)(*Aretalogie*)적인 특징이 현저하다. 문제는 이 '헬레니즘적 장편소설'이라는 부정확한 개념으로 과연 앞서 열거된 작품들의 문학적 특성을 충분히 묘사할 수 있는가 하는 점이다. 왜냐하면 무엇보다도 '장편소설'의 기원은 가령 역사서와 같은 그리스 문학사에서만 찾을 수 있는 것이 아니라, 적어도 대부분 종교적인 주제를 다루는 동방세계의 '중편 소설들'(*Novelle*)로 거슬러 올라가

---

24) M. Braun, *History and Romance in Graeco-Oriental Literature*, 1938, 44-93; M. Hadas, *HCu*, 1 53ff.와 비교하라. 요세푸스에 관해서는 M. Braun, *Griechischer Roman und Hellenistische Geschichtsschreibung*, 1934, 23-117을 보라. 〈요셉유언서〉(*Test. Jos.*)의 본문은 더 초기의 판본이다. 이는 그 책의 저자가 비기독교적 전통에 속한 유대인임을 암시한다: O. Eissfeldt, *op. cit.*, 588ff.의 토론을 보라.

25) 〈요셉과 아세네트서〉에 내해서는 C. Burchard, *Untersuchungen zu Joseph und Aseneth*, 1965, 140ff.를 보라(기원전 1세기 기원설). 아마도 이 책의 특징인 태평 성대한 정황으로 보아서 그 형성기는 로마 이전, 프톨레마이오스 시대일 가능성이 있다. 그때는 유대인과 비유대인의 관계가 그렇게 긴장 상태는 아니었다. 아르타파노스에 관해서는 이 책 제2부 각주 262; M. Hadas, *HCu*, 172를 보라.

기 때문이다. 물론 그리스식 연애소설들은 모두가 비교적 후기의 문학작품이다. 단편으로만 전해 내려오는 첫 번째 장편소설의 예가 되는 《니노스서》(*Ninosroman*, 역주. 니노스는 니느웨의 건설자이자 앗시리아의 왕)는 빨라야 기원전 2세기에 형성되었으며, 그 자료는 이상화된 앗시리아의 역사로부터 유래되었다. 〈이암불로스(Iambulos)의 여행기〉는 기원전 3세기의 어떤 한 시리아인 혹은 나바테아인이 기록했을 것으로 보인다.[26] 남녀 간의 사랑의 주제를 다룬 '중편 소설들'은 이미 헤로도토스에서 발견되는 것이 사실이지만, 그 자료는 이집트나 페르시아, 혹은 소아시아에서 온 것임을 알 수 있다.[27] 만약 우리가 아이스펠트(O. Eissfeldt)처럼 에스더서와, 토비트서, 유딧서를 "헬레니즘적 장편소설에 영향을 받은 것"이라고 특징을 짓는다면, 이와 관련된 장르에 속한 룻기나 수산나서의 이야기도 근본적으로 그렇게 규정해야 한다. 그러나 이런 자료들은 틀림없이 헬레니즘시대 이전의 시기에 속한다.[28] 더욱이 토비트서는 3쪽으로 구성된 소설

---

26) 장편소설의 기원에 대해서는 K. Kerényi, *Die griechische orientalische Romanliteratur* …, ^{2}1962, 206-228을 보라. 24ff., 44ff., 229ff. 와 비교하라. 또한 R. Merkelbach, *Roman und Mysterium in der Antike*, 1962, 333ff. 를 보라: "고대 장편소설에는 그리스와 동방의 요소들이 혼합되었다. … 장편소설의 외적 형태는 근본적으로 그리스적이다." 《니노스서》에 대해서는(P. Ber. 6926 A) F. Zimmermann, *Griechische Romanpapyri*, 1936, 13-35를 보라. 또한 36-40 = P. Ox 1826, 세손키스(Sesonchis)의 아들과 비교하라. 이암불로스(Iambulos)에 대해서는 다음을 보라: W. Kroll, *PW* 9, 681ff. 와 F. Altheim, *Weltgeschichte Asiens* 1, 155ff.

27) Herodotos 9, 108-113〔크세르크세스(Xerxes)와 마시스테스(Masistes)의 아내〕; 2, 111〔장님 페루스(Pherus)〕; 2, 121〔람프시니트(Rampsinit)의 보물 집〕; 1, 8-13〔기게스(Gyges)와 칸다우레스 Candaules)〕. 또한 W. Aly, *PW* 17, 1174ff. 를 보라.

28) Eissfeldt, *op. cit.*, 50에서 인용; 룻과 수산나(Susanna)에 관해서는 *op. cit.*, 651ff., 799를 보라. 또한 Sellin/Fohrer, *op. cit.*, 271; R. H.

〈아히카르서〉나, 이보다 훨씬 이른 〈요셉의 이야기〉에서 발견되는 것과 같은 대중적 지혜 서사체의 초기형태와 연관성을 갖는다.[29] '궁정 이야기'(1권 p. 134f. 를 보라)에 해당하는 에스더서조차도 이 방향에서 유사성이 있다.

덕론(德論)적 서사체도 단지 그리스나 이집트식 모델이라는 이유만으로 알렉산드리아・유대 문학으로 유입되지 않았다. 왜냐하면 유대인에게는 그러한 신들의 행위에 대한 서사와 찬양이라면 과거 역사와 현재에서 하나님의 기적과 능력의 행위를 떠올렸을 것이기 때문이다.[30] 덕론('Αρεταλογία)이라는 용어가 그리스어 역 시락서 36:13에서 처음으로 등장하는 것과[31] 《70인경》 이사야서에서 하나님의 덕(ἀρεταί)을 선포하는 특별한 사상이 출현하는 것은 우연이 아닐 것이다.[32] 비커만(E. Bickermann)은 마카베오2서 3장에 나오는 헬리오도로스(Heliodoros)의 전설이 전형적인 덕론을 나타낸다고 지적했으

Pfeiffer, *op. cit.*, 449ff. 와 비교하라. 이야기의 마지막 본문은 아마도 헬레니즘 시대로 거슬러 올라갈 것으로 보이지만, 그 자료는 더 오래되었다. 겔 14:14, 20에 의하면 '수산나 이야기'에 나오는 다니엘은, 다니엘 전설들의 바빌로니아와 페르시아의 관료가 아닌 여전히 지혜로운 재판관의 모형으로 나타난다.

29) 헤로도토스의 현자 크로이소스(Kroisos)의 행운과 불운에 관한 이야기의 사이클 또한 "지혜의 이야기들" 가운데 포함될 수 있다. 그것은 소아시아와 페르시아 환경에서 왔다: Herodot 1, 29, 45, 86-91; 3, 36을 보라. 요셉 "이야기"의 이집트 환경에 대해서는 G. von Rad, Ges. Studien z. AT, 1958, 278 280을 보라.

30) 유대인 환경의 덕론에 대해서는 E. Bi(c)kerman(n), AIPHOS 7, 1939-44, 34 각주 1; M. Hadas, HCu, 170ff. 를 보라.

31) 호드(dAh M. 36:19)의 번역으로서. 또한 Origen, *Hexapla*, ed. Field, 2, 130에서 심마쿠스(Symmachus), Ps. 29(30), 6과 비교하라.

32) 테힐라(תְּהִלָּה)의 번역으로서 사 42:8; 43:21; 63:7. 또한 합 3:3 그리고 신약성서의 벧전 2:9와 벧후 2:3과 비교하라. 알렉산드리아의 유대교에 대해서는 Philo, Vit. Contemp. 26. 과 비교하라.

며[33] 라이첸스타인(R. Reitzenstein)은 요나서의 "예언적이며 선교적인 이야기"를 이집트 밖에서 나타나는 가장 초기의 덕론이라 생각했다.[34] 여기에서 그는 이 독특한 작품의 본질적인 특색을 분명하게 지적했다. 그러나 그의 추측과 달리, 그 특색은 헬레니즘시대 초기에 해당하기보다는 페르시아시대의 말기에 해당한 것이었다.[35] 게다가 이런 종류의 서사체로는 요나서가 유일한 작품은 아니다. 다니엘서 2-6장의 기적 이야기나, 무엇보다도 제 4번 쿰란동굴에서 발견된 〈나보니도스(Nabonidos)의 기도〉는 '덕론(德論)적인' 특성이 있다. 그러나 후자가 페르시아 통치기에 동부 디아스포라에서 나왔기 때문에 '덕론'을 무조건 '헬레니즘적' 양식라고 말할 수는 없다. 그런 서사체들의 뿌리는 훨씬 더 멀리 포로기 후기까지 거슬러 올라간다. 이는 열왕기서하 5장의 '엘리사와 나아만 이야기'나 열왕기서하 20:1-11(=이사야서 38장)에서 이사야가 히스기야를 치유한 이야기를 생각해도 분명하다. 심지어는 외국의 통치자가 가장 높으신 하나님을 인정하는 보편적 특징도 열왕기서하 5:15-19에서 예시된다.[36] 그러므로 헬레니즘시대에 소설적이고 덕론적인 서사체를 선호했던 것은, 차라리 그리스인의 정신적·종교적 삶에 미친 동방세계의 영향을 표현한 것이지 그 반대가 아니다: "동방의 종교성에 관한 이해를 용이하게 하는 무엇인가가 그리스인을 다시 각성시켰던 것 같다."[37]

---

33) *Op. cit.*, 34ff.

34) R. Reitzenstein, *Hellenistische Wundererzählungen*, ²1963(1판과 동일), 35.

35) O. Eissfeldt, *op. cit.*, 547; Sellin/Fohrer, *op. cit.*, 486.

36) 다니엘서에서 나타나는 동일한 특징에 대해서는 단 2:46ff.; 3:28ff.를 보라. 전체의 고백적인 성격의 칙령 3:31-4:34; 5:29; 6:25ff.; 나보니도스의 기도에 대해서는 R. Meyer, *Das Gebet des Nabonid*, BAL 107, 3, 1962, J. T. Milik, RB 63, 1956, 407-415가 최초로 출판한 것을 보라.

37) W. Aly, *PW* Suppl, 6, 15, 또한 비교. Crusius *PW* 2, 670; A. Kiefer,

더욱이 이 '새로운' 문학형태들이 적어도 마카베오 봉기 이후에 논쟁적이고 반(反) 헬레니즘적인 문학작품을 생산하는 데에 주로 사용됐다는 사실을 결코 간과해서는 안 된다. 이에 대한 사례는 유딧서와 〈에스더서 첨가문〉, 〈다니엘서 부록〉③ (1권 p. 349f. 를 보라), 그리고 완전히 헬레니즘적 형태인 마카베오2서(2권 p. 142ff. 를 보라) 이다. 또한 여기에서 묵시문학(*Apokalypse*)과 유언문학(*Testamentenliteratur*)을 언급할 수 있는데, 이것들은 한편으로는 예언자들의 유산을 이어가려고 하며, 또한 헬레니즘시대의 예언문학과 많은 유사성이 있다.[38]

그리스직 유사성을 풍부히 가지고 있는 헬레니즘시대의 전형적인 문학현상은 위서(僞書, *Pseudepigraphon*)의 출현이다. 그러나 이것 역시 고내 동방세계에서, 위서로 기록된 왕의 교훈(*Königsinstruktion*)이 입증하듯이, 전혀 없는 것은 아니다.[39] 위서들이 헬레니즘시대에 기록되기 시작하여 축적됐다는 것은, 유대인과 그리스인에게서 이 시기가 '후기 고전시대'의 말기였음을 보여준다. 유대 팔레스타인에서 인정받기 원하는 작품이라면 하나님의 위대한 행위와 그의 종들을 덕론(德論)적인 스타일로 이야기하거나, 아니면 태고시대에 정신적으로 탁월한 사람의 이름과 권위를 빌려야만 했다. 두 요소들이 일치되면 최상이며, 그런 경우에는 다니엘서의 경우처럼 후대의 저작임에도 불구하고 여전히 정경으로 받아들여질 수 있었다. 세 번째 가능성

Aretalogische Studien, Diss., 1929, 2ff. 에 나오는 개념 ἀρεταλογία κ. ἀρεταλόγος의 사용례를, 또한 덕론(德論)의 모음집은 38ff. 를 보라. 그러나 W. Aly, *op. cit.*, 13ff. 의 비평적인 논평을 보라. R. Merkelbach, *Roman und Mysterium*, 1962, 333-336은 그리스 장편소설을 이시스(Isis)-덕론(德論)에서 유추해낸다. 주해가 딸린 문서들의 모음집에 관해서는 V. Longo, *Aretalogie nel mondo Greco*, 1, 1969를 보라.

38) A. Bentzen, *Daniel*, ^{2}1952, 11; 2권 p. 142ff. 를 보라. 각주 496-502; 352f.

39) 이것에 대해서는 H. Gese, *RGG*^{3} 6, 1578f. 를 보라.

은 팔레스타인에서 벤 시라와 에우폴레모스(1권 p. 283f, 321f. 를 보라)에게서 처음으로 나타난 것처럼 저자의 이름을 언급하는 것이다. 이는 특히 그리스어를 사용하는 유대교에서는 원칙이었던 반면, 팔레스타인 모국에서는 거룩한 전통에 의존하는 익명의 위서(僞書)가 압도적으로 많았다.[40]

원래 히브리어나 아람어로 기록된 글들에서는 충분히 입증될 수 없었던 '헬레니즘적' 문학형태의 영향보다 더욱 중요한 것이 페르시아와 초기 헬레니즘시대의 유대문학의 발전경향이다. 여기서 가장 중요한 현상은 유대 문학의 놀랄만한 풍요로움과 형식의 다양성이다. 이 다양성의 범위는 우리가 가지고 있는 단편들로 추측할 수 있는 것보다 훨씬 더 클 것으로 보인다. 이것은 특히 쿰란문헌에서 나온 알려지지 않은 수많은 외경(外經) 단편들을 통해서 알 수 있다.[41] 이들은 특히, 모두 에센파의 문학작품으로만 볼 수 없는 것이 분명하다. 모세오경의 최종 형태는 늦어도 기원전 4세기 알렉산드로스 대왕 이전에 이루

40) 위서의 특징(*Pseudepigraphität*)에 대해서는 2권 p. 294f., 323f를 보라. 알렉산드리아에서 저자의 이름들은, 알렉산드로스 폴리히스토르(Alexander Polyhistor)를 통해 보존된 단편적인 저술들에서만 우리에게 알려졌다. 익명이나 가명의 문헌은 팔레스타인에서 훨씬 더 두드러지게 나타난다. J. Lebram, *VT* 15, 1965, 215는 저자의 이름을 언급하는 것을 지혜문학의 전형적인 특징을 보고, 그 증거로 잠 25:1; 30:1; 31:1과 기원후 3세기 혹은 4세기의 사마리아의 마르카(Marqah)를 언급한다. 그러나 잠 25:1은 포로기 이전의 잘 알려진 2명의 왕들의 이름을, 그리고 30:1; 31:1은 이스라엘 밖의 매우 나이가 많은 이스마엘 후손의 지혜교사들의 이름을 언급한다. 사실 전도서(p. 76f. 를 보라)나 잠 1-9장에서 볼 수 있듯이 익명이나 가명으로 하는 것이 원칙이었다. 그러나 벤 시라와 랍비 전승에서 대가들의 이름을 명명하는 것은 마르카와 유사하다. 대가들의 이름을 명명하는 것은 '의인 시몬'(*Simon der Gerechte*)에서 처음 나타났는데, 말하자면 이는 헬레니즘 시대에 나타난 현상이었다. 1권 p. 287f. 를 보라. W. Speyer, *Die literarische Fälschung im Altertum*, 1971, 15ff., 150과 비교하라.

41) 이것에 대해서는 R. Meyer, *op. cit.*, 7f. 의 서문을 보라.

어졌다고 볼 수 있는데, 이는 사마리아인들에 의해 그리심 성전이 건립됨으로 유대인과 최종적으로 분열이 확정되기 이전에 오경을 전수받았기 때문이다.[42] 마카베오 2서 2:13에 따르면 모세의 토라로 구성된 이 '공적인' 문학에는 느헤미야가 예루살렘의 "도서관"에서 수집한 것으로 여겨진 작품들이 있었는데, "왕들과 예언자들, 다윗에 관한 책들" 이외에도,[43] 룻기나 에스더서, 수산나서, 아가서와 같은 명백히 대중적인 특색들을 지닌 작품들과, 잠언과 〈아히카르서〉와 같은 지혜문학적인 작품들이 있다. 그리고 〈아히카르서〉는 다시금 토비트서에 영향을 주었기에 팔레스타인에서 알려져 있었던 것으로 보인다. 또한 유대인들이 바빌로니아와 이집트의 디아스포라는 물론 비유대교적인 환경에서도 지적 · 문학적 교류를 했다고 가정할 수 있다. 욥기와 전도서의 비평적인 성찰은 전통적인 종교적 관점을 타개했고, 요나서와 — 원래의 형태에는 〈니보니도스의 기도〉가 포함된 — 다니엘서에서는 보편주의적인 경향을 만들어낼 수 있었다. 역대기와 같은 역사서와 〈창세기 외경〉, 〈희년서〉의 형태를 따른 미드라쉬적 작품들은 이런 다양한 문학적 산물 가운데 하나로 평가될 수 있다. 비록 우리가 가지고 있는 〈창세기 외경〉과 〈희년서〉의 형태는 더 후대의 것이지만 말이다(p. 343ff. 를 보라). 마지막으로 제 11번 쿰란동굴에서 발견된 〈시편문서〉와[44] 예언적 · 묵시적 공동체에서 나온 〈특별 문집〉과

---

42) 분열의 배경에 대해서는 유대고대사 11, 302ff., 306ff., 324ff. 를 보라. 아마도 유대 대제사장인 마나세(Manasseh)가 사마리아인에게 가서 그들에게 토라를 소개했다고 추측할 수 있다. 이 책 제 1부 각주 58을 보라.

43) 이 목록에서 내락 위조된 편지가 작성된 시기인 기원전 60년에, 그 당시 대부분 확립된 정경들은(시락서, 서론 8ff. ; 아피온 반박 1, 37ff. 를 보라) 언급되지 않았고, 게다가 희생제사에 대한(페르시아의) 왕들의 법령들이 언급되었기에, 이런 수해는 역사적인 배경이 없는 것 같다. Abel, Macc., 307ff. 를 보라.

44) Ed. J. A. Sanders, *The Psalm Seroll*, DJDJ IV, 1965, 53-93.

같은 종교제의적이고 지혜문학적인 찬양시 수집물이 언급되어야만 한다(2권 p. 210f.를 보라).

페르시아와 초기 헬레니즘시대 동안에 직경이 40㎞도 채 안 되는 작고 비교적 외딴 유대인 성전국가에서 그러한 창조적 능력이 발전되었다는 것은 놀랍다. 모턴 스미스(Morton Smith)는 "순수문학적인 문헌"에 관해 언급하며, 그 속에서 "주변의 문화와 접촉하였던 세속인 정신(*Laientum*)이 입증되고 있음"을 보았는데, 이 정신은 그들의 "문학작품을 범세계적인 방법으로" 바꾼 것이었다.[45] 그러나 여기서 제사장들과 세속인(*Laien*) 사이의 차별, 혹은 거룩한 문학과 세속문학을 구별하려는 어떤 강조도 있어서는 안 된다. 이는 무엇보다도 순수하게 '세속적인' 작품들이란 근본적으로 존재하지 않고, 또 다른 측면에서는 '제사의식인'(*sakrale*) 제사장 문서나 역대기 작품 등과 같은 제사장·레위학파의 저작에도 체계화를 시도하는 경향과 연대기적인 관심—즉, '이성적·학문적'인 관심—이 분명히 들어 있기 때문이다.[46] 개별적인 작품들이 알렉산드로스 원정 이전 혹은 이후에 기록되었는지는 그다지 중요한 문제가 아니다. 전도서 이전에 '그리스적' 영향이 직접 있었는지는 거의 증명할 수 없으나, 헬레니즘 문명과의 만남을 준비하는 합리적이고 비평적이며, 사변적이고 보편주의적인 경향은 발견된다. 제사장과 레위계열의 서기관학파(1권 p. 280f.를 보

---

45) M. Smith, *Fischer Weltgeschichte*, Vol. 5, 1965, 365; 비교. R. H. Pfeiffer, *Introduction to the OT*, 1948, 655; M. Hadas, *HCu*, 23: "평민의 요구들에 부응하기 위해 새로운 문학이 생겨났다."

46) 우리는 프톨레마이오스 4세 필로파토르시기인 기원전 222~204년에 알렉산드리아에서 첫 번째로 알려진 유대인 교사로서 시간기록계원 데메트리오스에게 역시 이런 연대기적 관심을 발견한다. 1권 p. 254를 보라. 팔레스타인의 헬레니즘적 유대인인 에우폴레모스는 역사책을 집필함에 있어 무엇보다도 역대기에 기초했다. 1권 p. 328ff.를 보라.

라) 와, 평신도 귀족그룹은 이러한 풍요로운 글의 생산에 함께 참여했을 것이다. 이런 관점에서 우리는 왜 헬레니즘의 통치자들이 처음부터 재능 있고 자부심이 강한 유대인들을 용병이나 관료로 사용했으며, 또 왜 유대인에 관해 그리스 작가들이 처음 내린 판단이 전적으로 긍정적인지를 알 수 있다.47)

그후 기원전 3세기 중반부터는 어느 정도 문학적인 구별이 점차적으로 생기기 시작했을 것으로 생각된다. 이 시기는 팔레스타인에서 제논이 활동했던 때이며, 이 시기의 상황은 전도서에서 처음으로 암시되고 있다. 또한 활동적인 귀족 정치가들 가운데 소수파는 팔레스타인에서도 초기 헬레니즘의 비평적이고 보편주의적인 정신에 개방되기 시작한 반면, 보수적 집단들은 특정한 새로운 사고에서 나온 논증을 사용하여 민족적 전승을 고려하는 가운데 의도적으로 반대주장을 내세워 그러한 정신에 반대했다. 이런 발전을 가장 처음 목격한 자들은 익명의 사마리아 작가와 벤 시라였다. 그렇지만 변화된 상황에도 불구하고 벤 시라와 헬레니즘 이전시대에 단절은 없었다. 그는 오히려 자신을 백성들을 위한 신학적 · 역사적 유산의 합법적인 옹호자로 여겼다. 그러한 연속성이 기원전 2세기 초까지 내려가는 페르시아와 초기 헬레니즘시대의 유대교 문학에서 나타난다는 사실은 놀랍다. 기원전 250년경에서 마카베오 봉기까지의 시기에 유대 팔레스타인 문학에서 하나의 '자유로운 경향'이 발전되었을 개연성이 없지는 않으나, 아직은 암시로만 입증되고 있을 뿐이다. 헬레니즘시대 이전에 이미 이런 성향은 시작되었다. 또한 전도서 12:12에 나오는 두 번째 '정통적' 편집자의 비평적인 암시는 그러한 성향에 대한 암시적 표지일 수 있다: "여러 책을 쓰는 것은 끝이 없고 많이 공부하는 것은

47) 3권 p. 11ff. 를 보라. 헬레니즘시기 초기에 유대인들의 자의식은 헤기디이오스의 일화에 반영되었다. 아피온 반박 1, 187ff., 192f., 201ff. 를 보라.

'육체'를 피곤케 하느니라." 에녹1서 98:15의 경고도 그에 대한 암시일 수 있다: "거짓과 미혹의 말(λόγους πλανήσεως)을 쓰는 자들에게는 화 있을 진저. 그들은 자신들의 거짓된 말을 기록하여 많은 자들을 미혹하기 때문이다"(이 책 제2부의 각주 236을 보라).

그리스어를 사용하는 환경으로 바뀌어가는 과정 자체도 단절을 초래하지는 않았다. 놀라운 것은 잠언과 욥기의 번역(2권 p. 166을 보라)은 제쳐놓더라도 《70인경》의 번역가들은 근본적으로 그리스 정신에 거의 영향을 받지 않았다는 점이다. 거룩한 문서를 번역하는 데 관심을 기울이는 자는 결코 동화를 옹호하는 자가 아니었다.[48] 팔레스타인에서 처음으로 생긴 인격화된(*hypostasierte*, 역주. 이 용어와 구분하여 'personifiziert'은 '의인화된'으로 번역함) 지혜에 관한 사색은 알렉산드리아에서 더욱 발전했고, 이곳에서는 처음부터 그리스 사상들에 대한 친화성이 나타날 수 있었다.

처음으로 그러한 발전을 단절시킨 것은 안티오코스 4세 통치하에서 있었던 위기의 상황과 이어진 마카베오의 독립투쟁이었다. 이를 통해 이전에는 볼 수 없었던 급진적인 유대교적 경건이 촉진되었다. 이러한 경건의 급진화 과정은 기원전 2세기 말부터 디아스포라에서도 확산되었고, 파국에 이르렀던 로마통치하에서는 더욱 강화되었다. 이 '열성주의'(*Eifer*)는 유대교적 경건의 본질적 특성이 되었다.[49] 그러나

48) 또한 《70인경》의 번역의 특징에 관한 한하르트(R. Hanhart)의 논평을 보라. *VT* 12, 1962, 158ff., 특히 161: 《70인경》은 "헬레니즘에 대하여 완전히 이질적인 어떤 것"으로 나타난다. R. Marcus, "Jewish and Greek Elements in the Septuagint," *L. Ginsberg Jub Volume*, 1945, 239f.는 특히 그 중에서도 명백히 그리스 영향을 토대로 이루어진 신인동형론적인 몇몇 히브리 본문을 《70인경》에서 삭제한 것은 《탈굼》의 방식을 따른 것이라고 단호하게 주장했다. 더 나아가, 1권 p. 352와 제3부 각주 372를 보라.

49) M. Hengel, *Zeloten*, 154-234; 3권 p. 128ff., 169f.

이것이 반드시 외래의 영향을 배제하는 것을 의미하지는 않았다. 반대로 이런 급진화에 일정부분 기여했던 팔레스타인의 유대 묵시사상은 다니엘서 이래로 '혼합주의적인' 조류에 노출되었는데, 이는 여러 면에서 이색적인 특징을 띤 지혜서(*Sapientia*)나 필로의 작품 못지않게 혼합주의적 경향을 가지고 있었다. 적어도 부분적으로는 팔레스타인에서조차 이런 상황이 있었음을 알 수 있는데, 이는 특히 초기 시대에 사두개파가 보수적 입장을 취하며 그러한 경향을 반대한 사실에서 나타난다.[50] 또한 바리새주의조차도 구약 자체에서는 찾아보기 어려운 '비역사적'이고 '존재론적인' 율법이해에 근거하고 있었다(2권 p. 195f. 를 보라). 구약적인 역사기록의 전통을 이어간 것은 《미쉬나》와 《토세프타》 혹은 《탈무드》의 결의론적인(역주. 율법의 적용을 상황에 따라 규정하는 해석방식) 법적 수집물도 아니고, 비역사적인 사고를 지닌 랍비들의 미드라쉬적인 저작에서도 아니었다. 오히려 그 전통은 팔레스타인의 제사장 귀족이요 헬레니즘적 유대인이었던 요세푸스의 작품에서 발견된다. 그의 작품은 헬레니즘적 의상을 입은 이질적인 모습을 띤다. 이제 기원전 3세기 중반부터 유대인의 사고에서 일어난 이러한 정신적 발전을 보다 구체적으로 살펴보려고 한다.

---

50) R. Meyer, *TWNT* 7, 48(51행): "신앙적 경향은… 서로 얽어서 교리적 발달로 진행되지는 않았고, 그래서 보수적으로 특징지어질 수 있다"(2권 p. 353f. 를 보라).

제 3 장

전도서와 유대 종교 위기의 시작

구약성서의 어떤 작품도 전도서만큼 그리스 사상세계의 영향을 받았다고 빈번하게 추정했던 것은 없다. 이에 대한 연구의 초창기, 즉 이집트와 바빌로니아의 지혜문학의 풍부한 비교자료가 아직은 발견되지 않아서 이스라엘의 지혜가 가진 특별한 구조가 제대로 인식되지 않았던 시대에, '전도자'와 그리스 철학 사이의 새로운 연관성을 지속해서 추구하였는데, 그럼에도 불구하고 이를 경계하는 몇몇의 주장도 있었다. "'전도자와 그리스 철학'은 전도서 주석의 서론에서 반드시 다루어져야 할 주제가 되었다."[51] 어떤 이는 그에게서 에피쿠로스나 스토아 혹은 키레네의(kyrenaische)의 쾌락주의자(*Hedoniker*)의 제자의 모습을 본다. 또 어떤 이들은 헤라클레이토스의 영향을 받거나 헤시오도스나 테오그니스(Theognis)의 그리스 금언적 사고(*Gnomik*)와 그의 작품의 직접적인 연관성을 추측하는 사람들도 있다. 더욱이 이 작품의 독특한 형식에 대해 스토아·견유주의적인 강화(講話, *Diatribe*)와 연관되었다고 제안하기도 한다.[52]

---

51) K. Galling, *TR* NF 6, 1934, 361.

52) 전도서를 그리스 철학에 비추어서 해석하려는 초기의 시도들에 대한 비평적 연구는 다음에서 발견된다: P. Kleinert, *ThStKr* 56, 1883, 761-782; 82, 1909, 493-529. 또한 W. Swart, *De invloed van der griekschen Geest op*

그러나 결국 전도서의 유래를 밝히려는 이런 모든 시도는 설득력이 없고, 전도서와의 결정적인 유사성은 그리스 사상보다는 구약 자체나 이집트, 바빌로니아의 사상에서 발견되어야 한다는 사실이 드러났다.[53] 또한 이른바 그리스 어법을 조사해도 전도서와의 유사성에 대

---

de boeken Sprewken, Prediker, Job, 1908, 23-106을 보라. 에피쿠로스에 대해서는 이미 언급한 *Hieronymus, in Eccl. 9:7, PL* 23, 1072를 보라. 볼테르(Voltaire)에게서도 분명한데, 이는 O. Loretz, *Qoheleth und das Alte Orient*, 1964, 49 각주 1과 거기서 '전도자'를 에피쿠로스학파로 보기 원하는 그 밖의 초기 주석가들을 보라. 또한 M. Hadas, *HCu*, 17과 비교하라. 에피쿠로스주의와 스토아주의적인 영향은 더욱 빈번하게 받아들여진 것 같다. 다음을 보라: W. F. Albright, *From the Stone Age to Christianity*, 1940, 352; M. Hadas, *HCu*, 140ff.; John Bright, *A History of Israel*, rev. ed., 1972, 452 각주 39. 그는 단지 간접적인 영향만 생각한다. 스토아와의 관계에 관해서는 E. Zeller, *PhGr6* III, 2, 301-307과 O. Loretz, *op. cit.*, 50 각주 37의 문헌을 보라. 견유학파와 키레네인에 관해서는 L. Levy, *Das Buch Qoheleth*, 1912, 12ff.를 보라. 헤라클리토스(Heraklit)에 대해서는 E. Pfleiderer, *Heraklit*, 1886, 256-269를 보라. 테오그니스(Theognis)와 그리스 금언으로 된 시에 대해서는 H. Ranston, *Ecclesiastes and the Early Greek Wisdom Literature*, 1925를 보라. 그리고 K. Galling, *op. cit.*, 363f.의 비평을 보라. 또한 *PW* 22, 1831과 비교하라. H. W. Hertzberg, *Der Prediger*, 1963, 59f.는 '전도자'와 테오그니스가 간접적으로나마 알고 있었을 가능성을 인정한다. 견유주의·스토아주의적인 강화에 관해서는 P. Kleinert, *ThStKr* 82, 1909, 508 등; O. Loretz, *op. cit.*, 32f., 55f.의 비평을 보라. '강화'(講話)가 기원전 3세기에서야 비로소 하나의 장르로 발전했기에(W. Capelle, *RAC* 3, 994ff.를 보라), '전도자'는 그것을 거의 사용할 수 없었다. 또한 다음의 학자들은 전도서가 그리스 철학에 직접 의존하고 있음을 받아들이지 않는다: J. Pedersen, *RHPR* 10, 1930, 333-344; H. J. Blieffert, *Weltanschauung und Gottesglauben im Buche Kohelet*, Diss., 1938, 84-88; R. Gordis, *Kohelet*, 1951, 51ff. 반면 지혜의 범세계성을 고려하면 전도서가 그리스의 지혜를 알고 있었다는 것을 배제할 필요는 없다. 중요한 연구에 관해서는 R. Braun, *Koheleth und sein Verhältnis zur literarischen Bildung und Popularphilosophie*, Diss., Erlangen 1971을 보라.

한 만족할 만한 결과는 나오지 않았다. 다만 약간의 유사성은 있었지만 이 역시 확실하다고 볼 수는 없는 것이었다.[54] 이런 이유로 로레츠(O. Loretz)가 주장하는 바와 같이 '전도자'는 그리스·헬레니즘 세계와의 어떠한 접촉도 갖지 않았다고 단호하게 말하는 것이 자연스러울 듯하다.[55] 그러나 로레츠 자신은 이집트의 영향을 배제하고 셈어와 설형문자와의 유사성들만을 수용함으로써, 분명 주제를 너무 억지로 다루는 것으로 보인다. 이것은 우선 그가 매우 불확실하게 남겨둔 결정적 요점인 연대(年代) 설정의 문제에서 그렇다. 마이어(E.

---

53) 이것에 대해서는 W. Baumgartner, *TR* NF 5, 1933, 262ff., 281ff.; K. Galling, *op. cit.*, 366f.; *ZAW* 50, 1932, 293ff.를 보라. 여기에서는 무엇보다도 이집트와의 유사점들이 있다. R. Kroeber, *Der Prediger*, 1963, 48ff., 59ff., 그리고 매우 편파적인 O. Loretz, *op. cit.*, 53ff., 90ff.의 연구를 보라. 구약 지혜문학에서 유래된 전도서의 모티브에 대해서는 K. Galling, *ZAW* 50, 1932, 293; O. Loretz, *op. cit.*, 196ff.의 모음집을 보라. F. Dornseiff, *ZDMG* 89, 1935, 246ff.는 그리스적 사유와 전도서의 관계는 일찍이 고대의 동방세계와 그리스 간의 관계로 거슬러 올라갈 수 있음을 주장한다.

54) L. Levy, *op. cit.*, 13ff.는 많은 그리스어 어법을 주목한다. K. Galling, *TR* NF 6, 1934, 362f.의 비평적인 논평; R. Gordis, *op. cit.*, 358 각주 3; O. Loretz, *op. cit.*, 45ff. 그리스어 어법에 대한 암시들은 다음에서 나타난다: W. Svart, *op. cit.*, 98ff.; H. W. Hertzberg, *op. cit.*, 56; O. Eissfeldt, *Einl.*³, 673.; R. H. Pfeiffer, *Introduction to the OT*, 1948, 729; Sellin/Fohrer, *op. cit.*, 340. 비교. R. Braun(제3부 각주 52를 보라).

55) *Op. cit.*, 56. 로레츠(Loretz)는 작가의 개성이나 책의 기록시기 등을 고려하지 않고 후기(後記) 작가(*Epilogist*)가 원문을 변경했다는 것을 부정함에 따라(40, 144, 166ff., 296ff.), 책의 긴장과 깊이를 평가하지 못하고 전체를 과장되고 변론적인 것으로 보게 되었다. G. Hölscher, *Geschichte der israelitischen und jüdischen Religion*, 1922, 182는 전도서에 어떤 그리스 헬레니즘의 영향이 있었는지 의심한다. 그러나 그는 161f.에서 기원전 3세기와 2세기에 팔레스타인과 동방세계의 헬레니즘의 영향을 최소한으로 줄이려 하지만, 이렇게 포괄적으로 내리는 판단을 견지할 수는 없기에 그의 판단은 편파적이었다.

Meyer)와 갈링(K. Galling)이 주장한 것처럼, 전도서에서 각각의 역사적 사실들에 대한 직접적인 암시를 읽어 낼 수는 없다 할지라도,56) 이미 《미쉬나》의 히브리어 발전을 가능하게 한 강력한 아람어적 색채를 가진 언어적 특성과57) 전체적인 환경으로 보건대, 전도서의 형성연대는 매우 후대임을 알 수 있다. 따라서 이 작품은 재물을 모으고 삶을 즐길 수 있을 정도의 좀더 긴 평화의 시기를 배경으로 하고 있다. 이러한 상황은 기원전 350년에서 300년 사이의 팔레스타인에서는 거의 불가능하다(1권 p. 79f. 를 보라). 게다가 부자들이 가난한 자들을 억압하는 엄격하고 가혹한 통치체제를 암시하는 것과 왕의 절대적인 권력에 대한 암시로 보아 그 형성시기는 프톨레마이오스 시대로 보기에 가장 적합하다.58) 마지막으로, 이 시기에 가장 잘 부합된

---

56) E. Meyer, *UAG* 2, 39 각주 1; K. Galling, *TR* NF 6, 1934, 357. 그럼에도 불구하고 다음을 보라: Dornseiff, *op. cit.*, 248(전 9:13-16); H. W. Hertzberg, *op. cit.*, 50ff. (전 8:2ff. 와 10:4ff., 16에 관해); K. D. Schunck, *VT* 9, 1959, 192-201(전 4:13-16). 이들은 또 다시 개별적인 역사적 사건들에 대한 구체적인 암시들을 발견하지만, 이러한 예들의 "비유적인 특징"을 잘못 해석한다. K. Galling, *loc. cit.*, 비교. *ZAW* 50, 1932, 286f.; *RGG*[3] 5, 513을 보라. A. D. Corré, *VT* 4, 1954, 416-418은 욥 2:3에서 본문을 수정함으로써, 기원전 175년 이후 예루살렘의 개혁시기에 나타나는 할례의 흔적을 없애려는 행위가 이미 전도서에서 있었다고 입증하려는 것은 잘못된 시도이다. 또한 O. Eissfeldt, *Einl.*[3], 673, 675를 보라.

57) H. W. Hertzberg, *op. cit.*, 28ff.; R. Kroeber, *op. cit.*, 28; 상대적으로 구약 가운데 전도서가 가장 아람어풍을 띤다. M. Wagner, *Die lexikalischen und grammatikalischen Aramäismen*, BZAW 96, 1966, 142, 145f. 와 비교하라.

58) 부자가 되려고 애쓰는 것에 대해서는 다음을 보라: 4:8; 5:10ff., 18; 6:2; 7:11(1권 p. 196ff. 를 보라). 가난한 사람에 대한 프톨레마이오스의 경영과 압제에 대해서는 5:7의 "그 지역에서"(מְדִינָה)를 보라; 비교. 4:1과 7:7. 본문 비평적으로 확정하기 어려운 5:8은 프톨레마이오스 왕들이 농산물에 관심이 있음을 가리킨다(이 책 제1부 각주 399를 보라). 공원시설(פַּרְדֵּסִים, 페르시아 차용어), 영토, 인공관개(이 책 제2부 각주 363-365)에 관한 "솔

다고 설명할 수 있는 사항들은 — 이를테면 '왕의 유언' 형태로 쓰인 이 작품의 외양(外樣)이 보여주는 바와 같은 — 이집트와의 다양한 연관성이 있다는 것과, 또한 파피루스 인징거(P. Insinger)에 나타난 바와 같이 동시대의 지혜문학적인 가르침과 여러 방면에서 관련을 맺고 있다는 사실들이다.59)

로몬"의 농사일; 2:4ff.은 또한 프톨레마이오스 시대에 딱 들어맞는다. E. R. Bevan, *History of Egypt*, 1927, 78과 비교하라. 왕의 권력에 관해서는 8:2ff.를 보라: K. Galling, *ZAW* 50, 1932, 294f.; Die 5 Megilloth, *HAT* 18, 1940, 79는 여기에서 프톨레마이오스 가문의 왕의 선서(ὅρκος βασιλικός)를 본다. 본문을 확정하기 어려운 이 구절에서 배교에 대한 경고를 보아야 한다는 헤르츠베르크(H. W. Hertzberg, *op. cit.*, 50f., 163ff.)의 견해는 여전히 의문으로 남는다. 그러한 경고는 팔레스타인에서 프톨레마이오스 왕조와 셀레우코스 왕조 사이의 긴장의 장에 놓여있었던 3세기 이후 항상 예민한 주제였다. 그렇지만 이 구절은 Herzberg가 시도하는 것과 같은 정확한 연대규정의 증거로는 아무런 정보를 제공하지 못한다. Rostovtzeff, *HW* 1, 277은 10.20과 관련하여 프톨레마이오스 통치하의 밀고자들을 언급한다.

59) P. Humbert, *Recherches sur les sources égyptiennes*, 1929, 107ff.는 이미 이집트와의 유사점을 보았다. 그러나 그는 전도서가 이집트에서 기록되었으며(113), 고대 이집트 민용(民用) 문자(*der Demotische*)에 대한 지식도 있었다는 추측은(124) 과도한 것이라 본다. 왕의 유언에 관해서는 K. Galling, *ZAW* 50, 1932, 298f.를 보라. O. Eissfeldt, *Einl.*[3], 668, 그리고 주해 1과 2에 제시된 문헌과 비교하라. O. Loretz, *op. cit.*, 57ff.의 반대는 유지될 수 없다. P. Insinger에 대해서는 K. Galling, *TR* NF 6, 1934, 366f.; O. Loretz, *op. cit.*, 84ff.; 그리고 R. Kroeber, *op. cit.*, 53, 57f.를 보라: "두 책의 내용과 상징적 접촉점이 매우 뚜렷하게 많아서 문학적 관련성을 인정해야만 한다. 그러나 같은 내용에 관한 진술들이 종종 상반된다." 번역에 관해서는 A. Volten, *Das demotische Weisheitsbuch*, Analecta Aegyptica II, 1941을 보라. B. Gemser, *SVT* 7, 1960, 102-128은 전도서와 이와 비슷하게 늦은 시기 이집트의 "온크쉐숀키(Onchsheshonqy)의 교의" 사이의 어떤 유사점들을 지적한다. 특별히 ibd., 125f.와 비교하라. 또한 O. Loretz, *op. cit.*, 86ff.를 보라. 그러나 전체적으로 '전도자'는 철저히 나름대로의 사고를 했다: "내용적으로 이런 자료들에는 그의 신념과 사고가 너

전도서 기록시기의 하한선(*terminus ad quem*)은 이 책을 알고 있었던 벤 시라의 시대인 대략 기원전 180년경이다. 게다가 제 4번 쿰란동굴에서 발견된 이 책의 단편들은 기원전 2세기 중반경의 두루마리로 판명되었다.[60] 이 두 경우 모두, 전도서는 이미 수정되어서 엄격하고 정통적인 그룹에서 받아들여질 수 있는 형태로 존재했다. 그러므로 이 작품의 형성기는 적어도 이보다 몇십 년이 앞서야만 한다. 그렇다면 그 시기는 기원전 270~220년 사이로 옮아간다. 제논 파피루스에 따르면, 이때는 팔레스타인에서 정치적·경제적 상황이 활발하게 발전했고, 이는 결국 지적인 영역에서도 발전을 가져왔다. 대다수의 학자들은 비록 전도서가 그리스 철학 및 문학과 직접적으로 연관되어 있다는 추측을 받아들이지 않은 것은 정당했다. 하지만 그들은 전도서가 이렇게 "사상과 분위기에서는 헬레니즘의 시대정신과 접촉"했음을 인정해왔던 것도 사실이다.[61] 그 시대를 살았던 한 사람으로서 젊은 시절 분명 활력이 넘치고 야심적이었던 저자가, 그토록 새롭고 자극적인 여러 인상을 주었던 당대의 정신적 분위기를 받아들이지 않을 수는 없었으리라. 그러나 우리가 관심을 기울여야 할 전도서와 초

무 완벽하게 함께 융화되어서 항상 명확하고 풍부하게 되지만 한 번도 영향을 주지 않았다"(R. Kroeber, *op. cit.*, 56).

60) R. Kroeber, *op. cit.*, 64f., 67ff.; H. W. Hertzberg, *op. cit.*, 46ff.; O. Eissfeldt, *Einl.*^{3}, 474, 각주 1; 926 각주 12.

61) R. Kroeber, *op. cit.*, 47, 비교. 각주 9의 목록; 거기에 인용된 이름들에 대해서는 또한 W. Zimmerli, *Die Weisheit des Predigers Salomo*, 1936, 28 각주 2, O. Eissfeldt, *Einl.*^{3}, 675; W. Rudolph, *Vom Buche Kohelet*, 1959, 16f.를 보라: "이런 사고의 전체적인 방식은 헬레니즘적 세계문화의 시대에만 가능했고… 유대교와 헬레니즘 사이에 있었던 세계사적인 논쟁에 대한 중요한 증거라는 것을 부인할 수는 없다"고 하겠다. K. Galling, *RGG*^{3} 5, 513의 더욱 신중한 주장을 보라: "본래의 그리스적 어법에 대하여는 말할 수 없다. 그래서 우리는 헬레니즘적 관점들에 대한 어느 정도의 친화성만 확인할 수 있다."

기 헬레니즘과의 관계라는 문제는 단지 유사성이 있는 것들을 열거한다고 해서 해결될 수 없다. 게다가 고대세계에서 예시된 인용들의 공통점은 너무 부족한데, 철학학파들은 아예 제쳐 놓더라도 헤시오도스와 테오그니스, 시모니데스(Simonides)와 같은 고대의 상류층 시인들에서부터 마르쿠스 아우렐리우스(Marcus Aurelius)와 같은 후대의 명상적 사상가에게까지 다양하다.[62] 다음으로 지혜가 '범세계적'으로 보급되기도 했거니와 그 주제가 보편적 인간을 다루기 때문에, 유사성을 제시한다고 해서 지혜의 기원에 관해서 말할 수 있는 것은 아니다. 오히려 모종의 가설적인 문학적 '의존성들'을 배제하고 차라리 새로운 희극과 그리스 비문에서 나온 몇몇 예들을 근거로 초기 헬레니즘의 정신과 분위기를 '전도자'의 사고와 비교하는 것이 더 많은 시사점을 줄 수 있을 것으로 보인다. 그러나 여기서 우리의 출발점은 '전도자' 자신이 가지고 있었던 가장 깊이 있는 비평적인 사고의 구조와 문제점을 서술하는 것이다.

그에게 있어 무엇보다도 가장 두드러진 특징은 우선, 그의 작품에서 새로운 지혜의 가르침이 나타난다는 것인데, 이것은 이전의 지혜가 익명으로 보여주었던 객관성과 무엇에도 굴하지 않는 낙관주의적인 지혜의 성격을 극복하는 것이었다. 우리는 그의 가르침에서 (역주. 학파적인 전통에 속하지 않고) 개인으로서 전력투구하는 비판적인 개성을 만나게 된다. 그는 그렇게 날카로운 관찰자요, 독자적인 사상가로서 실제로 새로운 통찰력에 들어설 수 있었다: 내가 올바르게 보았다면, "구약이나 구약의 '지혜' 내에서 '전도자'는 실존의 역사적 성격을

62) 제 3부 각주 52를 보라. E. Meyer, *UAC* 2, 35; 마르쿠스 아우렐리우스에 대해서는 H. J. Blieffert, *op. cit.*, 92-94를 보라. 또한 W. Rudolph, *op. cit.*, 17과 비교하라. H. L. Ginsberg, *Studies in Koheleth*, 1950, 43f.는 헬레니즘 시대, 특히 메난드로스로부터 일련의 전체적인 유사점들을 인용한다.

고통 속에서(*in tormentis*) 발견하여 그것을 주제별로 다룬 첫 번째 저자이다."[63] 그러나 그가 전승된 지혜와 개인적이고 비평적으로 분석된 삶의 경험을 서로 융화시키는 법을 완숙하게 이해했기 때문에 그 두 가지 요소를 분리하기는 어렵다. 가령 "전기적인 특징들"을 분리하여 편집해 낼 때처럼 말이다.[64] 그렇지만 다른 한편으로 그가 전면에 부각시킨 것은 다양한 전통적 모티브가 아니라, 그것을 고도로 개인주의적이고 비판적으로 역전시킨 것이었다. 이 역전은 초기 지혜의 전통적 세계상을 파괴함으로써 일어나는데, 행위-결과 사이의 확고한 인과응보적인 연관을 부정하고, 또한 인간은 자연과 역사 속에서 일어나는 하나님의 행동을 도저히 이해할 수 없다고 선언한다.

우리는 저자의 신상에 대한 뚜렷한 정보를 가지고 있지 않다. 단지 그가 유대사회의 유복한 상류층 귀족 출신의 지혜교사였으며, 자신의 작품을 노년에 일종의 개인적인 신앙고백의 한 표현으로 기록했다는 사실 정도나 알 수 있을 뿐이다.[65] 그럼에도 불구하고 우리는 여전히 저자의 뚜렷한 '개성'을 말할 수는 있다. 이 개성은 구약의 지혜교사

---

63) K. Galling, *ZThK* 58, 1961, 1.

64) K. Galling, *ZAW* 50, 1932, 280f. 와 비교하라: "1인칭적 진술과 2인칭 부름말"(*Ich-Aussage und Du-Anreden*)에서 "지혜의 구체화"가 문제가 된다. 그러나 ibd., *Prediger Salomo*, *HAT* 18, 1940, 48을 보라: 비록 그것들이 "자서전적으로 평가"될 수는 없(겠)지만, 그것들은 여전히 "고백들"이다. '전도자'가 "'단절된' 문장"으로 "학파전승"에 반대한다는 점에서(*op. cit.*, 47) 우리는 동시에 그의 생애의 윤곽을 얻는다. '나-담화'(*Ich-Rede*)는 지혜전승의 문체형식을 끊임없이 돌파하여 개인의 고백이 된다. 갈링(K. Galling)의 질문, *ZAW* 50, 1932, 280에 대해서는 R. Kroeber, *op. cit.*, 35를 보라. '전도자'의 이력에 관해서는 또한 R. T. Gordis, *op. cit.*, 77-86을 보라.

65) 그의 팔레스타인 집에 대해서는 H. W. Hertzberg, *ZDPV* 73, 1957, 113-124; *Der Prediger*, 1963, 42f. 를 보라. 그의 출신의 사회적 환경에 대해서는 K. Galling, *op. cit.*, 284를 보라: "발견된 국가질서는 봉건적 귀족정치이다." 또한 Kroeber, *op. cit.*, 23f. 를 보라.

가운데 처음으로 그에게서 나타난 특성이며, 후에는 예수 시락(Jesus Sirach)에서도 비슷한 형태로 나타나 마침내 헬레니즘시대의 전형적인 특징이 되었다. "개인은 이제 스스로 살아갈 자유를 얻었다." 왜냐하면 "환경과 세계에 대한 개인의 일치감은 대립과 독립, 자주적 의식으로 나아가는 길을 열어주었다."[66] 의미심장한 것은 3세기 중반부터 유대사회에서도 민족과 가족의 전통으로부터 이탈한 개인의 생애(*Persönlichkeit*)가 나타난다.[67] '전도자'라는 한 인물에 관한 특색으로 여기서는 무엇보다도 냉정하게 거리를 두는 태도가 언급된다. 그러나 그것은 백성의 공동체와 함께 져야 할 책임감이 결여되어 있으며, 사회적 영역에서 일어나는 불의를 알리기는 하지만 이를 개선할 어떤 주도적인 행동도 하지 않는 태도이다. 이것이 한편으로는 그를 예언자들과, 다른 한편으로는 — 특히 근본적인 염세적 태도에서 — 그와 많은 공통점이 있는 마르쿠스 아우렐리우스와도 구별되는 점이다.[68]

이것과 불가피하게 마주치는 대칭점이 보편주의이다.[69] '지혜'가 그

66) P. Wendland, *Die hellenistich-römische Kultur*, 1912, 45, 47f. 또한 M. P. Nilsson, *GGR*^{2} 2, 294, 300; M. Hadas, *HCu*, 22ff.와 비교하라. '전도자'의 "개인주의"에 대해서는 R. T. Gordis, *op. cit.*, 75를 비교하라: "성서의 어떤 책도 전도서처럼 … 강렬하게 개인적이지 못하다. … 전도서는 내용에서는 개인적이며 표현에서는 독보적이다." 또한 K. Galling, *loc. cit.*, "귀족주의적 개인주의"를 보라.

67) Tcherikover, *HC*, 159; 가장 좋은 예는 토비아스와 오니아스 가문의 역사이다. 3권 p. 86ff.를 보라.

68) 예언자들과의 비교에 대해서는 A. Lauha, *SVT* 3, 1955, 185를 보라. 마르쿠스 아우렐리우스에 대해서는 H. J. Blieffert, *op. cit.*, 92ff.를 보라. 국가에 대한 그의 평가 역시 근본적으로 유보적이며 부정적이다: 8, 9. 11.

69) Tarn/Griffith, *Hellenistic Civilization*, 2: "… 그리스 도시국가의 특수주의는 … 보편주의와 그것의 자연스러운 결과인 개인주의로 대체되었다." 또한 P. Wendland, *loc. cit.*를 보라: 개인주의는 세계주의와 조화되었다. 35ff.와 비교하라. '전도자'에게서 이 두 사상의 결합에 관해서는 H. J. Blieffert,

기원부터 하나의 보편적인 특징이 있으므로, 욥기와 잠언서조차 이스라엘 역사에 대한 언급은 발견할 수 없다. 지혜와 이스라엘의 역사적 전통이 결합되었던 것은 비로소 시락(Sirach)에 와서야 이루어지는데, 당시는 헬레니즘적 외래사상이 압도하고 있었다(2권 p. 94ff. 를 보라). 그러나 '전도자'는 심지어 하나님의 개념조차도 '탈민족화'했다. 다시 말해, 그는 분명히 의식적으로 야웨라는 신명(神名)을 피하고 그 대신 '하엘로힘'(הָאֱלֹהִים)이라는 표현을 주로 사용했다. 그가 사용한 38회의 표현 가운데 8회만이 정관사 없이 '엘로힘'을 사용했다. 이런 일관된 용법으로 그는 아마도 하나님의 보편성과 더불어 인간으로부터의 초월성을 표현하려 했으리라.[70] 그가 27회나 사용한 전통적인 관용표현 "해 아래"는 일찍이 그리스 어법이라고 잘못 추정되었는데,[71] 하지만 이 용어는 그의 관찰의 보편성과 규범성을 암시하는 표현이다. 또한 '사람' 혹은 '인생들'(*Menschenkinder*)이라는 용어들은 총괄적인 의미로 어쨌든 사람을 뜻한다.[72] 그래서 전도서에서 하나님이 이스라엘과 함께한 역사와 그의 율법에 대한 모든 암시들이 실제적으로는 결여되었지만, 그럼에도 불구하고 창세기 첫 장에 대한 일

---

op. cit., 90f. 를 보라.

70) R. Kroeber, *op. cit.*, 130f. ; 비교. K. Galling, *HAT* 18, 1940, 47: "심지어 '신성'(*Gottheit*)을 말하고자 할 때가 종종 있다."

71) 다른 한편 K. Galling, *TR* NF 6, 1934, 362ff. 와 비교하라. 현대의 주석가들이 그의 주장을 따르고 있다. 그러나 브라운(R. Braun, 제 3부 각주 52)은 다르다.

72) K. Galling, *HAT* 18, 1940, 53: "주로 '지혜'가 가지고 있는 보편적인 인간학"과 "해 아래"라는 표현에 대해서는 O. Loretz, *op. cit.*, 180을 보라. 그러나 '전도자'는 이 형식을 "단지 그의 성향으로 인하여" 반복하지 않는 것이 분명하다. 오히려 자신의 관점의 보편성을 강조하기 위함이다. "사람" 이외에도 다른 전형적인 인물들이 나타난다: 현자와 우매자, 왕, 부자, 의인과 악인(7:15; 9:2) ; 여인(7:26) 등. 이들은 어쨌든 사람을 표현하는 형태이다.

련의 연관성들이 발견된다. 여기서 벤 시라서와 대조적으로 특히 하나님의 창조세계의 어둡고 설명할 수 없는 측면들이 나타난다.[73] 때문에 폰 라트(G. v. Rad)는 '전도자'가 "완전히 비역사적으로" 사고한다고 비난한다. 그러나 이것은 '역사'라는 용어를 어떻게 해석하느냐에 달려 있다. 또한 '전도자'는 시간 속에서 '역사적' 실존(2권 p. 42 각주 63을 보라)에 대해 특별히 인상적으로 숙고한다고 말할 수 있다. 또한 그의 사고방식은 '구속사적' 관찰방식을 배제하고서야 가능한 것이었다.[74]

크뢰버(R. Kröber)에 따르면, 하나님과 인간, 세상에 관한 이 보편주의적인 견해는 "관찰로써만 얻을 수 있고 헬레니즘의 지적인 분위기 속에서만 생각할 수 있다. 또 관념적인 면에서는 철학적이지만 지혜의 가르침대로 실행하는 데에서는 매우 목표지향적이고 실용적인 지식이며, 우선 지식이 아닌 삶을 통제하고 그것을 실현하는 것을 염두에 둔다."[75] '전도자'의 "일관된 논리적 사고"에서 "'그리스적' 뿌리"를 보았던 헴펠(J. Hempel) 역시 이와 유사한 결론에 도달했는데, 그것은 '전도자'의 일관성과 추상능력은 "동방세계와 연관되지 않았다"고 한다.[76] 그러나 우리는 여기에서 '그리스'와 '동방세계' 간의 대

73) 다음을 비교하라: 전 5:14-16과 창 3:17-19; 전 3:20b 및 12:7과 창 2:7, 19 및 3:19; 전 3:11과 창 1:13. 또한 H. W. Hertzberg, *op. cit.*, 227-230의 예들을 보라. W. Zimmerli, *Prediger*, ATD 16/1, 1962, 137f.; 12:1(245)과 비교하라. 그러나 여기서 본문은 논란이 된다. 제3부 각주 108을 보라. 이스라엘 이름은 지지기 이른바 "이스라엘의 왕이 되었다"는 언급으로 1:12에만 나온다. 법 규정은 5:3 5에 나타난다. 그러나 둘은 저자의 관점에서 볼 때 전혀 표현이 안 된다.

74) G. von Rad, *Theologie des AT*, ^{4}1962, 1, 469.

75) R. Kroeber, *op. cit.*, 26f.

76) J. Hempel, *Die althebräische Literatur*, 1934, 191. H. J. Blieffert, *op. cit.*, 91은 이 주장을 따른다.

조를 과도하게 강조하거나, '전도자'가 그 어느 한쪽에 의존했다고 추측해서는 안 된다. 이런 방향의 움직임은 이미 페르시아시대에 시작되었다(2권 p. 19ff. 를 보라). 3세기에 시작된 지적인 변혁은 새롭고 독자적인 사고를 시작할 수 있는 여지를 더욱 많이 제공했다. 그럼에도 불구하고 그가 비판적 사고에 진력했다는 사실은 구약에 유일하게 남아 있다.

> 사람이 해 아래서 수고하는 모든 수고가
> 자기에게 무엇이 유익(מַה־יִּתְרוֹן) 한가(전 1:3)?

'유익'이라는 단어 '이트론'(יִתְרוֹן) 은 구약에서 오직 전도서에서만 등장하는데, 계속 반복되는 이 질문의 이면에는[77] 근본적으로 삶의 의미에 관한 문제가 자리 잡고 있다. 이것은 그가 추구했던 예리한 지식의 근본과제를 형성한다.

> 내가 마음을 다하여 지혜를 연구하고(לִדְרוֹשׁ)
> 하늘(1절. 해) 아래서 일어나는 모든 일을 살폈도다(לָתוּר).
> 이는 하나님이 인생에게 괴로운 것을 주셔서
> 수고하게 하신 것이라(1:13).
> 내가 돌이켜 전심으로(그것에 행하여) 깨닫고 살피어(וְלָתוּר)
> 악함과 어리석음과 무지(와) 불가해(不可解) 한 것을 알고자
> 지혜와 종국적 결과(חֶשְׁבּוֹן) 를 구했더니(7:25).[78]

---

77) 비교. 2:11; 3:9; 5:15; 10:10(본문을 확정하기 어렵다), 11; 비교. H. J. Blieffert, *op. cit.* 99, "'전도자'가 접근하는 세계와 삶에 대한 그의 생각에 관한 문제."

78) 7:25의 본문은 Hertzberg, *op. cit.*, 137, 142를 따랐음. 똑같이 이상한 테슈본(חֶשְׁבּוֹן) 의 해석에 대해서는 K. Galling, *HAT* 18, 1940, 77: "결국 그는 지혜와 화해하려 한다."

페데르센(J. Pedersen) 은 《70인경》이 카타스켑사스타이(κατασκέψασθαι)로 번역한 투르(תּוּר)를 "철학적인 의미로 회의(懷疑)하게 된다"(comme σκέπτεσθαι *en sens philosophique*)라는 뜻을 가진 '탐구'(*guetter*)의 개념으로 보았다.[79] 비록 '철학적'이라는 개념을 사용하는 것에는 신중해야 하지만 그의 지식추구가 새로운 길로 나아가게 되었다고 말할 수 있으리라. 사실 그의 사고(思考)는 철학 이전의 과도기적인 단계라고 말하는 것이 더 나을 것 같다.[80] 그렇지만 전도서 1:13 마지막 문장이 보여주듯이 그는 '지혜'를 추구함에 있어, 성급하게 넘어설 수 없는 경계들과 부딪친다.

내가 이 모든 것을 지혜로 시험해 보아
생각하기를, 내가 현자가 되리라 했으나
지혜가 내게서 멀도다.
있는 것은 멀고, 깊고 또 깊도다.
누가 그것을 발견하랴? (7:23f)[81]

참으로 타당하고 영속적인 '유익'은 지혜를 추구하는 길에서는 발견되지 않는다. 인간적인 관찰과 숙고는 고작해야 어떤 일시적인 삶의 규칙이나 권면 정도나 줄 수 있다. 이를 통해 전통적인 지혜가 타당성을 갖게 되는 영역은 매우 제한적이 된다. 삶에서 일어나는 모든 것을 궁극적으로 규정하는 결정적인 힘과 하나님의 역사(役事)는 영원히 변함없기에 아무것에도 영향을 받을 수 없는 실체로 남는다. 이미 과거의 지혜를 통해 알고 있었듯이,[82] 이는 자연사건(2권 p. 149f.

79) J. Pedersen, *RHPR* 10, 1930, 331 각주 12.

80) E. Bickerman(n), *HTR* 54, 1951, 162; 2권 p. 18f., 329f. 를 보라.

81) 이전의 1:17f., 8:16f. 와 비교하라. 제 3부 각주 72와 비교하라.

82) 잠 30:1-4; 욥 36:26ff.; 37:4ff.; 38:1ff. 와 비교하라. 이미 언급한 사

를 보라)에서뿐만 아니라, 사람을 향한 하나님의 태도에서도 동일하다. 죄 없는 자들이 억압받고 착취당하나, '위로'할 자도 복수할 자도 없다:

> 자기의 의(義)로 멸망하는 의인이 있고
> 자기의 악의(惡意) 중에서 장수하는 악인이 있으니(4:1).[83]

하나님의 전능하심과 인간의 의(義)에 대한 요구 사이에는 해결할 수 없는 모순이 있다. 전통적인 지혜와는 대조적으로 전도서에서 하나님이 모든 인간에게 부여한 운명은, 그가 의인이든 악인이든 절대 불분명하다.[84] 이런 의미에서 무엇보다도 이전의 낙관적인 지혜와 비교하여, '전도자'의 '회의'(懷疑)를 말할 수 있으리라. 그러나 이는 단지 인간의 가능성에 의혹을 두는 것이지, 결코 하나님의 실체를 회의하는 것은 아니다.[85]

이런 '회의'는 인간 생명의 끝을 생각하는 '전도자'의 운명론으로 고조된다. 즉, 변경할 수 없는 죽음의 운명 앞에서는 지혜나 의로움, 재물이나 자손뿐만 아니라 명성조차도 설 수 없기 때문이다. 비록 전통적인 견해에서 지혜와 어리석음이란 빛과 어둠처럼 다르지만, 지혜로운 자도 어리석은 자와 마찬가지로 반드시 죽어야 하고, 결국에는 아

40:12-14와 시 139:6, 7을 보라.

83) 4:1과 7:15, 비교. 3:16; 5:7; 8:10, 14.

84) 2:26: 여기에서 호테(חֹטֶא)는 "불쾌한"으로 번역되었다. 7:26; 3:11; 7:13f.; 8:16f.; 9:1ff.; 11:5를 보라: 여기에서 초기의 지혜의 주제(시 139:13ff.; 욥 10:9-13)는 하나님 행위의 불가해성을 입증하기 위하여 사용되었다. 전체에 대해서는 다음을 보라: H. Gese, in: *Les Sagesses du proche-Orient ancient*, 1963, 149: "세계에서 일어나는 일은 이해할 수 없으며 그것에 대한 모든 지식은 망상이다."

85) 또한 J. Pedersen, *op. cit.*, 344를 보라.

무도 그를 기억하지 않게 된다.[86] 사람이 짐승보다 나을 것이 없다(3:19ff.). 죽음의 위협에 처한 인간 삶의 의미를 묻는 '전도자'의 예리함은 구약에서는 유일한 형태이다. 그것은 이 작품의 시작과 끝에 핵심적 선언으로 자리 잡고 있는 다음과 같은 불가피한 결론으로 이끈다: "헛되고 헛되니 모든 것이 헛되도다."[87]

그는 죽음이라는 인간의 운명을 표현하는데 '미크레'(מִקְרֶה, 운명)라는 단어를 일곱 번이나 사용한다. 이 단어는 구약의 다른 곳에서는 '우연'이라는 의미로 세 번만 등장하고, 지혜문학에서는 더 이상 나오지 않는다.[88] 그러므로 우리는 그것이 '이트론'(יִתְרוֹן)처럼 '전도자'가 자신의 독특한 사상을 표현하기 위해 사용한 핵심용어요, 구약의 다른 곳에서 극히 드물거나 때로는 전혀 나오지 않는 개념이라고 간주할 수 있겠다. 이들이 대체로 우리에게는 거의 알려지지 않았던 당대 통용되던 히브리어나 아람어에서 온 것이라 할지라도, 여전히 그의 독립적인 사고의 표현이라 할 수 있다. 그는 이 세상과 하나님 앞에 선 인간존재를 한편으로는 전통적인 지혜와 충돌하는, 그리고 다른 한편으로는 당대의 헬레니즘 정신과 충돌하는 새로운 개념으로 묘사

---

86) 전형적인 "끊어진 문장" 2:12a-17과 비교하라. 그것은 13f. 절의 전통적인 견해들을 분명히 입증하는 것으로 시작하여 17절에서는 냉혹한 일관성에서 실망으로 끝난다. K. Galling, *HAT* 18, 1940, 57과 비교하라: "그것은 '전도자'를 흔드는 새로운 인식이 쇄도하고 있음을 보여준다." 의인과 악인에 대하여는 9:2ff., 비교. 7:15. 부와 번영의 허망함에 대해서는 다음 2:18-23의 문장을 보라. 비교. 4:8; 5:14; 심판과 기억에 대해서는 1:9-11; 2:16; 9:5f. 를 보라. O. Loretz, *op. cit.*, 225ff. 를 보라.

87) 1:2와 12:8; 헤벨(הֶבֶל)은 전부 23번 나온다. 이것의 중요성에 대해서는 W. Zimmerli, *op. cit.*, 13f. 각주 2를 보라. 그리고 특히 O. Loretz, *op. cit.*, 218-246을 보라.

88) 2:14, 15; 3:19(3번); 9:2f. "우연"의 의미에 관해서는 삼상 6:9; 20:26; 룻 2:3; 이 개념에 관해서는 R. Kroeber, 55f.; H. J. Blieffert, 20f.; Gese, *op. cit.*, 143f. 를 보라.

하려 했다.[89] 학자들은 또한 이 '미크레'라는 단어를 그리스 어법으로 보기 위해 튀케(τύχη, 운명)와 연관시켰다. 그렇게 너무 성급하게 양자를 동일시하려는 것은 당연히 거절해야겠지만,[90] 그러나 '기회'나 '운명'과 같은 개념들이 근본적으로 구약의 사상세계에서는 이질적이라는 사실을 간과해서는 안 된다. 왜냐하면 '미크레'는 구약의 몇 안 되는 다른 구절에서처럼 어떤 특별한 '기회'라는 의미가 아니라, 모든 사람을 뒤덮고 있고 사람이 무엇을 행하든 관계없이 정해진 시간에 만나게 되는 고정 불변하는 '죽음의 운명'을 의미하기 때문이다. 이것은 '전도자'에게서 새로운 요소이다.[91]

이와 함께 그는 또한 구약에서 전도서 이외에는 단 한번만 나오는 '페가아'(פֶּגַע)를 '운명'(역주. 한글 개역개정 성서는 '기회'로 번역함)이라는 의미로, '시기'를 의미하는 에트(עֵת = καιρός, 《70인경》)와 밀접히 연관시켜 사용했다.

내가 돌이켜 해 아래서 보니

---

89) 이것에 대해서는 R. Kroeber, *op. cit.*, 41을 보라. 이 범주에는 또한 다음의 것들이 포함된다: רַעְיוֹן סִכְלוּת הוֹלֵלוֹת(μωρία)과 רְעוּת; חֶשְׁבּוֹן; כִּשְׁרוֹן. 혹은 구약 어디서든지 나오지만, 전도서에서 진부한 방식으로 사용되는 헤벨(הֶבֶל)과 아말(עָמָל)와 같은 용어들; 이 둘에 관해서는 H. Gese, *op. cit.*, 139 각주 1; 헬레크와 에트(חֵלֶק과 עת)는 2권 p. 70을 보라. 일반적으로 '전도자'는 전형적인 어휘와 독특한 문체를 사용한다. O. Loretz, *op. cit.*, 166-217의 상세한 조사를 보라.

90) E. Meyer, UAG 2, 37 각주 1; O. Eissfeldt, *Einl*^{3}, 675는 튀케(τύχη)를 부각시킨다. 다른 한편 다음을 보라: K. Galling, TR 6, 1934, 362; O. Loretz, *op. cit.*, 46, 그러나 각주 5를 보라: Tychē는 또한 불리하게(*ad malam partem*) 사용된다.

91) R. Kroeber, *op. cit.*, 55는 이 사실을 크게 주목하지 않는다. 그러나 Nötscher, *Vom Alten zum Neuen Testament*, 1962, 13f.를 보라. 제3부 각주 148을 보라. 또한 H. Gese, *op. cit.*, 143f.와 비교하라.

빠른 자라고 경주에서 이기는 것이 아니며
용사라고 전쟁에서 승리하는 것이 아니며
현자라고 떡을 얻는 것이 아니며
명철한 자라고 부를 얻는 것이 아니며
지식인이라고 은총을 입는 것이 아니니
도리어 시기(עֵת)와 운명(פֶּגַע)이 이 모든 자에게 임함이라(יִקְרֶה).
이는 사람도 자기의 때를 알지 못하나니
물고기가 재난의 그물에 걸림같이
새가 올무에 걸림같이
인생들에게도 악한 때가 갑자기 임하면
거기에 걸리느니라(9:11f.)[92]

'전도자'에게 결정적으로 중요한 교훈시(敎訓詩)인 전도서 3:1-15에서[93] 그는 때의 문제를 숙고한다. 그는 하나님이 일으키는 모든 사건에 확고한 '때'(*kairos*)를 부여했고, 하나님의 매순간의 '때'라는 관점에서 보면 발생하는 모든 것은 선하다(3:11). 왜냐하면 모든 '때'(Kaioroi)는 하나님의 불변하는 시간의 과정에 포함되기 때문이다.[94] 문제는

---

92) 9:11f. : 페가아(פֶּגַע)는 미크레(מִקְרֶה)와 동의어로서 구약 왕상 5:18에서 한번만 나온다. 또한 〈아히카르서〉의 금언에도 나온다: A. Cowley, *Aramaic Papyri*, 1923, 215, 1. 89.

93) 또한 K. Galling, "Das Rätsel der Zeit im Urteil Kohelets(Koh. 3,1-15)," *ZTK* 58, 1961, 1-15; H. Gese, *op. cit.*, 148ff.를 보라. 게제(Gese, 각주 1)에 의하면, "전도서의 주요 부분의 시작"은 3:1-15에서 발견되며, 저자는 항상 그곳으로 다시 돌아간다고 한다(3:17; 8:5f., 9; 9:11).

94) 3:14a와 11a. 여기서 후자의 본문은 확정하기가 어렵다. H. Gese, *op. cit.*, 150의 해석은 갈링(K. Galling, *HAT* 18, 1940, 62. 또한 *ZTK* 58, 1961, 5ff.와 비교)에 비하여 본문에 어떤 복잡한 변경을 전제하지 않아도 된다는 장점을 가질 것이다. 다른 한편 갈링이 게제의 것을 따라 올람(עוֹלָם)을 "시간의 경과"로 번역한 것은 헤르츠베르크가 그의 해석에서 시도하려는

하나님의 시간(עוֹלָם)의 과정이 인간에게는 완전히 감추어져 있어서, 인간은 하나님의 활동을 파악할 수 없다는 점이다.[95)]

> 하나님이 행하시는 모든 것은 시간의 과정에 속함을 내가 알았도다
> (הוּא יִהְיֶה לְעוֹלָם)
> 그 위에 더 할 수도 없고 그것에서 덜 할 수도 없나니
> 하나님이 이같이 행하여 사람이 그를 두려워하도다(3:14).

그러므로 사람에게 온 세상은 풀 수 없는 수수께끼가 되고 자연과 역사는 외관상 의미 없는 순환처럼 보인다.[96)] 심지어 사랑과 미움조차도 사람의 마음대로 되지 않는다(9:1). '전도자'에게 있어 근본적으로 인간의 자유의지는 더 이상 없다. 만사는 하나님께서 정해 놓으셨다. 이런 무의미함이 절정에 이르는 곳은 헤아릴 수 없는 죽음의 운명에서인데, 죽음은 모든 사람에게 제멋대로 영향을 미치고 공정한 인과응보에 대한 옛 지혜의 모든 사변(思辨)을 무의미하게 만든다.[97)] 다른 한편으로, 인간의 악의(惡意)가 존재하는 주된 이유는 바로 공정한 징벌이 일어나지 않는다는 점 때문이다: "이것은 해 아래에서 일어나는 모든 일 중의 악한 것이니, 모든 사람에게 한 가지

것들(*op. cit.*, 96)보다 훨씬 더 낫다. '전도자'보다 약 80년 후 알렉산드리아의 유대인 철학자 아리스토불로스가 매우 다르게 번역한 "시간의 계획"에 대해서는 2권 p. 181f.를 보라.

95) 3:17b, 22b; 6:10-12; 7:10, 14b, 24, 29; 8:5b-8:17; 9:12; 10:14; 11:2, 5f.와 비교하라.

96) 1:3-11의 도입시(導入詩)를 보라. 그리고 그것에 관해서는 H. Richter, *ZAW* 70, 1958, 19를 보라. 5-7의 특별한 언급: "여기에서 자연은 자연 그 자체로 인하여 고찰되거나, 야웨를 찬양하기 위한 것일 수 없다. 이런 자연관찰들은… 철학적 이론을 시인하고 입증하기 위함이다." 또한 1:15; 7:13; 11:3과 비교하라.

97) 2:12a-17; 9:1-6; 3:18-21; 비교. 7:2; 8:9; 9:10.

운명이 닥치느니라. 그리하여 인생의 마음에도 악이 가득하여 …" (9:3).[98] 그럼에도 불구하고 '전도자'는 가령 욥이 한 것과 같은, 하나님에 대한 비난을 냉정하게 받아들이지 않았다. 반항은 무의미한 것일지 모른다. 왜냐하면 사람은 자신이 하나님의 대화상대일 수 있다고 생각해서는 안 되기 때문이다. 하나님의 전능에 대해서는 오직 복종만 있을 뿐이다.[99]

> 일어나고 있는 것은 오래전부터 그 이름이 불린 바 된 것이며
> 사람이 무엇이 될 것인지도 이미 결정되었으니
> 자기보다 강한 자와는 논쟁할 수 없으니
> 이는 헛된 것(만)을 더하게 하는 많은 말이 있음이리(6:10f.).

이와 마찬가지로 '전도자'는 종교제의(祭儀)와 경건의 연습도 마다하지 않고, 그것들을 상당히 유보적으로 평가한다.

> 하나님은 하늘에 계시고 너는 땅에 있음이라
> 그러므로 너의 말을 적게 하라.[100]

인간에게서 멀리 떠난 하나님 관념이란 이제 비인격적인 운명의 힘으로 변질될 위험에 처하게 된다. 갈링(K. Galling)은 "하나님이 자신의 계획을 위해 할당한 '시간의 과정'은 거의 인격적인 성격"이 있다고 말했다. 즉, "성서전승 이외에서 나타나는 영원에 관한 관념과 비교될 수 있는 자율성이 시간의 과정에 존재한다는 말이다." 기도란 구약에서 "하나님께 가까이" 가는 다리를 만들어주는 것인데, 기도의

98) 9:3; 비교. 8:11: 여기에서는 국가의 권력과 관련되있다.
99) H. Gese, *op. cit.*, 150: 여기서 "'전도자'는 옛 지혜의 충실한 학생이다."
100) 5:1b, 비교. 또한 4:17-5:6 그리고 7:16-18.

기능조차 더 이상 거의 의미를 갖지 못한다.[101] 더구나 "(하나님은) 자신의 도덕적 본질을 상실했다. 그래서 존재하는 것의 보존자로서나, 의와 생명력의 근원으로서의 자신의 위치도 잃어버렸다."[102]

그러므로 철저한 윤리적 행동은 추천할 만한 행동이 아니다. "지나치게 의인이 되지도 말며 지나치게 현자도 되지 말라. 어찌하여 스스로 패망하게 하겠느냐"(7:16)? 그러므로 사람에게 남겨진 것은 끊임없이 삶을 위협하는, 그 납득할 수 없는 신의 계획이 지배하는 현실에 직면하여 '하나님을 두려워하는'[103] '체념적' 태도와, 하나님이 사람에게 정해 놓은 몫(חֵלֶק)에 만족하는 것뿐이다. 이것은 '전도자'가 새로이 '죽음의 운명'(מִקְרֶה)에 대응하는 긍정적 태도이다.[104] 이렇게 하나님이 사람에게 이 세상의 좋은 것들을 그의 '몫'으로 선사하는 한, 사람은 자신의 '때'를 이용하고 즐기며 고통의 생각을 잊어야 한다.[105] 어떤 면에서는 멀리 있는 하나님이라는 엄격한 묘사에서도 하나의 인격적인 특징이 나타난다. "인간이 이 선물을 받으므로 '하나님은 기뻐하신다'(רָצָה)."[106] 그러나 이런 긍정적인 전망도 두 가지 측면에서 제한

---

101) K. Galling, *ZTK* 58, 1961, 13; *Die Krisis der Aufklärung in Israel*, 1952, 17과 비교하라.

102) A. Lauha, *op. cit.*, 186.

103) 3:14; 5:6. 7:18과 8:12f.는 첨가된 문장일 수 있다. K. Galling, *HAT* 18, 1940, 74f.과 80을 보라. 12:13은 발췌작자가 첨부한 수정이다. "하나님 경외"의 긍정적인 중요성에 대해서는 H. Gese, *op. cit.*, 150을 보라. 그러나 K. Galling, *ZTK* 58, 1961, 14의 더욱 억제된 판단과 비교해 보라.

104) 3:22; 5:17; 9:9. 또한 다음을 보라: H. J. Blieffert, *op. cit.*, 21; R. Kroeber, *op. cit.*, 56, 127.

105) '전도자'가 지속적으로 반복하는 이 요구는 그가 삶을 해석하는 긍정적인 면이다: 그는 오직 여기에서만 제한적인 인간의 삶의 의미를 본다. 2:24; 3:12f.; 3:22; 5:17ff.; 8:15; 9:7-9; 11:9와 비교하라. 5:19의 망각의 모티브는 중요하다.

된다. 우선 그것은 근본적으로 단지 하나님께서 자의적인 방법으로 선호하시는 자에게만 적용된다(2:25f. ; 5:18). 알 수 없는 이유로 하나님에 의해 삶의 불우한 처지에 놓인 사람들은 이 기쁨을 공유하지 못한다. 그들은 차라리 죽거나 태어나지 않은 것이 더 나았으리라.[107] 그리고 갑작스럽게 임하는 곤경과 질병, 노년의 '악한 날'은 언제든지 그 기쁨을 끝낼 수 있다. 모든 기쁨과 수고를 끝내는 죽음만이 결코 피할 수 없는 운명이다.[108] "자신의 수고에 대하여 아무것도 얻지 못하니라"(5:14).[109]

마이어(E. Meyer)는 1925년에 전도서에 관한 부분의 제목을 '계몽'이라 붙이고 이를 좀더 자세히 "헬레니즘적 문화에서 유래한 계몽"이라고 정의했지만,[110] 26년 후 학장 취임연설에서는 "이스라엘에서의 계몽의 위기"라는 강연제목을 붙였다. 그리하여 '전도자'가 전통적 지혜가 추구하던 '유신론(有神論)적인 계몽'을 날카롭게 비평하며 논쟁

---

106) H. Gese, *op. cit.*, 151; 하나님의 기뻐하심에 관해서는 9:7을 보라. 게제의 설명은 너무 긍정적이다. 2:1-11에서도 마지막에 "바람을 잡는 것"과 "무익함"이 온다. 그리고 하나님이 주신 기쁨은 삶의 잠재된 문제를 잊을 때 실현된다(5:19).

107) 이전의 2:26b와 비교(또한, 제 3부 각주 84); 4:1-4; 6:3-6. 또한 비교. 5:18f.: 삶을 즐기라는 요구는 하나님께서 그것을 누릴 수 있도록 외적인 환경을 더해 준 자에게만 의미가 있다. 하지만 그 당시에 극단적인 사회적 대립이 그것을 상당히 제한한다. '전도자'는 "돈의 그림자"를 말한다(7:12); R. Kroeber, *op. cit.*, 24와 비교하라.

108) 9:12b; 11: 8b; 12:1에서 우리는 아마도 갈링을 따라 보르카(בורך)로 읽어야 할 것으로 보인다. *HAT* 18, 1940, 88. 사후의 삶의 희망을 거절하는 것에 관해서는 3:21f.; 9:4ff., 10b를 보라.

109) 5:14를 고려하면, 심지어 "수고의 기쁨"(2:24; 3:13; 5:17) 등은 신뢰할 한 중재의 해결은 못된다. 이미 2:10의 결과가 된 2:11과 비교하라.

110) UAC 2, 35f. "헬레니즘적 계몽"에 관해서는 W. Nestle, RAC 1, 938ff.을 보라.

하고 있음을 주장했다.[111] 그러나 이 위기는 어떻게 발생했는가? 파이퍼(R. H. Pfeiffer)는 고대 동방세계를 배경으로 그것을 설명하기는 충분하지 않다고 믿는다. 즉, "'전도자'는 이집트의 영향이나 바빌로니아의 지혜의 영향을 받아서 정통 유대교를 비판하지는 않았다"는 말이다.[112] 이보다 오히려 우리는 초기 헬레니즘의 시대정신과 새로운 삶의 분위기를 통해 이 '위기'가 촉진되지 않았는가를 물어야 한다. 갈링은 이미 '전도자'의 이런 비평적인 태도가 시작된 본질적인 출발점을 지적했다: "조상들의 신앙과의 단절 그리고 인과응보 사상과 단절이 이미 앞서 일어났다."[113]

의로운 신이 보상과 징벌을 내린다는 전통적인 신앙은 이미 오래전에 그리스인들에게도 알려져 있었다. 수사학자 트라시마코스(Thrasymachos)는 기원전 5세기 초에 매우 비평적인 태도를 취했다. "신들은 인간적인 일에는 관여하지 않는다. 왜냐하면 신들은 인간들 사이에서 가장 지고한 선(善)인 의(義)를 간과하기 때문이다. 반면, 인간들이 이 의(義)를 결코 선용하지 않는다는 것을 우리는 안다."[114] 이것이 어떤 낯선 외부자의 견해가 아니라는 것은, 그와 동시대를 살았던 위인 에우리피데스(Euripides)가 신들에 관한 전통적인 신앙을 비판하는 곳에서 나타나는데, 그는 말하기를 신들이 이 땅 위의 의(義)를 돌볼 위치에 있지 않다고 비난했다.[115] 여기에서 비평은 한

---

111) E. Meyer, *Die Krisis der Aufklärung in Israel*, 1952, 12ff.

112) R. H. Pfeiffer, *Introduction to the Old Testament*, 1948, 730. 그러나 저자가 전도서를 해석하는 그 밖의 시도는 유감스럽다: 결코 "유대교와 헬레니즘을 통합하려는 첫 번째 시도"에 대해서 말할 수는 없는데, 이러한 단순화는 신뢰할 수 없다. 전도서를 단지 "통상적인 셈족의(*gemeinsemistisch*) 배경"에서 설명하려는 로레츠의 시도 또한 마찬가지이다.

113) K. Galling, *ZAW* 50, 1932, 291.

114) K. Oppenheimer, *PW*, 2R. 6, 586.

단계 더 나아가 다음과 같은 결론에 이른다: "만약 신들이 수치스러운 일들을 행한다면 그들은 신들이 아니다." 그러나 그는 이와 함께 보수적인 측면에서 신의 의로운 지배를 강조했는데, 그를 통해 종교적 회의(懷疑)는 광범위한 집단의 사람들에게 퍼져나갔다. 그후 백 년이 지난 후, 우리는 이제 사람들의 실제적인 견해를 재현한 메난드로스(Menander)의 새로운 희극에서 그와 유사한 모순된 표현들을 발견하는데,[116] 신들의 보살핌에 대한 확신과 완전히 반대되는 어조가 등장한다:

> 신들은 나쁜 자를 (돕는다). 그러나 우리는 (우리가 선할지라도)
> 어떤 선한 것도 행하지 못한다….
> 의로운 자는 누구도 빨리 부유하게 되지 않는다.[117]

또한 여기에서도 신들이 과연 사람을 전혀 돌볼 수 없는가 하는 질문에 이르기까지 회의(懷疑)는 고조된다.[118] 그러나 메난드로스는 또 다른 가능성을 열어 놓았는데, 하나님 한 분만이 행운과 불운에 대한

---

115) M. Nilsson, *GGR*^{2} 1, 772f.; fr. 292의 인용을 따름. 이것과 그 다음에 관해서는 또한 Festugière, *Révélation* 2, 161-168을 보라. 여기서 그는 어떻게 철학적인 계몽이 순수한 민간신앙을 산산이 부수고 신들에 관한 관념들을 바꿨는지를 보여준다.

116) M. P. Nilsson, *op. cit.*, 2, 196: 비교. fr. 379, 515; 516: 하나님은 선하다; 818.

117) Kolax, 26f., 42, 또한 33과 비교하라. 본문은 상당히 많은 탈문(脫文)을 가지고 있다. Menander, ed. F. G. Allison, LCL, 1964, 384ff.을 보라. 같은 문제에 관해서는 fr. 335, 386을 보라.

118) *Epitrepontes*, 875ff., 880ff. (LCL, 116ff.): 신들은 개개인을 돌볼 수 없다. 그래서 그들은 각 사람에게 감시자로서의 "특성"을 부여한다. 또한 fr. 759와 비교하라: "나는 내게 관심 없는 신들께 희생세사를 드렸다."; fr. 245: 하나님은 영향을 받지 않으신다. 그렇지 않으면 하나님일 수 없다.

책임이 있고, 인간은 그 특성상 고소를 받을 수 없으며(τὸ δ'' ἀτυχεῖν ἤ τὸ μὴ θεὸς δίδωσιν, οὐ τρόπου δ' ἔσθ' ἁμαρτία), 신들의 은혜(τῶν θεῶν τὸ σύμφορον)를 받는 것 외에 인간이 할 것은 없다고 한다.119) 제우스가 사람의 행동을 기록했다는 옛 견해에 대하여는, 제우스가 자신의 회계장부를 너무 늦게 보거나 목록을 혼동하여 부적절하게 형벌을 주었다는 방식으로 조롱했다.120) '전도자'와 동시대인(기원전 약 290~220년)으로 견유학파 철학에 영향을 받은 정치인이자 시인이었던 아르카디아(Arkadia)의 메갈로폴리스(Megalopolis) 출신의 케르키다스(Kerkidas)는 신들의 의(義)에 대해 날카롭고도 신랄한 질문을 던진다:

> 만일 누군가에게 신적인 존재(θεός)에 대한 생각이 떠오르자마자 신이 어떤 것을 실현하는 것이 쉽겠느냐는 질문을 한다면 … 흉악한 … 고리대금업자와 가련한 구두쇠 혹은 … 모든 재산을 탕진한 자에게서 그의 더러운 부를 빼앗아 숨통을 조이고, 그가 먹을 끼니를 건강한 식욕으로 소화할 자에게 주려 한다면 … 무엇이 그 길을 막는단 말인가? 정의(δίκη)의 눈은 두더지의 눈과 같이 먼 것인가? … 공평한 테미스(Themis)의 시력은 흐려졌는가? 어떻게 그들이 듣지도 보지도 못하는 신들을 위해 그것들을 소유할 수 있단 말인가? 그들은 번개를 모으는 고귀한 제우스조차도 저울의 균형을 정확하게 잡는다고 말한다. 호메로스는 운명의 그날이 오면 그 저울이 성실한 사람들에게로 기울어진다고 했다. 만약 저울이 공정하다면 왜 그 저울은 한 번도 내게 유리하도록 기울어지지 않는가? 그러나(인간성의) 가장 밑바닥 층에 있는 브리기아인(마케도니아인)에게 — 나는 감히 더 명

---

119) M. Nilsson, *op. cit.*, 2, 197; fr. 425, 비교. frs. 482, 483: 오성(*nous*)은 무능력하지만 운명(*Tyche*)은 모든 것을 다스린다.

120) *Op. cit.*, 196f. 비교. Euripides fr. 506(Nauck^{2}): 제우스가 인간의 불의한 행위들이 너무도 많아 그것을 적는다는 것은 불가능하다.

> 확하게 말할 수 없다 — 저울은 얼마만큼 기울어지는가? 우리 모두를 낳은 … 크로노스(Kronide)가 어떤 사람에게는 계부(繼父)로, 다른 사람에게는 친부(親父)로 입증된다면, 자신의 정당한 몫을 얻기 위해(πῶς λάβῃ τὰν ἀξίαν) 우리는 도대체 어느 지배자, 어느 하늘의 아들에게로 향해야 한단 말인가? … 신이 순조로운 바람을 보내는 동안에나 편안한 삶을 영위할 너희 인간들아, 네메시스를 찬미하라(역주. 네메시스는 율법의 여신으로, 인간의 우쭐대는 행위에 대한 신의 보복을 의인화한다)! 왜냐하면 바람이 뒤바뀌어 반대쪽으로 분다면, 너희는 너희의 재산과 행운(τύχας)이 가져다주는 이 모든 선물들을 마지막 한 조각까지 다 풀어놓아야 하기 때문이다.[121]

비록 당대에 대해서는 매우 비평적이었지만 근본적으로 귀속적이며 보수적이었던 케르키다스는 특별히 호메로스를 존경했는데, 그의 사회적 배경은 '전도자'의 상황과 유사했다: 그는 프톨레마이오스 시대의 경제활동이 만들어 놓은 바, 주로 상류층에게만 유용했던 늘어나는 복지를 향유했다.[122] 또한 두 사람 모두, 전통적인 종교적 견해의 순진한 낙관주의에 대해서는 분명히 비평적 태도를 취했고, 이 태도는 종교로부터 더욱 자유롭게 된 그리스에서는 더 심화되었다. 그리하여 그들은 인간들을 적절한 삶의 향유로 초대하였다.

또한 죽음이라는 운명은 부당하게도 경건한 자나 악한 자 모두에게 닥친다는 모티브나, 기원전 3세기의 그리스 비문들에 기록된 더 광범위한 계층의 사람들이 가진 내면적 생각들을 표현하는, 이른바 '오늘을 즐기라'(*carpe diem*)는 초청이 우연히 발견된다.

---

121) *Op. cit.*, 193f.; POx 8, 1911, 1082의 본문을 보라. 그리고 Herodes, *Cercidas*, ed. D. Knox, LCL 1961, 194ff.를 보라. 케르키다스(Cercidas)의 생애에 관해서는 Gerhard, *PW* 11, 294ff.를 보라.

122) 1권 p. 198f.를 보라. 또한 Rostovtzeff, *HW* 2, 11 48f.와 비교하라. 그리스에서의 경제적 쇠퇴는 3세기 말에서 계속되었다.

그렇지만 하데스(Hades)④는 인간이 선한지 혹은 덕이 있는지 시험해 보지도 않고 그를 데려간다[123] (ἀλλὰ κομίζει Ἅιδης οὐ κακίην οὐδ' ἀρετὴν ἐτάσας)

…신의 공평에 따라 하나님을 경외하는 행실에 보상을 받는다면 (εἰ δ' ἦν εὐσεβέων ὅσιος λόγος), 내 삶의 기로에서 그런 운명(τύχαις)이 결코 내 집에 임하지는 않았으리라.[124]

진실로 신들은 인간을 고려하지 않는다(θεοῖς οὐκ ἔστι βροτῶν λόγος). 아니 마치 짐승처럼, 우리는 죽음에서와 같이 삶에서도 우연(αὐτομάτῳ)에 의해서 이리저리로 끌려 다닌다.[125]

선한 자들은 제 명대로 살지 못하고 죽는데도, 너희는 항상 악인에게서 고난을 제거한다![126]

부자나 가난한 자, 현자나 우매자 모두가 죽을 때는 똑같다. 이는 "하데스 아래에서는 테르시테스(Thersites)가 있고 미노스(Minos)와 다름없이 존경받기 때문이다."[127]

그에 대한 하나의 결과로 신들에 대한 절망적인 고발이 나온다. 이미 여러 번 언급된(1권 p. 85ff. 를 보라) 기원전 200년경 가자(Gaza)의 프톨레마이오스 관료들의 비문에는 이것이 공개적으로 표현된다:

죽을 인간에게 남겨진 것은 오직 신들을 비난하는 일이다(μέμψασθαι

---

123) W. Peek, Griechische Grabgedichte, 1960, Nr. 139: 기원전 3세기 알렉산드리아.

124) *Op. cit.*, Nr. 151, 9: 기원전 2세기에서 1세기(?), 사모스(Samos).

125) *Op. cit.*, Nr. 308, 7f.: 기원후 2세기에서 3세기 키프로스. 또한 352, 1f.의 경건에 대한 나쁜 보상을, 그리고 326, 9를 비교하라.

126) *Op. cit.*, Nr. 288, 5: 기원후 2세기 트라키아(Thrakien). 이것과 결부된 것은 의인화된 질시(嫉視)의 신 "프토노스"(Phthonos)에 대한 비난이다. 352와 비교하라.

127) *Anth. Gr.* 7, 727, 비교. 740 그리고 IG XIV, Nr. 2131.

δὲ θεοῖς ἀρκεῖ μόνον ἄνδρα γε θνητόν).[128]

달리 취할 수 있는 태도는, 우리가 이미 길가메쉬(Gilgamesh)와 술집 여주인과의 대화에서나 이집트의 하프 연주자의 연가에서 대했던 오래된 표어 '오늘을 즐기라'를 받아들이는 것이다.[129] 다른 한편으로 이 표어는 특별히 그리스 문헌들에서 대중적인 모티브로 빈번하게 나온다.

> 모든 인간은 같은 결말을 맞이한다는 것을 기억하면서 네가 사는 동안 인생을 즐기라. 에우오도스(Euodos)여! 내가 주는 이 교훈은 모든 인간을 위한 것이다. 너 자신에게 좋은 것을 아낌없이 베풀라. 무엇을 위해 싸우는가? 삶을 즐기고 또 그렇게 기뻐하라. 왜냐하면 너는 이것 또한 알아야 하기 때문이다: 일단 네가 내려가 레테(Lethe)의 강물을 마신다면 위에 있는 것들을 더 이상 보지 못하리라. 일단 영혼이 이 육체로부터 날아오르면 말이다.[130]

비록 이 마지막 예문들이 비교적 늦은 시기의 것이라 할지라도, 그것은 초기 헬레니즘시대에 널리 퍼진 주제로 거슬러 올라가며, 이는

---

128) Peek, *op. cit.*, Nr. 162, 13. 시돈의 안티파트로스, *Anth. Gr.* 7, 427과 비교하라.

129) 또한 O. Loretz, *op. cit.*, 78(또한 비교. 83: 삶에 지친 사람의 대화)과 117을 보라. 그러나 로레츠(134)가 이집트적(그리고 헬레니즘적) "유사성"들을 제치고 길가메쉬 서사시의 부분에서 '전도자'에 앞선 "선구자"를 보려 했다는 것은 납득하기 어렵다. 유사한 모티브들은 너무 일반적이어서 어떤 의존성을 가정하기는 어렵다.

130) W. Peek, *op. cit.*, Nr. 371, 기원후 2/3세기 피시디아(Pisidien); Nr. 465, 17ff., 2/3세기 코르퀴라(Corkyra); 비교. Nr. 248, 479, 480; 그밖에 L. Robert, RevPhil 17, 1943, 1 82f.가 제시하는 소아시아의 많은 보기들.

또한 프톨레마이오스 후기 시대의 통속적인 비문을 통해서[131] 메난드로스와 필레타이로스(Philetairos), 에우리피데스, 테오그니스(Theognis) 등에게서[132] 발견된다.

---

131) A. Erman, "Zwei Grabsteine griechischer Zeit," *Festschrift für E. Sachau*, 1915, 107-111, 그리고 무엇보다도 마지막인 기원전 42년 제사장 타임호테프(Taimhotep)의 아내의 비문, 108ff.

132) Menander, fr. 410; LCL, 432(Demianczuk, Suppl. Com. 58). 또한 흥미로운 단편 481과 비교하라: 사람들은 그의 삶의 시기를 "축제"로 간주한다. 필레타이로스(Philetairos, 중간 희극), fr. 7, ed. Kock, CAF 2, 232; Euripides, *Alcestis* 788f.; Theognis, *Eleg.* 1, 567-570, 753-756, 1047f. 그리스와 라틴시의 더 상세한 예들은 R. H. Pfeiffer, *The Joshua Bloch Memorial* Vol. 1960, 63f.; F. Dornseiff, *ZDMG* 89, 1935, 244f.를 보라. 그는 또한 가다라(Gadara)의 메닙포스(Menipp, 1권 p. 177f.를 보라)와 다리우스(Dareios)가 유령을 이별하는 어록들도 언급한다. Aischylos, *Perser* 840f.; M. P. Nilsson, *opuscula selecta* 3, 1960, 173f = GGR^2 2, 662 각주 2; 키케로(Tusc. 5, 101 = Anth. Gr. 7, 325)에 의하면 빈센티우스(Vincentius)와 사르다나팔(Sardanapal)의 비명. 구약・유대교적 유사점들: 사 22:13; 시락 14.11-19, 비교. 고전 15:32. "인간의 덧없음으로 오늘을 즐기라는 외침은 모든 시대와 모든 사람들에게 울려 퍼진다." R. Kroeber, *op. cit.*, 49와 거기에서 인용된 중국의 예를 보라. 전도서 4:2ff.(6:3f.)의 주제, 산 자보다 죽은 자가 더 낫다, 혹은 아예 태어나지 않은 것이 더 낫다는 것 또한 보편적이다: 비교. 렘 20:13ff.; 욥 3:1ff.; 시락 30:17; 제3부 각주 270을 보라. 또한 Euripides, frs, 285와 833, ed, Nauck; Theognis, *Eleg.* 425ff.; Herodotos 7, 46, 2ff.; O. Loretz, *op. cit.*, 233 각주 75-77의 더 상세한 보기들; K. Galling, *HAT* 18, 1940, 65; F. Dornseiff, *op. cit.*, 246: 이것은 실레누스가 프리기아의 왕 마이다스(Midas)와 나눈 옛 지혜로 거슬러 올라간다. Eitrem, *PW* 15, 1527ff.를 보라: "그만큼 오래되고도 위안 없는 고대의 비관론적 인생관." 이런 견해는 야만적인 민족들에게 널리 퍼진 것으로 여겨진다. Herodot 5, 4 그리고 Strabo 11, 11, 8 C 519/20 = Euripides 449(ed. Nauck[2])를 보라. 다음의 학자들이 이와 유사한 방향을 취한다: W. Peek, *op. cit.*, Nr. 274, 3-6, 333; *Anth. Gr*, 9, 359, 11, 9f., 360.; Menander, frs. 14, 169; 비교. 223, 534: "사는 것보다 죽은 것이 낫고, 사람보다 동물이 더 낫다." 전체적인 것에 대해서는 H. Diels, "Der

의미심장하게도 이 모티브는 아마도 가장 초기의 것으로 알려진 예루살렘의 그리스 비명(碑銘)에서 나타난다. 이는 알렉산드로스 얀나이오스(Alexander Jannais) 시대 야손의 무덤 벽에 새겨진 글(*Graffito*)로, 베노이트(P. Benoit)와 이를 보완한 리프쉬츠(B. Lifshitz)는 다음과 같이 읽는다: εὐφραίνεσθε οἱ ζῶντες(너희 살아 있는 자들은 기뻐하라). [τ]ὸ δὲ (λοι)πὸ[ν …] πεῖν ὅμα φα[γεῖν](남은 것을 마시고 그것들을 먹으라). 야손은 사두개파 귀족의 일원으로 보아도 될 것 같다. '전도자'의 격언은 이런 집단에 더 많은 영향을 미쳤던 것으로 보인다.[133]

'전도자'가 "사람의 혼은 위로 올라간다"(3:21)는 견해에 대항할 때, 그는 헬레니즘 세계로부터 유대교로 침투된 하나의 견해를 취했는데, 이것은 처음으로 영생에 대한 소망이 시작될 여지를 주었을 것으로 추측된다(2권 p. 269ff.를 보라). 에우리피데스나 그리스 비문시(碑文時)에서 사후에 인간의 영혼은 신들의 자리인 하늘의 처소 아이테르(αἰθήρ)로 올라간다는 사상이 자주 나타난다.[134] 하나님이 사람에게

---

antike Pessimismus," *Schule und Leben* 1, 1921, 8ff., 18ff.를 보라. 이런 태도에 대한 에피쿠로스의 비평에 관해서는 Diog. Laert. 10, 125f.를 보라.

133) P. Benoit, *'Atiqot* 4, 1964, 39; *IEJ* 17, 1967, 112/3; B. Lifshitz, *RB* 73, 1966, 248-255에서는 그리스 무덤의 비문에서 많은 예들이 발견된다.

134) M. Nilsson, *GGR*^{2} 1, 194 각주 1; 2, 279f., 더 상세한 것은, 이 책 제3부 각주 579를 보라. E. Rohde, *Psyche* 2, 1961, 257 각주 3; Euripides, Suppl. 1140; Electra 59; fr. 971, Nauck^2, 또한 비교. fr. 481; 더 상세한 것은 W. Peek, *op. cit.*, Nr. 22, 5를 보라: αἰθὴρ μὲν ψυχὰς ὑπεδέξατο, σώμ[ατα δὲ χθὼν] τῶνδε, 기원전 435년 아테네, 포티데아(Potidea)에서 무너진 자들에 관해서; Nr. 74: 피레우스(Piraeus), 기원전 350년; 218, 3b: 기원전(?) 1세기 에베소(Ephesus); 250: 기원후 2/3 세기, 비교. 296; 381, 8; 391, 4. 또한 H. W. Hertzberg, *op. cit.*, 112를 보라: "헬레니즘에서 유대교로 유입되었다는 견해." '전도자'가

불어넣으신 인간에 속하지 않았던(*unpersönliche*) 생명의 호흡을 하나님이 또다시 되찾을 수 있다는 초기 구약의 사상 때문에 이 관점을 수용하는 것은 용이했다.[135]

그러나 '전도자'는 전통적 관점들을 비판하는 치밀함에서 신들에 대한 그리스의 대중적인 비평들에게까지는 미치지 못했다.[136] 비록 동일한 한 저자에게서 전통적 경건을 받아들이면서 그에 대한 비평적인 견해도 나타나기는 어렵다는 점을 고려해야 하더라도 말이다. 그래서 메난드로스는 다음과 같이 훈계했다:

> 하나님과 대항하여 싸우지 말라(μὴ θεομάχει, 비교. fr. 673 ζυγομαχεῖν). 그 문제에 새로운 불행을 더하지 말라. 피할 수 없는 것을 받아들이라(fr. 187).

여기에서 욥기와 같은 식으로 하나님과 싸우지 말라는 전도서 6:10의 경고와 아울러 종교적인 문제에서 중용을 취하라는 그의 충고를 생각나게 한다:

의심했지만 그것은 나중에 벤 시라(시락 40:11)에게는 확고한 규칙이 된다. 2권 p. 128을 보라. 또한 단 12:3; 이 책 제3부 각주 579와 비교하라.

135) 전 12:7; 시 90:3; 104:29f.; 욥 34:14.

136) 비극이나 희극의 시인들은 사람들 사이에 유포된 다양한 견해들을 무대 위에서 연출해야 했기에 이미 그 필요성을 인식했다. 반면 저자의 견해는 후퇴한다. 케르시다스(Kercidas)가 쓴 시에서(Herodes, *Cercidas*, ed, A. D. Knox, LCL 1961, 237, *Cercidea* 100ff. 행), 전통적이며 널리 만물을 바라보는 신은 자기 시대에 "각 사람에게 그의 운명의 몫을 할당하는" ([νέ]μει δ' ἑκάστῳ τὴν καταίσιον μοῖραν) 자로서 나타나다. 또한 M. Nilsson, *GGR*² 2, 200(192)과 비교하라. 그 외에도 완벽하게 "계몽되어 있고," 합리적으로 사고하는 폴리비오스에게서 가끔 신의 보응관념이 나타난다(비교. 예를 들어 1, 84와 18, 54, 10f.; 이 책 제2부 각주 316을 보라).

지나치게 악인이 되지 말며 우매자도 되지 말라. 어찌하여 정한 때가 오기 전에 죽으려고 하느냐137) (전 7:17)?

그러나 여기서 주요한 차이점은 '전도자'는 하나님의 실체와 전능을 주장할 수 있었던 반면, 그리스의 다신론적인 모든 신들(*Pantheon*)은 비평에 의해 근본적으로 파괴되어, 신에 대한 매우 일반적이고 인간과는 구별되는 관념이 어렵게나마 유지되었다는 사실이다. 이는 이미 에우리피데스의 언어사용에서도 마찬가지였고, 후기의 시대에는 더욱 그러했다. 그러나 비록 옛 신들이 퇴색되었지만, 사람들은 다음과 같은 신앙을 버리지 않았다: "사람들을 엄습하는 사건 배후에 더 높은 힘, 어떤 조정자가 서 있다. … 사람들은 미지의 신과 신들의 집단, 그리고 추상적인 것으로써의 어떤 신과 신들, 신적인 것, 신적인 존재(θεός τις, θεοί, τὸ θεῖον, τὸ δαιμόνιον)를 말한다. 이 추상적 신(神) 개념들에는 생(生)에 대한 관념과 구체성이 결여되어, 결국 사건의 진행 그 이상을 의미하지 않는다."138) 이 희미한 신(神) 개념은 이미 일찍이 호메로스시대로부터 그리스인들에게조차도 엄청난 역할을 했던139) — 히브리인과는 달리 매우 다양하게 표현했던140) — 운명의 개념과 밀접히 연관되었다. 초기시대에는 "신이 정해준 운명"(Διὸς αἶσα; μοῖρα θεῶν; δαίμονος αἶσα)을 말했지만, 그 개념이 후대에는

137) 비교. 7:16-18. '전도자'는 자신의 혁명적인 인식에서 결론을 이끌어 내지는 않는다. 왜냐하면 실제적 삶의 영역에서는 "중용의 길이 가장 안전하다"(*medio tutissimus ibis*)는 태도가 요청되기 때문이다. K. Galling, *HAT* 18, 1940, 75를 보라. 2권 p. 70f.를 보라: 메난드로스(비교. fr. 531)처럼 그는 완벽한 "부르주아의 도덕"을 신봉한다. K. Galling, *ZAW* 50, 1932, 292와 비교하라.

138) M. Nilsson, *GGR*^{2} 1, 813, 비교. 774.

139) *Op. cit.*, 361ff. 또한 S. Eitrem, *PW* 15, 2453ff.와 비교하라.

140) S. Eitrem, *PW* 15, 2449의 모음집을 보라.

어떠한 "더 높은 힘의 개입"에서 벗어난 그저 "인간 생의 불합리성"만을 의미했다.[141]

헬레니즘시기에는 더욱 중립적인 의미를 갖는 개념, '운명', '튀케'(Tyche)가 더 오래전부터 사용되었던 '운명'개념 '모이라'(*Moira*)를 대치하였다. 왜냐하면 '모이라'에는 마땅히 받아야 할 몫이라는 옛 관념이 여전히 따라다녔기 때문이다.[142] 이 단어는 후대에도 '죽을 운명'이라는 의미로 대개 의인화되어 사용되었다. 죽음은 모든 사람에게 공통적인 운명('모이라')으로 다가오는데, 죽은 자는 그것으로부터 자신의 '몫'을 받는다.[143] 그러므로 '튀케'와 '모이라'는 '미크레'(מִקְרֶה, 운명)와 '헬레크'(חֵלֶק, 몫)와 같이 어떤 의미에서는 정반대로 사용되었다. 에우리피데스는 '튀케'를 본래의 대중적인 운명개념으로 사용했고, 새로운 희극에서는 한층 더 그러했다.[144] '스스로 일어나게 된 것'(αὐτόματον)이나 '일어난 것들'(τὰ προσπίπτοντα)이라는 표현을 동

---

141) M. Nilsson, *GGR*[2] 1, 366, 774.

142) *Op. cit.*, 2, 201ff.

143) Moira와 죽음의 운명의 결합은 이미 호메로스에서 소개되었다. M. Nilsson, *GGR*[2] 1, 362f.; S. Eitrem, *PW* 15, 2455; 후에 "모이라"는 무엇보다도 비문에서 나타난다: *op. cit.*, 2475f.; W. Peek, *op. cit.*, Nr. 97, 3: τῆς κοινῆς μοίρας πᾶσιν ἔχει τὸ μέρος.) 기원전 4세기 엘레우시스(Eleusis)와, 이와 유사한 468, 5. 또한 152, 12; 158, 1; 209 등과 비교하라. 367과 373의 색인을 보라.

144) M. Nilsson, *GGR*[2] 1, 774; 2, 202f.; S. Eitrem, *PW* 15, 2465; G. Herzog-Hauser, *PW*, 2.R. 7, 1654 와1657f.; "인간적인 정신과 인간적인 선견(先見)은 그것의 자율적 통치(*ihrem Regiment*)와는 반대로 완전히 무기력하다." 또한 비교. Menander, fr. 355; 그것은 비논리적으로(ἀσυλλόγιστον) 작동한다. fr. 598: 모든 유산은 단지 그에게는 단지 빌려준 것들이다. 483: τύχη κυβερνᾷ πάντα(운명은 모든 것을 통제한다). 비문의 시에 관해서는 W. Peek, *op. cit.*, 367 그리고 Nr. 95의 색인을 보라: 운명은 모든 희망보다 더 강하다(아티카, 기원전 4세기), 비교. 198, 6.

일시하는 것은 아주 비종교적으로 사용되었고, 이는 단지 확정된 사건의 진행을 지칭했다.145)

그 밖에도 '카이로스'(καιρός)와 '크로노스'(χρόνος)처럼 시간을 표현하는 다양한 형태의 개념들이 더 발전된 의미의 운명개념으로 나타났는데, 이들은 어떤 경우에는 의인화되고 추상적인 신적 존재로 나타나기도 했다. 또한 여기서도 새로운 희극, 특히 비문들은 흥미로운 일련의 사례들을 제공했다.146) '시간'은 특별히 죽음이라는 운명과 밀접하

---

145) M. Nilsson, *GGR*^{2} 2, 203; G. Herzog-Hauser, *PW*, 2. R 7, 1658; 거기에서 인용된 보기들 외에도 다음을 보라: Menander, fr. 291: ταὐτόματόν ἐστιν ὡς ἔοικέ που θεὸς … (그것은 마치 신이 어디에나 존재하고 있듯이 스스로 일어나게 된다); 460, 4.

146) 팔라다스(Palladas, *Anth. Gr.* 10, 52, ed. Beckby 3, 502)에 의하면 메난드로스는 또한 "Kairos"를 '신'으로 묘사한다고 한다. Weissbach, *PW* 10, 1508을 보라. "Chronos"에 대해서는 Menander, fr. 538을 보라: 세상의 모든 보화는 시간에 비교할 수 없으며, 모든 인간의 공통적인 숙명은 지하 세계이다. 593: 시간과 인간적인 특징은 놀랍고도 경이로운 것들을 가능하게 한다. 디필로스(Diphilos, fr. 83, Kock, CAF 2, 569)는 그것을 "백발의 사기꾼"이라고 부른다. 카이로네이아(Chaironeia)에서 나온 죽은 자들의 비문에 새겨진 시는 잘 알려졌다. W. Peek, *op. cit.*, Nr. 15(338/7 BC): [ὦ Χρόν]ε, παντοίων θνητο[ῖς] πανεπίσκοπε δαῖμον (=*Anth. Gr.* 7, 245); 비교. "모든 것을 보는 시간은 나를 그들과 분리시킨다. 그리고 그것으로 Moira는 나에게 … 이 운명을 부여한다"(이집트, 기원전 2세기); 260: "나는 이 삶을 내 것으로 받아들이지 않는다. … 나는 내 삶을 시간에서 빌려왔고 지금 그것을 내 채권자인 시간에게 돌려준다"(뤼디아, 기원후 2세기), 더 상세한 것은 A. B. Cook, *Zeus* II, 2, 859ff.를 보라. 시간의 유일무이한 의인화는 〈마라 바르 세라피온(Mara bar Serapion)의 편지〉에서 발견되는데, 이것은 아마도 기원후 1세기 말의 문서인 것 같다. ed. Cureton, *Spicilegium Syriacum*, 1855, 48(76). 여기에서 시간(Syr. زحنا)은 결정적 운명개념으로 나타난다: 한 친구가 포박당한 마라(Mara)에게 왜 웃느냐고 묻자, 그는 다음과 같이 대답한다: "난 시간을 비웃고 있다네. 시간은 내게서 빚을 빌리지도 않았는데도 내게 보답하고 있으니 말일세." 또한 J. A. Montgomery, *HTR* 31, 1938, 148

게 관련될 수 있었다. '영원'(*Aion*) 이라는 개념조차도 플라톤의 영향하에서 절대화되었다. 이 개념이 아우구스티누스 시대의 엘레우시스의 비문에서는 영원히 변하지 않는 신적인 '완전한 세계'로 나타난다.147)

여기에서 간략히 약술한 그리스 종교의 위기는 옛 신(神) 관념이 희석될 뿐 아니라, 더 나아가 구속력 없는 운명개념(*Schicksalsbegriffe*) 이 신 관념을 대치하는 양상으로 나타나게 되고 이러한 경향은 기원전 3세기경에 절정에 이르렀다. 이 시점이 지난 이후 특히 동방종교의 영향하에서 종교적인 변화가 일어났는데(2권 p. 325f. 를 보라), 아마 이것이 '전도자'의 사고에 분명 영향을 주었을 것으로 보인다. 틀에 박힌 듯이 계속 반복되는 종결구인 "다가오는 운명과 행운은 하나님에 의해 결정된다"는 문구는 대략 '전도자'와 동시대의 자료인 파피루스 인징거(P. Insinger) 에 나온다. 이것은 이집트의 지혜 역시 비록 '전도자'가 도달한 깊이에는 이르지 못했을지라도 운명의 문제에 집중했음을 보여준다.148) '전도자'가 그리스의 종교비평과, 그리스 혹은 이

을 보라.

147) M. Nilsson, *GGR*[2] 2, 348, 또한 비교. 499; Dittenberger, *Syll.* 3, Nr. 1125와 비교하라. 아리스토텔레스가 하나님의 고정된 속성으로서 '영원'(αἰών) 을 언급하는 것에 관해서는 H. Leisegang, *PW*, 2R. 3, 1030을 보라. 또한 A. D. Nock, *HTR* 27, 1934, 78-99를 보라. 그는 흔하게 주장되는 이란 기원설은 받아들이지 않고 비블리우스의 필로(Philo von Byblius) 와 더불어 페니키아 기원설을 주장한다(86f.), *FGrHist* 790 Fr 2 = *Pr. Ev.* 1, 10, 7을 보라.

148) A. Volten, *Das demotische Weisheitsbuch*, 1941, 165(5, 11); 174(7, 19) 등. 또한 S. Morenz/D. Müller, *Untersuchungen zur Rolle des Schicksals in der ägyptischen Literatur*, AAL, Ph. hist, Kl. 52, 1, 1961, 29ff., 35f.; F. Nötscher, *op. cit.*, 27ff. 를 보라. 그는 운명의 개념이 후대 이집트에서 중요성을 갖게 되었다고 지적한다. 헬레니즘시대에 —신들이 운명을 지배하지 않는다는 그리스 견해와는 대조적으로— 다른 신들, 특히 이시스(Isis) 는 "운명의 여신"으로 묘사되었다. Morenz/Müller,

집트의 운명신앙을 알게 된 것은 예루살렘에서도 존재했던 프톨레마이오스 관료들과 상인들, 군인들을 통해서였을 것이다(1권 p. 85f. 를 보라). '전도자'는 이런 방식으로 철학자들의 학파전통의 견해가 아닌 그리스 '시민계급'의 대중적인 견해를 접했다. 그는 이런 방향에서 나온 자극과 전통적 '지혜,' 그리고 자신의 관찰을 완전히 개인적인 방법으로 융합시켰다.

우리는 '전도자'의 사고(思考)에서 분명히 초기 헬레니즘의 정신과 접촉한 것이라 할 수 있는 점들을 다음과 같이 요약해 보고자 한다:

1. 이제까지의 지혜전승이 개인을 드러내지 않는 익명성을 유지했다면, 이제 그는 자신을 개별적으로 드러냄으로써 그러한 상황을 돌파했다. 그가 비록 전통적인 형식을 사용하였지만 말이다. 동시에 그의 사고는 모든 민족주의적 한계에서 벗어나 인간존재의 근본문제들로 향하고 있다.

2. 그의 선입견 없는 공정한 관찰과 매우 합리적이고 논리적인 사고는 전통적 지혜의 인과응보 사상을 과감하게 비판하게 되었고, 그리하여 간접적으로 유대교적 경건의 토대를 통틀어 공격하게 되었다. '의'(義)의 범주는 더 이상 하나님에게 적용될 수 없었다. '전도자'가 '의'를 사용하는 경우에, 그 의는 부정적인 관점을 반영한다. 의는 도무지 없고, 의에 마땅한 보상도 발견할 수 없다.[149]

---

op. cit., 30f. R. Kroeber, *op. cit.*, 53(또한 비교. S. Morenz, *Ägyptische Religion*, 1960, 72ff., 80)을 보라. 특히, 이집트와 그리스의 운명개념과 대조되는 전도서의 운명개념의 연관성을 보라. 여기에서 분명히 차이점들이 있다. 그러나 전도서에는—구약의 나머지 책과는 대조적으로—전체적으로 일련의 운명개념들이 나타난다. 시 31:16의 확신에 찬 기도는 '전도자'가 한 말이 아니다. 왜냐하면 그는 기도를 연속적인 형태로 하지는 않기 때문이다(5:1).

149) 3:16; 5:7; 7:15. 체념한 결론은 7:16을 따랐다.

3. 이것을 통해 그의 하나님 관념은 인간과의 직접적이고 개인적인 관계를 맺는 하나님의 모습을 상실하고 경직될 염려가 있다. 왜냐하면 하나님의 행동은 그에 따르면 사람이 완전히 이해할 수 없을 뿐만 아니라, 모든 사건은 하나님의 '시간의 진행'(עוֹלָם, 3:14)에 의해 결정되기 때문이다. 심지어 사랑과 미움조차도 하나님의 손에 있으며(9:1), 기도의 의미는 적어 보이며, 경건과 윤리는 삶의 현명함의 문제가 된다(5:1ff. ; 7:16f). 하나님은 사람에게서 멀리 떨어져 있다. '전도자'는 이해할 수 없는 하나님의 힘 앞에서 인간이 그를 경외할 것을 요구하지만(1권 p. 243 각주 103을 보라), 하나님과 인간의 참다운 신뢰관계는 더 이상 가능하지 않을 정도다. 거기에는 하나님의 진노나 자비에 대한 여지도 없고, 그의 명령과 죄, 용서에 관한 어떠한 성찰도 없다. 그 관계에서는 단지 또 하나의 단계가 요청될 뿐이고, '전도자'의 '숨어 있는 하나님'(*Deus absconditus*) 개념에 의해 그 관계는 비정한 운명이 된다.[150]

4. 운명이라는 개념들은 하나님과 사람 사이를 서서히 움직인다. "그에게 있어 하나님이 존재하는 현실은 서서히 힘을 잃고 '운명'이 된다."[151] 피할 수 없는 죽음이라는 운명(מִקְרֶה)은 그의 사고의 중심을 형성한다. 이와 대립되는 긍정적 사고로 인간이 향유할 삶의 '몫'(חֵלֶק)이 자리하는데, 이는 하나님이 철저히 독단적으로 정해놓은 분깃이다. 그러나 모든 것은 '때와 운명'(עֵת וָפֶגַע, 9:11) 그리고 그 위에 서 있는 '시간의 진행'에 달려 있다. 설사 '전도자'가 이런 개념들을 인격화하는 것을 피한다 해도, 또한 그러한 개념들이 그에게는 하나님의

---

150) H. W. Hertzberg, *op. cit.*, 237: "하나님은 어떤 운명(*ein Fatum*)이 되셨다…."; K. Galling, *ZAW* 50, 1932, 292: "숙명론의 경계에 선 믿음…."

151) *Loc. cit.*, 비교. 288: "'운명'에서 유대인이었던 '전도자'에게 하나님의 문제는 절박하게 되었다: 섭리? 보응? 운명(*Tychē*)? 필연(*Anangkē*)?"

이해할 수 없는 행동의 형태로 남는다 할지라도, 이 행동은 오직 하나님만이 통찰할 수 있는 엄격한 법칙성에 따라 일어난다(11:5).

5. 인간에게는 하나님의 '때'와 숙명(*Geschick*)의 질서에 대해 단지 체념하고, 실제적인 인생의 문제에서 신중하게 중용을 취하는 태도만이 남아 있다. '오늘을 즐기라'는 태도와 하나님이 정해준 몫을 향유하는 것만이 — 매우 한정적인 — 인간의 삶에 의미를 부여한다. 여기서 '전도자'는 널리 퍼진 주제를 수용하지만, 결국 이것 역시 망각을 시도하는 것(5:19), 즉 "죽음의 공포로부터 도피"이다.[152]

6. 이런 의미에서 '전도자'에게서 "미심쩍은 시민적 교양의 이상"(*Bildungsideal*)이나 '시민적 윤리'에 관해 말할 수 있는 정당성이 있다.[153] '시민계급,' 즉 땅이나 다른 투자형태의 자산으로 살아가는 유복한 사회계층은(비교. 11:1f) — 당시는 그리스 출신이든 동방세계 출신이든 상관없이 — 헬레니즘 세계를 실제로 지배하는 세력이었다. 로스토브체프(Rostovzeff)의 견해는 이들의 삶의 태도가 활동적이지만 전적으로 안전함과 즐거움을 지향하며, 전적으로 합리주의적임에도 불구하고 기본적으로 보수적이라고 잘 표현하고 있다.[154] 시민계급의 정치활동이 매우 제한된 프톨레마이오스 군주국가에서 이런 활동은 현저하게 경제적 영역에 집중되었는데, 그 가장 적절한 예가 제논(Zenon)과 같은 인물이다. 비록 그가 예술과 문학적 취향을 지닌 사람이었음에도 그는 경제활동가였다. 팔레스타인의 시골에서 이 '시민계

---

152) *Op. cit.*, 290.

153) *Op. cit.*, 292.

154) Rostovtzeff, *HW* 2, 874f., 879f., 그리고 특별히 888ff.: "자신의 손으로 노동하여 얻은 수입이 아닌, 자수성가하거나 부모로부터 많은 재산을 물려받아 몇몇 분야의 경제활동(특히 토지소유)에서 자신의 자산을 투자해 모은 돈으로 사는 계급." 또한 L. Ginsberg, *Studies in Koheleth*, 1950, 44의 설명을 보라.

급'은 여전히 봉건적이고 귀족적인 특징을 가지고 있었다. 그러나 근본적인 것은 '전도자'가 이 '시민적' 존재의 허무를 간파하고 있었다는 사실이다. 비록 자신이 어떤 윤리적인 대안을 제공하지는 않았지만 말이다.

'전도자'는 두 시대의 경계에서 기로(岐路)에 서 있다. 초기 헬레니즘의 정신적 위기의 영향하에서, 한편으로 그는 자신의 비평적 사고에 의하여 전통적 지혜와 여기에서 전수된 경건과 종교제의에서 더 이상 의미를 찾을 수 없었다. 다른 한편, 그의 귀족적이고 보수적인 태도는 조상들의 신앙으로부터 자신을 단절할 수 없었으며, 또 하나님을 어떤 측량할 수 없는 운명처럼 생각할 수는 없었다. 그에게 있어 하나님은 모든 사건을 다스리는 주(主)였고, 또 언제나 주(主)이다. '전도자'는 단지 사후에 정당한 보응을 요구하는 묵시사상의 해결책(2권 p. 269ff. 를 보라)조차 이용할 수 없었는데, 그 사상은 이란과 그리스 사상의 영향하에서 발전되고 있었던 경향이었다. 그래서 그에게 인간이 모든 수고와 분명한 성공을 거둔다 해도, 인간 존재란 아무것도 아니라는 회의적인 결론만 남는다. 하나님의 엄정한 질서는 영속하지만, 인간의 이해로는 거기에 접근할 수 없는 것으로 남는다.

'전도자'는 당시에 아마도 아직은 그의 개인적인 제자였을 첫 번째 에필로그의 저자가 분명히 강조하듯이(12:9-11), 155) "백성에게 끊임없이 지식을 가르치는" 현자(חָכָם)였다. 이 제자는 자신의 스승의 지혜의 말들(מְשָׁלִים)을 비평적으로 고려하고(אִזֵּן) 연구하고(חִקֵּר) 정돈하고(תִּקֵּן)

---

155) K. Galling, *HAT* 18, 1940, 89: "어떤 한 제자가 그의 스승의 업적을 그의 작품 안에 넣어 두었다." 또한 H. W. Herzberg, *op. cit.*, 219와 비교하라: "여기서 '전도자'를 위한 하나의 변론이 나온다." R. Kroeber, *op. cit.*, 157. "날카로움, 자극함, 게다가 '전도자'의 삶의 지혜에 상처를 입히는 것"에 대한 암시에 대해서는 W. Zimmerli, *Prediger*, ATD 16/1, 1962, 249.

있는데, 그에게 있어 만족스러운 형식은 진리의 내용(דִּבְרֵי חֵפֶץ와 דִּבְרֵי אֱמֶת)만큼이나 중요하기 때문이다. “격노한 황소”와 “잘 박힌 못”이라는 이미지는 그의 가르침이 자극적이며 깊게 침투하는 효과가 있음을 가리킨다. 이 제자는 전도서의 에필로그를 분명 자기 스승을 위한 일종의 변증서로 썼으리라. 왜냐하면 그 스승이 죽자마자 스승의 글은 유대에서 격심한 논쟁을 불러일으켰을 수 있기 때문이다.156) 그는 스승의 글에 어떤 신학적 수정도 가하지 않고 사실적이고 현세적인 방법으로 묘사했기 때문에, 스승의 비평적인 태도를 공유할 수 있었으리라고 생각된다. ‘전도자’는 전통적 지혜와 맞서 싸우기 위해 ‘지혜’의 무기들을 사용하였고, 또한 그러한 비평적 전승을 이어 나가기 위해 한 학파를 창설했을 것이다. 이런 논쟁들을 하기에 걸맞은 장소는 오직 예루살렘뿐이다. 이 작품이 북쪽 팔레스타인이나 페니키아 도시들에서 기록되었다는 다후드와 올브라이트(Dahood/Albright)의 추측은 개연성이 떨어진다.157) 어쩌면 있을 법한 언어적인 유사성들은 페르시아시대 이후 팔레스타인 전체가 페니키아 문화의 영향 아래 있었다는 사실로 설명될 수도 있다.158)

아마도 우리는 가설적으로 다음과 같은 최종적인 질문을 던질 수 있을 것 같다: ‘전도자’ 학파는 어떤 식으로 발전되었을까? 그것은 분명히 두 번째 에필로그(12:12-14)를 쓴 저자의 방향으로 발전되었다고 볼 수는 없다. 이 에필로그 저자는 교사의 권위적인 어조로 말하기도 하고, ‘전도자’와는 어느 정도 시간적 간격을 두고 있는데, 많은 책들

---

156) H. W. Hertzberg, *op. cit.*, 219f., 또한 237과 비교하라: “그는 학파를 형성했고 적대자들이 있었다.”

157) M. Dahood, *Bibl* 33, 1952, 30-52; 39, 1958, 302-318; 비교. W. F. Albright, *SVT* 3, 1955, 15.

158) 우리는 이미 이런 영향을 여러 번 발견했다. 1권 p. 144ff., 231f., 259ff., 305f., 316ff., 326f., 또한 3권 p. 143ff.을 보라.

을 쓰고 공부하는 것에 대해 경고하고 있다. 여기서 문학적인 산물로는 알려지지 않는 비정통적인 계열의 학파활동이 암시되는데, 그는 이 활동을 위험한 것으로 본다(2권 p. 32를 보라). 그가 '전도자'의 글을 수정한 흔적은 바로 전도서 11:9c와 아마도 또 다른 구절에서도 발견될 수 있을 것이다.159) 그는 끝맺는 문장에서 '계명들'(미츠보트)을 준수할 것과 하나님의 심판에 관해 언급함으로 벤 시라의 '보수적인' 지혜로 넘어간다. 벤 시라는 기원전 180년경에 또다시 매우 당당하게 보응교의를 확고하게 선포하고, 처음으로 '지혜'와 율법을 동일시함으로써 지혜의 보편성을 마감할 준비를 했다(2권 p. 161ff. 를 보라). 두 번째 에필로그 저자의 이 '정통적인 형태로의' 개정으로 이 작품은 율법에 충성된 하시딤 집단에게도 수용가능하게 되었고, 쿰란 문헌에서조차 받아들여져 후에는 비록 여러 어려움이 있었지만 정경화로까지 진행될 수 있었다.160) 반면 '전도자'로부터 시작되어 첫

159) W. Zimmerli, "Die Weisheit des Predigers Salomo," *Aus der Welt der Religion* 11, 1936, 16 각주 2; ATD 16/1, 1962, 250; 더 상세한 첨가의 문제에 관해서는 E. Meyer, *UAC* 2, 38f. 를 보라. '전도자'가 자신의 적대자들이 가진 전통적 지혜의 견해를 인용하여 소개함으로써 수정한 흔적들을 알아보기가 어렵게 되었다. K. Galling, *RGG*[3] 5, 512는 여전히 3:17(아마도 3:16을 대신하는 듯하다. *HAT* 18, 1940, 49를 보라); 7:28-8:1; 7:18b; 8:5, 12f. 를 두 번째 후기를 쓴 작가에게 돌린다. O. Loretz, *op. cit.*, 290ff. 는 오직 한 명의 후기(後記) 작가만을 인정하고 모든 개정을 받아들이지 않는다: 후기(後記)는 "전도서에서 이미 언급된 것을 넘지" 못한다(297). 이런 변증적 태도의 관점에서 우리는 "야웨신앙의 가장 먼 변경에" 서 있는 이 작품의 저자를 진정으로 이해하는 것은 기대할 수 없다(G. von Rad, *op. cit.*, 14, 472).

160) 이 책의 정경화(正經化) 과정의 어려움에 대해서는 R. Kroeber, *op. cit.*, 69ff. 를 보라. 또한 이러한 어려움을 부인하려는 로레츠(O. Loretz, *op. cit.*, 302ff.)의 논평은 옳지 않다. 가장 확실한 Jad. 3, 5cd의 토론은 분명히 기원후 2세기에 일어났다. 하지만 힐렐학파와 삼먀이학파 간의 이 문제는 논란이 되었다는 시므온 요하이(R. Simeon b. Johai)의 언급은

번째 에필로그 저자에게서 가시화되었던 학파는 분명 다른 방향으로 나아갔던 것으로 보인다. 그 흔적은 아마도 소코(Socho)의 무명의 교사 안티고노스(Antigonos)의 글들에 보존되어 내려왔을 텐데, 만일 그가 아니었다면 그 학파는 알려지지 않았을 것이다. 그는 기원전 200년경에 활약했고, 그의 주요한 언급들은 보응사상을 반대하고 있다('*Ab.* 1.3):

> 보상을 받을 조건으로 주인을 섬기는 노예가 아니라
> 보상을 받지 않는다는 조건으로 주인을 섬기는 노예가 되라.
> 그리하여 하늘의 두려움이 너희 위에 임하게 하라.

후대에는 이 말이 불쾌감을 주었다는 것이 《미쉬나》에 있는 〈조상들의 어록〉의 '나탄의 첨가문'('*Ab* R. Natan, c.5)에서 나타난다: "그리하여 장차 올 세상에서 너희의 보상이 배가 되게 하라." 역사적으로는 정확하지는 않지만, 사두개인과 보에토스인(Boethuzäer)이 안티고노스의 후대 제자세대로 거슬러 올라간다는 주장이 전혀 근거 없는 것은 아니었는데, 이들은 다가올 세계에 대한 희망이 없기에 인생을 즐기는 것을 옹호했다는 견해를 가지고 있었다.[161] 핀켈슈타인(L.

이 토론이 여러 세대에 거쳐 지속되었음을 보여준다. 왜냐하면 실제적으로 샴마이학파는 기원후 70년 이후에는 존재하지 않았기 때문이다.

161) 소코의 안티고노스(Antigonos von Socho)에 관해서는 E. Bickerman(n), *HTR* 54, 1951, 153-165를 보라. F. Albright, *From the Stone Age to Christianity*, 1940, 351은 그가 스토아학파의 영향을 받은 것으로 보았다. "하늘"의 비인격적 개념은 "Heimarmene"에 대한 표현으로 여겨진다. John Bright, *A History of Israel*, 1959, 401은 스토아학파의 영향을 말한다. 그러나 이것은 분명히 너무 멀리 나아간 것이다. 성서 후기의 유대교 어느 곳에서든지 '하늘'이라는 용어는 하나님의 이름을 나타내는 것을 의미한다. 이 책 제4부 각주 260을 보라. '*Ab* RN 5(rev. ed., Schechter, 13ab)에 대해서는 또한 R. Meyer, *TWNT* 7, 41을 보라. L. Levy, *op. cit.*, 42-45

Finkelstein)은 '전도자'학파가 "아테네의 냉소주의자들과 견줄 수 있는 유대인들"로 구성되었거나, 혹은 "냉소적인 평민들"로 구성되었다고 주장했다.[162] 그러나 그 스승 '전도자'가 속했던 것처럼, 이 학파는 오히려 예루살렘 귀족사회에서 찾아야 한다. 그리고 여기서 최종적으로 제기되는 질문은, 점증하는 그리스 정신의 영향하에서 '전도자'가 시작한 전통적 지혜에 대한 비판이 유대종교 전체에 대한 비판으로 확대되지 않았을까 하는 점이다. 우리에게 그리 많이 알려지지는 않은 기원전 175년 이후의 헬레니즘적 개혁당파에 따르면, 그 학파는 성전제의와 정결법을 예리하게 비판했으며, 희미하고 보편적인 하나님 사상을 가지고 있어서, 하나님을 그리스인들의 보편적인 천상의 신 제우스 올림피오스(Zeus Olympios)나 페니키아인의 신 바알 샤멤(Ba'al Šāmēm)과 동일시하는 사상을 수용할 수 있었다(3권 p. 143f. 를 보라). '전도자'로부터 시작된 사상적 발전의 끝은 여기었던가?

는 뒤늦은 주해를 역사적인 것으로 간주하여, 사두개주의의 창시자로 추정되는 "사독, 혹은 보에토스(Boethos)"를 전도서의 저자로 생각했다. 그러나 우리는 사독에 관해 아는 바가 없고, 보에토스(의 아들 시몬)는 헤롯이 예루살렘의 대제사장으로 임명한 알렉산드리아인(人)이다. 이 책 제2부 각주 156을 보라. 유사한 전승이 Ps. Clem., *Recog.* 1, 54, GCS 2. 39, ed. Rehm에서 나타난다. 또한 T. Caldwell, *Kairos* 4, 1962, 108f. 를 보라.

162) L. Finkelstein, *The Pharisees* 1, 31962, 230, 235. 그는 '전도자'가 욥으로 거슬러 올라가는 중요한 전승노선에 서 있다고 믿는다. 욥과 '전도자'의 차이가 매우 크다는 사실(또한 A. Lauha, *op. cit.*, 183-191을 보라)은 차치 하더라도 그들을 사회학적으로 분류하는 것은 매우 부적절한 것처럼 보인다.

보설(補說) 3 : '전도자'와 솔로몬

하지만 특이한 것은 이 작품의 저자는 반(半) 익명적인 특성을 띠고 나타난다는 점이다. '전도자'(קֹהֶלֶת) 라는 '필명'은 아마도 "집회의 인도자나 연설자"를 의미하는 것 같다.[163] 그러나 그것이 가령 예루살렘의 원로회에 있는 관직과 같은 공식적인 명칭인지는 확실하지 않다.[164] 게다가 저자는 전도서 1:12에서 보이듯이 자신을 "예루살렘에 있는 이스라엘의 왕"이라고 밝힌다. 후대에 첨가된 1:1의 서론으로 보아서 그것을 "보는 지혜교사들의 전형적 인물"[165] 이 되었던 솔로몬[166] 으로 볼 수 있을지도 모른다. 여기에서 '왕의 유언'라는 이집트식 문학노델처럼, 솔로몬을 지혜의 왕이며 많은 시와 잠언의 저자(왕상 4:32f.) 로 보는 신명기 사가(史家)의 전승이 영향을 미친 것 같다(제 3부 각주 39를 보라). 그러나 유대교의 저술에서 이 익명성(匿名性)의 사용은 헬레니즘시대가 시작된 후에나 어느 정도 입증될 수 있

163) O. Eissfeldt, *Einl.*³, 667. 2권 p. 81과 비교하라.

164) R. Kroeber, *op. cit.*, 3은 이 이름을 "직무에서 파생한 … 고유한 이름으로 … 간주"하려 한다. 그러나 올브라이트의 주장(W. F. Albright, *SVT* 3, 1955, 15 각주 2) 을 따라 멜레크(מֶלֶךְ) 를 "의장"(*Ratsherr*) 으로 이해해야 한다는 것은 불확실하다. 긴스베르크(H. L. Ginsberg, *SVT* 3, 1955, 148f.) 가 "재산소유자"로 해석한 것도 마찬가지이다. 예루살렘의 '게루지아'(Gerousia) 에 대해서는 1권 p. 122f.를 보라.

165) J. A. Sint, *Pseudonymität im Altertum*, 1960, 139; 이 책 제 2부 각주 160; 제 3부 각주 853을 보라. 솔로몬 시대로 거슬러 올라가는 이스라엘의 포로기 이전의 지혜전승에 대해서는 A. Alt, *Kleine Schriften* II, ³1964, 90-99; R. N. Whybray, *Wisdom in Proverbs*, 1965, 20ff. (Lit.) 를 보라.

166) 그래서 K. Galling, *HAT* 18, 1940, 47; H. W. Hertzberg, *op. cit.*, 52ff. O. Loretz, *op. cit.*, 154는 저자가 솔로몬과 동일시될 수 있다는 생각을 의심한다. 그러나 1:12의 "예루살렘에서 이스라엘을 다스리는 왕"은 어떠한 다른 결론도 허락하지 않는다.

고, 그리스 특히 그리스 금언 모음집에서 널리 사용되고 있다는 것을 기억해야만 한다.[167] 더욱이 대략 기원전 300년경부터 '솔로몬의 글들'이 어느 정도 자주 등장하게 된다고 말할 수 있다. 즉, 잠언과 아가서의 최종 개정연대는 대략 전도서와 동시대이며, 기껏해야 몇십 년 정도 앞선다는 말이다.[168] 외경 〈솔로몬의 시편〉과 〈지혜서〉는 대략 그후 2백 년이 지난 후에 나왔으며, 외경 〈오데스서〉(*Oden*) 나 〈솔로몬의 유언서〉(*Testament Salomos*) 는 그보다 더 이후의 것이며, 회람되고 있는 마술적인 내용을 지닌 솔로몬의 글들은 말할 것도 없다.[169] 그러므로 《70인경》이 1,005편의 노래(왕상 5:122) 를 그 자리에서 5천 편으로 변경한 것은 이해가 된다.[170] '현자' 솔로몬에 대한 관심은 열왕기서상 5:11과 연결되어 범세계적 수준의 보편적 지혜를 솔로몬의 것으로 여기는 시락서에서도 나타난다:

당신은 젊은 시절 얼마나 현명했습니까.
당신의 교양(מוּסָר) 은 나일 강처럼 넘쳐흘렀습니다.
당신은 노래와 잠언, 격언과 비유로
민족들을 감탄하게 했습니다.
당신의 이름은 머나먼 섬까지 이르렀고
그들은 당신에게 듣고자 왔습니다(시락 47:14).[171]

---

167) J. A. Sint, *op. cit.*, 140ff. 또한 W. F. Albright, *From the Stone Age to Christianity*, 1940, 78을 보라: 고대 근동에서 프톨레마이오스 시대 이전에 명백한 위서를 작성했던 것은 드문 일이었다.

168) O. Eissfeldt, *Einl.*[3], 640, 664. 명백히 솔로몬의 이름으로 통용되는 더 오래된 수집물이 있었다. 잠 10:1; 시 72:1; 127:1과 비교하라.

169) J. A. Sint, *Pseudonymität*, 154; Bousset/Gressmann, 495; E. Lohse, *TWNT* 7, 460ff.와 비교하라. 솔로몬의 이름으로 유통되었던 마술 책에 관해서는 K. Preisendanz, *PW Suppl* 8, 660ff.를 보라.

170) 이와 유사하게 만들어진 4,050편의 시편도 또한 그의 아버지 다윗의 것으로 분류한다: DJDJ IV, 91ff.

이것은 분명히 시바 여왕의 방문과 연관되지만, '섬들'은 종종 그리스의 섬 지역을 나타내기 때문에[172] 역시 그리스로 생각해야만 한다. 페니키아의 전승에 따르면 메넬라오스(Menelaos)는 트로이 전쟁 이후에 티레의 히람(Hiram) 왕을 방문한 것으로 알려졌고, 이때에 그는 자신의 딸과 솔로몬의 결혼을 추진중에 있었다고 한다.[173] 유대인들이 헬레니즘 시대에 솔로몬을 이렇게 강조했던 이유는 에녹과 아브라함, 모세를 '첫 현자'로, 페니키아인 모코스(Mochos)와 산쿠니아톤(Sanchuniathon)을 트로이 시대 이전의 '철학자들'로 묘사하는 것과 같은 이유였으리라. 그래서 그들은 솔로몬의 시대가 가장 위대한 시대이고, 동시에 자국의 지혜가 그리스에 비해 월등함을 과시해야 했다. 솔로몬의 '지혜'의 범위는 점점 불어나 마침내 보이는 세계와 보이지 않는 세계 전체, 즉 "세계의 구조와 구성요소들의 힘"(지혜서 7:17, 비교. 7:18-21)을 포괄했다. 유대인 '소요학파 학자' 아리스토불로스는 기원전 170년경에(제 3부 각주 378을 보라) 그를 "철학적 선조들 가운데 한 사람"이라고 인용했다. 솔로몬의 표현은 그 예리함에서 소요학파의 철학자들을 넘어섰다고도 하며,[174] 요세푸스는 솔로몬이

---

171) 시락 47:14, 17, 16, M. S. Segal, *Sēfer Ben Sîrā*, 21958, 226을 보라. 16절은 오직 《70인경》에서만 보존되어 있다.

172) 왕상 5:14; 10:1과 비교하라. 그러나 여기에서 "섬들"은 나오지 않는다. 그리스나 혹은 에게 해(海)의 중요성에 대해서는 단 11:18을 보라. 또한 사 11:11; 겔 27:3, 6과 비교하라. 벤 시라에 관한 이런 언급은 시 72:10에서 온 것 같다.

173) 에베소의 메난드로스와 라이토스(Laitos)에 관해서는 *FGrHist* 784 F1을 보라. 1권 p. 273과 328f. 를 보라.

174) 잠 8:22ff. 를 근거로 한(2권 p. 179f. 를 보라) Euseb. *Pr. Ev.* 13, 12, 11a; N. Walter, *Der Thoraausleger Aristobulos*, *TU* 86, 1964, 32 각수 2에 의해 인용되었다. 여기에서 솔로몬은 모세와 나란히 두 번째로 위대한 유대인 "철학자"로 나온다.

자연 전체를 “철학화했다”고 한다. 그런데 헬레니즘시대의 사고에 따르면, 이런 포괄적인 지혜는 마술적인 의미에서만 이해할 수 있었다.[175] 이런 식으로 솔로몬은 헬레니즘·로마세계에서 모세와 더불어 ‘마술가들’과 조로아스터(Zoroaster), 오스타네스(Ostanes), 혹은 이집트의 헤르메스-토트(Hermes-Thot)와 비교될 수 있는 현자로서, 최초의 그리스 철학자들보다 훨씬 이전에 신비적 지식을 알았던 위대한 지혜의 교사로 인식되었다. 이로부터 솔로몬의 지혜서와 요세푸스의 저술에서는 기독교 이전 시대로 거슬러 올라갈 수 있는 고대 마술에 대한 솔로몬의 중요성이 설명된다. 부적과 마술에 사용하는 보석은 전혀 별도로 하더라도, 그가 쓴 것으로 여겨지는 천문학과 연금술, 의학적 예지(*iatromantisch*)에 관한 유사한 논문들의 수는 엄청나다.[176] 이것과 연관되는 것 가운데 하나가 헬레니즘·로마시대의 이방사상이 유대교 전승에 대단한 관심을 갖고 유대교와 이방의 혼합주의에 손을 뻗쳤다는 관점이다.[177]

‘전도자’는 이러한 사상적 발전 이전에 존재했기에 이 발전의 결과

---

175) 유대고대사 8, 44: ἐν πάσαις ἐφιλοσόφησε(그들 모두를 철학자로 묘사했다). 솔로몬이 마술사라는 전승은 팔레스타인에서 발달되었는데, 그것은 왕상 5:12f.에서 유래했다. 요세푸스는 솔로몬의 이름으로 된 상당한 양의 마술 책을 이미 알고 있었다. 유대고대사 8, 45. 또한 *Syr. Bar*, 77,25 그리고 Ps. Philo, 60, 2, ed. Kisch 261과 비교하라: “nascetur de lateribus meisquivos domabit,” *David in Citharismus contra daemonium Saulis*, 또한 K. Preisendanz, *op. cit.*, 663을 보라. 〈솔로몬의 유언서〉(*Test. Sal.*)의 원래의 문서(*Urschrift*) 역시 아마도 팔레스타인에서 기원한 것 같다. *op. cit.*, 688, 690을 보라. Bill. 4, 533ff.의 랍비의 증거를 보라.

176) K. Preisendanz, *PW Suppl* 8, 662-704를 보라. 또한 *Schürer* 3, 418f.; F. Pfister, *PW* 19, 1451f.; P. Festugière, *Révélation* 1, 20ff., 41, 145f., 152ff., 200, 339와 비교하라.

177) 유대인과 특히 에센파의 마술에 관해서는 2권 p.394ff.를 보라.

에서 훨씬 멀리 떨어져 있었음은 당연하다. 그는 자신이 쓴 글의 저자로 '솔로몬'을 선택했는데, 이는 가장 지혜롭고 부유한 왕이라는 인물의 형상으로 인간 존재의 허무라는 자신의 근본명제에 대한 효과적인 배경을 삼을 수 있었기 때문이다. 이 구조에 잘 맞지 않은 전도서 1:16과 2:9를 주석하는 견해를 보면, '전도자'가 필명(筆名)의 옷을 입고 있는 것 자체에 대해서는 그리 진지하게 고려되지 않음을 보여준다. 사실 필명성(筆名性)은 단지 1:12-2:12b에만 해당되며, 후에 저자의 개인적 정보가 드러나기에 필명은 베일을 벗게 된다. 그러므로 그의 제자가 쓴 첫 번째 에필로그는 두 번째 칭호인 '전도자'를 자신의 스승을 지칭하는 고유명사로 사용한다(12:9). 아이스펠트(O. Eissfeldt)에 따르면, 첫 에필로그 저자는 솔로몬을 무엇보다도 '연설자'로 묘사해야 했다.[178] 게다가 솔로몬의 부와 지혜는 그 당시 세계에서 가장 부유하고 박식한 프톨레마이오스 왕조의 화려함과 비견된다. 말하자면 솔로몬은 그들에 대한 유대교의 대립상(對立像)이다. 기원전 3세기에도 살아 있었던 역사가 필라르코스(Phylarchos)는 프톨레마이오스 2세 필라델포스의 한 일화를 기록했는데, 이 왕의 치솟는 교만과 염세주의적 절망에 대립되는 인물로 '전도자'가 묘사하는 솔로몬을 들었다:[179]

> 이집트의 가운데서 프톨레마이오스라는 이름을 가진 두 번째 왕은 그가 모든 통치자 중 가장 뛰어나고 다른 사람 이상으로 교육(παιδεία)에 헌신한 사실에도 불구하고, 너무 자신이 판단능력만을 의지했고 과도한 사치에 너무 현혹되어서 자신이 영생하리라 믿고, 오

178) O. Eissfeldt, *Einl.*^{3}, 667.

179) *FGrHist* 81 F 40(Athen. 12, 536e); 이것에 관해서는 E. R. Bevan, *A History of Egypt under the Ptolemaic Dynasty*, 1927, 78을 보라.

직 자신만이 불멸하리라고 주장했다. 그는 여러 날 동안 계속된 통풍 발작 이후에 이제 좀 나아져, 이집트인이 강둑의 모래 위에 무리지어 누워 간소한 식사를 즐기는 것을 창문을 통해 바라보다가(비교. 전 5:11, 16) 다음과 같이 외쳤다. "이들 중 하나가 되지 못한 나, 나는 얼마나 불행한 사람인가!"

제 4 장

벤 시라와 예루살렘의 헬레니즘적 자유사상가의 대결180)

1. 벤 시라의 생애와 작품형식, 예루살렘의 정치·사회적 상황

전도서와는 다르게 시락서의 연대기와 그 정신적 분위기, 저자의 이력은 다소 쉽게 파악될 수 있다. 그리스어로 번역된 서문에 따르면 시락서 저술자의 손자는 '에우에르게테스(Euergetes) 왕' 38년, 즉 프

---

180) 히브리어 본문(M.)에 대해서는 M. S. Segal, *Sēfer Bēn-Sîrā*, 21958(hebr.); R. Smend, *Die Weisheit des Jesus Sirach hebräisch und deutsch*, 1906; *Die Weisheit des Jesus Sirach erklärt*, 1906을 보라. 그리고 33:4-34:1에 관해서는 I. Levi, *REJ* 92, 1932, 139-145를, 15와 16:1-9 에 관해서는 J. Schirrrnann, *Tarbiz* 27, 1958/59, 440-443을 그리고 39:27-44:17에 관해서는 Y. Yadin, *The Ben Sira Scroll from Masada*, 1965가 편집한 새로운 단편들을 보라. 그리스 본문(G.)에 관해서는 *Sapientia Jesu filii Sirach*, ed. J. Ziegler, 1965, Vol. XII, 2 《70인경》 괴팅엔(Göttingen) 판. 시리아 본문(*Syr*)에 관해서는 *Libri VT apocryphi Syriace*, 1861, ed. P. de Lagarde를 보라. 필자는 문서비평의 일련의 주장들에 대해서는 뤼거(Rüger) 박사의 도움을 받았다. 또한 그의 책 *Text und Textform im hebräischen Sirach: Untersuchungen zur Textgeschichte und Textkritik des hebräischen Sirachfragmente*, BZAW 112, Berlin 1970을 보라.

톨레마이오스 피스콘(Physkon) 7세 에우에르게테스 2세가 치세하던(기원전 170~164년과 145~117년) 기원전 132년에 이집트에 내려갔고, 아마도 이 왕이 죽은 117년 이후 그곳에서 그의 조부의 저작을 비교적 자유롭게 그리스어로 번역하였을 것으로 보인다. 우리는 이 작품에서 하스모니아 왕조시대 이집트의 디아스포라 유대인들[181]에게 팔레스타인의 신앙이 어떠한 영향을 미쳤는가에 대한 증거를 찾을 수 있을 것 같다. 물론 이 증거는 다른 곳에서도 관찰할 수 있다(1권 p. 348f. 를 보라). 예슈아 벤 엘르아잘 벤 시라(Ješûa' b. 'El'āzār b. Sîrā'. 역주. 시락서의 저자는 앞으로 주로 '벤 시라'로 표기하되, '시락'과 '시라'로도 가끔 사용함)[182]라는 이름을 가지고 있는 이 저자는 시락서 50:1-24의 찬가에서 대제사장 시몬(Šim'ôn)을 인상적으로 찬양했다. 요세푸스에 의하면(유대고대사 12, 224. 229. 238; 19, 298) 이 대제사장은 안티오코스 3세가 예루살렘을 정복했던 198/9년에 직위에 오른 시몬 2세일 것이다. 또한 〈조상들의 어록〉('Ab 1, 2)에서 언급된 '의인 시몬'과 동일한 사람일 수 있다(3권 p. 66f. 를 보라). 벤 시라는 자신의 저서에서 시몬 2세의 죽음을 전제하고 있고, 다른 한편으로는 대제사장 오니아스 3세의 폐위(기원전 175/174년)나 김나지움의 설립(1권 p. 258f. 를 보라)으로 예루살렘의 정세가 위기로 치닫게 된 것에 대해서는 아무것도 언급하고 있지 않기에, 이 책이 기록된 시기는 대

---

181) 번역 날짜는 거의 보편적으로 인정되고 있다. *Schürer* 3, 216; N. Peters, *Das Buch Jesus Sirach*, 1913, xxxiff.; O. Eissfeldt, *Einl.*^{3}, 809를 보라. 또한 H. J. Cadbury, *HTR* 48, 1955, 219-225와 비교하라.

182) 이름은 여러 가지로 나타난다. 50:27; 간기(刊記. *Kolophon*) 51:30(M.), 그리스 역의 서언과 타이틀 그리고 시리아 문서를 보라. 결정적인 것은 손자가 서언에 그의 할아버지의 이름을 "예수"로 묘사한 점이다. 여기에서 50:27은 수정되어야 한다. *Schürer* 2, 215f.; Oesterley/Box, in: H. Charles, *Apocrypha and Pseudepigrapha* I, 291f. 를 보라.

략 기원전 190~175년 사이로 잡을 수 있을 것 같다.183) ⑤

전도서와 마찬가지로 시락서는 벤 시라 자신의 생애의 업적을 대변하는 복합적인 사상을 담은 작품이다. 그런데 여기에는 한편으로 수많은 전통적 지혜의 자료들이, 다른 한편으로 찬양과 교훈적 서정시가 가득 차 있다. 그리하여 '지혜에 관한 시'(1:1-20; 4:11-19; 14:20-15:8; 24:1-34; 51:13-21)와 지혜로운 창조주이신 '하나님에 대한 찬가들'(2권 p. 116ff.를 보라), 그리고 무엇보다 벤 시라에 이르기 전까지 '비역사적'이었던 지혜문헌들과는 다르게 유일하게 성서 역사의 인물을 찬양하는 '조상들에 대한 찬가'(44:1-49)를 담고 있다. 벤 시라에 의해 능숙하게 사용된 시적 '형태들'은 매우 다양하다. 이들은 두 구절로 된 단순한 지혜의 말에서부터 예술적인 애가와 감사의 노래까지 다양하다. 히브리 후기 시를 표현하는 하나의 형태인 이 다양성에서 시락서는 이전의 지혜문학과 본질적으로 구별된다.184) 또한 바로 이 시적인 단편들은 좀더 후대에 쿰란의 '의의 교사'의 축복의 찬가(제 2부 각주 756을 보라)와 같이 저자의 신학적 관점을 표현하고 있다. 그의 작품의 독특성이란 아마도 이미 헬레니즘적 어법에 의해 영향을 받았다는 것과 히브리 시의 새로움을 대변하고 있다는 것일 텐데, 이들은 개별적 단락의 표제들이나 한 주제에서 다른 주제로 이전되는 몇몇의 단락들, 혹은 저자를 상징하고자 자신의 이름을 언급하는 것(50:27) 등이다.185) 또한 그가 자신의 사상을 독립적인 개별 어

183) Oesterley/Box, *op. cit.*, I, 293; R. H. Pfeiffer, *op. cit.*, 367; O. Eissfeldt, *Einl.*[3], 809. 기원전 174~171, 즉 예루살렘에서 개혁이 시작된 후라는 N. Peters, *op. cit.*, xxxiv-xxxvii의 제안은 책의 상황을 잘못 평가했다.

184) 책의 장르에 대해서는 W. Baumgartner, *ZAW* 34, 1914, 161-198을 보라. 또한 W. Jenni, *RGG*[3] 3, 654와 비교하라.

185) 그리스어 본문(G.)의 표제들은 20:27; 23:7; 24:1; 30:1, 16; 44:1; 51:1; 히브리어 본문(M.)의 표제들은 31:12(G. 34:12); 41:14; 44:1.

록에서는 거의 나타내지 않고, 통상적으로는 오히려 더 큰 저작단위를 통해서 확정된 주제로 다루는 점도 이전의 지혜와 비교하여 혁신적인 사항이다.

그의 이력을 우리는 구체적으로 알 수는 없다. 하지만 그는 '율법학자'(סוֹפֵר)라는 자신의 직업에 분명히 자부심을 가지고 있었던 것 같다. 그는 한평생 지혜를 추구하는 것은 인간이 다다를 수 있는 최고의 경지라고 설명한다.[186] "학자 이외에는 달리 무엇이라 할 수 없는 학자가 여기 예루살렘에 처음으로 나타난다."[187] 예전 청년 시절부터 지혜를 추구했던 자신의 노력을 묘사하는 이 책의 마지막 부분에서 그는 "무지한 자들"을 자기의 "배움의 집"과 "배움의 자리"로 초대하고 있다(51:23, 29).[188] 그러므로 우리는 그를 정규학교체제에 속한 지혜교사라고 생각할 수 있으리라. 그는 특별히 헬레니즘의 문화적 유혹에 노출된 젊은이들에게도 자주 권고하고 있다.[189] 그는 '무사르'(מוּסָר)라는 핵심개념을 압도적으로 사용하는데, 그의 손자는 이것을 '교육'(παιδεία)으로 번역했다. 유대교의 '지혜'와 헬레니즘 세계의 '교육추구'는 여기서 서로 만나게 된다.[190] 아마도 예루살렘에는 벤 시

42:25 에서 43:1으로와 43:33에서 44:1로, 그리고 49:16b에서 50:1로의 변천; I. Lévi, *L'Ecclésiastique* 1, 1898, xxv 그대로, *op. cit.*, 50과 L. Bigot, *DTG* IV, 2, 1920, 2047과 비교하라. 헬레니즘을 수용한 문학형식에 관해서는 A. Schlatter, *GI*³, 100을 보라.

186) 38:24-39:11; 비교. 1:24b; 8:8f.; 24:30ff.; 37:26; 44:10-15.

187) A. Schlatter, *GI*³, 97.

188) 시락 51:3-30. 찬송의 처음 반이 11QPs Dav(ed. J. N. Sanders, DJDJ IV, 1965, 79f)의 초기 형태에서 나타난다. 우리는 여기에서 벤 시라가 어떻게 초기 형태를 형성했는지를 알 수 있다.

189) 빈번한 호칭으로 나타나는 "내 아들"에 관해서는 2:1; 4:20; 6:18, 23(G, Syr) 등을 보라. 또한 G. F. Moore, *Judaism* 1, 38을 보라: "헬레니즘 문명을 채택하려는 경향은 학교에 다닌 젊은 귀족들에게서 제일 강했다." 이와 유사한 I. Heinemann, *MGWJ* 82, 1938, 159의 주장을 보라.

라의 지혜학파 가운데에도 서로 다른 경향을 가진 그룹이 있어 때로는 서로 갈등했을 것으로 보인다. 서로 다른 학자들의 특색은 이렇게 언급될 수 있다:

많은 사람들에게는 지혜로우면서도
자기 자신에게는 우매한 현자가 있다.
자신의 말로 원수가 되고
( ) 모든 즐거움과 담을 쌓은 현자가 있다.
( ) 자기 자신에게 지혜로운 현자가 있다.
그들은 지식의 열매를 자신들의 삶에서(경험한다.)
백성들에게 지혜로운 현자가 있다.
그들은 항상 지식의 열매를 맺는다.
스스로에게 지혜 있는 사람은 즐거움으로 배부르고,
그를 보는 모든 사람은 그를 복되다 찬양할 것이다.
자기 백성에게 지혜로운 자는 명예를 얻을 것이요,
그의 이름은 영구한 삶으로 남게 될 것이다(37:19-26).[191]

벤 시라는 이렇게 자신의 지혜로 백성을 섬겼다. 이를테면, 아마도 정치적인 임무를 가지고 파견되었을 여행을 떠나면서는 다음과 같이 기록했다.

여행을 많이 한 사람은 많은 것을 알고
경험이 많은 사람은 많은 것을 말한다.

---

190) R. Smend, "Griechisch-Syrisch-Hebräischer Index" zu *Weisheit des Jesus Sirach*, 1907, 176f. ; 그리스어 번역은 이 용어를 더 자주 사용했다. 1권 p. 240ff. 와 비교하라.

191) 37:19-26. 본문은 V. Hamp, *Sirach*, Echterbibel, 1951, 98f. (괄호는 이차적 확대를 표시함) 다음을 따랐다.

경험을 하지 않은 사람은 조금 알고
여행을 많이 한 사람은 풍부한 지식을 모은다.
나는 여행을 하면서 많은 것을 보았고
많은 것이 나를 지나갔다.
때로는 죽을 위험 속에서 헤매었지만
그것이 지나갈 때는 구출되었다.
(34〔G. 31〕:9-13)[192)]

이 전기적 기록은 "영주"(שרים)를 섬기고 "통치자들"(נדיבים) 앞에서 "나라들과 민족들에게 나아가는" 율법학자들에 대한 묘사를 통해 보완된다(39:4. 60f.를 보라). 그러므로 헬레니즘의 매력적인 세계는 벤 시라에게 결코 낯설지 않다. 우리는 더구나 그가 그 세계를 여행했던 것으로 보아 확실한 그리스어 구사능력을 가졌다고까지 추측할 수 있다.[193)] 그가 종종 평의회와 백성들의 모임에서 현자의 등장에 대해 언급하기에,[194)] 우리는 그가 종종 공적인 역할을 했을 것이라고 가정할 수 있다. 그는 아마 재판관이나 변호자, 혹은 원로회(*Gerusie*)의 일원이거나, 안티오코스 3세 때의 사면에서 언급된 "성전의 율법학자"(유대고대사 12, 142. 1권 p. 280f.를 보라)에도 속했을지 모른다. 그가 제사장, 혹은 레위 출신이었는지는 분명하지 않지만, 그는 '전도자'와는 반대로 성전과 제사장 전통, 성전제의에 대해 긍정적이었으며, 제사장의 특권이 폐기될 수 없다는 것을 강조했다. 오니아스 가문의 대제사장 시몬이 죽은 후, 토비아스 가문의 음모와 헬리오도로스 사건

192) 12와 13절의 본문에 관해서는 V. Hamp, *op. cit.*, 90을 보라. 가령, 2마카 4:11에서처럼 안티오키아에 파견된 대사를 생각할 수 있다.

193) 4:7; 15:5; 21:17; 38:33; 39:10.

194) 샷 38:33, 비교. 시락 4:9, 15; 10:1f., 24; '통치자의 고문'은 11:1; 13:9; 20:27; 39:4; W. Baumgartner, *op. cit.*, 162를 보라.

(1권 p. 118ff. 와 3권 67ff. 를 보라), [195] 특히 시몬의 아들들의 권력투쟁으로 대제사장 가문의 권력 자체가 논란에 휩싸였음에도 불구하고, 시락은 무엇보다도 시몬에 대해서 분명한 예찬을 하고 있다(50:1-24). 아마도 벤 시라 자신은 오히려 대제사장 비느하스(Pinehas)의 후손들에게 경고를 함으로써 위협적인 상황에 처하게 되었을 것으로 보인다:

> 그가 너희에게 지혜로운 마음을 주시고(비교. 왕상 3:9)
> 그의 백성을 의로 세우시어(G. 에 M. 을 보충함)
> 너희의 소유와 너희의 힘이
> 가장 먼 후손에까지 잊히지 않기를 원하노라(45:26f.).

'의인 시몬'에 대한 과찬에 이어 그는 반복하여 이렇게 말했다.

> 그가 너희에게 지혜로운 마음을 주시고
> 너희 가운데 평화가 있기를 원하노라(!).
> 그의 친절이 시몬과 항상 함께 있으며
> 그가 그를 비느하스와 맺은 언약으로 붙잡기를 원하노니,
> 그 언약은 하늘이 있는 한
> 그와 그의 후손들에게 파기되지 않으리라(50:23f.).

아마도 이 경고와 다음 구절이 밀접하게 연관될 수 있을 것 같다:

> 하나님께 통치권을 구하지 말며

195) 7:29ff.; 35(G. 32):6ff.; 아론(45:6-22) 그리고 비느하스의 언약(45:23-26)의 묘사; 제사장 특권에 대한 옹호(45:13, 18); 의로운 시몬에게 보내는 찬송(50:1-21). 다른 한편 레위인은 언급되지 않았다. 이 책 제 1부 각주 385를 보라.

왕에게 명예의 자리를 구하지 말라.
왕 앞에서 의로운 체하지 말며
왕 앞에서 총명을 행하지 말라.
통치자가 되려 하지 말라(M. A מושל)
네가 힘이 없으면 너의 교만이 끝날 것이다.
너는 높은 자 앞에서 두려워하고
재판에서 오명을 남기지 않도록 하라(G. 7:4-7)

이 사상들은 일반적인 지혜를 문장으로 표현한 것으로 보기에는 너무 구체적이고 특이하지만, 당파투쟁과 부유한 가문들의 영향을 차단하지 못했던 시몬의 후계자 오니아스 3세에 잘 부합하고 있다. 그는 프톨레마이오스 이전에 펼쳐진 정책과 요르단 동쪽 지역을 지배했던 토비아스 가문 히르카노스에게 뇌물을 받았던 행동 때문에 결국 정적에 의해 폐위되었고, 마침내 셀레우코스 4세 필로파토르 왕에 대항했던 사건에 대한 책임을 지고 안티오키아로 소환되어 구금되었다.[196] 이 추측대로라면 벤 시라의 작품은 안티오코스 4세의 즉위 직전(기원전 175년 9월)에 완결되었으리라고 생각된다. 그가 오니아스 가문뿐만 아니라 아론과 비느하스 후손의 특권을 강력하게 옹호한 것으로 보아, 우리는 당시 이미 그러한 특권들이 흔들리고 있었다고 추측할 수 있다.

대체로 벤 시라는 민족적이고 유대교적 의미에서 정치적 관심을 현저하게 보이는데, 이 관심은 백성들에 대한 아주 현세적인 구원대망에서 정점에 이른다.[197] 다른 한편, 이러한 민족적이고 이방인에 적대

196) 비교. 2마카 3:4ff., 11; 4:1ff. 또한 비교. 1권 p. 70f., 그리고 더 상세한 것은 p. 494f.를 보라. 그가 이 시대의 정치적 상황에 관심을 보이지 않았다는 A. Schlatter, *GI*^{3}, 94f.의 견해는 거의 옳지 않다. 가령 10:8, 14, 16ff.; 16:4ff.와 비교하라. 그는 비공개적으로 말할 수밖에 없었다.

적인 자세는—물론 우리는 이것을 반(反) 셀레우코스적이라고 말할 수도 있겠지만—자신에게 불리했던 경험이 가져다 준 신중한 태도를 통해 완화된다:

> 물살을 거스르지 말라(4:26b)…
> 지배자들(מושלים)을 거스르지 말라(27b).
> 권력자와 싸우지 말라.
> 왜 그의 손에 망하려 하느냐?(8:1)

그러므로 벤 시라에게서는 두 가지 경향이 충돌하고 있다. 그것은 한편으로는 이미 헬레니즘적 정신에 압도적인 영향을 받았던 자유로운 상류층 엘리트들이 교만하게 행세하는 것에 저항하는 정치·종교적 참여요, 다른 한편으로는 힘 있는 자들에게 복종하고 침묵하라는 현자들의 전통적인 신중함이었다.[198]

이러한 긴장은 그의 작품 전체와 그의 이력에서 표현된다. 한편으로 그는 전통에 매우 충실한 지혜교사였고, 다른 한편으로 그의 자의식은 단순히 전수된 지혜사상을 넘어 예언자적 기품을 받아들였다. 그리하여 그는 마치 강에서 흘러들어 온 물을 공급하는 운하에 자신을 비유하고 있다(24:30f.). 그리하여 시락서의 중심이요 정점에 다다르고 있는 대찬가(24장)에서 토라와 동일시되는 이전부터 존재하던 지혜를 이렇게 찬양하며 마치는데, 여기서 자기 자신은 참으로 "빛의 전달

197) 17:17; 35(G. 32):22ff.; 36(G. 33):1-22; 50:25f. 또한 48:24f.; 49:10; 50, 4와 비교하라. 10:22에서 그는 하나님을 경외하는, 즉 유대교로 전향한 이방인과 비유대인에게 조언을 했다.

198) 비교. 4:7; 7:14; 8:10f., 14; 9:13; 13:9-13; 26:5의 비방과 대중의 소요에 대한 두려움; 1:22 24에 대한 R. H. Pfeiffer, *op. cit.*, 371; V. Tcherikover, *HC*, 148의 "그의 작품 여러 곳에서 이 겸손 뒤에 권위에 내한 존중보다는 권력가에 대한 두려움이 서려있음을 우리는 느낀다"를 보라.

자"가 된다:

> 그리하여 나는(나의) 교훈을 아침 해같이 빛나게 하고 그 빛을 멀리까지 뻗게 하리라.
> 그리하여 나는 가르침을 예언의 말씀처럼(G. Syr. "안에") 부을 것이며(G. ὡς προφητείαν; Syr. ܢܒܝܘܬܐ)
> 후의 세대에 물려주리라(24:32f).[199]

만일 하나님의 마음에 들면 "서기관"(*sôfēr*)은 "깨달음의 영"으로 충만하고, "지혜의 말을 그 앞에 솟아나게 하며"(ἀνομβρήσει = הִבִּיעַ) 하나님을 찬송한다.[200] 바움가르트너(W. Baumgartner)가 이미 지적한 대로 벤 시라는, 이를테면 35(G32):22-26의 하나님의 심판에 대한 예언이나 47:22의 구원언약에서처럼 예언양식을 서로 다르게 사용한다. 또한 애가로 형성된, 백성의 구원을 탄원하는 기도인 36(G. 33):1-22는 예언적 형태(비교. 21절)를 띠고 있다. 여기서 "지혜와 예언의 매우 독특한 혼합"이 나타난다.[201] '의인 시몬'이 제사장적이며 왕적인 이스라엘의 통치자 반열의 끝자락에 서 있었던 것처럼, 벤 시라도 예언자들과 백성들의 현자들을 나열하며 이렇게 마감한다:

> 나는 나중 된 자로서 주의를 기울여(אחרון שקדתי)
> 포도 따는 자 중에서도 추가로 수확을 얻는 자와 같았다.

---

199) 24:32f., 비교. R. Smend, *Die Weisheit des Jesus Sirach erklärt*, 224; 우리는 또한 50:27c의 마무리 말의 ניבא 대신에 ניבע로 읽어야 할 것 같다. 그래서 Smend, *op. cit.*, 494; N. Peters, *op. cit.*, 436; W. Baumgartner, *op. cit.* 186을 보라. 또한 시락 51:25에서 사 55:1에 대한 언급을 비교하라.

200) 39:6. 비교. 18:29; 히비아(הִבִּיעַ)에 대해서는 16:25 그리고 50:27d. 또한 W. Baumgartner, *loc. cit.*를 보라.

201) *Op. cit.* 186-189(인용, 186/7).

나는 하나님의 축복을 통하여 최고의 자리에 이르렀고,
포도 따는 자와 같이 통을 가득 채웠다.
보라, 나는 나 홀로 애쓰는 것이 아니라,
가르침(παιδεία, M. 은 아마 מוּסָר가 빠짐)을 구하는 모든 자를 위해 구하고 있다(33:16-18).

아마도 대제사장 가문과 원로회(1권 p. 122f. 를 보라)를 향해 말하고 있을 이 문장의 마지막은 정치적 강조로 예언자들이 요구했던 바를 특별히 부각시킨다.

백성의 지도자들이여 내 말에 귀를 기울이고( )
회중의 대표자들이여(מושלי קהל) 잘 기억하여라(33:16).[202]

우리는 여기서 "서기관"(*sôfêr*)이라는 이전의 제도가 내적으로 변화되는 것을 발견할 수 있다. 이 제도는 유대교의 발전은 물론 초기 기독교에도 중대한 의미를 갖게 된다. '지혜교사'가 이스라엘의 성서에 더욱 집중하여 자신의 기능을 행할 때 '율법학자들'이 된다. 아마도 대제사장 '의인 시몬'하에서 더 강한 민족적 경향을 가지게 된 보수적이고 민족적인 그룹은 이미 일반적으로 인정된 토라에 대한 관심을 토대로 하여 자유로운 '헬레니즘적 유대인'들과의 논쟁을 통하여 이스라엘의 예언적이고 역사적인 전승에 대한 관심에 눈을 뜨게 되었고 또한 정경 형성을 촉진시켰다. 여하튼 벤 시라는 여호수아의 '예언문서'에서 12예언서에 이르기까지도 예언서가 확고한 권위를 갖는 것으로 간주했다. 이것은 그의 이상적 '서기관'에 대한 묘사에서 나타난다:[203]

---

202) 33(G. 30):16, 25-27(본문은 V. Hamp, *op. cit.*, 88을 따랐다). "공동체의 대표들"이란 게루지아를 의미하는 것 같다.

203) J. L. Koole, *OTS* 14, 1965, 374-392, 특히 386ff.; E. Jacob in:

그러나 자기의 삶을 하나님 경외(*Syr.*)에 헌신하며
지극히 높으신 자의 율법을 연구하는 사람은 다르다.
그는 모든 옛 사람의 지혜를 연구하고,
예언서들을(προφητείαις) 연구하는 데 자신을 다 바친다(38:34cd; 39:1).
……
그는 충고와 지식을 이해하고(*Syr.*)
그의(즉, 하나님의) 비밀을 연구한다.
그는 자신의 가르침을 교육(παιδεία)하여 알리며
주의 언약의 율법을 빛낸다(39:7, 8).[204]

그러나 토라와 예언서를 연구하기 위해서는 "깨달음의 영"이 전제되어야 한다(38:6). 그리하여 서기관은 예언자들 — 벤 시라와 모세도 포함된(46:1) — 의 전통으로 들어가 현재의 여러 유혹에서 그 유산을 보존해야 한다. 이로부터 양방향의 발전이 나타나게 된다. 즉, 한편으로는 에센주의와 젤롯파 또는 초기 기독교에서와 같이 토라와 예언의 영감어린 해석에 기초하여 새로운 '예언'으로 발전하거나,[205] 다른 한편으로 랍비들에게서와 같이 주석의 제도화로 발전하게 된다. 이를 위한 초석이 이미 벤 시라 자신에게서 발견되는데, 예언자들은 합리화되어 가는 구원사적인 도식에 의하여 율법의 해석자와 설교자, 그리고 이스라엘의 장차 올 구원을 선포하는 자로 변형된다. 그리하여

Mélanges bibliques A. Robert, 1957, 289f.

204) 본문에 관해서는 V. Hamp, *op. cit.*, 103f.를 보라. J. Koole, *op. cit.*, 376은 토라와 관련해서 동사 "다라쉬"(דרש)가 율법의 주석을 의미한다고 지적했다: 32(G. 35):14f.를 보라. 그 반대 주장은(G. Mayer, *RAC* 6, 1195) 옳지 못한 것으로 보인다.

205) 에센주의에 대해서는 2권 p. 338f., 394f.를 보라. 유대교의 예언에 대해서는 Meyer, *TWNT* 6, 813ff.; M. Hengel, *op. cit.*, 236ff.를 보라.

율법학자와 예언자는 "더 이상 근본적으로가 아니라 … 어느 정도 차별화될 뿐이었다."[206] 제 11번 쿰란동굴에서 발견된 다윗의 시편 지혜모음집에 의하면 다윗도 "지식과 깨달음의 영"(רוח נבונה ואורה)으로 충만한 "소페르"였고, "예언적 영감"(בנבואה)으로 4,050편에 달하는 시와 노래를 지었던 "하캄"이었다.

팔레스타인과 알렉산드리아의 영감사상 사이에 근본적인 차이는 없다.[207] 그렇지만 좀더 초기시대 이스라엘 역사의 현자와 예언자를 특출하게 만들었던 것은 무엇보다도 놀랄만한 기적행위에서 선포된 그들의 "영웅적" 이력이었다.[208] 이러한 점에서 시락서에 나오는 "조상들의 찬가"는 전기적 형태를 띤 헬레니즘 시대 영웅들을 찬양하고 있는 《위인전》(*de viris illustribus*)을 떠올리게 한다.[209] 백성의 지도자

---

206) 예언에 관한 랍비의 생각에 대하여는, R. Meyer, *TWNT* 6, 817f.를 보라. 벤 시라의 대해서는 J. Koole, *op. cit.*, 381을 보라.

207) J. S. Sanders, DJDJ IV, 92: 11QPs[a] Dav. Comp., Col. 27, 4. 11; 영감에 대한 벤 시라의 생각에 대해서는 또한 J. L. Koole, op. cit., 382f.를 보라. 그는 아리스테아스와 필로〔Vit. Mos. 2, 40(M. 1, 1400)〕를 언급한다. 비교. 이보다 얼마 후의 아리스토불로스에게서의 영감에 관해서는 2권 p. 176을 보라. 또한 지혜 7:7, 15, 27 등을 보라.

208) 다음의 "조상들의 찬양"을 보라: 45:2 모세; 45:19 아론; 46:4 여호수아; 46:15ff. 사무엘; 47:3 다윗; 48:3ff. 엘리야; 48:12f. 엘리사; 48:20, 23 이사야; 49:8 에스겔; 49:14 에녹. 또한 E. Jacob, *op. cit.*, 290f.를 보라. 그리고 "조상들의 찬양"에 관해서는 R. T. Siebeneck, *CBQ* 21, 1959, 411-428을 보라.

209) 비교. E. Jacob, *op. cit.*, 290: "이런 유의 개인에 대한 찬양은 구약에서는 새롭다." 또한 R. T. Siebeneck, *op. cit.*, 413f.; R. Pautrel, *RSR* 51, 1963, 541f.를 보라. 그리스 전기(傳記)는 기원전 3세기 헤르밉포스(Hermippos), 사튀로스(Satyros)와 소티온(Sotion) 하에서 소요학파의 영향이 절정에 달한다. 기원전 200년에서 170년 사이에 소티온으로부터 "διαδοχαὶ τῶν φιλοσόφων"(철학자들의 계승자들)이 왔다. Münzer, *PW*, 2R. 3, 1235ff.를 보라. 전기의 예들에 관해서는 A. Lumpe, *RAC* 6, 1229-1257을 보라.

들과 예언자들을 구원사의 관점에서 찬양하는 이 찬가의 특성은 자연스럽게 현재의 상황에 대한 권고(*Mahnung*)로 흘러가는데, 이는 마카베오1서 2:49-68에 나오는 마타디아스의 '유언'으로 이어진다. 여기서도 구원사적 연속성이 보장되는 '계승원칙'(시락 46:1; 47:12; 48:12)이 눈에 띈다. 시락은 구약에는 알려져 있지 않은 아람어 타하리프(תַּחֲלִיף, 44:17; 46:12; 48:8)를 "계승자"라는 단어로 사용한다. 에우폴레모스도 자신의 역사서에서 예언자적이고 왕적인 "승계"에 대한 설명을 자세히 하고 있다(FGrHist 723 F2b = Pr. Ev. 9,30,1ff.; F5 = Pr. Ev. 9,39,2). 요세푸스는 후에 "예언자들의 엄밀한 계승자"(τὴν τῶν προφητῶν ἀκριβῆ διαδοξήν)에 대해 언급했다(아피온 반박 1,41). 그리고 〈조상들의 어록〉에서는 전승자들의 연속된 계승의 고리를 통해 구전토라의 권위를 보장하고 있다('*Ab.* 1,1f.; 1권 p.287f.를 보라). 전승의 연속성은 마치 영감(靈感)사상과 같이 조상들의 유산을 합리적으로 확인하고 또한 그 유산의 권위에 대한 토대를 세워야 한다. 여기서도 역시 벤 시라의 변증적 태도가 표현된다. 이스라엘의 거룩한 문헌과 위인들의 행위로 이루어진 역사는, 비유대적이고 그리스적인 역사나 문헌보다도(44:3-9) 훨씬 더 우월하며, '소페르'의 '영감어린 지혜'나 그에게 맡겨진 하나님이 역사하신 예언적 전통은 인간적 추론에만 기초하는 '그리스적 지혜'의 위협적인 영향을 차단해준다.

벤 시라의 사회적 '설교'에서는 예언적 파토스에서 나온 '시대비평'과, 관찰과 경험에 기초한 전통적—그러나 때로는 자기중심적으로 나타나는—지혜 사이의 긴장이 나타난다. 벤 시라는 삶의 적절한 향유만큼이나 안전하고 근심 없는 삶을 보장하는, 그러면서도 정직하게 얻은 부를 높이 평가했다. 그러나 인간 자신의 잘못으로 생긴 가난과 이로 인해 구걸하는 행위에 대해서는 혐오했다.[210] 그렇지만 그는 부의 위험성을 강력히 경고했고, 하나님의 뜻에 합당한 사회적 자비의 행동도 매우 강하게 요구했다. 여기서 '전도자'와의 결정적인 차이점을 발견할 수 있는데, 그것은 특히 변화된 사회의식을 암시해 준다. 벤 시라는 부유한 엘리트들이 권력을 사악하게 사용하고 있음을 인상적으로 묘사했다.[211] 가난과 부 사이에는 건널 수 없는 대립이 존재한다:

모든 육체는 자기의 동류(同類)를 사랑하고
모든 사람은 자기와 같은 계층을 사랑한다.
……
이리와 어린 양이 어떻게 짝이 되겠는가?
그런즉 불경한 자가 의로운 자와 어찌 어울리겠는가!
하이에나와 개가 어찌 평화로울 수 있으며
부한 자와 가난한 자가 어떻게 평화로울 수 있는가?
나귀가 광야에서는 사자의 먹이이니
그런즉 가난한 자는 부유한 자의 밥이다.
오만한 자에게 겸손이 혐오스러운 것과 같이,
부유한 자에게도 가난한 자가 혐오스럽다(13:15-20).

네게 무거운 것을 지지 말고
너보다 부유한 자와 어울리지 말라.
질그릇이 어찌 쇠그릇과 함께 사귀겠느냐?
쇠그릇이 부딪치면 질그릇은 깨어진다.
부유한 자는 남을 해치고도 그것을 자랑하지만,

---

210) 부에 대한 가치평가: 10:27; 13:24; 25:3; 40:18(G.), 또한 비교. 33(G. 30):28-32; 자초한 가난 18:31-19:1; 26:28; 25:2f., 또한 비교. 40:28-30, 더 상세한 예들은 R. H. Pfeiffer, *op. cit.*, 390f.를 보라.

211) 8:2, 12; 9:13; 13:9-13. 벤 시라의 사회적 풍토에 대해서는 V. Tcherikover, *HC*, 145ff.; R. Smend, *op. cit.*, xxv; 1권 p. 196ff.

가난한 자는 불의가 일어나면 그에 대해 간청한다.
네가 그에게 사용가치가 있다면 그는 너를 노예로 만들고,
네가 무너지면 그는 네게서 멀어진다.
네가 무엇을 가지고 있으면 그는 너를 가까이 하고
너를 가난뱅이로 만들고 자신은 아무런 손해를 보지 않는다.
(13:2-5. Smend의 본문과 번역을 따름).

그렇지만 벤 시라는 현재의 상황에 대한 비평적인 묘사에 머무는 것이 아니다.[212] 부에 대한 숨 가쁜 사냥은 인간을 죄악으로 인도하고야 만다는 경고를 그는 그저 지나가는 말로만 하지 않는다:

내 아들아, 너는 왜 네 일을 그렇게 많이 하느냐
일을 급하게 많이 하는 자에게 책임이 따르게 마련이다! (11:10)
돈을 좇는 자는 죄 없다 아니할 것이요
이익을 사랑하는 자는 잘못된다〔31(G. 34):5〕.

"불경건한 자의 희생제물"에 대한 논쟁에서 그는 예언자적 어조로 이렇게 선언한다.

가난한 자의 소유를 제물로 드리는 자는
그 아버지의 눈앞에서 아들을 잡는 자이다.
초라한 빵은 가난한 자의 생계이니
그것을(그들에게서) 빼앗는 것은 살인이다.
이웃의 먹을 것을 빼앗는 자는 그를 죽이는 것이고,
일하는 자에게서 품값을 빼앗는 것은 피 흘리게 하는 것이다〔34(G31):24-27〕.

---

212) 또한 13:22f.; 5:1ff.; 8:14와 비교하라.

그의 비판은 아직은 누구보다도 비유대인 사업가를 향하는 것으로 보인다. 농업이 신의 재가를 받은 것과 달리 어떤 직업은(7:15; 20:28) 극단적인 위험을 가져오게 된다.

사업가가 책임을 피하기는 어렵고,
장사꾼이 죄에서 정결해지기는 어렵다.
많은 사람들이 돈으로 인하여 죄를 짓고
(돈)을 모으기를 추구하는 사람은 눈이 먼다.
천막의 말뚝이 고정돌 사이를 파고들듯이
팔고 사는 사이에 죄가 끼어든다.
주님을 두려워하는 것에 마음을 지키지 않으면,
그의 집은 속히 무너져버리게 된다(26:29-27:3b).[213]

여기서 우리는 벤 시라의 모든 작품에서(2권 p. 110ff.를 보라) 결정적인 역할을 하는 보응사상을 만나게 된다. 이 사상은 유복한 상류층에 속했던 그가 빈궁한 자들을 위해 사회적 행동을 할 수 있는 근거가 된다:

내 아들아, 가난한 자의 삶을 조롱하지 말고,
절망하는 자의 눈이 죽어 감기게 하지 말라(R. Smend에 따른 본문)
……
압박하는 사람에게서 압박받는 자를 구하고,

213) 14:4f.; 20:9-12; 21:8 그리고 11:29, 여기에서 로켈([illegible])은 "중상자"가 아닌 '떠도는 외국상인'을 의미한다. N. Peters, *op. cit.*, 102; G. Boström, *Proverbiastudien*, 70. 유대 지역에서 상인에 대한 거부감에 대하여는 1권 p. 99f.를 보라. 농업의 이상(理想)에 대해서는 이 책 제1부 각주 413을 보라. Cicero, *De offic.* 1, 150f.에 의하면 파나이티오스(Panaitios)도 이와 유사하다.

판결을 의롭게 하려는 너의 정신을 굽히지 말라.
고아들에게는 아버지와 같이 되고,
과부들에게는 그 남편을 대신하여 (도우라).
그리하면 하나님께서 너를 아들이라 부르시며
너에게 자비를 베푸시며 너를 무덤에서 건지시리라(4:1, 9, 10).
가난한 자의 입에서 나오는 기도는
(하나님의) 귀에까지 들어가고,
그의 판결은 속히 올 것이다(21:5).[214]

이렇게 벤 시라가 다채롭게 묘사하는 유대사회의 분위기는 이 책 제1부에서 설명한(p. 92f. 를 보라) 초기 헬레니즘시대 팔레스타인의 사회적 상황과 전체적으로 조화를 이룬다. 이와 함께 특히 헬레니즘적 삶의 양식과 낯선 사상 때문에 유대교 상류층에만 제한되고 있었던 예루살렘의 당파투쟁으로 그러한 상황은 첨예화되고 있음을 보여준다. 이러한 출발점은 벤 시라의 작품 전체에 근본적으로 **변증적이고도 논쟁적인** 특성을 부여한다. 이는 전통적 지혜에 의존하는 자신의 생각과 어느 정도 충돌을 일으키는 것이었다.

2. 벤 시라와 헬레니즘적 자유사상가(*Freigeist*)의 대결

스멘트(R. Smend)는 이 작품의 중요성을 분명히 인식했다. "시락은 잠언 1:7과 9:10에 나오는 바, 주를 두려워하는 것이 지혜의 시작이며, … 모든 지혜는 하나님에게서 오며 지혜는 영원부터 그와 함께 있

---

214) 3:17, 30f. ; 5:1-8; 7:11, 32; 10:23; 29:8; 35(G. 32):15ff. 등과 비교하라. R. H. Pfeiffer, *op. cit.*, 390이 벤 시라의 조언 중에서 "이기심"(*Selfinterest*)에 대하여 말한다면 올바르게 언급한 것으로 보인다.

다는 말씀을 강조했다. 시락은 자신의 저작의 정점에 두었던 이 말씀을 통해서 헬레니즘에 대해 유대교의 선전포고를 한다."[215] 그래서 어쩔 수 없이 초기 유대교의 지혜 전통에서 각인된 보편주의적인 태도는 제한되고,[216] 지혜와 경건한 순종이 동일시되며, 경건에 결합되지 않은 세속적 지혜의 가능성은 배제된다. 시락서 1:1은 방향성을 가지고 이 책의 주요 주제를 부각시키고 있으며, 1:14는 좀더 사람 자체를 문제 삼아 반박하며(*ad hominem*) 설명하기 위해 같은 주제를 다시 반복한다:

> 주님을 두려워하는 것이 지혜의 시작이며
> 신실한 자들(πιστοί)은 이미 모태에서 조성된다.

신앙은 외부로부터 위협받아 더 신실하고 깊은 의미를 갖게 되고, 지혜를 위한 필수불가결한 조건(*conditio sine qua non*)이 된다.[217] 그렇

---

215) R. Smend, *Die Weisheit des Jesus Sirachs erklärt*, xxxiii, 또한 R. H. Pfeiffer, *op. cit.*, 371f. 와 비교하라. R. Pautrel, *op. cit.*, 545는 스멘트를 반대하고 있지만, 벤 시라가 비유대인이 아닌 헬레니즘적 시대정신에 물든 동시대 사람들에 대하여 적대적인 태도를 취했다는 사실을 간과했다. "Merkābāh"-사변(思辨)을 통한 시락 3:21f. 에 대한 랍비의 해석에 대해서는 다음을 보라: H. W. Weiss, *Untersuchungen zur Kosmologie des hellenistischen und palästinischen Judentums*, 1966, 80. 시라의 반헬레니즘적 태도에 대해서는 A. Sisti, *RivBibl* 12, 1964, 215-256을 보라.

216) O. Eissfeldt, *Einl.*[3], 811: "보편적이고 일반적인 인간에 대한 요소는 잠언이나 전도서에서보다 특별히 유대적인 배경으로 후퇴하고 있다." 벤 시라와 잠언과의 근본적인 차이에 관해서는 다음을 보라: J. Fichtner, *Die Altorientalische Weisheit*, 1933, 82-94, 125ff.; E. G. Bauckmann, *ZAW* 72, 1960, 33-63. 아쉽게도 이들은 변화의 이유들을 너무 적게 다루었다. J. Fichtner, *op. cit.*, 127은 "헬레니즘과의 논쟁"이라는 일반적 용어로 그것을 표현했다.

217) 다음과 같은 부류의 용어들 πίστις, πίστος, (ἐμ)πιστεύειν = אמונה; נאמן;

지만 벤 시라는 그러한 설명에서 한 걸음 더 나아간다:

주님을 두려워함이 모든 지혜이며
율법을 행함은 온갖 지혜에 (포함되어) 있다.
악에 능숙함은 지혜가 아니요,
죄인의 충고는 지식이 아니다.
가증한 영리함이 있고,
악함이 없는 우매함이(*Syr.*) 있다.
무식하고도 하나님을 두려워하는 것이
유식하고도 율법을 위반하는 것보다 낫다(19:20, 22-24. V. Hamp의 G. 본문)

율법을 미워하는 자는 지혜롭지 않은 자요
폭풍에 빠져 있는 배같이 흔들린다. (33〔G. 36〕:2)

그런데 여기서 잠언과 달리 벤 시라는 토라를 포괄적인 교훈이 아니라, 구체적인 모세율법으로 이해한다는 것이 중요하다.[218] 따라서

האמון은 비록 좀더 광범위한 문맥에서지만 중요한 역할을 한다. R. Smend, 색인 189f.를 보라. 비교. 1:27; 2:8, 10, 13; 4:16; 15:15와 비교하라. 그곳에서는 그리스어 본문(G.)을 따라 "에무나"(אמונה)로 읽어야 한다. R. Smend, *Die Weisheit des Jesus Sirachs erklärt*, 143을 보라. 그리고 마소라 본문과 시리아역에서 합 2:4에 첨가된 것(15:15c)에 언급되었다: "네가 만일 그를 신뢰하면 살리라." 비교: 더 상세한 것은 34(G. 31):8; 36: 21; 40:12(G.); 44:20 아브라함; 45:4 모세의 "에무나"(אמונה); 46:15 사무엘; Smend, *op. cit.*, 445; 48:22 히스기야. 중요하게도 이 개념을 가진 용어의 부류는 그리스어 번역에서 더욱 자주 나타난다. 이것에 대해서는 A. Schlatter, *Der Glaube im NT*, [4]1927, 16ff.를 보라.

218) 언약(*miṣwāh*)이라는 개념의 경우도 마찬가지이다. E. G. Bauckmann, *op. cit.*, 36ff., 48f.를 보라. J. Fichtner, *op. cit.*, 93f.는 개념이 불확

그는 자신의 작품 첫 머리에서 근본적으로 이렇게 요구한다.

지혜를 갈망하거든 계명을 지키라! (1:26)[219]

지혜와 율법은 실질적으로 하나가 되고, 벤 시라는 이 양자의 융합을 수행하는 거대한 지혜의 찬가(24장)를 자신의 작품 정중앙에 놓고 있다.[220] 이 찬가는 나중에 자세하게 다룰 것이므로, 지금은 거기에서 등장하는 사상이 벤 시라 자신에게서 온 것인지 아니면 내려온 전승인지에 대한 질문은 유보하자(2권 p. 153f. 를 보라). 우선 여기서 중요한 사실은 우선 그 '지혜'가 이스라엘에 주신 하나님의 절대적인 선물이 되었다는 점이다. 이러한 관념은 이질적이면서도 독자적인 이상적 지혜상(像)을 받아들이지 않을 가능성을 주는데, 벤 시라는 율법과의 연관을 허용하지 않는 그런 지혜상을 불경건하게 생각했기에 거짓된 '지혜를 추구하는 것'에 대해 이렇게 경고한다:

네가 감당하지 못할 것을 구하지 말고,
네 힘에 겨운 것을 좇지 말라.

실하게 나타나는 몇몇 구절들〔32(G. 35):15; 33(G. 36):2; 37:12의 "불가능하지 않은"; 32(G. 35):17, 18, 23f. 의 "확실한"〕에서는 "지혜라는 의미"로 이해했다. 그러나 이런 모든 구절들은 모세의 토라라는 확실한 의미를 보여준다. 벤 시라는 이 시점에서 더 오래된 지혜전승을 변형시켰다. 그러나 그의 손자는 불확실하게 나타나는 "토라"(*tôrāh*) 혹은 미츠바(*miṣwāh*)를 "율법"(*Nomos*)으로 바르게 번역했다. *op. cit.*, 94를 보라. 또한 R. H. Pfeiffer, *op. cit.*, 381ff. 와 비교하라.

219) 비교. 15:1b: "율법을 지키는 자는 그것(지혜)을 얻을 것이다." 그리고 다른 한편 15:7의 "불경한 자는 그것을 얻지 못하나니 … 조롱하는 자는 물론이다." 더 상세한 것은 6:37; 21:11f.; 23:27b, 34(G. 31):8; 33(G. 36):2; 43:33과 비교하라.

220) 비교. 17:11; 38:34cd; 39:1.

네가 힘을 쏟아야 할 것에 전념하고,
감추어진 일을 알려고 수고하지 말라.
네 능력을 넘어서는 것을 위하여 싸우지 말라.
이는 네가 이해하는 것보다 많은 것을 네게 보여주셨으며
사람들은 이미 많은 생각에 빠져 있고
또 악한 생각으로 미혹되고 있기 때문이다(3:21-24).[221]

스멘트는 이 마지막 문장에 있는 "사람들"(בני אדם)이 무엇보다도 그리스인을 의미한다고 추측했다.[222] 문맥을 본다면 아마도 그가 옳다고 해야 할 것 같다. 벤 시라는 그가 겸손하라고 외친 부유한 상류층(3:17f.)에게 경고했다. 그리스적 '지혜'는 어떤 관습에도 제한받지 않고 자유롭게 비판적인 질문을 할 수 있었기에 그들에게는 매우 매력적이었을 것이다. 이어지는 "완고한 마음", 즉 죄에 죄를 쌓는 "행악자"와 조롱하는 자들의 해악에 대한 경고와, 맨 마지막에 있는 "지혜로운 자들의 말"을 들으라는 권고(3:26-30)는 이 구절의 관점을 분명히 보여준다. 벤 시라는 해서는 안 되는 질문의 특성을 다음과 같은 몇 가지 예를 통해 설명한다:

'내 죄는 하나님에게서 온다'(מאל פשעי)고 말하지 말라.
이는 하나님은 당신이 미워하는 것을 하시지 않기 때문이다.
또 '그가 나를 실족시키셨다!'고 말하지 말라.
악한 인간이 그에게 무슨 필요가 있겠는가?
하나님도 악을 미워하시므로

221) 이 본문에 대해서는 R. Rüger, *op. cit*, 34f.를 보라. 비교. 43:28(하나님의 지혜는 인간의 능력보다 더 크다). 제3부 각주 271을 보라.

222) *Op. cit.*, 31; N. Peters, *op. cit.*, 34는 또한 "과장된 유대적 사고"를 포함하려 한다. 그러나 맥락상 그런 반(反)묵시적 입장은 의심스럽다. 또한 35(G. 32):24의 אדם과 אנוש를 비교하라.

주님을 두려워하는 사람들이 악과 충돌하지 않도록 하신다.
하나님이 태초에 인간을 만드셨고( )
그에게 자유의지〔당신의 '본능'(예체르(יצר) : 인간 안에 있는 결정기관)〕를 주셨다.
네가 하고자 하면 계명을 지킬 수 있으며,
신실함(πίστις = אמונה, Smend)은 곧 하나님의 뜻을 행함이다.
불과 물이 네 앞에 쏟아졌으니,
네가 원하는 대로 손을 뻗으라.
생명과 사망이 사람 앞에 놓여 있으니,
원하는 것이 그에게 주어질 것이니라(15:11-17).[223]

여기서 순종에 대한 결단이 '에무나'(אמונה)로 표현되는데, 이렇게 철학적 방법으로 인간의지의 자유 혹은 부자유를 언급하는 것은 유대교에서는 거의 새로운 것이라 할 수 있겠다. 그러므로 이는 벤 시라가 활동하고 있었던 예루살렘에서 인간의 자유와 함께 율법순종의 토대를 받아들이지 않고 있다는 인상을 받는다. 비록 그것이 '전도자' 사유의 연장이든(2권 p. 49f. 를 보라), 아니면 결정론적인 사상을 갖는 점성술의 영향에서 나온 것이든 말이다. 여기서 확실히 그 사상은 헬레니즘의 영향을 더욱 강력하게 받았던 지혜학파에 의해 반박받았을 것으로 보인다. 동일한 주제가 이제 죽음 이후의 보응과 연결되어 에녹1서 98:4-8(2권 p. 281f. 를 보라)의 권고의 말에서도 나타나는데, 이는 어쩌면 사유로운 상류층을 염두에 두었을지 모른다. 시락서에서 "두 길"(δύο τρίβους, 2:12)이라는 개념의 표현이 처음으로 나타난 것

223) 본문에 대해서는 H. P. Rüger, *op. cit.*, 75ff. 를 보라. 비교. 17:7b: "그는 그들에게 선과 악을 가르쳤다." 27:8을 보라: 의를 추구하는 자는 그것을 얻는다. Aischylos, *Agamemnon* 1497ff., 1505ff. 와 비교하라. 여기에서 벤 시라는 신 30:15, 19의 사상을 발전시켰다.

은 결코 우연이 아니다. 그렇지만 거기서 그 표현은 두 길을 동시에 걷고 있는 죄인의 내적인 갈등이 어느 정도 변화된 형태로 사용되고 있다.[224] 이제부터 이러한 사유는 묵시문학과 지혜문학에서 중요하다. 여기서 한 가지 더, 이러한 사유가 이를테면, 프로디코스(Prodikos)⑥의 기로(岐路)에 선 헤라클레스에 대한 우화에서 보는 바와 같이 그리스에서도 유사성을 갖는다는 점을 언급할 수 있다.[225] 이렇게 의지의 자유를 강하게 강조하는 것은 규범적 사고에 대한 하나의 시발점을 마련해 준다: "율법을 준행하는 모든 사람은 자신의 경영을 다스릴지라"(시락 21:11. "경영"은 G. ἐννόημα, Syr. ܝܨܪܐ, M.는 아마도 יצר).[226] 벤 시라는 "예체르"(יצר)라는 개념의 중심에 최초로 "성격", "의향"과 같은 인간학적 의미를 부여하는데, 처음부터 억제해야 할

---

224) 벤 시라 이전의 이 관념에 대해서는 시 1편과 렘 21:8을 보라. 비교. 시락 15:17; 벤 시라 이후에는 다음을 보라: 에녹 91,18; *T. Asher* 1, 3; 5-7; *Sla. Hen.* 30, 15; Hermas, *Mand.* 12, 3, 4. Bill. 1, 461f.과 W. Michaelis, *TWNT* 5, 57f.를 비교하라. 이러한 분열에 대한 반론은 시락 1:28; 5:14; 6:1을 보라. 비교. 시 119:113. 그리스의 유사성에 관해서는 Theognis, 910ff.를 보라.

225) Xenophon, *Mem.2*, 1, 21-34, 그것에 관해서는 I. Alpers, *Hercules in Bioio*, Diss., 1912, 9ff.; W. Michaelis, *TWNT* 5, 43ff.을 보라. Persius, *Sat.3*, 56f.에 의하면 '두 길' 교리는 피타고라스의 전통에서 유래되었다. P. Wendland, *Hellenistisch-römischer Kultur*, 85f.와 비교하라.

226) 비교. 시락 15:14; 27:6; 37:3의 יצר רע. R. Smend, *op. cit.*, 327을 보라. 시리아역과 아마도 창 8:21(G.)을 따랐을 시락 17:31에 대해서는 R. Smend, *op. cit.*, 162를 보라. 23:2에 관해서는 R. Smend, *op. cit.*, 304를 보라. 또한 세갈(Segal)의 "거꾸로 된 번역"과 비교하라. 벤 시라와 그 이후의 "yēṣer"에 관해서는 다음을 보라: R. H. Pfeiffer, *op. cit.*, 393; Bousset/Gressmann, 403ff.; 특히 *'Ab 4*, 1과 *Kidd. 30b Bar.*를 보라: 유사하게 하나님이 창조하신 "예체르"에 대립되는 "구원의 도구"로서의 율법. 랍비들에 대해서는 다음을 보라: Bill. 4, 466-83과 Moore, *Judaism* 1, 479-483; 3, 146f. 이 개념은 쿰란, 특히 〈공동체 찬양집〉(*Hodajot*)에서 인간학적인 용어로서 대단히 중요하다. Kuhn, *Konkordanz*, 92f.를 보라.

"악한 충동"(רע יצר)으로 판단하는 경향이 있다. 인간의 피조성을 나타내는 표현으로서 "혈과 육"(14:18; 17:31)도 새롭다. 17:31은 본문을 확정하기가 어려운 구절인데, 이 개념은 "악한 충동"(רע יצר Syr.를 따르는 Smend, 162, 또한 Segal, 107을 보라)과 연결된다. 이외에도 생각과 양심의 장소로서 "마음"이 등장한다(17:6b; 37:13-18). 이 모든 것은 벤 시라가 자신의 지혜문학적인 용어를 통해 신학적 인간학의 토대개념을 어떻게 발전시키고 있는가를 분명하게 보여준다. 우리는 이러한 개념들을 '의의 교사'와 에센파 사람들에게 나타나는 강력한 이원론적 표현에서 다시 접하게 된다(2권 p. 322f.를 보라).

의지의 자유에 대한 문제가 얼마나 — 그리스 대중철학사상이 유입되자 그 영향하에서 — 헬레니즘 시대의 유대교를 움직이고 있었는가를 보여주는 장본인들은 한편으로는 '전도자'와 그후 에센파 사람들이고, 다른 한편으로는 요세푸스이다. 특히 요세푸스는 의지의 자유를 기준으로 유대교의 종파들을 분류했다. 여기서도 바리새인들은 벤 시라의 태도를 받아들였다(2권 p. 330f.를 보라). 벤 시라 역시 전통적인 하나님 상이었던 '토기장이'〔33(G. 36):10-13〕를 알고 있기는 하지만, 이는 시락서 전체의 진술에서는 이질적으로 보인다. 스토아주의자들은 결정론에 근거한 세계관 때문에 인간의 자유에 대한 생각과 하나님이 악을 초래하지 않았다는 사상을 조화시키기 어려웠다. 이와 같이 벤 시라나 더 후대의 랍비들도 신의 전능과 그들의 인간관을 조절하는 것은 어려웠다.[227]

벤 시라는 자유의지를 부인하는 것과 같은 방법으로 '에피쿠로스적

227) 또한 비교, 11:14; 18:6; 42:21; R. H. Pfeiffer, 393f.를 보라. 스토아학파와 그의 적대자들의 비난에 대한 크리시포스(Chrysipp)의 변호를 비교하라. 스토아주의의 결정론은 결국 자유의 상실로 나아가게 된다. M. Pohlenz, *Stoa* 1, 104ff. 그리고 2, 60을 보라. 또한 R. Pautrel, *op. cit.*, 542를 보라.

인' 하나님 사상을 반박해야 했는데, 이들은 하나님이 개인의 운명을 주관한다는 식의 생각을 가지고 있었다. 또한 그는 유대교는 물론 스토아주의에서도 표현되는 바, 합리적 '신학'의 근본교의라 할 수 있는 '신의 섭리'를 부인하려는 사상도 반박해야 했다. 그의 적대자들의 관점은 헬레니즘적 종교비판과 연관되었을 것인데, 아마 그들은 '전도자'의 사상을 학파를 이루어 계승한 관념에 의존했으리라.[228]

> '나는 하나님 앞에서 감추어졌다'고 말하지 말라.
> '저 높은 곳에서 누가 나를 기억할 것인가?
> 그 많은 사람 가운데서 내가 눈에 뜨이겠는가?
> 모든 영 가운데서 내 영혼이 무엇이나 되겠느냐( )?'고 말하지 말라.
> 하늘과 하늘 위의 하늘을 보라!

---

228) 아마도 전도서를 제외한다면, 하나님의 "탈인격화"(*Entpersonalisierung*)는 두말할 것도 없이 구약 전체와 모순된다. 그러나 우리는 그것을 '그리스적 계몽'에서 발견한다. 2권 p. 64f. 를 보라. 거기서 우리는 벤 시라와 유사한 상황을 발견한다. 예를 들면, 소크라테스는 아리스토데모스(Aristodemos)와의 논쟁에서, 신들은 사람에게 관심이 없기 때문에 그들을 경배하는 것이 소용없는 일이라고 생각한다(Xenophon, *Mem.* 1, 4). 조물주가 창조한 세상과 특별히 신의 "선견"(先見, *Pronoia*)이 형성한 인간의 목적성에 근거한 소크라테스의 논쟁은 종종 창조의 목적성에 관해 벤 시라의 아들이 벌인 합리적인 논증과 꽤 유사하다. 후에 스토아학파는 신은 어떤 것도 간과하지 않고 모든 사람을 돌본다는 섭리사상을 널리 받아들이도록 했다. 그것은 Ps. Arist, 210의 "τὸ τῆς εὐσεβείας … κατάστημα"(경건의 … 태도)이며, 요세푸스의 신학사상의 기본적 특징이기도 하다. 비교. 다니엘의 예언과 관련된 에피쿠로스학파와의 논쟁, 유대고대사 10. 278, 그 예언은 "인간의 삶에서 선견(*pronoia*)을 추방했고, 하나님이 이 세상에서 일어나는 일에는 관심이 없다고 주장한다." 또한 아피온 반박 2, 180과 유대고대사 2, 24; 4, 47을 보라. 또한 A. Schlatter, *Wie sprach Josephus von Gott*, BFCT 14, 1910, 50을 보라. 스토아의 신의 섭리와 돌봄에 관해서는 M. Pohlenz, *op. cit.*, 2, 98-101을 보라. 그는 이런 특징은 섭리에 관한 셈족계열 시조(始祖)의 믿음에서 유래되었다고 가정한다.

시원(始原)의 바다와 땅은 그가 올라오실 때 진동할 것이며…
사람들은 '그러나 그는 나에게 마음을 돌이키지 않으니,
누가 나의 길을 돌아보겠느냐?
내가 죄를 지으면 어느 눈이 나를 보며
내가 완전한 비밀 가운데 속이면 누가 그것을 알아채겠느냐?
나의 의로운 행위를 누가 알리겠느냐?
희망은 무엇이(라 하느)냐? 그 기한은 멀리 있다!'고 하지만
이는 지각없는 자의 생각이며
무지몽매한 자들은 그런 생각만 한다(16:17-23).[229]

지혜와 우매함은 더 이상 형식적인 척도가 아니며, 오로지 도라에서 분명하게 드러난 신의 의지만이 그것을 측량할 수 있다. 그러기에 율법과 동일시된 지혜를 감옥이요 속박, 혹은 사슬로 생각하는 계몽된 회의주의자들 역시 우매자라 할 수 있다.[230] '구원이 지연되느냐'의 문제조차도 예루살렘의 벤 시라에게서는 논쟁적 과제이다. 그가 정치적 차원으로 이해된 구원의 시대가 임하기를 기도했다는 사실은 당시 많은 사람들이 예언자들의 약속을 믿지 못했음을 보여준다. 왜냐하면 그들은 그 약속을 기만적이라고 생각했기 때문이다:

… 당신의 이름으로 말씀하신 예언(חזון)을 이루소서!
당신을 고대하는 자에게 상급을 주시고
당신의 예언자들의 말이 참되었음을 보게 하소서(36:145f)!

벤 시라는 마카베오 이전의 예루살렘 내부에 있었던 여러 견해들은

229) 16:17d의 본문에 관해서는 V. Hamp, *op. cit.*, 43을 보라.
230) 21:18f., Smend, *op. cit.*, 193f.를 보라. 이는 시리아역을 따랐다. 비교. 6:24ff., 29.

물론, 당파의 사람들과도 논쟁하면서 변함없고 명백한 태도를 요구했는데, 그는 이것이 율법에 대한 신실한 태도라고 생각했다:

바람이라고 해서 모두 키질에 이용하지 말고,
길이라 해서 아무 길로나 가지 말라.
너의 확신 가운데 온전히 거하며,
너의 말을 한결같게 하라(5:9f. ; 부분적으로 H. P. Rüger, 44f).

그 바로 직전의 문장은 그가 안이한 종교적 확신을 가진 부유한 상류층 귀족을 논박하고 있음을 보여준다. 그들에게 조상들의 신앙은 구속력이 없었고, 그들은 방종에 빠질 위험에 처해 있었다:

네 재물을 의지하지 말며,
'내가 그것을 할 수 있다!'( )고 말하지 말라.
네 마음과 눈을 따라
탐욕에 빠지지 않도록 하여라.
'누가 나의 재물에 손을 대랴?'고 말하지 말라.
야웨께서 탐욕을 좇는 것을 벌하시기 때문이다.
'내가 죄를 지었으나 내게 무슨 일이 일어났느냐?
또 그는 오래 참으시는 하나님이시다!"라고 말하지 말라. …'
'그의 자비는 크시니,
그가 나의 많은 죄를 용서하시리라'고 말하지 말라.
그에게는 자비도 있고 분노도 있으니,
악한 자에게 진노를 내리시리라"(5:1-4, 6).[231]

---

231) 5:1, 2의 본문에 관해서는 R. Smend, *op. cit.*, 48을 보라: 마소라 본문은 3절을 확대하여 [illegible]로 읽는다. 4와 6절에 관해서는 H. P. Rüger, *op. cit.*, 13, 35ff. 를 보라.

기본적으로 여기서 다루어지는 것은 이미(16:17ff. 에서) 표명된 바, 하나님이 개인의 삶에 개입하지 않으신다는 주장의 또 다른 형태다. 그러한 견해에 대한 반론으로 사용된 벤 시라의 근본사상인 보응교의 시락서의 중심에 자리한다. 피히트너(J. Fichtner)는 여기에서도 "헬레니즘과 대결"함으로써 "유대 사유에서 지혜가 전반적으로 변형"[232] 되었다고 한다. 벤 시라의 적대자들은 아주 현세적이고 낙관적이며 '행복지향적인' 인생관을 지녔는데, 여기서 외적인 성공은 결정적인 요소였다. 이러한 가치관은 초기 헬레니즘시대에 확산된 기본적 태도와 일치하였다(1권 p. 208f. 를 보라). 벤 시라는 그에 못지않은 '행복지향적인' 율법이데올로기로 그들에게 맞섰는데, 이것은 한편 전도서나 욥기에서 나타나는 더 깊은 인간적, 혹은 신학적 반성으로부터 후퇴된다는 것을 의미했다. 하지만 그는 그러한 정신적 조류와의 투쟁에서 그것이 더 효과적인 무기임을 설득했다.[233] 또한 벤 시라는 자신이 언급했던 시편 49장과 73장 등은 "이 땅에서의 정당한 보응이 인간의 운명을 설명하는 데는 불충분한 원리임을 깨닫게"[234] 하고, 행위와 결과 사이에 고정된 관계가 존재한다는 이전의 지혜사상조차 파괴한다. 벤 시라가 고대 이스라엘 지혜의 위기를 분명 모를 리 없었기에, 그에게 인과관계라는 저 옛 질서는 더 이상 당연시될 수 없었다.[235] 만일 벤 시라의 사상이 이전의 지혜사상에 접목되었다 할지라

---

232) *Op. cit.*, 127.

233) 벤 시라의 이런 "행복주의적인(*eudämouistische*) 율법이해"는 비평의 주요 출발점이다. D. Michaelis, *TLZ* 83, 1958, 606; E. G. Bauckmann, *op. cit.*, 50ff. 를 보라. 물론 "행복주의적인"이라는 용어는 초기의 지혜에는 적절치 않다. 또한 H. Gese, *Lehre und Wirklichkeit in der älteren Weisheit*, 1958, 7-11; *RGG*^{3} 6, 1578을 보라. 그렇지만 벤 시라의 경우는 이것을 사용할 수 있다.

234) J. Fichtner, *op. cit.*, 74.

도, 그는 자신의 논증을 더 효과적이고 합리적인 출발점으로 삼기 위해 의식적으로 옛 지혜사상을 변경하는데, 여기에는 다음과 같은 사상적 발전이 일어난다: 율법위반과 배교는 이 땅에 있을 동안에 분명히 하나님의 징벌을 초래한다. 그러나 하나님을 경외하고 율법에 순종함은 자신의 적대자들에게도 추구할 가치가 있었다. 그것은 모든 선(善)으로 인도하는데, 나열하자면 "명예와 영광," "쾌활, 기쁨, 장수(長壽)," "안녕과 건강의 보장," 그리고 — 전도서와는 반대로 — 죽음 이후에도 기억되는 것이다.[236] 레비(I. Levi)가 벤 시라에게서 이른바 '에피쿠로스주의'를 찾아내려고 했던 이유도 여기에 있다.[237] 인간의 행위와 신의 보응 사이의 이러한 분명한 연관성은 그의 책을 관통하는 씨줄이 되고 있으며, 그의 논쟁에 있어 상당한 논리력을 제공한다.[238] 잠언의 말씀들에서 아직도 행위결과의 직접적인 연관이 유

---

235) 이것은 O. Kaiser, *op. cit.*, 59에 대하여 이의를 제기할 수 있는 사항이다. K. Koch, *ZTK* 52, 1955, 37ff.는 보응교의가 《70인경》에 침투했음을 보여준다. 보응교의에 대한 팔레스타인의 실제적인 증인으로 동시대의 사람인 벤 시라를 추가할 수 있으리라. 고대 동방세계적인 질서사상은 더 앞선 이스라엘의 지혜에서도 그 자체로서는 더 이상 논쟁의 여지가 없는 것이었다. H. Gese, *op. cit.*, 33-50과 특히 45ff.를 보라. 이 질서사상을 실제적으로 극복한 욥에 관해서는 p. 74ff.를 보라.

236) 이미 언급한 '프로그램화된' 도입부의 구절들 1:11ff., 18f.를 보라. 또한 40:18ff.의 하나님 경외에 대한 찬양과 비교하라. 그의 죽음 후에 회상에 관해서는 39:9-11을 보라. 비교. 37:26과 41:11; 반면 전 2:16의 염세적인 판단을 보라.

237) I. Lévi, *op. cit.*, 2, lxf.; 다른 한편 W. O. E. Oesterley, in: H. Charles, *Apocrypha* 1, 269를 보라.

238) 불완전하게나마 보응에 관해 암시하는 목록들을 선택한다면 다음과 같다. 2:8; 3:14f., 31; 4:10, 13, 28; 5:7f.; 6:16; 7:1-3; 9:11f.; 10:13f.; 11:17, 21f., 26(G.); 12:2, 6; 15:13; 16:11-13; 17:23; 18:24; 20:18, 26; 21:10; 23:8, 11, 14, 25-27; 26:28; 27:24-29; 28:1; 33(G. 36):1; 38:15; 39:25-30; 40:10; 41:6ff.; 46:6-10 등. 삶의 종국

효하다면, 시락서에서는 하나님 스스로가 매우 강력하게 의로운 보응의 원인자요 지탱자로 등장하고 있다. 또 이것은 이른바 신학적 원리를 위해 강조되는데, "그분은 보응하시는 하나님이시기 때문이다"(כי אלוה תשלומות הוא).[239] 또한 우리는 벤 시라의 사상과 연관된 2개의 역사서에서도 신의 보응에 대한 이러한 뚜렷한 강조를 발견할 수 있다. 키레네의 야손의 초기 연대기와 후기 연대기가 그것이다(1권 p. 337f. 를 보라).[240] 벤 시라와 동시대인 소코의 안티고노스는 또 다른 측면에서 보응교의를 비판했다. 그는 신의 보상을 바라는 것을 노예적인 태도라고 낙인찍었다. 이러한 비판은 아마도 벤 시라학파를 정조준하여 비판하고 있었으리라. 안티고노스는 헬레니즘에 의해 강하게 영향을 받았을 가능성이 있으며, 더 후대의 전설에 의하면 그는 사두개파 사상의 초석을 놓았다고 한다. 어찌하든 우리는 벤 시라가 주장한 보응교의는 논란의 여지가 있었으며, 마카베오 이전시대에 예루살렘에서 다른 유대교의 근본적 가르침이 그랬던 것처럼 격렬한 논쟁을 치렀음을 고려해야 한다. 하지만 그럴수록 보응교의는 마카베오 가문의 승리 이후에 더욱더 확고한 기반을 얻게 되었다.[241]

과 보응 간의 관계에 관해서는 다음을 보라: 11:26-28; 1:13; 7:36; 28:6; 41:9; 비교. 시 73:17ff.

239) 35(G. 32):13, 비교. 12:6b: "… 그는 악한 자에게 보응한다." 17:23: "후에 그는 일어나서 그들에게 보응하며 그들의 머리 위에 그것을 쏟아 붓는다." 비교. 35(G. 32):24.

240) *'Ab* 1, 4. 안티고노스에 관해서는 제3부 각주 161을 보라. O. S. Rankin, *Israel's Wisdom Literature*, 1954, 99-109는 사람이 자신을 위해 반드시 선행을 해야 한다는 사상은 스토아학파의 영향 때문이라고 추측한다.

241) 예를 들면, J. Becker, *Das Heil Gottes*, 1964, 19-35를 보라. 그러나 베커는 이 후기 시대에 "행위-결과"라는 구약의 도식이, 비록 그 형태들은 계속 유지되지만 더 이상 그대로 유지될 수 없다는 사실을 간과했다. 징벌과 보상은 전적으로 하나님의 심판과 보응의 행동으로 향하게 된다.

예루살렘 내에서 일어난 종교비판의 정점은 틀림없이 야웨 자신의 의(義)에 관한 논쟁이었을 것이다(역주. 즉, 신정론에 관한 논쟁). 이러한 경향은 근본적으로 하나님이 죄를 초래하셨다는 사상에서, 그리고 다른 한편으로는 하나님이 어떤 개인이나 이 세상의 의나 불의에 관여하지 않는다는 견해에서도 발견된다. 이 양측면의 모티브는 에우리피데스 이후 그리스적 계몽사상의 종교비판에서도 발견된다(2권 p. 55f. 를 보라). 그렇지만 전통적인 신관(神觀)에 대한 비판은 창조 자체의 완전성에 대한 질문으로 확장되었지만, 하나님의 존재 자체가 의문시되는 일은 결코 없었다.[242] 오히려 그 반대로, 벤 시라의 적대자들 역시 자신들의 방법으로 하나님에 대해 말하고, 성전제의에도 참여했는데, 이러한 행동은 벤 시라가 예언자와 같은 신랄한 태도로 거절했던 것이었다.[243]

벤 시라는 '창조에 관한 시'들을 통해 이 세상의 온전함에 관한 물음에 답을 주고 있다. 이 시들은 이성적인 동기를 도입하는데, 이러한 모티브에 옛 지혜를 따르고 있었던 관념이 약간 알려지긴 했지만 그 때까지 개념적으로 정착된 것은 없었다:

> 하나님의 역사(役事)는 모두가 선하고(창 1:31),
> 하나님의 때에 모든 목적(초레크: צרך)이 충족된다(39:16).

이 서론은 다음과 같은 창조의 절대적 목적성을 다루는 좀더 긴 지혜찬가의 제목이 된다.

---

242) 이론적인 무신론은 고대에서는 거의 존재하지 않았다. Nestle, *RAC* 1, 866-868; E. Sandvoss, *Saeculum* 19, 1968, 312-329를 보라. 시 14(53)는 이미 시락 16:17ff. 와 비슷한 의미로 이해되었다.

243) 비교. 15:9, 10; 그것에 관해서는 R. Smend, *op. cit.*, xxv를 보라. 또한 34(G. 31):21ff.; 35(G. 32):5, 14f. 를 보라. 2권 p. 97f. 를 보라.

그에게 작고도 부족한 것은 아무것도 없다.
그에게 이해할 수 없고 어려운 것이란 없다.
'이것은 무엇을 위한 것이냐?'라고 말하지 말라.
모든 것은 그의 (필요한) 목적으로 선택된 것이기 때문이다(כי הכל לצרכו נבחר).
'이것은 저것보다 나쁘다!'고 말하지 말라.
모든 것은 그의 때에 요긴하게 되기 때문이다(39:20cd. 21).
그의 길은 의로운 자들에게는(Smend, 363. לתמים) 평탄하지만,
불경한 자들은(Smend, 1.c. לזדים) 갈 수 없는 길이다.
그가 좋은 것은 태초로부터 선한 자들에게 나누어주셨고
이와 같이 좋은 것과 나쁜 것들을 악인에게 주셨다.
사람이 사는 데 가장 중요한 것은
물과 불과 철과 소금이며
밀가루와 우유와 꿀
포도즙과 기름과 옷이다.
이 모든 것은 선한 자들에게는 좋은 것이 되나,
악한 자들에게는 나쁜 것으로 변한다.
분노를 위해 창조된 바람이 있다.
……
(G.) 멸망의 때에 그 바람은 세차게 불어 닥쳐
그것을 창조한 자의 진노를 달래고,
(M.) 불과 우박과 기근(Smend, 365. רעב)과 역병
이것들도 심판을 위해 창조되었다.
야수와 전갈과 독사
그리고 악인들을 쓸어버릴 복수의 칼
이 모든 것은 그 목적을 위해(לצורכם) 창조되었다.
……
처음부터 나는 그것을 확신했고
그것을 깊이 생각하여 이렇게 분명하게 적어 두었다:

하나님의 역사(役事)는 모두가 선하고(창 1:31)
하나님의 때에 그 모든 목적(צורך)이 성취된다(39:16).
'이것은 저것보다 나쁘다!'고 말하지 말라.
모든 것은 그의 때에 요긴하게 되기 때문이다(39:24-34).

시락서에서 유일하게 개인적인 고백과 쌍을 이루고 있는 교훈시(*Lehrgedicht*)의 마지막에서 벤 시라가 이 주제를 반복하고 있다는 것은, 그가 창조의 온전한 목적성에 관한 이 교의를 어느 정도 마음에 두었음을 분명히 말해준다. 또한 그의 적대자들은 그 교의를 강력하게 공격하였다는 것을 보여주는데, 이러한 관점들은 아마도 '더 계몽되고' 더 회의주의적인 지혜학파에서 발견될 수 있을 것 같다. 동시에 그 교의는 보응교의와 강력하게 결합되었다는 것도 분명하다. 왜냐하면 벤 시라는 "행악자들은 악을 조성한다"(על רשע נבראה רעה, 40:10)고 말하기 때문이다. 우리는 여기서, 비록 단순하기는 하지만 그 사상이 신학적으로 체계화되는 초기단계를 발견하게 된다. 이와 유사한 사상은 좀더 후기에 쿰란에서 발견되는데, 여기서는 매우 강력하고도 완전히 변화된 내용을 가진 형태로 등장한다(2권 p. 329f. 를 보라). 초레크(צורך)는 '목적 혹은 필요, 이익'으로 번역될 수 있는데, 구약에서는 오직 한 번만 사용되는 용어이지만(*Hapax legomenon*) 시락서에서는 자주 나온다. 벤 시라는 그 이전에 이미 전도서와 에센파 공동체에서 그랬던 것처럼, 어느 정도는 추상적이고 신학적인 핵심용어를 사용하는 것을 선호했다.[244] 그러나 그의 관심은 합리적이고 이성적

244) 구약에서는 단지 대하 2:15에만 나온다. 그것에 대한 벤 시라의 중요성에 관해서는 R. Smend, *Die Weisheit des Jesus Sirach*(히브리어와 독일어), 77을 보라: 필요, 필요성은 15:12(Ms A, Ms B חפץ); 32(G. 35):2; 38:1, 12; 곤궁의 (시기)는 8:9; 10:26; 유익은 13:6; 32(G. 35):17; 37:8; 목적은 39:16, 21, 30, 33; 42:23(창조의 찬송에서).

인 신정론(神正論)에 있었다. 인간의 삶에서 고난과 위험은 죽을 때까지 계속되겠지만 하나님의 창조는 모든 면에서 완전하다. 이 모든 것은 위에서 인용된 신정론에 직접 연결되어 매우 독특하게 묘사되고 있다(40:1-41:4).

벤 시라가 염세주의적인 세계관과 인생관을 결코 모를 리는 없었다.[245] 도리어 그는 그러한 사상에서 더 급진적으로 발전된 결과물들과 논쟁했으리라. 하지만 그는 그것과는 정반대의 결론에 도달하게 된다. 즉, 세상은 수수께끼가 많고 어두운 점도 있지만 분명 선하며, 인간 자체는 자유롭고 하나님으로부터 자신에 해당되는 보상을 받을 뿐이다. 여기서 그의 신정론 전체는 땅을 지배하는 존재인 인간(17:2)으로 향한다. 창조는 인간을 지탱하고 보상하고 징벌하기 위함이다. 그리하여 목적성이라는 주제는 조상들에 대한 찬양으로 책을 마감하는 마지막 대찬가(大讚詞)에서 다시 한번 나타난다. 그는 거기에서 "하나님의 작품"(42:15)의 완전한 조화를 상세히 서술한다.[246] 그 조화란 하나님 스스로 규정한 질서의 엄정한 법칙성을 따름을 의미한다:

그의 일은 모두가 바람직하지 않으며
사람의 눈에 불꽃과 같고 달아나는 꿈과 같지 않은가?
모든 것은 살아남고 영원히 존재하며,
모든 것은 그 목적에 복종한다.
그 모든 것은 짝지어 실서를 이루며, 이 하나가 또 다른 것에 상합하니

245) 벤 시라가 '진도자'를 알고 있었다는 것에 관해서는 다음의 비교를 보라: H. W. Hertzberg, *Der Prediger*, 1963, 46ff.; "오늘을 즐기라"(*carpe diem*)라는 주제에 관해서는 14:11; 30:14ff.를 보라.

246) 16:26ff. (시리아역을 따랐음. V. Hamp, *op. cit.*, 44를 보라); 42:15, Y. Yadin, *op. cit.*, 26; 43:10을 보라. "자연질서"에 해당하는 용어는 "호크"(חק)이다. 제 3부 각주 809를 보라.

그 어느 것도 불필요하게 창조된 것이 없다.
이것이 저것과 그 가치를 바꾸고
그 영광을 보고 싫증을 느낄 자 누구냐? (42:22-25)[247]

더 후대의 랍비전승인 〈창세기 주석〉(*Gen. R*) 도 세계의 합목적성을 서술함에서 시락서 38:4, 7f. 를 수용하는데, 여기서 치료용 허브의 치유력은 점성술적 운세나 별과의 '공감'(*Sympatheia*) 을 통해 (2권 p. 393을 보라) 표현된다. 여기에 중요한 《바라이타》(*Baraita*, 역주. 《미쉬나》에 포함되지 않은 구전율법) 가 따라 온다: "우리의 교사들이 말했다. 네가 세계에서 온전히 필요 없다고 보는 것들, 이를테면 홍수와 모기, 파리 역시 세계창조에 포함되어 있으며, 거룩하신 분은 이 모든 것을 통해 자기의 목적을 실행하신다"(*Gen. R.* 10, 7). 또한 《예루살렘 탈굼 I》(*Tg. Jer.* I) 에 나타나는 창세기 1:29에 대한 부록도 이와 같은 연장선상에 있다: 하나님은 인간에게 "집을 짓거나 땔감으로 사용할 목적으로(לצורך)" 아무 열매도 맺지 못하는 나무들을 주셨다. 이러한 사상의 결론은 결국 모든 것이 인간을 위하여 만들어졌다는 점이다.[248]

---

247) 42:22-25. 〈마사다 두루마리〉(*Masadarolle*) 를 통하여 이 중요한 구절은 상당히 쉽게 재구성되었다. Y. Yadin, *op. cit.*, 27f. 를 보라. 이제까지 22절은 단지 그리스어와 시리아어 역본으로만 보존되었기 때문에 절의 순서는 파괴되고 본문은 부분적으로 손상되었다. 그러나 23b절은 משכד 대신 마사다 본문과 대립되게 M, G, Syr를 따라 משמע로 읽어야 한다. 반면 24절은 야딘(Y. Yadin) 의 33(G36) :15를 따라서 첨가되어야 한다. 그래서 우리는 다음의 본문을 얻게 되었다:

הלוא כל מעשיו נחמד[ים] עד ניצוץ חזות מראה
הכל חי וע[מ]ד לעד [ול]כל צרך הכל נשמר(משמע 1.)
כלם [שנים שנים זה] לעמת זה ולא עשה מהם שוא
זה על זה חלף טובם [ו]מי ישבע להביט הודם

248) *4.Ezra* 8, 44. 또한 Bill. 3, 249d의 2개의 비유들인 *Sanh.* 108a 과 *Gen.*

세계의 아름다움과 합목적성에 더하여 세계의 영원한 지속성이 등장한다. 더욱이 벤 시라는 창조물에서 "존재론적 구조라는 법칙"이 발견될 수 있다고 믿었는데, 이는 아마도 '전도자'의 문장(7:13)이 변경되었을 것으로 보인다. 이는 그가 이미 예전에 창조라는 주제를 다룰 때 대립의 문제와 연결했던 것인데, 이 세계는 단일하게 존재하지 않고 "쌍으로" 되어 있다고 한다. 즉, 세계는 하나님이 그 안에 집어넣어 놓은 변증법적인 대칭적 분극구조를 내포하고 있다는 말이다. 예를 들면, 그는 축제일과 평상일을 구별하는데, 그러한 구조는 인간의 경우도 마찬가지였다:

> … 옹기장이가 그 손에서 자기가 좋은 대로
> 진흙을 빚어서 그릇을 만들듯이
> 인간은 창조주의 손에서 그와 같아
> 자기의 운명(חלק)이 정해지게 된다.
> 악한 것은 선한 것을
> 생명은 죽음을 대면하고 있다.
> 선한 자는 악한 자를
> 빛은 어둠을 대면하고 있다.
> 하나님의 모든 일을 보라:
> 그 모든 것이 짝을 이루어 이 하나에 또 다른 것이 대응한다
> (33〔G.〕:13-15).[249]

R. 28, 6과 비교하라. 그 때문에 이 진술은 대개, 이 세상은 이스라엘로 인하여 창조되었다는 것에 국한되었다. 그들은 새로운 인류를 구현한 존재들이라고 한다. *op. cit.*, 3, 248을 보라.

249) 본문에 관해서는 I. Lévi, *REJ* 92, 1932, 140f.를 보라. 13b절에 관해서는 V. Hamp, *op. cit.*, 88을 보라. 반면 14d절은 그리스어(G.)와 시리아(Syr.)역본에서는 없지만 히브리어 본문에서는 유지되었다.

여기서 벤 시라는 전통적 형태로 표현된 예언자의 선포(렘 18:4-6; 사 45:9)를 접목시키고 있고, 전도서의 색채와 유사하게 인간의 "운명"[250]을 그리고 있다. 그러나 그는 하나님의 자유롭고 주권적인 행위로부터 창조에 대한 분극성이라는 구조적 기본법칙을 이끌어냄으로써 자신이 말한 결론을 다소 수정했다. 이 법칙은 인간은 물론 우주에도 적용된다. 전체적으로 보면, 그 법칙이란 물질적인 악과 형이상학적인 악이 창조물의 합목적적인 조화에 순응하는 형태이다. 그러므로 그의 신정론이 후대에 강력한 영향을 준 것은 결코 우연이 아니다.[251]

이미 언급된 창조에 관한 대찬가에서 하나님의 작품에 대한 고찰은 거의 '범신론화되는' 특징을 띠는 다음과 같은 고백으로 귀결된다.

> 이런 유(類)의 것을 더 말하지 않겠으니
> 끝으로 말하자면 '그는 모든 것이다!'(43:27)
> וקץ דבר הוא הכל(혹은 '그는 우주다!').

그보다 앞에 나오는 찬가는 벤 시라의 신정론 전체를 넘어설 수 있는 다음과 같은 한 문장으로 시작된다.

> 주님 홀로 의롭다 할 수 있도다!
> (κύριος μόνος δικαιωθήσεται, 18:2).[252]

---

250) '전도자'처럼(2권 p. 49ff. 를 보라) 벤 시라 또한 다양한 운명개념들을 알고 있다. 그래서 חלק는 33:13d와 41:4(여기에서 죽음의 운명); חק는 38:22와 41:13 및 죽음의 운명.

251) 이것에 대해서는 O. S. Rankin, *op. cit.*, 28-35를 보라. "분극성"에 관해서는 W. Staerk, *Altjüdische liturgische Gebete*, [2]1930, 26와 Hermas, *Mand.* 8, 1의 합달라기도(*Habdalagebet*)를 보라.

252) R. Smend, *op. cit.*, 163은 시리아역(ܙܕܝܩ)과 몇몇 히브리어 본문(Ms.)와 더불어 δίκαιος로 읽는다. 또한 K. Ziegler, *op. cit.*, ad loc. 과 비교하라.

그렇지만 여기서 하나님의 의(義)의 본질에 속하는 것은 이성적 통찰력과 입증가능성이다. 벤 시라가 "유대교적 신앙과 헬레니즘적인 세계관 사이의 균형"[253]의 토대를 놓은 것이 아니라, 구약의 원래의 도를 설파하려 했다는 견해를 인정한다 할지라도, 바로 그의 창조론과 신정론에서 헬레니즘적인 대중철학과 연관된 그의 정신이 드러나고 있음을 간과할 수는 없다. 우선 그에게서는 이성적 세계이해의 가능성에 대한 강한 신념이 두드러진다. 하나님을 제한할 수 없기에 하나님 자신이나 그의 행위의 광대함은 측량할 수도 헤아릴 수도 없지만, 그가 창조하신 세계의 의미와 목적은 합리적 논증을 통해 증명될 수 있다.[254] 하나님은 자신의 행동에 있어 자의적이지도 불의하지도 않으며, 현자에게 알려주신 자신의 법칙을 고수한다. 불트만(R. Bultmann)은 성서적 하나님 이해의 본질을 이렇게 표현했다:

> 이스라엘은 하나님의 지혜를 감탄하고 찬양할지 모르지만 우주적 유기체의 합목적성에서 그 지혜를 발견하거나, ―스토아에서 그렇게 중요한 역할을 하는―섭리와 신정론의 사상이 거기에 내포되어 있는 것은 아니다.[255]

하지만 이것은 벤 시라(와 랍비들)에게는 더 이상 맞지 않는다. 벤 시라도 전승에서 받은 대략 다음과 같은 주장을 알고 있다.

---

253) D. Michaelis, *TLZ* 83, 1958, 606.

254) 43:28-33; 비교. 11:4b; 18:4-7. 여기서는 벤 시라가 전승을 통해 물려받은 초기지혜의 모티브들이 다루어지고 있다.

255) R. Bultmann, *Geschichte und Eschatologie*, ²1964, 107. 같은 방법으로 벤 시라와 더 후대의 유대교는 "교육과 교양교육"(*Erziehung und Bildung*)이라는 사상을 알고 있었다. 2권 p. 86f.를 보라.

선과 악, 삶과 죽음,
가난과 부는 야웨로부터 온 것이다(11:14, 비교. 사 45:7)

그렇지만 이러한 주장은 벤 시라의 주변적인 사상에 불과하고, 그 중심에는 하나님의 행동의 이성적인 통찰가능성과 합목적성이 놓여 있다.

우리는 여기에서 **스토아주의적인** 관념과의 밀접한 연관성을 발견한다. 왜냐하면 이미 크리시포스(Chrysipp)가 개개의 자연현상에 대한 목적성을 증명하려 노력했고, 무엇보다 로고스를 통해 우주의 주인으로 결정지어진 인간을 그 목적성과 연관시켰기 때문이다. 그러나 스토아에서는 본질적으로 인간적이고 교육적인 경향이 더 강하다. 크리시포스에게 야생동물과 뱀(39:30에 대하여는 2권 p.114를 보라)이 존재하는 이유는 벤 시라와 달리 일차적으로 악을 징벌하기 위함이 아니라, 인간의 힘을 강하게 하고 치료제를 공급하기 위함이다.[256] 보응교의 역시 스토아에서도 낯선 것은 아니지만, 벤 시라는 이 교의에서 훈육적이고 심판의 위협을 훨씬 더 강조하는 특징을 가지고 있었다.[257] "그는 모든 것이다"라는 주장에서 한편으로는 예레미야 23:24

---

256) M. P. Nilsson, *GGR*^{2} 2, 258-62; M. Pohlenz, *Stoa* 1, 94ff., 98ff.; 2, 55f. 예를 들어, 크리시포스의 하나님에 대한 정의(定義), *SVF* 2, 305 fr. 1021 = Diog. Laert. 7, 147과 비교하라: θεὸν δὲ ζῷον ἀθάνατον λογικὸν, τέλειον(M. Pohlenz, *loc. cit.*를 보라) ἐν εὐδαιμονίᾳ, κακοῦ παντὸς ἀνεπίδεκτον, προνοητικὸν κόσμου τε καὶ τῶν ἐν κόσμῳ εἶναι δὲ τὸν μὲν δημιουργὸν τῶν ὅλων καὶ ὥσπερ πατέρα πάντων κοινῶς τε καὶ τὸ μέρβος αὐτοῦ τὸ διῆκον διὰ παντῶν…. 2권 p.159f.를 보라. 인간중심의 신학에 대해서는 M. Pohlenz, *op. cit.*, 1, 99; 2, 56f.를 보라. 그리고 Chrysipp, *SVF* 2, 168 fr. 527; 342 fr. 1118; 332 fr. 1150 = Philo, *De prov.* 2, 74와 fr. 1152와 비교하라.

257) M. Pohlenz, *op. cit.*, 1, 98, 101; 2, 57; 비교. *SVF* 2, 337f., fr.

와 시편 139:7-12와 같은 구약의 영향도 있지만 우리는 스토아주의적인 영향도 배제할 수는 없을 것 같다. 파우트렐(R. Pautrel)은 주석가들이 시락서 43:27을 히브리어 본문 발견 이전에 그것을 스토아주의적인 각주로 생각하여 제거하려고 했음을 밝혀주었다. 왜냐하면 "이 표현은 좀 낯설기"[258] 때문이라는 것이다. 재미있는 것은 헤카타이오스(Hekataios)와 포세이도니오스(Poseidonios)는 하나님을 "우리 모두를 포괄하는 것"(τὸ περιέχον ἡμᾶς ἁπάντας, 466f. 를 보라)으로 해석했다는 사실이다. 그들은 그리스에서 유대교의 하나님 신앙에 대한 최초의 증언자들이었다. 더 나아가 벤 시라는 모든 창조를 포괄하는 개념인 "모든 것"(הַכֹּל)에 대한 추상적인 개념을 선호했는데, 이 표현은 초기 히브리 문학에서는 매우 드물게 사용되지만 벤 시라와 동시대의 문헌들에서는 매우 자주 등장한다. 초기 히브리 문학에서 하나님은 기껏해야 모든 것의 창조주이거나 주님으로 불린다면, 벤 시라는 이에서 한 걸음 더 나아가 감히 "그는 모든 것"[259]이라고 말한다. 클레안테스(Kleanthes)의 제우스 찬가 역시 약간 변경되어 벤 시라에게서 나왔을 가능성이 있다.[260]

1175/6; 339, fr. 1180. 스토아학파를 제외한 그리스 세계의 보응사상에 관해서는 이 책 제2부 각주 317을 보라. 그것에 관한 의심에 대해서는 2권 p. 55ff. 를 보라.

258) R. Pautrel, *op. cit.*, 543.

259) 이 개념은 상대적으로 역대기와 전도서에서 자주 나오는데, 하나님의 창조를 언급하는 렘 10:16 = 51:19에서 처음 나온다. 또한 전 3:11; 11:5; 시 119:91, 그리고 관사가 없는 사 44:24와 비교하라. 또한 11Q Ps. 151 A, ed. J. A. Sanders, DJDJ IV, 54f. V4; *Gen. Apoc.* 20, 12f. 그리고 *'Ab* 4, 22와 비교하라. 벤 시라에 관해서는 36(G. 33):1을 보라: אלהי הכל 비교. 45:23c(관사 없이); 39:21, 34: 모든 것은 하나님이 창조한 것의 의미에서, 43:27, 33; 51:12d(M.): יוצר הכל. 또한 18:1과 24:8: ὁ κτίστης ἁπάντων.

> 특이하게도 랍비들은 후대에 바로 그 "범신론화된" 표현을 좀더 유지하고 변용했다. 그래서 탄나임과 아모리인들은 "하나님이 세계의 공간을 포괄하지(מקומו של עולם), 세계의 공간이 하나님을 포괄하는 것은 아니다"(ואין עולמו מקומו Gen. R. 68, 9n. Jôsê b. Ḥālaphtā) 라고 했으며, 또한 영혼이 몸을 채우는 것처럼 어떻게 하나님이 "자신의 세계를 채우시는지"(ממלא את עולמו Ber. 10a u. Lev. R. 4, 8), 또 모세가 하나님이(하늘과 땅 사이에 있는) "세계의 빈 공간"에서도 현존하심을 처음으로 알았다는 것에 대해 논쟁했다(בחללו של עולם Deut. R. 2, 26/27).[261]

벤 시라가 이처럼 "전 세계는 이성적으로 작용하는 힘에 의해 가장 작은 부분까지도 그 신성이 관통해 형성되어 있는 일체화된 우주"(42:22 각주 245를 보라)라는 스토아 사상을 공유한다면,[262] 또한 창조물이 분극적인 구조로 존재한다는 그의 사상도 그리스적 사유와 유사성이 있다고 하겠다. 이 사상은 헤라클레이토스에게 중요한 역할을 했고, 그 이후 그리스 철학의 다양한 방향으로 발전되어 간다. 본질적으로 그는 일원론적으로 사유하는 스토아 사상에 영향을 주기도 했는

---

260) *SVF* 1, 121ff., fr. 537: 이런 특징들은 벤 시라에게서 거의 모두 발견된다: 4행의 인간의 언어(와 생각 17:6); 5f. 행의 그의 업적에 대한 찬양요구(38:14; 43:30); 7f. 행의 창조의 자발적인 복종(16:28; 39:31; 42:23; 43:7f.); 10f. 행의 번개(39:29; 43:13); 12행의 하나님의 이성 혹은 지혜(1:4ff.; 24); 13행의 하늘의 광명들(43:2ff., 8ff.); 14f. 행의 말씀을 통한 하나님의 전능한 역사(43:15bc; 43:26b); 17f. 행의 악을 일으키지 않음(15:11-20); 28ff. 행의 탐욕(이에 대하여는 2권 p. 97f.); 32ff. 행의 하나님의 인간을 향한 자기증명〔36(G. 33):5, 22b〕. 유사한 공통적인 특징들 또한 쿰란의 '창조시편'에서도 확인할 수 있다. 제3부 각주 780을 보라.

261) 하나님의 편재에 대한 랍비문헌의 자료에 대해서는 S. Schechter, *Some Aspects of Rabbinic Theology*, 1909, 26ff.를 보라. 제3부 각주 383과 비교하라.

262) M. Pohlenz, *op. cit.*, 1, 72.

데, 여기서는 악이 없었다면 세계의 선은 보이지 않게 되었다는 사상이 주제가 된다. 벤 시라의 견해도 아마 이와 유사한 방향을 취했을 것 같다.[263] 이 사상은 벤 시라로부터 시작되어 분명 유대 전승에도 영향을 주었다. 우리는 여기서 비록 아직은 비신화적이기는 하지만 쿰란공동체가 가지고 있었던 이원론의 전 단계를 발견할 수 있을지도 모른다.[264]

벤 시라에게서 유대 지혜와 스토아주의적인 철학 사이에 단지 유사한 사상적 발전만이 있었다고 생각하기는 거의 어렵고, 오히려 그의 적대자뿐만 아니라 그 자신이 특정한 대중철학적인 영향을 받았음을 전제해야 한다. 이러한 현상은 기원전 175년경 예루살렘의 정신적인 분위기에서 볼 때 더 이상 놀라운 것이 아니다. 벤 시라와 같이 근본적으로 보수적인 율법학자들조차, 귀족 젊은이들인 그의 제자들과 적대자들이 듣고 이해할 수 있도록 당대의 해박한 논거(論據)를 제시해야 했을 것으로 생각된다. 여기서 분명히 스토아 사상은 벤 시라의 변증적이고 논쟁적인 설득을 위해 도움이 될 수 있었을 것이다: 윤리적 행동에 대한 엄격한 요구, 인간적 자유와 신적인 섭리 사이의 조절시

---

263) Heraklit B, fr. 10, Diels 1, 152ff., 다음의 Ps. Aristotles, *De mundo* 5, 396b; 비교. A fr. 22 = 1, 149와 C fr. 1 §15ff. = 1, 186ff. (Hippocrates, De victu). 스토아학파에 관해서는 특히 선과 악의 관계에 대한 Chrysipp, *SVF* 2, 335 fr. 1169의 언급을, 그리고 M. Pohlenz, *op. cit.*, 1, 100을 보라. 스토아주의 철학자들에게 '존재하는 것'(*Seiendes*)은 아리스토텔레스와 연결하여, 오로지 다른 형태로—대립되어—존재하는 것과 관계함으로써 존재한다는 주장에 대해서는 *op. cit.*, 1, 69f. 를 보라.

264) 더 후대의 유대적 사변에 나타난 양극성의 신비주의적(*kabbalistischer*) 특징에 관해서는 M. Segal, *op. cit.*, 212를 보라. 그는 《세페르 예치라》(*Sefer Jezira*, 역주. 유대 신비주의의 기본서)와 《미드라쉬》〈테무라〉(*Midrash Temura*)를 가리킨다. M. J. bin Gorion, *Sagen der Juden. Von der Urzeit*, 1913, 29-32와 352 각주 5를 보라.

도, 인간이 하나님의 첫 피조물이라는 사실,[265] 세계의 합목적성과 조화 그리고 마지막으로 신적인 세계이성 또는 지혜를 모든 사람과 관련된 관습법 또는 모세의 율법(2권 p. 159f. 를 보라)과 동일시하는 것에 이르기까지 벤 시라는 이 모든 것들을 스토아에서 재발견할 수 있었고, 자신의 유대교 신앙에 대한 주장에 적용할 수 있었다. 이런 스토아주의적인 사상을 받아들이는 것이 벤 시라에게는 오히려 더 쉬웠다. 왜냐하면 스토아 사상은 셈족의 토양에서 생겨났고, 그리하여 구약적인 사상세계와 많은 공통된 것들을 가지고 있기 때문이었다.

> 그러므로 제노와 크리시포스의 하나님 관념이 동방세계에서 유입된 특징을 드러냈을 것이라는 추론은 너무 대담한 것은 분명 아니다. … 편재하는 법에 따라 모든 것을 형성하는 실재(*Physis*)를 동일한 차원에 놓는 것은 그리스적(*hellenisch*) 사유방식으로 완전히 변형됨을 … 의미한다.[266]

그러므로 어떤 의미에서 벤 시라와 아리스토불로스(2권 p. 179f. 를 보라)에서 필로에 이르기까지 이들 모두가 스토아 사상을 유대교적으로 수용한 것은 동양세계로 회귀하는 해석일 수도 있다. 물론 벤 시라는 스토아의 일원론이나, 하나님과 세계를 동일시하는 것을 받아들이지 않았다. 그는 하나님이 비록 모든 것을 자신의 의지대로 관철

---

265) 특이하게 벤 시라의 인간묘사는 일정하지 않다. 17:1-23은 상대적으로 긍정적이다. 비교. 40:18ff. 의 하나님 경외의 찬가; 다소 부정적인 18:8ff.; 25:24와 40:1ff. 의 원죄에 대한 강조; 41:1ff. 의 인간의 삶의 시련과 죽음. 전체적으로는 긍정적인 특징들이 주를 이루며, 옛 지혜에 대한 낙관주의가 여기서는 아직도 계속된다. 이것이 에센파의 인간학과 결정적으로 다른 점이다. 2권 p. 330f., 336f. 를 보라.

266) M. Pohlenz, *op. cit.*, 1, 108; 비교. 69; 더 상세한 것은 이 책의 다음 부분을 보라. 이 책 제2부 각주 233f.

함에도 불구하고, 모든 피조물을 넘어 뛰어난 주권적 창조자이며 "그의 모든 창조물보다 더 큰 자"(42:28b) 라고 생각했다. 세계질서는 결국 인간까지도 조절하는 비인격적이고 편재하는 "세계이성"에 의해서가 아니라, 하나님의 창조의 말씀으로 방향을 잡게 된다. 그리고 이 말씀은 자의적이지도 불의하지도 않으며, 합목적적이며 충만한 의미를 가지고 있으며 조화롭게 역사한다. '지혜'(2권 p. 157f. 를 보라) 역시 하나님의 소유인데, 이것 또한 하나님의 권한에서 창조의 때에 "합리적인 지식"(ἐπιστήμην συνέσεως, 17:7) 으로 인간을 채우거나 "깨달음의 영"(πνεύματι συνέσεως, 39:6. 248을 보라) 으로 서기관들을 채울 수 있었다. '신의 형상'(*Gottebenbildlichkeit*. 17:3) 이란 아직 존재의 정체성을 의미하지는 않는다. 인간은 무엇보다도 하나님의 자비에 의존하고 있다(18:11-14). 벤 시라는 또한 '세계시민의 이상'에 근거하여 이스라엘의 특별한 선택에 가치를 부여하지는 않는다. 어떤 인간도 넘어설 수 없는, 비교할 수 없는 "아담의 장엄함"에 대해서 비록 그가 잘 알고 있었다고 해도 말이다(ועל כל חי תפארת אדם, 49:16). 이와 반대로, 옛 지혜에 비하여 분명히 협소화되는 경향조차 나타나는데, 이는 변증적인 상황에서 나온 것으로 보인다:

> 그가 모든 백성마다 통치자(שר) 를 세우셨으나,
> 이스라엘은 주의 소유이다(17:17).

다른 한편으로 간과해서는 안될 것은 기원전 2세기 이후의 스토아주의에서는 엄격한 일원론을 파괴하는 경향이 일어났으며 무엇보다도 시돈의 보에토스(Boethos) 와 좀더 후대의 포세이도니오스(Poseidonios) 와 같은 페니키아·시리아 사상가들은 물질요한 세계로부터 분리되어 우주공간(*Äthersphäre*) 에 시역화된 어떤 하나의 신적 순재를 가정하게 되었다는 것을 간과해서는 안 된다. 세계의 헬레니즘적 사고는 이렇게 해서 유대교적 사상과 만나게 되었다(2권 p. 19f. 를 보라).

더욱이 '전도자'의 경우와 같이 벤 시라에게서도 테오그니스(Theognis)의 그리스 잠언(*Gnomik*)에서, 그리고 특히 에우리피데스(Euripides) 같은 극작가들, 그리고 희극작가들에게서 수많은 "병행구들" 혹은 "유사성들"이 발견되기 시작했다. 이 점은 무엇보다도 레비(I. Lévi)와 비죠(L. Bigot)가 잘 지적해 주었다. 그러나 전도서에서 입증한 바와 같은 직접적인 문헌적 연관성은 매우 적다. 여성에 대한 부정적인 견해나, 부모의 명예유지와 같은 상호 비교할 수 있는 전형적인 주제들이 보편적 인간경험을 통해 나타난다.267) 이미 전도서에서 나타났지만 받아들이지 않았던(3:20f. 제 3부 각주 134를 보라) 사상이 시락서에서는 확고하고도 거의 전형적인 틀로 유지된다.

> 땅으로부터 온 모든 것은 땅으로 되돌아가고
> 높은 곳으로부터 온 것은 높은 곳으로 돌아간다(40:11).

이것과 거의 정확하게 일치하는 말이 에우리피데스의 글에서 발견된다.

> 땅에서 싹튼 것은 땅으로 돌아가고
> 에테르(Aithēr)에서 나온 것은 다시 궁창으로 되돌아간다.268)

또 다른 병행구로는, 너무 빼저린 죽음에 대한 애가도269) 의미가

---

267) Lévi, *op. cit.*, 2, lxivff.; Bigot, *op. cit.*, IV, 2, 2047f.; Ehrhardt, *HTR* 46, 1953, 61f.

268) Euripides, *Chrysipp*, fr. 839, 8ff., Nauck^2; 비교. *Suppl*. 532; *Orest*, 1086; I. Lévi, *op. cit.*, 2, lxv를 보라.

없으며, 혹은 차라리 죽는 것이 더 낫다는 희망 없는 삶도 의미 없다는 내용,[270] 그 밖에도 과도하게 지혜를 추구하는 것을 경계하는 내용이 나타난다.[271] 그렇다고 여기서 실제적인 '영향'을 말할 수 없지만, 동방세계와 유대의 지혜에 대한 병행구, 이를테면 잠언이나 〈아히카르서〉의 병행구는 비교할 수 없을 정도로 강렬하게 나타난다. 그러나 헬레니즘 시기의 지혜전승이 '범세계적인' 특성을 가진다는 측면에서 그리스 격언과 비극, 희극에서 온 말들이 구전을 통해 수입되어 들어왔을 가능성을 배제할 수 없다.[272] 그리스 관습의 유입은 결국 벤 시라가 상세히 묘사하는 식사관습과 의사(醫師)에 대한 긍정적인 태도에서 나타날 수 있는데, 이는 정통적인 엄정주의(*Rigorismus*)에 대립된다.[273]

그렇지만 파우트렐(R. Pautrel)이 시도했던 것처럼 그리스 세계에서 들어온 어떤 사상, 특별히 스토아주의를 수용했다고 해서 벤 시라가 가졌던 반(反) 헬레니즘적인 경향을 포괄적으로 부인하려는 것은 옳지 않다.[274] 적대자의 언어와 사유형태를 방어하면서 바로 이 적대자로

---

269) 시락 38:20f., 비교. Sophokles, *Electra* 137ff.; Euripides, *Androm.* 1270f.

270) 시락 30:17, 비교. Aischylos, *Perser* 750f.; Euripides, *Troer.* 632; Hekabe 377; Theognis 181f.; 제 3부 각주 132와 비교하라.

271) 시락 3:20-26(2권 p. 104를 보라); Euripides, *Bak.* 393ff.; *Medea* 1224.

272) 또 다른 예들은 L. Bigot, *op. cit.*, 204를 보라. 7:11 그리고 Theognis 155-8; 9:7f. 그리고 Aristophanes, *Nub.* 996f.와 비교하라. 또한 Herodot 1, 8; 11:14 그리고 Theognis 165f.; 11:17ff.와 Theognis 903ff., 12:3f., 7, 1f. 그리고 Theognis 955f., 101f.; 31(G. 34):26 그리고 Theognis 499-502를 보라.

273) 31(G. 34):12-32(G. 35):13, 특히 32:1ff.와 38:1-15, 비교. 대하 16:12와 R. 그리고 M. Hengel, *Medicus viator*, *Festschrift für R. Siebeck*, 1959, 332f., 335f. 또한 N. Bentwich, *Hellenism*, 1919, 89f.와 비교하라

274) R. Pautrel, *op. cit.*, 545. 또한 R. H. Pfeiffer, *op. cit.*, 372와 비교하라.

부터 영향을 받을 수 있다는 것은 종교사와 사상사에서 자주 일어나는 현상이다. ⑦ 벤 시라가 몇몇 예외를 제외하고는 비유대인들과 이방의 다신론으로 향하지 않았다는 사실은 그의 적대자들이 — 그리고 제자들이 — 팔레스타인의 유대인이었다는 사실과 관련이 있다. 이들에게 이방제의보다 더 위험한 것은 낯선 사상이었다.

벤 시라는 지혜문학의 풍부하고도 전통적인 언어로 그 지혜를 대적하는 자들에 대해 묘사하고 있다. 이들은 어리석은 자 말고도[275] 조롱하는 자,[276] 악한 자,[277] 그리고 마지막으로 "폭력적인 자," 잔인하고 "하나님에서 멀어진 자"[278] 라고 표현된다. 여기서 벤 시라가 형식만을 반복하는 것이 아니라, 자신이 처한 상황에서 이 형식들에 하나의 구체적인 방향을 부여했다는 추측을 할 수 있다. 그가 "어리석은 자"나 "조롱하는 자"를 언급함에서 어떤 특정한 사람을 마음에 두는 것은 아니지만, 몇몇의 경우에는 특정한 사람들을 논박하기 위해 언급했다고 가정할 수 있으리라. 이는 예를 들면, 인간의 "오만"(גַּאֲוָה)에 대한 말씀들의 수집에서 나타난다.[279]

> 어떤 악행으로라도 네 이웃에게 폭력을 행하지 말고(Smend의 본문, 90)
> 오만한 길을 가지 말라.

---

275) נָבָל 4:27; 21:22; 50:26 등. פּוֹתֶה 8:17; 42:8; כְּסִיל 20:13; 42:8.

276) לֵץ 3:28; 8:11; 13:1 등. 15:8, "그것(지혜)은 조롱하는 자에게서 멀리 있다"는 관념이 전형적이다.

277) רָשָׁע 5:6; 8:10; 12:6; 13:17; 16:6; 40:10 등. זֵד 11:9; 39:24(Smend를 따랐음); אַנְשֵׁי זָדוֹן 11:14; 15:7; 비교. 13:24와 40:15.

278) (אִישׁ) חָמָס 10:23; 13-12; 32(G. 35):18 등. אַכְזָר 8:15; 35(G. 32):22; חָנֵף 16:6; 41:10.

279) 히브리어 어군(語群) גאוה; גאון; גאה에 대해서는 10:6-18; 11:30; 13:20; 16:8; 23:8; 25:2를 보라. 또한 그리스어 본문(G.)의 ὑπερηφανία ὕβρις 등. 21:4; 22:22; 27:15, 28과 비교하라. 더 상세한 것은 7:17의 אֱנוֹשׁ רִמָּה를 보라.

오만은 주님께나(그) 사람들에게나 미움 받는 것이며
압제는 주님께나(그) 사람들에게나 범죄이다(10:6f).
오만은 인간이 반항하고
사람이 마음으로 창조주에게서 멀어질 때 시작된다.
왜냐하면 죄는 교만(זָדוֹן)의 바다요
그 원천은 악행으로 넘쳐나기 때문이다.
그러므로 주님께서는 놀라운 방법으로 징벌을 내리시며(Smend의 본문 94f)
그를 멸망시키시기까지 치신다.
주님께서는 높은 자들의 권좌를 무너뜨리어
그 자리에 눌린 자들을 앉히신다(10:12-14).
교만(זָדוֹן)은 인간에게는 어울리지 않고
격렬한 분노 또한 여자로부터 태어난 자에게는 적합하지 않다(10:18).

우리는 예루살렘에서 대제사장 오니아스 가문과 프톨레마이오스 혹은 셀레우코스 왕조와 함께 가장 강력한 그룹을 대변했던 토비아스 가문이 특별히 이 "오만"을 자행했다고 볼 수 있다.[280] 물론 벤 시라는 그들에 대한 비판을 직접 표현하지는 못했고, 자신을 보호하기 위해 지혜담화 형식의 옷을 입혀 이를 표현했다(2권 p. 90f. 를 보라). 하지만 그는 어떤 결정적인 점에서는 자신의 견해를 공개적으로 표현했다:

---

280) 통치권의 변화에 대한 근거로 "오만한 폭력"(חמס גאוה)이 10:8에서 언급되었다. 이것은 기원전 198년 팔레스타인의 통치권의 변화와 기원전 190년 마그네시아(Magnesia)와 그 후에 소아시아를 잃어버렸던 셀레우코스 왕조의 권력과 연관될 수 있다. 기원전 203년 프톨레마이오스 4세 필로파토르의 죽음이 다음의 구절들에서 언급된 것 같다: R. Smend, *op. cit.*, 93. A. T. Olmstead, *JAOS* 56, 1936은 더 상세한 시대사적 배경이 반영되고 있을 가능성들을 언급한다. 21:4는 또한 예루살렘의 당파싸움과 토비아스 가문의 분쟁을 언급하는 것 같다: "폭력과 교만이 한 도시를 황폐하게 했으며 (Smend의 본문을 따랐다. *op. cit.*, 189f.), 오만한 집안은 황폐하게 되었다."

화 있으라, 너희 불경한 자들이여!
너희는 가장 높으신 분의 율법을 저버렸다.
너희가 많아진다면 이는 불행을 위한 것이고
너희가 아이를 낳는다면 슬픔을 위한 것이다.
너희가 멸망한다면 영원히 기뻐할 일이고
너희가 죽는다면 저주받기 위함이리라(41:8, 9).[281)]

헬레니즘적 개혁이 시작되기 이전에 이미 광범위한 그룹이 예루살렘에서 율법에 대한 무관심과 배교를 자행했던 것으로 보인다. 벤 시라는 빈번히 이 문제로 돌아가고 있다. 예를 들면, 그는 한 도시가 "배교자들의 가문"(משפחת בגדים)을 통해 황폐하게 되는 반면, 경건한 한 사람을 통해 거룩하게 된다고 했다(16:4). 여기서도 토비아스 가문과 '의인 시몬'을 생각했을 것으로 추측된다.[282)] "오만"에 대한 경고, 바로 그 다음 문장에서 그의 훈계의 의도는 분명하게 드러난다:

어떤 유의 종족이 영예를 받는가? 인간이다.
어떤 유의 인간이 영예를 받는가? 주를 두려워하는 사람들이다.
어떤 유의 사람들이 경멸을 받는가? 율법을 어기는 자들이다.
(그들의) 형제 중에서는 맏아들이 존경을 받으나

---

281) 그 외에도 배교에 관한 경고도 나온다: 2:3은 야웨의 경고; 4:19는 지혜(=율법)의 경고; 28:39와 29:17(Smend의 본문을 따랐다. *op. cit.*, 260)은 창조주의 경고(또한 비교. 10:12). 또한 "조상들의 찬양"(46:11; 47:23; 48:16)을 보라. 특히 49:4ff., 여기서 현재의 위협은 과거를 더 부정적으로 판단하도록 한다: "다윗과 히스기야와 요시야를 제외하고는 모두가 악하게 행동했고 가장 높으신 자의 법을 버렸다… 그들은 자신의 힘을 이방인들에게 주었으며 다른 백성들에게 경의를 표했다"(Smend의 본문을 따랐다. *op. cit.*, 469f.).

282) 비교. 21:4(제3부 각주 280을 보라); 11:9b: "악한 자(זדים)의 다툼에 가담하지 말라"는 예루살렘의 당파투쟁과 연관될 수 있다.

(G. 하나님의 눈) 으로 보면 그를 두려워하는 사람들이 존경을 받는다.
……
가난하나 사려 깊은 자들을 멸시하지 말며
폭력을 쓰는 자를 존경하지 말아야 한다.
군주와 통치자와 재판관들이 영예를 차지하나
그 누구도 하나님을 두려워하는 사람만큼은 위대하지 못하다
(10:19-24. Segel의 본문).

율법준수에 해이했던 저명한 가문들에 대한 간접적인 비판은 헬레니즘적 개혁 직전의 예루살렘 상황을 조명해준다. 이와 비슷한 경향은 옳고 그름에 대한 부끄러움을 교훈하는 곳에서 나타나는데, 이는 여러 번 반복된 그의 배교자에 대한 저주로 이어지고 있다.[283]

그러나 이 일로 네가 부끄럽게 되지 말라.
또한 주의하여 죄짓지 말지니
이는 지극히 높으신 분의 율법과 (그의) 계약으로 인해
그리고 법에 의해, 네가 죄지은 자에게 법을 집행함과 같다(42:1c, 2).

벤 시라는 아브라함을 묘사하면서, 후대의 〈희년서〉와 비슷하게, 무엇보다도 "그가 지극히 높으신 자의 계명을 지켰다"는 것과 할례를 통해 하나님과의 언약에 들어갔음을 강조했다(44:20). 그리스인들도 유대인의 원 역사의 한 인물 아브라함이 가졌던 초민족적인 의미에 관심을 두었다(1권 p. 315ff. 를 보라). 벤 시라가 불경한 자들과의 개인

283) 비교. 전체적으로는 41:16-42:8을 보라. 또한 4:21("죄를 짓게 하는 치욕이 있다…"); 4:26a; 20:22f. 을 보라. 몇 년 후에 유대의 청소년 생도들(*Epheben*)이 자신들의 할례 흔적을 없애기 위해 에피스파모스(*Epispasmos*)를 시행했다(1마카 1:15; 이 책 제2부 각주 138과, p. 528을 보라). 율법 위반에 대한 경고에 관해서는 2:7, 15; 17:14; 26:28c를 보라.

적 교류나 그들을 친구로 사귀는 것조차 경고했던 것도 인상적인데, 이것은 아마 헬레니즘이 가져다주는 자유분방함이 전염되는 것을 그가 두려워했기 때문일 것으로 보인다. 신실한 율법준수자들을 그들로부터 분리하려는 이러한 경향은, 그 이후 유대인의 종교성의 전형적인 특징이 되었다.[284] 벤 시라는 비유대인과의 밀접한 교류를 한층 더 위험한 것으로 보았다:

> 이방인을 너와 함께 거주하게 하라. 그러면 그가 네 살아온 삶을 낯설게 하고(השכן זר יזיר דרכך), 네 가족을 낯설게 만들 것이다(11:34 비교. 29; V. Hamp의 본문은 M. 이 G. 로 수정되어 있다. *op. cit.*, 33)

이것은 아마 그리스어사용 유대인이 비유대인 동료와 빈번하게 접촉했음을 암시하는 언급일 수 있는데, 이스라엘을 비유대교 세계로부터 분리했던 유대인의 도덕성과 종교적 경계를 무력화시켰다(1권 p. 196f., 3권 86ff. 를 보라).

벤 시라는 앞서 언급한 "민족들"(*gojîm*)의 지배로부터 구원해달라는 기도에서 옛 지혜전승으로부터 이제 예언적·묵시적 전승으로 접근한다. 그는 하나님께서 속히 개입하셔서 백성의 대적들을 징벌해주실 것과 이스라엘의 영광을 위해 기도한다:

> 모든 것을 다스리시는 하나님, 우리를 구원하소서.

---

284) 비교. 6:17(G.); 9:16; 11:9; 12:14: "악인과 함께하는 자는 그 죄로 부정해지는 것이다"; 13:1: "조롱하는 자와 관계하는 자는 그의 처신을 배우게 된다." 또한 13:17f. 와 22:13과 비교하라. 이런 태도는 후에 에센파와 바리새파에게 영향을 주었고, 바리새파는 여기에 이름을 부여했다. 기독교 공동체에 대해서는 고전 5:11을 보라. 랍비에 대해서는 Bill. 2, 510ff. 를 보라.

모든 이방에 하나님을 두려워함이 엄습하게 하소서.
하나님의 손을 휘저어 이방 민족들을 치시고
그들이 하나님의 능력을 보게 하소서(36〔G. 33〕:1f).
표적을 새롭게 하시며 기적을 거듭 행하시고
그 손을 영화롭게, 그 오른 팔을 강하게 하소서(V. Hamp의 본문, *op. cit.*, 94).
노여움을 일으켜 분노를 터뜨리시고
대적을 굴복시키시고 원수를 쓰러뜨리소서.
속히 끝이 오게 하시고, 그때를 상기하게 하소서.
그래야 아무도 '당신은 무엇을 하시는가'라고 말할 수 없기 때문입니다.
(G.) 살아남은 자를 분노의 불로 태워버리시고
당신의 백성에게 불의를 행하는 자들이 파멸을 보게 하소서.
(M.) '우리밖에(신은) 없다'고 말하는
모압 군주의 머리를 베소서(36〔G. 33〕, 6-12).

여기서 셀레우코스 가문에 속한 압제자들과 그들을 추종하는 유대 당파들에 대항하는 벤 시라의 뿌리 깊은 저항이 보인다. 그것은 또한 유대지역과 이웃하는 사마리아인들과 해안 평지의 주민들과 이두매아인들에 대한 질책에서도 표현된다(50:25f. 비교. 레위 유언서 7, 2). 특이한 것은 후대에서와 같이 여기에서 로마의 가명이 사용되었다는 점이다. 모압의 군주라는 언급은 암마니티스에서 거대한 토지를 소유했던 도비아스 가문을 생각나게 하지만, 셀레우코스 그리고 이미 안티오코스 3세 이래로 강화되었던 강압적인 통치자 제의가 연관되었을 개연성도 있다.[285]

예언자들에 대한 깊은 연구에 기초하는 벤 시라의 종말에 대한 기

285) M. P. Nilsson, *GGR*² 2, 168f.; E. Bi(c)kerman(n), *Inst.*, 254ff. 모압으로 불림에 관해서는 사 25:10을 보라. 이 구절 역시 해석하기 어렵다.

대는(2권 p. 92f. 를 보라) 아직은 전적으로 현세적이고 정치적인 색채를 띠고 있다. 좀더 후에 나타나는 다니엘서와는 반대로 그는 죽음 너머 저편에 대한 희망은 물론, 부활에 대한 생각도 받아들이지 않았을 것이라 추정된다(38:21).[286] 때문에 그를 하시딤의 일원으로 생각할 수는 없을 것이고, 보수적이고 유대민족적인 사상의 흐름에 속했다고는 할 수 있겠는데, 이 흐름은 그의 사후 하스모니아 왕조가 대변했고 또한 더 후대에는 많은 사두개인들이 선호했던 방향이었다.[287] 그러나 그가 더 후대 유대교의 "종파들"에 속한다고 생각하려는 것은 근본적인 오류이다. 벤 시라는 이러한 종파들의 구별 이전에 존재했고, 후에 유대교적 사상이 발전할 다양한 가능성은 아직은 벤 시라 자신 안에 있었다. 특히 미래에 대한 태도에서 그렇게 호전적이

286) 비교. 10:11; 14:11f., 16; 16:30; 17:1, 27f.; 28:6; 38:21; 40:1, 11; 41:4, 10f.; 44:9, 2:9c와 17:26b는 그리스어로 주해(註解)를 단자가 영생에 대한 소망이라는 의미로 보완한 내용을 담고 있다. J. Fichtner, *op. cit.*, 70을 보라. 또한 48:11은 원래 영생에 관한 어떠한 언급도 없었다. 불행하게도 히브리어 본문은 판독하기 어렵다. 후에 일어난 수정에 관해서는 R. Smend, *op. cit.*, 461f. 를 보라. O. Kaiser, *op. cit.*, 63 각주 3; O. S. Rankin, *op. cit.*, 208과 비교하라. 벤 시라의 종말론적인 소망이 구약을 넘는 경우는 없다. 비교. 36:22와 48:10. 부활의 관념을 받아들이지 않았을 가능성에 대해서는 G. Widengren, *SVT* 4, 1956, 227을 보라.

287) 불멸의 교리를 제외하면 천국에 대한 사변이나 할라카적인 결의론(*Kasuistik*)도 없다. 개개의 구체적인 명령에 대한 언급도 거의 없다. 벤 시라의 "사두개주의"에 대해서는 Oesterley/Box, 1, 282f.; G. F. Moore, *Judaism* 1, 44; H. Duesberg/P. Auvray, *op. cit.*, 18을 보라: "présadducéisme." 그는 심지어 하시딤과도 차이가 난다. 어쨌든 L. Finkelstein, *Pharisees*[3] 2, 589가 하려는 것처럼 그를 "신하시딤주의"(*Neo-Hasidism*)로 해석하려는 것은 불가능하다. 그는 어떠한 하시딤적인 경건으로서의 걱정이나 '근엄한 체'(*Prüderie*)하는 태도와는 거리가 멀다. 비교. 32(G. 35):1; 38:1ff.; R. Smend, *op. cit.*, xxvi을 보라. 에스라가 "조상들의 찬양"에서 빼진 것은 이런 비(非)하시딤적인 태도의 결과인 것 같다. H. H. Schaeder, *Esra der Schreiber*, 1930, 37을 보라.

지는 않았던 이 지식인에게서, 우리는 후에 마카베오 봉기에서 — 급격하게 헬레니즘화되는 위기를 극복하는 — 힘을 부여했던 하나의 태도를 보게 된다:

> 죽기까지 의(義)를 위해 싸우라.
> 그리하면 야웨께서 너를 위해 싸우시리라(4:28).[288)]

288) 그리스어 본문을 따름; Segal, *op. cit.*, 27의 주장을 반대하는 Smend, *op. cit.*, 45를 보라. 비느하스(Pinehas)와 엘리야에 대한 묘사 45:23f.와 48:1ff.와 비교하라. 마카베오 시대의 열성수의에 대해서는 M. Hengel, *Zeloten*, 1541f.를 보라.

제5장

유대·헬레니즘적 사고의 만남: 유대교의 지혜문학적 사변(思辨)

1. 잠언 8:22f.와 욥기 28장의 인격화된 지혜

잠언 모음집 1-9장 가운데 가장 후대의 것은 초기 헬레니즘시대, 늦어도 대략 기원전 3세기 중반까지 형성되었을 것이다. 사람들은 종종 "여기서 나타나는 지혜와 어리석음이라는 의인화된 특성은 분명 그리스 영향을 드러내는 것으로 보인다"289) 라고 추측했다. 독립적인 지혜찬가에 해당하는 잠언 8:22-31은 다소 늦은 시기에 형성되기 시작했을 것으로 보이는데, 이것은 특별히 의인화된 지혜를 해석하기 어려운 독특한 방식으로 언급한다.290) 여기서 하나님의 태고적 피조

---

289) O. Eissfeldt, *Einl.*[3], 640, 또한 비교 Sellin/Fohrer, *Einl.*[3], 348. N. Whybray, *Wisdom in Proverbs*, 1965, 106은 잠언 1-9장을 페르시아시대로 설정하지만 이것은 너무 이르다. 차라리 기원전 330년과 250년 사이가 알맞다. 이 본문의 형성시기와 관련하여 우리는 아마도 '전도자'가 잠 1-9에서 발견한 낙관주의 및 보응교의와 논쟁했으리라는 것을 주목해야만 한다.

290) 비교. 그 밖에도 잠 1:20-33; 3:13-26; 4:7ff.; 7:4ff.; 9:1ff. 그리고 의인화된 어리석은 자, 9:13-18. M. Friedlander, *Griechische Philosophie im AT*, 1904, 77-89, 그리고 R. Kittel, *Geschichte des Volkes Israel III*, 2, 1929, 731은 바벨로니아와 페르시아의 영향뿐만 아니라 그리스 배경도

물인 지혜는 세상이 창조되어 질서를 가질 때에 뛰노는 "품 안의 아이"—이 번역이 "명공"(名工) 보다 더 선호된다—로 존재했다고 표현된다.[291] 잠언 8:22-31과 더불어 어쩌면 그보다 약간 더 이전에 형성된 욥기 28장의 시를 언급할 수 있는데, 이 본문은 2차적 단계에서야 비로소 욥기에 삽입되었다.[292] 욥기 28:25-27은 잠언과 마찬가지로 세상이 창조될 때 있었던 숨겨진 지혜에 관한 언급을 담고 있다. 여

추측한다. E. Sellin, *Geschichte des israelitisch-jüdischen Volkes* 2, 1922, 180f. ; P. Heinisch, *op. cit.*, 31f. 가 제시한 문헌을 보라. W. Schencke, *Die Chokma in der jüdischen Hypostasenspekulation*, 1912, 78f., 그리고 K. Schubert, *Die Religion des nachbiblischen Judentums*, 1955, 15f.

291) 8:30의 아몬(אָמוֹן)에 대한 번역은 아직도 의견이 분분하다: 아만(אָמָן)에 대한 전통적인 번역인 '명공'(*Werkmeister*: 《70인경》, 시리아역, 불가타, 랍비단에 대해서는 Bill. 2, 356을 보라) 은 특히 H. Ringgren, *Word and Wisdom*, 1947, 102-104; J. de Savignac, *VT* 12, 1962, 212f., 그리고 H. F. Weiss, *op. cit.*, 191에서 설명되었다. 이 번역으로는 3:19를 언급할 수 있다. 그러나 지혜가 창조에 적극적으로 관여하지 않았다는 8:22의 전체적인 문맥은 그것에 대립된다. 이런 해석은 스토아학파의 영향하에서 '조물주'(= δημιουργός) 라는 개념의 해석에 이르게 되었다는 G. Gerleman, *OTS* 8, 1960, 26f. 의 설명은 분명해졌다. 그러므로 아몬(אָמוּן) 혹은 애문(אֱמוּן) (?)을 '품안의 아이'(*Hätschelkind*), '사랑하는 자'(*Liebling*)로 번역하는 것을 더 선호한다. B. Gemser, *Sprüche Salomos*, 21963, 46(거기에서 더 나아가는 해석들) ; G. Fohrer, *TWNT* 7, 491, 그리고 H. Gese, RGG^3 6, 1576을 보라. 이차적인 설명 "명공," "창조의 중개자"는 H. F. Weiss, *op. cit.*, 192f. 의 견해와는 반대로 상대적으로 덜 신화적이고 덜 이성적이다.

292) G. Hölscher, *op. cit.*, 67; G. Fohrer, *Das Buch Hiob*, 1963, 392ff., 그리고 *TWNT* 7, 490; 비록 여기에서 지혜가 인격적 존재보다는 "차라리 물적(物的) 존재"로 보일지라도, 이 찬가는 잠언 8장이나 시락서 1장과 24장의 의인화된 지혜와 같은 동일한 종교사적인 배경을 갖고 있다. 예를 들면, 욥 28:27과 시락 1:9와 비교하라. 하지만 어떤 경우라도 이 초기의 단계에서 "영지주의 신화"(*loc. cit.*)를 말할 수는 없다. 이것과 다른 주장에 대해서는 또한 H. Conzelmann, in: *Zeit und Geschichte, Dankgabe an R. Bultmann*, 1964, 226 각주 16을 보라.

기에서도 학자들은 그리스 사고의 영향을 발견하려고 한다.[293] 이 두 본문에서 지혜의 기능은 "인격화"(*Hypostase*) 내지 "의인화(*Personhafte*) 된 본체"라는 두 가지 견해가 서로 대립할 수 있다.[294] 잠언 8장에 따르면 지혜는 그것을 간절히 구하는 자가 얻을 수 있지만(8:32-36), 욥기 28장에 따르면 지혜는 발견될 수 없고 하나님 곁에 숨겨져 있다. 이런 개념은 더욱 회의론적인 방향으로 가지만, 진가를 인정받지 못하고 하늘로 돌아가게 된 지혜를 말하는 더 후대의 묵시문학적 사유와도 일치한다.[295] 잠언 8:22ff. 은 그 바로 뒤에 지혜를 "초청하는 왕비

---

293) 욥 28과 잠 8에 대해서는 W. Eichrodt, *Theologie des Alten Testaments* II, 1967, 83f. 를 보라. 욥 15:7f. 는 의인화된 지혜의 예비적인 단계를 제시한다. 거기에서 하나님의 곁에 존재하는 지혜는 첫 사람과 연관되고 있다. 이것에 대해서는 Ringgren, *op. cit.*, 89ff. 를 보라.

294) 이것이 신적인 속성을 인격화하는 것인지, 아니면 신화적 인물을 말하고 있는지, 그것도 아니면 단지 시적인 표현인가의 문제 역시 의견이 분분하다. 의인화의 개념을 주장하는 의견은 H. Ringgren, *op. cit.*, 104; H. Donner, *ZÄS* 82, 1958, 9f를 보라. 반면 그에 반대하는 의견은 R. Marcus, *HUCA* 23, 1, 1950/51, 167ff.; B. Gemser, *op. cit.*, 48; R. B. Y. Scott, *VT* 10, 1960, 223, 그리고 R. N. Whybray, *op. cit.*, 103의 "야웨의 속성에 대한 시적인 의인화"를 보라. 그러나 세 가지 해석들은 상호 침투되고 있으며, 부분적인 정당성만을 갖는다. H. Conzelmann, *op. cit.*, 232를 보라: "그러한 주장들은 … 미묘한 차이들을 반영하여 모든 설명에 대한 전거(典據)를 제공할 수 있다. 하지만 비신화적인 기원에 대한 해명에서 너무 많은 진술들은 설명되지 않은 채로 남아있다." 여기서 본질적인 것은 이것이 "추상적인 원칙"에 관한 문제가 아니라는 점이다. H. Gese, *loc. cit.* 를 보라.

295) R. H. Pfeiffer, *History of New Testament Times*, 1949, 253은 욥기 28장에서 지혜의 불가해성을 나타내는 견해를 잠언 8장에서 직접 공격하고 있다고 생각한다. 이와 유사한 대립은 특히 단 2:11의 느부갓네살에 대한 마술가의 대답과 2:20ff. 의 다니엘의 찬양 사이에 나타난다. 또한 에녹 42장과 91, 10과 비교하라. 이에 관해서는 2권 p. 287ff. 를 보라. 더 상세한 것은 von Rad, *Theologie des AT*[4] 1, 460f.; 2, 306f. 를 보라. 욥 28의 충돌은 28절의 첨가로 완화되었다. 또한 제 3부 각주 349를 비교하라.

로서" 묘사하는 본문 9:1ff. 와 밀접히 연관되어 있다. 여기서 하나님의 "사랑받는 아이"는 사람들을 가르치는 (여) 스승이 되는데, 이 여인은 인간들에게 하나님의 초청을 전하고(9:4ff.)[296] 그들이 어리석은 적대자들에 의해 미혹되지 않게 한다. 그녀의 호소는 거의 계시적 특성을 지닌다(9:3).[297]

그러나 이런 가장 오래된 유대교의 '지혜문학적 사변'(*Weisheitsspekulation*)을 보여 주는 본문들에서 그리스의 '영향'이 나타난다고 보는 데는 매우 신중해야 한다. 왜냐하면 그리스 사상의 영역에서 '지혜'(*Sophia*)가 신적이며 인격적인 실체로 나타나는 것은 상대적으로 매우 늦은 시기인, 동방의 영지주의 영향하에 있었던 헤르메티카(Hermetica)와 플루타르코스(Plutarch), 신플라톤주의자들에게서 비로소 더 강하게 나타나기 때문이다.[298]

---

296) 비교. 덕(德), *SVF* 3, 508: "omnibus patet, omnes admittit, omnes invitat"〔그것(덕)은 모두에게 접근가능하고, 누구나 받아들이고 초청한다〕.

297) B. Gemser, *op. cit.*, 51f. (인용). 여기서도 H. F. Weiss, *op. cit.*, 194f. 의 의견처럼 9:1로부터 세계창조에 참여한 지혜의 몫을 해석해 낼 수는 없다.

298) H. Leisegang, *PW*, 2.R. 3, 1026f.; Höfner in: Roscher, *Lexikon* 4, 1212-1214를 보라: 그것은 때로는 시적인 인격화로 나타난다. Aristophanes, *Birds*, 1320을 보라. 그 밖에도 Nauck², *Frag. trag. adesp.* 130(Diod. 31, 30, 3)을 보라: 여신으로서 지혜에 대한 호소; Euripides, *Med.* 843: 퀴프리스(Kypris)의 결과로서: τᾷ Σοφίᾳ παρέδρους πέμπειν Ἔρωτας, παντοίας ἀρετᾶς ζυνεργούς. 이 장면은 동방세계의 영향으로 거슬러 올라간다. 프리네(Priene)와 에베소에서 지혜는 다른 유사한 개념들과 더불어 우화적인 인물로 표현된다. 전반적으로 보아 기독교 이전 시대에 인격화된 지혜의 증거는 적다. 데모크리토스(Democrit)와 스토아주의 철학자들이 지혜의 속성에 가장 적당한 아테네(Athene) 여신까지 — 플라톤으로부터 σοφία(지혜, Protag. 321d)과 φιλοσοφία(철학, Critias 109c)를 받아들여 -φρόνησις(사유)으로 명명했지만(Leisegang, *op. cit.*, 1028; von Arnim, *SVF* 4, 7을 보라), 결코 헬레니즘 이전 시대에는 σοφία와 직접적으로 동일

플라톤이 언젠가 모든 질서와 세상의 모든 아름다움의 원인으로 지혜를 묘사하면서, 그 지혜(σοφία)를 제우스의 지고한 영혼(βασιλικὴ ψυχή)과 지고한 이성(βασιλικὸς νοῦς)으로 말한 적이 있다. 하지만 이런 연관성을 갖는 진정한 병행구는 없다. 또 그 형태는 너무 철학적이며, 가령 필로와 같이 더 후대의 사상가에게서도 '지혜'와는 결코 연관되지 않았다.[299]

이와는 대조적으로 좀더 오래된 셈어로 기록된 병행구들은 헬레니즘시대보다 훨씬 더 이전 시기로 거슬러 올라간다. 이 점에서 유대교의 지혜문학적 사변이 하나의 신화적인 배경을 지녔다는 것을 더 이상 반박해서는 안 된다. 하지만 다른 한편으로, 동방세계의 일원론적인 태고신화를 그 출발점으로 생각해야 할지는 의문이다.[300] 아마도

시되지 못했다. 또한 Justin, Apol. 1, 64, 5와 비교하라: 스토아주의 철학자들은 아테네를 "제 1의 관념"(τὴν πρώτων ἔννοιαν)으로, 그리고 세상을 창조했다는 제우스의 딸을 "로고스를 통하여 … 사유된 것들"(ἐννοηθέντα διὰ λόγου)로 불렀다. J. R. Harris, *BJRL* 7, 1922/23, 56-72는 특히 지혜 18:15ff.에서 나타나는 지혜를 아테네에 대한 스토아학파의 관념으로부터 유추했다. 그러나 유스티누스(Justin)의 기록은 이미 영지주의자들에 의해 영향을 받았을 것으로 보인다. H. Leisegang, *op. cit.*를 보라. 철학자들과 "지혜"의 "세계영혼"에 대해서는 2권 p. 167f.를 보라.

299) Phileb. 30b-d; 이에 대하여는 W. L. Knox, in: *Judaism and Christianity*, 2, 1932, 73f.를 보라: 녹스(Knox)는 이것으로부터 필로 또한 플라톤의 《필레보스》(*Philebos*)를 읽지 않았고, 플라톤에 대한 그의 지식은 주로 포세이도니오스에게서 유래되었다는 결론을 이끌어냈다.

300) 이와는 반대로 U. Wilckens, *TWNT* 7, 508f.; *Weisheit und Torheit*, 1959, 190-197. 또한 H. Conzelmann, *op. cit.*, 226f.의 비평과 비교하라. "신화적인 배경"과 "신화적인 기원"은 더 날카롭게 구별되어야 한다. 또 다시 잠 8:22ff.의 지혜에는 "신화적인 기원"이 없으며 토론된 용어들은 "신화적이 아니라 은유적"이라는 것을 변증적인 어투로 주장한 R. N. Whybray, *Wisdom in Proverbs*, 1965, 103ff.의 최근 연구는 더 이상 이것을 문제 삼지 않는다. 잠 8:22ff.이 후대 벤 시라와 지혜서의 저자, 필

여기에서는 서로 다른 동기와 경향성이 합류된 것 같다.

따라서 올브라이트(Albright)와 스토리(Story), 도너(H. Donner)는 엘레판티네에서 기록된 〈아히카르서〉에 나오는 바, 신들이 매우 높게 평가한 "지혜"를 지적했다. 그 왕국은—여기의 본문은 아쉽게도 심하게 손상되었다—영구히 지속되며, 지혜는 "거룩한 자의 주님"을 통해 하늘로 올라간다. 도너는 이런 사상의 유래를 자연과 사회가 인격화되어 조화로운 질서를 이루는 이집트의 여신 마아트(Maat)에 관한 교의에서 찾는다.[301] 그러나 이렇게 하늘에서 하나님 곁에 거주하는 '호크마'를 엘레판티네의 유대인들에게는 아나트야후('Anatjahu)라는 이름의 보좌인(Parhedros)으로도 묘사한다는 것을 무시해서는 안 된다. '호크마'는 야웨의 곁에 나란히 있는 셈족의 어머니 여신이며 사랑의 여신이 변형된 것이었다.[302] "배타적인 야웨주의는 이것을 거

로가 사색할 수 있는 출발점을 제시했다는 것에는 의심의 여지가 없다. 그리고 8:22ff. 의 지혜의 찬가가 이방의 영향을 막기 위한 목적으로 기록되었고, 그 결과 이방 여신(아스타르테, 이시스 등)의 특징들이 지혜로 바뀌졌다면, "신화적인 영향"은 여전히 존재한다. Boström의 명제에 동의하는 Hengel, *op. cit.*, 90을 보라.

301) A. Cowley, *Aramaic Papyri*, 1923, 215, '아히카르 어록'(*Words of Ahikar*) 94와 95행. 또한 W. F. Albright, *AJSL* 36, 1920, 285; W. Baumgartner, *TR* 5, 1933, 287; C. I. K. Story, *JBL* 64, 1945, 333-337; H. Donner, *op. cit.*, 12ff., 또한 이에 동의하는 S. Morenz, *Agyptische Religionen*, 1960, 133을 비교하라.

302) A. Cowley, *op. cit.*, 147, Nr. 44, 3: 살룸(Sallum)의 아들 므나헴(Menahem)의 "하나님 야후(Yahu)와 성전, 아나트야후('Anatyahu)"에게 한 맹세; 비교. 70 Nr. 22, 125: "아나트베텔"(Anatbethel). Albright, *op. cit.*, 258ff. 는 이미 이슈타르(Ischtar) 유형의 "삶과 지혜"의 셈족 여신에 관심을 기울였다. *SVT* 3, 1955, 7에서 동일 저자는 "VIII, 22ff. 에 나오는 지혜에 의한 우주의 생성은 명백히 가나안의 회상으로 가득 차 있음을 강조했다." 또한 *From the Stone Age*, 1940, 368f. 와 G. Boström, *Proverbiastudien*, LUA 30, 1934, Nr. 3, 14를 보라. G. Pfeifer,

절하지만, 이 신적인 여인은 지혜로 옷 입고 더 후대의 혼합주의하에서 유대교에 영향을 미치기 시작한다."[303] 이와 유사하게 신의 "인격화"는 고대 동방세계, 특히 이집트 도처에서 발견되며, 또한 그리스에서도 특히 후기고전시대에 산발적으로 발견된다.[304] 후기성서시대의 유대교에서 발견된 병행구들을 언급하자면, 하나님의 영 내지는 하나님의 다양한 영들,[305] 그리고 하나님의 말씀과[306] 쉐키나(*Shekinah*, 역주. 하나님이 자기 백성에게 '머무르신다'는 신의 현존에 관한 랍비들의 사상), 메타트론(Metatron, 역주. 천사의 이름)[307]과 같은 후대의 형식들이 있

Ursprung und Wesen der Hypostasenvorstellungen im Judentum, 1967은 가나안 · 페니키아 사상의 영향을 줄곧 거부하지는 않았지만(79), 렘 44:17(102, 비교. 27f.)의 "아나트야후 혹은 하늘의 여왕" 유형의 여신은 가나안에서 기원했을 것이라고 추측했다. 잠 8:22의 "qnh"와 그 문맥에 대해서는 W. A. Irwin, *JBL* 80, 1961, 136ff.를 보라: "여기에서 그 마음에 그리는 이미지는 창조가 아닌 지혜의 탄생이다."

303) G. Hölscher, *op. cit.*, 69.

304) 이것에 대해서는 H. Ringgren, *RGG*³ 3, 504-506; M. P. Nilsson, *opuscula selecta* 3, 1960, 233-242; *GGR*² 1, 812ff.를 보라. 이전의 H. Usener, *Götternamen*, 31948, 364-375와 비교하라.

305) 이에 대해서는 Bousset/Gressmann, 347ff.를 보라. 또한 H. F. Weiss, *op. cit.*, 211ff.와 비교하라. 외부의 영향이 아니면 발달되지 못할 새로운 단계가 쿰란의 영의 교리(*Geisterlehre*)이다. 2권 p. 332f.를 보라. 또한 H. Gese, *RGG*³ 6, 1576와 비교하라: "… 거기에서 그것은 영(*rûaḥ*)과 말씀(*dabar*)-개념에 매우 근접해 있다."

306) 하나님의 말씀에 대해서는 H. Ringgren, *op. cit.*, 157ff.를 보라. 아리스토불로스(제3부 각주 396을 보라)와 지혜 18, 15f.를 제외한다면 유대의 저술에서 인격화는 비교적 드물다. 그것은 필로에게서야 비로소 중요한 의미를 갖게 되었고 부분적으로 "지혜"를 대신하였다. 랍비에 대해서는 Bill. 2, 302-333의 긴 보설(補說)을 보라. 그리스 전통에서 인격화와 신격화는 "Sophia"에서보다는 "Logos" 개념에서 더욱더 강하게 나타난다. H. Leisegang, *PW* 13, 1021ff.를 보라. 상세한 것은 H. F. Weiss, *op. cit.*, 216-282를 보라. 그는 팔레스타인 유대교에서 "말씀"은 어떤 명확한 창조적 기능을 갖는 것은 아니라고 강조한다.

다. 이와 관련하여 악이 다양하게 의인화되기 시작하고[308] 묵시문학적인 천사사상이 고대 이스라엘의 사상적 경계를 훨씬 넘어 확대된다(2권 p. 67ff. 를 보라). 이런 사상발전의 종교사적인 근거를 설명하는 부세(Bousset)와 그레스만(Gressmann)의 언급은 오늘날까지도 타당하며, 이는 쿰란에서 천사사상이 주도적인 역할을 하고 있다는 것만으로도 입증된다. "유대교의 하나님 신앙에서 초월적이며 추상적인 특징"은 "세상과 멀어지게 된 하나님과 인간 사이에" 끼어든 "중간존재들"의 기원을 선호한다는 점이다.[309] 이에 대하여 파이퍼(G. Pfeifer)는 반론을 펼치는데, '인격화'와 유사한 개념들이 유대교에는 언제나 있었지만 전체적으로는 드물었으며, 세상에서 활동하시는 하나님에 대한 인식은 항상 유지되었다고 한다.[310] 그러나 그의 주장도 다음과 같은 사실을 은폐시킬 수는 없다: 헬레니즘시대에 중간존재들의 구분은—그것이 잠언 8:22f. 와 욥기 28장 등과 같은 '인격'이건

307) 메타트론에 대해서는 G. F. Moore, *HTR* 15, 1922, 55f. ; Bill. 색인 4, 1249를 보라. 후에 에녹과 동일시한 것에 대해서는 L. Ginzberg, *Legends* 1, 140과 5, 162f. 각주 61을 보라.

308) Bousset/Gressmann, *op. cit.*, 331-342; G. von Rad, *TWNT* 2, 71ff. ; W. Foerster, *TWNT* 2, 75ff. 와 7, 151ff. 기본적으로 여기서는 왕상 22:19ff. 에서 시작되는 영(靈)과 천사의 교리를 부정적인 징조와 함께 다루고 있다. 2권 p. 332ff., 369f. 를 보라.

309) *Op. cit.*, 319, 342f., 또한 비교. 357: 기독론의 기초 중의 하나인 인격화의 사변(思辨). R. N. Whybray, *op. cit.*, 104의 이견(異見)은 잠 8:22ff. 나 혹은 1-9장이 인격화된 지혜를 보여주는 유일한 자료들이 아니라는 사실을 간과하고 말았는데, 특히 욥 28장과 시락 24장이 더 연관될 수 있다. 이것은 비교적 광범위한 전승이라 할 수 있겠다. 신을 절대적인 초월자로 후퇴시키고 중재적 존재(*Mittlerwesen*)를 도입하는 경향 또한 헬레니즘의 플라톤화된 종교철학에서 나타난다. A. Wlosok, *Laktanz*, AAH 1960, 2, 53, 56ff. 를 보라.

310) G. Pfeifer, *op. cit.*, 66f.

혹은 천사이건 — 때때로 유동적이었고,[311] 팔레스타인과 디아스포라의 유대교에서 이 둘 모두는 자주 언급되기 시작했다. 동시에 야웨라는 신명(神名)조차 이제 하나님에 대한 더욱 일반적인 명칭으로 후퇴한다(1권 p. 235f. 와 2권 p. 122f. 를 보라). 그러나 다른 한편으로 그가 관찰한 바, 그러한 '인격화'가 나타나는 자리는 "하나님을 직접적으로 경험하는 곳에서가 아니라 … 성찰하는 곳이다"[312] 라는 주장은 옳다. 우리가 잠언 1-9장 혹은 전도서와 시락서에서 만나게 되는 후기 지혜에는 명백히 성찰적 지혜의 특징이 내포되어 있기에, 그 저자들은 신학적인 개념화를 조직적으로 시작하고 있었음을 알 수 있다. 그러나 '전도자'의 회의주의적인 사고에서 하나님의 본질은 "시간의 계획"과 "숙명"은 어찌할 수 없다는 사상 배후에 숨겨져 있는 반면(1권 p. 240f. 를 보라), 잠언 1-9장에서 신의 구원의 계시는 지혜가 의인화된 호소로 인간을 "하나님에게 이끌려는"[313] 사상에서 발현된다. 모든 창조의 작업이 이루어지기 전 하나님 곁에서 그의 친근한 동료가 된 '호크마'를 '인격화하는 것'은 그러한 간청에 절대적인 권위를 부여하려는 동기에서 나왔다. 여기서 유대교 전승에서는 새롭고 이질적인 '지혜의 호소' 역시 유대교적 사상과는 충돌된다. 그러나 특정 지혜학파는 하나님의 지혜에 최고의 권위를 부여하여 지혜가 "계시의 중재자"의 기능을 갖게 한다.[314] 이는 '지혜'를 개별적 · 신화적 형태로 진술하

311) 예를 들면, A. S. van den Woude, *OTS* 14, 1965, 358이 발표한 본문을 보라: 10과 16행의 멜기세덱(미가엘?)은 시 82:1과 사 52:7의 엘로힘(אֱלֹהִים)과 관련되어 언급되었다. 1QS 3, 18ff. 의 '두 영(靈)의 교리' 역시 전통적인 천사론의 틀을 넘어간다. 다른 한편, 필로에서는 로고스의 인격화로서 "천사(장)"〔(ἀρχ)άγγελος〕이 언급될 수 있다. *Conf. ling*: 146(M. 1, 427); *De somn*. 239(M. 1, 656); *Quis.rer. div*. 205(M. 1, 501) 등.

312) G. Pfeiffer, *op. cit.*, 16.

313) G. von Rad, *Theol.*^{4} 1, 456.

는 이방의 모신(母神) 숭배가 유입되는 것을 막으려 했던 상황과 관련되었을 것으로 보인다.[315] 그러나 이와 더불어 우리는 "하나님 경외"(잠 1:1; 2:5; 9:10)에서 출발했던 지혜가, 이제 전승된 신앙을 위태롭게 하는 '이방지혜'의 침입을 막기 위해 변증적인 형태로 사용된 것이 아닌지를 검토해야 한다. 이 사실에 암시를 주는 것은 잠언 1-9장(2:16f.; 5장; 6:24f.; 7장)에서 자주 등장하는 이방 여인이다. 또 "어리석은 여인"이 이미 잠언 2:16-18의 《70인경》("새로운 교훈" διδασκαλίαν νεότητος, 17절)에서 "이방 지혜"로 은유적 해석을 하는 점도 어떤 암시를 줄 수 있으리라. 이와는 반대로, 후대에 알렉산드리아의 클레멘트는 잠언 5:3을 "헬레니즘적 교육"(Ἑλληνικὴ παιδεία)으로 해석했는데, 이 개념이 알렉산드리아의 유대교 주석에서 받아들였다는 사실도 그것에 대하여 암시하는 바가 있을 것 같다.[316] 제4번 쿰란동굴에서 발견된 지혜를 묘사하는 단편은 악한 여인의 유혹기

---

314) 포로기 후기의 지혜학파 형성에 대해서는 1권 p. 280ff. 을 보라. J. C. H. Lebram, *VT* 15, 1965, 227ff. 는 "레위학파"(*die Levitenschulen*)를 무엇보다도 "팔레스타인 지혜의 대변자로 생각한다(229); 그는 귀환한 고라(Golah) 가문과 그 지역에 존재하는 학파 간의 있을 법한 긴장을 지적한다. "신적인 계시의 중재자"인 지혜에 대해서는 G. von Rad, *op. cit.*, 1, 454; H. Gese, *RGG*³ 6, 1576을 보라.

315) H. Ringgren, *Word and Wisdom*, 1947, 134; *RGG*³ 3, 506. 또한 Boström, *op. cit.*, 102-155 그리고 이에 동의하는 G. von Rad, *op. cit.*, 1, 457f. 를 보라: "인격화된 지혜는 주로 생명력이 왕성한 그의 적대자인 사랑의 여신 아스타르테(Astarte)로부터 피와 생명을 받는다." (458). 또한 W. L. Knox, *St. Paul and the Church of the Gentiles*, 1939, 57을 보라.

316) 이것에 대해서는 M. Friedländer, *op. cit.*, 73ff.; R. Kittel, *op. cit.*, 3, 732; R. Reitzenstein, *Das mandäische Buch des Herrn der Größe*, SAH 1919, Nr. 12, 54ff. 를 보라. 그러나 그의 종교적 분류는 너무 공상적이다. G. Boström, *op. cit.*, 16-32의 반론을 보라. Clem. Alex. 에 대해서는 *Strom.* 1, 29, 6, GCS 2, 18을 보라.

술을 가장 어둡게 채색되고 있다. 이를 가장 잘 이해하는 길은 이 본문 역시 이방지혜에 대한 은유적인 해석이라고 보는 관점이다.[317] 이 유혹하는 이방 여인과 대립되는 '지혜'는 젊은 신부이다. 이 지혜는 11QPsa에서 나온 홍안의 젊은 시절에 쓴 다윗의 작품이라고 여겨지는 아름다운 지혜의 연가에서 나타나는데, 시락서 51:13-20에서는 열정은 덜하지만 좀더 부드러운 형태로 표현되어 있다.[318] 또 이와 유사한 독특한 그리스어 병행구가 존재한다:

> 알퍼스(I. Alpers)는 기로에 선 헤라클레스를 연구하면서[319] 지혜와 어리석음의 초대를 경쟁적으로 묘사하는 잠언 7장과 9장, 그리고 프로디코스(Prodikos)의 우화가 등장하는 크세노폰의 《회상록》(*Memorabilia*) 2, 1, 21-34와 거기에 나오는 "덕"(*aretē*)과 "악"(*kakia*)이라는 우화적인 인물들 사이에 관련된 특징들에 주의를 기울였다. 그러나 여기에서도 어떤 의존성이 존재한다고 주장하기는 어려운데, 이것은 다른 경우와 마찬가지로 유사한 관념들이 각기 유대교와 그리스에서 독자

---

317) J. M. Allegro, *PEQ* 96, 1964, 53-55 = 4Q 184(DJDJ V, 82ff.) 그리고 Strugnell, *RQ* 7, 1969/71, 263ff. J. Carmignac, *RQ* 5, 1964/66, 361-74는 여기에서 그것이 경쟁하는 종파를 의미한다고 주장한다. Boström, *op. cit.*, 42ff.가 제시한 "이방 여인" 그리고 103-155와 관련된 "제의적 해석"이 유일한 가능성일 필요는 없다. 이 주제에 대해서는 H. Ringgren, *Word*, 134ff.를 보라. 그러나 그것은 잠 1-9장에서 이례적으로 자주 나온다.

318) DJDJ IV, 79ff. 이 정교한 아크로스티크 기법〔*akrostichisch*, 역주. 첫 행이 두음을 연결하면 단어가 되는 시사(詩作) 기법〕으로 만들어진 찬가는 벤 시라에 의해 현저하게 바뀌고 확대되어 자신의 작품에 들어가게 하였다. 이 주제에 대해서는 또한 시락 15:2f.; 잠 5:18.; 지혜 8:2ff.를 보라.

319) I. Alpers, *Hercules in Bivio*, diss. 1912, 62f.; W. Michaelis, *TWNT* 5, 55 각주 36을 보라. 잠언 7장과 9장의 우화적 해석은 쿰란의 4Q에서 악한 여인에 관한 단편이 발견됨에 따라 더 이상 받아들이지 않을 수 없다. 그러므로 그 우화는 랍비전승에서 후대에 출현한다. Bill. 4, 408f; Koh. R. 1, 14, 'Abbā b. Kahana(기원후 4세기 초).

적으로 생겨나서 마침내 두 영역간에 특정한 친화성을 갖게 되었음을 보여준다.

여기서 '지혜'의 상대역인 '이방 여인'에 관한 문자적 해석과 은유적 해석을 상호배타적으로 이해할 필요는 없다. 즉, 사랑의 여신과 모신(母神)에 대한 페니키아와 가나안의 종교제의가 유대교에 위험이 되는 상황에서 그것에 대한 문자적인 해석이 나타날 수 있으며, 기원전 3세기 중반부터 헬레니즘의 시대정신과 대중적인 철학의 자양분으로 유대교의 전통적인 하나님 신앙에 대한 비판이 형성되면서 은유적인 해석이 점점 더 우세하게 되었다는 말이다.

2. 지혜와 창조론의 결합

유대교적 지혜의 가르침과 그리스적 사고가 만나기 이전에 지혜와 창조론이 더욱 밀접히 연관되었다는 사실은 보다 중요한 의미가 있다. 창세기 1:1-2:4 가운데 제사장적(*priesterschaftliche*)인 창조 이야기는 비록 체계적 연대기로 구성된 위대한 작품의 서론에 불과하다 할지라도, "신학적이고 우주론적인 엄밀한 성찰의 결과"[320]라고 할 수 있다. 이 이야기는 "세계와 그 연관된 것을 탐구하는 최초의 범세계적인 '학문적인' 시도들에 대한 의미심장한 증언"[321]으로 형성된 것으로 이해할 수 있다. 이것은 아마도 제사장계 지혜학파의 체계적인 작업 말고는 달리 생각할 수 없을 것 같다. 비록 그 창조 보도가 더 오래된

320) G. von Rad, *Theol.*[4] 1, 155.

321) S. Hermann, *TLZ* 86, 1961, 418. 또한 H. Schwabl, *PW Suppl* 9, 1498f. 와 비교하라.

셈족의 창조 이야기, 그리고 무엇보다도 이집트의 창조 이야기에 의존했을지라도,[322] 우리에게 알려지지 않는 이 저자는 "엄격하게 분류된 구조 안에서 보기 드물게 일관된 서술을 하고 있다." 이런 식으로 신화는 "지식을 통해 극복된 것으로 보이지만, 현상세계에 대한 분석에 의존하는 지식은 하나님의 창조의 힘에 종속되어 있다."[323] 단지 형식적인 관점에서만 보자면, 이오니아 자연철학자들이나 플라톤의 《티마이오스》(*Timaios*)에 나오는 우주기원론에 관한 철학이 신화론적 초안을 가졌던 것처럼, 창세기 1장의 창조 이야기는 신화 이전의 단계에 있다고 말할 수 있겠다.[324] 이는 "성서 가운데 가장 합리적이고 일관성이 있는 부분의 하나이다."[325] 만약 예를 들어, 폰 라드가 가정한 것처럼 "무(無)에서의 창조"가 창세기 1:1의 "창조"(ברא)와 관련되었다면,[326] 이는 신학적으로 성찰하는 추상의 표현이다. 이 표현의 명백한 진술이 완전히 헬레니즘화된 형태로(1권 p. 332ff. 를 보라)

---

322) G. von Rad, *op. cit.*, 1565; S. Herrmann, *op. cit.*, 418ff .

323) S. Hermann, *op. cit.*, 423, 424: 또한 C. F. von Weizsäcker, *Die Tragweite der Wissenschaft I*², 1966, 38ff. 를 보라: "만약 그것이 학문이라면, 그것은 신학이다"(42).

324) 이것에 대해서는 H. Schwabl, *op. cit.*, 1513ff., 1539ff. 를 보라. G. von Rad, *op. cit.*, 1, 155는 P문서의 창조 이야기는 이오니아 자연철학가들처럼, "우주론적인 태곳적 원리"(*Ur-Prinzip*)를 찾으려고 한 것이 아니라, 모든 것을 "야웨의 인격적 창조의지"와 연결시키기 위함이라고 올바르게 시작한다. 그것에 대한 진정한 유비는 《티마이오스》(*Timaios*)에서 나타난다. 2권 p. 167을 보라.

325) C. F. von Weizsäcker, *op. cit.*, 48.

326) G. von Rad, *op. cit.*, 1, 156; "무(無)로부터의 창조"(*creation ex nihilo*)에 대해서는 H. W. Weiss, *op. cit.*, 11-17을 보라: 구약의 전제들; 69ff. (Philo); 73f. (2마카 7:28); 86ff. (랍비문헌); 119ff. (묵시사상); 129ff. (사마리아인). 165ff. 의 요약: 이 사상은 처음부터 존재한 것이 아니라, "오히려 이방의 신화나…철학적인 사고와 논쟁함으로써 비로소 수립된 것이 틀림없다"(66); 비교. 174.

마카베오2서 7:28〔"하나님께서는 존재하는 것 자체로부터 창조하지 않았다"(ὅτι οὐκ ἐξ ὄντων ἐποίησεν αὐτὰ ὁ θεός)〕에서야 비로소 그 사상이 나타나는 것은 우연이 아니다. 물론 "무에서의 창조"라는 교리적 표현인 끌어들이는 것은 주의해야만 한다. 또한 욥기나 잠언 1-9장의 후기 지혜가 제사장 문서(*priesterschrift*)의 특징이라 할 수 있는 엄격한 구원사적·제의(祭儀)지향적 신학과는 본질적으로 다를지라도, 후기 지혜의 합리적이고 비신화화되는 경향은 공유하고 있다. 이 경향은 하나님의—비신화적으로 보이는—질서의지에 자연공간을 종속시킨다.[327] 여기에서 호크마의 개념은 특별히 하나님의 새로운 창조와 그 창조를 보존하는 하나님의 행동이 갖는 합리성을 표현하는 데 적합하다.

> 야웨는 지혜로(בְּחָכְמָה) 땅을 세우셨으며
> 명철로(בִּתְבוּנָה) 하늘을 굳게 펴셨고(잠 3:19).[328]

지혜와 창조론과의 이런 결합은 이중적 결과를 낳는다. 창조란 한편으로는 하나님의 '지혜'의 표현이었기에, 지혜는 하나님이 창조한 세상의 모든 현상을 두루 섭렵하며 성찰하게 된다. 물론 여기에서 창조의 질서와 창조가 진행되는 작용은 내재하는 "자연적인" 과정이 아닌, 이해할 수 없는 신적인 기적으로 이해되었는데, 그러한 자연적인

327) 또한 G. von Rad, *op. cit.*, 1, 463ff.를 보라.

328) 비교. 욥 38-42장; 시 104:24; 136:5. 또한 11QPsa, DJDJ IV, 89ff.에서 지혜로운 창조주이신 야웨께 드리는 찬송을 보라. 벤 시라의 창조전승에 대해서는 2권 p. 114ff.를 보라. 이미 렘 10:21 = 51:15와 비교하라. 전체에 대해서는 J. Fichtner, *Die altorientalische Weisheit*, 1933, 111f.를 보라. 잠 8장과의 차이에 대해서는 H. W. Weiss, *op. cit.*, 189를 보라. 이와 유사한 관념은 세상이 영에 의해 "지어졌다"는 생각이다. 유딧 16:14. G. Pfeifer, *op. cit.*, 98은 이미 여기에서 스토아주의적인 영향을 추측한다.

과정은 초기 유대교의 지혜에서는 낯선 관념이었다.329) 이것은 보이는 세계의 '형성원리'에 따른 진정한 유대교적 응답이었다. 욥기와 시편 104편에서는 이런 '자연과학'의 초기 형태가, 그리고 묵시적인 사변과 무엇보다도 에녹1서에서는 그 후기의 형태가 나타난다. 에녹1서에서는 역사와 하늘, 지하세계의 모든 영역이 포함되어 — 강력한 이방사상의 영향하에서 — 새롭게 재신화화된다(2권 p. 299ff. 를 보라). 다른 한편으로, 창조론과 지혜의 결합은 "야웨를 경외하는 것이 지식의 근본이다"(잠 1:7) 라는 '호크마'의 호소로 이제 종교적이고 윤리적인 의무를 받아들인 개인이 우주적이고 신적인 지혜의 몫을 받는다. 이 두 가지 사항의 논리적 귀결로 유대교는 필연적으로 헬레니즘적 사고(思考)와 만나게 되며, 이는 벤 시라에게서 암시적으로나마 처음 나타난다.

3. 벤 시라의 '지혜'

우리는 벤 시라가 지혜를 "우주의 인격"으로 묘사하거나 지혜 자체가 말하는 것을 묘사하는 시락서 1:1-10과 24장의 지혜의 찬가(讚歌)로 만족해야 한다. 하지만 불행하게도 이 두 본문은 히브리어 원문이 존재하지 않는다. 이미 잠언 1-9장 이후 몇 세대가 지난 후 형성되었을 그의 작품은 당시 예루살렘에서 일어난 정신적 긴장상태를 드러낸다(2권 p. 83ff. 를 보라). 그래서 그의 전체적인 관점은 특이할 만큼 모순적이다: 한편으로는 전통적 지혜의 특성인 보편적이며 낙관적인 태도가 발견되고, 다른 한편으로는 조상들의 신앙을 위협하는 것들

329) 시 139:14; 욥 5:9ff. ; 9:8ff. ; 37:14 등; 이에 관해서는 G. von Rad, *Thel.*[4] 1, 463f. 를 보라.

에 대한 논박이 분명히 나타나는데, 이전의 지혜와는 대조적으로 이스라엘의 유산과 그 거룩한 역사를 끌어들여 인용한다(2권 p. 94ff. 를 보라). 그러므로 그의 지혜문학적인 사색의 신화론적인 배경은 특별히 24장의 긴 지혜의 찬가에서 두드러지게 나타난다. 오래전부터 인식되었듯이, 지혜가 자신을 진술하는 시락서 24장의 내용에는 (24:3-7)[330] 헬레니즘적 이시스 덕론(*Isisaretalogie*)과 유사한 서술과 유사성을 갖는 구절들이 분명히 존재한다.[331] 기원전 3세기에는 세라피스 종교제의(*Serapiskult*)와 더불어 이시스 숭배가—아마도 프톨

---

330) 시락 24:1, 2는 지혜가 자기 영광을 암시하는 것을 통하여(αἰνέσει ψυχὴν αὐτῆς.) 그리고 두 번의(καυχήσεται) 그런 자기서술을 명백한 덕론(德論)으로 간주한다.

331) 따라서 처음으로 W. L. Knox, *JTS* 38, 1937, 230-237은 역사적인 연관성을 올바르게 그려냈다: "이시스의 용모를 지닌 시리아의 아슈타르테에 대한 놀랄만한 유사성"(235), 더 상세한 것은 *St. Paul and the Church*, 59ff.; H. Ringgren, *op. cit.*, 144ff.; 세부적으로는 H. Conzelmann, *op. cit.*, 227-234를 보라. 우리에게 보존된 형태의 이시스 덕론과, 혼합주의적인 변형으로 "많은 이름을 지니게 된" 이시스 사상의 확산은 기원전 3세기 초 프톨레마이오스 시대의 산물이므로(A. D. Nock, *Conversion*, 1933, 48f.; R. Harder, *Karpokrates von Chalkis und die memphitische Isispropaganda*, AAB 1943, Nr. 14, 45ff. 를 보라), 이시스 덕론과 늦어도 3세기 상반기에 형성되었을 잠언과의 관계는 여전히 불확실하다. 본문들은 W. Peek, *Der Isishymnus von Andros*, 1930에 나타난다; R. Harder, *op. cit.*, 18ff. 는 그것의 문맥을 재구성했다. 다른 중요한 구절들은 다음과 같다: Diod. 1, 27, 4, 이시스의 강림을 위한 기도(*Epiklesis der Isis*), POx 11. 1380; 이시도로스(Isidoros)의 찬송들(기원전 1세기), *SEG* 8, 548-51. 또한 Hermes Trismegistos 23, 641f. = CH4, 21ff. 의 코레 코스무(Kore Kosmou) 그리고 Apuleius, *Met.* 11, 5와 비교하라. 또한 M. Nilsson, *GGR*^{2} 2, 626ff. 각주 5 그리고 H. Conzelmann, *op. cit.*, p. 230 각주 5를 보라. 초기의 이집트 여신과 동일시하는 것에 대해서는 Roeder, *PW* 9, 2091f., 2096(Plutarch, *Isis et Osiris* 56, 374b); S. Morenz, *op. cit.*, 279를 보라. J. Bergman, *Ich bin Isis*, 1968과 비교하라.

레마이오스 제국의 지원으로[332] — 현저하게 확대되었다. 고대 이집트의 마아트(Maat)의 특징들을 물려받았을 이시스는 여기에서 의(義)와 사유(思惟), 예견(豫見), 깨달음(δικαιοσύνη, ἐπίνοια, πρόνοια, φρόνησις) 등과 같은 추상적 개념들을 선호하여 받아들였음을 보여준다.[333] 이시스가 이런 형태로 토속 여신 아스타르테(Astarte)와 밀접하게 연관되어 팔레스타인으로도 유입되었음은 이집트의 옥시린코스(Oxyrynchos)에서 발견된 위대한 이시스 덕론에서 나타난다. 이는 헬레니즘시대로 거슬러 올라가는 것으로, 프톨레마이스-악코에서 프로니메(φρονίμη[ν]) 라는 종교제의(祭儀) 이름으로 행해진 이시스 경배라는 것이 입증되고 있다.[334]

이시스 종교제의를 실행했던 장소로는 팔레스타인과 페니키아의 일련의 도시 전체를 열거할 수 있다. 이집트 국경에 위치한 리노콜루라

332) 국가의 지원은 물론 강력하게 제한된다: P. M. Fraser, *Opuscula Atheniensia* 3, 1960, 1-54, 21ff., 그러나 그것을 전적으로 부정하는 것은 부당하다.

333) 의의 여신: Roeder, *PW* 9, 2129; Waser, *PW* 5, 565를 보라. ἐπίνοια에 대해서는 POx 11, 1380의 60f. 행을 보라. πρόνοια *loc. cit.*, 43f. 행, 비교. Apuleius, *Met.* 11, 18; *dea providens*; πρόνησις POx 11, 1380의 44행, 비교. 123f. 그리고 Plutarch, *Isis et Osiris*, 2, 353A/B 와 60, 375D, 여기에서 이시스는 지식의 여신으로 승격하고 그녀의 이름은 οἶδα와 ὄν에서 유래되었다. 또한 그녀와 "세계정신"과의 관계는 제3부 각주 368을 보라. 지혜의 여신 이시스에 관해서는 R. Reitzenstein, *Poimandres*, 1904, 44; A. Wlosok, *Laktanz*, AAR 1960, 2, 95f. 각주 103과 56f., 각주 32, 33; R. Merkelbach, *Roman und Mysterium*, 1962, 6 각주 2와 97 각주 1: "선견자"(*providentia*) 인 이시스.

334) POx 11, 1380의 116/7행. 비교. *SEG* 8, 548의 18행; Dittenberger, *Syll*^{3}, 1132; Roscher, *Lexikon* 2, 500의 드렉슬러(Drexler)와 비교하라. 아리스티데스의 이시스-소피아에 관해서는 Bergman, *op. cit.*, 35 각주 2를 보라.

(Rhinocolura)와 라피아(Raphia), 가자(Gaza), 아스켈론(Ashkalon), 스트라톤(Strato)의 탑과도르(Dor), 시돈(Sidon), 베리토스(Berytus) 등이다. 따라서 이 종교제의에 대한 전승은 헤롯대왕 이전 시대, 아니 틀림없이 하스모니아 정복 이전 시대로 거슬러 올라갈 것이라 추정된다. 시돈에서 이시스의 별칭은 아스타르테, "페니키아"에서는 "시리아 여신," 그리고 북쪽 시리아 밤비케(Bambyke)에서는 아타르가티스(Atargatis)로 불렸다.[335] 이집트 여신에 대한 종교제의는 이미 헬레니즘 이전 시대에 있었고, 이시스 역시 이집트에서 잘 알려졌다. 아스칼론에서 발견된 기원전 4세기의 청동유물에서 이시스는 어린아이 호루스(Horus)를 간호하는 조그마한 입상으로 나타난다. 후대에 탄나임학파의 전승에서 그녀는 유모로 등장한다.[336] 헬레니즘·로마시대에 아스칼론과 게라사(Gerasa), 그리고 히르카노스가 도시를 파괴했던 기원전 108년경보다 훨씬 전이었던 초기 헬레니즘시대의 사마리아에서 이시스 숭배에 대한 고고학적인 증거가 발견되었다.[337]

---

335) POx 11, 1380, 93-97: 리노콜루라(Rhinocolura), 도르(Dor), 스트라톤의 탑, 아스칼론(Askelon), 라피아(Raphia); 98: 가자(Gaza); 100f.: 밤뷔케(Bambyke); 106f.: 페니키아(Phoenicia); 116f.: 베리토스(Berytos), 시돈(Sidon). 또한 S. Herrmann, "Isis in Byblos," *ZAs* 82, 1958, 48-55; P, Roussel, *Syria* 22, 1942/43, 21ff.와 비교하라: 기원전 175년 시리아 북동쪽 바다에 위치한 라오디게아(Laodicea)의 세라피스와 이시스의 개인 성소.

336) 아스칼론에서 발견된 청동: J. H. Iliffe, *QDAP* 5, 1936, 64, 66f., 68을 보라. 또한 페르시아와 헬레니즘시대의 한 엄마와 아기의 그림이 있는 팔레스타인의 테라코타와 비교하라. A. Ciasca, *OA* 2, 1963, 45-63, 특히, 51 각주 1; O. Negbi, *'Atiqot* 6, 1966, 10 T. 1과 2를 보라. "보모"에 대해서는 T. AZ 5, 1(468행); b. AZ 43a; 이 책 제4부 각주 57을 보라.

337) 아스칼론: *Schürer*, 2, 31; M. R. Savignac, *RB* NS 2, 1905, 426-429의 도시의 여신(*Tyche*)의 특성들과 함께; 게라사(Gerasa): *Schürer*, 2, 40; C. H. Kraeling, *Gerasa* 1938, 382, Nr. 15(기원후 143년)의 비문; 하우란(Hauran = Kanatha); *Schürer*, 2, 47; 사마리아: J. W. Crowfoot etc., *Samaria-Sebaste* 1957 3, 37, Nr. 13 = *SEG* 8, 93, 이미 기원전 3세기에 있었던 것 같다. L. Vidman, *Sylloge*, 1969, 180ff.와 비교하라.

멕칼리스터(R. A. S. Macalister)와 던칸(I. G. Duncan)이 발표한 얇게 새긴 동전 파편들을 통해 프톨레마이오스 통치하의 예루살렘에서도 이시스·아스타르테 숭배가 존재했음을 알 수 있다. 로마가 지배하기 이전 시대의 흔적에 속한 오펠(Ophel)에 있는 비교적 깊은 지대에서 그것들이 발견되었는데, 이시스와 동일시되는 여신 하토르(Hathor)가 머리장식을 하고 있는 것같이, 2개의 암소 뿔 사이에 태양과 같은 원반을 달고 삼각형 형태의(*Betyl*) 식물을 가지고 있다. 이것들은 페니키아의 상인들 무리나 프톨레마이오스의 수비대 혹은 관료들에게서 나온 것 같다. 팔레스타인의 여신들은 오랫동안 이집트의 특성들을 물려받는 경향이 있었다.[338]

그러므로 기원전 3세기에 이시스 종교제의는 심지어 예루살렘에까지 침투했으며, 당시 영향력을 갖게 된 이시스·아스타르테가 자기를 신적인 지혜로 진술하는 것을 유대의 지혜학파는 일종의 논쟁적인 역전으로 변용(變用)했다는 사실이 배제될 수는 없다. 만약 이시스 덕론에서 무엇보다도 부바스티스(Bubastis)가 이 여신의 성도(聖都)로서 긍지를 느낄 수 있었던 장소라면, 논리적으로 시락서에서 예루살렘은 지혜가 강림한 장소이다.[339] 이러한 변용(變用)은 전체적으로 이시스

338) Macalister/Duncan, "Excavations on the Hill of Ophel," *PEFA* 4, 1926, 159ff., "잠정적으로 우리는 그것을 프톨레마이오스 통치시대로 돌리다." 이에 대해서는 S. A. Cook, *The Religion*, 67, T. xiv.를 보라. 이시스와 하토르(Hathor)에 대해서는 H. Gressmann, *Vorträge der Bibl. Warburg*, 1923/24, 1924/25, 182ff.; Roeder, *PW* 9, 2092, 2120 등을 보라. 또한 비빌리우스의 필로(Philo von Byblius, *FGrHist* 26 F 2, 31 = Euseb. Pr. Ev. 1, 10, 31)에 따른 여왕의 머리장식으로 숫양의 뿔을 지닌 아스타르테를 보라. 이에 대한 하나의 삽화로는 약 기원전 4세기에 나온 호루스 아이(Horuskind)와 어떤 페니키아인이 "아슈토레트("Aštoret)에게" 봉헌하는 이시스 묘사가 전해진다. *GRAI* 1904, 472-475. 일반적으로 팔레스타인 여신들을 전통적이고 호감이 가는 "이집트화된" 묘사에 대해서는 S. A. Cook, *op. cit.*, 125f.를 보라.

가 한편으로는 세상을 창조한 여신으로, 다른 한편으로는 윤리적이고 법적인 질서, 그리고 인간의 문화를 창시한 자요 보증하는 자로 간주되었기에 더욱 촉진되었다.[340] 물론 여기서 이시스 덕론으로부터 유대교의 '호크마'로 진술이 변용되기에는 어떤 한계를 보여주는 근본적인 차이점들 역시 존재한다. 주된 차이란 지혜는 하나님 곁에서 그와 동등한 권리를 가진 '파르헤드로스'(Parhedros)가 아니라, 그분의 입에서 나왔거나—그래서 하나님의 창조의 말씀과 더욱 동등하다(24:3)—혹은 그분을 섬기고 그분에게 복종하는 그분의 피조물로 나타난다(24:10f). 추측컨대, 벤 시라는 초창기에 속한 어떤 하나의 지혜의 찬가에서 이시스 덕론의 자기진술과 유사한 특징을 물려받았을 것으로 보인다. 왜냐하면 그 시대에 이시스나 다른 여신을 숭배하는 것은 예루살렘에서 더 이상 예민한 문제가 아니었기 때문이다. 그러나 무엇보다도 시락서 1:1-20의 첫 지혜의 찬가에서 대중철학사상과 접촉한 개념들 발견된다.

> 지혜는 다른 모든 것보다 먼저 창조되었고
> 현명한 깨달음도 영원으로부터 창조되었다(1:4).
> προτέρα πάντων ἔκτισται σοφία
> καὶ σύνεσις φρονήσεως ἐξ αἰῶνος

주님 자신이 지혜를 창조하셨고 보시며 헤아리셨고(욥기 28:27),

---

339) 시락 24:10f., 비교. POx 1380, 5f., 37; Diod. 1, 27, 비교. Andros, 3과 25행; Kyme 11; Ietica 8; Gomphoi 5(ed, W. Peek, *op. cit.*).

340) W. Peek, *op. cit.*, 122, Kyme, 4와 16행 등; 123ff., Ietica, 3과 13, 28, 35, 38행 등; 32행 = 28행은 법적 질서와 지식이 얼마나 많이 밀착됐는지를 보여준다: 선과 악의 차이는 이시스에게서 나온다. 또한 *SEG* 8, 548, 6행과 비교하라.

그의 모든 피조물에 후한 마음으로 부으셨으며
그가 나누어 주신대로 모든 육체와 함께 거한다(시락 1:9, 10a).
… καὶ ἐξέχεεν αὐτὴν ἐπὶ πάντα τὰ ἔργα αὐτοῦ
μετὰ πάσης σαρκὸς κατὰ τὴν δόσιν αὐτοῦ.

시락서 24:5f. 도 지혜의 우주적 보편성을 더욱 신화적인 형태로 표현하는데, 이는 이시스 덕론에서 물려받았을 것으로 보인다:[341] …

나는 홀로 하늘의 주변을 돌아다녔고
나는 심연의 바닥을 거닐었다.
내가 바다의 파도와 모든 땅을
모든 백성과(모든) 민족을 다스렸노라.
γῦρον οὐρανοῦ ἐκύκλωσα μόνη
καὶ ἐν βάθει ἀβύσσων περιεάτησα
ἐν κύμασιν θαλάσσης καὶ ἐν πάσῃ τῇ γῇ
καὶ ἐν παντὶ λαῷ καὶ ἔθνει ἡγησάμην.[342]

여기에서 지혜는 잠언 8:30에서와 같이 더 이상 하나님의 사랑스러운 아이로 나타나기보다는 "온 세상과 자연, (유대인뿐만 아니라) 인간을 지배하는 능력"[343] 으로 나타난다. 벤 시라 24장 지혜의 찬가에서 원래의 신화적인 특징들을 더 이상 의식하지 않고, 차라리 지혜를—

341) 특히 PSI 844와 비교하라. E. Heitsch, *MusHelv* 17, 1960, 185-188은 그것이 이시스 덕론임을 보여주었다.

342) Sin., Syr., Lat. 이본(異本)을 따라 ἐκτησάμην 대신 ἡγησάμην으로 읽음. H. Conzelmann, *op. cit.*, 231 각주 44는 이 문맥에서 이시스를 이 땅의 지배자로 서술하는데, 이것은 이시스 덕론에서 자주 나온다.

343) W. Schencke, *op. cit.*, 27은 잠 8:15에서는 이것의 선 난세들, 6.:ff.; 30:24ff. 에서는 동물의 지혜를 본다. 또한 H. F. Weiss, *op. cit.*, 196ff. 와 비교하라.

하나님에게서 출발하여 창조 전체를 가득 채우고 지배하며, 인간을 이성적인 존재로 만드는 것을 자신의 최고의 사명으로 자임하는 — 일종의 '세계이성'으로 간주한다(1:9f. ; 비교. 17:7). 그에게 있어 지혜의 사역과 하나님의 창조행위는 분리할 수 없는 일체를 이룬다. 그래서 벤 시라의 '지혜'는 우주를 지배하고 형성하는 스토아주의의 '로고스'와 유사한 것으로 이해할 수 있다:

> 참된 이성을 의미하고 모든 것을 관통하는 보편적인 법은
> 존재하는 것을 지배하는 운행자인 제우스와 동일하다.[344]
> ὁ νόμος ὁ κοινός, ὅσπερ ὁ ὀρθὸς λόγος διὰ πάντων ἐρχόμενος,
> ὁ αὐτὸς ὢν τῷ Διί, καθηγεμόνι τούτῳ τῆς τῶν ὄντων διοικήσεως ὄντι.

그러나 벤 시라는 '지혜'란 세상에서 형성되고 질서를 이루는 원칙이라는 보편적으로 해석된 지혜관념에는 만족할 수는 없었다. 왜냐하면 특별히 이스라엘의 종교적·민족적 전승과 이스라엘의 율법이 더 이상 무의미했던 '계몽된' 일군(一郡)의 유대인들에게 이런 식으로 지혜가 해석될 수 있었기 때문이었다. 그는 여기에서 결정적으로 한 걸음을 내딛는데, 여기서 스토아주의적인 사유가 그에게 하나의 유사점을 제공했다. 세계의 조화로운 질서를 만드는 '로고스'와 동일시되는 '보편적인 법'은 동시에 인간행동의 도덕적 규범을 형성한다. 그 법이 나머지 세상을 인과율 안에서 확고히 결정된 방법으로 이끌어 간다면, 이성을 부여받은 사람은 인간의 자유로운 도덕적 결정에 의거하

---

344) Diog. Laert. 7. 88 = *SVF* 1, 162에 의한 제논; U. Wilckens, *Weisheit*, 239와 비교하라. 이와 유사한 Cicero, *Res pub*. 3, 33: "그것(자연법)은 참된 법이며 올바른 이성이요 모든 것의 융합이며 …"(*Est quidem vera lex recta ratio … diffusa in omnes*).

여(2권 p. 105ff. 를 보라) "법이 자연과 조화롭게 살도록 함으로써, 법 자체가 의미하는 것을 덕에 따라 실행하며 산다." 왜냐하면 —제노가 이미 언급했듯이 — "자연이 우리를 그곳으로 인도하기"[345] 때문이다. 이와 유사한 식으로 벤 시라는 하나님이 창조한 세계의 "태곳적 이미지"와 "질서원칙"이요,[346] "(하나님이) 모든 피조물에 부으셨던"(1:9) '지혜'를 토라 — 즉, 시내 산에서 오로지 이스라엘에게만 전해진 율법 — 와 동일시한다. 물론 토라는 유대교적 경건의 윤곽을 확고하게 부여하는 도덕적 규범이었다.[347]

이 모든 것은 가장 높으신 하나님의 언약의 책이고
모세가 우리에게 준 율법이요
야곱의 공동체를 위한 유산이다.[348]
ταῦτα πάντα βίβλος διαθήκης θεοῦ ὑψίστου,

---

345) Diog. Laert. 7, 87(비교. 이미 86에서) = *SVF* 1, 552; M. Pohlenz, *Die Stoa* 1, 1959, 114f. 를 보라. "κοινὸς νόμος"(공공의 법)을 남자들이 따라야 할 "κοινὸς λόγος ὅς διὰ πάντων"(모든 것을 통해 존재하는 공공의 이성)과 동일시하는 것은 클레안테스 찬가(*Kleantheshymnus*)에서도 발견된다. *SVF* 1, 1222, Nr. 537의 8과 20행. 비교. Cicero, *loc. cit.*: "quae vocet ad officium iubendo."

346) H. F. Weiss, *op. cit.*, 196f.

347) K. Schubert, *Judaica* 9, 1953, 67f.; *Die Religion des nachbiblischen Judentums*, 1955, 141f. 그리고 J. L. Koole, *OTS* 16, 1965, 377. 그것은 다음을 가리킨다: "인간은 우주를 관찰하고 닮기 위해 창조되었다"(*Ipse autem homo ortus est ad mundum contemplandum et imitandum*. Cicero, *De natura deorum* 2, 14, 37. 크리시포스를 따랐음, *SVF* 2, 1153을 보라). 또한 이전의 W. L. Knox, *St Paul*, 60을 보라.

348) 시락 24:23, 바로 앞의 24:8b, 10f. 와 1:10b와 비교하라. 2권 p. 125f. 를 보라. 선행된 모든 진술들은 강조된 πάντα에 포함된다. G. F. Moore, *op. cit.*, 1, 264 각주 1을 보라. W. L. Knox, *op. cit.* 가 가정한 시락 24:23ff. 가 후대에 삽입되었을 가능성은 거의 없다.

νόμον ὅν ἐνετείλατο ἡμῖν Μωυσῆς
κληρονομίαν συναγωγαῖς Ἰακώβ.

이로써 이질적이며 오해될 가능성이 있었던 우주적 지혜관념은 이스라엘 역사와 밀접하게 결합되었고, 반대로 벤 시라시대에 예루살렘에서 공격받고 있었던 토라에 초역사적이고도 합리적인 토대를 제공했다. 시락서 1:1-9와 24:2-6의 찬가들에서 그가 원래 의도했던 지혜의 보편적인 영향력은 파괴되었다. 그러나 이는 벤 시라의 작품 전체의 경향과 일치한다. 그는 1:10에서 그러한 보편주의조차 다음과 같은 중요한 방식으로 바꾼다. 즉, 그는 "그가 주심에 따라 모든 육체와 함께"라는 문장을 보완함으로써 "그리고 그분은 당신을 사랑하는 자들에게 지혜를 주셨다"(ἐχορήγησεν αὐτὴν τοῖς ἀγαπῶσιν αὐτόν.) 라는 원래 문장의 의미에 대립되게 한다. 그는 24:6b-8에서도 똑같은 방식을 취하는데, "내가 모든 백성과(모든) 민족을 통치했다" 다음에 방향이 전환된다:

이 모든 것에서 내가 안식을 구하고
나는 누구의 땅에 머물까 찾았다.
그때 만물의 창조주께서 내게 명령을 내리시고
나를 창조하신 분께서 내 장막에 안식을 주셨다.
그가 말씀하기를 '야곱에게서 장막을 치고
이스라엘 안에서 상속을 받아라!' 하였다.

하지만 두 곳 모두에서 강력한 균열이 나타난다. 본래 보편적으로 수여되었던 지혜가 한정된 수의 선택된 이스라엘 백성이나 율법에 헌신된 경건한 자들에게 수여된다. 이는 동시에 신화적인 근거에서 나온 옛 질문—"지혜가 이 땅에서 헛되이 거처를 찾았으나 실망하게 되자 다시 하늘의 처소로 돌아갔는가?" — 에 대한 대답이 된다: 지혜는 오직 이스라엘에게만 위탁된 토라에서 땅 위에 자신이 머무를 자리를 찾았다.[349]

이렇게 중차대한 사상, 즉 토라와 지혜를 동일시한 것이 벤 시라에게서 처음으로 시행되었는지, 아니면 그가 이것을 지혜학파로부터 물려받았는지를 말하기가 어렵다. 다만 이것이 벤 시라의 평생의 작업의 열매인 잠언의 수집물을 구성하는 데에서 절정에 다다랐던 것은 틀림없다(2권 p. 85를 보라). 이것은 그가 정말 오랫동안 일반적으로 받아들여지지는 않았던 사상을 진술하고 있음을 의미한다. 아마도 토라와 지혜를 처음으로 동일시했던 사람들은 대제사장으로서 국가의 전통을 강화한 '의인 시몬'(2권 p. 88을 보라) 주위에 있는 서기관 집단 가운데, 벤 시라 가까이에 있는 그룹이었을 것으로 보인다. 〈조상들의 어록〉('*Ab* 1, 2)에 나오는 시몬의 것으로 추정되는 표어는 토라에 '우주적' 중요성을 부여한다:

> 세계는 세 가지 것 위에 서 있으니, 토라와 (성전) 제의, 그리고 사랑의 행위가 그것이다.[350]

---

349) 〈아히카르서〉는 제 3부 각주 302를 보라; 욥 28; 바룩 3:15-32(2권 p. 190f. 를 보라)의 모델, 그리고 산재된 에녹 42와 비교하라. 또한 U. Wilckens, *TWNT* 7, 508f. 를 보라. 그러나 그는 이 "신화"이 중요성을 너무 강조했다. 그가 인용한 상당히 많은 구절들이 이것과 연관되지는 않는다.

350) 그러나 G. F. Moore, *op. cit.*, 1, 265가 추정하듯이, 이런 토라와 지혜의 동일시가 "그의 당대에는 평범한 일"이었다는 것은 의심스럽다. 그는 '*Ab.* 1, 2의 시몬의 좌우명에서, 이 세계는 토라를 위하여 창조되었다는 후대 사상이 배태되고 있다고 생각했다. *Gen. R.* 1, 10; 12, 2 등을 보라. 그러나 여기에서 문장의 형식은 본질적으로 다르다. 또한 J. Goldin, *PAAJR* 27, 1958, 43-58, 특히 53ff. 와 비교하라. 나중에 가서야 입증될 수 있는 올람(עולם)과 세상의 동일시는 상충된다.

여기에서 종교제의와 사랑의 행위는 본질적으로 토라 안에 포함되어 있다. 그러나 우리는 이런 언급이 정말로 '의인 시몬'이나, 그의 당대에서 나온 것인지는 알 수 없다. 율법과 지혜가 하나로 연관되기 시작한 것은 분명 더 오래전 일이다. 이미 신명기 4:6에서 이런 방향에서의 암시가 발견된다. 거기에서 하나님의 계명들은 열국에 대한 이스라엘의 지혜로 불리는데, 이는 기원전 3세기에 형성된 것으로 여겨지는 시편 1편과 119편에서 더욱 분명히 발견된다.[351] 그러나 벤 시라에게서 율법과 지혜가 완전하게 동일시되기 전에, 아직은 결정적인 단계가 남아 있다. 폰 라드에 따르면 벤 시라에게서 토라와 인격화된 우주적 지혜가 동일시된 것은 "근본적으로 잠언 1-9장에 이미 잠재되어 있다가, 벤 시라 때에서야 비로소 성숙된 신학적 결과물로 평가될 수 있다"고 한다.[352] 이 유대교적·지혜문학적 사변(思辨)의 발전에 하나의 내적인 논리정연함이 존재한다는 것은 반론할 여지가 없다. 하지만 이방의 영향을 방어할 필요가 없었음에도 이러한 방향으로 사상적 발전이 진행되었을까는 의심이 간다. 그러므로 우리는 이러한 사상적 변화의 결정적인 원동력을 "헬레니즘과의 대결"에서

351) 시 119장에는 배교(118f., 158절)와 계명의 경시(126절, 비교. 110, 113, 139절), 신실한 율법 준수자에 대한 억압(121, 143, 15of., 157, 161절)에 대해 언급한다. 벤 시라에게서 완전히 발전된 갈등이 여기에서 이미 암시 되었을 수 있다. 그러므로 이 시편은 토비아스 가문 가운데에서 자유로운 사상에 젖은 당파가 이미 권력을 장악한 기원전 3세기 하반기에 생겨났을 것이다(2권 p. 434ff.를 보라). 또한 A. Deissler, *PS.* 119, Münchener Theologische Studien 11, 1955, 283ff., 289의 "벤 시라의 시기에 대한 어느 정도의 근접"했다는 주장과 비교하라. 그러므로 그가 추측한 기원전 3세기 전반부보다 하반기가 더욱 적절한 것 같다. H. W. Wolff, *EvTh* 9, 1949/50, 385는 시 1장이 프톨레마이오스의 통치시대의 배경을 반영한다고 추측한다.

352) G. von Rad, *Thel.*^{4} 1, 458.

본 피히트너(J. Fichtner)에게 동의해야 한다:

> 헬레니즘과 헬레니즘적 지혜에 저항해야 했던 유대교의 지혜에서 결정적 역할을 한 바로 그 요소에 근접한다면, 그것이 율법이라는 사실이 명백해진다. … 헬레니즘과 그 지혜(σοφία)에 대항하여 투쟁하는 가운데 이룩된 유대교의 형성에서 호크마의 중요성이 과소평가되어서는 안 된다.[353]

만약 헬레니즘적 지혜와 투쟁했던 유대교 지혜의 첫걸음이 여신들을 기념하는 종교제의에 대한 반박이었다면, 헬레니즘적 '계몽사상'과의 논쟁은 더 후대에 헬레니즘적 지혜에 대한 회의적인 경향과 동시에 일어났다. 긍정적인 측면에서는 적어도 이 발전의 끝에서, 벤 시라는 대중철학과 가까운 스토아주의적 유형의 사상들을 수용했다. 이 모든 것이 합하여 저 "강력한 세계사적·구원사적 사상"[354]을 창출했는데, 이는 팔레스타인 하가다뿐만 아니라 알렉산드리아의 종교철학에도 지속적인 영향을 미쳤고, 그 자체가 기독론의 발전에 결정적으로 중요한 역할을 했다.

4. 잠언 8:22-31의 그리스어 번역

그리스어 사용권의 경계를 넘나들게 되는 지역에서 철학적 사고유형들의 접촉이 잦아지는 것은 당연했다. 구약이 그리스어 번역을 볼 때—비록 이러한 번역작품은 팔레스타인 전통과 밀접한 연관은 물

353) *Op. cit.*, 127f. (이탤릭체는 이 책의 저자가 표시함).

354) G. von Rad, *loc. cit.*

론 팔레스타인 자체 내에서 형성되기도 했다—전체적으로 그리스 대중철학의 영향은 소소하게 발견될 수 있지만(1권 p. 348ff. 를 보라), [355] 여기에도 몇 가지 예외는 있다. 게를레만(G. Gerleman)은 잠언의 그리스 번역에서 그런 대중철학적인 특징들을 입증했다. [356] 이 번역본은 기원전 2세기 전반에 형성된 것으로 추측되며 다른 책들의 번역보다 더욱 강력하게 헬레니즘적인 영향을 받고 있었다. [357] 특히, 잠언 8:30에 나오는 "내가 그의 곁에서 창조의 명공(名工)이 되며"(אֶצְלוֹ אָמוֹן וָאֶהְיֶה)라는 지혜의 자기진술은 "내가 그와 함께한 그의 사랑하는 자였다"(ἤμην παρ' αὐτῷ ἁρμόζουσα)로 번역되는데, 게를레만에 따르면 이것은 스토아 사상에 근접한 번역임을 보여준다: "지혜는 순응하며 조화를 이룬다."[358] 더구나 잠언 8:22-31의 그리스어 번역 전체

---

355) J. Freudenthal, *JQR* 2, 1889/90, 205-222; E. Zeller, *PhGr*^{6} III, 2, 274ff.; R. Marcus, *L. Ginzberg Jub Vol.*, 1945, 237ff.

356) G. Gerleman, *OTS* 8, 1950, 15-27; *Studies in the Septuagint III, Proverbs*, LuA I, 52, 1956, Nr. 3. 이 번역이 그리스 운율을 사용하는 특별한 형태에 대해서는 Nr. 15를 보라. 또한 Nr. 29에서는 잠 19:15의 "여자 같은 남자"(ἀνδρογύναιον)를 언급한다) 이것에 대해서 Plato, *Symp.* 13ge, 그리고 필로와 후대의 팔레스타인 하가다에 대해서는 Bill. 4, 405, 410f., 그리고 1, 801을 보라. J. Freudenthal, *Hellenistische Studien*, 68f. 와 비교하라.

357) G. Gerleman, *Studies*, 59ff. 는 태커레이(Thackeray)와는 달리 비교적 이른 연대를 주장하는데, 이는 매우 정당하다. 그는 《70인경》 욥기와의 연관성을 참조하여 이 번역본의 형성시기를 기원전 2세기 중반으로 본다. 《70인경》 잠 2:16의 은유적 해석에 대해서는 2권 p. 148f. 와 비교하라.

358) G. Gerleman, *OTS* 8, 1950, 26과 *Studies*, 57; 이와 유사한 이전의 글 G. Bertram, *ZAW* 54, 1936, 162를 보라: "지혜가 짝을 짓는 활동을 하는데, 이를 통해 창조에서의 조화가 생긴다…" "나는 그와 약혼했다"는 파이퍼의 해석(G. Pfeifer, *op. cit.*, 27)은 대단히 부적절한데, 만일 그렇게 되려면 중간태나 수동태로 표현되어야 한다. Liddell-Scott, *Lexicon*, 243을 보라: 그러나 ἁρμόζουσα는 목적어가 없기 때문에 자동사(역주. 즉, '조

는 특별히 원래의 히브리어 형태와는 상당히 다르기에 시사하는 바가 많다. 지혜는 하나님의 사역의 시작으로서(ἀρχὴν ὁδῶν αὐτοῦ, 8:22) 자신의 피조물들을 위해(εἰς ἔργα αὐτου) 창조되거나 태어났다(ἔκτισέν με. 8:22; γεννᾷ με. 8:25).[359] 이렇게 함으로 지혜는 모든 것이 창조될 때 늘 존재하게 되고, 사랑하는 자(ἁρμόζουσα)로서 창조의 완전함과 합목적적인 아름다움을 보증한다. 그러므로 지혜는 하나님이 기뻐하시는 근거이며(ἐγὼ ἤμην ᾗ προσέχαιρεν, 8:30b), 창조 사역 전 과정을 통해 그분과 기쁨을 나누며(καθ᾽ ἡμέραν δὲ εὐφραινόμην ἐν προσώπῳ αὐτοῦ ἐν παντὶ καιρῷ), 특히 하나님이 자신의 사역의 완벽함과 인간을 보고 기뻐하는 것에 지혜는 함께 기뻐한다(ὅτε εὐφραίνετο τὴν οἰκουμένην συντελέσας καὶ ἐνευφραίνετο ἐν υἱοῖς ἀνθροώπων).[360] 우리는 여기에서 이미 후기 플라톤의 《티마이오스》(*Timaios*)에서 발견되고 그후 스토아가 전수하고 변형시킨, 일종의 "세계영혼"으로서의 지혜사상이 들어 있는지 물어야 한다.[361] 《티

화를 이루다' 혹은 '어울리다.' 타동사라면 '짝짓다,' '약혼하다')로 이해해야 한다: "나는 그의 곁에서 조화로운 공동체를 이루고 있다." 이것 역시 세계영혼 사상에 상응한다고 하겠다.

359) 히브리어 본문(קֶדֶם מִפְעָלָיו)은 "이 작품 가운데 가장 초기의 형태"를 갖고 있다.

360) 잠 8:30c. 31(קֶדֶם מִפְעָלָיו)은 하나님의 기쁨이 아닌 단지 "지혜"의 "기쁨"(שַׁעֲשֻׁעִים 내지 שַׁעֲשֻׁעָי)을 언급한다. 여기에서 《70인경》(LA)이 원래의 것인지는 의심스럽다. 창조에서 하나님의 기쁨에 대해서는 *Tg. Jer.* II Gen. 2:2와 비교하라.

361) 플라톤의 세계영혼과 《티마이오스》의 기원에 대해서는 U. von Wilamowitz-Moellendorf, *Platon*, 51959, 464ff., 480f.; R. P. Festugière, *Révélation* 2, 94, 102ff.를 보라. 또한 H. Schwabel, *PW Suppl*, 9, 1539f.와 비교하라. 그것은 이미 *Pol.* 269d에서 나온다: "ζῷον ὂν καὶ φρόνησιν εἰληχὸς ἐκ τοῦ συναρμόσαντος αὐτὸ κατ᾽ ἀρχάς."(그것은 살아 있는 생명체이고 태초부터 그것을 조성한 자에 의해 지식을 부여받았기에 …) 또한 비교. *Phileb.* 30a. 플라톤적인 관념은 모든 유대인의 지혜에

마이오스》는 인격적인 창조신으로서의 조물주 사상으로 인하여, 하나님과 세상을 동일시하는 스토아주의보다 유대교적 사유에 더 가까이 갈 수밖에 없을 것이다. 유대 지혜문학적 사변에서처럼, "세계영혼"은 조물주에 의해 제일 먼저 창조되었고 가장 훌륭한 창조물로 나타나며(γενέσει καὶ ἀρετῇ προτέραν καὶ πρεσβυτέραν), 모든 만물에 침투하여(διὰ παντὸς ἔτεινεν)[362] 만물을 둘러싸고, 보이지 않는 (여성) 중개자로서 물질세계의 합리성과 조화를 보증한다(αὐτὴ δὲ ἀόρατος μὲν λογισμοῦ δὲ μετέχουσα καὶ ἁρμονίας ψυχή … ἀρίστη γενομένη τῶν γεννηθέντων).[363] 그래서 아버지 하나님은 또한 자신이 창조한 세계영혼과 그것의 완벽함을 보고 기뻐한다(ὁ γεννήσας πατήρ, ἠγάσθη τε καὶ εὐφρανθείς).[364] 그 영혼 자체는 기쁨의 신(εὐδαίμονα θεόν)으로서 그분에 의해 생겨났다.[365] 조물주가 세계영혼을 매개하여 지은 세계는 참다운 세계(κόσμος ἀληθινός)이고 그것으로서 "조화롭고 선했다"(καλῶς ἁρμοσθὲν καὶ ἔχον εὖ).[366]

세계영혼과 조물주에 관한 이런 사상들은 세계영혼이 로고스와 동일시되는 스토아주의뿐만 아니라,[367] 세계영혼에 신화적인 특징을 더

대한 해석과는 근본적으로 다르다. 그러나 어떤 공통의 출발점도 있다.

362) Platon, *Tim.* 34c, 4f. 와 34b, 3f.

363) *Tim.* 36e/37a.

364) *Tim.* 37c, 7, 또한 Aristotles, *Eth. Nic.* 1154, 25f.

365) *Tim.* 34b, 8f. 와 비교하라.

366) *Tim.* 40a, 5; 41b, 1; R. P. Festugière, *op. cit.*, 2, 110을 보라.

367) 스토아주의의 세계영혼에 대해서는 M. Pohlenz, *op. cit.*, 1, 77, 215f. 를 보라. 여기에서 그것은 로고스와 동일시되며 심지어는 하나님으로 불린다. 예. "τὴν δὲ ψυχὴν δι' ὅλου τοῦ κόσμου διήκειν, ἧς μέρος μετέχοντας ἡμᾶς ἐμψυχοῦσθαι"(그 영혼을 우주 전체를 통하여 뻗어나가게 하고, 그 영혼의 한 부분이 나뉘어 우리에게 생기를 불어넣었다). 유대교

욱 강하게 부여한 플라톤의 제자 크세노크라테스(Xenocrates)에게도 영향을 미쳤다. 그는 세계영혼을 이성(*Nous*)으로서, 하늘에서 통치하는 "하나님-아버지" "제우스" 곁에 나란히 있으며, 여성적이고 열등한 두 번째 원리에 자리매김한다. 즉, 그녀는 신들의 어머니(μητρὸς θεῶν)와 "디케"(Dikē)로서 동시에 "만물의 영혼"(ψυχὴ τοῦ παντός)이다. 후대의 플루타크에서는 이런 크세노크라테스적인 세계영혼을 이시스와 동일시했고, 크세노크라테스의 단편들을 편집한 헨체(R. Henze)는 이미 플루타르코스가 이렇게 동일시되었던 자료를 크세노크라테스에게서 가져온 것으로 추측했다. 라이제강(Leisegang)은 세계영혼에서 영지주의적 "지혜"의 서곡 중 하나를 보았는데, 이는 지극히 당연하다.[368] 우리는 그렇게 강력히 신화론적으로 채색되지 않은 지혜서와 필로의 "지혜"가 이러한 방향으로부터 영향을 받지 않았는지 물을 수 있을 것 같다.[369] 특히, 플라톤 또한 악한 세계영혼의

에서는 여기서 하나님의 영에 대한 유사성이 존재한다. 또한 비교. 1, 120, Nr. 532. 더 상세한 보기들에 대해서는 *op. cit.*, 색인 4, 166. 그 문제에 대해서는 또한 J. Moreau, *L'âme du monde de Platon aux Stoiciens*, 1939를 보라.

368) R. Heinze, *Xenokrates*, 1891, fr. 15, p.164, 비교. 35ff., 72ff.; Plutarch, *Isis and Osiris* 45-60, 396A-375D; 그것에 관해서는 R. Heinze, *op. cit.*, 31-77을 보라. 상세하게는 H. Leisegang, *PW*, 2.R 3, 1027; 세부적으로는 H. J. Krämer(이 책 제2부 각주 225를 보라), 21-126과 비교하라.

369) 지혜 7:22b, 25f.; 8:1, 3; 9:4와 비교하라. 필로에 대해서는 특히 J. Pascher, *Der Konigsweg*, 1931, 60-105; 그것을 따르는 U. Wilckens, *Weisheit und Torheit*, 1959, 142-157을 보라. 무세의 수상과 연실하여, 영지주의의 "지혜"가 "고대의 선신 동방세세적인 신화"(*alt vorderorientalische Mythus*)에서 유래했다고 주장함은(*op. cit.*, 194f.) 이 복잡한 전승의 단지 한 면만을 보는 태도이다. G. Quispel, *Eranos Jahrbuch* 22, 1953, 208과 비교하라. "영지주의에게서 소피아는 세계영혼(*anima mundi*)과 같은 것을 상징하며 세계영혼에 관한 그리스적 관념들과 접촉했다는 것을 항상 기억해야만 한다. 이 세계영혼은 마치 사식처럼 히브리 문학의 모든 가능한 은유와 비교를 끌어당긴다."

가능성을 고려하기에, 여기에서도 소피아가 타락할 가능성이 포함되어 있다.370)

익명의 잠언 번역가는 유대의 '종교철학가'로 처음 알려진 기원전 170년경의 아리스토불로스와 시기적으로 매우 가까운 시대에 살았을 것이다. 아리스토불로스는 잠언 8:22ff. 를 언급하고 있기에, 아마도 이미 이것이 번역되어 있었음을 전제하는 것 같다.371) 그가 분명하게 플라톤이 모세의 창조에 대한 언급을 알았다고 강조했기에, 심지어 창세기 1장과 가장 밀접하게 접촉했음을 입증하고 있는 《티마이오스》조차도372) 모르고 있었던 것 같다. 잠언의 번역가가 《티마이오

370) J. Kaerst, *Geschichte des Hellenismus* 2, ²1926, 221은 여기에서 이란의 이원론적인 영향을 주장한다. 또한 *Politicus* 273e/270a와 비교하라.

371) Euseb. *Pr. Ev.* 13, 12, 11; 제 3부 각주 389를 보라.

372) *Pr. Ev.* 13, 11, 4; 2권 p. 179f. 를 보라. 《70인경》 창세기 1장에는 이미 어떤 반향이 있다. 비교. תֹהוּ וָבֹהוּ을 ἀόρατος καὶ ἀκατασκεύαστος로 옮김. *Tim.* 51a, 7: ἀνόρατον καὶ ἄμορφον. 30a, 5: εἰς τάξιν ἤγαγεν ἐκ τῆς ἀταξίας. 비교. E. Zeller, *PhGr*⁶ III, 1, 275 각주 1. 또한 창 1:31의 καλὰ λίαν, 그리고 플라톤의 창조의 완벽한 아름다움에 대한 끊임없는 강조는 29a; 41b; 68c; 92c를 보라. *Politicus* 273b (πάντα καλά) 를 보라. 하나님의 안식에 대해서는 42c, 시간과 별들의 창조에 대해서는 37c, 40bff. 을 보라. 창 1:26f. 와 5:1에서 인간은 κατ' εἰκόντα θεοῦ(하나님의 형상들을 따라) 창조된 반면, *Tim.* 92c, 7에 의하면 살아있는 것으로 가득 찬 우주는 자체가 εἰκὼν τοῦ νοητοῦ('사상'의 형상) 이다. F.-W. Eltester, *Eikon im Neuen Testament*, 1958, 17ff., 27ff. 와 비교하라. 랍비단의 외래어 사용에 대해서는 L. Baeck, *Aus dreijahrtausenden*, 1958, 153 각주 2. 를 보라. 어느 경우에도 의도적인 암시들은 없다. 그것들은 부분적으로 최초의 본문에 의해 암시되었다. 출 3:14의 אֶהְיֶה אֲשֶׁר אֶהְיֶה('나는 나다,' 혹은 '나는 스스로 있는 자이다') 을 ἐγώ εἰμι ὁ ὤν('나는 존재하는 자이다') 으로 번역한 것에서도 모톤 스미스(Morton Smith, *BJRL* 40, 1957/58, 474) 처럼 "분명한 플라토주의"를 말할 수는 없다. 이와 유사한 M. Hadas, *HCu*, 50을 보라. J. Freudenthal, *JQR* 2, 1889/90, 220는 판단을 유보

스》를 알고 있었는지, 그리고 알았다면 얼마만큼이나 알고 있었는지는 말하기 어렵다. 물론 인용된 유사성들을 양자의 문학적 의존성의 증거로 사용하기는 결코 충분지 않다. 그럼에도 불구하고 우리는 어떻게 유대 지혜문학적 사색과 창조론이 점점 더 유사한 그리스 사상들에 근접하게 되었는지 알 수 있다. 이러한 경향은 아리스토불로스에게서 처음으로 나타난다.

5. 알렉산드리아의 첫 유대교 '철학자' 아리스토불로스의 창조와 지혜사상

벤 시라와 거의 동시대의 알렉산드리아 출신의 유대인 아리스토불로스는, 유대교의 전형적인 거룩한 전통과 그리스 철학의 사유형식과 견해들을 밀접하게 결합시킨 지혜와 창조사상을 발전시켰다. 마카베오2서 1:10에 따르면, 그는 대제사장 가문출신이며 후대 전승에서는 "소요(逍遙)학파의 철학자"라고 불렸다.[373] 슐라터(A. Schlatter)는 아

하는데, 스토아주의의 영향을 생각한다. 오경의 번역가가 기원전 3세기 중반 이전에 했던 이런 이른바 철학적 차용보다 더욱 중요한 것은, 이로 인해 나타난 후대의 영향이다. 그 시기는 아리스토불로스(*Pr. Ev.* 13, 12, 2)에게서 이미 나타난 것처럼, 〈아리스테아스 편지〉에 나오는 진실의 역사적 배경이 된다. N. Walter, *Aristobulus*, 88ff.; E. Bickerman(n), *PAAJR* 28, 1959, 2f.와 비교하라. 왜냐하면 그것들로부터 플라톤이 모세의 글들을 알았을 것이라고 해석할 수 있기 때문이다. 갈렌(Galen)은 기원후 2세기에 플라톤이 언급한 조물주(*Demiurgos*)와 모세의 조물주를 중요하게 비교한다. R. Walzer, *Galen on Jews and Christians*, 1949.

373) Clem. Alex., *Strom*, 1, 72, 4: περιπατετικός. 비교. Euseb. *Chron.* GCS, ed, Helm, 7, 139; *Pr. Ev.* 9, 6, 6; 13. 11, 3, 12와 비교하라. 또한 8, 9, 38; 이것에 대한 N. Walter, *op. cit.*, 10ff. (Lit.)의 비평적인

리스토텔레스가 소유했던 신학적 관점과 철학적 유일신에 대한 신봉, 하나님을 최초의 원동자(原動者)로 보는 가르침, 명료하고 온건한 윤리는 이른바 "철학적인 유대인들"에게 충분히 영향을 끼쳤을 것이라고 지적했다.[374] 그러나 아리스토불로스에게서는 어느 학파에게서도 일방적으로 영향을 받지는 않은 절충주의가 분명히 발견된다. 더욱이 "소요학파 사람"(*Peripatetikos*)이라는 명칭은 그 당시 알렉산드리아에서는 어느 학파를 구체적으로 지칭한 것이 아니었다.[375] 비록 슐라터가 "현재 우리에게 남은 것은 극히 파괴된 것들뿐"[376]이라고 다소 과

언급과 비교하라. 2마카 1:10에 대해서는 *op. cit.*, 16ff.를 보라. 이 주해에 더욱 무게가 실려야 할 것으로 보인다. 비교. Ps. Hecataios, in: 아피온 반박 187-189 유대 대제사장 히스기야에 대해서는 이 책 제1부 각주 389; Hieronymus *De viris illustribus* 11, Migne *PL* 23, 658f., 필로에 관해서는 J. G. Bunge(이 책 제2부 각주 296을 보라), 67ff.를 비교하라.

374) A. Schlatter, GI^3, 82ff., 비교. 408의 각주 99. 아리스토텔레스의 철학적 유일신주의(*Monotheismus*)에 대한 선언에 대해서는 예를 들면, *Met.* 1076a, 3f.를 보라. Homer, *Ilias* 2, 204의 인용을, 그리고 크세노파네스(Xenophanes)에 관한 그의 긍정적 판단에 대해서는 *Met.* 986b, 21-24를 보라. 아리스토텔레스의 제자인 테오프라스토스(Theophrast)와 클레아르코스(Klearch)는 유대인에게 각별한 관심을 보였다. 3권 p. 14ff.를 보라.

375) 이 별명이 기원전 3~1세기 알렉산드리아에서는 반드시 아리스토텔레스학파에 소속되었음을 의미했던 것만은 아니고, "대중적 이야기를 예술적으로 묘사하는… 문학적인 역사가, 전기작가 그리고 때로는 또한 자연과학적인 작가"를 의미하기도 했다. K. O. Brink, *PW Suppl* 7, 904를 보라. 이것은 절충적인 주석작업을 한 아리스토불로스를 묘사한다. 에우세비오스(Euseb. HE 7, 32, 17-18)가 아나톨리오스(Anatolios)를 인용한 것은 그가 천문학과 역학에 관심이 있었음을 가리킨다. 그러므로 이 명칭은 N. Walter, *loc. cit.*가 생각한 것처럼 *Pr. Ev.* 13,12,10 = Strom. 5, 96을 근거로 *Clem. Alex.*를 재구성한 것이 아니다. 클레멘트는 피타고라스주의자였던 필로와 같이(*Strom.* 2,100, 3) 이미 자기보다 이전의 전승에서 그 명칭을 발견했다.

376) A. Schlatter, GI^3, 407 각주 96, 비교. BFCT 1, 5, 1897, 163f. N. Walter, *op. cit.*, 27 각주 1; 34 각주 6; 97ff. 등이 주장하듯이, 아리스

장하여 판단한 것으로 보이기는 하지만, 아리스토불로스에 의해 보존된 그 단편들의 진정성은 발터(N. Walter)가 분명하게 논증하였다.[377] 이 단편들은 젊은 프톨레마이오스 5세 필로메토르(Philometor. 기원전 181~145년)에게 보낸 변증적이고 교훈적인 글에서 유래했는데, 이는 기원전 175~170년에 형성되었을 것이라 추정된다.[378] 이 글의 관심사

토불로스의 글이 클레멘트와 에우세비오스의 글에 축약되지 않은 형태로 남아있다는 것은 그렇게 분명해 보이지는 않는다. *Pr. Ev.* 13, 12, 9-16의 번역과 해석에서 나타나는 분명한 어려움들은 아마도 발췌자의 축약과 관련된 것 같다. *Pr. Ev.* 13, 12, 14의 4행뿐만 아니라, 다른 인용들도 짧은 알레고리적인 주석을 가지고 있을지도 모른다는 슐라터(*op. cit.*)의 견해가 완전히 틀린 것은 아니다. 심지어 발터(Walter)는 유대・오르페우스적인 (*Jüdisch-orphischen*) 시와 관련하여 아리스토불로스의 작품에도 수정이 이루어졌다고 주장한다(*op. cit.*, 103-115). 그러나 완전히 교체되었다는 그의 가설은 설득력이 없다.

377) 여기서 발터의 연구는 명증성을 보여준다. 이미 R. Keller, *De Aristobulo Judaeo*, diss. Bonn 1948, 19-78은 폴리비오스와 디오도레(그 자신도 차례대로 초기의 헬레니즘 자료에 의존했다), 파피루스 프톨레마이오스와 'Koine'의 연관성을 보여주었다. 발터(N. Walter, *op. cit.*, 7ff., 264ff.)는 단편들에 대한 개관을 연구하였는데, 중요한 것들은 다음과 같다: F. 2 = *Pr. Ev.* 8, 10, 1-17; F 3 = 13, 12, 1f.; F 4 = 12, 3-8; F 5 = 13, 12, 9-16 (12, 10, 11 = 7, 14, 1) = Eusebius GCS ed. Mras 8, 1, 451-454와 8, 2, 190-197. 또한 에우세비오스(Euseb. *HE* 7, 32, 17f.)의 아나토리우스의 단편.

378) 연대 설정에 대해서는 Euseb. *Chron. GCS*, ed. Helm 7, 139를 고려한다면 E. Bickerman(n), *PAAJR* 28, 1959, 3 각주 8을 보라. 그 글은 오로지 프톨레마이오스 6세(필로메토르)에 방향을 맞추고 있다. 그러나 그가 단독으로 통치한 시기는 기원전 176~170년이었고, 그 이전에는 자신의 모친과, 그 후에는 자신의 형과 누이와 함께 통치했다. 그는 기원전 179/78년에 필로메토르라는 별명을 얻게 되었다. 왕에게 개인적으로 보낸 이 교훈적인 문안은 기원전 186년이나 184/3년에 태어난 어린 왕이라 해야 가장 적합하다. 현자가 왕에게 보내는 교훈적인 글의 형태에 대해서는 Festugière, *Révélation* 1, 324ff.를 보라. 왕의 질문들을 가정하는 이 문서의 기록동기를 유대고대사 13, 74-79(A. Schlatter, *GI*^{3}, 82처럼)를 따

는 오경, 즉 모세의 율법에 대한 그리스어 번역에서 제시된 바와 같이 유대교의 신앙적 교의가 참된 '철학'임을 주장하며, 그 교의가 철학적으로 훈련된 이성과 모순되지 않음을 입증하는 것이다. 이미 유대 지혜학파에서 학습된 바, '지혜'와 경건의 일치는 여기에서 근본적으로 '철학적인' 토대를 갖게 되며, 우주론적이며 심리학적인 논쟁을 통해 그 근거를 갖게 된다. 아리스토불로스에게 있어 유대인은 근본적으로 철학자들의 민족이다(3권 p. 11ff. 를 보라). "모든 철학자들은 하나님으로부터 온 거룩한 사상들을 가져야 한다는 것에 동의한다.

른다면, 사마리아·유대 간의 종교적 대화라고는 거의 생각할 수 없다. 왜냐하면 특히 아리스토불로스의 이름이 여기에 나타나지 않기 때문이다. 그러나 그후 기원전 175년에 예루살렘의 사건들이 아리스토불로스로 하여금 변론을 하게 만들었을 것인데, 무엇보다도 헬레니즘적 교육과 모세의 법에 대한 문제가 현안을 이루었기 때문이다. 그 당시에는 거꾸로 유대를 정복할 수 있다는 환상도 여전이 있었다. 2마카 1:10에 등장하는 허구적인 편지에서 아리스토불로스를 프톨레마이오스 왕의 선생(διδάσκαλος)으로 묘사한 것 역시 그 왕이 청소년이었다는 것을 암시한다. N. Walter, *op. cit.*, 16-26이 2마카 1:10을 근거로 추측한 것처럼, 알렉산드리아의 클레멘트(*Strom.* 1, 150, 1과 5, 97, 7)에 와서야 비로소 "프톨레마이오스"를 필로메토르라고 더 자세한 직함이 삽입되었다는 주장은 개연성이 적다. 차라리 2마카 1:10ff. 을 허위로 기록한 저자가 아리스토불로스의 생애를 아는 편지의 상류층 수신자를 집어넣었다고 보는 것이 더 현실적이다. 왜냐하면 그는 젊은 필로메토르에게 교훈적 편지를 썼다고 알려졌기 때문이다. 그럼에도 불구하고 발터(*op. cit.*, 24, 123의 각주 2)는 기원전 2세기 중반이라는 비슷한 연대기적 출발점에 도달한다. 또한 Schmid/Stählin, *GGL*[6] II, 1, 603f. 와 비교하라. 아리스토불로스는 프톨레마이오스 2세의 별명이 필라델포스로 처음 나타나는 것(*Pr. Ev.* 13, 11, 2; Mras 2, 191)이 연대 설정을 위해 중요하다는 것을 인식하고 있는데, 이 점에서 그는 동시대인 폴리비오스(*Athen.* 2, 35c)와 같다. 필라델포스와 필로메토르에 대해서는 H. Volkmann, *PW* 18, 1645와 1702ff. 를 보라. 이 글의 연대를 프톨레마이오스 8세 라튀로스(Lathyros, 필로메토르 2세) 치세하인 기원전 116~108년 혹은 88~80년으로 잡는 것은(A. Gercke, *PW* 2, 919를 보라), 이 글에 나타나는 유대인에 대한 적개심으로 보건데 근거가 부족하다.

또 우리의 종파(αἵρεσις)는 대부분 이것에 깊이 관계되어 있다." 여기에서 아리스토불로스는 다양한 철학파들이 일반적으로 사용하는 것과 동일한 개념을 유대교의 종파에도 사용했다. 몇십 년 후에 〈아리스테아스의 편지〉는 팔레스타인에서 온 72명의 장로에 대하여 이와 유사한 모습을 스케치했다.[379]

아리스토불로스는 자신의 사고를 2개의 근본적인 전제에서 시작했다:

1. 오경의 "철학적"이고 실제적인(φυσικῶς)[380] 의미를 이해하려면 "신화적이고[381] 인간적인 사상으로 빠져서는" 안 된다(καὶ μὴ ἐκπίπτειν εἰς τὸ μυθῶδες καὶ ἀνθρώπινον κατάστημα, Euseb. *Pr. Ev.* 8, 10, 2). 여기에서 아리스토불로스는 율법을 비판하는 그리스 비평가들뿐만 아니라, 율법을 세심하게 다루는 유대교의 보수적인 옹호자들도 겨냥하여 말하고 있다. 이런 자들은 그에게 전혀 유익이 되지 못한다. "왜냐하면 힘도 통찰력도 가지지 못하고 다만 문자에만 매달리는 자들에게 그(즉, 모세)는 위대한 것을 선포하는 자로 보이지 않기 때문이다"(τοῖς δὲ μὴ μετέχουσι δυνάμεως καὶ συνέσεως ἀλλὰ τῷ γραπτῷ μόνον προσκειμένοις οὐ φαίνεται μεγαλεῖόν τι διασαφῶν. 8, 10, 5).

---

379) *Pr. Ev.* 13, 12, 8; 비교. *Ps. Arist.* 31: 법은 "더 철학적"(φιλοσοφώτερον)이다. 200f.: 왕의 궁정에 있는 철학자들은 72명 장로들의 "더 위대한 지식을"(συνιέναι πλέον) 인정했다. 또한 비교. 235.

380) 이 단어는 이런 의미로 아리스토불로스에서 나온다. 또한 비교. *Pr. Ev.* 8, 10, 2 이외에도 13, 12, 9와 8, 10, 3(φυσικὰς διαθέσεις). 비교. *Ps. Aristeas* 171: φυσικὴ διάνοια τοῦ νόμου(율법에 대한 실제적 사유).

381) "신화"를 받아들이지 않은 것에 대해서는 약간 더 후대의 문서 *Ps. Aristeas* 168을 보라: καὶ οὐδὲν εἰκῇ κατατέτακται διὰ τῆς γραφῆς οὐδὲ μυθωδῶς(그것은 결코 글을 통해서 녹아버리거나 신화적으로 흡수되어버리지 않는다); 그리스 "신화 창안자"에 관한 논쟁, 137과 322. N. Walter, *op. cit.*, 100을 보라. 필로의 범례들은 *op. cit.*, 135 각주 4를 보라. 문제들에 대해서는 G. Stählin, *TWNT* 4, 778-787을 보라.

이보다는 오히려 신인동형론적 형태로 인해 충돌되는 오경의 모든 진술에서 알레고리적으로 진술되는 재해석을 통하여 "하나님에 관한 적절한 관념"(τὴν ἁρμόζουσαν ἔννοιαν περὶ θεοῦ. 8, 10, 12)을 보존하려고 해야 한다. 왜냐하면 모세는 존재론적이고 실체적인 상태(φυσικὰς διαθέσεις. 8, 10)를 묘사하기 위해 종종 상징적이고 분명한 개념들을 사용하기 때문이다. 그래서 오경이 "하나님의 손"에 대하여 말한다면, 그것은 하나님의 능력을 의미한다. 또 "하나님이 서 계신다는 것"은 그가 창조한 세계가 존속하고 불변한다는 것을 뜻한다. 여기에서 아리스토불로스는 스토아주의나 알렉산드리아의 문헌학자로부터 신화를 알레고리적으로 해석하는 방법을 접목했지만, 여전히 매우 소극적으로 그 방법들을 사용했다.[382] 이와 유사하게, 출애굽기 19:17-20에서 하나님이 시내 산 위에 "내려오심"을 장소에 한정해서 이해해서는 안 된다고 하는데, 왜냐하면 하나님은 편재하시기 때문이다(τὴν κατάβασιν μὴ τοπικὴν εἶναι πάντη γὰρ ὁ θεός ἐστιν. 8, 10, 15).[383] 그러나 불꽃 가운데 나타나시고 나팔소리가 일어나는 것

---

382) 아리스토불로스의 해석방법과 그 전형적 형태에 관해서는 N. Walter, *op. cit.*, 124-149를 보라. 또한 E. Stein, *Die allegorische Exegese des Philo von Alexandrien*, 1929, 6-12; R. P. C. Hanson, *Allegory and Event*, 1959, 41ff.를 보라. 스타인(E. Stein)은 이미 알렉산드리아의 알레고리적 주석의 가장 초기의 형태가 아리스토불로스에게 존재했음을 인식했다. 그에 의하면 알레고리적인 주석은 "팔레스타인의 반(反)신인동형론적인 우화의 골격을 넘지 않는다"(*op. cit.*, 7). 그래서 아리스토불로스는 알레고리적 방법을 사용함에 있어, 아리스테아스와 필로보다 더욱 유보적인 태도를 취한다. 그러므로 발터는(*op. cit.*, 138) "헬레니즘적 미드라쉬"를 말함에 있어 J. Freudenthal, *Hellenistische Studien*, 1874f., 67을 따른다.

383) 신의 "능력"의 "편재"(*Pr. Ev.* 13, 12, 7처럼) 또한 오르페우스의(orphisch) 찬가와 아라토스(Aratos)의 인용에서 입증된다고 한다(13, 12, 6의 4행을 보라): πάντη δὲ θεοῦ κεχρήμεθα πάντες. 우리는 이러한 사고(思考)가 더 나아가 유대교와 초기 기독교의 선교적 설교에도 사용된 것을 발견한

은, 하나님이 단지 그분의 모든 충만한 존엄을 이스라엘인에게 입증하기 위해, 인간이 개입하지 않는 신비한 방법으로 일으키신 사건이다(8, 10, 17).

2. 그렇게 "철학적으로" 이해되는 모세의 이 율법이란, "올바르게 생각할 수 있는 자들"(οἶς μὲν οὖν πάρεστι τὸ καλῶς νοεῖς)에게는 당연히 "예언자"라고 불려야 할 율법의 저자 모세가 "지혜와 신적인 영"(τὴν περὶ αὐτὸν σοφίαν καὶ τὸ θεῖς πνεῦμα. 8, 10, 4)을 소유하고 있다는 것에 대한 명백한 증거이다. 그리스 철학자들과 시인들 역시 그를 존경했으며, 그로부터 많은 사상을 물려받았고, 그 사상으로 인해 놀랐다. 아리스토불로스에게 있어 합리성과 영감은 상호배타적이지 않고 밀접하게 결속되는 것이어서 서로 대립되지 않는데, 이는 그것들이 신적인 지혜로부터 나왔기 때문이다. 여기에서 우리는 알렉산드리아 유대교에서 최초로 영감교의(靈感教義)가 시작되는 것을 본다. 그것은 후대의 필로의 접근과는 근본적으로 다르지만, 팔레스타인의 지혜, 즉 대략 벤 시라의 지혜에 상응하는 사상들과 밀접히 관련되었다.[384] "올바르게 생각하는 것"과 "영"(靈)은 배제되지 않기 때문에,

---

다. 예. 행 17:27f. J. C. Lebram, *ZNW* 55, 1964, 221-243; E. Haenchen, *Die Apostelgeschichte*, ^{5}1965, 4535; 664(Lit.)를 보라. 그러나 이 관념은 구약과 팔레스타인적인 요소를 가진다: 렘 23:23f.; 암 9:2ff.; 시 139: 8-10; 사 6:3, 비교. 시락 43:27 2권 p.119를 보라; 그것은 또한 랍비문헌들 가운데에서 나타난다. 2권 p.119를 보라. 여기에는 스토아주의적인 관심과 밀접한 접촉의 흔적이 있다. 왜냐하면 이미 그러한 배경이 존재했고, 유사한 인용들이 그리스 시인들에게서 발견되기 때문이다. 비교. 2권 p.123f. 또한 "하나님의 상념"은 *Mek. Ex.* 19, 20(L. 2.224)에서 재해석되었다.

384) 2권 p 91ff.를 보라. 유대교와 헬레니즘은 영으로 감동받은 자인 "예언자들"이라는 관념과 여기에서 유래한 "영감된 문서들"이라는 관점을 서로 수고받았나. 이런 움직임의 끝에서 우리는 필로나 랍비들이 주장하는 "절대 영감론"을 접하게 된다. Bousset/Gressmann, 149f.를 보라. H. Kleinknecht,

아리스토불로스는 오르페우스(Orpheus)의 "신성한 말씀"(*Hiero Logos*)과 스토아학파 아라토스(Aratos)의 유명한 구절들을 한 하나님이 세계를 지배한다는 증거로 제시할 수 있었다.[385] 그러나 이런 것들이 "하나님에 대한 거룩한 개념들을 가지고 있지 않고," 그래서 수정되어야 한다는 점에서 모세의 율법보다 열등하다는 사실이 드러난다(13, 12, 7f.; 3권 p.49를 보라). 반면, 피타고라스와 소크라테스, 플라톤은 이미 더 오래된 번역에서 발췌하여 가지고 있었던 훨씬 더 오래된 토라를 알았고, "세상이 어떻게 하나님에 의해 면밀하게 창조되고 지속하여 보존되는가 하는 세계구조의 고찰"(τὴν κατασκευὴν τῶν ὅλων συνθεωροῦντες ἀκριβῶς ὑπὸ θεοῦ γεγονυῖαν καὶ συνεχομένην ἀδιαλείπτως …, 13, 11, 4)을 통해 그들은 성서의 창조 이야기가 사실이라는 것을 인식하게 되었다. 여기에서 플라톤은 자신의 창조사상을 피타고라스학파인 티마이오스로 하여금 소크라테스에게 전했기에, 《티마이오스》에 대한 암시가 있을 수 있다. 그러므로 모세의 율법은, 그것의 고대성과 저자의 예언자적·신적인 지혜 때문에 그에게 의존한 그리스 현자와 철학자들의 사상보다 훨씬 더 우수하다(이에 관해서는 1권 p.316f., 323을 보라).

TWNT 6, 341ff., 특히 345를 보라: "영감의 현세적·그리스적 개념"의 창시자로서 플라톤; F. Baumgärtel, *TWNT* 6, 360: 구약에서 엑스타시와 엑스타시적인 말의 원인으로서의 영; W. Beider, *TWNT* 6, 372f.를 보라: 모세를 "원형"으로 본 필로. 아리스토불로스는 후대의 거의 기계적인 개념과는 근본적으로 구별되는 팔레스타인의 서기관(*sōp*^{e}*rīm*)에 대한 영감의 개념과 비슷한 수준에 서있는 것 같다. 필로와 벤 시라를 비교해보면 영감에 대한 알렉산드리아와 팔레스타인의 관념 간에는 근본적인 차이가 없음을 보게 된다. P. Katz, *ZNW* 47, 1956, 209-211을 보라. 더 상세한 것은, 2권 p.287ff.의 "계시를 통한 지혜"와 2권 p.305f.를 보라.

385) *Pr. Ev.* 13,12,5,6. N. Walter, *op. cit.*, 114 등은 오르페우스의 시는 후대에 삽입된 것으로 추정한다. 제3부 각주 365를 보라.

여기에서 아리스토불로스의 사상은 근본적으로, 그리스 문화와 철학이 이집트와 페니키아에서 기원했다는 헬레니즘시대의 사람들이 애호했던 견해로 거슬러 올라간다. 이러한 생각은 유대교에서는 익명의 사마리아인과 에우폴레모스, 소설작가 아르타파노스(Artapanos)가 우회하여 표현했다. 이 표현에서 사상적으로 서로 충돌되는 내용의 구절들을 합리적 혹은 알레고리적으로 재해석하려는 시도조차도 원래 아리스토불로스가 처음으로 고안한 것은 아니다. 그러나 아마도 이러한 노력들은 아리스토불로스에게서 처음으로 절정에 이르렀으리라.[386] 유대·알렉산드리아의 '종교철학'은 후대에 필로에게서 전성기를 이루었고, 그러한 결과와 방법 대부분은 초대 교부들로부터 전수받았는데, 그것을 가장 먼저 그리고 실제 구체적으로 주창했던 사람이 바로 아리스토불로스였다.[387]

불행하게 단지 단편으로만 보존된 그의 고유한 창조론과 지혜사상에서 우리는 하나님이 제 7일에 안식하셨다는 것과, 잠언 8:22에 나오는 태초의 존재인 지혜와 더불어 첫째 날에 빛을 창조했다는 사상, 그리고 몇몇 철학적 사상이 독특하게 결합된 것을 발견할 수 있다.

> 우주 전체를 창조하신 하나님은 우리의 안식을 위해 또한 일곱째 날을 주셨다. 왜냐하면 우리 모두에게 삶을 유지하는 것은 고단하기

---

386) A. Schlatter, *GI*³, 81f.는 아리스토불로스의 단편이 나타난 "신학적 움직임"은 이미 "무르익은 분위기"였다고 올바르게 주장했다. N. Walter, *op. cit.*, 39f.는 아리스토불로스가 "박물관(*Museion*)의 지식인들 하에 존재했을" 가능성을 고려했다.

387) 이런 유형의 관념이 유대인과 기독교인의 변증의 확고한 내용이 되었다. K. Thraede, *RAC* 5, 1 242ff.를 보라. 그러나 아리스토불로스와 그의 동시대의 사람들, 그리고 실제로 유대교의 호교론 전제는 아직은 후대 기독교인에게 논쟁이 되었던 "철학자들의 도둑질"이라는 논쟁적인 사상을 모른다. 이것은 Tatian, *op. cit.*, 1251에게서야 비로소 나타난다.

> 때문이다. 이것은 실제적으로(φυσικῶς) (영적인) 빛의 첫 번째 (그리고) 창조(φωτὸς γένεσις)라 불릴 수 있는데,[388] 그 빛 안에서 모든 것이 파악된다(ἐν ᾧ τὰ πάντα συνθεωρεῖται). 그 빛은 지혜로도 번역할 수 있다. 왜냐하면 모든 빛은 그 지혜에서 나왔기 때문이다(μεταφέροιτο δ' ἂν τὸ αὐτὸ καὶ ἐπὶ τῆς σοφίας· τὸ γὰρ πᾶν φῶς ἐστι). 또한 소요학파의 몇몇 철학자들이 지혜는 촛대의 역할을 한다고 말했는데(λαμπτῆρος αὐτὴν ἔχειν τάξιν), 이는 끈기 있게 지혜를 추구하는 자들은 평생 동안 안식(ἀτάραχοι)을 누리기 때문이다. 우리 선조 가운데 하나인 솔로몬은 천지가 있기 이전에 지혜가 창조되었다(잠 8. 22f)고 더욱 명확하고도 아름답게 말했다. 이것은 전에 미리 언급된 것과 일치한다.[389]

특이한 것은 창조의 첫째 날과 일곱째 날을 동일시하는 점이다. 그러나 아리스토불로스는 하나님이 시간의 질서에 종속되어 있지 않다고 보았다. 일곱째 날의 이른바 "하나님의 안식"은 그의 사역의 끝을 의미하는 것이 아니라, 단지 "사물의 질서가 고정됨"을 의미한다. 그

---

388) 필로의 "인식적"(*noetisch*) 빛의 창조에 대한 관념에 대해서는 K. Schubert, *Judaica* 9, 1953, 72ff.을 보라. 비교. *Op. mundi* 20과 31: "영적인" 빛은 일곱 번째로 창조되었다. 그것은 신적인 로고스의 "상징"(*Eikōn*)이다. 상세한 것은 A. Wlosok, *Laktanz*, 85ff., 88ff.를 보라: 로고스는 "영적인 빛의 본체"(*pneumatische-Lichtsubstanz*)이다. W. L. Knox, *St. Paul*, 69 각주 4는 CIG 3724에 따라 이시스를 "사람의 빛"이라고 언급했다. 팔레스타인의 보기들에 관해서는 아래 306의 각주 404와 424를 보라. 제3부 각주 820과도 비교하라.

389) *Pr. Ev.* 13, 12, 9-11, Mras 2, 195; *Clem. Alex.*, *Strom.6*, 16, 138과 비교하라: 여기에서 우리는 "7" 혹은 "로고스"로 대치될 수 있는 지혜개념의 중심적 의미를 발견한다. 전체의 문제에 대해서는 N. Walter, *op. cit.*, 65ff.를 보라. 그는 아리스토불로스가 필로와 비교하여 볼 때, "유대-알렉산드리아 철학의 훨씬 덜 발달된 단계의 대변자"로 이해할 수 있다고 하는데, 이는 올바른 지적이다(82f.). 또한 A. Schlatter, BFCT 1, 5, 1897, 174ff.와 비교하라.

리고 6일 동안의 사역은 창조된 세계 내에서 시간을 계획하기 위함(ἵνα τοὺς χρόνους δαλώση) 이며 하나의 서열을 설정하는 것으로 이해되어야 한다(13, 12, 11f). 이렇게 아리스토불로스는 시간 안에서 일어나는 구약의 하나님의 창조사상과 무시간적 신의 사역에 대한 그리스적 생각을 일치시키려 한다. 시간의 제한에 지배되는 것은 하나님 자신이 아니라, 그분의 창조이다.[390] 제정된 개개의 축제일, 그리고 무엇보다도 안식하는 날로서의 안식일은 신적인 세계질서의 상징으로 나타난다. 유월절 축제날짜에 대한 천문학적 언급 역시 이 축제의 그러한 "우주적" 중요성을 암시한다.[391]

그래서 제 7일의 사상은 그것의 더 깊은 중요성을 깨달을 때 비로소 의미를 갖는다: 즉, 피타고라스와 플라톤, 히포크라테스의 숫자에 대한 사변(思辨)과 연관되어[392] 아리스토불로스는 '숫자 7'의 우주적

---

390) 왜 하나님은 안식일을 지키지 않았으며, 6일 동안 일한 후에 하나님은 무엇을 했는가 하는 이방인의 질문에 관해서는 바케르(W. Bacher, *Agada der Tannaiten* 1, ^{2}1903, 79)가 제시한 초기 랍비 전승의 기록을 보라.

391) Euseb. *HE* 7, 32, 17f. 의 아나토리우스를 보라. 제 3부 각주 813을 보라.

392) N. Walter, *op. cit.*, 73, 그리고 "7"에 관한 구절들에 대해서는 150-171을 보라. 분명히 아리스토불로스 이전의 알렉산드리아에는 이미 유대교 피타고라스주의가 있었다. 제 3부 각주 877을 보라. 숫자 7의 사변에 대한 그리스 자료에 관해서는 다음을 보라: *op. cit.*, 156 각주 1; 168 각주 1, K. Ziegler, *PW* 24, 226ff. 이 보완한 필로라우스(Philolaus)에 관해서는 238ff.; "7에 관한"(περὶ ἑβδομάδων) 위(僞)-히포크라테스의 글에 대한 논쟁: ed. W. H. Roscher, *Die hippokratische Schrift von der Siebenzahl*, Studien zur Geschichte und Kultur des Altertums VI 3, 4, 1913(Lit. in: Überweg/Praechter, *Philosophie des Altertums*, ^{12}1926, 41^{x}). 또한 더욱 최근의 자료 W. Burkert, *Weisheit und Wissenschaft*, 1962, 445f., 448ff. 의 항목 7에 있는 색인 495를 보라. 헵도마스(Hebdomas)의 인류학적인 중요성에 대해서는 *SVF* 3, 83, 764와 비교하라. 그래서 아리스토불로스와 필로는 구약과 그리스 전승을 연결하는 헵도마스 사변(*Hebdomadens-spelculation*)을 충분히 접촉했다. 그 후에 필로에게서 이것은 풍부하게 계

정돈원리로 제 7일을 해석한다. 이것에 의해 "온 우주는 모든 식물들과 함께 움직인다"(δ' ἑβδομάδων δὲ καὶ πᾶς ὁ κόσμος κυκλεῖται τῶν ζωογονουμένων καὶ τῶν φυομένων ἁπάντων).[393] 무엇보다도 유기체적이고 생리학적인 관점에서도 자연의 전 과정은 7의 구조를 따라 형성되며, 정통한 사람이 볼 때 그것은 세계의 신적 질서에 대한 증거가 된다. 그러나 아리스토불로스는 이 우주적인 사변에 머무르지 않고, 인간에 대한 유용한 적용으로 한 걸음 더 나아갔다: 일곱째 날은 "인간적이고 신적인 것들을 인식하는 우리의 지각이 의존하는 '일곱배의 로고스'의 상징으로써" 거룩하게 지켜져야 한다(ἕνεκεν σημείου τοῦ περὶ ἡμᾶς ἑβδόμου λόγου ἐν ᾧ γνῶσιν ἔχομεν ἀνθρωπίνων καὶ θείων πραγμάτων. 13, 12, 12).[394]

세계를 침투하여 정돈시킨 이 정신적인 "7의 구조"는 또한 인간적 인식능력과 지혜의 기초가 된다. 여기에서 아리스토불로스는 분명히 지혜에 대한 스토아주의적 정의를 물려받고 있다. 이와 유사한 방법으로, 기원후 1세기 초에 형성된 마카베오4서 1:16f. 은 세련된 스토아주의적인 방식으로 "지혜"를 "신적이고 인간적인 것들에 관한 지식"

속되었다. 비교. *Op. mundi* 100ff., (M. 24); *Quis rer. div.* 170(M. 487); 216(M. 503), 여기서 헵도마스는 어느 정도 의인화되었다.

393) *Pr. Ev.* 13, 12, 13, 비교. Clem. Alex., *Strom.* 5, 14, 107; 6, 16, 141f.

394) 이것에 대해서는 N. Walter, *op. cit.*, 68-81을 보라. 또한 비교. A. Schlatter, *GI*[3], 85f. : ἕβδομος λόγος는 스토아주의적인 의미의 '일곱 번째 영혼의 힘'(7. *Seelenkraft*)이 아닌, 우주의 원리로 이해되어야 한다. 그러나 이 우주의 원리가 영혼의 힘으로 인간의 생각과 행동에도 영향을 미치게 된다는 것을 배제하는 것은 아니다. σοφία를 ἐπιστήμη θείων καὶ ἀνθρωπίνων πραγμάτων로 정의하는 스토아주의에 대한 유사성은 스토아주의가 영향을 주었음을 보여준다. N. Walter, *op. cit.*, 84f. 각주 4(=von Arnim, *SVF* 2, 35f. 그리고 1017)를 보라. 그러나 피타고라스와의 유사점도 보라(*op. cit.*, 164 각주 4).

이라고 묘사하지만, 그 다음에서 "율법의 교육"(ἡ τοῦ νόμου παιδεία) 이라고 정의함으로써 그것에 단서를 단다. 아리스토불로스 역시 올바른 지각은 윤리적인 귀결을 맺는다고 생각하기에, 그는 직접적인 "구원의 의미"를 "일곱 배의 로고스"로 돌린다. 그는 호메로스 외경구절인 "일곱째 날 아침에 우리는 아케론(Acheron)의 홍수를 버렸다"라는 표현을, 영혼을 괴롭히는 "망각"(λήθη-아케론을 의미함)과 악의(κακία) 로부터 인간을 해방하는 것으로 해석한다. 진리에 부합하고 또 "우리가 진리의 지식을 받는"(γνῶσιν ἀληθείας λαμβάνομεν) "일곱 배의 로고스"를 통하여 말이다.[395]

여기에서 이미 아리스토불로스는 근본적으로 완전히 그리스식으로 사고한다고 생각할 수 있을 것 같다. 즉, 올바른 지각은 인간을 올바른 의지로도 이끈다는 것인데, 왜냐하면 그 지각이 영혼의 악한 세력의 힘을 제어할 수 있기 때문이다. 그러나 그는 실제로는 팔레스타인의 지혜교사들 이상으로 말하려 하지는 않았을 것인데, 그들은 '지혜'가 인간을 올바르게 행동하도록 자유롭게 하며 이끈다고 주장했다(비교. 13, 12, 10f). 그리고 그가 유대 · 피타고라스학파의 자료에서 인용한 것으로 추측되는 바, 헤시오도스와 호메로스, 리노스(Linos)⑧가 사용한 7과 관련된 외경의 아홉 구절은 안식일 계명의 권위를 입증한 것보다는—이것은 단지 그 결과이다—숫자 7의 우주적이고 정신적인 의미를 강조한 것에 더 중요성이 있다(13, 12, 13-16). 여기에서 우리는 다시 원점으로 돌아온다. "일곱 배의 로고스"[396]로서

395) 이 어려운 구절의 해석에 대해서는 A. Schlatter, BFCT 1, 5, 1897, 164f. ; N. Walter, *op. cit.*, 75-78을 보라. 필로의 더 발전된 생각〔Philo, *Leg. all.* 1, 16-19(M. 46/47)〕과 비교하라. 일곱 번째 로고스 사상은 또한 시락 17:5의 난외주에도 나온다.

396) 기원전 2세기에 속한 비극작가 에체키엘과(Euseb. *Pr. Ev.* 9, 29, 8a, GCS Mras 1, 530, 18행) 더불어 아리스토불로스는 알렉산드리아에서 "로

사람에게 올바른 지각을 선사하는 7의 신적·우주적 구조원칙은 "모든 빛이 나온" 지혜와 동일하다. 그것은 유대교 현자인 솔로몬에 따르면 "천지가 있기 이전에 있었고," 소요학파의 철학자들에 의해서는 발광체와 비교되었으며, 그것을 추구하는 자들에게 ἀτάραχοι(안식상태) 그대로 참된 안식일의 휴식을 준다(13, 12, 10f).[397] "지혜"와 "최초의 빛"의 이러한 결합은 그 후에 지혜서 7:22-26에서 상세하게 언급된다. 전반적으로 아리스토불로스는 세계창조의 때에 하나님의 배우자인 의인화된 호크마에 대한 본래의 유대·팔레스타인 사상과, 창세기 1:1-2:4a에 나오는 성서의 창조 이야기를(2:1-4a를 강조하며) 그리스의 철학적인 우주론과 인식론의 개념들을 — 이 개념들의 특별한 특징들을 포기하지 않은 채 — 융합한다. 게다가 그는 어떤 특별한 철학파와 의존되지 않았고, 그가 보기에 유대교 전통과 결합될 수 있

고스 신학"이 시작된 가장 초기의 증거일 것이다. A. Schlatter, *op. cit.*, 168을 보라. 그러나 로고스는 지혜 18.14ff. 와 Philo의 작품처럼 아직은 신이 인격화된 존재라는 개념으로 이해되지 않았다. 도리어 그것은 신의 활동의 표현이었다. *Pr. Ev.* 13, 11, 3은 창 1장에 의하면 세상은 "신적 로고스"(θεοῦ λόγος)에 의해 창조되었음을 강조한다. 그것은 "합리적 이성"(ῥητὸν λόγον)이 아니라 "창안된 작품"(ἔργων κατασκευάς)으로 이해되어야 한다. 그러나 인격화의 출발점은 기껏해야 "7의 법칙성"(*Sibenergesetzmäßigkeit*)에 내재된 로고스가, 인격화된 지혜와 밀접히 연결되어 있다는 것에 있다. N. Walter, *op. cit.*, 80f. 는 "지혜"의 결정적인 역할을 너무 적게 고려한다.

397) 여기서 ἀτάραχοι는 "안식일"을 알기 쉽게 나타낸 것으로 이해되어야 한다. 아리스토불로스 이후 "Ataraxia"의 "소요학파적" 개념의 문제에 관해서는 N. Walter, *op. cit.*, 11, 각주 10을 보라. 그것을 무조건 스토아철학의 냉담함(*Apathie*)이라는 의미로 이해해서는 안 되고, 단순히 "이성의 지배"라는 의미로 이해할 필요가 있다. P. Wilpert, *RAC* 1, 845; Aristotle, *Eth. Nic.* 1125b, 33-35행: "βούλεται γὰρ ὁ πρᾶος ἀτάραχος εἶναι καὶ μὴ ἄγεσθαι ὑπὸ τοῦ πάθους, ἀλλ' ὡς ἂν ὁ λόγος τάξῃ, οὕτω χαλεπαίνειν"를 보라. (인식론적인) "근원의 빛"과 안식일의 알레고리에 대해서는 A. Wlosok, *op. cit.*, 174f. 를 보라.

는 그런 사상들을 자유롭고 절충적인 방식으로 사용했다. 하나님을 공간이나 시간에 제한되지 않는 편재하는 존재로 이해하고, 신인동형론을 해석하려고 하며, 우주 안에서 세상과 사람 모두를 빋아들이는 단일한 신적 질서를 입증하려 했던 이 모든 시도는, 유대교 전승의 전통적인 사상들을 새 시대의 정신적 요구에 적응시키려는 적극적인 노력으로 이해되어야만 한다. 만약 유대교 신앙공동체가 자신이 선택한 고립으로 말미암아 위축되지 않고, 자신들보다 우월한 문명에 대항하고, 더 나아가서는 선교의 역습을 가하려고 한다면 그들은 이 모험에 착수해야만 했다. 여기서 알렉산드리아에서 명백하게 표현된 수많은 사상들이 팔레스타인의 유대교 전통에서 이미 준비되어 있었다는 사실은 참으로 중요하다.[398] 벤 시라가 단지 암시만 했던 것이 이제 분명해졌다: '지혜'는 시간과 세계를 초월하는 하나님에 의해 창조된 우주의 정신적 질서와 인식원리로서, 이는 세계법 혹은 세계영혼과 비교되는 스토아주의적 로고스와 비교되며, 7의 구조에서 인식될 수 있는 원리이다. 개개인은 올바른 생각(8, 10, 4 καλῶς νοεῖν)과 그것에서 나온 올바른 행동으로 이 원리에 참여한다. 행복해지려면 인간은 이 원리를 따라 자신의 삶의 방향을 정해야 한다.

---

398) 하나님의 편재에 대해서는 벤 시라(2권 p. 119ff.)를 보라. 하나님이 시간을 초월한 존재라는 관념의 출발점은 시 90:41; 102:27; 암 9:13; 사 60:19f.; 스 14:7의 종말론적인 관점들, 그리고 이들에 근거하여 이 시대의 종말이 별들에 의해 결정된다는 묵시적 견해에서 발견된다. 비교. *Sib.* 3,81-90; *2.Hen.* 65, 7; 팔레스타인에 대해서는 *1.Hen.* 72, 1; *Jub.* 50,5. 그럼에도 불구하고 팔레스타인적인 사고와 유대 알렉산드리아주의와의 가장 큰 격차는 시간관(時間觀)의 변형에 있다. 다음을 비교하라: G. von Rad, *Thel.*[4] 2, 108ff. 그리고 T. Boman, *Das hebräische Denken im Vergleich mit dem griechischen*, [5]1968, 109ff. 압도적으로 우주론적이며 심리학적인 사고는 역사의 이해를 시간의 국면 아래 놓이게 했는데, 시간 안에서 인간을 구원과 심판을 경험하게 된다.

이러한 사유방식에서 이제 '구원사적' 정향성에 비하여 우주론적·심리학적인 정향성이 전면으로 부각되어야 했다는 것은 이해가 된다. 그러나 기독교 이전의 유대교 사상이 '구원사'를 이해하는 것은 주로 이스라엘에게만 제한되었고 이스라엘이 '민족들'로부터 분리됨을 암시했다. 때문에 디아스포라에 있는 개방된 집단에서는 이스라엘 민족의 좁은 경계를 넘어 선교적 사명을 실현하기 위해서는 어떤 방향전환이 필요했다. 후에 초기기독교는 종말론적이고 보편적인 메시지를 통하여 팔레스타인과 디아스포라 유대교의 사상에 대하여 철저한 수정을 가하기 시작한다.

'지혜'의 신화론적이고 의인화된 특징들은 아리스토불로스보다는 잠언 8:22와 시락서 24장이나, 혹은 후대의 지혜서 6:12-8:18과 필로에게서 보다 더 드러난다(제3부 각주 359를 보라). 또한 그에게는 벤 시라가 지혜와 율법을 동일시함으로 도달한 이스라엘과의 유일한 연결과 같은 사상도 발견되지 않는다.[399] 그 대신 지혜를 7의 우주적 질서원리와 동일시하는 사상이 나타나는데, 이는 안식계명을 통하여 특별한 방식으로 이스라엘에게 계시된 원리이다.

> 이런 사상 역시 그 초기단계는 근본적으로 팔레스타인으로 거슬러 올라간다: 이미 제사장 문서에서 안식일 계명은 창조 전체에 관한 보편적인 구원의 징표이다. 그래서 출애굽기 20:11의 제사장 문서의 편집자는 그 계명의 근거를 창세기 2:1-4a에서 나오는 하나님의 안식에 두었다.[400] 2세기 말경에 사독·에센파에서 기원한 〈희년서〉에 따르면 칠칠절(*Wochenfest*)과 같은 안식일은 모세가 이스라엘에게 명하기 오래전에 천사의 세계에서 시행되었다고 하는데, 이는 절기에서

399) W. L. Knox, *St Paul*, 62 각주 2의 주장과 반대.

400) 출 31:12-17과 비교하라. N. Walter, *op. cit.*, 170f.를 보라. R. de Vaux, *Ancient Israel*, 480ff.; G. von Rad, *op. cit.*, 1, 161과 비교하라.

세계와 시간에 대한 신적인 질서가 표현되는 것으로 간주되었기 때문이다.[401] 아마 그것과 같은 운동에서 기원하되 초기시대에 나왔을 "10주간의 묵시"(에녹 93장; 91, 12-17)도 숫자 7의 우주적·인식론적 중요성을 알고 있다. 엄청난 배교는 세상의 일곱 번째 주에 시작될 것이며, 동시에 "창조 전체에 관한 일곱 배의 가르침"을 받은 선택받은 자들은 모일 것이다.[402] 존 스트루그넬(John Strugnell)이 출판한 '일곱 우두머리 천사들의 하늘의 안식예전'에서 7은 그와 유사한 초자연적인 중요성을 가지고 있는데, 그것은 하늘 전체의 예전적 기본구조를 어느 정도 설명한다.[403]

심지어 창조 첫날에 창조된 태초의 빛에 관한 특별한 성격을 표현하는 사상조차 팔레스타인에서 알려졌으며, 빛과 지혜를 동일시한 것도 마찬가지였다. 또한 이 둘은 탄나임·랍비문학과 묵시문학에서 나타난다. 그러나 태초의 빛은 인식론적·우주론적으로 해석된 것이 아니라 종말론적으로 해석되었다: 즉, 하나님은 메시아 시대를 위해 빛을 보존했다는 말이다.[404] 어떻게 유대·팔레스타인과 피타고라스,

401) *Jub.* 1, 10. 14; 2, 1ff. 18ff. 31ff.; 비교. 50, 6ff. 희년의 계산은 "7일-도식"에 대한 높은 가치를 일반적인 세계사의 연대기에도 적용시킨다. 비교. 1, 26. 29; 50, 1-5. 나머지 연회들의 천상의 축제에 대해서는 6, 18ff.를 보라. 오순절, 장막절과 유월절은 하늘의 연회에서 거행된다: 16, 29; 49, 8. 에센파의 태양력에 대해서는 제 3부 각주 813/4를 보라. 우주의 질서와 인간의 삶 사이의 규칙적인 "공감"(*Sympatheia*)은 팔레스타인, 특히 에센주의에서도 알려졌다. 또한 S. Aalen, *op. cit.*, 152ff.와 비교하라.

402) *I.Hen.* 93, 9f., 비교. 같은 묵시의 91, 16와 사 30:26b, 그리고 주석의 설명.

403) 숫자 7은 9행으로 구성된 단편에서 14번 나온다. J. Strugnell, *SVT* 7, 1960, 322 = 4QSI 39 I, 1, 17-26을 보라: 숫자 7의 "천상적" 의의에 대한 더 상세한 보기들에 관해서는 *op. cit.*, 328f.를 보라. 또한 H. Bietenhard, *Die himmlische Welt im Urchristentum und Spätjudentum*, 1951, 색인 "Sieben"을 보라.

404) 제 3부 각주 388과 424를 보라. 원시적 빛(*Urlicht*)에 대한 랍비적인 관념

플라톤, 스토아학파의 관념들이 아리스토불로스에게서 그와 같이 서로 합류되었는지는 독특하다. 그 당시 알렉산드리아의 유대인들은—팔레스타인의 지혜학파에서도 역시 그러하였을 것인데(1권 p. 287f., 2권 193f.를 보라)—그리스 사상들로부터 받은 자극들을 거절하는 위치에 있지는 않았다. 왜냐하면 그들은 정말 근본적으로는 고대 유대 종교의 우월성만을 과시하였기 때문이다. 그러나 팔레스타인에서 마카베오 봉기와 연결되어 율법에 신실한 집단들에서는 정신적으로 비유대교 세계에 대한 차단경향이 더욱 강해지는 반면, 그리스어를 사용하는 디아스포라의 가장 우월한 세력들은 그들의 주변세계를 향해 더욱 개방적으로 되었다. 〈희년서〉와 후대의 랍비전통에서 안식일 계명을 이스라엘에게 국한시키려는 배타적이고 젤롯 당파적인 성향과는 대조적으로[405] 아리스토불로스는 "우주의 생명법"에 대한 "주요 증인"(*Kronzeugen*)으로서 그리스의 가장 오랜 현자들을 인용했고, 피타고라스와 소크라테스, 플라톤이 모세에게서 배운 윤리적 유일신론을 신봉했다고 하였다. 이런 견해의 배경에는 유대교가 이방문화에

에 관해서는 K. Schubert, *Judaica* 9, 1953, 73f.; S. Aalen, *Licht und Finsternis*, 1951, 262ff.; H. J. Schoeps, *Urgemeinde*, *Judenchristentum*, *Gnosis*, 1956, 46ff.; Billerbeck 4, 960ff.을 보라. 묵시사상에서 빛과 지혜를 동일시하는 것에 대해서는: *Syr. Bar.* 54, 13 그리고 S. Aalen, *op. cit.*, 175ff.을 보라. 이 관념은 아마도 쿰란에 널리 퍼진 신적 계시의 완전한 빛이라는 사상에 의존하고 있을 것이라 추정된다. O. Betz, *Offenbarung und Schriftforschung*, 1960, 111-114를 보라. 시 36:10과 같은 구절들이 아마도 그 배경을 이루는 것 같다. 또한 다윗을 "태양처럼 빛나는 현자와 빛"으로 지칭한 것과 비교하라. DJDJ IV, 92 = col. 27. 2(11QPsa DavComp).

405) 안식일을 통해 온 땅이 축복을 받는데, 그 안식일이 이스라엘에게 한정된 것에 대해서는 다음을 보라: *Jub.* 2, 31f.; 비교. 더 후대의 *Sanh.* 58b = Bill. 1, 362; 기원후 250년 Simeon b. Laqis: "비유대인이 안식일을 향유하면 그는 죽어 마땅하다." 그리고 이에 대해서는 M. Hengel, *op. cit.*, 204를 보라.

순순히 동화되는 나약함이 아니라, 강력한 정신적 · 종교적 자의식이 존재한다. 비록 아리스토불로스의 사상은 여전히 그저 단편적으로만 보존된 것이지만, 이 자료들의 "저자는 … 분명하고 대담하게 사유하는 정신의 소유자"였다는[406] 추측을 하게 한다. 팔레스타인에서는 옛 지혜전승의 보편성이 헬레니즘의 자유사상가들과 논쟁하면서 협소하게 된 반면, 디아스포라에서는 변화된 형태이기는 하지만 그들의 사상을 더욱 받아들였다. 또한 그것은 후대에 〈아리스테아스의 편지〉(*Ps. Aristeas*) 와 (솔로몬의) 지혜서, 〈포킬리데스서〉(*Ps. Phokylides*), 그리고 메난드로스와 헤라클레이토스를 모조한 어록 같은 작품에서는 다소 철학적 의상을 입고 소개된다. 비록 이런 글들이 주로 유대교 내지 유대교에 동조하는 대중들을 대상으로 기록되었을지라도(1권 p. 256f. 를 보라), 그것들은 여전히 참된 '지혜,' 참된 '철학'을 대변하여 민족을 초월해야 한다는 요구를 제기하게 되었고, 동시에 헬레니즘과 로마시대에 그리스어를 사용하는 유대교 선교를 확장하고자 하는 것을 의미했다. 그러한 자료들은 창조론에 근거한 윤리적인 유일신론을 대변하였으며, 초기 기독교회의 선교적인 설교는 여기에 접목될 수 있었다.

6 바리새 · 랍비 유대교의 지혜와 토라

반면에 유대 · 팔레스타인 지혜전통에서 나온 견해는 협소하게 됨을 보여준다. 우주의 '호크마'와 토라를 동일시한 벤 시라의 사상은 무엇보다도 하시딤 분파에서 유지되었다. 이들로부터 에센파가 분리된 후(2권 p. 346ff. 를 보라) 대략 하스모니아 왕조시대에 시몬과 요한

406) A. Schlatter, *GI*^{3}, 407.

히르카노스 1세(기원전 143~134년 또는 134~104년) 이후로 바리새파 운동이 성장했다.[407] 바룩서 3:9-4:4에는[408] 한 편의 지혜시가 수록되었는데, 그 시는 원래 히브리어로 기록되었고 시락서 24장에 의존하고 있으며 욥기 28장의 숨겨진 지혜라는 모티브를 변용(變用)하고 있다. 여기서 지혜는 "격언시인"(μυθόλογοι)과 "지혜를 추구하는 자"로 묘사된 이방민족의 통치자들, 가나안인들, 아랍상인들, 심지어는 태곳적 거인들에게조차 숨겨져 있었지만 이스라엘에는 율법의 형태로 전달되었다는 방식으로 변경되었다. 즉, 이제야 비로소 지혜가 땅위에 나타나 인간들(즉, 이스라엘)과 접촉하고 있다:[409]

> 지혜 자체는 하나님의 계명의 책이요
> 영원히 존속하는 율법이다.
> αὕτη ἡ βίβλος τῶν προσταγμάτεν θεοῦ
> καὶ ὁ νόμος ὁ ὑπάρχων εἰς τὸν αἰῶνα (바룩 4:1 비교. 사 40:8b).

여기에서도 고대의 보편주의적인 형태의 지혜사상이 나타나지만, 저자는 이것을 의도적으로 그 반대의 형태로 변화시킨다: 지혜의 노래는 이스라엘을 회개로 부름에서 절정에 달하는데, 이스라엘은 회개해야 하고 그의 "영광"(δόξα)인 율법을 어느 이방 백성에게도 맡겨서는 안 된다(4:2f). 여기서 지혜의 자취를 이방인에게서도 — 그것이 아

---

407) 이것에 대해서는 R. Meyer, *Tradition und Neuschöpfung im antiken Judentum*, BAL 110, 2, 1965, 44ff.를 보라. 유대고대사 13, 171f.와 비교하라.

408) 이것에 대해서는 다음을 보라: R. H. Pfeiffer, *History of New Testament Times*, 417ff.: 기원전 180~100년; 시락 24와 바룩 3:9-4:4에 대해서는 *op. cit.*, 418과 Charles, *Apocrypha* 1, 570f.를 보라.

409) 바룩 3:23, 38; U. Wilckens, *Weisheit und Torheit*, 1959, 167ff.를 보라.

랍인이든 그리스인이든—찾으려 하거나, 혹은 이스라엘 자신의 지혜와 율법에 관한 어떤 것을 이방인에게 알려주려는 것은 모든 사람의 반대에 부딪치게 된다고 볼 수 있겠다.410)

그러나 신적인 지혜이며 선재(先在)하는 세계질서인 지혜가 이제 시내 산에서 모세에게 위임된 이스라엘의 토라와 동일시된다면, 개개인의 삶에 질서를 세우는 도덕법과 세계법을 일치시키는 스토아주의적인 사상과 놀랍게 부합되는 결과가 나온다. 경건한 자는 율법의 "우주적" 중요성과 부합하기 위해서 토라를 중단하거나 축소하지 않고 "일상에서 실현하여"411) 토라가 자신의 삶 전체를 규정하도록 해야 한다. 여기에서 성전과 성전예배를 담당하는 자들에게 부과되었던 레위인들의 제의적 성결이 평신도를 포함하여 경건한 자들의 삶 전체로 이전되었는데, 그들의 성결은 본보기로서의 의의를 갖는다. 에센파의 이상(2권 p. 341f. 를 보라)이기도 했고 하시딤의 근원으로 소급되는 이런 요구를 실현하는 것은 아마도 최초의 바리새인 협회들(*h^abûrôt*)을 창립하는 결과를 낳았을 것으로 보인다.412) 어떤 점에서는 온 세계가 하나님의 성소이기 때문에(ὦ Ἰσραηλ, ὡς μέγας ὁ οἶκος τοῦ θεοῦ καὶ ἐπιμήκης ὁ τόπος τῆς κτήσεως αὐτοῦ. 바룩 3:24) 끊임없는 성결을 요구한다. 이 사상에서도 구약과 유대교, 헬레니즘적·동방세계적인 사상들이 합류되고 있다.413) 이것은 우리 연구대상의 시

410) M. Hengel, *op. cit.*, 210, 204 각주 4: *Sanh. 59a* par. *S. Deut.* 33, 4 §345.

411) R. Meyer, *op. cit.*, 42, 44; 이상적인 정결(*Reinheitsideal*)에 대해서는 22f. 를 보라.

412) *Op. cit.*, 23ff. 또한 비교. 43ff.

413) 또한 젤롯인들은 유대전쟁사 5, 458f. 와 비교하라; 그들에 대해서는 M. Hengel, *op. cit.*, 312와 Michel/Bauernfeind, *Fl. Josephus, De Bello Judaico* II, 1, 269 각주 185; 유대전쟁사 5, 212f., 217ff.; 유대고대사

간적 경계를 넘어서기에, 이제 세계질서인 지혜와 토라를 동일시하는 사상이 멀리까지 미친 결과들을 다음과 같이 요약으로만 개괄하여 서술할 수밖에 없다:

잠언 8:22f. 으로부터 시락서 24장, 그리고 잠언의 《70인경》과 아리스토불로스로 나아가는 사상적 발전은 하나의 '합리화 과정'으로 묘사할 수 있다. 이는 어림잡아 후대의 랍비단(Rabbinat, 역주. 아래의 비교는 대략 기원후 2세기 후반에서야 정형화되는 랍비들의 통념이라 해야겠다)에서 '지혜'를 해석한 것도 마찬가지인데,[414] 신화적 특성을 가진 인격화된 호크마가 완전히 사라지지 않은 것이 사실일지라도,[415] 호크

3, 122ff., 179ff., 그리고 특히 8, 107을 보라. 또한 Philo, *Plant.* 126; *Somn.* 1, 149; 2, 248 등을 보라. 그 배경에는 왕상 8:27과 사 66:1ff. 이 있을 것이라 추측된다. 그리스, 특히 스토아주의적인 유사점들에 대해서는 E. Norden, *Agnostos Theos*, 1912, 22(파나이토스); H. Wenschkewitz, *Angelos* 4, 1932, 87f.; G. Schrenk, *TWNT* 3, 237. 241(포세이도니오스, 세네카)을 보라. 동방세계의 유사점들은 G. Boström, *Proverbiastudien*, 1935, 8f.를 보라. 유대·랍비적인 증거들은 J. Weill, in: Th. Reinach, *Flavius Josephus*, 1, 184 각주 3의 유대고대사 3, 180을 보라. 또한 《탈굼》 사 40:22와 66.1ff.를 보라. 비교. *Ber.* 8a: 하나님의 성전은 할라카가 학습되는 그곳에 있다. 여기서 동방세계와 헬레니즘이 만나고 있는 전형적인 견해가 다루어지고 있다.

414) R. Meyer, *op. cit.*, 84: "규범적 합리주의를 위한 … 신비적 흐름들의" 억압. 이어지는 것에 대해서는 H. F. Weiss, *op. cit.*, 283-300을 보라.

415) 비교. 예. *Ex. R.* 15, 22: 창조 이전 세 가지 근원적인 요소들이 있었다: 물과 불, 영(*rûaḥ*). "영(*rûaḥ*)이 임신하여 지혜(*ḥŏkmāh*)를 낳았다." 여기에서 우리는 분명한 "영지주의적인 용어"를 발견한다. 랍(Rab, 기원후 3세기 초)에 의하면 세상은 호크마(ḥŏkmāh)가 이끄는 열 가지의 정신적인 원리들에 의해 창조되었고, 그 정점에 호크마가 서 있다. 아빈(R. 'Abin, 기원후 약 300년)은 토라를 "더 높은 지혜"의 (불완전한) "대립상"(對立像)으로 본다: *Gen. R.* 17, 3 그리고 44, 17; H. F. Weiss, *op. cit.*, 289f.; L. Baeck, *Aus drei Jahrtausenden*, 1950, 153 각주 1을 보라. 그런 사변이 확대되는 데 있어서 영지주의의 사상이 침투하는 것을 두려워하여, 그것을 금지하여 막았다. Bill. 1, 977f.와 2, 307; M. Hag. 2, 1와 T.

마는 분명 토라의 배후로 후퇴한다. 가장 오래된 탄나임 전승에서 잠언 8:22f. 를 언급하며 이미 토라는 하나님께 가장 가까이 있는 선재하는 최초의 피조물로서 간주된다.[416] "지혜"는 "자신의 우주적인 기능들을… 토라에게 내어주었다."[417] 무엇보다도 비유들에서 토라는 직접적으로 "하나님의 딸"로 불린다. 여기서 우리는 이와 유사한 예로서 필로가 "지혜"를 "하나님의 딸"로, "로고스"를 "하나님의 아들"로 칭했던 것을 들 수도 있다.[418] 그러나 잠언 8:22f. 에 근거하는 것으로서 더 영향이 큰 것은 세상이 창조될 때에 토라의 역할에 대한 사상이었다:

> 랍비 아키바(R. 'Aqîba) 에게서 토라의 중재역할은 당연시되었고, 일반적으로 받아들여지는 교훈전승의 전제가 되었다: "이스라엘은 사랑받았다. 왜냐하면 그들에게 세상을 창조한 도구(כְּלִי)가 주어졌기 때문

Hag. 2. 1, 7(233f. 행)을 보라. 무엇보다도 이원론적인 명제들을 엄격하게 비난했다. O. Betz, *Abraham unser Vater, Festschrift für O. Michel*, 1963, 41f. ; H. F. Weiss, *op. cit.*, 79-86; 이원론에 대한 논쟁에 대해서는 324ff. 를 보라.

416) *S. Deut.* 11, 10 §37, Bill. 3, 256을 보라: 하나님은 모든 것 보다도(חביבה מכל) 토라를 더 사랑하셨다. 왜냐하면 그것은 잠 8:22f. 에 의하면 모든 것 이전에 창조되었기 때문이다. 또한 *S. Deut.* 32, 6 §309; 31, 14 §317 그리고 *Pes.* 54a *Bar.* 와 비교하라: 세계창조 이전에 창조된 7개의 것: 그것의 최정점에 토라가 있다. 성서의 증거들은 잠 8:22; 비교. Bill. 2, 353f. 와 4, 435f. ; G. F. Moore, *op. cit.*, 1, 266.

417) H. F. Weiss, *op. cit.*, 289.

418) Bill. 2, 355f. ; *Sanh.* 101a *Bar.* ; 비교. 더 상세한 것은 *Ex. R.* 30, 5; 33, 1; *Lev. R.* 20, 10; *Deut. R.* 8, 7; *Cant. R.* 8, 11 §2를 보라. 지혜가 하나님의 딸이라는 필로의 주장에 대해서는 *De fug. et inv.* 50(M. 533)과 더 상세한 것은 Leisegang, *PW*, 2. R. 3, 1033을 보라. 그리고 하나님의 아들 로고스에 대해서는 *PW* 13, 1074f. 를 보라. 또한 K. Schubert, *Judaica* 9, 1953, 76과 비교하라.

이다."[419] 오리게네스와 동시대인이었던 카이사레아(Caesarea)의 호사야(R. Hosaja)는 잠언 8:30을 다르게 해석할 가능성을 다음과 같이 요약했다: "아몬(אמון)은 건축사(אוּמָן)이다." 토라는 다음과 같이 선언한다: "나는 하나님의 숙련된 도구이다"(כלי אומנתו של הקבה). 왕이 궁전을 세울 때, 자신이 직접 그 일을 하는 것이 아니라, "건축사의 지식"(מדעת אומן)의 도움을 받아 세운다. 그리고 건축사는 차례로 계획을 하고 도면을 고안할 궁리를 한다. 바로 이 같은 방법으로 "하나님은 세상을 창조하실 때 토라를 보셨다"(מביט בתורה). 창세기 1:1의 시작은 여기에서 잠언 8:22의 "그의 길의 시작"(רֵאשִׁית דַּרְכּוֹ)에 비추어 '게체라 샤바'(*g^ezērā šāwā*, 역주. 유사한 단어가 사용된 다른 본문을 인용하여 해석하는 랍비들의 주석방법)로 해석되고, "태초에"라는 브레쉬트(בְּרֵאשִׁית)는 하나님이 세상을 창조할 때 도움을 준 "토라로 인하여"라는 의미에서 베호크마(בְּחָכְמָה)로 이해된다.[420] 랍비 호사야(Hosaja)는 그의 창조론 때문에 창조적이고 매력 있는 힘을 지닌 자

---

419) *'Ab* 3, 14, 비교. 랍비 엘리아잘 벤 사독(R. Eleazar b. Zadok)은 *S. Deut.* 11, 22 §48에 의하면 대략 기원후 100년경.

420) *Gen. R.* 1, 1; 이에 대해서는 Bill. 2, 356f.를 보라. 거기에는 더 광범위한 유사점들이 있다. *Tanch. B. B^erē'šīt* §5 fol. 2b(Bill. 3, 257)에 의하면 전승은 이미 150년경 랍비 예후다 벤 일라이(R. Jehudah b Ilai)에게서 왔다. Moore, *op. cit.*, 1, 266ff.; K. Schubert, *op. cit.*, 72; O. Betz, *op. cit.*, 37; L. Baeck, *op. cit.*, 162ff.; H. F. Weiss, *op. cit.*, 294 -300과 비교하라. 창 1:1과 잠 8:22에 대한 동일한 연결이 창 1:1의 〈예루살렘 탈굼〉(*Targ. Jer.* I)에 나타난다. 그곳에서는 "태초에 하나님이 창조하시니라"를 "지혜로 하나님이 창조하셨다"(בחוכמא ברא אלהים)로 번역했다. 최근에 발견된 〈네오피티 탈굼 I〉(*Targ. Neofiti*)에서 창 1:1은 더욱 고대의 것으로 기록되어 있다. A. Diez Macho, *SVT* 7, 1959, 232: מלקדמין בחוכמא ברא ממרא דיהוה. H. F. Weiss, *op. cit.*, 197f.를 비교하라. 잠 8:22와 토라와의 관계에 대해서는 Moore, *op. cit.*, 3, 82 각주 32를 보라: "관련된 언급들은 … 거의 무한적으로 많아진다." 창조의 때에 지혜(토라)가 중재했다는 관념은 최종적으로 고전 8:6; 히 1:2, 10 같은 진술들의 배경이 되는데, 이곳에서는 그리스도가 지혜를 대치한다.

로 여겨진다(Sanh. 67b).

무어(G. F. Moore)는 필로의 〈창조에 관하여〉(*de opificio mundi*)라는 글에 나오는 플라톤적 창조론에 병행되는 구들을 이미 지적했다. 여기서 필로는 κόσμος νοητός(지혜로운 우주)는 보이는 창조 이전의 정신적 모델로 창조되었다고 하는 반면, 랍비들은 토라를 창조물의 근거가 되는 완전한 모델로 언급한다. 필로는 이와 유사한 이미지로 창조주를 새로운 도시를 세우려고 건축사의 도움을 구하는 왕으로 비유하는데, 이 건축사는 모든 것을 정확한 계획에 의해 수행하는 도시건축사이다.[421] 슈베르트(K. Schubert)는 강조하기를, 거기에는 랍비단에서 이해하는 토라와 필로의 로고스 사이에는 뿌리 깊고 진정한 유사성이 존재한다고 한다.[422] 아마 랍비들은 직접적으로 필로에 의존한 것 같지는 않고, 차라리 더 이른 공통의 전승에 의존한 것 같다. 기원전 2세기와 1세기의 알렉산드리아와 예루살렘은 밀접한 관계가 있었고, 상호간에 영향을 줄 가능성들이 많았다.[423]

---

421) Moore, *op. cit.*, 1, 267: 비교. Philo, *Op. mundi* 15-25(M. 4), 비교. Plato, *Tim.* 27dff. 또한 비교. W. L. Knox, "Pharisaism and Hellenism," in: *Judaism and Christianity* 2, 1937, 75ff.; H. F. Weiss, *op. cit.*, 284. 그는 플라톤의 "원형-모사-사변"(*Urbild-Abbild-Speculationen*)과 *Tim.* 28a 5ff.를 가리킨다. L. Wachter, *ZRGG* 14, 1962, 36-56과 비교하라.

422) K. Schubert, *op. cit.*, 74ff., *Die Religionen des nachbiblischen Judentums*, 1955, 18ff.와 비교하라. *Op. mundi* 20과 24/5에 의하면 이 세계의 정신적인 원형은 하나님의 이성(λόγος)에 자리한다.

423) 기원전 1세기 초에 알렉산드리아로 도망가 그곳에 학교를 세운 예후다 벤 타바이(Jehuda b. Tabai)에 대해서는 *j. Hag* 77d 35ff. 행을 보라. 또한 *Sanh.* 107b; 요슈아 벤 페라야(Joshua b. Perahja)도 이와 유사한 언급을 했다. *Sota* 47a; 비교. 그리스역 '에스더서의 간기(刊記)'와 벤 시라의 서문을 보라. 더 상세한 지적에 대해서는 H. F. Weiss, *Klio* 43-45, 1965,

우주의 영역으로 옮겨진 이 '존재론적' 토라 이해의 결과들은 광범위하고도 심오했다: 벤 시라의 시대로부터 토라는 인간들을 비추는 정신적인 빛으로 이해되었다.[424] 토라는 영원히 지속되며[425] 측량할 수 없으며,[426] 또한 토라의 절대적인 중요성으로 인하여 완전한 '선'

322f. 를 보라.

424) 이것에 대해서는 S. Aalen, *Die Begriffe Licht und Finsternis*, 1951, 183ff. ; Bill. 2, 357을 보라. 이 개념은 이미 시락 45:7과 바룩 4:2; 묵시문학에서는 *4.Ezra* 14:20; *Syr. Bar.* 59, 2 등과 특히, *T. Levi* 14, 4; 19, 1에 나온다. 잠 6:23에 근거한 *S. Num.* 6, 25 §41: "빛(נֵר)은 명령이며 교훈(תּוֹרָה)의 빛이다." 우리는 또한 그것을 알렉산드리아에서 발견한다. 지혜 18:4를 보라: 이스라엘을 위해서 하나님은 "어두워지지 않는 빛인 율법을 세상에 주셨다." 또한 *Mek. Ex.* 19, 1(L. 2, 220)을 보라: "토라는 불이다. 불에서 나왔고 불과 닮았다." 더 상세한 것은 H. F. Weiss, *Kosmologie*, 87을 보라. 빛의 창조와 토라에 대해서는 *Gen. R.* 3, 1과 3, 5를 그리고 토라의 7권의 책에 대한 랍비들의 사변에 대해서는 *S. Deut.* 10, 35 §87을 보라. 이 모든 것은 아리스토불로스와 필로를 생각나게 한다.

425) 그래서 이것은 바룩 4:1의 지혜의 노래에 이미 나와 있다(2권 p. 191을 보라). 또한 에녹 99, 2; *4.Ezra* 9:37; *Syr. Bar.* 48, 47; 77, 15; 아피온 반박 2, 277: ἀθάνατος διαμένει; Philo, *Vit. Mos.* 2, 14(M. 2, 136)와 비교하라. Bill. 1, 245ff. 와 4, 1ff. 에서의 수많은 랍비문헌의 증거들을 보라. 앞으로의 세계에서는 예언서와 성문서, 또한 어떤 계명들과 금지명령들도 하찮은 것이 될 수 있다. 그러나 이것은 고작해야 토라의 해석형태를 바꿀 뿐이다. 토라 자체는 하나님 자신을 알리는 선재자로서 여전히 유효하다. 몇몇 곳에서는 하나님 자신(비교. 사 51:4)이나 메시아가 그것을 완전히 새로운 방법으로 해석할 것이라는 견해도 존재했다. 또한 H. J. Schoeps, *Paul*, 1961, 172ff. ; W. D. Davies, *Torah in the Messianic Age*, JBL Monograph Series 7, 1952, 50ff., 85ff. 를 보라. 이 세상의 구조가 새로운 세대에 바뀌는 것처럼 토라의 형태가 약간은 수정되어야 한다고 말하는 사람들도 있다. 메시아 시대에는 "새로운 토라"에 관한 교리의 징후들이 있는 것이 사실이지만, 이런 견해가 결코 명확히 표명되거나 인정되지는 못하고 있다. *op. cit.*, 85f. 를 보라. 랍비 이전의 유대교에서 "피조된 것의 규정"(*Ordnung des Geschaffenen*)으로서의 토라에 대해서는 M. Limbeck, *Die Ordnung des Heils*, 1971을 보라.

(善)으로 간주되었다.[427] 그래서 토라는 하나님과 세계 사이에서 창조와 계시의 중재자가 된다. 여기에서 순수한 영감의 교리나 더 나은 '중재' 교리가 발전하는 것은 당연하다: "토라 전체는 하늘에서 왔으며," 여기서는 어떤 구절도 배제할 수 없다.[428]

그런데 토라의 613개의 계명들과 금령들 역시 이런 식으로 개인의 영역을 넘어 '우주적' 중요성을 갖는다. 그것들은 신적인 창조질서와 구원질서를 "구체화된 형태로 표현"[429] 한다. 모든 계명들, 아니 모든 개개의 자음들까지 절대적인 중요성을 갖는다. 고의든 고의가 아니든, 계명 하나라도 위반하거나 토라를 필사(筆寫)하는 데 있어 글자 하나라도 누락시키는 것은 원칙적으로 토라가 지어놓은 신적인 세계구조에 대한 공격을 의미한다. 왜냐하면 "토라는 나뉠 수 없기 때문이다."[430]

---

426) *Pea* 1, 1a를 보라. 또한 비교. Bill. 1, 961.

427) 아키바(R. Akiba)는 '*Ab* 3, 14에서 잠 4:2를 언급하여 암시했다. 이와 동일한 구절을 '*Ab* 6, 3의 "그러나 토라 외에는 선한 것은 없다"를 인용했다. 또한 *Deut.* 11, 17 §43을 보라. 더 상세한 것은 Bill. 1, 809와 3, 238을 보라.

428) 비교. *Sanh.* 99a와 그것과 같이 가는 *Mishnah Sanh.* 10, 1. 또한 *S. Deut.* 1, 65, R. Akiba, *S. Deut.* 14, 7 §102; S. Num. 15, 31 §112의 토론들을 보라. Bill. 4, 435-451은 많은 예들을 제시한다. 오경은 하나님이 직접 모세에게 가르치거나 아니면 받아쓰게 하거나 그에게 주어서 베끼게 했다. 본직적 의미에서 영감은 "예언서"와 "성문서"에만 있다. 롬 7:17에 관한 Bill. 3, 238과 비교하라. *Ps. Arist.* §177과 §313도 율법의 기원이 직접 신에게서 나온 것을 알고 있다. 요세푸스도 마찬가지이다. 아피온 반박 1, 37; 에세주의에 대해서는 O. Betz, *Offenbarung und Schriftforschung*, 1960, 6ff., 14ff.를 보라.

429) K. Schubert, *Judaica* 9, 1953, 78. 개별적인 명령들의 중요성에 대해서는 D. Rössler, *Gesetz und Geschichte*, ²1962, 16f.; Bill. 1, 900f.; 4, 438f.를 보라. 그러나 H. F. Weiss, *op. cit.*, 287f.의 수정들과 비교하라.

430) E. Käsemann, *Exegetische Versuchhe* …, 1964, 2, 60.

랍비 메이르(R. Meir)가 이스마엘(R. Ishmael, 기원후 135년 사망)에게 와서 그에게 (토라) 서기관이라는 직책을 수여하면서 극도의 세심함이 필요하다고 하였다. "왜냐하면 만약 네가 문자 하나라도 누락하거나 더한다면, 너는 온 세상을 파괴한 자로 여겨질 것이다."[431] 랍비 시므온 벤 라키스(R. Simon b. Laqis, 3세기)에 따르면, 세상의 존속은 이스라엘이 토라를 받아들인 사실에 달려 있다. 그렇지 않으면 이 세상은 혼돈으로 되돌아갈 것이다(לתהו ובהו).[432] 엘리에제르 히르카노스(R. Eliezer Hyrkanos, 주후 100년경)가 기록한 것으로 거슬러 올라가는 《바라이타》(*Baraita*)에서는 예레미야서 33:25로부터 추론하기를, "만일 토라가 없었다면, 천지는 존재하지 않았을 것이다." "천지의 율법"(렘 33:25) 역시 토라의 구성요소이다(Ned. 32a). 랍비 반나야(R. Bannaja)는 잠언 3:19를 언급하며(2권 p. 151을 보라) 그 최종적 결과를 다음과 같이 표명한다(기원후 200년경): 세계는 "토라로 인하여"(בזכות תורה) 창조되었다.[433]

이로부터 나오는 논리적 귀결은, 율법을 둘러싸고 있는 울타리인 구전토라를 통해 계명들을 결의론적(決疑論的. *kasuistisch*)으로 보전할 뿐만 아니라,[434] 현재의 본문을 매우 정확하게 확정시키는 것이다.[435] 한

---

431) Bill. 4, 130에 따른 *'Erub.* 13a *Bar.* 비교. *'Ab* 6.3.

432) *Šab.* 88a par. AZ 3a, 5a. H. F. Weiss, *op. cit.*, 285를 보라.

433) *Gen. R.* 1, 4. 전체의 문제에 대해서는 H. F. Weiss, *loc. cit.*, parr. 각주 2를 보라. 비교. *Ass. Mos.* 1, 12; 제3부 각주 248을 보라.

434) 토라를 이루는 개개의 문자나 단어의 영원성에 관해서는 Bill. 1, 244f., 247ff.를 보라. 토라를 둘러싼 울타리에 대해서는 이미 언급한 "위대한 회당의 사람"(*'Ab* 1, 1)과 후대의 Akiba, *'Ab* 3, 13b를 보라. 더 자세한 것은 Bill. 4, 439ff.와 1, 691ff.를 보라. 비교. Cbrysippus, *SVF* 2, 38: 논리학은 윤리학이라는 정원의 담장.

435) 이미 *Ps. Aristeas*는 가능한 토라의 정확한 본문전승을 요구하고 있다: *Ps. Arist.* 30ff., 176ff.; A. Pellétier, *Lettre d'Aristée*, 1962, 119f.를 보라. 요세푸스도 이와 유사한 주장을 했다(아피온 반박 1, 29). G. Maier,

걸음 더 나아가 토라연구를 매우 중요시할 수밖에 없게 된다. 왜냐하면 계속적인 연구를 기초로 해야만 계명들을 올바로 준수하는 것이 가능하기 때문이다. 끊임없이 토라에 전념하라는 요구는 극단적인 형태로 강조되었고, 그리하여 〈조상들의 어록〉(*Pirqe 'Abot*)의 근거가 되었다.436) 토라연구에 전념함으로써 오는 세상에서 최상의 보상을 받는다는 관념은 당연한 것이었다. 또한 이 사실로부터 우리는 점점 확대되는 율법학자들의 정신적 영향력을 설명할 수 있다. 그들은 토라에 대하여 유일한 권위를 갖는 해석자이며, 토라를 바르게 이해하고 현세와 내세의 비밀을 풀 열쇠를 소유하고 있는 "현자"이다.437)

토라 서기관의 중요성은 헬레니즘적 신비사상의 표현에서 찾을 수 있다: 토라는 "그를 위대하게 만들고 모든 것 위에 그를 높인다" (*'Ab.* 6, 2a). 이 문장과 연결하여 민수기 21:19의 우화적인 재해석을 기초로 해서 랍비 여호수아 벤 레위(R. Jehoshua b. Lewi, 기원후 3세기 초)는 다음과 같이 말했다: "토라연구에 전념하는 자는, 보라! 더 높아진다. 왜냐하면 선물(מִמַּתָּנָה)에서 하나님의 유산까지(נַחֲלִיאֵל),

---

RAC[6], 1199ff.; J. Freudenthal, *Hellenistische Studien*, 75ff.; R. P. C. Hanson, *Allegory and Event*, 1959, 11ff.와 비교하라. 서기관이 준수해야 할 규칙에 관해서는 Bill. 4, 126ff.를 보라. S. Lieberman, *Hellenism in Jewish Palestine*, 1950, 20-46은 특히 "서기관"(*sôf'rîm*)의 본문비평적인 작업과 알렉산드리아 문헌학자 간의 유사점들을 지적했다.

436) *'Ab* 2, 8b; 2, 16; 3, 2b., 3f., 6f.를 보라. 그리고 6장 전체에 대해서는 *Pe'a* 1, 1b 등; Moore, *op. cit.*, 2, 239-247과 3, 192f.; Bill. 2, 185, 273; 4, 488a 등을 보라. 율법을 연구하는 것과 그것을 행하는 것의 관련문제는 다른 방법으로 판단된다. 그러나 행함의 전제조건으로서 토라를 연구하는 것을 더 높게 여기는 경향이 있다.

437) 눅 11:52; 마 23:13과 Bill. 1, 923과 비교하라. 그리고 하늘에서도 적용되는 '매고 풀 권세'; 1, 736ff., 742ff. "율법학자의 제자들"(*Gelehrtenschüler*) 조차도 매우 존경받는다. K. H. Rengstorf, *TWNT* 4를 보라.

그리고 하나님의 유산에서 높은 곳에 이르기까지(בָּמוֹת)"라 했기 때문이다.

토라가 인간의 지각, 그 모든 영역에서 절대적인 권위를 가지며 그 자체로 충분하다는 관념은 — 대중적인 관습과 실제적인 율법전승에서 유래한 — 바리새적·랍비적인 할라카 전승자료가 토라 자체로부터 나왔을 것이라는 생각을 하게 하였다. 이것은 알렉산드리아의 문헌학으로부터 물려받은 새로운 주석방법을 통해서 이룩되었는데, 이 주석의 도움으로 표면적으로 드러나는 토라의 모순 역시 제외된다.438) "예언자들"과 "성문서들" 가운데서 오경에 속하지 않은 정경적인 책들과 구전 토라는 간접적인 권위만을 갖는데, 왜냐하면 그것이 근본적으로는 모세에 의해 주어진 토라의 해석이기 때문이다.439) 그러므로 역사에 대한 모든 이해는 신적인 구원계시의 영역에서 배제된다. 토라는 모든 지식의 가치를 담고 있고, 다른 어떤 정신적인 작업도 토라의 연구를 제약하지 않아야 하기에, 그 가르침과 관련되지 않은 이방인의 저작, 특히 그리스 지혜와 접촉하는 것을 경멸하게 되었고, 실제로 부분적으로는 금했다.440)

---

438) 랍비적인 성서해석에 대해서는 E. L. Dietrich, *RGG*^{3} 5, 1515ff.; (Lit.); F. Maass, *ZTK* 52, 1955, 129-161을 보라. 알렉산드리아의 영향에 대해서는 G. Maier, *RAC* 6, 1195ff.; J. Freudenthal, *Hellenistische Studien*, 75ff.; R. P. C. Hanson, *Allegory and Event*, 1959, 11-36을 보라. 알렉산드리아의 문헌학에 대한 의존성에 대해서는 제3부 각주 433과 제2부 각주 180을 보라.

439) Bill. 1, 246f.; 4, 439f.; 443ff.; 446ff.: 예언서와 성문서가 가지는 계시의 본질에 대해서는 상이한 견해들이 존재한다.

440) Bil1. 4, 406ff., 411ff. T. AZ 1, 20(461행)은 전형적이다: 끊임없이 토라에 전심하라는 명령은 그리스어를 배울 시간을 주지 않는다. 또한 S. Lieberman, *Greek in Jewish Palestine*, 1942, 16, 24와 *Hellenism*, 100-14. 또한 R. Meyer, *Hellenistisches in der rabbinischer Anthropologie*,

그럼에도 불구하고 매우 다양한 자료에서 유래한 이방사상들이 유대교에 밀려들어왔는데, 이는 대중철학적인 관념에서부터 대중적 미신과 마술이라는 좀더 어두운 층에까지 이른다. 바로 이 마술은 토라가 우주적 의미를 가지고 있으며, 토라에 내포된 신비스러운 하나님 이름이 독특한 힘을 갖는다는 관념에 의해 더욱 조장되었다.441) 그러나 이런 이방의 영향들은 낯설게 느껴지지는 않았고, 도리어 이미 자국어로 번역되어 유대교 사상에 완전히 "융합되었다." 랍비들은 디아스포라 유대교에서처럼 결코 그리스 철학자들이 제시한 근거로 모세 율법의 진실성을 확보하려고 하지는 않았다. 그 디아스포라 유대교의

1937, 136ff. 를 보라. 또한 족장의 가족과 같은 귀족그룹 가운데에서는 당연히 자유분방한 태도도 있었다. *op. cit.*, 140; S. Lieberman, *Greek*, 17ff., 20ff. 를 보라. 이 책 제 2부 각주 158과 비교하라. 우리는 또한 광범위한 그리스어 지식(1권 p. 222를 보라)과 그리스 문학에 종사하는 것을 구별해야만 한다. 지식사회에서 상대적으로 높은 계층이 랍비주의적 엄정주의에 저항한 것은 예를 들어, 베트-쉐아림(Beth-Shearim)에 있는 저명한 유대인들의 무덤에 나타난 강력한 헬레니즘의 흔적에서 분명히 나타난다. 이것에 대해서는 Goodenough, *Jewish Symbols* 1, 89-102 등을 보라. 다른 한편 세기가 바뀌는 시점에서 이집트의 레온토폴리스의 유대인 비명들과 기원후 4세기 로마의 카타콤 비문들을 비교해 보면, 어느 정도 차이가 있었음을 알 수 있다. Frey, CIJ 2, Nr. 1451-1464와 1, Nr. 1-529를 보라. 하지만 교회가 인수하여 남겨놓지 않은 유대·그리스 문집이 없다는 것이 중요하다. 그리스·유대의 전승은 유대교 내에서 급진적으로 격리되었다.

441) Bill. 4, 405f. 와 408f. : J. Freudenthal, *op. cit.*, 67-74; R. Meyer, *op. cit.*, 여러 곳. 또한 *Tradition und Neuschöpfung*, BAL 110, 2, 1965, 35f. 와 비교하라. 거기에서 그는 이런 헬레니즘·동방세계의 교리들을 채용한 그룹은 바리새파의 현자들이라고 생각한다. 그것들의 시초는 이미 묵시적 하시딤 집단으로 거슬러 올라갈 것으로 보인다(2권 p. 220f. 를 보라). 더 상세한 자료는 S. Lieberman, *Hellenism*, 180-193: "랍비의 자연과학"을 보라. 유대 마술에 대해서는 제 3부 각주 851을 보라. 마귀론이 구약에서 퇴보한 것과 대조적으로 확장된 것은 혼합주의의 영향이 크다는 것을 나타낸다. Bill. 4, 501-535와 Trachtenberg, *op. cit.*, 25-77을 보라.

대표자로는 팔레스타인 사람이요, 자칭 바리새인이라 주장했던 요세푸스를 들 수 있겠다. 율법을 지속적으로 연구하라는 요구는 계명들을 지켜야 하는 영구적인 의무와 잘 어울렸다. 또한 경건한 자가 자신의 일상의 행위 전체를 토라에 일치시키고자, 개별적인 계명들 넘어 연장되는 끝없는 결의론적 토론을 수행하였다.

이러한 관점에서 보자면, 랍비적 특색을 갖는 경건한 유대인은 스토아주의자들과 같이 "세계법과 조화를 이루어 사는 것"에 항상 관심이 있다. 그들은 단지 율법이 내적인 규범이라기보다는 차라리 아주 꼼꼼하게 규정된 수많은 개별적인 요구사항들이라고 여긴다.[442] 그러나 토라가 "인간에게 들어와" 있다는 생각도 랍비들에게 낯선 것은 아니었다. 이 관념은 그들의 구체적이고 비유적인 사고방식과 조화를 이루어 탄나임시대 이래로 다양한 형태로 입증된다(창 1:27의 *Tg. Jer.* 1). 그러한 관념은 이를테면, 토라가 248개의 계명과 365개의 금지로 이루어져 있듯이 사람도 248개의 지체들과 365개의 혈관들로 구성되었다는 관점에서 명백히 표현되고 있다. 더 후대의 아모리(*amoräisch*) 전통은 이로부터 실천적인 결론을 도출한다: "개개의 지체(肢體)들이 인간에게 말한다. 내가 당신에게 간청하오니, 나를 통해 이 계명을 이행하소서."[443] 박식한 랍비들의 토라 존재론은 이렇게 토라의 "절대

---

442) 롬 2:14f. 는 이런 전도의 사명을 지닌 디아스포라 유대인의 관점에서 기록한 것으로 보인다. O. Michel, *Der Brief an die Römer*, [12]1963, 78ff. 을 보라. 다른 한편 랍비에게 있어 아담의 6개의 계명들과 노아의 7개의 계명들은 내적인 규범들인 아닌 "언약들"(*miṣwôt*)로 확고하게 틀을 잡았다. Bill. 3, 36ff. 를 보라. 하나님께서 시내 산에서 선재한 영혼들(Bill. 1, 342ff.) 혹은 태아에게까지(*op. cit.*, 3, 90) 토라를 가르치셨다는 견해에서 분명한 헬레니즘의 영향이 나타난다. 여기에서는 일종의 회상을 언급한다. 영혼들의 선재는 R. Meyer, *Hell.*, 49ff., 62f.; *Lev. R.* 34, 3에 의하면 힐렐이 이미 입증했다. 그러나 기원후 2세기에 이것과 반대되는 견해에 대해서는 E. Sjöberg, *TWNT* 6, 379를 보라.

성에 대한 주장… 그 시대의 철학적 학파들과 더불어 세계를 이해하려는 그들의 시도"와 함께 등장했다. 여기에서 법과 세계질서는 스토아 철학 못지않게 서로 일치한다.[444]

최근에 바에르(J. Baer)는 유대적・랍비적 사유와 그리스 철학 사이의 유사성에 관심을 기울였다. 그리하여 그는 초기시대의 《미쉬나》〈산헤드린〉(*Sanh.*) 4, 5를 지적했다: 하나님은 "첫 사람을 만드심으로 모든 사람을 빚으셨다." 여기에서 알렉산드리아의 필로의 "에이콘(*Eikōn*) 사상" 및 "튀포스(*Typos*) 사상"⑨과 유사한 내용이 발견된다.[445] 또한 그것에 앞서 거명된 비교점을 언급할 수 있는데, 이것에 의하면 인간 생명이 전멸됨은 "완전한 세계"(עלם מלא)가 전멸되

---

443) *Pesiq.* 101a, Bill. 1, 901e를 보라. *Makk.* 23b *Bar.*; *'Erub* 53b; Bill. 2, 687; 3, 448과 'AbRN 16, Bill. 4, 472b와 비교하라. 그러므로 토라는 본질적으로 하나의 통일체로 취급되어야만 한다. A. Nissen, *Nov Test* 9, 1967, 253ff. 그리고 M. Limbeck(제 3부 각주 425), 여러 곳을 보라.

444) K. H. Rengstorf, *TWNT* 4, 443. 또한 아피온 반박 2, 168ff. 와 비교하라. 여기에서 요세푸스는 그리스 철학이 피타고라스에서 스토아주의자에 이르기까지 모세의 가르침에 의존했음을 기술했다. 그에 의하면 모세와 철학자들의 유일한 차이는 이렇다: 철학자들은 얼마 안 되는 사람들에게 이야기한 반면, 모세는 전 백성에게 율법을 수여했는데, 이것은 그의 말과 행동이 완전히 일치했기 때문이라고 한다. 여기에 일상의 삶에서 율법을 인식하고 사람들에게 율법을 교육시키는 바리새주의적인 프로그램이 영향력을 행사한다. 또한 바리새주의와 스토아에 관해서는 J. Bergmann, *in Judaica, Festschrift H. Cohen*, 1912, 145-166; A. Kaminka, *REJ* 82, 1926, 233-252를 보라. 바울 또한 자신의 교의에 타르수스(Tarsus)의 스토아 철학자들과의 직접적인 접촉하여 스토아주의화되는 특징들은 거의 받아들이지 않았다(그래서 M. Pohlenz, *ZNW* 62, 1949, 69를 보라). 오히려 그리스어사용 회당에서 그것들을 받아들였다.

445) J. Baer, *Zion* 23/24, 1958/59, 22f. 또한 L. Baeck, *Aus drei Jahrtausenden*, 1958, 152f. 와 비교하라. *Gen. R.* 17, 5와 44, 17; 탈무드 문학에 나오는 εἰκών을 보라.

는 것과 같은 반면, 인간의 구원은 완전한 세계를 보존함에 해당한다. 여기서 인간은 소우주로서 대우주의 모사(模寫)이다(각주 480을 보라). 더욱 의미심장한 것은, 바에르가 랍비들이 토라를 이해하는 것을 플라톤의 로고스 해석과 관련시키고 있다는 점이다. 플라톤의 로고스처럼, 토라는 직공의 작품과 비교되어 살아 있는 유기체로 이해된다. 토라에 대한 변증법적인 토론은 학자들을 더 높은 세계로 고양시킨다. 필로는 율법을 신의 로고스와 동일시하는데, 율법에 전념하는 것을 이미 이런 의미로 해석했다.[446] 그렇다고 랍비들을 "플라톤 학파원"으로 만들 수는 없지만, 양자간에는 분명 어떤 유사성이 존재한다. 신의 창조계획인 토라에 지속적이고 철저하게 전념하는 것은, 토라에 철저하게 자신을 헌신하는 자들의 영혼을 신적인 세계로 가까이 데려간다. 그러므로 토라를 우주적으로 이해하는 것은 유대교 신비주의로 들어가는 관문이 된다.

따라서 우리는 이 율법이해가 하나님이 자기 백성들에게 역사적으로 계시한다는 구약의 관념이 변형됨을 의미하지 않는지 물어야 한다. 이 변형은 알렉산드리아의 유대교에서 아리스토불로스와 후대의 필로에게서 일어났던 것 못지않게 심오하다. 틀림없이 바리새 율법학자들은 자신들의 사상과 행동에서 헬레니즘 시대정신의 영향을 인식하지 않은 것 같고, 그리스 "철학자들"과 "에피쿠로스 철학자들"을 적대자들로 간주했다.[447] 그럼에도 불구하고 이런 영향력은 신적인

---

446) J. Baer, *op. cit.*, 141-160. 영어 요약 II/III.

447) 특별히 *Lam. R.*, *Einl.* II을 보라: 발람(Balaam)과 가다라(Gadara)의 오에노마우스(Oenomaus, 이 책 제2부 각주 187을 보라)는 가장 위대한 "철학자들"이다. "철학자들"과 벌인 논쟁들은 특별히 그리스문화에 개방된 가마리엘(R. Gamaliel) 2세가 기록했다(이 책 제2부 각주 158을 보라): AZ 3.4; b. AZ 54b를 보라. 더 상세한 것은 Bacher, *op. cit.*, 1, 76ff.; *Gen. R.* I, 9를 보라. 또한 *Gen. R.* II, 6f.; 20, 4f.; *T. AZ* 6, 7(469행); *T. Sebu* 3, 6(449f. 행) 그리고 크라우스(S. Krauss, *Lehnwörter* 1,

세계질서와 개인적인 삶의 규범을 토라를 통해 결합하는 것은 물론, 완벽하고 지속적인 토라연구를 끊임없이 무조건적으로 강조하는 것에서도 나타났는데, 이는 토라연구가 종교적 · 도덕적 행동에 대한 오직 확실한 근거가 되기 때문이었다. 교사와 학생 간의 관계는 사제(師弟) 간의 전통을 이어나갔던 그리스 철학파들과 유사하게 형성되었다(1권 p. 287f. 를 보라). 거룩한 문서들 전체가 하나님이 직접 주시거나 그의 영감으로 된 신성불가침적인 하나의 몸체라는 관념과 구별된 주석방법의 발전, 그리고 마지막으로 하시딤과 묵시적 유산에 의존했던 우주론과 인간론, 종말론의 모든 영역으로 풍부한 이방적인 견해들이 수용될 때에도 헬레니즘의 영향력은 발휘되었다.[448] 디아스포라 유대교는 그 위상이 부각되고 선교적인 경향이 강화되었기 때문에, 모세의 율법을 윤리적으로 해석하여 그것의 보편적 효력을 계속 강조했다.

이것과는 대조적으로,[449] 랍비단에서는 매우 중요한 예외사항들 몇

446f) 의 연구와 비교하라. "에피쿠로스"(*Epikuräer*) 란 명칭은 이미 《미쉬나》 *Sanh.* 10, 1b 와 *'Ab* 2, 14a에 나오며 아마도 유대의 "자유사상자"(*Freigeist*) 를 뜻하는 것 같다. 이것에 대해서는 A. Marmorstein, *REJ* 54, 1907, 181-193을 보라. S. Krauss, *op. cit.*, 2, 107f. ; W. L. Knox, in: *Judaism and Christianity* 2, 74; E. Bi(c)kerman(n), *RB* 59, 1952, 47 각주 a와 비교하라. 이 용어는 기원후 1세기 사두개인과 바리새인간의 논쟁에서 유래했다. 또한 요데고데시 10, 277f. 그리고 행 17:18과 비교하라.

448) R. Meyer, *Hell.*, 15-133 여러 곳; W. L. Knox, *op. cit.*, 76ff. 또한 Baer, *Zion* 23/24, 1958, 3-34; 141-165를 보라.

449) 미래의 "세계법"(*Weltgesetz*) 인 율법의 보편성에 대해서는 *Sib.* 3, 757f. 를 보라. 비교. 772. 또한 구원을 가져오는 자로서의 유대인들: 롬 2:17ff. ; *Sib.* 3, 194f., 582ff. 유대지역의 전도의 성공에 관해서는 Philo, *Vit. Mos.* 2, 17-31(M. 2, 13) ; 아피온 반박 4, 123, 281ff. 를 보라. 또한 Moore, *Judaism* 1, 323-353; F. Hahn, *Das Verständnis der Mission im*

가지를 제외한다면,[450] 토라가 오직 이스라엘을 위해서만 계시되었다는 것을 강조했다. 한때 하나님으로부터 토라를 부여받았던 이스라엘은 토라를 거부했다.[451] 온 백성을 토라로 교육시키려는 목적(1권 p. 283ff. 을 보라) 또한 여기에 근거하는데, 그러한 운동은 고대 세계에서는 유일했을 것으로 보인다. 물론 토라는 토라학자들이 아닌, 모든 이스라엘인에게 주는 하나님의 선물이었다. 이렇게 점점 외부인들과 지적으로 고립됨에도 불구하고, 더 넓은 계층의 백성에게 '교육'을 관철시켜야 했던 본질적인 이유는, 모든 민족적 재앙을 통과하고도 유대인 공동체와 그들의 종교를 보존하기 위함이었다. 다른 한편,

---

N.T., 1963, 15ff. Bousset/Gressmann, 80-85; 후대의 M. Simon, *Verus Israel*, 1948, 315-355를 보라: 랍비의 태도는 일정하지 않았다(318ff.). 또한 후기, 1964, 482ff. (Lit.)와 비교하라.

450) 예를 들면, Hillel, *'Ab* 1, 12b와 *Sanh.* 31a *Bar.*와 비교하라. 또한 그의 손자 시몬 가마리엘(Simeon b. Gamaliel)과 1, 2에 관한 *Lev. R.* 2, 9, 혹은 아디아베네(Adiabene) 왕실이 유대교로 개종한 것은 유대고대사 20, 17-96. 그러나 Bill. 1, 924ff.에 의하면 기원후 70년 팔레스타인의 지식인들에게서 개종자를 얻으려는 관심은 눈에 띄게 줄어들었다. 대략 기원후 139/40년경 안토니우스 피우스(Antoninus Pius)가 관용령(*Dulungsedikt*)을 선포함에 따라 개종권유(*Proselytismus*)는 실제적으로 금지됐고, 할례는 단지 유대인에게만 허용되었다. J. Juster, *Juifs* 1, 254ff.를 보라. 그러나 로마 당국자들은 관대했다: M. Simon, *op. cit.*, 325ff.를 보라. 개종자들이 메시아 시대에 받아들여지는가에 관한 논쟁에 대해서는 Bill. 1, 927b과 929; K. G. Kuhn, *TWNT* 6, 737f. (Lit.)를 보라.

451) Mek. Ex. 20, 2(L. 2, 234ff.)를 보라. 이방인들은 7개의 인식론적 계명들을 지키지 않았다. 토라는 더 말할 나위도 없었다(236). Bill. 8, 38f.의 더 상세한 보기들을 보라. 심지어 메시아시대조차도 토라에 복종한 이방인들은 메시아에게서 토라를 배우지도 못하고, 단지 30개의 계명들 중 하나를 선택할 수 있을 뿐이다: *Gen. R.* 98, 9를 따른 W. D. Davies, *op. cit.*, 76f.를 보라. 그러나 이것은 후대의 특별한 견해이다. 랍비단은 메시아 시대에 민족들에 관한 문제나 그들과 토라와의 관계에 대해 특별히 관심이 없는 것 같다.

그들은 역사 속에서 자유롭게 행동하시는 하나님이라는 의미를 상실했는데, 이는 하나님의 역사적 행동이 종말론적 관점으로 후퇴되어 "마지막 일들에 관한 교의"로 정착되었기 때문이다. 이제 토라는 "근본적으로 비역사적인 총체"가 되었다.[452] 야브네(Jabne) 이후 랍비단이 마침내 팔레스타인 유대교에 대한 통치권을 얻는 순간, 거의 천 년을 이어온 이스라엘과 유대교의 역사서술의 전통은 끝나게 된다. 묵시문학조차도 점차 몰락하고, 그 자리에 유대교 신비주의가 나타나게 되었다. 랍비들의 지도하에서 경건한 유대인은 자신으로서는 측량할 수 없는, 바로 그 하나님의 지혜 자체를 포괄하는 토라에 만족하였다.

452) D. Rössler, *Gesetz und Geschichte*, 21962, 42. 실제로 거기서 묵시전승들은 배제된 것은 아니지만, 보존되고 길들여졌다.

제 6 장

하시딤과 유대교 묵시사상의 첫 번째 절정

1. 헬레니즘적 개혁시기의 유대 당파(黨派) 하시딤

우리는 기원전 167/166년 마카베오 봉기 초기에, 아마도 세분화된 유대교의 한 당파[453]로 규정할 수 있을 "경건한 자들의 모임"(συναγωγὴ

---

453) 비교. 1마카 7:13과 2마카 14:6f.; 더 늦은 *Ps. Sal.* 17, 16의 συναγωγαὶ ὁσίων. 1마카 2:42를 회당을 의미하는 'συναγωγὴ' Ἰουδαίων'(유대인들의 모임)으로 읽어야 한다는 K. D. Schunck, *Die Quellen der* 1. u. 2. Makk., 60f.의 견해는 개연성이 대단히 떨어진다. 이것이 "종교의 자유를 위해 싸우는 모든 백성"을 의미한다는 L. Gulkowitsch, *Die Entwicklung des Begriffs Ḥasid im A.T.*, Acta et Comm. Univ. Tartuensis B 32, 4, 1934, 29의 가설도 마찬가지이다. Ḥasīdīm을 일반적인 의미로 단지 경건한 유대인을 의미하는 것으로 이해하여 본문의 명확한 진술을 간과했던 M. Schlössinger, *JE* 6, 251, M. Burrows, *The Dead Sea Scrolls*, 1955, 274; J. O. Dell, *RQ* 3, 1961/62, 257을 보라. "철저히 이질적인 유대인의 집단들"이라고 추측하는 R. Meyer, *TWNT* 7, 39 각주 27(또한 *Tradition und Neuschöpfung*, BAL 110, 2, 1965, 16)의 견해도 마찬가지이다. 이것에 반대한 O. Plöger, *Das Buch Daniel*, 1965, 30의 주장은 올바르다: "확고한 공동체로 특징지어진다." 또한 K. Schubert, *Die Gemeinde vom Toten Meer*, 1958, 33ff.; Abel/Starcky, 56-59; W. Grundmann in: *UU* 1, 220-234와 비교하라. 상세한 것은 O. H. Steck, *Israel und das gewaltsame Geschick*, WMANT 23, 1967, 205ff.를 보라.

'Ασιδαίων = עֲדַת חֲסִידִים 혹은 아마도 קְהַל חֲסִידִים 1마카 2:42)을 발견하게 된다. 이들은 마타디아스와 그의 아들들과 더불어 유대교 신앙을 지키려는 투쟁에 합세하기로 결단하였다. 이 동맹을 주도한 것은 마카베오 가문이었는데, 이들은 이 강력한 집단과 연결함으로써 전투력을 강화하려고 했을 것으로 보인다.454) 이 모임은 당시 이미 견고하게 조직된 것으로 보아, 적어도 그때보다 몇 년 전에 형성되었을 것 같다. 우리는 여기에서 '에센파'라는 이름과 그들이 형성된 역사에 대한 암시를 얻을 수 있다: 이들에 대한 명칭은 아마도 '경건한'이라는 의미의 히브리어 하씨드(חָסִיד)에 해당하는 아람어 하쎄(חֲסֵא)에서 나왔을 것으로 보인다. 이것의 절대형 복수는 하쎈(חַסֵּין = 'Εσσηνοί)이며, 한정형 복수는 하싸야(חַסַּיָּא = 'Εσσαῖοι)이다. 이 추측은 필로가 '호시오이'(ὅσιοι)를 '에싸이오이'('Εσσαῖοι)로 번역한 것과 바르 코흐바(*Bar-Kochba*) 시대에 나온 편지의 단편을 통해 좀더 강화되는데, 이 단편은 아마도 쿰란의 터를 "경건한 자들의 요새"(מצד חסידין)로 부르고 있는 것 같다.455) 이는 에센파가 하시딤에서 기원했다는 것을 암시한다.456) 우리는 쿰란 공동체의 〈다마스쿠스 문서〉로부터 에센파

---

454) O. Plöger, *Theokratie und Eschatologie*, 16f.; 마타디아스(Mattathias)의 언약, 1마카 2:67 그리고 유대고대사 12, 284와 비교하라. 그러나 Tcherikover, *HC*, 196ff.가 추측하는 것처럼 그들이 그리스어사용 유대인에 대항하여 무장봉기를 일으킨 자들일 개연성은 적다.

455) 그 기원에 대해서는 *Schürer* 2, 655를 보라. R. Meyer, *TWNT* 7, 39 각주 27; *Tradition*, 17f.와 비교하라. G. Vermes, *RQ* 2, 1959/60, 427ff.는 해석의 다양한 시도들을 연구한다. 그러나 "치료자"(אסיא)에서 파생하였다는 자신의 주장은 받아들여지지 않는다. 필로에 관해서는 *quod omnis* 91 (M. 2, 459)를 보라. 바르 코흐바(*Bar Kochba*) 시대의 편지에 대해서는 DJD II, 1961, 163 각주 45, 6을 보라. 뤼거(Rüger) 박사는 페쉬타(Peshitta)는 ܚܣܝܐ를 종종 חָסִיד로 옮긴다고 내게 지적해주었다: 비교. 신 33:8; 삼상 2:9; 미 7:2; 시 16:10; 18:26; 잠 2:8.

의 전사(前史)에 관해 좀더 자세한 것을 알 수 있다. 이에 의하면 하시딤을 상징하는 표현으로 추정되는 "심은 뿌리"라는 모임은 '의의 교사'가 출현하기 20년 전, "분노의 때"에 출현한 것으로 여겨진다. '의의 교사'와 그의 추종자 대다수는 요나단이 기원전 152년 대제사장직을 차지하자 틀림없이 예루살렘 성전과 관계를 끊고 실제적인 에센파 운동을 시작했을 것이다. 그러므로 우리는 이 '경건한 자들'이라는 모임의 태동시기를 더 분명하게는 기원전 175~170년 사이로 설정할 수 있으리라. 이때는 예루살렘에서 헬레니즘적 개혁이 절정에 이르렀을 때였다.457) 마카베오 시대에 유다 마카베오가 죽기 전에 기록된 '동물환상'과458) 아마도 이보다 좀더 일찍 기록되었을 '주간묵시'는

456) 이미 18세기에 나온 결과로 S. Wagner, *Die Essener*, 1960, 85-88을 보라. 더 상세한 것은 Jackson/Lake, *The Beginnings of Christianity* 1, 1920, 87-89; Bousset/Gressmann, 457; Oesterley, *Hist.* 2, 316f.를 보라. 또한 K. Schubert, *op. cit.*, 36ff.와 비교하라.

457) CD 1.5-12(인용. 327f.를 보라). "심은 나무"에 대해서는 사 60:21과 에녹 93,5; 직접적으로 Qumran 1QS 8.5; 11.8; 1QH 6.15; 8.6ff.를 보라. R. H. Charles, *Apocrypha* 2, 800은 여기에서 하시딤을 지적한다. '의의 교사'의 임명에 대해서는 G. Jeremias, *Der Lehrer der Gerechtigkeit*, 1963, 71ff., 76을 보라. "심은 나무"의 근원에 대해서는 제 3부 각주 741을 보라. 이와 유사한 J. T. Milik, *Ten Years of Discovery*, 1957, 58f. 그리고 Abel/Starcky, 56-59는 예루살렘의 "안티오키아" 설립을 그 형성의 원인으로 본다. 또한 O. Plöger, *Theokratie und Eschatologie*, 138과 비교하라.

458) 에녹 83-90장; 무엇보다도 90, 6-19와 비교하라: 미가엘이 유다를 도우면, 그때에 종말이 온다. 이것에 대해서는 다음을 보라: Charles, *op. cit.*, 2, 170f., 257; *The Book of Enoch*, 1912, LIII 180ff, 206ff; H. H. Rowley, *The Relevanc of Aapokalyptic*, [3]1950, 54, 59f.; S. B. Frost, *Old Testament Apocalyptic*, 1952, 173ff.; K. Schubert, *BZ* NF 6, 1962, 192 각주 56. 그 환상들은 틀림없이 마카베오 시대에 속한다. 히르가노스 1세 때에 '경건한 자들'은 더 이상 마카베오 가문을 이런 식으로 찬미하지 않았을 것으로 보인다(90, 9ff.). 쿰란에서 발견된 단편에 대해서는 T. Milik, *op. cit.*, 33; C. Burchard, *Bibliographie* 2, 1965, 333f.를

에녹1서의 두 권의 묵시적 역사적 개괄을 보여주는데, 이들 역시 이 시기에 결합되었다는 것을 암시한다.459) ⑩

이 '경건한 자들'은 두 가지 면에서 유대종교에 중요하다. 우선 가장 초기에 기록된 원래의 '묵시'의 저자들은 이 그룹에 속한다고 추정된다. 여기에는 다니엘서의 저자가 속하는데, 안티오코스 4세가 죽기 전이며 성전제사가 다시 봉헌되기 전이었던 기원전 164년 마카베오 가문의 독립투쟁이 절정에 달하는 동안에 형성되었다. 그리고 대략 이와 같은 시기이거나 혹은 다소 늦은 시기에 기록된 에녹1서의 가장 오래된 부분들을 들 수 있다. 제 4번 쿰란동굴에서 나온 다니엘서 단편들에 관한 발굴 전체가 보여주듯이, 다니엘서에서는 단지 하나의 책만이 아니라, 일련의 작품들이 다루어지는데 에녹1서처럼 그 배후에 아마도 하나의 학파가 존재할 것이다.460) 두 번째로 하시딤은 후

보라. J. T. Milik, *HTR* 64, 1971, 358f. 의 기원전 164년을 비교하라.

459) 에녹 93,1-10과 91,12-17; 비교. 특히 93,10; 이것에 대해서는 R. H. Charles, *Apocrypha* 2, 171; Enoch, LIII 228ff. 를 보라. 여기에서는 박해에 대한 모든 언급들이 나오지 않기 때문에, 종교적 박해 직전시기로 거슬러 올라갈 것으로 보인다. 로울리의 반대는 이런 가능성을 배제하지 않았다(Rowley, *op. cit.*, 83).

460) 다니엘에 대해서는 O. Plöger, *op. cit.*, 19ff., 27ff., 33; *Daniel*, 30; H. Ringgren, *Israelite Religion*, 1966, 333ff.; M. Noth, *GI*[3], 354f.; L. Finkelstein, *The Pharisees*, [3]1962, 1, 154f.; 2, 592; A. Jaubert, *La notion d'Alliance*, 1963, 74f. 를 보라. 또한 E. W. Heaton, *Daniel*, 1956, 24와 비교하라. 그러나 20ff., 42ff. 에 관해서 그는 다니엘과 벤 시라를 너무 가까운 시기에 놓는다. 비평에 대해서는 N. W. Porteous, *Daniel*, 1965, 15f. 와 D. S. Russell, *The Method and Message of Jewish Apocalyptic*, 1964, 16, 49를 보라. 다니엘서의 연대 설정에 대해서는 A. Bentzen, *op. cit.*, 8; E. Bickermann, *GM*, 144를 보라: 그는 성전봉헌이나 안티오코스 4세의 동방원정을 알지 못했다. 그가 말한 마카베오 봉기의 "작은 도움"을 전제로 하면, 시기의 하한(下限)은 기원전 165년이며, 상한(上限)은 167년 말이다. 4Q의 다니엘서 외경 단편들에 관해서는 J.

기성서시대 유대교의 가장 중요한 두 종교그룹 **바리새파**와 이미 언급한 **에센파의 공통의 뿌리로 여겨진다.** 461)

T. Milik, *RB* 63, 1956, 411-415를 보라.

에녹에 대해서는 R. H. Charles, *Enoch*, XLIIff.; D. S. Russell, *op. cit.*, 51ff.; Eissfeldt, *Einl.*[3], 838ff.; K. Schubert, *BZ* NF 6, 1962, 190 각주 53을 보라. 83-90장과 93, 1-10 + 91, 12-17(제 3부 각주 463/4를 보라)를 제외하면, 다음의 부분들은 아마도 에센과 하시딤 이전의 것 같다: '천사의 책'(*das angelogische Buch*) 12-36장과 더 이른 '노아의 책'의 부분들, 비교. 6-11장; 54-55, 2; 65-69, 25; 106f., *Jub.* 10, 13; 21, 10과 7, 2ff.는 그것들을 전제하고 있으리라. 91-104장의 '권면의 담화'(*Mahnreden*)에 대해서는 제 3부 각주 600을 보라. '천문학의 책'(*das astronomische Buch*) 72-82장은 확실히 에센적인 특징을 갖는다: 제 3부 각주 806을 보라. '비유의 책'(*Bildreden*) — 혹은 더 이른 '노아의 책'에 삽입된 것들 — 은 56, 5가 파르티아인(人)이 침입했다는 것을 전제로 하기 때문에 기원전 1세기의 상반기에 나온 것 같다. '비유의 책'은 별도로 하고 모든 부분들은 쿰란의 문헌 1Q(노아)와 4Q에서 입증된다. C. Burchard, *op. cit.*, 2, 333f.를 보라. P. Grelot, *RSR* 46, 1958, 18f.에 의하면 *Jub.* 4, 17-22는 '비유의 책'을 제외한 에녹1서의 모든 부분을 전제한다. 〈희년서〉는 기원전 1세기 상반기에 기록된 것으로 여겨지는 〈다마스쿠스 문서〉에서 다시금 언급되고, 쿰란 단편들에서 9번 나왔기에(Burchard, *op. cit.*, 2, 333; O. Eissfeldt, *op. cit.*, 823f.를 보라), 아마도 그 기원을 에센파에서 찾아야 할 것 같고, 테스투츠(M. Testuz, *Les idées religieuses*, 1960, 33, 39)의 견해를 따라 형성시기를 기원전 2세기 말로 설정한다. 장베르(A. Jaubert, *op. cit.*, 86ff.)와 슈텍(O. H. Steck, *op. cit.*, 158f.)이 〈희년서〉의 연대를 에센파 형성 이전으로 잡은 것은 설득력이 없다. 왜냐하면 23, 16-26이 마카베오 후기에 계속하여 반전한 것은 암시하고 있기 때문이다(2권 p. 352를 보라). 다른 한편 이와 유사한 〈창세기 외경〉은 덜 엄격하고 더욱 관대한 태도로 보아 마카베오 이전 시대까지 거슬러 올라갈 정도로 더 오래된 것 같다. 이와 유사한 쿰란 문서들은 더 상세히 알기 위해서는 O. Eissfeldt, *op. cit.*, 901ff.를 보라. 에센과 하시딤 전승의 경계선을 결정하는 것은, 서로 다른 견해가 충돌하기에 종종 어려움에 처한다. 에녹의 철저한 연구를 위해서는 J. T. Milik(제 3부 각주 458), 333-378을 보라.

461) 하시딤과 바리새인과의 관계에 대해서는 특히 R. Meyer, *Tradition*, 18ff.

플뢰거(O. Plöger)는 하시딤의 역사가 좀더 오래된 것으로 생각하는데, 민족의 고난을 지나면서 더욱 밀접하게 형성된 그룹들의 연합 시기를 넘어 3세기, 아마도 페르시아시기까지 올라가리라고 설득력 있게 설명했다. 하시딤은 제사장적인 위계질서와 부유한 평신도 귀족정치를 통하여 구현된 '공적인 성격의' 유대교에 어느 정도 반대했을 것으로 생각된다. 이러한 유대교는 종교제의와 토라를 통한 하나님 임재에 만족하였으며 예언적·묵시적 사상을 불신하였다. 그러나 예언자들의 종말론적 전승은 평범한 사람들이 더 소중히 여긴 '경건한 자들'의 비밀스런 집회에서 전해져 확대되었다.[462] 기원전 3세기 중

를 보라. W. Grundmann, *UU* 1, 269와 비교하라.

462) O. Plöger, *op. cit.*, 34f., 37ff., 56-68. 그러나 그는 여기서 "신정통치"의 종교제의적 이상에 대한 대립을 전체적으로 너무 강조하고 있다. R. Tournay, *RB* 68, 1961, 444f.의 비평을 보라. 그 갈등은 기원전 3세기 하반기 이래 제사장들의 귀족정치가 헬레니즘화로 기울어감으로 비로소 실제로 격렬해졌던 것 같다. L. Finkelstein(*op. cit.*, 색인 2, 980)은 하시딤의 연대를 바리새인들의 전단계로 멀리 포로기 이후의 시기로 되돌려 놓는다(비교. 3판의 서문, LXVff.). 하지만 'Hasidean'이라는 개념을 정립함에서 "초기의 하시디안들"(*early Hasideans*, CXff.)과 "새로운 하시딤"(*new Hassidim*. 2, 593)을 서로 유사하게 설명하지 않고 구분하듯이 구별해야 했다. 게다가 그는 묵시문헌과 에센파의 문헌에는 주의를 너무 기울이지 않는 반면, 사회학적인 배경을 너무 강조하며, 마지막으로 초기의 '경건한 자들'과 후대의 바리새 당파 간의 차이를 거의 두지 않는다. 이미 언급한 다음의 논평들을 보라: R. Meyer, *OLZ* 44, 1941, 70ff.; P. Winter, *RQ* 4, 1963/4, 592ff. 다른 한편 우리는 묵시사상과 할라카의 형성이 어떤 근본적인 반론을 가져온 것은 아니라는 점에서 핀켈슈타인의 견해(XLIXf.)가 옳다고 할 수 있겠다. 가장 좋은 보기는 에녹의 주기(*Henoch-Zyklus*, 역주. 에녹1서에 나오는 역사의 주기로서, 이를테면 '10주간'의 묵시나 '이레'와 같은 시간적 개념을 지칭함)와 밀접한 관계가 있는 〈희년서〉(그리고 〈열두 족장 유언서〉의 '레위유언')이다. 그러나 핀켈슈타인(CIIff.와 2, 641ff.)은 그 연대를 너무 이르게 설정한다. 또한 쿰란의 〈다마스쿠스 문서〉의 할라카와 J. M. Allegro, *JSS* 1961, 71-73이 발표한 에센파 할라카의 단편들을 지적할 수 있다. 다른 한편으로, 묵시적인

반부터 제사장 상류층과 평신도 귀족층 상당수가 특히 “비종말론적인 태도로 인하여 더욱더 방향성을 잃고” 헬레니즘에 동화되자,[463] 이제까지 자유롭게 결합하고 있었던 이 그룹들이 묵시적 사상들을 형성시켰는데, 이 묵시사상은 그후 안티오코스 4세하의 박해시기에 갑작스럽게 빛을 보게 되었다. 케할 하시딤(קְהַל חֲסִידִים)이 등장하는 시편 149:1과 같은 개별적 시편들이 하시딤(חֲסִידִים)에 관련되었을 수 있다는 것은 이 ‘경건한 자들’의 비밀집회가 좀더 이른 시기에 활동했음을 의미한다. 비록 종종 그랬던 것처럼, 이 시편들이 마카베오 봉기시기에 시작되었다고는 할 수는 없지만 말이다.[464]

하시딤은 무엇보다도 샌더스(J. A. Sanders)가 출판한 제2번 쿰란동굴에서 나온 〈지혜시편〉에서 언급되는 것처럼 보인다.[465] 여기에서

사색이 바리새인에게 나타난다. 아래 461f. 를 보라. 그리고 많은 증거들에 대해서는 M. Zobel, *Gottes Gesalbter*, 1938을 보라. 그 문제에 대해서는 J. Klausner, *The Messianic Idea*, 1955, 391ff. 을 보라. W. G. Kümmel, *Heilsgeschehen und Geschichte*, 1965, 450과 비교하라. “묵시적” 율법이해와 S. B. Frost, *op. cit.*, 125f. 가 강조한 바리새주의적인 율법이해 간의 근본적인 대립이 이런 식으로는 나타나지 않는다. 하시딤과 그 이후의 에센파는 이들의 더욱 엄격한 할라카를 통해 정확하게 바리새인과 구별된다. 그 할라카는 오직 세상으로부터 격리되어 공동체적 삶을 이룸으로써만 이룰 수 있다. 이른바 왜 “묵시”가 할라카를 포함하지 않는가는 그 내용에서가 아니라 형식으로 알 수 있는 대목이 여기이다. A. Nissen, *Nov Test* 9, 1967, 260ff. 와 비교하라.

463) O. Plöger, *Theokratie und Eschatologie*, 58ff. (인용은 59).

464) “마카베오적인” 시편의 가능성을 부정하는 P. R. Ackroyd, *VT* 3, 1953, 131f.; H. J. Kraus, *Psalmen* 1, 1960, XVII, 550f. 와 2, 966; O. Eissfeldt, *The Old Testament*, 447f. 를 보라. “경건한 자들”이 7번이나 언급되는 시편 149장에 대해서는 V. 1, 5, 9를 비교하라. 이 시는 시편에서의 위치로 보아 후대의 것으로 보이므로, 기원전 3세기에 “하시딤 이전”의 집단에서 생긴 것으로 가정할 수 있다.

눈에 띄는 것은 다음과 같은 요구이다:

그분의 구원을 선포하기 위하여 너희는 공동체로 결집하라(החבירו יחד להודיע ישעו). 그의 능력을 알리는 일에 태만하지 말라"(4절).

이 시편에 따르면 '지혜'는 더 이상 비의(秘儀) 집단의(*esoterisch*) 전유물이 아니라, 평범하고 교육받지 못한 사람들에게 야웨의 영광을 선포하기 위해 주어진다. 왜냐하면 하나님을 찬양함이 희생제사 만큼이나 중요하기 때문이다. 여기서 지혜는 "의인"과 "경건한 자들의 모임"(קהל חסידים)만이 소유할 수 있으며, 지혜는 그들이 함께 식사할 때 임재한다(12f절). "타락한 자들"(רשעים)과 "교만한 자들"(זדים)에게는 지혜가 없다. 이방인의 손에서 겸손한 자를 구원하는 것과, 하나님이 이스라엘을 제외한 이방민족들을 심판하실 것에 대한 암시는466) 이방인 통치자에 대한 위협을 통하여 분명히 표명된다. 언어와 문체에서는 아직도 쿰란의 전형적 특징이 결여되어 있고 벤 시라와의 유사성들이 눈에 띈다. 물론 벤 시라에게는 비밀스러운 결사체나 선교적 열성주의도 거의 나타나지 않지만 말이다. 이것을 편집한 샌더스가 이 글을 "아마도…'분리의' 시기에 생겼을 원래 에센파의(*proto-Essenian*) 특징과 하시딤적인 특징"이라고 규정했는데, 이는 정당한 것으로 보인다.467) 이 시편은 '경건한 자들' 역시, "토라에 대한 명상"(שיחתם בתורת עליון 14절)에 중점을 두고 있었던 자신들만의 "지혜학파"를 가지고 있었다는 점을 분명히 보여준다. 이 두루마리의 다른 — 비정경적 — 시편들에서도 하시딤(חסידים)이라는 용어는 여러 번 나타난다. 시온을 노래하는 시편의 한 구절은 묵시적 요소를 암시한다:

---

465) DJDJ IV, 64ff., 11QPs[a] 154. 비교. D. Lührmann, *ZAW* 80, 1968, 87-98.

466) 여기 시리아 본문 ܡܢ ܐܝܕܐ ܕܢܘܟܪܝܐ에 해당하는 히브리어는 아마도 מיד זרים로 읽어야 할 것으로 보인다. M. Noth, *ZAW* 48, 1930, 6과 시 2:34를 보라. 히브리어 본문은 새로운 두루마리에서 다윗의 시로 나타나는 반면, 시리아 본문에서는 에체키아스가 지은 것으로 나온다.

467) J. A. Sanders, DJDJ IV, 70.

너에 대해 말했던
환상(חזון)을 취하라
너를 위해 추구했던
예언자들의 꿈을 취하라.[468]

또한 종말론적 희망의 강렬함이 같은 시편에서도 분명히 나타난다:

시온아, 네 소망이 크도다.
네가 갈망한 구원과 구속이 오리라.
대대로 네 안에 거주하며
경건한 자들(חסידים)의 세대가 네 영광이 될 것이다.
그들은 네 구원의 날을 바라며
네 영광이 이루어지기를 고대한다.
그들은 네 영광의 가슴에서 젖을 빨며(사 66:11)
네 영광의 거리를 다닌다.
네 예언자들의 믿음의 행위(חסדי)를 기억하며
네 경건한 자들의(חסידך) 업적에 영광을 돌리리라.

동시에 구약과는 비교되는 인간에 대한 새로운 견해가 드러나고 있는데, 이는 구원의 교의로 향하고 있으며 에센파에서 온전히 표현된다:

야웨여 내 죄를 용서하시고
불의에서 나를 깨끗하게 하소서.
신실함과 지식의 영을 내게 주시고
나로 하여금 불의로 말미암아 수치를 당치 않게 하소서.
사탄이 나를 다스리지 못하게 하시며

468) *Op. cit.*, 77 Col. 19, 7, 13; 86 Col. 22, 3, 6; 환상에 관해서는 87 Col. 22, 13f.; 비교. 22.5를 보라.

부정의 영도 다스리지 못하게 하소서.
고통도 악한 욕망도(יצר רע 2권 p. 105f. 를 보라)
내 몸에 깃들지 못하게 하소서.469)

벤 시라, 그리고 후에는 모데인의 마타디아스 가문과 같은 하층 제사장직 출신의 가문으로 대표되는 율법에 헌신적이고 보수적인 민족주의적 집단들이 헬레니즘의 과도한 영향에 대한 위험을 목도하고, '경건주의적인' 하시딤에 강력하게 접근했다. 벤 시라 역시 '조상들의 찬가'에서 예언적 전통에 대한 각별한 관심을 보이며 '예언의 정경화'가 끝났음을 처음으로 기정사실화하였다. 그러나 그가 비록 메시아에 대한 기대를 공유하기는 했지만(2권 p. 92f. 를 보라), 어떤 묵시적인 비밀교의에 중점을 둔 것은 아니었다. 그는 제사장들과 하나님을 경외하는 왕들과 함께 예언자들 역시 본래부터 이스라엘 민족사의 위대한 대변자들로 존재했다고 생각했다.470) 그러나 그런 민족주의적인 집단들의 공동전선은 오래가지 못했고, 유대 종교에 대한 금지령이 폐지된 후 곧 무너졌다.471)

---

469) *Op. cit.*, 86 Col. 22, 2-6; 77 Col. 19, 13-16. 여기의 "Śāṭān"은 우주적·이원론의 의미에서가 아니라 대상 21:1(역주. "사탄이 일어나 이스라엘을 대적하고 다윗을 충동하여 이스라엘을 계수하게 하니라")에서처럼 이해되어야 한다(제3부 각주 541을 보라). 전체에 대해서는 D. Flusser, *IEJ* 16, 1966, 194-205와 비교하라: 그는 그것이 레위인의 아람어 기도와 유사함을 지적한다. J. T. Milik, *RB* 62, 1955, 400, Col. I, 17, 그리고 더 후대의 유대교의 기도인 시 119:133b는 그것의 예비단계를 나타낸다.

470) 시락 46:1, 13; 48:1ff.; 48:22; 49:7f. 와 비교하라. 또한 46:12의 사사들과 49:10b의 12 소예언자들에 관한 유사한 진술들과 비교하라: 2권 p. 94f. 를 보라. 예언서가 정경으로 형성된 것은 '의인 시몬' 당시에 보수적인 민족주의적인 집단에 의해 완성되었을 것으로 보인다. 비교. O. Plöger, *op. cit.*, 35f. 는 기원전 200년경으로 추정한다.

'경건한 자들'의 본질적인 표지는 준엄하고 엄밀한 율법준수인데, 이는 이미 마카베오서에서 강조된 것이며 벤 시라가 가진 상식을 훨씬 넘는 것이었다. 율법을 올바르게 이해하기 위해서는 신적 조명이 필요하며, 동시에 하시딤적인 율법교사는 거의 선교적인 위임까지도 부여받았다:

> 야웨여, 나로 하여금 당신의 율법을 깨닫게 하시고
> 당신의 규례로 나를 가르치소서.
> 그리하여 많은 사람들이 당신의 행위를 듣고
> 민족들이 당신의 영광을 기리게 하소서(DJDJ IV, 71 Col. 24, 8)

랍비들은 후에 '경건한 자들'을 "행동의 사람들"(אנשי מעשה)이라고 불렀다.[472] 그들의 구성원들 가운데에는 예를 들면, 왕의 명령을 따르고 안식일을 더럽히느니 차라리 죽겠다는 그런 망명자들이 있었을 것으로 보인다.[473] 그들은 마카베오 가문과 달리 안티오코스 4세 치하에서 있었던 박해의 초기시절에 안식일에는 저항조차 하지 않았다는 사실은, 그들이 토라에 계시된 하나님의 뜻에 무조건적으로 헌신하였

---

471) 이전의 1마카 7:12f. 를 보라. 마카베오 가문과 에센파 사람들 간의 결렬에 대해서는 2권 346f. 를 보라. 바리새인은 최종적으로 이 새 왕조와 관계를 끊었다. 아래 412f. 를 보라.

472) 비교. 1마카 2:42: "πᾶς ὁ ἑκουσιαζόμενος τῷ νόμῳ"(모두가 율법에 헌신하는 자였다). "활동가들"에 대해서는 *Sukk.* 5, 4를 보라. S. Safrai, *JJS* 16, 1965, 15; K. Schubert, *op. cit.*, 33과 비교하라. 이 용어는 또한 "기적행위자들"이란 의미심장한 뜻도 된다. *Soṭa* 9, 15m을 보라. 또한 각주 885 아래와 비교하라.

473) 1마카 2:29-38: 이것에 대해서는 O. Plöger, *op. cit.*, 17; L. Finkelstein, *op. cit.*, 1, 156을 보라: 안식일에 정당방어를 하는 것은 하시딤에게서는 일종의 "도덕적 혁명"을 의미했다. 더 상세한 것은 M. Hengel, *op. cit.*, 293f. 를 보라

음을 암시한다. 때문에 얼마 후 그들은 자신들의 정치적인 행동보다 하나님의 기적적인 중재에 더 의존하였으며, 종교적 자유가 회복된 후에는 신속히 평화협정을 맺으려 하였다.[474] 다니엘서 11:34b에서 묵시가(Seher)는 이미 마카베오 가문의 초기의 성공으로 "도움을 조금 얻을 것이나" "많은 이들이 거짓으로 그들과 결합하는" 사실을 탄식하였다. 에센파나 바리새파 전통 모두가 지속적으로 추구할 수 있었던 안식일 준수 이외에도[475] 우리는 그들이 음식에 관한 계명도 똑같이 엄격하게 준수하였음을 발견한다. 그 실례가 다니엘서 1:8ff. 에 제시된다: 다니엘이 하나님의 계명을 세심하게 준수하며 어떠한 부정한 음식도 먹지 않는다면, 그가 바빌로니아인들의 지혜를 배웠다는 사실이나 이방 왕을 섬기는 데 나아가게 되었다는 사실조차, 이 책의

---

474) 1마카 7:12ff., 단 11:34a에서 마카베오 봉기를 과소평가하는 것 역시 이러한 경향에 속한다. 비교. 2:34, 45; 8:25c 그리고 A. Bentzen, *op. cit.*, 87을 보라: 저자는 "이사야서 10:5ff. 에 근거하고 있다." 현자가 백성의 교사로서 영향력을 미치는 것은 더 본질적이다: 11:33; 12:3. 이것에 대해서는 A. Bentzen, *op. cit.*, 83; M. Noth, *GI*², 332을 보라. 또한 "하시딤"과 구별될 수 있는 1마카 7:12의 συναγωγὴ γραμματέων(서기관의 모임)의 역할과 비교하라. O. Plöger, *op. cit.*, 16을 보라. 그러나 이것은 그들과 매우 근접해 있다.

475) *Jub.* 50, 12f.; 1QM 2. 8f. 그리고 CD 10. 14ff. 의 자격과 비교하라. 랍비 전승에서 "초기 하시딤"(חסידים הראשונים)에 대해서는 S. Safrai, *JJS* 16, 1965, 15-33을 보라. 그러나 그는 그들이 형성되기 시작한 시점을 너무 늦게 설정한다(20f.). 랍비 전승에 의하면 하시딤은 나름대로의 할라카를 갖고 있다. 특히 그 중에는 안식일에 전갈이나 뱀을 죽이는 것과 안식일에 일할 생각을 금하는 조항이 있다(*Šab.* 121b와 150b). 그들은 가능하면 안식일에 임신하는 것을 피하기 위해 수요일의 부부관계를 금한다(*Nidda* 38a/b *Bar.*). 에센파의 가르침에 따르면 수요일은 천체를 창조하고 그것으로 시간을 계산하여 정해진 날이다. 그들의 평화주의적인 경향에 부응하는 그 밖의 특징들은 이타주의적인 "박애"였던 것으로 보인다. S. Safrai, *op. cit.*, 22ff. 를 보라. 하시딤적인 엄정주의는 오랫동안 바리새주의에 계속 그 영향력을 행사했으나, 후대의 랍비들의 저항과 조롱을 유발시켰다.

저자가 가진 하시딤적인 성향과 충돌되지 않는다.[476] 마카베오2서 5:27 혹은 키레네의 야손의 글에서는 유다 마카베오에 대하여 보도하는데, 이들은 정결을 유지하기 위해 사막에서 풀만 먹고 살았던 — 역사적 내용을 변경하며 — 하시딤의 일원으로 묘사된다(비교. 14:6, 비교. 1권 337f.). 다니엘서와 랍비들의 전통에서 견고히 보존된 특징은 그들이 율법준수에 대단한 열성을 가졌다는 점이다. 실제로 그들은 기도에 전념하였다.[477] 마지막으로 놀랄만한 것들은, 다니엘이 이방인 통치자들에 대하여 대단한 충성심을 보인다는 사실과, 이 책이 이렇게 통일된 형태를 가지게 된 것이 단지 옛 서사전승을 인용하였기 때문이라고 설명할 수 없는 점이다.[478] 도리어 이 '경건한 자들'은 자신들이 이룩한 엄격한 율법준수에도 불구하고 — 초기 묵시의 많은 비유대적 요소들이 보여주듯이 — 다른 유대 그룹들보다 외부 사상들로부터 더욱 영향을 받았다. 물론 그 이방세계가 율법에 나타난 하나님 뜻을 부인하는 것으로 이끄는 것만 아니라면 말이다.[479] 그러나

476) 유딧 10:5; 12.1ff.; 토빗 1:10과 비교하라.

477) 단 6:11f., 하시딤이 기도에 극단적으로 몰두하는 것에 관한 랍비들의 증거에 관해서는(*Ber.* 5, 1과 32b) S. Safrai, *op. cit.*, 25 그리고 W. Grundmann, *UU* 1, 220, 222를 보라. 또한 Bill. 1, 405k와 비교하라. 그러나 그것들은 훨씬 후대에 나온 자료들이다.

478) 그럼에도 불구하고 전반적으로 작품의 통일성이 주를 이룬다. O. Eissfeldt, *Einl.*[3], 715과 *ZAW* 72, 1960, 143. 또한 O. Plöger, *Theokratie und Eschatologie*, 26과 *Daniel*, 25ff.를 보라.

479) O. Plöger, *Theokratie und Eschatologie*, 37ff., 61ff.와 비교하라. 마카베오 이전 상황에서는 율법에 충실한 집단 가운데서도 세상을 향한 이런 상대적인 개방성은 전형적으로 나타나는 특징이었다. 이는 대략 벤 시라 시대의 경우에도 마찬가지이다. 이것과 대립되는 저작이 마카베오 이후의 에센파의 〈희년서〉이다. D. S. Russell, *op. cit.*, 19f.은 이런 이방의 영향이 디아스포라에서 귀환하여 적극적으로 종교에 가담하는 사람들로부터 온 것으로 보았다.

헬레니즘적 개혁시도로 야기된 심각한 위기는 이런 태도를 본질적으로 변화시켰다: 마카베오 봉기 이후 유대교의 외부인들을 향한 정신적 단절경향 역시 첨예화되었으며, 다른 한편으로 하시딤적 경건의 이상(理想)은 이제 팔레스타인 유대교 대다수의 사람들에게 강력한 영향을 주게 되었다. 하지만 그들의 정신적 영향이 강화되는 것과 더불어 하시딤 운동은 분열로 치달았다. 그것은 무엇보다도 하스모니아가 이룩한 새로운 국가에 대한 서로 다른 태도에 기인했다. 이미 에녹1서의 '동물환상' 묵시는 본질적으로 다니엘서보다 유다 마카베오에 대하여 더 긍정적이다(비교. 에녹 90:9ff.; 단 11:34). 그러나 마타디아스의 아들들이 놀라운 성공을 거둘 때가 다가오자, 그러한 사상적 변화는 결코 유지될 수 없었다(3권 p. 124f. 를 보라). 에센파 사람들과 바리새인들 이외에도 '하시딤'에서 분열되어 형성된 알려지지 않은 그룹들이 존재할 개연성은 매우 높다. 이 그룹은 마카베오 이후 유대교에서 준엄한 율법관념을 가진 경건주의적·비의(秘儀) 집단적인 경향을 가졌을 것으로 보인다.[480)]

'경건한 자들'이 비교적 폐쇄된 공동체로 모이는 것은 회개운동의 형태를 갖는데, 이는 되돌아보면 〈다마스쿠스 문서〉에서 다음과 같이 묘사된다:

---

480) 비교. O. Plöger, *op. cit.*, 17f.: 경건한 자들에게서 가시화되며 다양화되는 집단형성. 아직 당파로서는 확립되지 않은 유대 '경건한 자들'의 비밀집회는 아마도 후기 팔레스타인 유대교라면 매우 중요한 의미를 가졌으리라고 생각된다. 이 같은 집단들은 에녹의 '비유의 책'(37-71장), '레위 유언'과 '납달리 유언'를 제외한 〈열두 족장 유언서〉(*op. cit.*, 1, 334f. 를 보라), 〈모세의 승천서〉(*Assumptio Mosis*), 〈이사야의 순교서〉(*Martyrium Jes.*) 같은 쿰란에서 발견되지 않은 문서들을 생산해냈을 것으로 보인다. 그러한 집단들에서 후대에 세례 요한과 반누스(Bannus) 같은 사람이 등장하지 않았는가 생각해 볼 수 있다〔생애(요세푸스) 11〕. 비교. W. Grundmann, *UU* 1, 228f.

> 그리고 그가 그들을 바빌로니아의 왕 느부갓네살의 손에 넘긴 후 390년, 진노의 때에 그들을 찾아오셨다. 그는 이스라엘과 아론에게 심은 뿌리 하나를 싹트게 하셨다. … 그들은 자신들의 불의를 알고 자신들이 죄인인 것을 깨달았다. 그러나 그들은 20년 동안 더듬어 길을 찾는 마치 맹인과 같은 자들이었다(비교. 단 12:4b). 하나님께서는 그들이 전심으로 당신을 찾도록 그들의 행동을 지켜보셨다. 그리고 그는 당신의 마음의 길로 그들을 인도하기 위해 '의의 교사'를 일깨우셨다.[481]

에녹1서의 '동물환상'에서 갓 태어난 어린양들(하시딤)은 양들(이스라엘)을 회개하라고 부르지만, 양들은 여전히 귀가 먹고 눈이 멀어 있었다.[482] 백성들이 죄를 회개하는 것은 다니엘서 9:4-19에 삽입된 회개기도에서도 나오는데, 이것은 제 4번 쿰란동굴에서 나온 에센파 이전 하시딤의 예배와 연관된 특징을 보여준다.[483] 에녹1서 91-104장의 '권면의 책'에서 에녹은 무엇보다 회개와 심판을 선포하는 자로 나타나는데, 이는 분명 세례 요한과 비교될 수 있다. 결국 에센파의 글

---

481) CD 1.5-11. 하시딤을 회개운동으로 보는 것에 대해서는 W. Grundmann, *UU* 1, 220을 보라. 그들이 창립된 시기에 대해서는 H. Stegemann, *Die Enstehung der Qumrangemeinde*, Diss. Bonn 1971, 242ff.: 기원전 172/1년경.

482) 에녹 90,6. 또한 단 9:24; 11:33-35와 비교하라. *Jub.* 1,22ff. 와 23,26은 이스라엘의 종말론적 회개에 관해서 이와 비슷하게 말한다. 또한 하시딤적인 경건이 관철되는 2마카 12:42f.; 13:12와 비교하라.

483) Ed. M. Baillet, *RB* 68, 1961, 195-250; 특히 Col. 5와 6; 2권 p. 28ff. 그리고 2권 55f. 와 비교하라. Col. 5는 무엇보다 단 9.7, 16과 연관성이 있다. 편집자는 예전(禮典)에서 "une relique de la piété assidéenne" (250)을 본다. 그는 쿤의 주장을 따른다. K. G. Kuhn, *RQ* 4, 1963/64, 168f. 이에 대해서는 O. H. Steck, *Israel*, 113ff.; 208 등과 비교하라. 그는 *Bar.* 1, 15ff. 와 아자르야(Azarja)의 기도를 하시딤의 회개기도 중의 하나로 간주한다.

들에서 '회개하다'라는 용어의 특별한 중요성도 하시딤적 유산으로 거슬러 올라갈지도 모른다.[484] 이렇게 하시딤 자체를 참회운동으로 이해하는 것은 역사에 대한 급진적인 견해와도 부합한다: 이스라엘의 역사에서 느부갓네살에게 점령된 후 390년이 지난 당시 유대사회는 "진노의 때"에 처해 있다.[485] 이때는 다니엘서에서 "민족들이 존속한 이래 없었던 환난"의 때로 보인다(다니엘 12:1; 비교. 11:36; 8:19; 1마카 9:27). 그러나 그것의 원인은 과거의 죄 때문이다. 왜냐하면 "허물이 그치고 죄가 끝나며 죄악이 사함받기" 위해서는 '70이레'(*Jahrwochen*)가 필요하기 때문이다.[486] 더 후대의 전승인 '상징적 동물묵시'에 따르면(2권 p. 245f. 를 보라) 이런 상황에서는 포로귀환과 제 2성전 건립 역시 아무것도 바꾸지 못했다고 본다. 왜냐하면 성전에서 드려지는 희생들은 "더럽혀졌고 불결"하게 되었기 때문이다.[487] 아마도 좀더 초기의 전승이라 할 수 있는 '10주간묵시'가 포로기 이후시기에 대하여 내렸던 판단에는 급격한 변화가 적지 않게 나타난다:

> 그후 일곱이레가 되어 배교의 세대가 일어나 이러한 행위가 많아지고, 이 모든 것은 배교행위가 될 것이다.[488]

---

484) 에녹을 회개의 설교자로 간주하는 것에 대해서는 H. L. Jansen, *Die Henochgestalt*, 1939, 12, 60ff. 를 보라. 쿰란에 대해서는 K. G. Kuhn, *Konkordanz*, 217f., 특히 칼동사 슈브(שוב)의 분사형 복수; 237의 테슈바(תשובה)와 후기 *RQ* 4, 1963/64, 229를 보라.

485) G. Jeremias, *op. cit.*, 158ff. 또 390년은 겔 4:5에서 나온 연대이다. 그것들은 묵시적 숫자로 보아야 하며 연대기적으로 평가되어서는 안 된다. H. H. Rowley, in: *Mélanges Bibliques André Robert*, 1957, 341-353. 486을 보라.

486) 단 9:24; 즉, 포로기 이후의 모든 기간은 심판의 때로 이해하는데, 이 시기는 이제 핍박으로 그 정점에 이르러서야 끝난다. O. Plöger, *Daniel*, 140과 비교하라.

487) 에녹 89,73; 비교. 90,28. 이는 아마도 말 1:7을 일반화한 것이리라.

소수의 배교자들이 아닌 포로기 이후 성전제사의 단절하에 처했던 이스라엘 전체에 대한 이런 일반적인 평결은, '경건한 자들'이 공식적인 종교제의 공동체로부터 — 외부의 인정을 배제하지 않았던 — 하나의 비의(秘儀) 집단으로 분리되었음을 보여준다. 이러한 상황은 기원전 3세기 이후 헬레니즘적 삶과 사고형태가 영향을 미쳐 유대성전국가에 이르게 된 내적인 유대교의 깊은 위기라고 보는 것이 가장 옳다. 이 위기는 기원전 175년으로부터 절정에 도달한다. '경건한 자들'은 당시 예루살렘 상황에 대한 자신들의 분노를 예루살렘 파괴 이후의 유대역사 전체로 투사하였다. 그리하여 그들은 그 시대가 참회운동과 결합되어 절정과 한계에 동시에 도달한 배교의 시기라고 생각했다. 왜냐하면 '10주간묵시'에 따르면, 배교의 일곱 번째 주간 끝에 "그의 창조의 모든 것에 관한 일곱 배의 교훈을 받기 위하여 영원히 심은 의의 나무, 곧 선택된 의인이 선정될 것이기" 때문이다(에녹 93:10). 그러므로 '경건한 자들'이 돌아오는 이 사건을 통해 세계의 제 8주간이 시작되는 시간의 전환점으로 들어가게 된다. 여기에서 벤 시라와의 대조는 무엇보다 분명해진다. 역대기 사가의 예리한 역사기술에서 벤 시라는 포로기 이전의 왕으로는 단지 다윗과 히스기야, 요시아, 이 3명의 경건한 왕만을 인정한다. 다만 바로 자신의 당대 직전에 죽은 오니아스 가문 시몬을 찬양하며 의인으로 서술할 뿐이다.[489] 하나님으로부터 "일곱 배의 교훈을 받은" 의인들은 다니엘서의 "지혜로운 자"(משׂכילים)에 해당되며,[490] 이들은 어느 정도는 종말론적인 구원공

488) 에녹 93, 9. 이것에 대해서는 R. H. Charles, *Enoch*, 231을 보라: "포로기로부터 저자의 시대까지의 기간은 배교의 시기였다."

489) 시락 49:4; 50:1-21. Plöger, *Theokratie und Eschatologie*, 27f.는 1마카 9:27에는 현재의 시련에 대한 어떠한 종말론적인 해석도 나타나지 않는다고 올바르게 지적하였다.

490) 단 11:33, 35; 12:3, 10. 다니엘의 현자들(משׂכילים)은 교사와 순교자로서

동체의 선구자들이다. 여기에서 우리는 이 '경건한 자들'이 유대 정신사에서 매우 중요한 기여를 하고 있다는 사실을 알게 된다: 유대 묵시사상은 이 집단에 의해서 비로소 절정에 달하게 되었다.

2. 유대교 묵시사상의 첫 절정

물론 유대 묵시사상(*Apokalyptik*. 역주. 이와 관련된 명사형 *Apokalypse*는 '묵시문학'으로 번역함)⑪은 본질적으로 에스겔서와 제 2이사야서까지 거슬러 올라가는 오랜 전사(前史)를 갖고 있다. 그러나 그것이 처음으로 완전한 형태를 갖게 된 것은 다니엘서와 에녹1서의 가장 초기 부분들이다. 물론 이사야서 24-27장이 가장 초기의 '묵시문학'으로 간주되어 온 것이 어느 정도 타당할지라도, 그것은 내용적으로나 시기적으로 다니엘서와 에녹1서보다는 구약의 후기예언에 더 가깝다. 왜냐하면 이사야서 24-27장은 묵시적인 특징들이 있기는 하지만 모두 동질적인 형태를 가지는 것은 아니며, 통일적, 보편적인 역사관도 결여되고 있기 때문이다.491) 그러므로 우리는 후기의 '비유담화'

박해를 견디어 낸 집단을 가리키는 하나의 확고한 개념이다. 그들은 하시딤의 "엘리트"일 것으로 보인다. O. Plöger, *Theokratie und Eschatologie*, 26; *Daniel*, 165와 비교하라. 그 개념은 공동체의 "가르치는 자들"(*Unterweisen*)을 가리키는 전문용어로서 쿰란에서 계속 유지되었다. K. G. Kuhn, *Konkordanz*, 134를 보라.

491) 이것은 아마도 페르시아 후기시대나 알렉산드로스시기에 나온 것 같다. 이것이 가장 초기의 묵시문학이라는 사항에 대해서는 S. B. Frost, *op. cit.*, 143을 보라. 이사야서 전체와 개별적인 부분들의 통일성과 연대는 논란이 되고 있다. Fohrer, *Einl*, 403ff.; Eissfeldt, *Einl*³, 437ff.를 보라. 여기서 프톨레마이오스 통치 동안 평화의 시기는 거의 고려되지 않았다. 안티오코스 3세 치하의 네 번째와 다섯 번째 시리아 전쟁시기로 잡는다면 너무

(*Bildreden*)인 에녹1서 37-71장은 제쳐놓고 무엇보다도 마지막 두 작품에 집중해야 한다. 물론 여기서 약간 더 후대에 기록된 에센파의 저작들로부터의 거리는 유동적이라는 것은 인정해야 한다(제 3부 각주 460과 690을 보라).

1) 초기 묵시사상의 보편적 역사관

묵시사상은 역사의 주이신 야웨와 민족들에 대한 야웨의 심판, 이스라엘의 해방, 하나님의 통치권 확립과 같은 구약의 예언에서 만들어진 주제들을 다루어지는데, 여기서[492] 새롭고 보편적이며 세계사적인, 그리고 실로 우주적인 구조가 형성된다. 여기서 이 세계사적 드라마를 조직화하고 합리화하기 위해, 널리 알려진 사상이 사용되는데, 그것은 여러 역사시대가 미리 예정되고 상호 분리되었다는 관념이다. 하지만 이를 통해 세계사의 진행은 어떤 고유한 법칙으로 내재된 사건을 향하게 되지 않는다. 오히려 개별적인 역사진행의 단계들은 하

후대로 잡는 것이리라. 왜냐하면 시락 48:24f은 이미 제 2, 제 3 이사야, 아니 이사야서 전체를 '이사야'라는 이름으로 전제하고 있기 때문이다. W. Baumgartner, TR 11, 1939, 225의 주장에 동의하는 J. Lindblom, *Die Jesaja-Apokalypse Jes.* 24-27, 1938, 63ff.은 부활에 대한 언급(26:5-19)이 기원전 145년경에 첨가된 것으로 본다. 왜냐하면 일반적인 부활에 대한 언급은 단 12:1에 나오는 한정된 형태보다 더 후대의 것이기 때문이다. 제 1번 쿰란동굴(1Q)의 이사야서 두루마리는 이것을 불확실하게 한다. 다른 한편으로 더 이른 시기, 가령 2세기 초에 삽입되었을 가능성이 완전히 없는 것은 아니다(그러나 제 3부 각주 571을 보라). 어쨌든 묵시사상의 완전한 형채는 다니엘서에서야 비로소 발견된다. H. Ringgren, *RGG*^{3} 1, 464; *Israelite Religion*, 332f.; W. Baumgartner, *RGG*^{3} 2, 29f.; H. H. Rowley, *The Relevance of Apocalyptic*, ^{2}1947, 16을 보라.

492) 묵시사상의 출현 이전의 예언적 종말론의 발전에 대해서는 G. Fohrer, *TLZ* 85, 1960, 401-420을 보라.

나님이 자유롭게 결정하시는 계획에 의해 엄격하게 정해져있다. 그 목표는 그토록 고대하여 이제 곧 밝아올, 이스라엘과 하나님이 택하신 '경건한 자들'의 구원의 시간이다.[493)]

구원의 때로 접어드는 이 '보편사'의 새로운 윤곽을 묘사하는 데 사용된 자료들은 주로 헬레니즘적이고 동방세계적인 환경의 신화적인 개념들로부터 나왔다. 비록 그러한 윤곽은 종종 외형상으로 매우 다르지만, 어떤 기본적인 특징들에서는 놀라울 정도로 일치한다.[494)] 이 문제에 대한 하나의 예가 다니엘서 2장에 나타나는데, 여기에서는 느부갓네살의 꿈과 그 꿈의 해석에 있어 세 가지 다른 모티브들이 결합된다:

> 묵시적인 모티브들이 세부적으로 "헬레니즘적" 혹은 "동방세계적"인 특징 다시 말해, 바빌로니아나 이란 혹은 인도의 특징조차 갖는다고 주장함에서는[495)] 신중을 기해야 한다. 본질상 애매모호한 이런 수식어들은 근본적으로는 대립된 개념으로 파악해서는 안 된다. 왜냐하면 양자는 종종 서로 합류되어 섞이게 되고, 후기에 와서는 전혀 분리되지 않기 때문이다. 낯선 모티브의 매개가 될 수 있다는 문제를 매우 작게 고려할 때 더욱 그러하다. 매개는 유래(由來)의 문제와는 분리되어야만 한다.⑫ 일방적으로 이란과 바빌로니아에서 파생되었다고 주장하는 사람들은,[496)] 수용력이 과도한 이집트의 그리스어 사용권

493) 특별히 다니엘에 관해서는 A. Bentzen, *Daniel*, [2]1959, 29; M. Noth, *Gesammte Studien z. A.T.*, [2]1960, 248ff.; K. Koch, *HZ* 193, 1961, 7ff.를 보라. 일반적인 묵시에 관해서는 D. Rössler, *Gesetz und Geschichte*, [2]1962, 55ff.를 보라. "역사의 목적인 구원"에 관해서는 60ff.를 보라. 뢰슬러에 대한 비평으로는 M. Limbeck, 63ff. 등(제3부 각주 425).

494) K. Koch, *op. cit.*, 7: "대략적인 다양함."

495) "동방세계적"(*orientalisch*)이라는 용어의 애매함과 오해가능성에 관해서는 C. Colpe, *Die religionsgeschichtliche Schule*, 1961, 28ff.를 보라.

디아스포라와 시리아 혹은 페니키아를 통한 매개의 가능성을 별로 주목하지 못한 것 같다. 기원전 3세기와 2세기 예루살렘에 미친 알렉산드리아와 안티오키아, 페니키아의 도시들의 정신적 영향력은 이란과 바빌로니아의 직접적인 영향보다 더 컸던 것 같다. 왜냐하면 특히 바빌로니아와 이란은 알렉산드로스 대왕시대에서부터 기원전 2세기 중반까지 팔레스타인과 마찬가지로 헬레니즘 제국의 통치하에 있었기 때문이었다.[497] 그러므로 원래 고대 동방세계의 모티브들도

---

496) 이것은 예를 들면, 다음 학자들에게 적용된다: A. von Gall, *op. cit.*, 83-162; Bousset/Gressmann, 502ff.; 무엇보다도 E. Meyer, *UAG* 2, 51ff. 와 58-120. 그는 기의 전적으로 이란의 영향을 주장하며(55f.), 부세/그레스만과는 대조적으로 바빌로니아의 천문학과 종교로부터 어떠한 영향도 받지 않았다고 부당하게 주장한다. 역사적인 문제는 한쪽의 유래만을 강조해서는 해결되지 않는다. 다음의 비평적인 논평들을 보라: Bo Reicke, *RGG*[3] 3, 881ff.; T. F. Glasson, *Greek Influence in Jewish Eschatology*, 1961, 여러 곳; 이란학자 J. Duchesne-Guillemin, *Ormazd et Ahriman*, 1963, 71-84: "En somme, dans l'évolution du judaïsme postexilique, l'influence iranienne sûrement établie paraît moindre que celle de l'hellénisme"(83). 또한 다음에 실린 그의 비평적인 비교를 보라: *The Western Response to Zoroaster*, 1958, 56ff. 와 *La Religion de l'Iran Ancien*, 1962, 257-264. 비교. H. D. Betz, *ZTK* 63, 1966, 391-409.

497) W. W. Tarn, *The Greeks in Bactria and India*, [2]1951와 E. Meyer, *Blüte und Niedergang des Hellenismus in Asien*, 1925, 여러 곳. A. Falkelstein, *Topographie von Uruk I, Uruk in der Seleukidenzeit*, 1941, 2ff., 5f., 7f. 옛 형태들이 보존되면서도 "심오한 종교적 변화로 인한 이례적인 변혁"이 여기에서 시작되었다. 헬레니즘 시대의 혼합 모티브들에 대해서는 F. Cumont, *RHR* 104, 1931, 93에 나오는 북시리아와 소아시아의 이란출신 마구시아인(Magusäer)에 관한 다음의 주장을 보라: "Ce système est né de la combinaison de vieilles traditions mazdéennes avec l'astrologie babylonienne, et quand l'hellénisme eut conquis l'orient, la doctrine chaldée-persique s'adapta a la cosmologie stoïcienne"(이 체계는 옛 전통과 바빌로니아 점성술에 기초한 이술과의 결합에서 나왔다. 헬레니즘이 동방세계를 정복했을 때 갈대아·페르시아

헬레니즘 시대의 자료를 통하여 들어왔다고 생각해야만 한다.

1. 세계의 4대 제국들의 역사를 구현하는 거대한 신상 배후에는 세계를—혹은 다니엘에서는 세계역사를—"알레고리적인 인물들"이나 "위대한 인간상… 소우주"라는 관점을 통하여[498] 표현하는 사상이 있었던 것 같다. 이런 사상은 고대 점성술, 오르페우스교(Orphik)와 헤르메티카(Hermetica), 그리고 이란에서도 발견된다.[499]

2. 4개의 역사시대들의 특징들은 가치가 낮아져가는 4개의 금속들, 즉 금과 은, 동, 철로 표현되는데, 여기에 담긴 사상은 기원전 2000년 말까지 거슬러 올라갈 수 있고, 그래서 청동기에서 철기시대로의 변화를 언급한 것일 수 있다. 그러나 그것과 가장 유사한 예는 기원전 8세기에 헤시오도스(Hesiod)가 금속들로 세계의 시대를 묘사한 기록이다. 그 외에도 후기 이란 전통에서—매우 후대에 그리고 덜 정확한 형태이지만—청동기에서 철기시대로 바뀐 사상에서 나타난다.[500]

적인 교의는 스토아주의적인 우주론에 적응되어 갔다).

498) A. Bentzen, *op. cit.*, 27, 비교. W. Baumgartner, *op. cit.*, K. Koch, *op. cit.*, 9.

499) J. Festugière, *Révélation* 1, 92ff., 141(=CCAG 6, 1903, 83). 플라톤은 이미 *Tim.* 32c에서 네 부분으로 구성된 "τοῦ κόσμου σῶμα"(우주의 전체)를 언급했다. 이란의 보기들에 대해서는 A. Goetz, *Zeitschrift für Indologie und Iranistik* 2, 1923, 60-98과 167-177을 보라. 그는 이란이 오르페우스교(Orphism)와 히포크라테스의 글 '7에 관하여'(*Peri hebdomadōn*. 제3부 각주 392를 보라)에 영향을 끼쳤고, 실제로는 유대인의 아담에 대한 사변(思辨)에도 영향을 끼친 것으로 추측했다. 비교. 예. 창 2:7에 관한 *Targ. Jer.* I, "성소의 흙"으로 창조된 아담과 4개의 바람, 세상의 모든 불에 관한 언급에서 말하고자 하는 것은 사람은 우주의 모방이라는 점이다.

500) Hesiod, *Erga* 1, 109-201, 156-173. 그는 또한 "영웅의 나이"를 삽입한다: 또한 비교. 에녹 52와, 제3부 각주 559를 보라. 이란의 유사점들에 대해서는 Dinkart 9, 8 = 4, 181 E. W. West, *Pahlavi Texts*; Brahrnan

3. 그러한 환상을 하나님과 그의 백성의 통치함으로써 4개의 세계제국이 해체된다고 해석하는 것은[501] 다니엘서 7장에 나오는 '동물환상'의 해석과 유사하다. 아마도 다니엘서와 동종(同種)의 작품군(*Danielzyklus*)에 속하는 제 4번 쿰란동굴의 미간행 단편은 이것과 연관될 것인데, 이는 4개의 제국들을 4개의 나무들로 상징하고, 그 가운데 바빌로니아와 페르시아를 언급하고 있다.[502] 전통적으로 "앗시리아인과 메대인, 페르시아인, 시리아인"을 흩어진 12지파의 군주들로 열거한다. 또한 아마도 하시딤 자료에서 유래했다고 추정되는 〈열두족장 유언서〉의 '납달리 유언' 5:8은 이 "세계사적 도식"에 대한 시식

Yašt 1, 3 = West, 1, 192와 2, 14 = West 1, 198을 보라. 그리고 E. Meyer, *UAC* 1, 190ff.; A. von Gall, *Basileia*, 1926, 126ff.를 보라. 그러나 이런 기록들은 아주 후대의 자료들에서 온 것인데, 기원후 9세기보다 더 오래된 것일 수 없고, 그 배후에 있는 전승의 연대는 확정하기 어렵다. 또한 F. Cumont, *RHR* 104, 1931, 50ff.; Reitzenstein/Schaeder, *Studien zum antiken Synkretismus*, ²1965, 45f., 57, 223, 228과 비교하라. 또한 A. Bentzen, *op. cit.*, 29; K. Koch, *op. cit.*, 8f.와 비교하라. 베르길리우스(Vergil)의 네 번째 목가(牧歌)에 관한 세르비우스(Servius)의 고전적 주해에 의하면 〈큐메안 시빌서〉(cumaean, 역주. 이탈리아 남서부 해안 지역) 또한 다양한 물질의 시기에 따라 세계제국을 분할하는 것을 알고 있었던 것 같다: "saecula per metalla divisit, dixit etiam quis quo saeculo imperaret"(시빌은 금속의 명칭에 따라 시대를 나누었다. 각 시대를 지배하는 것이 정해졌다); E. Norden, *Die Geburt des Kindes*, 1924, 15 각주 1을 보라.

501) C. H. W. Breckelmanns, OTS 14, 1965, 305-329는 O. Procksch와 M. Noth, *Ges. Aufs. z. A.T.*, ²1960, 274-290과의 논쟁에서 쿰란의 전체 자료를 원용함으로써, 단 7장에서 "가장 높으신 자의 거룩한 백성"이 이스라엘을 의미하지 천사들의 "무리"를 의미하는 것이 아니라는 사실을 설득력 있게 증명하였다. 그러므로 다니엘서에서 영원한 나라는 일관되게 — 천사들과 함께 한 공동체에 있을 — 하나님의 백성의 통치로 이해하여야 한다(7:14, 27과 비교하라).

502) J. T. Milik, *RB* 63, 1956, 411 각주 2.

이 동시대의 유대 팔레스타인에서 널리 퍼졌음을 보여준다. 동시에 이 모음집은 반(反)셀레우코스적인 적대적 태도를 보여준다(E. Bickermann, *JBL* 69, 1950, 254f.). 헤로도토스(1, 95, 비교 1, 130)와 아르타크세르크세스 2세의 주치의였던 크테시아스(Ktesias)도 연속되는 세계군주들의 전체 도식을 이미 알고 있었다.[503] 다니엘서는 이들의 순서로 앗시리아와 메데, 페르시아를 전제하고 있었으나, 서사적인 무대배경을 위하여 앗시리아 왕국을 (신)바빌로니아로 대치하였다.[504] 이것은 본래 역사에 대한 페르시아적인 관점을 보여주기는 하지만, 이는 위에서 언급한 2명의 사가(史家)들을 통해서 널리 알려져 이미 오래전에 그리스 세계의 공동유산이 되었다. 예를 들면, 폴리비오스(Polybios)가 기원전 145년 카르타고(Karthagos)의 붕괴를 슬퍼하며 지은 젊은 스키피오(Scipio)의 애가를 묘사하면서 그 도식이 사용되었다. 여기에서 폴리비오스는 이 도식에 마케도니아 제국을 넣어 보완한다.[505] 그보다 앞서 이미 기원전 2세기의 1/3분기에 그 밖의 다른 방법으로는 알려지지 않았을 아이밀리우스 수라(Aemilius Sura)와 엔니우스(Ennius)라는 로마 연대기 사가(史家) 2명은[506] 로마가 마케도

---

503) *FGrHist* 688 F 1-8 = 주로 Diod. 2, 1-34.

504) M. Noth, *op. cit.*, 260f.; 죽어가는 토비트(Tobit)의 예언을 사후(事後) 예언으로 서술한 토빗 14:4-7에서도 동일하게 메디아(medisch) 제국이 앗시리아 제국을 멸망시키는 것을 전제하고 있다고 보아야 하겠다. J. J. Lebram, *ZAW* 76, 1964, 328-331을 보라.

505) Appian, *Punica* 132 = Polyb. 38, 22; 폴리비오스는 스키피오(Scipio)의 교사와 동료로서 이 장면을 목격했다고 한다. M. Noth, *op. cit.*, 256ff.과 비교하라.

506) J. W. Swain, *ClassPhil* 35, 1940, 1ff. 또한 W. Baumgartner, *TZ* 1, 1945, 17-22를 보라. 에밀리우스 수라(Aemilius Sura)에 관한 벨리우스 파테르쿨루스(Vellius Paterculus, 1, 6, 6)의 주해에 관해서는 T. Mommsen, *RheinMus* 16, 1861, 282f.를 보라. 그는 크테시아(Ktesia)의 틀에 의존하였다는 것을 이미 강조했다.

니아의 필립과 안티오코스 3세를 이긴 후 마케도니아의 유산을 취하였고, 그래서 4개의 세계제국을 향해서도 다가갔다는 견해를 표명하였다.[507]

다니엘서 7장과 함께 2장의 역사관이 다니엘서 전체를 위한 핵심적 의미를 갖는다 하더라도 이것이 어디서 유래했는가라는 전승사에 관한 추정을 다음과 같이 할 수는 없다: 4개 제국과 하나님의 왕국이 그것들을 파괴한다는 환상이 이 작품이 생기기 전에 이미 독자적인 실체로 존재했었고, 저자는 단지 그것을 전수받았다. 더욱이 7:8, 24뿐만 아니라 2:43도 저자와 근접한 역사적인 사건들에 대한 분명한 암시를 하고 있다.[508] 다니엘서 2장은 3장과 5장, 6장처럼 대중적인 기적이야기가 아니다. 그 이면에는 다니엘서 7장에서 보여주는 것처럼 깊은 '역사신학적' 반성이 있다: 4대 제국들의 역사는 이스라엘의 독립상실과 예루살렘의 파괴를 통하여 이스라엘이 독립국가로서의 역사가 종

---

507) 이런 관점은 확고한 전승이 되었다. 기원전 1세기 하반기의 할리카르나수스(Halicarnassus)의 디오니소스(Dionysos), 유대고대사 *Rom.* 1, 2, 2-4를 보라. 유대역사의 윤곽을 그린 *Tac. Hist.* 5, 8, 2; 더 상세한 그리스 로마의 작가들에 대해서는 J. W. Swain, *op. cit.*, 13ff.; H. Fuchs, *Basler Zeitschrift für Geschichte und Altertumskunde* 42, 1943, 49-50 각주 37을 보라. *Sib.* 4, 49-192에서 유대인 저자는 로마를 위시한 다섯 군주들의 도식을 전수하여 사용하는데, 이 도식에는 불의 심판을 통해서 동쪽에서 오는 네로 재현전설에 종지부를 찍는다(기원후 80년 직전).

508) 단 2:43은 11:6, 17에 언급된 셀레우코스 왕조와 프톨레마이오스 왕조 간의 결혼들을 암시한다. 후자의 경우, 프톨레마이오스 5세와 안티오코스 3세의 딸 클레오파트라 1세 간의 결혼은 194/3년에 이루어졌다. 그리므로 논란이 많은 책의 통일성 문제에 대한 설명은 이렇다: 저자는 "궁정이야기들"을 모아둔 더 오래된 모음집(이 책 제 1부 각주 203을 보라)으로 소급하고 있으며, 이 모음집은 2장과 4-6장의 골격을 포함하고 있으며 이것들을 통일성 있게 개작하여 자신의 작품에 맞게 만들었고, 저자는 그 목적을 달성했다. 제 3부 각주 478을 보라. E. Bickerman, *Four Strange Books of the Bible*, 1967, 61ff.은 다른 주장을 한다.

언됨을 전제한다. 그러므로 그 4대 제국들을 통해 70주간은 진노(2권 p. 223을 보라)와 속죄(다니엘 9:24)의 때가 된다. 그러므로 우리는 코흐(K. Koch)와 같이 다니엘서에서 3분화된 세계역사를 말할 수 있으리라: 첫째, 세계창조에서 기원전 598년이나 혹은 587년에 이르는 거룩한 전승에 기초한 역사의 때로서, 그 한복판에 이스라엘의 민족역사가 서있다. 둘째, 4개의 세계제국의 때로서, 이 제국들은 분명 쇠퇴하는데, 그 중 무엇보다도 네 번째 제국은 신실한자들을 핍박함으로 인간의 오만이 절정에 달하는 극치를 암시한다. 여기에 이어 셋째, 이 제국이 파괴된 후 "영원한 왕국"의 때가 등장하는데, 여기서 하나님의 백성과 세상에 대한 그의 구원계획이 완성된다.[509]

이러한 모티브가 어디서 왔는가에 대해서는, 다음과 같은 추측을 할 수 있다: 저자는 본질적으로는 4개의 금속으로 묘사되는 네 역사시기에 관한 신화를 알았을 것이다. 이는 헤시오도스에게까지 거슬러 올라가는 형태로서, 헬레니즘 시대에는 대중적인 형태로 단순화되어 널리 퍼져 있었다. 다니엘서와 시기적으로 너무 멀리 떨어트려 놓아서는 안 되는 익명의 사마리아 작가와 가장 초기의 유대인 시빌(Sibylle)도 헤시오도스를 알았던 것 같다. 다른 한편으로, 거기에 이란의 신화로 넘어가는 바빌로니아적인 중간단계가 존재했다는 주장은 입증될 수 없다.[510] 4개의 세계제국들이 다섯 번째 제국에 의해 교체되는 것

---

509) K. Koch, *op. cit.*, 28.

510) 헤시오도스의 신화는 그리스어 사용세계에서는 일반적 상식이었다. Seeliger, in: Roscher, *Lexikon* 6, 375-429; T. F. Glasson, *Greek Influence in Jewish Eschatology*, 1961, 2f.; J. Duchesne-Guillemin, *Ormazd et Ahriman*, 1953, 78을 보라. 플라톤이 다양한 방법으로 그것을 사용한 것에 대해서는 J. Kerschensteiner, *Platon und die Orient*, 1945, 161ff. 를 보라. 이 신화가 바빌로니아에서 기원했다고 추측하는 견해로는 W. Bousset, *Die Himmelsreise der Seele*, ARW 4, 1901, 243ff. = 재판(再版) 52ff.; Bousset/Gressmann, 505를 보라. 그는 행성에 대한 사색

도 마찬가지이다. 기원전 190년 마그네시아(Magnesia)의 승리 후에 이런 관념이 소아시아의 페르시아 거주민 집단으로부터 나와 로마에 흘러들어왔다고 가정하는 것은 매우 억지스러운 가설이다.[511] 이미

의 영향을 추측한다. W. Baumgartner, *Zum AT und seiner Umuielt*, 1959, 158-160과 부록, 177(Lit.). 그는 라이첸슈타인의 연구를 너무 긍정적으로 평가한다(Reitzenstein/Schaeder, *op. cit.*, 57ff. 제3부 각주 500을 보라). 그러나 도리어 매우 늦은 이란전승이 오히려 헤시오도스나 대중적인 헬레니즘 전승에 영향을 받은 것으로 생각해야 한다. 5세기 이래 페르시아 궁정에는 그리스 정치가들과 학자들이 있었다. 그러므로 닐슨(M. P. Nilsson)과 빌라모비츠(Wilamowitz)가 그 신화의 바빌로니아 기원설에 대하여 반대하는 것(W. Baumgartner, *op. cit.*, 159, 각주 5, 6을 보라)은 정당하다. 바빌로니아의 "직접적인 증거물이 여전히 (없는)" 한, 우리는 바빌로니아 기원설을 주장할 수 없다. 다니엘서 2장에 관한 것으로는 Kerschensteiner, *op. cit.*, 166ff.를 보라. 익명의 사마리아인의 문서와 〈유대인 시빌서〉에 관해서는 1권 p. 309ff.를 보라.

511) 그러므로 J. W. Swain, *op. cit.*, 4를 보라. W. Baumgartner, *TZ* 1, 1945, 18; Noth, *op. cit.*, 256f. 각주 16은 이에 대하여 소극적이다. 디아도코이 제국 가운데 마케도니아의 가장 혹독한 적들은 기원전 3세기에는, 아직 군사적으로 그리 중요하지 않았던 동방세계의 사람들이라고 볼 수 없다. 파르티아인들은 3세기 말 카스피 해 동쪽에서 일어나, 기원전 160년 후에야 메디아를 향해 진군했다(H. Bengtson, GG^3, 401f., 484ff.를 보라). 도리어 그리스와 소아시아의 디아도코이 대제국들의 퇴각을 반겼던 페르가몬, 로도스, 스파르타, 아카이아 동맹국과 아이톨리아 같은 좀 더 작은 그리스 국가들이 군사적으로 중요했다. 그러나 로마의 통치는 급속히 이 상황을 바꾸었다. W. Schottrof, RGG^3 6, 1633f.가 추측했듯이 4개의 제국이 "그리스 통치에 대항하여 일어선 동방세계의 적"이라는 이론은 입증하기 불가능하다. 이 명확하지 않은 동방세계의 "적"은 더 정확히 묘사해야만 한다. 사실, 이집트에는 반(反)그리스적인 신탁들이 있었고 소아시아와 그리스에는 반(反)로마적인 신탁들이 있었는데, 그것들은 세계통치의 문제에 관련된 것이었다(2권 pp. 237-244를 보라). 그러나 일반적인 "동방세계적인" 세계제국이라는 도식은 발할 수 없다. 전체의 문제에 대해서는 H. E. Stier, *Roms Aufstieg zur Weltmacht und die griechische Welt*, 1957, 여러 곳을 보라.

폴리비오스와 다른 이들이 4개의 제국 모티브를 사용했다는 사실은, 그것이 헬레니즘 시대에 그리스 역사문헌에서 종종 사용된 모티브였음을 암시한다. 동방인 만큼이나 그리스 본토와 소아시아의 그리스인들은 디아도코이 국가들의 통치를 싫어했다. 이와 비교하여 로마의 지배는 잠시 동안이나마 그들에게 고대 그리스의 자유를 회복시켜주는 역할을 하였다. 다니엘서의 저자가 그리스 역사서를 잘 알고 있다는 사실은 그가 기원전 3세기의 프톨레마이오스 가문과 셀레우코스 가문의 역사를 상세히 알고 있었다는 점에서 드러난다.[512] 로마조차도 당시 이미 유대인의 시야에 있었는데, 이는 "킷딤의(kittäisch) 배들"(11:30)에서 유추할 수 있고, 얼마 후인 기원전 161년경에는 유다 마카베오가 로마와 접촉했다(1마카 8장).

반면 다니엘서 7장의 심판장면에서 나오는 동물들과 다양한 인물들에 대한 묘사 이면에는 때로는 바빌로니아와 이란, 혹은 북시리아와 페니키아의 다양한 관념들이 풍부하게 등장한다. 여기에서 그것들을 상세히 다룰 필요는 없다.[513] 다니엘서의 저자(혹은 그의 학파)는 민족이나 문화사적인 경계에 제한되지 않은 온갖 변형된 형태들을 사용하는 묘사와 모티브들을 삽입하였다. 이 모든 것은 바로 초기의—하시딤과 에센파의—묵시사상의 거의 "백과사전적인" 풍부한 학식을 표현한다(2권 p. 299f. 를 보라).

그러므로 다니엘서 8:2-8에 나오는 고대 점성지리학에 관한 지식은

512) 단 11:1-30a는 프톨레마이오스 왕조와 셀레우코스 왕조 간의 관계에 대한 역사를 그릇되지 않게 묘사한다. 단지 기원전 281~261년의 안티오코스 1세를 빠트렸을 뿐이다. 여기에서는 비유대인 자료를 참고한 것 같다. Fohrer, *op. cit.*, 524 각주 23; O. Eissfeldt, *Ein*^{3}, 712.; O. Plöger, *Daniel*, 158f. 와 비교하라.

513) W. Baumgartner, *op. cit.*, 214-22; A. Bentzen, *op. cit.*, 57-67.

쉽게 입증할 수 있다. 거기에서 숫양은 페르시아인의 별자리를 나타내며, 그를 제압하는 숫염소는 시리아인의 — 셀레우코스의 — 별자리이다.[514] 이들과 어쩌면 다른 점성술적인 암시도 더욱더 두드러지는데, 다니엘서 2:21ff. 는 별들이 운명과 역사에 끼치는 영향력을 받아들이지 않고 하나님의 전능함을 선포하고 있다. 이와 유사한 사실이 쿰란에서 — 아직도 예리하게 — 발견되는데, 여기서는 점성술이 배척되면서도 동시에 시행되었다(2권 p. 387ff. 를 보라).

묵시사상 전체에 대하여 전형적으로 나타나는 특징은 '사후(事後) 예언'(*vaticinia ex eventu*) 인데, 특히 다니엘서, 그리고 그와 동시대 같은 집단에서 유래한 '동물상징'과 '주간묵시'(제 3부 각주 447/9를 보라)에서 나타난다. 이러한 예언은 역사를 신이 결정했다는 상징적 표현으로서 신에 대한 신뢰를 묵시가의 예언으로 강화시키는데, 이를 위해서 과거나 현재의 역사적 사건들을 그 이전의 예언형태로 표현한

---

514) F. Boll, *Sphaera*, 1903, 297 그리고 F. Cumont, *Klio* 9, 1909, 263-273을 보라. 비교. R. Eisler, *ΙΗΣΟΥΣ ΒΑΣΙΛΕΥΣ* 2, 1930, 646f., 661f. 는 단 7장의 천체의 요소들을 추측한다. 또한 W. Baumgartner, *op. cit.*, 142ff.; A. Bentzen, *op. cit.*, 69; A. Caquot, *Semitica* 5, 1955, 10ff. 는 단 7:1ff. 의 짐승들을 12천궁도의 짝인 이집트의 도데카로스(Dodekaoros)라는 짐승의 상징에서 유래한 것으로 본다. F. Boll, *op. cit.*, 295f. 와 비교하라. 쿠몽에 의하면 이런 별자리에 따른 지리적인 도식은 페르시아 시대로 거슬러 올라간다고 하지만, 그것은 기원전 200년경 이집트에서는 잘 알려졌다. 시리아가 페르시아의 정복자로 나오는 단 8:2ff. 의 번역은 셀레우코스 제국이 확고하게 수립된 후에야 생겨난 것 같다. 삿사니데스(Sassanides)의 통치자인 사포르(Sapor) 2세는 황금 숫양의 형상을 머리 장식으로 사용했다는 암미아누스 마르켈리누스(Ammianus Marcellinus, 19, 1, 2)의 언급은 이 관념으로 거슬러 올라갈 것으로 생각된다: 헤르메스의 문헌에서 숫양의 별자리는 κεφαλὴ ··· του κόσμου(우주의 머리)로 간주된다. Festugière, *Révélation* 1, 141 각주 3 = CCAG 6, 1903, 83을 보라. 또한 천체용어에 관해서는 단 12:3을 보라.

다.[515] 그렇지만 동시에 그것은 묵시가의 정치적·역사적 관심도 표현하고 있다. 다니엘의 경우 이 표현은 2장과 7장-11장에 달하는 많은 부분에서 사용된다. 그리고 11:1-39에서는 고전적인 형태로 역사를 크게 개관한 후 11:40-12:3의 '예언'으로 넘어간다. 이런 종류의 예언(*vaticinia*)은 헬레니즘시대, 특히 이집트에서 비교적 자주 발견된다. 가장 중요한 것은 초기 프톨레마이오스시대에 한 이집트 제사장이 기록한 《민중 연대기》(*demotische Chronik*)로, 이는 기원전 360~359년 타코스(Tachos) 왕 시대에 유래했다고 하며, 그리스 통치가 시작되기까지의 이집트 역사를 어두운 예언으로 선포한다. 이 예언에는 마지막으로 이방 그리스의 통치가 소멸될 것이며 이시스(Isis)가 사랑하는 본토의 한 통치자가 그들을 지배하여 민족국가를 설립할 것을 선언하는 내용이 담겨져 있다.

> 장차 올 통치자를 기뻐하라.
> 왜냐하면 그는 법을 저버리지 않을 것이기 때문이다(Col. 3, 16).[516]

이외에도 이 예언은 실제로는 이보다 약간 오래된 불분명한 신탁을

---

515) 이 문제에 대해서는 E. Osswald, *ZAW* 75, 1963, 27-44를 보라. 거기에는 유대 묵시에 나오는 수많은 예언이 열거된다. 또한 다니엘 외경, J. T. Milik, *RB* 63, 1956, 413f.와 비교하라.

516) C. C. McCown, *HTR* 18, 1925, 387-411; H. Gressmann, *Der Messias*, 1929, 417-445. G. Lanczkowski, *Altägyptischer Prophetismus*, 1960, 3-9. 이런 이집트의 예언들은 대부분 좀더 이른 이집트 전승으로 거슬러 올라간다. W. Spiegelberg, *Die sogenannte demotische Chronik*, *Demotische Studien* 7, 1914가 편집한 민중 연대기에 대해서는 E. Meyer, *Ägyptische Dokumente aus der Perserzeit*, SAB 1915, 286-304; *UAG* 2, 187; A. von Gall, *op. cit.*, 77ff.; F. K. Kienitz, *Die Polititche Geschichte Ägyptens*, 1953, 136ff.; E. Osswald, *op. cit.*, 42f.를 보라.

해석하는 형식으로 나타난다. 각 문장마다 내려진 예언적 해석은 에센파의 '예언적 주석'을 연상시킨다. 마지막으로 그 예언은 다니엘서와 '동물묵시'(*Tiersymbolapokalypse*)와 공통점이 있는데, 이는 이집트인들의 민족적인 반란이 이미 폭발되었음을 배경으로 하고 있다.[517] 다니엘서 당대에 매우 가까운 예언으로는 어쩌면 과격한 반(反)마케도니아적인 성향을 가진 한 도공(陶工)의 신탁을 들 수 있으리라. 저자에 의하면 이 신탁은 파라오 왕조의 아메노피스(Amenophis) 왕 시대 제 18왕조까지 거슬러 올라간다.

> 그 시대 이후에 이집트에서는 '허리에 띠를 찬 자들', 즉 그리스·마케도니아의 주인들이(26, 33, 43, 49행 등) 태양이 어두워지는 그런 형용할 수 없는 고통을 줄 것이다(16f. 행). "모든 사람이 증오하는 시리아 출신 왕"의 침입은, 라이첸슈타인(Reitzenstein)의 주장을 따르면, 아마도 안티오코스 4세라고 해석될 수 있을 것 같다(3f. 행). 바닷가에 있는 '허리띠를 찬 자들'의 도시 알렉산드리아는 황폐화되어 어부들이 그물을 말리는 장소가 되었다. '아가토스 다이몬'(Agathos Daimon, 즉 Knephis-Chnum)은 알렉산드리아를 버리고 멤피스로 돌아온다(43ff. 행, 50ff. 행). 이집트는 동방으로부터(태양으로부터?) 온 왕이며 최고의 여신 이시스가 세운 왕의 통치하에 풍요의 황금기를 맞이하여 "일찍이 사라지고 죽었던 자들이 유산을 나누기 위해(죽은 자로부터) 부활을 청원한다"(65-71행). "왜냐하면 타이포니아인〔Typonier. 타이폰 셋(Typhon-Seth)의 추종자들〕 시대에 태양신이 어두워졌기 때문이다." 그러나 "그는 '허리에 띠를 찬 자들'의 악과 흠을 징벌한 후에는 밝게 빛나리라"(마지막 문장은 P. Rainer의 번역을 따름. Col. 2, 14f).[518]

---

517) 이것에 대해서는 W. Spiegelberg, *op. cit.*, 5ff., 9를 보라.

518) 가장 완벽한 번역은 로버츠(C. Roberts)가 편집한 POx 22, 2332, 1954, 89-99에서 발견된다. 이보다 이른 파피루스 라이너(P. Rainer)는 G.

이 두 예언에서 나타나는 메시아적인 특징들은 의미심장하다. 여기서 한 걸음 더 나아간 외국인에게 적대적인 신탁의 단편은 유대인을 향하여 날카롭게 "무법자"(παράνομοι) 라로 표현하며, 이들을 "이시스의 진노"를 통하여 이집트에서 몰아내야만 한다고 표현한다.519) 마네토(Manetho)는 이미 모세시대에 나병환자인 한 유대인을 이집트에서 추방한 사실을 왕에게 전달된 어떤 신탁과 관련지었다(아피온 반박 1, 232ff.). 마지막으로 언급할 수 있는 점성술적 "예언들"(*Weissagungen*) 은, 이집트에서 생겨난 고대 점성술의 표준이 되는 작품을 포함하고 있

Manteuffel, *De opusculis graecis*, 1930, 99ff. Nr. 7에 나온다. 이에 대해서는 A. von Gall, *op. cit.*, 69ff.; H. Gressmann, AOT 2, 49ff. 그리고 Reitzenstein/Schaeder, *op. cit.*, 38ff.를 보라. F. Altheim, *Weltgeschichte Asiens* 2, 174f.가 따르는 이란 기원설은 받아들일 수 없다. 이와 유사한 양에 대한 좀더 초기의 민중의 예언으로는 H. Gressmann, *op. cit.*, 425; ADP, 48f.; G. Lanczkowski, *op. cit.*, 5를 보라. 토기장이 신탁의 연대 설정에 대해서는 R. Reitzenstein, *op. cit.*, 51을 보라. 이에 대한 로버츠의 반대(*op. cit.*, 93)는 그렇게 설득력이 있지는 않다. 또 30행에 관한 그의 인정은 C. Robert, *op. cit.*, 98과 비교하라. 신탁의 기본 자료는 훨씬 더 오래된 것으로 기원전 4세기까지 거슬러 올라간다. 편집가의 묘사는 그것이 유대인 묵시와 연관성이 있음을 보여준다: "예언은 전설과 역사, 묵시의 환상이 혼합된 것이다 … ." 그것은 "유토피아적 번영의 시기가 뒤따르는 일반적인 재난의 시기에 대한 예언사상"과 "열렬한 민족주의와 외국인을 혐오하는 정서"로 규정된다. 또한 H. Gressmann, JTS 27, 1926, 242ff.; Der Messies, 422ff. M. P. Nilsson, *GGR*² 2, 111의 더 상세한 문헌. L. Koenen, ZPapEp 2, 1968, 178-209의 새로운 판들과 비교하라.

519) *CPJ* 3, 119ff. Nr. 520 = PSI 982; 그것에 관해서는 C. Roberts, *op. cit.*, 89 각주 a를 보라. "이시스의 진노"(1.9)에 대해서는 아피온 반박 1, 289f.에 나오는 카이레몬(Chairemon)과 비교하라. 이 단편은 틀림없이 헬레니즘시대로 거슬러 올라간다. 또한 PSI 760, 이 장르와 유사한 신탁 G. Manteuffel, *op. cit.*, 107ff., Nr. 8과 비교하라. 자료들과 그 영향에 대해서는 L. Koenen, *Proceedings of the 12th International Congress of Papyrologists*, 249ff.를 보라.

다. 이들은 다니엘서와 거의 동시대에 프톨레마이오스의 네케프소(Nechepso) 왕과 현자 페토시리스(Petosiris)의 것으로 여겨진다. 이 작품은 다니엘서 11장처럼 특히 이집트와 시리아의 정치적인 사건들과 관련된 상세한 내용을 서술하고 있다.

> "숫양의 별자리에서 태양이나 달이 점점 어두워지면 이집트나 시리아 지역에서 큰 고통이 일어나고 그곳에 있는 통치자들 위에 죽음과 핍박과 반란이 일어나며, 군인들이 살육을 감행하고 불과 같은 욕정이 창궐하리라…." 예언들은 모든 동물들의 상징을 이런 식으로 다루고 끊임없이 새로운 재앙들을 예고한다.[520]

이와 매우 유사한 형태의 점성술적인 "예언들"(*Prophzeiungen*)이 쿰란에서도 발견된다는 사실은 의미심장하다(2권 p. 387ff. 를 보라). 민족적 색채가 강하고 반(反)마케도니아적이며, 외국인에 적대적인 이집트의 '묵시사상'과 이에 비견되는 유대교적 대응물은 상호간 영향을 주었을 개연성이 있다.

그러나 그와 유사한 것들이 단지 이집트에서만 있는 것은 아니다. 아이스펠트(O. Eißfeldt)와 바움가트너(W. Baumgartner)는 소아시아와

520) CCAG 7, 1908, 129-51; 132는 Excerpta Monacensia에 따른 인용. 이것과 유사한 "재난의 일람표"에 대해서는 J. Freundorfer, *Die Apokalypse*, BSt 23, 1, 1929, 87-123을 보라. 그는 *Syr. Bar.* 27장과 CCAG 7, 226ff.의 유사점들을 지적하였다. 락탄티우스(Lactantius, Inst. div., Epit. 68, CSEL, ed., S. Brandt, 19, 760, 비교. H. Windisch, *Die Orakel des Hystaspes*, 1929, 44)에 의하면 점성술 시혜의 지자인 헤르메스 트리스메기스토스(Hermes Trismegistos)는 말세의 예언자로 시빌(Sibyllines)과 히스타스페스(Hystaspes)와 더불어 말세의 예언자로 언급된다. 또한 *op. cit.*, 84에서 헤르메스 트리스메기스토스의 논문 아스클레피우스(*Asclepius*, Ps. Asclepius ChS. 24-6 - CII 2, 326ff.)에서 언급된 세상 갱신과 비교하라.

시리아의 대부분 반(反) 로마적인 수많은 신탁들을 지적한다. 왜냐하면 이것들은 이란의 영향을 강하게 받았기 때문이다. 그 전형적인 예는, 비록 후대의 것이기는 하지만 히스타스페스(Hystaspes)의 신탁이다.[521] 알렉산드로스 대왕 통치하에 다시 새롭게 번성한 그리스의 《신탁 모음집》도 포함해야 할 것이다. 바로(Varro)는 기원전 1세기 전반기에만 10개의 서로 다른 신탁집(信託輯)인 〈시빌서〉(*Sibyllen*)들을 알고 있었고, 다른 것들은 더 많았다는 것을 파악했다.[522]

---

521) W. Baumgartner, *op. cit.*, 140; O. Eissfeldt, *Einl*[3], 201ff. 또한 E. Osswald, *op. cit.*, 28, 33과 비교하라. 이란의 묵시에 대해서는 다음을 보라: F. Cumont, RHR 103, 1931, 29-96; 특히, 히스타스페스(Hystaspes)의 "묵시"에 관한 64ff. 그리고 Bidez/Cumont, *Les mages hellénisés* 1, 1938, 215-223과 2, 359-377; F. Altheim, *Weltgeschichte Asiens* 2, 174-84; H. Windisch, *op. cit.*, 여러 곳, 비교. 70: 기원전 100년과 기원후 100년 사이. 그리고 G. Widengren, *Die Religionen Irans*, 1965, 199-207. 그러나 그는 연대를 너무 이르게 설정하였다.

522) M. P. Nilsson, *GGR*[2] 1, 721, 793f.; 2, 109ff. 헬레니즘시대 시빌을 저자로 한 문헌의 전형적인 예는 기원전 197년 후 알렉산드로스에서 로마의 융성과 마케도니아의 쇠퇴를 예언하였던 리코프론(Lycophron)의 《알렉산드라》(*Alexandra*)에서 볼 수 있다. 무엇보다도 1226-1280과 1436-1450; A. W. Mair, LCL 1955가 편집한 서론, pp. 308-314, 또 S. Josifovic, *PW Suppl* 11, 888-930을 보라. 〈시빌서〉에 대해서는 Rzach, *PW*, 2R. 2, 2073ff., 2103ff. 그리고 M. P. Nilsson, *GGR*[2] 2, 109f., 481f.를 보라. 바로(Varro)에 대해서는 Lactantius, *Div. Inst.* 1, 6ff., 8ff., CSEL 19, 21을 보라. Rzach, *op. cit.*, 2076. K. Kerényi, *Klio* 29, 1936, 1-35와 비교하라. 그는 매우 초기의 페르시아의 천년왕국설이 〈그리스 시빌서〉에 영향을 끼친 것으로 추정한다. 알렉산드로스 대왕 시기에 이것은 새롭게 도약했다. J. Wolff, *Archiv für Kulturgeschichte* 24, 1934, 312-325, 특히, 316ff.을 보라. 베르길리우스의 네 번째 목가(牧歌)는 〈시빌서〉 형식의 시에 강하게 영향을 받았다: 4행과 그것에 관한 E. Norden, *Die Geburt des Kindes*, 1924, 15f. 각주 1과 2; K. Kerényi, *op. cit.*, 1ff.을 보라.

수에토니우스(Suetonius)에 의하면(Aug. 31, 1) 아우구스투스(Augustus)는 기원전 12년에 폰티펙스 막시무스(Pontifex Maximus)의 직무를 인수받을 때, 그리스어나 라틴어로 기록된 2천 개가 넘는 익명의, 혹은 별로 알려지지 않는 저자들이 기록한 예언문서들을 수집하고 불태웠다. 그는 오직 〈시빌서〉들만 선택하여 불사른 것이다. 이렇게 "정치적 예언"은 국가에 위험이 될 수 있었다. 그 한 예가 기원전 136~132년 시실리에서 일어난 첫 번째 노예전쟁에서 아파메아(Apamea)의 노예 왕 에우누스(Eunus)의 신탁이다. 그는 꿈속에서 미래에 대한 신들의 예언을 받았다고 말했는데, 과연 그가 깨어있을 때 신들이 그에게 나타났다(ἐγρηγορότως θεοὺς ὁρᾶν...καὶ ἐξ αὐτῶν ἀκούειν τὰ μέλλοντα). 에우누스는 마침내 황홀경에서 예언하기를, 시리아의 여신이 자신이 왕이 될 것이라고 신인했다고 주장했다. 이어서 반역이 일어나고, 처음에는 에우누스와 그의 추종자들이 놀라울 정도로 성공을 거두자, 노예들은 사회적 정의가 이루어진 일종의 이상적인 왕국을 실현하려고 시도하였다. 기원전 133년 후에 페르가몬(Pergamon)의 안드로니코스(Andronikos)의 노예폭동 역시 사회·이상주의적 특징들을 지녔다.[523]

다니엘 이후 약 20년이 지나서 이집트 디아스포라의 한 유대 민족주의자가 미래에 대한 묵시를 묘사하였다. 이 작품은 〈시빌 예언서〉를 초기 그리스 양식으로 옷 입히고 '사후 예언'과 혼합하여 유대교를 선전하기 위한 성공적인 수단으로 삼은 것인데, 이는 지나치게 능숙한 솜씨였다.[524] 이때로부터 유대 묵시사상의 효과가 디아스포라에서

523) Eunus에 대해서는 Poseidonios *FGrHist* 87 F 108e – Diodor 2, 5-7과 Altheim-Stiehl, Aaraber 1, 80ff; R. Fisler, *IHSOUS BASILEUS* 2, 723ff.과 마카베오 봉기에 대한 유사점을 상기시키고 있는 J. Vogt, *Sklavenkriege*, AAMz 1957, 1, 27ff.과 *Sklaverei u. Humanität*, 37ff.를 보라. Andronikos에 대하여는 *op. cit.*, 43ff. 61-68을 보라

524) 이것에 대해서는 *Schürer* 3, 555f.; Rzach, *op. cit.*, 2128f.; A. Kurfess,

도 나타났다.

헬레니즘의 영역에서 정치적 '예언'이 더 진전된 예는 안티오코스 3세에 대항한 로마의 원정을 묘사하는 장면에서 나타난다. 이것을 묘사한 사람은 기원전 2세기 1/3분기 시대의 다니엘서 저자와 동시대인이었던 로데스의 '소요학파 철학자' 안티스테네스(Antisthenes) 였다. 그후 시리아 기병대 사령관인 불파구스(Bulpagus)는 죽은 자들로부터 일어나(ἀνέστη...ἐκ τῶν νεκρῶν) 마그네시아(Magnesia)의 전쟁터에서 로마에 내릴 제우스의 복수를 6보격의 시로 예언하였다. 마치 플라톤의 《공화국》에 나오는 팜필리아인 에르(Pamphylier Er) 처럼 말이다(614b). 이 예언은 거대한 무리가 이탈리아를 습격하여 로마의 통치를 끝낼 것이라는 내용으로서, 로마인들이 델피(Delphi)의 신탁을 조사함으로서 입증되었다. 더욱더 기적적인 것은 나우파크투스(Naupactus) 진영의 로마 집정관 푸블리우스(Publius)의 '예언들'(*Prophezeiungen*)이다. 그는 아시아의 한 왕의 지휘 아래 동쪽에서 온 엄청난 무리에 의해 로마가 전멸당할 것을 예언하였다. 그는 안티오코스 3세에 대항한 원정의 상세한 진행과 결과를 '사후예언'으로서 산문(散文)으로 추가하였고 자신의 임박한 죽음을 알렸다. 그의 머리가 늑대에 의해 찢겨져 몸에서 떨어져 나간다는 묘사는 아폴로(Apollon)의 명령을 시형태의 신탁으로 전하며, 무기를 들 수 있는 로마인들이 살해당하고 여인과 아이들은 아시아로 유배당할 것을 암시한다. 이런 종류의 신탁들은 또한 미트라다테스의(mithiradatischen) 전쟁들과 기원후 66~70년의 유대전쟁에서 중요한 역할을 한다. 특

Sibyllinische Weissagungen, 1951, 289ff.; M. P. Nilsson, *GGR*² 2, 112f.를 보라. 가장 초기의 〈유대인 시빌서〉(3, 97-294, 573-623, 652-829)는 기원전 140년경의 다니엘서 직후에 형성되었다. 이것이 더 오래된 〈갈대아인의 시빌서〉에 접목되어 있는가의 여부는 불확실하다. 쿠르페스(A. Kurfess)의 견해에 반대되는 의견은 Hennecke-Schneemelcher-Wilson, *New Testament Apocryphen* 2, 498ff.(Lit.)를 보라.

별히 정치적 영역에서 유대 묵시사상은 주변의 환경과 접촉하여 그 주변 사상들을 전수하고 다시 그것에 영향을 주었다.[525]

그렇지만 이 모든 유사성들에도 불구하고 헬레니즘시대의 비유대적 예언문학과 신탁문학은 유대 묵시사상과는 다른 아주 근본적인 차이를 가지고 있다. 일반적으로 이집트와 그리스의 '예언들'(*Weissagungen*)은 종종 더 심오한 종교적 배경 없이 제한된 역사의 기간을 다룬다. 무엇보다도 거기에는 세계역사 전체에 대한 묘사가 없다. 그래서 신의 계획의 실현과 다가올 구원의 때가 임박하게 밝아오는 것으로 향하는, 그야말로 우주를 포함하는 역사관이 없다. 그러므로 헬레니즘적·동방세계적인 신화로 채색된 환상들은 "하나와 전체로서" 세계역사를 묘사하는 구실을 한다. 이런 식으로 해서 역사 전체는 처음부터 "역사의 마지막 구원에 … 정초(定礎)되어 있다."[526] 다니엘에서 보편적 역사는 어떤 한 — 그렇지만 결정적인 — 단면에서만 나타난다. 왜냐하면 그가 태고시절과 이스라엘의 민족사를 통합시키지 않고, 심지어는 구원의 때를 명백하게 진술하기보다는 단지 암시만 하기 때문이다(2:44; 7:27; 9:24; 12:1f.). 그러나 시초에서 완성에 이르는 세계역사를 수용하는 제 4번 쿰란동굴의 다니엘서 외경 단편들과, 다니엘서와 밀접하게 연관된 — 유다 마카베오가 죽기 전(제 3부 각주 442를 보라)

525) *FGrHist* 257 F 36 III, 트랄레스(Tralles)의 플레곤(Phlegon)에 의한. 안티스테네스(Antisthenes)에 대해서는 E. Schwartz, *PW* 1, 2537을 보라. 또한 H. Windisch, *op. cit.*, 52ff.; H. Fuchs, *op. cit.*, 5ff., 29ff.; M. P. Nilsson, *GGR*² 2, 110ff.와 비교하라. 후대의 빈코미 예언에 대해서는 H. Windisch, *op. cit.*, 55ff. 그리고 H. Fuchs, *op. cit.*, 8ff., 30ff.를 보라: 여기에서는 가장 먼저 〈시빌4서〉가 나온다. 비교. 179ff., 350ff., 652ff. 베스파시아누스의 시대에 대해서는 M. Hengel, *op. cit.*, 234를 보라.

526) D. Rössler, *op. cit.*, 68f. A. Nissen, NovTest 9, 1967, 270ff.의 비평은 이 점에서는 부적절하다.

불과 얼마 후에 기록된 것이 틀림없는 — 에녹1서 85-90장의 '동물묵시'는, 다니엘서가 보여주는 부분적 견해 배후에 세계역사에 대한 전체적인 견해가 있음을 보여준다. 이 견해에 의하면 세계역사는 세 시대, 혹은 차라리 네 시대로 나뉜다고 하겠다: 첫째는, 아담에서 미움받은 에서와 족장 야곱의 아버지였던 이삭에 이르는 태고시대(에녹 85-89, 12)로서, 이는 여러 민족들의 역사와 선민의 역사를 분리할 수 없는 시기이다. 둘째는, 야곱으로부터 "양들의 주님"이 백성들을 70명의 목자들에게 인도하는 시기인 하나님의 선민 이스라엘의 역사이다.

> 여기에서 처음으로 세계 70민족들과 그들의 '수호천사들'의 개념이 등장한다. 즉, 이스라엘은 죄로 인해 그들의 힘에 굴복한다는 말이다. 아마도 원래 여기에는 이스라엘을 세계 70민족들에게로 흩어 보낸다는 사상이 그 배경에 있었던 것 같은데,[527] 이 또한 보편적인 특징이라 하겠다. 그러나 묵시가는 70명의 '민족천사들'이나 목자들을 다니엘의 70이레(다니엘 9장)와 연관시켜서, 그 각각에 특정한 고정시기를 배정한다(에녹 89, 65; 90, 5 등 자주 나옴). 이미 다니엘서에서 보듯이 여기서도 역사의 흐름을 조직화하는 경향이 나타난다. '민족천사들'이라는 개념 역시 다니엘서에서 알려지지 않은 것은 아니다(10:13f., 20). 베르톨레트(A. Bertholet)의 주장을 따라 그들을 "이방민족들의 빼앗긴 신들"로 볼 수 있다. 페르시아 대왕의 총독들과 같이 이들은 가끔은 서로 싸웠고, 자신들의 최고 지배자의 명령과 다르

---

527) 창 10장의 해석에서 나타난 70개 나라들에 대해서는 창 11:7f. 와 신 32:8f. 에 관한 《탈굼》(*Targ. Jer.* 1)을 보라. 여기에서 《70인경》은 천사와 민족들의 관계를 숫자로 표현하지 않는다. 시락 17:17이 이방민족들의 천사들을 언급하는지는 불확실하다. 거기서 שׂר는 단순하게 '통치자'를 의미하는 것으로 보인다(비교. 삿 8:23). 이 사상은 *Jub.* 15, 30ff. 와 히브리어 역 〈열두 족장 유언서〉 *Test. Napht.* 8ff. 에서 분명히 나타난다. 70개의 언어에 대해서는 Soṭa 7, 5c를 보라. D. S. Russell, *op. cit.*, 244ff.; Moore, *Judaism* 1, 226f. 와 비교하라.

게 행동하여 후에 그에게 처벌을 받았다. 이방인들의 민족신은 이렇게 합리적으로 설명되었다. 글라손(T. F. Glasson)은 '민족천사들'이라는 개념들과 유사한 두 가지 독특성을 지적하였다. 플라톤의 《법률》 713c/d에 의하면 크로노스(Kronos)는 인간의 '폴리스들'을 다스리는 통치자로 인간이 아니라, "신적인 존재들(*Daimones*)과 신과 비슷하거나 그보다 더 높은 곳에서 온 자들"을 앉혔다. 마치 가축 떼가 동물들이 아닌 사람에 의해 인솔되는 것과 같은 식으로 말이다. 플라톤의 《크리티아스》(*Kritias*, 109b/c)에서 신들은 땅과 그 거주자들을 제비뽑아 나누어 목자들이 그들의 양떼를 이끌듯이 사람을 다스린다.[528] 그레스만(H. Greßmann)은 크로노스가 민족들을 다양한 신들에게 나누었다는 신화를 거론한다. 아테네의 신에게는 아테네(Attica)를, 비블리오스 필로의 도드(Thoth) 신에게는 이집트를 할당하는 것처럼 말이다.[529]

23목자시대의 첫 통치기간은 앗시리아가 북쪽 왕국을 정복하는 것으로 시작하여 유배에서 귀환한 퀴로스(Kyros)시대로 끝난다(89, 65-71). 두 번째 통치기간은 페르시아 제국의 끝까지 다다르는 12'목자들'로 끝난다(89, 72-77). 셋째 통치기간은 이스라엘이 더욱 모진 압제를 받기 시작하는데, 이는 마케도니아의 제국이 잔인해짐에 따라 다니엘서 7:7, 23의 넷째 짐승을 통해서 실현된다. 그것은 팔레스타인의 통치변화에까지 이르는 23'목자시대'의 내용을 포함하는데(90, 2-6), 다시 프톨레마이오스 왕조로부터 셀레우코스 왕조에 이르는 시기를 의미한다. 마지막 12기간들이 들어 있는 넷째 통치기간은 셀레우코스 제국에 해당한다. 다니엘서에서처럼 이 마지막 최악의 시대에

528) A. Bertholet, in: *Oriental Studies* …. C. E. Pavry, 1933, 34-40(인용. 35); A. Bentzen, *op. cit.*, 78f.; T. F. Glasson, *op. cit.*, 70f.

529) *FGrHist* 790 F 2 - Euseb. Pr. ev. 1,10,32,38; H. Gressmann, *Der Messias*, 217f.를 보라. 또한 246f., 326, 504와 비교하라.

하시딤은 자신들에게 "눈이 뜨인" "어린 양들"로 처음 나타난다. 그들은 다른 양들을 부르지만 귀가 먹어 듣지 못한다(90, 6f). 마케도니아의 "독수리"와 셀레우코스의 "거대한 까마귀"에 대하여 격분하고 방어하는 "큰 뿔을 가진" "작은 염소" 유다 마카베오가 등장하고 나서야 비로소 양들의 눈이 뜨이고, 방어하던 염소들이 그에게 달려든다(90, 9-13; 2권 p. 221을 보라). 그리고 나서야 종말에 일어날 실제 사건들이 연이어 발생한다. 제일 먼저 다니엘서 12:1에서처럼 미카엘이 양들을 돕기 위해 나온다. 그후 양들의 주인이 직접 나타나는데, 이 양들은 마지막 12명의 목자들이 — 즉, 셀레우코스의 시대에 — 자행한 악행에 대해 미카엘이 보고했던 바로 그 양들이다. 양들은 "날카로운 칼"로 무장하고 "들에 있는 모든 동물들"과 싸우는 마지막 성전(聖戰)을 수행한다. 그러므로 여기서 우리는 마카베오 유다가 다양한 셀레우코스 군대들과 싸워 거둔 놀라운 성공을 일부의 '경건한 자들'이 종말론적인 최후의 투쟁의 서곡으로 간주했다는 인상을 받는다. 실제로 제 1번 쿰란동굴에서 나온 〈전쟁문서〉(1QM)의 최종 형태를 받아들인 이런 싸움에 대한 관념은 여기에서야 비로소 그 모습을 드러내는 것 같다.[530] 여기에서는 또한, 하나님 홀로 그의 왕국을 세우고 있다고 묘사하는 다니엘서와는 실제적인 차이가 존재한다(2권 p. 234를 보라). 이어서 창세기 6장의 타락한 천사들(2권 p. 370을 보라)이 심판을 받고, "눈먼 양", 즉 배교한 수많은 유대인들(3권 p. 118f. 를 보라)은 사나운 불바다에 던져진다. 동물과 새들은 양들에게 복종하고 성전은 정화되고 재건되어 모두가 이곳으로 향한다. 순교자들이 다시 일어나고(비교. 단 12:2, 2권 p. 10f. 를 보라) 흩어진 자들이 돌아오며, 메시아가 태어나 마침내 — 양들이나 이스라엘뿐만

---

530) 종말의 때에 일어날 거룩한 전쟁이라는 모티브에 대해서는 M. Hengel, *op. cit.*, 277ff. 를 보라.

아닌 — 모든 동물들이 변화되어 족장시대의 완전한 시원(始原)의 모습으로 되돌아간다. 그들은 아담에서 이삭에 이르는 경건한 조상들처럼 "흰 황소"가 되었다(90, 19-42). 그러므로 역사의 끝에는 벤 시라가 아담의 비길 데 없는 "광채"라고 불렀고 에센파가 "아담의 영광"이라 부른 회복이 일어난다.[531] 묵시문학은 구약의 예언에서 보편적 구원선포들과 연결되어 — 마카베오 시대의 전쟁상황으로 조성된 모든 젤롯적인(zelotisch) 민족투쟁적인 양상에도 불구하고 — 모든 민족의 경계를 허무는 인간 전체의 구원에 대한 묘사로 끝난다(비교. 에녹 10,21).

다니엘에서와 같이(10:13, 20f.; 12:1) 다양한 에센파의 글들 특히, 〈전쟁문서〉와 제 11번 쿰란동굴에서 새롭게 출판된 〈멜기세덱 단편〉에서는 종말론적인 대변인과 구원의 전달자의 역할은 메시아가 아니라, 미카엘이 한다는 점이 특징적이다.[532] 그는 이스라엘의 구원

531) 시락 49:16; 2권 p.128을 보라. 쿰란에 대해서는 1QS 4.23; 1QH 17.15; CD 3.20을 보라.

532) 동물묵시에서 미카엘에 대해서는 87.2; 88.3(비교. 9.1; 10.11f.; 20.5); 89.61, 68ff., 76; 90.14, 20, 22를 보라. R. H. Charles, *Enoch*, 1912, 20을 보라. 여기에서 미카엘은 이집트의 (헤르메스) 토트나 바빌로니아의 나부(Nabu)와 같은 하늘의 서기관 역할을 물려받는다. H. Gressmann, *Der Messias*, 405, 이 역할은 아마도 에녹이 다소 후대의 형태에서 물려받았을 것이며(에녹 12,3ff.; 15,1; 92,1을 보라), 더 후에는 여전히 메타트론(Metatron)에게 돌아간 것으로 보인다(제 3부 각주 307을 보라): *Ḥag.* 15a; *Pesikt. R.* 5(ed. Friedmann, 22b); Bill. 3, 701; 창 5:24에 관한 *Targ. Jer.* 1; Bill. 3, 744f. 등을 보라. 일반적인 미카엘의 역할에 대해서는 W. Lueken, *Michael*, 1898, 여러 곳; 쿰란, 특히 1QM 9.15f.를 보라. 17.6f.의 미카엘에 관한 것과 Y. Yadin, *The Seroll of the War*, 1962, 235ff.; O. Betz, *Der Paraklet*, 1963, 63ff., 103ff., 112f. 그리고 멜기세덱 본문과 비교하라. 그것은 불행하게도 단편으로만 남아있다(ed. A. S. van der Woude, *OTS* 14, 1965, 354-373). 또 M. de

을 위임받은 천사로서, 아마도 가나안·페니키아의 신 미칼(Mikal)을 무력화하는 이야기로 거슬러 올라갈 것으로 생각된다.[533] 하지만 천사 미카엘조차도 종말론적인 드라마의 중심은 아니다. 이 드라마는 오히려 자신의 백성과 모든 민족들과 함께 하는 하나님의 역사에 대한 계획으로 결정되며, 그 안에서 종말론적 구원자는 매번 제한된 기능만을 한다.

에녹1서 93, 1-10과 91, 12-17(제 3부 각주 443을 보라)의 10주간묵시(*Zehnwochenapokalyse*)는 현저하게 더 짧은데, 에녹1서 85-90장과 같은 셀레우코스에 냉혹하게 대항하는 태도가 나타나지 않는다. 따라서 이는 아마도 종교적인 고통과 자유를 위한 투쟁이 시작되기 전에 기록된 것 같다. 10주간묵시는 더욱 급격하게 전개되는 10주간의 세상으로 나뉘고, 이 가운데서 7주간은 실제적인 '세계역사'로 전개되어, 백성들 대다수가 배교하고 "선택된 의인들"이 빛을 비추며 끝난다. 다른 3주간은 단계별로 발전하는 구원의 시기가 펼쳐진다. 이 시기의 정점이 되는 제 10주간에 안에는 "새 하늘"(사 65:17; 66:22)과

Jonge/van der Woude, *NTS* 12, 1966, 301-308에서도 미카엘(멜기세덱)은 하늘의 구원자의 형태에 가깝다. J. T. Milik, *RB* 79, 1972, 85ff. (4Q "Amram")과 비교하라.

533) A. Bentzen, *op. cit.* 79. 그는 Graham/May, *Culture and Conscience*, 1936, 108을 가리킨다. 특히 스키토폴리스의 베트 쉐안(Beth-Shean)에서 숭배하였던 미칼(Mikal)에 대해서는 S. A. Cook, *The Religion of Ancient Palestine*, 1930, 99f., 128f.를 보라. 그는 또한 키푸로스에서는 레세프-미칼(Rešeph-Mikal)과 아폴로 아뮈클로스(Apollo Amyklos)로 숭배된 것 같다. 두 나라 말로 기록된 비문 CIS 1 Nr. 89를 보라. 86 각주 13, B5, 그리고 91; 93.5; 94.5와 비교하라. 상세한 것은 W. Röllig, WM 1, 298f.를 보라. 그러면 그 이름은 א로 시작됨으로써 유대의 테오포루스(Theophorous)라는 흔한 천사의 이름에 동화되었으리라. 어근 יכל이 "우월하다, 승리하다"에서 파생했을 가능성은 미카엘의 특성과 잘 어울린다.

“선함과 의로움 속에 영원으로 가는 셀 수 없이 많은 주간들”이 포함되어 있다.

에녹1서의 가장 초기의 것으로 생각되는 이 본문에서, 세계역사 전체를 포괄하는 결정론과 시대구분은 단지 한 시기만을 다루는 다니엘서보다 더욱 강하게 부각된다:

> 왜냐하면 모든 것이 도래하여 성취되고,
> 인간의 모든 행동들이 차례대로 내게 보이기 때문이다(에녹 90,41, G. Beer의 번역을 따름).

합리적·조직적 역사이해의 상징으로서 역사를 시대별로 나누는 것 자체는 이미 페르시아 초기시대에서 유래한 제사장 문서(*Priesterschrift*)에서 언급된 어떤 연대기적 질서와 연관된다. 그러나 이 연대기는 시내 산의 율법수여와 땅을 차지하는 데에서 정점에 도달하지만, 종말론적인 하나님 왕국의 확립을 명확하게 염두에 두지는 않는다.[534] 하시딤의 묵시사상은 제사장적 지혜의 조직적인 역사관과, 예언전승으

534) P문서의 역사관에 대해서는 K. Elliger, *ZTK* 49, 1952, 121-143을 보라. 그것은 “위로하고 경고하는 증언문서”(143)로서 바벨로니아 포로기에 형성되었기에 종교적인 박해를 받는 다니엘에게도 비슷한 기능을 한다(354쪽 이하를 보라). 또한 Fohrer, *op. cit.*, 354f.; 또한 비교. Sellin/Fohrer, *Einl.* 199f와 J. Hempel, *PW* 22, 1947f.를 보라. G. von Rad, *op. cit.*, 2, 329는 종말론적인 구절의 가능성이 있는 민 14:21을 지적한다. 그러나 우리는 시 72:19와 6:3에서처럼, 여기에서도 비종말론적인 종교제의 형식을 발견한다. 하지만 von Gutschmid는 T. Nöldeke, *Untersuchungen zur Kritik des AT*, 1869, 40ff.에서 히브리어 마소라 본문에 따라 P문서의 연대를 토대로 세계의 연대가 총 4천 년이라고 산출할 수 있다고 믿었다. 그리고 A. von Gall, *op. cit.*, 208, 276은 이란의 묵시에서 이 연대를 유추하여 세계의 종말이 기원전 164년이라고 주장했지만 이것들은 매우 불확실한 가설이다.

로부터 나온 종말론을 결합했다고 말할 수 있으리라. 특히 하시딤 분파에서 하시딤이 가지고 있는 제사장적·사독적 요소가 분명히 보인다. 이것의 전형적인 예가 하시딤 혹은 초기 에센파의 묵시형태로 기록된 〈열두 족장 유언서〉의 '레위 유언'이 제사장의 특권을 강조하는 것이다(2권 p. 294를 보라).[535] 그러므로 제사장직 전부가 헬레니즘적 '계몽'에 의해 희생되었다고 추측할 수도 없으며, 플뢰거가 세운 신정정치와 종말론 간의 대립을 절대화시킬 수도 없다. 아마도 에센파 가운데에서는 제사장 그룹이, 후대 바리새파 가운데에서는 평신도 서기관들이 하시딤 운동 전체의 내부에서 더욱 선두에 나섰을 것으로 보인다.

제사장 문서의 연대기적이고 신학적인 출발점은 에센파의 〈희년서〉에서 지고한 완전이라는 사상으로까지 확대된다. 여기서 우리는 안식일 명령의 우주적인 중요성을 생각하면 된다(2권 p. 186을 보라). 이외에도 "하늘"의 절기들의 완벽한 배열에 대한 사상을 포함하여, '이레'(*Jahrwochen*)와 희년의 "체계"는 에센파의 태양년에 천문학적인 근거를 주었다. 그러나 다른 한편으로 〈희년서〉는 에녹전승과 밀접히 연관되었으며, 이 책의 역사적 틀에서 본다면, 족장들이 앞날을 예언적으로 개관하는 형태에 "새 창조"인 종말론적인 완성도 포함되어 있다.[536]

---

535) 보들레이아나(Bodleiana)에서 나온 단편 R. H. Charles, *The Greek Versions*, 1908, 246 7f. 행(v. 6) = Apocrypha and Pseudepigrapha 2, 364와, 더 상세한 P. Grelot, *RB* 63, 1956, 391-406과 비교하라. DJD I, 87-91 = 1QT Levi, 또한 제3부 각주 622를 보라. 연대 설정에 관한 토론에 대해서는 O. H. Steck, *Israel*, 150ff. 를 보라. 그러나 그는 *Test. Levi*와 쿰란에서 발견되지 않은(*Test. Naphtali* 제외) 다른 문서들간의 차이를 충분하게 구별하지 않았다: Eissfeldt, *Einl*^{3}, 859f. 를 보라.

536) *Jub.* 1, 26. 29; 4, 26; 5, 12; 23, 27-31; 에녹 72, 1; 1QS 4. 25; 1QH 11. 13; 13. 12; 비교. 사 42:9; 43:19; 48:6. "새 창조"는 사람과 세상을

게다가 초기의 — 하시딤적인 — 묵시사상의 형태는 더 후대에 정형화된 표현과 비교할 때 다음과 같은 차이점들이 있음을 간과해서는 안 된다:

1. '대년'(大年. *das große Weltenjahr*⑬)에 대한 점성술적인 사색, 이란의 종말론(2권 p. 256을 보라), 기원후의 유대 묵시사상과 랍비단에서 매우 널리 퍼져있었던 세계의 진행시기 전체에 관한 직접적이고 분명한 언급은 아직 빠져 있다. 그것들이 비밀교의로서 초기 묵시사상 배후에 이미 존재했는지는 불확실하다. 다니엘의 칠십 '이레'(*Jahrwochen*)는 한 시기, 즉 예루살렘 파괴 후 특별한 시련의 때만을 포함한다. 에녹1서 93장과 91, 12-17의 10"주간"도 확정된 연대기석인 용어라고 정의할 수 없다.[537]

2. 신약에서 알려진 "현재의 시대"(*Äon*)와 "다가올 시대"도 아직은 이런 대립쌍의 형태로 존재하지 않는다.[538] 다니엘서는 그의 백성들에게 주어질(단 7:18, 22, 27) 미래의 영원한 하나님의 왕국(2:44)을 분명 알고는 있지만, 동시에 이 하나님의 왕적인 통치는 이미 현존하고 있다(3:33; 4:31; 5:21; 6:26f.). 또한 10주간묵시와 동물상징묵시는 세계사를 10시대가 아닌 7시대로 나누는 경향이 있다.

3. 메시아적 인물 '다윗'은 아직 종말론적인 구원의 인물로는 그 어떤 역할도 하지 않는다(에녹 90, 37?). "하늘의 구속자" 미카엘은 개인

같은 방식으로 다룬다.

537) 총괄적인 세계연대에 대한 언명에 대해서는 다음을 보라. *Ass. Mos.* 1, 2; 10, 12: 5000년; *2.Hen.* 33, 1: 6000년; Ps. Philo, 28, 2: 7000년. 더 상세한 것은 P. Volz, *Eschatologies*, 143f.; Bill. 4, 986ff.; M. Zobel, *op. cit.*, 69ff., A. von Gall, *op. cit.*, 275ff.를 보라. 세계연대를 이란의 교의(2권 p. 261을 보라)에서 유추한 것은 불확실하다.

538) G. Dalman, *Worde Jesu*, ^{2}1930, 121ff.; P. Volz, *op. cit.*, 65; A. von Gall, *op. cit.*, 272ff., 그러나 부세/그레스만처럼(243ff.) 그는 시간적인 세분화에는 너무 신경을 쓰지 않는다.

으로 더욱 강조되지만, 그조차도 하나의 제한된 구원자의 기능만을 가지며, 묵시사상의 중심에 오는 것은 하나님 행동 자체이다.

4. 초기묵시사상에서 진정한 이원론은 아직은 없다. 하나님은 세계와 그 역사를 다스리는 절대적인 주인이다. 악은 인간(에녹 98, 4ff.)과 민족들, 또한 이스라엘의 불순종으로 야기되었다. 창세기 6:1-4에 나오는 천사들의 타락과 그들에게서 유래된 사탄(에녹 15, 8ff. 2권 p. 370을 보라), 민족천사들과 사악한 세계권력의 방종이 고조되지만, 모든 것은 하나님이 그의 피조물 특히, 그의 백성을 정화시키고 시험하기 위한 그분의 뜻에서 나왔다.[539] 여기서 "이 세상의 신"(θεὸς τοῦ αἰῶος τούτου)이라는 개념(고후 4:4; 비교. 엡 2:2; 요 12:31)은 아직은 생각할 수 없었으리라.

의미심장하게도 타락한 천사들과 그들의 두목 세미아사(Semyasa)와 아사엘(Asael)은 이 땅에서 자유로이 활동하지 못한다. 오히려 아사엘은 라파엘(Raphael)에게 묶여 광야의 형벌 받을 장소로 끌려갔고, 세미아사와 그의 동료들은 미카엘에게 구속되어 최후심판의 때까지 어둠 속에 감금되었다(에녹 10:4-12; 비교. 15f장; 18:1-19:3; 21장, 그리고 67장의 '노아의 단편'). 여기서 이란의 이원론보다는 그리스 신화 타이탄의 추락이 그것에 더 가깝다(2권 p. 65f.를 보라). 왜냐하면 특히 아이실로스(Aeschylos)의 프로메테우스(Prometheus)처럼 타락한 천사들이 인간에게 어떤 문화적인 혜택과 비밀지식을 계시하기에 때문이다.[540]

---

539) 단 9:24; 11:32, 35; 에녹 89, 59f., 74ff.; 90, 6ff., 18ff.를 보라. 또한 P. Volz, *op. cit.*, 87f.를 보라.

540) Aischylos, *Prom.* 454-505; 에녹 7-8장; 69, 8ff. 2권 p. 403f.를 보라. T. F. Glasson, *op. cit.*, 62ff.와 비교하라. 물론 헤시오도스의 신의 계보에 근거한 타이탄 가(家)의 몰락이라는 교의는 고대 동방세계에서 그 기원을 찾아야 할 것 같다. 제 3부 각주 2를 보라.

비로소 초기 에센주의(*Essenismus*)는 이란의 영향으로 발달한 두 영의 교리를 통해서 유대교 묵시사상을 이원론적으로 첨예화시켰다(2권 p. 46f.를 보라). 이것은 악이란 하나님이 창조하였지만 원칙적으로 신에 대항하는 하나의 세력에서 나왔다는 유출사상(*spekulative Herleitung*)에도 영향을 주었다.[541] 묵시사상을 흔히 '이원론적'이라고 칭하는 것은, 적어도 초기 묵시사상의 형태에 관해서라면 수정될 필요가 있다. "묵시적 사상(종말에 관한 신앙)은 본래 이란의 이원론의 요소들로 형성되었다"는 부버(M. Buber)의 주장은 부득이 왜곡된 상(像)을 만들 수밖에 없다.[542]

세계역사의 묵시적 도식화가 어디서 유래했고, 최소한 그 유사한 형태가 과연 유대교 이외의 자료에서 발견될 수 있는가는 아직도 검토해야 할 사안이다. 그러므로 부세와 그레스만은 초기 시대에 해당하는 에녹1서 '천사의 책'(*dem angelogischen Buch*) 16:1에 나타난 "위대한 시

---

541) 이것에 대해서는 H. Ringgren, *Israelite Religion*, 313ff.을 보라. 물론 욥 1:6ff.; 2:1f.; 슥 3:1ff.은 이미 사탄을 참소자라고 인식하고 있다. 그러나 두 경우 모두에서 사탄은 하나님을 섬기고 있지, 악이 구현된 존재로 생각되지는 않았다. 심지어 대상 21:1에서도 그는 아직 "독립적인 하나님의 상대"가 아니다. W. Rudolph, *Die Chronikbücher*, 1955, 142f.를 보라. 뿐만 아니라, 여기에서는 페르시아의 이원론적 영향이 발견되지는 않는 것 같다. 단지 에센파의 글들이 다방면으로 발달해 하나님을 대적하는 세력들에 관한 교리를 계급적으로 배열하였다. W. Foerster, *TWNT* 7, 152-158을 보라. 그러나 그는 "악의 영들"(2권 p. 332f.를 보라)과 창 6장에 나오는 타락한 천사들의 차이를 너무 심각하게 생각했다. 더욱 최근에 발견된 쿰란의 단편들은 이 관계를 매우 명확하게 보여주는데, 미카엘의 경우에서처럼 그 이름들은 바뀔 수 있었다. J. M. Allegro, *ALUOS* 4, 1962/63, 3-5의 예를 보라. 여기에서 이란의 영향은 분명하다. 제 3부 각주 776을 보라.

542) M. Buber, *Kampf um Israel*, 1933, 61; 그는 H. L. Jansen, *Die Henochgestalt*, 76f.; P. Vielhauer, in: *Hennecke-Schneemelcher-Wilson*, *Apocryphen* 2, 418f.의 주장들을 따랐다.

대”(θεὸς τοῦ αἰῶος τούτου)[543]의 개념을, 특정 천사들의 형벌기간을 1만 년으로 추정하는 18:16과 21:6 그리고 ‘대년’(大年)과 결합시킨다. 이 천사의 형벌기간이 또 다른 배경을 가지고 있다 할지라도(2권 p.284쪽을 보라), 우리는 에녹1서의 저자에게 이 ‘대년’이 중요한지, 중요한다면 얼마만큼 중요한지를 물어야한 한다. 불트만은 한 걸음 더 나아가, 가령 다니엘서에서 제시된 것과 같은 묵시적인 역사관 전체가 영원한 회귀에 관한 우주론적인 신화가 역사화하여 변형되고 있다고 본다: “우주적인 대년(大年)은 … 우리의 세계역사로 축소된다.”[544]

> 모든 혜성들이 그 출발점에서 만남으로써 세계는 종국을 맞게 된다는 ‘대년’의 개념은 그리스와 바빌로니아, 인도에서 동일하게 나타난다.[545] 이것을 가장 일찍이 그리스에서 직접적으로 증명한 사람은 플라톤이다(티마이오스 39c/d). 그러나 아리스토텔레스의 제자 에우데모스(Eudemos)에 의하면 그것은 피타고라스학파가 이미 영원한 회귀라는 교의로 가르쳤다고 한다. 단편적인 전승을 고려하면 헤라클레이토스(Heraklitos)가 이것을 알았는지, 그렇다면 어느 정도로 알았는지 말하기는 어렵다.[546] 피타고라스학파 철학자들에게서 이런 사상은 아마도, 별들은 신적 속성을 가지며 완전하게 움직인다는 믿음에 근거한 것 같다. “행성들은 반복하여 순환하기에 … 그것은 이 땅에서 일어나는 역사적인 사건의 반복에도 영향을 미쳤다.”[547] 플라톤은 또

---

543) Bousset/Gressmann, 498; 그러나 G. Dalman, *Worde Jesu*, 134와 비교하라. 그 개념으로는 “거의 어떤 것도 시작할 수 없다.”

544) R. Bultmann, *Geschichte und Eschatologie*, ²1962, 27f. 비교. 30ff.

545) 이것에 대해서는 M. Eliade, *The Myth of the Eternal Return*, 1945, 특히 86ff., 134ff.; B. L. v. d. Waerden, *Hermes* 80, 1952, 129-155; B. Sticker, *Saeculum* 4, 1953, 241-249를 보라. 젤리거(Seeliger)는 Roscher, *Lexikon* 6, 426-430에서 그리스 로마 자료를 제시한다.

546) M. Eliade, *op. cit.*, 87f.; B. L. v. d. Waerden, *op. cit.*, 129ff.; 헤라클레이토스에 대해서는 *op. cit.*, 132f.를 보라.

한 '대년'과 함께 별들이 그들의 궤도에서 벗어남으로써 주기적으로 되풀이하여 일어나는 불과 물의 재앙들에 관한 신화들을 알았다(《티마이오스》 22b/23c, 비교. 《법률》 676ff.) 이 외에도 《정치가》(*Politicus*) 269c/274에서는[548] 세상과 인간이 주기적으로 타락하고 회복된다는 관념이 나타난다. 이 관념은 조물주가 번갈아가며, 즉 세상을 떠나 자기 자신에게로 오고 또 반대로 운동하도록 떠났다가 다시 돌아와 완벽하게 움직이도록 몸소 돌본다는 사실을 통해서 생겼다. 반면 플라톤은 영원한 회복이라는 피타고라스학파의 교의는 수용하지 않았다(《국가》 10, 617a). 그러나 켄소리누스(Censorinus)에 의하면 아리스토텔레스는 대년(大年)과 정기적으로 되풀이되는 재앙들을 서로 연련시킨 것처럼 보인다.[549] 스토아주의자들은 세상에 대한 결정론적인 견해를 가지고 있었고 갈대아의 점성술을 높게 평가하였기에 — 이것은 동시에 세상이 완벽하다는 표현이다 — 그들의 사상에서는 영원한 회귀사상이 결정적인 역할을 하는데, 이 회귀는 대재난(*Ekpyrosis*)으로 끝난다.[550]

특별히 베르덴(B. L. v. d. Waerden)이 입증해왔듯이, '대년'과 번갈아 발생하는 세계적 재난, 영원한 회귀에 대한 관념들은 — 이는 실제로 피타고라스학파의 수학과 천문학의 대부분이다 — 바빌로니아의 제사장들과 현자들의 지식으로 거슬러 올라간다.[551] 이는 특히 (위)

---

547) B. Sticker, *op. cit.*, 245.

548) 정치가-신화(*Politicus-Mythos*)에 대해서는 J. Kerschensteiner, *op. cit.*, 101-104를 보라. 그는 여기에서조차도 이란의 이원론의 영향을 받아들이지 않는다.

549) Censorinus, *De die natali* 18, 11에 대해서는 B. L. v. d. Waerden, *op. cit.*, 133f.; Seeliger, in: Roscher, *Lexikon* 6, 428f.를 보라.

550) Seeliger, in: Roscher, *Lexikon* 6, 427f.; M. Pohlenz, *Stoa* 1, 79f., 96; 2, 45ff. 비교. '대년'(大年)을 천문학적인 개념으로 대략 1,753,005년으로 계산하는 것. Rhetorius, *Quaest. astrol ex Antiochi Thesauris excerptae*, CCAG 1, 1898, 163; B. L. v. d. Waerden, *op. cit.*, 137을 보라. 이 계산은 바빌로니아의 자료를 근거로 하고 있다. P. Schnabel, *Berossus*, 1923, 176과 비교하라.

베로소스(Ps. Berossos) 또한 '대년'과 천문학적인 표징들하에서 번갈아 발생하는 불과 물의 재앙이 결합되었다는 것을 알고 있었다는 사실에서 나타난다. 여기서 세상이 불탄다는 모티브는 이란의 영향에서 유래한다.[552] 창공에서 발생하는 천상의 사건들이 규칙적이며 계산가능하다는 바빌로니아 천문학자들의 관측들은 아마도 '대년'이라는 관념에 자극을 준 것 같다. 그들의 관측들은 '대년의 여름'(*Weltensommer*)과 '대년의 겨울'(*Weltenwinter*)이라는 초기의 관념들이 결합되어 결국 이 땅의 모든 사건들 역시 별들이 반짝이는 하늘에서 매우 규칙적으로 발생하는 사건에 의존하고 있다는 결론을 내리게 되었다. 헬레니즘 시대에 나온 이집트의 한 해석은 '대년'을 태양새 불사조(*Phoenix*)와 연결시킨다.[553]

---

551) B. L. v. d. Waerden, *op. cit.*, 138ff.; 베르덴(v. d. Waerden)에 의하면, 기원전 300년경에 메가스테네스(Megasthenes)가 기록한 세계연대에 대한 인디언의 개념은 바빌로니아에서 시작되었다고 한다. O. Stein, *PW* 15, 311f.를 보라.

552) 베로수스(Ps. Berossus)에 대해서는 Seneca, Nat. quaest. 3, 39 그리고 P. Schnabel, *Berossus*, 1923, 266f., Nr. 37과 94ff. = *FGrHist* 680 F. 21을 보라. Bousset/Gressmann, 502f.; F. Cumont, *Die orientalische Religionen*, [4]1959, 161f.; H. L. Jansen, *op. cit.*, 78f.와 비교하라. 불타는 세상이라는 모티브에 관한 이란의 영향에 대해서는 *Dio Chrysostom*, 36, 39ff.의 "마술사들의 신비"에서 나오는 불타는 세상의 교의를 신화적으로 묘사한 것과, Bidez/Cumont, *op. cit.*, 2, 142ff.의 본문과 주석을 보라. 이에 대한 해석에 대해서는 F. Cumont, *RHR* 104, 1931, 42ff.; M. Pohlenz, *Stoa* 2, 45ff.; B. L. van der Waerden, *op. cit.*, 147f.를 보라. 그는 바빌로니아의 강력한 영향이 있었다고 가정한다. Justin, *Apol.* 20.1에 의한 시빌과 히스타스페스의 신탁에 대해서는 H. Windisch, *op. cit.*, 26-33을 보라. 또한 R. Mayer, *Die biblischen Vorstellungen vom Weltenbrand*, 1956, 1-79; F. Lang, *TWNT* 6, 931ff.와 비교하라. 헬레니즘 시대에 '불타는 세상'이라는 관념은 단호한 혼합주의적 형태에서만 나타났었다. 그리고 R. Mayer, *op. cit.*, 78이 올바르게 강조했듯이, '불타는 세상'이라는 모든 모티브가 이란에서 유래되었으리라고 할 수는 없으리라.

553) A. Rusch, *PW* 20, 414f.; G. Hölscher, *Das BuchHiob*, [2]1952, 73ff.와

여기서 우선 의문시되는 것은, 세계의 주기성에 관한 모든 교의가 하나의 근본신화로 귀결될 수 있는가 하는 점이다. 물론 분명하게 지역적인 것으로 여겨야 하며 천문학적으로 규정되어야 할 '대년'의 개념은 별개로 하더라도 말이다. 이것과는 달리 외관상 '단일한' '동방세계적인' 신화적 진술이 그렇듯이, 특정한 모티브들이 서로가 의존되어 있다고 증명할 수는 없고, 그것들은 서로 다른 장소와 다른 때에 고안되었다고 보는 것이 더 개연성을 갖는다. 이 점은 원시인이나 천상을 향한 영혼의 여행(2권 p. 292f. 를 보라), 세상이 불탄다는 관념이나 지혜의 신화에서도 나타난다. 그러므로 예를 들어, 세계의 시대에 대한 헤시오도스(Hesiod)의 교의(2권 p. 229f. 를 보라)와 《정치가》에서 나타나는 플라톤의 교의는 바빌로니아이나 이란의 영향을 받을 필요가 없는 다소 독립적인 구조를 보여준다. 비슷한 경향이 유대 묵시사상의 역사관에서 한층 더 잘 나타난다. '대년'은 헬레니즘적 유대교에서뿐만 아니라—예를 들면, 요세푸스 《유대고대사》 1, 106과 아마도 〈유대인 시빌서〉 3, 91f. 와 같이[554]—분명 팔레스타인의 에녹전승에서도 암시되었을 가능성이 있다. 그러나 '대년'이 변형된 형태로는, 바빌로니아와 그리스에서 천문학에 근거를 둔 비역사적이고 매우 우주론적으로 기우는 세계의 시대구분에 대한 관념과 유대교의 역사관 사이에 존재하는 깊은 골을 보여주었을 뿐이다.

따라서 '10주간묵시'는 둘째 주에 일어난 홍수를 "첫 기간의 끝"으로 말하는 반면, 제 10주에는 "거대하고 영원한 심판이 발생한다." 에녹1서 18, 11과 21, 7ff. 그리고 90, 24f. 에 따르면 타락한 천사들과 타락한 자들은 불의 구렁텅이에서 처벌된다(2권 p. 284f. 를 보라).

비교하라.

554) *Sib.* 3, 1-92는 분실된 〈시빌2서〉(*2.Sibylle*)의 결론이며 기원후 1세기에 나왔다.

91,6ff. 에 나오는 '경고의 담화'에 대한 서론에서는 홍수 이전의 시기처럼 "불의함이 두 번 반복될 것이며" 하나님께서 모든 사악함과 우상숭배를 불로 멸할 것임을 명시한다(2권 p. 284f. 를 보라). 번갈아 발생하는 물과 불의 재앙들의 관념 또한 후대의 유대전승에서 산발적으로 나타난다.[555] 그래서 에녹1서 16,1의 "위대한 시대"는 '대년'의 유대교적 대응개념일 수 있다. 물론 여기에는 본래의 바빌로니아 신화의 흔적은 거의 남아있지 않지만 말이다. 역사의 진행은 천문학에 근거한 것도 아니며, 또한 별들을 토대로 한 계산에 근거한 것도 아니다. 그보다는 에녹이 하늘의 표징을 통해 간파한 하나님의 계획에 의존하고 있다(2권 p. 282f. 를 보라). 홍수와 불은 필연적으로 흘러가는 우주적인 자연의 재앙들이 아니라, 하나님이 결정하시고 그의 뜻대로 통제하시는 형벌들이다. '천문학의 책'(에녹1서 72-82장)은 묵시적 역사관의 근거로 사용된 글이 아니라, 364일로 구성된 에센파의 태양년을 설명하기 위한 문서이다(2권 p. 380f. 를 보라). 종말의 시기와 시원(始原)의 시기간의 일치 혹은 이 땅의 존속기간에 관한 사상과 같이 '대년'과 어느 정도 유사한 관념들은 '대년'에서 유래된 것이 아니라 구약 자체에 뿌리를 두었을 것 같다.[556] 두 경우 모두에서 우리는 고

555) 에녹의 "대년"에 대해서는 H. L. Jansen, *Die Henochsgestalt*, 1940, 76ff. 를 보라. 그러나 그는 그 중요성을 너무 강조했다. 불과 물에 의한 대참사에 대해서는 유대고대사 1, 69-71; Vit. Ad. et Ev., 49-50을 보라. 또한 기원후 2세기, 모다임의 엘레아자르(Eleazar von Modaim)가 이 교리를 받아들이지 않은 것과 비교하라, Zeb. 116a 그리고 이와 유사한 것으로는 P. Volz, *op. cit.*, 336을 보라. 불을 통한 심판의 관념에 대해서는 제3부 각주 607을 보라.

556) "두 때" 사이의 구별과, 종말과 시원의 시기의 대응에 대해서는 G. Fohrer, *TLZ* 86, 1960, 402ff., 411ff., 415ff. 를 보라. 이는 이미 구약 예언에서 암시되었다. 또한 P. Volz, *op. cit.*, 113f., 359f., 370, 383ff., 388ff. 와 비교하라. 이 땅의 세대에 대해서는 *Syr. Bar.* 85, 10;

대에서 널리 퍼진 공통의 견해들을 만난다.

그런 사상들과 더욱 중요한 유사성을 갖는 것은 직선형 역사구도를 갖는 이란의 종말론인데, 이것은 원칙적으로 '대년'에 등장하는 주기적 관념과는 구별되어야 한다. 직선형 역사구도는 이미 기원전 4세기 테오폼푸스(Thepomp)가 사용하였다:

> 그는 '오로마제스-제우스'(Oromazes-Zeus)와 '아리만-하데스'(Ahriman-Hades)가 각각 3천 년마다 번갈아 지배하는 역사의 시대들이 연속적으로 여러 번(세 번 혹은 네 번) 지났다는 사실에 대하여 언급한다. 그 다음 3천 년 동안 이 둘은 서로 싸워, 마침내 오로마제스가 승리를 거둔 후 아리만은 사라지고 고통 없는 행복의 시대가 인간에게 도래한다. 후대의 이란 전승은 또 다른 기간으로 나뉘는 1만 2천 년 동안 세계가 지속되었다는 기록을 담고 있다. 가령, 정해진 천 년 동안 특정한 황도12궁이 지배한다는 것과 같은 다양한 점성술적 모티브들을 받아들였지만, 결국 마지막은 반드시 악에 대한 승리와 구원의 시기가 동터온다는 사상을 표현한다. 비록 바빌로니아 점성술의 영향 — 예를 들면, 소아시아와 시리아의 조로아스터교 추종자 마구시아인(Magusäer)의 한 형태인 '추어반-조로아스터주의'(*Zervanismus*) — 을 가정할 수 있지만, 여기서도 역사를 직선으로 묘사하지만 "영원한 회귀"에 대한 관념은 배제되었다.[557] 이란의 종말론은 서양세

4.*Ezra* 5, 50-55; 14, 10. 16을 보라. 예를 들면, 시 102·27f., 혹은 P 문서의 역사관에 따른 태고시기 수명의 감소와도 비교하라. 그 사상은 "유물론적" 토대 위에서 발견된다. Lucretius, *De rerum natura* 2, 1144-1174에 나온다. 포세이도니오스에 대해서는 3권 p. 22ff.를 보라.

557) *FGrHist* 115 F 65 = Plutarch, Is. et. Osir. 47; F 64와도 비교하라. 부활에 관해서는 2권 p. 269ff.를 보라. Bidez/Cumont, *op. cit.*, 2, 72, 78f.; A. von Gall, *op. cit.*, 124ff.; B. L. v. d. Waerden, *op. cit.*, 145-149를 보라. 후대의 마구시아인(人)과 그들의 천세 종말론에 대해서는 F. Cumont, *RHR* 104, 1931, 26-96을 보라. 그리고 헬레니즘과 로마

계의 〈히스타스페스(Hystaspes)의 신탁〉과 〈갈대아인 시빌서〉 같은 문서들에 상당한 영향을 끼쳤다. '대년'의 새로운 시작과 완성이 점성술적으로 결정된다는 사상과, 역사의 완성으로서 최종적인 구원의 때가 시작된다는 — 〈시빌서〉를 모델로 하여 만들어진 — 사상은 이란이나 유대의 사상을 오가며 헬레니즘적이고 혼합주의적으로 뒤섞인 형태로서 기원전 40년경에 기록된 베르길리우스(Virgil)의 〈네 번째 목가〉에서 발견된다. 이것을 해석하는 데 어려운 점은, 특히 연결이 불가능한 이 양자의 근본 모티브들이 대립한다는 사실이다. 그러나 "magnus ab intergo saeculorum nascitur ordo"(위대한 질서는 영원한 시간으로부터 탄생한다. 5행, 비교. 12행)라는 문장은 분명히 점성술에 토대를 두는 영원회귀사상을 가리키는 것처럼 보인다.[558]

유대 묵시사상의 역사관이 직접적으로 이란의 묵시사상에 의존했는지, 만약 그랬다면 어느 정도인지, 혹은 단지 광범위한 유사점만이 존재했는지는 결정짓기가 어렵다. 첫째로는 연대기적인 어려움이 있다. 왜냐하면 잘 알려진 이란의 '묵시서들'은 비교적 후대의 것이고,

---

세계에서 이란·혼합주의화되어 가는 묵시사상에 대해서는 H. Windisch, *op. cit.*, 14, 26ff.를 보라. G. Widengren, *Iranisch-semitische Kulturbegegnung*, 1960, 53 각주 183은 이미 테오폼푸스의 자료에 '추어반-조로아스터교'의 영향이 있음을 가정했다. 그러나 부분적으로 애매한 단편에 대해서는 언급이 없다. 그의 가설의 불확실성에 대해서는 R. C. Zaehner, *Zurvan*, 1955, 20ff.를 보라.

558) E. Norden, *Die Geburt des Kindes*, [4]1958, 8ff. 이란의 영향에 대해서는 K. Kerényi, *Hermes* 29, 1936, 1-35를 보라. H. Gressmann, *Der Messias*, 462-478은 여기서 바빌로니아의 영향을 추측한다. H. Windhch, *op. cit.*, 60f.는 베르길리우스가 유대교의 메시아 교의를 알고 있을 가능성에 대한 흥미로운 암시를 주었다. 내적인 반론에 대해서는 K. Bucher, *PW*, 2R. 8, 1196: "시빌서의 관념들에 따르면 … 마지막 상태에 …, 피타고라스학파에 의하면 … 대년의 … 초기의 상태에서 '대년'이 발견된다." 또한 H. Hommel, *Theologia viatorum* 2, 1950, 210ff.와 비교하라.

게다가 내용에서도 유대 묵시와는 상당한 차이가 있기 때문이다. 특별히 초기 하시딤의 묵시문학에는 이원론적으로 해석된 추상적인 세계의 기간들에 대한 관심은 없으며, 그것들을 점성술적으로 규정하는 것은 더욱 없다. 에녹1서 93, 1-10의 '7주간의 세계'(7 *Weltwochen*)는 북시리아와 소아시아의 헬레니즘화된 조로아스터교의 사변(思辨)과 같이 7개의 행성들의 징후에 지배를 받지 않는다.[559] 유대 묵시사상은 그보다는 토라와 예언서에서 주어졌으며, 하나님의 '계획'이라는 사상을 통하여 체계화된 '세계역사'를 해석하되, 고난으로 가득한 현재를 하나님의 심판으로 이해한다. 또한 세계의 연대(年代)에 관한 모든 점성술적·이론적 혹은 신화적·이원론적 사변과는 대조적으로, 하나님이 약속한 구원의 때가 도래할 시기가 임박했다는 매우 강렬한 기대를 담고 있다(다니엘 8:17. לְעֶת־קֵץ 비교. 19; 11:35, 40f.; 12:1f.). 역사를 묵시적으로 이해함은 제사장 문서에서처럼 초기의 역사에 대한 개괄적 관점을 이어가는 것으로서, 예언적이고 종말론적인 전조(前兆)로부터 발달했다는 것은 충분히 생각할 수 있다. 물론 여기에는 당연히 상당한 정도 재해석되었다고 가정해야만 한다. 이스라엘과 이방민족들의 역사는 더욱 강하게 추상화되어 통보된 하나의 역사로 파악되었다. 더욱이 역사의 평가시점은 더 이상 제의와 율법에서 드러나는 구원의 현재가 아니라, 매우 임박한 종말이다. 여하튼 종교사적으로 유대묵시사상이 이방사상의 영향이 일어났다면,

559) F. Cumont, *RHR* 104, 1931, 44ff., 58ff. 점성술적으로 채색된 미구시아인의 가르침과 유사점이 존재하는데, 이것은 더 후대의 '비유의 책' 가운데 6개의 금속으로 이루어진 언덕을 언급하는 에녹 52장에서 볼 수 있다. 원래의 금속은 각각의 행성을 가리키는 7개였을 것으로 보인다(비교. 52.8). 또 미트라(Mithra)의 사다리는 Origen, *c. Cels* 6, 22, GCS 2, 92, ed. Koetschau; W. Bousset, *Die Himmelsreise der Seele*, 1960 재판, 52f.를 보라. 그러나 모든 천문학적 의미는 에녹 52장에서 삭제되었다.

그것은 역사에 대한 전체적인 관점에서라기보다는 차라리 세부적인 곳에서 영향이 발생했다고 해야 한다.560)

링그렌(H. Ringgren)은 이 새로운 역사관과 유대 묵시사상이 형성된 원인을 "헬레니즘시대에 유대 백성들의 어려운 상황"이라고 올바르게 제시했었다.561) 최초의 위대한 묵시문학이 헬레니즘적 개혁과 유대인들에 대한 핍박, 그리고 그것으로 인해 발생한 자유를 위한 투쟁의 시기에서 나온 것은 우연이 아니다. 그것들은—"거의 학문성이 압도적으로 혼합"되는 현상에도 불구하고562)—하시딤의 "현자들"에 의해 기록되었는데, "민족들이 존재한 이래 찾아볼 수 없었던 환난의 시대"(다니엘 12:1)에, 가장 우선적으로는 신앙의 신실함을 강화하기 위한 투쟁과 위로의 글들이다. 자신들의 동족들이 꾸민 음모로 성전에서 혼합제의가 실행되어 성전모독이 저질러지던 그 당시(3권 p. 116ff. 를 보라), 수많은 유대인들이 배교하였고563) '신실한 자들'은 사형으로 위협 당하였다. 이러한 상황에서 시락의 보수적인 낙관주의는 더 이상 존재할 수 없었다. 이 낙관론은 하나님은 현세에서 보응하시며,

---

560) 좀더 이른 역사관으로 거슬러가는 참고문헌에 대해서는 G. von Rad, *Theol.*[4] 2, 329f. ; D. S. Russell, *op. cit.* 를 보라. 그러나 러셀은 P문서에 대해서는 폰 구트슈미트(von Gutschmid)와 뇔데케(Nöldeke. 제 3부 각주 534를 보라)의 논지를 받아들인다. 그러나 이에 반하여 세계연대가 4천 년이라고 주장하는 것은 그 시기가 지나치게 짧으며, 더 후대에 사용된 5~7천 년이라는 연대계산은 더 이상 나타나지 않는다. G. Fohrer, *TLZ* 85, 1960, 401-420은 묵시사상의 역사관이 포로기 후기의 예언에 얼마나 많이 의존하는지를 보여준다. 묵시사상은 이 예언적 종말론의 "새로운 형태"라고 한다(420).

561) H. Ringgren, *RGG*[3] 1, 464.

562) O. Eissfeldt, *Einl*[3], 717.

563) 단 11:30, 32a; 에녹 90, 7. 26; 93, 9. 비교. 벤 시라의 논쟁에 대해서는 2권 p. 132f. 를 비교하고, "불법을 행하는 자"과 배교자들에 관한 마카베오서의 기록들은, 3권 p. 121ff. 를 보라.

그의 창조에는 목적이 존재한다는 사상에 토대를 두고 있었다. "묵시적 종말징후"가 좀더 후에 "현재의 고통과 함께 … 사라지는" 것은 아니라는 진술은,[564] "경건한 자들"과 엄정주의자들이 볼 때 이 고통은 바르 코흐바(Bar Kochba)의 반란의 실패에 이르기까지 사실상 끝이 보이지 않았다는 사실과 연관된다. 기원후 2세기에 이르러서야 유대의 '묵시사상'은 비로소 끝난다. 그래서 우선 당분간은 세계의 지배자들이 '하나님의 적'이었다. 다니엘서 시대부터 바르 코흐바에 이르는 팔레스타인의 유대교 역사는 대부분 피와 눈물의 역사였다.

1. 성전과 율법, 조상들의 신앙을 위해 필사적으로 싸우다가 극도로 지친 유대인들은 이제 역사에 대한 새로운 해석이 필요하였다. 이 해석은 '선조들에 대한 찬가'나 역대기 사가의 작품에 나타나는 과거에 대한 찬미를 넘어 이스라엘 백성들과 세계의 지배자들에 대한 숨겨진 하나님의 계획에서 드러나는데,[565] 이는 희망이 없어 보이는 상황에서도 억압받는 자들이 계속 인내하도록 용기를 주고 위로하기 위함이다. 물론 여기서 매우 고통스러운 현재의 상황하에서 세계역사가 발전할 가능성은 거의 없어 보이는 것은 당연하다. 왜냐하면 현재는 종말의 시기 직전인 마지막 위기에 처해 있기 때문이다. 여기에서 슈펭글러(O. Spengler)가 '동굴로서의 세계'(*die Welt als Höhle*)라는 표제어로 묘사한 세계관이 싹트게 되었으니, 이는 헬레니즘적 가정(假晶)으로 형성되는(*pseudomorphose ctoheule*) "아랍적인" 문화에 전형적인 세계관이라고 말한 것이다. 이 세계관의 기본적인 태도는 묵시사상으

564) P. Vielhauer, in: *Hennecke-Schneemelcher-Wilson*, *op. cit.*, 416; 비교. 이것에 반대한 G. F. Moore, *Judaism* 1, 28, "안티오코스 4세로부터 도미티아누스에 이르기까지의 시대는 역사의 위기 때마다 분명하게 소생하였다."

565) K. Galling, *Studien zur Geschichte Israels im persischen Zeitalter*, 1964, 184와 비교하라: "기원전 2세기의 '세계관'과 정치적 위기는 (제 2) 역대기 사가의 역사관을 … 허물어 놓는다."

로부터, 동양과 플라톤의 자료에서 자양분을 얻은 후대의 영지주의로 나아간다. 물론 거기서 하나님의 구원계획이 보증하는 바, 창조와 역사의 최종적 일치는 붕괴되지만 말이다.

2. 묵시사상가들이 필사적으로 추구하는 시도 자체는 항상 새로운 주장과 수정안으로 세상의 임박한 종말을 계산하려는 것인데, 이는 이러한 극심한 위기의 상황에서 이해해야만 한다:

> 그들의 종말시기 계산에 대해서 긍정적으로 말할 수 있는 단 한 가지 사실은, 그 계산이 세계를 지배하시는 의로우신 하나님의 계획에 대한 믿음을 한시적으로나마 표현한다는 점이다. 그것은 운명, 즉 튀케(Tyche)가 … 지배하는 우연한 사건들에 대하여 체념하는 … 무너져가는 헬레니즘적 세계관에 대한 감동적인 대안(*packendes Gegenstück*)을 제공한다.[566]

그러므로 여기에서 표현되는 종말에 대한 타오르는 기대를 근본적으로 부정적인 세계관으로 판단해서는 안 된다. 그 기대는 바로 묵시적인 '역사관'이 단순히 구원사적인 이론으로, 그리고 시원(始原)과 종말에 대한 사변적인 교의로 쇠퇴하는 것을 막는다.

3. 만약 이제 더 이상 "구원의 도래가 사람들의 순종"을 불러일으키지 못한다면,[567] 그래서 백성들 상당수가 더 이상 선하게 되지 못하는 길로 빠져버린다면, 그들 자신의 행동에서는 거의 더 이상 아무것도 기대할 수 없다. 이제 이 절망적인 상황에서 모든 희망은 하나님의 구원계획의 실현이 임박했다는 것으로만 향할 수밖에 없다. 그러한 위기상황에서 구원 자체를 위한 어떤 전제를 만들려는 인간적인

566) A. Bentzen, *op. cit.*, 10. 종말의 계산에 대해서는 단 7:25; 8:14; 12:7, 11f.를 보라.

567) R. Bultmann, *op. cit.*, 31.

노력이 의심스러운 것은 명백하다.

4. 여기서 개개인의 결정이 더욱 강하게 부각된다. 유대역사에서는 조상들의 믿음과 유대·혼합주의적 종교제의로 빠져드는 것 사이에서 이런 식으로 어떤 개인에게 결단을 요구한 적은 결코 없었다. 아마 우리는 여기에서도 헬레니즘시대에 개인에 대한 강력한 강조를 볼 수 있을지 모른다(2권 p. 42 각주 65를 보라). 다른 한편으로 정치적 집단으로서 분리주의적 경향을 취했던 후대의 에센파와는 대조적으로, 온 백성 전체를 회개로 이끌어야 하는 책임은(2권 p. 221f. 를 보라) 하시딤에 의해 강조되었다.[568] 물론 이들은 정치적 집단으로서 백성의 존속을 위한 싸움에 합류하였다.

5. 역사관의 중심에는 이스라엘이 존재하는데, 그 역사관은 결국 세계역사 전체를 통일체로서 파악하는 관점을 가지고 있다. 이러한 사상은 아마 무엇보다도—'세계공동체'(*Oikumene*) 내의 모든 '그리스인들'의 결속을 위해 이스라엘 고유의 것을 포기시키려는—예루살렘의 영향력 있는 그리스어사용 유대인의 세계시민주의(*Kosmopolitismus*)를 방어하려는 시도로 이해될 수 있다:[569] 이 사상에 맞서고 있는 관념은,

568) 단 11:32b, 33, 35; 에녹 90, 6-19와 비교하라.

569) 헬레니즘시대의 "세계시민"에 대해서는 가다라의 팔레스타인인 멜레아게르(Meleager)와 제 3부 각주 203을 보라. 예루살렘의 개혁프로그램의 일차적인 관심사는 비유대인들에게 가해진 제한사항들을 폐지하는 것이었다. 1권 p. 267ff. 와 3권 p. 85f. 를 보라. 헬레니즘적 유대인, 알렉산드리아의 필로는 "세계시민"의 개념을 다시 받아들였지만, 유대의 유일신주의를 지지하는 사람을 "세계시민"이라 하고, 이를 통하여 유대교 신앙이 참된 "세계종교"를 대변한다는 선교적 사명을 과시함으로써 "세계시민"의 개념을 바꾸어 놓았다. *Opif. mund.* 3(M. 1, 1)의 "율법"을 따라 사는 자; 142(M. 1, 34)의 아담; *conf ling.* 106(M. 1, 420)의 모세; 비교. *de fos.* 29(M. 2. 46) 등. "Oikūmenē"(세계)의 개념에 대해서는 J. Kaerst, *Die antike Idee der Oekumene*, 1903; *Geschichte des Hellenismus* 22, 270ff. 를 보라. "세계의 보편적, 이성적 특징을 근거로 하는 문화세계에 관한 사상이 형성

이스라엘의 하나님은 모든 민족들과 모든 창조물의 하나님(암 9:7)이라는 고대의 예언사상이었다. 이는 '세계역사' 전체를 이스라엘의 선택과 임박한 구원의 때라는 관점에서 본 '역사신학적인' 체계를 통하여 강화되었다: "역사의 통일성은 전적으로 종말론에서 나온다."570) 일종의 합리화와 체계화를 추구하는 이런 시도는 창조에 대한 더욱 합리적 이해를 추구한 흐름과 유사한 것으로 이해되어야만 한다. 이러한 흐름에는 창세기 1:1-2:4a와 유대교의 후기지혜(2권 p. 151ff.를 보라)가 있었다. 하시딤의 지혜학파 역시 이런 보편적인 영향에 문을 걸어둘 수는 없었다(2권 p. 299ff.를 보라). 이와 같이 묵시사상의 역사관은 무엇보다도 예루살렘에서 헬레니즘적 정신의 침입에 대항하여 정신적·종교적 자기주장을 펼친 유대교적 투쟁의 열매라 하겠다.

2) 부활과 불멸, 심판

종교적 박해의 때에 하나님의 계명을 어기느니 차라리 죽겠다는 순교자들이 있었다(3권 p. 128을 보라). 벤 시라가 변증적으로 복원했던 잠재적 인과응보의 교의는 이들에게 더 이상 충분치 않은 것으로 입증되었다. 왜냐하면 만약 이스라엘의 하나님이 참으로 전능하고 의로운 세계의 주인이라면, 그의 능력은 죽음도 어쩔 수 없기 때문이리라. 그래서 우리는 초기 하시딤의 묵시사상에서 죽음 후의 부활과 심판, 인간의 운명 전체에 대한 최초의 언급을 보게 된다. 이스라엘의 지혜가 거듭 제기해왔던 신정론의 문제는 여기서 새로운 해법을 추구한다. 연대설정이 어렵지만 좀더 확실하고 오래된 본문 이사야서

된다"(272). 또한 F. Gisinger, *PW* 17, 2140f.; O. Michel, *TWNT* 5, 157ff.와 비교하라.

570) H. G. Gadamer, *RGG*^{3} 2, 1490.

26:19를 제쳐놓는다면,[571] 죽은 자의 부활이 처음으로 명확히 언급된 곳은 다니엘서 12:2이다. 이것은 이사야서 26:19처럼 보편적인 형태의 제한을 둔 것은 아니지만, “많은 사람”이라는 불분명한 한계를 두고 있다. 이들 중 일부는 “영생”으로, 나머지는 “영원한 부끄러움”으로 깨어나게 된다. 아마도 첫 번째 그룹은 옛 교사들을 포함한 신실한 자들을(다니엘 12:13), 반면에 두 번째 그룹은 유대의 배교자들을 언급하는 것 같다.[572] 부활에 대한 동시대의 더 상세한 언급들은 에녹1서 90,33과 키레네의 야손의 글에서 발견된다. 야손의 글은 팔레스타인과 하시딤의 교의에 가까우며 유다 마카베오가 죽은 후 얼마 되지 않아 기록된 것으로 여겨진다.[573] 부활에 대한 종교사적 기원은 한편으로는 이미 데오폼푸스(기원전 4세기)를 통해 입증된 바와 같이 이란 종교로 거슬러 올라간다.[574] 다른 한편으로는 고대 이스

571) 이것에 대해서는 제3부 각주 471을 보라. G. Widengren, *SVT* 4, 1957, 228f.는 이슬은 생명을 주는 능력을 가지고 있다(사 26:19)는 옛 셈족의 관념에서 그 영향을 추측한다. 또한 그것의 문맥은 가나안과 이스라엘의 신년축제에 있다고 생각한다. H. Riesenfeld, *UUA* 1948, *Nr.* 11, 6ff., 9ff.와 비교하라. 다른 한편, G. Fohrer, *TR* 28, 1962, 361은 사 26:19에서 전체적으로 어떤 하나의 부활개념이 표현되고 있다고 생각하지는 않는다.

572) 다양한 해석의 시도에 대해서는 B. J. Alfrink, *Bibl* 40, 1959, 355-371을 보라. 그러나 죄인이 영원히 죽는다는 것만을 추정하는 해석은 설득력을 가질 수 없다. O. Plöger, *Daniel*, 171은 옳다

573) 논란이 되는 에녹 90,33의 구절에 대해서는 R. H. Charles, *Enoch*, 215; Schubert, *BZ* NF 6, 1962, 192를 보라. 야손(Jason)에 대해서는 제3부 각주 309, 312를 보라.

574) 테오폼푸스에 대해서는 Diog. Laert. 1, 9와 기원후 5세기 가자의 아이네아스(Aineas von Gaza)를 따른 *FGrHist* 115 F 64를 보라. 또한 F 65의 결론과 Bidez/Cumont, *op. cit.*, 2, 68, 70과 비교하라. A. von Gall, *op. cit.*, 149f.를 보라. 다른 한편, Herodot 3, 62는 증거로서 거의 거론될 수 없다. 아베스타(*Avesta*, 역주. 조로아스터의 경전)에는 부활에 대한

라엘 역시 부활관념들을 결코 모르고 있지 않았는데, 이는 초목신(*Vegetationsgottheiten*)의 죽음과 부활을 통해서 알려졌다.[575]

독특한 것은 초기의 묵시적 자료들에서 부활의 유형과 방식은 매우

언급이 있으나, 가타스(*die Gathas*, 역주. 아베스타 안에 조로아스터를 찬송하는 수집물)에는 없다. Yast 19, 11, 89, ed. H. Lommel, 1922, 177, 185; Bundahishn 30, 7 = E. W. West, *Pahlavi Texts* 1, 123을 보라. A. von Gall, *op. cit.*, 105ff., 108ff.를 보라. 또한 Bousset/Gressmann, 510 각주 3과 비교하라. 유대-기독교적인 부활에 대한 소망은 이란에 영향을 끼쳤을 가능성이 있다. C. M. Edsman, RGG^3 1, 691을 보라.

575) 비교. 호 6:2. 이 점에 대해서는 Robinson/Horst, *Die Zwölf kleinen Propheten*, 1964, 25; 겔 37:1-14를 보라. 전체적 문제에 대해서는 W. Baumgartner, *Zum A.T. und seiner Umwelt*, 1959, 124-146; H. Riesenfeld, *op. cit.*, 여러 곳; G. Widengren, *op. cit.*, 226ff.를 보라. 그러나 부활 관념은 그리스인에게도 전혀 낯설지 않았다. 그들은 고대 근동세계에서 신이 죽고 살아난다는 관념을 알고 있을 뿐만 아니라, 특별한 기적이나 계시를 주기 위해 개인이 부활한다는 지식을 가지고 있었다. 1권 p.348과 Plato, *Res pub.* 10, 614bff.의 에르(Er)의 신화를 보라. 이 신화는 후대의 교부들에게 부활의 증거로 사용되었다. Ganschinietz, *PW* 10, 2413f.; Philostratus, *Vit. Apoll.* s, 45 = P. Fiebig, *Antike Wundergeschichten*, 1911, 26; 아스클레피아데스(Asklepiades)가 일으킨 부활은 Plin. *Hist. Nat.* 7, 124; Apuleius, *Flor.* 19 = *op. cit.*, 18f.를 보라. A. Oepke, *TWNT* 1, 369. I. Lévy, *La Légende de Pythagore*, 255f. 그리고 그의 주장을 따른 T. F. Glasson, *op. cit.*, 26ff.와 비교하라. 그는 피타고라스-오르페우스적인 윤회 또한 부활의 관념과 유사성을 갖는 것으로 이해할 수 있다는 것을 지적하였다. 그러나 사후에 완전히 개인적인 삶의 형태를 가진다는 이 "세대의 끊임없는 순환" 중심의 사상(M. P. Nilsson, GGR^2 1, 695를 보라)은 백성들의 지속적 존속이라는 방향으로 나아갔던 유대 종말론에서는 그리 절실하게 느껴지지는 않았다. 반면 후에 랍비들은 영혼의 선재설을 받아들일 수 있었다. 제3부 각주 425를 보라. 이 사실은 또한, 왜 유대와 이란의 종말론에는 "영혼의 배회"가 없느냐는 부세의 질문에 대한 답변이 된다: W. Bousset, *Die Himmelsreise der Seeler*, 재판 1960, 68.

불분명한 윤곽을 가지고 있었다는 점이다. 그것은 인간의 종말론적인 회복이 어떤 형식으로 이루어지는지에 관해서는 말하지 않는다.576) 이와 같이 다니엘서에서 부활은 분명하게 별에 관한 모티브들로 엮어졌다:

> 지혜로운 자는 궁창의 광채같이 빛날 것이요, 많은 사람을 의로 이끌었던 자는 별과 같이 영원토록 빛나리라(다니엘 12:3).

백성들의 묵시적인 교사요 훈계자인 "현사"(11:33-35)는 특별히게 하늘과 별의 영광에 참여한다. 이사야서 26:19조차도 "빛난 이슬"이라는 표현으로 별에 관한 요소를 지니게 된다. 에녹1서 104,2는 이 모티브를 다니엘서 12:2에서 다시 받아들인다:

> 하늘의 밝은 별들처럼(φωστῆρες 비교. 빌 2:15) 너희는 빛나고 비칠 것이며, 하늘의 문들이 너에게 열리리라.577)

여기서 후대의 에센파 사람들에게 중요한 사상, 즉 경건한 자는 구원의 때에 천사들과 밀접하게 교제하며 산다는 관념이 밀에 앞서서 등장하게 된 것 같다: 왜냐하면 "별들과 천사들은 종종 하나로 간주되었기 때문이다."578)

---

576) 초기 시대에 유대교의 부활사상에 대해서는 P. Volz, *Eschatologie*², 230ff., 237ff.; Bousset/Gressmann, 269ff.를 보라. 그는 270f.에서 에녹1서의 처음 부분이 "대단히 불분명하다는 것"을 올바르게 지적하였다. 또한 K. Schubert, *BZ* NF 6, 1962, 177-214; 특별히 에센파에 대해서는 Essenes, *WZKM* 56, 1960, 154-167; 특별히 에녹1서에 대해서는 P. Grelot, *RQ* 1, 1958/59, 112-131을 보라.

577) 다음의 본문을 따랐다: C. Bonner, *The Last Chapters of Enoch in Greek*, Studies and Documents, 8, 1937, 71, 비교. *Syr. Bar.* 51, 10ff.

이것은 헬레니즘시대에 철학과 시, 대중적인 신앙에서 대단히 널리 퍼진 '별의 불멸'에 대한 하나의 유대교적 표현일 수 있다. 전도서 3:21은 이미 사람의 "영"이 "위로" 올라간다는 사상을 받아들이지 않는다. 쿠몽(F. Cumont)은 별의 불멸사상이, 이란과 바빌로니아에 영향을 받은 소아시아의 조로아스터교인들에게서 나왔다고 생각하였다. 그것은 그리스 세계에서는 처음으로 피타고라스주의자들에게서 나타나고 후에는 플라톤과 그의 학파에서 나타난 것으로 보인다. 그러나 닐슨(M. P. Nilsson)은 그의 가설을 받아들이지 않았는데, 이는 정당하였다. 사람이 죽은 후에 별이 된다는 사상은 이미 아리스토파네스(Aristophanes, Pax, 832ff.)와 몇몇의 그리스 비문에 나타나고 있으며—이는 그것이 대중적이었다는 표시이다—심지어는 후대의 것이지만 킬리키아(Cilicia)의 한 유대인 비문에서도 나타난다.[579] 시돈의 안티파터(Antipatros)의 비명(1권 p. 297f. 를 보라)은 '오름'이라는 의미를 가진 아나스타시스(ἀν(ά)στασις)를 별의 불멸사상과 직접 연결시킨다.

헤라클레이아(Herakleia)를 통해 하늘의 구름이 있는 드넓은 영역으로 오른 자들은 영원한 복이 있으리라.

δᾶμος ἀεὶ μακαριστός, ὅς ἄνστασιν(ἄστεσιν 대신) Ἡρακλείης οὐρανίων νεφέων ἐπ' εὐρυάλων(*Anth. Gr.* 7,748 Beckby).

---

578) P. Volz, *op. cit.*, 400, 비교. 399-401; 지혜 3:7에 관한 A. Dupont-Sommer, *REG* 62, 1949, 80-87.

579) F. Cumont, *Lux perpetua*, 1949, 142-288; 다른 한편 M. P. Nilsson, *opuscula selecta* 3, 250-265; *GGR*^{2} 2, 278ff., 491ff. 를 보라. 이전의 Plato, *Tim.* 41d/e와 비교하라. 인간 영혼의 수는 별의 수와 일치하는데, 별 하나에 영혼 하나를 배정하였다. 전 3:21에 대해서는 이 책 제3부 각주 134를 보라. 비교. 시락 40:11. 유대의 비문에 대해서는 CIJ 2, 43f., Nr. 788을 보라. 또한 에녹 100,10과 비교하라: 천사들은 별에서 사람을 관찰한다. 더 상세한 것은 E. Bickerman(n), Syria 44, 1967, 145ff. 를 보라.

부활을 묘사함에 있어 현자를 강조하는 것은 특수한 예이다. 이것은 "교양교육의 가치를 형이상학적으로 강조하는 것"에 부합하는데,[580] 이 사실을 표현하는 훌륭한 예는, 기원전 3세기 중반의 도트(Thot)의 유명한 제사장인 페토시리스(Petosiris)의 무덤에 새겨진 각명(刻銘)이다: 일반적으로 헬레니즘시대에 준수되어야 하고 무엇보다 비문으로 그 특징이 드러난다.

Πετόσειριν αὐδῶ τὸ(ν) κατὰ χθονὸς νέκυν,
νῦν δ' ἐν θεοῖσι κείμενον μετὰ σοφῶν σοφό(ν).[581]
(페토시리스에게 다시금 땅으로부터 죽음이
하지만 이제는 신들 안에서 현자들과 함께 지혜로운 자가 누워있다.)

호메로스처럼 구약은 죽은 자가 그림자로 존재하는 '지하세계'(쉐올: שְׁאוֹל)의 관념만을 가지고 있었다. 벤 시라(14:12, 16f)는 여전히 이 견해를 공유하였다. 에녹1서 12-36장에 나오는 에센파 이전시기의 '천사의 책'에서(제 3부 각주 444를 보라) 유대교에서는 처음으로—에녹의

---

580) H. I. Marrou, *Histoire de l'Education dans l'Antiquité*, 1948, 146f. 비교. 495 각주 7. 또한 Virgil, *Aen.* 6, 661ff.를 보라. 그것과 관련하여 오르페우스교의 지혜세계 묘사에 대해서는 M. Treu, *Hermes* 82, 1954, 30ff.를 보라.

581) W. Kroll, *PW* 16, 2164f. 제사장의 묘지성전(*Grabtempel*) 자체는 기원전 4세기 중반의 것이지만, 이미 그 양식에서 그리스적 요소들을 보여준다. M. Rostovtzeff, *HW* 1, 82와 T. xii(Lit.)를 비교. 기원후 2~3세기의 메갈루폴리스의 디오니시아(Dionysia)라는 이시스 여제사장의 비문: "ἄστρ' ἔβα, ὡς ἀνόσως ᾤχετ' ἐς ἡμιθέους κατ' οὐρανὸν ἀστερόεντα, χρυσείοισι θρόνοισι παρήμενον ἐς φιλότητα." Peek, *Griechische Grabgedichte*, Nr. 317 13행을, 그리고 헤르메스를 대변인과 하늘의 문지기로 둔 기원후 1~2세기의 스미르나(Smyrna)의 비문: "Οἰκεῖν ἐν μακάρεσσι κατ' οὐρανὸν ἀστερόεντα, θρυσείοισι παρήμενον ἐς φιλότητα."을, 의로운 정치가에 주는 유시한 상에 대해서는 Cicero, *Res pub.* 6, 13을 보라.

천상과 지하세계 여행과 관련하여 — 바다 건너 북서쪽 죽은 자들이 존재하는 신비로운 왕국을 상세하게 묘사하는데, 이는 그리스와 바빌로니아 신화와 많은 접촉점이 있음을 보여준다:

> 불의 시내는 프리플레게톤(Phriphlegethon)과 일치하며, 그 밖의 시내들은 스티크스(Styx)와 아케론(Acheron), 코키투스(Cocytus)에 있는 지하세계의 강들(17, 5f)에 일치하며, 심지어는 모든 시내들이 흘러들어가는 대양도 있다(17, 5. 7f.; 18, 10). 그렐로(P. Grelot)가 신중하게 입증한 것과 같이, 이 "신화적 지리학"은 아마도 그리스와 바빌로니아 요소들의 혼합에 터하고 있으리라. 그러나 그는 여기서 길가메쉬-서사시(Gilgamesh-Epos)와의 유사성을 너무 강조하는 것 같다. 죽은 자의 왕국에 관한 그리스 신화는, 그리스 세계에서는 대중적인 것이었다. 왜냐하면 그러한 신화는 《오디세이아》(*Odyssee*)의 묘사에서 유래하였기 때문이다(비교. 10, 508-515). 아마도 호메로스는 예루살렘에서도 당시 김나시온이 건립될 때에 읽힌 것 같다(1권 p. 273f.를 보라).[582]

에녹에게는 그곳의 서쪽 바위산에서(비교. 오디세이아. 10, 515; 24, 11) "죽은 자들의 영혼들"(τὰ πνεύματα τῶν ψυχῶν τῶν νεκρῶν)이 머

582) *Odyss.* 4, 561f.; 10, 513ff.; 24, 11f.와 비교하라. 그리고 이전의 A. Dieterich, *Nekyia*, 1893, 218을 보라: 더 상세한 것은 R. H. Charles, *Enoch*, 38의 "그리스 요소들로 가득 찬"이라는 표현과, 비록 역시 다소 편파적으로 바빌로니아의 가설로 기울었기는 하지만 T. F. Glasson, *op. cit.*, 8-19의 관점을 보라. P. Grelot, *RB* 65, 1958, 33-69의 비교는 중요하다(특히 68). 그가 페니키아 혹은 시리아를 통한 영향이 있었음을 가정했지만, 그리스 영향은 여기에서도 나타난다. 무엇보다도 지하세계에서의 상벌관념은 결코 바빌로니아의 것이 아니다. 지혜세계에 대한 그리스와 바빌로니아의 묘사 사이의 유사점들에 대해서는 이전의 Ganschinietz, *PW* 10, 238ff.를 보라.

무는 장소가 보인다.583) 샘이 있는 밝은 공간은 므네모시네(Mnemosyne)의 샘이 있는 엘리시온의(elysäischen) 들판에 대한 오르페우스의 표상을 떠오르게 하는데584) 이 공간은 "의인의 영들"을 위한 것이고, 2개(혹은 3개)의 다른 어둔 공간들은 죄인들을 위한 것이다. 첫 번째 공간에서는 땅 위에서 편히 살아간 사람들이 심판의 날까지 고통을 당하고, 다른 곳에서는 살아있는 동안 이미 형벌을 받은 죄인들이 있다. 그들은 심판의 날에 징벌을 받지도 않지만 또한 소생되지도 않는다. 죽은 자들의 나라가 죽음을 넘어서 보응의 관념과 연결되어 그와 같이 구분된다는 것은 유대교에서 새로운 사상이다. 사후에 영혼이 서로 다른 운명에 처하여 징벌 혹은 보상을 받을 수 있다는 사상은 하시딤으로부터 나와서 이제야 비로소 유대인의 더 넓은 집단으로 침투한 것이다. 그리스 세계에서 이런 사상은 아마도 오르페우스와 피타고라스 교의를 통하여 오랫동안 잘 알려진 것 같다. 이것은 플라톤과 스토아주의자들, 그리고 신비종교나 민속신앙에서 발견된다.585)

583) 에녹 22; R. H. Charles, *Enoch*, 298(인용. 3절)의 그리스 본문을 보라. 안타깝게도 이 본문은 부분적으로 손상되었다: Bousset/Gressmann, 270. "Pneuma"와 "Psychē"를 구분하는 것은 불가능하다: P. Grelot, *RQ* 1, 1958/9, 116을 보라. 다음의 해석들은 설득력이 없다: T. F. Glasson, *op. cit.*, 14ff.; K. Schubert, *WZKM* 56, 1960, 159; *BZ* NF 6, 1962, 192; H. H. Rowley, *The Relevance of Apocalyptic*, [2]1947, 83과 연결됨. 샴마이학파는 세 부분으로 구성된 지혜세계를 알고 있었다: T. Sanh. 13, 3(434행), 다음을 보라: Bill. 4, 1178, J. Baer, *Zion* 25, 1960, 6ff. 바에르는 이런 바리새인의 가르침이 오르페우스주의에서 영향을 받은 것으로 보고, 그 기원을 마카베오 시대로 추측하였다. 유대교에서 그 관념의 계속된 영향에 대해서는 R. Mach, *Der Zaddik in Talmud und Midrash*, 1957, 177ff.를 보라.

584) M. P. Nilsson, *GGR*[2] 2, 237ff., 240; 죽음의 관문인, 금으로 된 오르페우스의 이파리에 대해서는 O. Kern, *Orphicorumfragmenta*, [2]1963, 104ff., fr. 32a를 보라. 또한 Eitrem, *PW* 15, 2267f.; Ganschinietz, *PW* 10, 2402f.와 비교하라.

동시에 거기에는 그리스 인간학의 영향이 보인다. 영혼이 육체에서 분리되어 부활할 때에—아직까지는 통일된 관념으로 형성된 것은 아니지만—어떤 상황에서는 다시 육체를 갖는다. 계시를 받기 위해 떠나는 하늘여행(2권 p. 292f. 를 보라) 역시 이제 몸에서 영혼이 분리되는 것으로 묘사된다.[586] 전반적으로 이 신앙의 내적인 결과들이 아직은 초기 유대묵시사상 모든 곳에서 아주 명료하게 검토되는 것은 아니다. 다니엘서 12:2와 에녹1서 22장에서 부활은 이중형태로 존재하지만, 그것은 여전히 불완전하여 죽은 자들 모두에게 적용되지는 않는다. 에녹1서 27장에서 의인들과 저주받은 자들은 예루살렘으로

---

585) 그리스적인 관념들은 이미 매우 오래전에 형성되었다. E. Rohde, *Psyche*[2] 1, 289ff. 의 Eleusis; 2, 208ff. : 274ff. 의 Pindar와 Plato; 366ff. 의 민속 신앙과 신비들을 보라. 또한 다음의 자료수집을 비교하라: L. Ruhl, *De mortuorum iudicio*, RGVV 1903, II 2, 34ff., 여러 곳; M. P. Nilsson, *GGR*[2] 1, 672ff., 688ff. 의 엘레우시스(Eleusis)와 오르페우스교(Orphik); 815-826의 고전시기와 플라톤; 2, 239ff. 의 헬레니즘 시대. 비교. 예. Ps. Plato, *Axiochus* 371aff. (제 3부 각주 654를 보라); F. Cumont, *CRAI* 1920, 272-285를 보라. 스토아주의에 대해서는 M. P. Nilsson, *GGR*[2] 2, 59f. ; F. Cumont, *Lux perpetua*, 113ff. 를 보라. 비교. Zeno, *SVF* 1, 40, Nr. 147 = Lactanz. *Inst. div.* 7, 20: "Esse inferos … et sedes piorum ab impiis discretas: et illos quidem quietas et delectabiles incolere regiones, hos vero luere poenas in tenebrosis locis"(낮은 자리가 있고 … 또한 신실한 이들을 위한 자리가 마련되어 있다. 이 자리는 불경스런 자들의 자리와 구분이 되어 있다. 신실한 자들의 자리는 평온과 즐거움으로 가득한 곳이지만, 불경한 자들의 자리는 어두운 곳에서 죄를 씻는 자리이다). 비교. Tertull., *De anima*, 54장. 신비주의에 대해서는 M. P. Nilsson, *op. cit.*, 2, 350, 367; F. Cumont, *op. cit.*, 235-274를 보라. 민속신앙에 대해서는 W. Peek, *Griechische Grabgedichte*, 1960, 색인 371, "Stätte(Haus) der Frommen" 항목을 보라. 또한 Nr. 209의 기원전 3세기에서 2세기 축복받은 받은 자들의 섬들과 죽은 자들의 심판; Nr. 216의 기원전 2세기 하데스의 문지기에게 경건한 자들의 사는 곳을 알려달라고 요청하는 것을 비교하라.

586) P. Grelot, *RQ* 1, 1958/59, 119ff. ; D. S. Russell, *op. cit.*, 149ff.

옮겨져, 저주받은 자들은 힌놈(Hinnom) 골짜기에서 의인들이 보는 앞에서 처벌받는다. 영적인 것으로 승화된 관념들과 현실적인 관념들은 비교적 서로 관련되지 않은 채 나란히 존재한다.587)

이렇게 통일성이 결여되고 있다는 것은 에센파 하시딤의 경향에서 몸의 부활사상이 매우 후퇴하고 있다는 사실에서도 나타난다. 그래서 이런 개념이 그들에게도 여전히 적절한지, 또 그들에게 승천한 영들이 하늘의 천사들과 교제하는 종말론적인 구원이라는 관념이 존재하지 않았는지 숙고해야 한다(2권 p. 342f. 를 보라). 그들이 피타고라스주의자들의 방식을 따라 주장하는(2권 p. 411ff. 를 보라) 영혼의 불멸과 복된 자를 위해 예배된 장소, 그리고 심벌의 장소를 믿는다고 강조하는 것은 요세푸스뿐만이 아니다. 〈희년서〉 23, 30ff. 도 이러한 관념을 확증하는 것처럼 보인다:588)

> 그리고 그때에 주께서 당신의 종들을 고치시며, 그들은 일어서서 심오한 평화를 보며 적들을 쫓아낼 것이다. 의인들은 (바라) 보고 감사하며 기쁨으로 영원히 기뻐하며, 그들의 적들에게 임할 모든 심판들과 모든 저주들을 볼 것이다. 그리고 그들의 뼈는 이 땅에서 영면할

587) 대략 에녹 5, 7-9: 구원의 때에 오래 사는 삶, 비교. 25, 6; 이에 관해서는 T. F. Glasson, 29ff. 를 보라.

588) 이것에 대해서는 P. Grelot, *RQ* 1, 1958/59, 122f. ; K. Schubert, *WZKM* 56, 1960, 159와 *BZ* 6, 1962, 193을 보라. 그러나 그의 해석은 본문에 근거한 것이 아니다. 요세푸스가 기록한 에센파의 종말론에 대해서는 유대전쟁사 2, 154-159와 유대고대사 18, 18을 보라. 그의 관점은 플라톤식으로 강하게 채색되었다. P. Grelot, *op. cit.*, 113ff., 127ff. 가 입증하였듯이, 요세푸스는 에녹1서와 〈희년서〉 가운데 초기 전승에 보존된 종말론적 개념들에 근거한 것 같다. 에센파의 부활의 문제에 대한 더 상세한 언급들은 K. Schubert, *WKZM* 56, 1960, 154f., 각주 3-5, 그리고 부록, *BZ* 6, 1962, 202 각주 83을 보라. 또한 P. Grelot, *op. cit.*, 123 각주 25와 비교하라.

> 것이며, 그들의 영은 매우 기뻐하며, 그들은 심판을 행하시고 은총을 내리시는 분이 바로 주님이란 것을 알게 되리라…(E. Littmann의 번역. Kautzsch, *Apok.* 2, 80).

에녹1서 103:2ff. 의 '경고의 담화'에서 나오는 진술들도 이와 유사하다:

> 나는 이 신비를 안다(비교. 고전 15:51). 왜냐하면 나는 하늘의 서판들을 읽었고 거룩한 책들을 보았고(에녹1서의 본문) … 경건하게 죽은 자들의 영혼에 선함과 기쁨, 명예를 더하여 기록하였기 때문이다(ταῖς ψυχαῖς τῶν ἀποθανόντων εὐσεβῶν). 그리고 그들의 영은(πνεύματα) 기뻐하며 멸망하지 않으며 … 너희가 죄로 죽을 때 그들이 너희에게 이렇게 말하리라: 죄인들은 자신의 삶에서 본 모든 날로 인하여 복되다. 그들은 명성 가운데 죽었고, 사는 동안 그들에게 심판이 닥치지 않았기 때문이다. 너희는 너희 영혼이 지하세계로 내려가도록 되어 있으며, 거기에서 그 영혼들은 큰 환난 가운데 있을 것임을 알아야 한다. …[589]

또한 이와 더불어 '경고의 담화'에는 경건한 자들이 죽어 평화롭게 잠든 것을 따로 기록하는 진술들도 있다. 그들은 하나님이 정한 시기에 잠에서 "일어날" 것이다.[590] 쿰란의 글에서도 '부활'의 가능성은 단지 두 구절에서만 암시되었다. 그 밖에는 매번 아무런 묘사 없이 단지 "영생"과 "영원한 기쁨," "영원한 구원"만이 언급되었다.[591] 더

589) 그러나 C. Bonner, *op. cit.*, 63f. 의 p. 8, 3행 본문을 따르면 〈(에티오피아) 에녹1서〉는 τῶν ἁγίων 혹은 τὴν ἁγίαν가 아닌 ἀνακαίαν으로 읽을 수 있다. 비교. 102, 4ff.

590) 에녹 91, 10; 92, 3; 100, 5.

591) 1QH 6, 29f., 34f.; 11, 10-14, 또한 K. Schubert, *WKZM* 56, 1960, 155ff. 와 *BZ* NF 6, 1962, 202ff. 를 비교하라. 종말론적 구원의 용어에 대해서는 아래 406을 보라. 그것에 관해서는 J. Becker, *Das Heil Gottes*,

나아가 에녹1서 69, 11의 '노아의 단편'에는 지혜서 2:23f. 를 연상시키는 하나의 방법으로 아담의 원래의 불멸성에 대해 언급한다.[592] 그러므로 하시딤 · 에센파의 종말론적 인간학의 문제가 학사들에게서 쟁점사항이 된다는 것은 이해가 된다. 그렐로(Grelot)는 에녹1서와 〈희년서〉의 초기의 부분들을 언급하여 에센파가 부활의 관념을 알았다는 견해를 근본적으로 반박하고, 그들의 관념을 지혜서 2-5장의 불멸신앙의 전단계로 보는 반면,[593] 슈베르트(K. Schubert)는 후대의 개념과 비교하면 축소된 형태이지만 에센파 역시 부활관념을 전제하고 있었을 것이라 믿고 있다. 결국 문제는 '부활'의 개념을 어떻게 정의하느냐에 달려 있다. 슈베르트조차도 "죽은 자들의 개별적인 몸"이라는 의미에서 "육체의 구체적인 부활" 관념을 받아들이지 않으며 "단지 새로운 영적 · 육적 삶에 관해서만" 말하거나, 혹은 육체의 기능들을 가진 영혼의 부활이라는 더욱 제한된 방식으로만 부활을 언급한다.[594]

이와 관련하여 지적할 수 있는 것은, 예를 들면 스토아주의적 사고에서는 영혼과 물질의 차이는 단지 상대적일 뿐이라는 점이다. 영혼 자체는 단지 불과 같은 물질로 된 "멋진 몸"(σῶμα)이다.[595] 아마도 이

1964, 69f. (1QH 7. 14f.) 와 비교하라.

592) P. Grelot, *op. cit.*, 117.

593) P. Grelot, *op. cit.*, 123: "그것은 영혼과 정신의 분면을 가정하고 … 몸의 부활을 인정하지 않는다."

594) K. Schubert, *BZ* 6, 1962, 204와 *WZKM* 56, 1960, 158f.

595) M. Pohlenz, *Stoa* 1, 86, 93; 2, 50: 갈렌(Galen)이 내린 정의(*SVF* 2, 218 Nr. 780): ψυχή ἐστιν κατὰ δὲ τοὺς Στωϊκοὺς σῶμα λεπτομερὲς ἐξ ἑαυτοῦ κινούμενον; *SVF* 2, 217 Nr. 773: πνεῦμα … ἔνθερμον καὶ διάπυρον을 비교하라. 또한 영혼을 αἰθέριον σῶμα로 명명한 기원전 4세기의 플라톤 철학자 헤라클레이데스 폰티쿠스, 그리고 Dacbritz, *PW* 8, 476, 26ff. 를 비교하라. 에라토스테네스(Eratosthenes)에 의하면 영혼은

런 특징은 스토아주의자들에게는 셈어적인 사고가 전제되어 있다는 사실과 관련된 것 같다. 이러한 연관성은 또한 부활에 대한 바울의 관념에서도 중요하다(고전 15:44, 50; 빌 3:21).

그러므로 에센파의 부활교리에서 우리가 후대의 바리새파에서 발견하게 되는 강렬함은 아직은 보이지 않는다.[596] 에센파의 특징을 갖고 있지는 않은 제 1에녹서의 '비유담화'(*Bilderreden*)와 후대의 〈에스라 4서〉와 시리아의 바룩서에 와서야 비로소 부활의 윤곽은 더 명확하게 드러난다.[597] 그러므로 헬레니즘적 '종말론'의 영향은 후기에서보다 초기의 하시딤·에센파의 묵시사상에서 더 강력했던 것처럼 보인다. 왜냐하면 옛 육체가 소생된다는 관념은 그리스인에게조차 실감되기 어려운 사상이었기 때문이다. 더욱더 놀라운 것은 그리스어를 사용하는 디아스포라에서조차 그러한 영향을 추적할 수 있다는 점이다:

> 예루살렘이 파괴된 직후에 기록된 〈시빌4서〉는 아마도 스토아철학의 에크피로시스(Ekpyrosis)의 관념을 물려받은 것으로 생각되는 불의 심판을 묘사한 후에 이렇게 언급하고 있다: "그때에 하나님이 손수

항상 육체를 소유하지만, 영혼의 우아함에 따른 등급이 있다. Wilamowitz/Möllendorf, *Der Glaube der Hellenen* 2, 525f.를 보라. 또한 L. Ginzberg, *Legends* 1, 140과 비교하라. 에녹이 메타트론(Metatron)으로 변화하면서 그의 육체는 "하늘의 불"이 되었다. = 3. Hen. 15(ed. Odeberg).

596) K. Schubert, *BZ* 6, 1962, 208ff.; P. Volz., *op. cit.*, 234ff., 250; Bill. 4, 815f. (*Gen. R.* 14, 5), 948(*Gen. R.* 95, 1), 1173(*Sanh.* 91b; *Koh. R.* 1, 4): 육체가 없는 부활에 대해서는 또한 R. Mach, *op. cit.*, 195ff.를 비교하라.

597) 에녹 51,1-3; 61,5; 62,14f.; *4.Ezra* 7, 32. 75-101; *Syr. Bar.* 50, 2ff.; 51,1ff. 등.

티끌과 뼈로 사람을 변형하시고, 인간들을 전과 같은 모습대로 만드셨다. 그런 후에 심판이 임하였다. …"[598]

이러한 예는 이른바 '유대·셈족'과 '헬레니즘적' 관념형태들 사이에 존재했던 경계들이 팔레스타인 유대교와 서방의 디아스포라에서 어떻게 무너졌는가를 보여준다. 더욱이 에센파에서 보이듯이, 개개인의 사후(死後) 구원대망이 영적으로 승화된 신앙형태가 임박한 종말에 대한 희망을 배제할 수는 없었다.

부활이나 영생에 대응하는 것은 심판이다. 가끔 이미 이 모티브는 다니엘서 7:9-17과 에녹1서 90, 15. 18-26; 91, 14f. 에 나오는 가장 초기의 묵시사상들에서 세부적인 장면을 통하여 묘사되고 있다. 여기에는 사악한 세계제국들, 특별히 마지막 제국과 이방민족들의 70천사들, 창세기 6장의 타락한 파수꾼들, 유대의 배교자들, 그리고 모든 '타락한 자들'이 포함된다.[599] 이런 의미에서 보편적인 심판의 개념은 보편

598) *Sib.* 4, 180f., 번역은 A. Kurfess, *Sibyllinische Weissagungen*, 1951, 120을 따랐다. 비교. Ps. Phocylides 102-8, ed. J. Bernays, 1856(사체부검금지); 〈에스겔서 외경〉; Epiphanius, *Panarion* 64, 70, 5, GCS, ed. Holl, 31, 2, 515, 24ff. 행; P. Volz, *op. cit.*, 244를 보라. 유대전쟁사 2, 163은 바리새인의 부활교리를 헬레니즘적으로 수정하였다: 또한 유대고대사 18, 14와 아피온 반박 2, 218과 비교하라. 이와 유사하게 헬레니즘적·동방적 환경에서 차용해 온 관념인, 사후에 영혼이 비상(飛上)한다는 더 유대의 대비적 관념에 대해서는 R. Mach, *op. cit.*, 181ff.를 보라.

599) 공통되는 다양한 특징들이 있지만 어떤 것들은 모순되는 것 같다. 단 7:11과 에녹 90, 18. 25를 보라: 사악한 세력들이 섬멸되고 불로 심판을 받음; 단 7:9a와 에녹 90, 20a: 심판을 결정하는 합의체가 앉을 보좌를 세움. 에녹 90, 21은 심판시 7명의 천사장들의 합의체를 언급하고 있다. 그들은 아마도 단 7:10c, 22에 암시된 그룹과 관련된 것 같다. 단 7:10c = 에녹 90, 20b: 각권의 서두, 비교. 단 12:1과 에녹 89, 61ff. 70f.; 90, 17; 97, 6. 다른 한편 단 7:11, 21은 중요한 차이를 드러내는데, 네 번째 왕국은 인간이 개입하지 않고도 신비스러운 방법으로 전멸된다. 그후 "권세"와

적인 역사관을 보충한다. 그러나 개별적인 묘사들과 관념들은 상당히 다양하다. '부활'에 관한 견해에서 만큼 가장 확고한 '심판교리'가 형성된 곳은 없다. 묵시적 환상에 관한 묘사는 체계적으로 고정화되지 않으려 하는 속성을 가진다.

심판과 보응사상은 에녹1서 92-104장의 '경고의 담화'(*Mahnrede*) 에서 가장 명확하게 표명되었다.[600] 여기에서 타락한 자들은 끊임없이 반복되는 고통스러운 통곡 속에서, 장차 종말론적인 성전(聖戰) 에서 신실한 자들의 칼에 죽을 것이다. 또한 최후심판에서 정죄를 받게 되며, 지하세계에서는 영원한 고통을 받고, 심판의 불로 소멸될 것이라고 위협을 받는다. 그러나 여기서 죄인들이 완전히 소멸되거나 영원토록 처벌받는지에 대해서는 여전히 불확실하다.[601]

"왕국"이 이스라엘에게 주어진다. 반면 90, 19; 91, 12에서 이스라엘은 파괴적인 종말론적인 전쟁을 수행하기 위한 칼을 수여받는다. 또한 비교. 단 9:27과 11:45. 이러한 대립적 특징은 로마에 대항하는 대반란시기까지 유대의 묵시사상에 남아있다. 그러나 "심판의 부활"에 누가 참여하며, 이것이 실제로 발생하는가의 여부에 대해서는 여전히 모호하다: 비교. 단 12:2; 에녹 90, 26. 32, 비교. 22, 11. 13; 27, 2. 일반적인 심판의 개념에 대해서는 Bousset/Gressmann, 257ff. 를 보라.

600) 연대 설정에 대해서는 R. H. Charles, *Enoch*, LIIIf. 를 보라(이는 너무 후대로 잡은 듯). 하지만, O. Eissfeldt, *Einl.*^{3}, 389; O. H. Steck, *Israel*, 154 각주 4는 정당하다. 에센파 이전, 즉 기원전 150년 이전. 또한 K. Schubert, *BZ* 6, 1962, 196f. 와 비교하라. 쿰란에서 발견된 2개의 단편들에 대해서는 C. Burchard, *op. cit.*, 2, 33f. 를 보라. 에녹 105장과 108장은 2차적 편집이다. C. Bonner, *op. cit.*, 4를 보라. J. T. Milik (제 3부 각주 458), 360ff. 와 비교하라.

601) 경건한 자들의 손에 죽음: 95, 3; 96, 1; 98, 10, 12; 99, 16; 100, 1ff. 지하세계의 벌: 97, 10; 99, 14; 100, 4ff.; 102, 11. 최후의 심판: 96, 8; 97, 1. 5ff.; 98, 9; 104, 5와 지옥의 영벌을 암시하는 103. 비교. 22, 11; 27, 2. 아마도 48, 22; 57, 21에서 유래한, 타락한 자들에게는 "평화가 없다"(אֵין שָׁלוֹם = οὐκ ἔστιν χαίρειν) 는 표현형식도 전형적이다. 비교. 에녹 94, 6; 98, 11. 16; 99, 13; 102, 3; 103, 8. 그리고 12, 5f.; 13, 1;

"하늘의 책들"이나 "서판들"은 심판에서 특별한 역할을 한다. 그 위에다 미카엘이나 에녹, 천사들이 인간의 모든 행위들, 특히 그들의 죄를 적이 확정한다. 생명록(生命錄)과 사망록(死亡錄)이 존재한다는 관념은 이미 구약에서 널리 퍼진 모티브이지만, 천상의 규정을 적은 서판이나 기억들을 담은 서판들에 관한 관념은 바빌로니아에서 왔다.602) 그러나 그리스 신화도 제우스의 비망록에 나오는 인간의 기록된 행위에 따라 그들이 상벌을 받는다는 모티브를 알고 있었다.603) 우리는 헬레니즘 시대에 플라우투스(Plautus)의 《루덴스》(*Rudens*)의 서언에서 이 사상을 만나는데, 그는 그것을 디필로스(Diphilos)의

16, 4의 타락한 천사(οὐκ ἔστιν εἰρήνη)들에 관해서는 P. Volz, *op. cit.*, 320f.를 보라.

602) 이에 대해서는 구약의 유사점들과 아울러 Bousset/Gressmann, 258와 P. Volz, *op. cit.*, 303f.를 보라. 그의 내용은 생명과 죽음으로 명시된 이름 혹은 그들의 행위를 담고 있다. 그러나 심판의 장면에서 양자는 연관되고 있다. 제3부 각주 599를 보라. 이 모티브는 특히 미카엘이 가져온 책에 나오는 상징적인 동물들의 묵시와 경고에서 자주 나온다. 89, 61ff. 70f. 76f.; 90, 17. 20; 97, 6; 98, 7. 8; 104, 7; 108, 10을 보라. 특히 에센파의 강력한 결정론을 담은 문서에 나오는 법전과 운명의 판들은 특별한 개념을 지녔다. *Jub.* 여러 곳과 또한 에녹 81, 1f.; 93, 1-3을 보라. 그리고 R. H. Charles, *Enoch*, 91f. (47, 3에 관해); P. Volz, *op. cit.*, 290ff.; F. Nötscher, *Vom Alten zum Neuen Testament*, 72-79를 보라. 1QS 10, 6. 8. 11; 1QH 1, 24; 1QM 12, 3과 CD 20, 19는 이 사상을 전제한다. 또한 M. Testuz, *Semitica* 5, 1955, 38의 3과 5행; J. Starcky, *RB* 63, 1956, 66과 비교하라. 예정을 단호하게 강조하는 것으로 보아 오래된 바빌로니아의 성신(星辰) 종교를 암시한다. H. L. Jansen, *op. cit.*, 46f., 68, 75; F. Nötscher, 180 각주 48을 보라. 그러나 이제 그 서판들은 하나님의 변치 않는 뜻을 표현하는 역할을 하지, 더 이상 직접적으로 천체에 대한 중요성을 갖지는 않는다. M. Limbeck(제3부 각주 411), 58ff.와 비교하라.

603) 예를 들면, Euripides, fr. 506, Nauck[2], 또한 L. Ruhl, *De mortuorum iudicio*, RGVV 103, 11, 2, 101ff.의 이런 것들의 결합; M. P. Nilsson, *GGR*[2] 2, 196f., 각주 5의 L. Ruhl의 부록과 비교하라. 또한 후대의 아브라함의 언약을 언급한 G. H. Maccurdy, *JBL* 61, 1942, 218ff.를 보라.

새로운 희극에서 가져왔다. 이에 따르면 별들은 — 이 경우에는 목자자리의 대각성(大角星, *Arcturus*) — 쥬피터(Jupiter)의 명령으로 인간의 모든 악행을 기록하기 위하여 인간들을 주시한다.604) 이는 바빌로니아인의 점성술에 대한 디오도로스(Diodor)의 메시지에 일치하는데, 여기서는 30(36)개의 별들 중 반은 땅 위, 반은 땅 아래의 장소들을 감시한다. 이 사자(使者)들은 10일마다 바뀐다. 즉, 감독하는 하나의 별이 아래로 내려가고 다른 별이 위로 올라간다.605) 이것과 유사한 언급이 에녹1서 100, 10에 나타난다: "이제 하늘의 천사들이 너의 죄를 따라 태양과 달, 별들 … 로부터 너의 행위들을 조사하고 있음을 알라."606) 이렇게 심판사상은 별에 관한 유래를 가진 바벨로니아적 모티브들과 연결된 것처럼 보인다.

타락한 천사들을 징벌하거나 전멸하는 것은 — 구약과 이란의 유형과 연관되어 — 무엇보다 불로 실행되는데, 이것은 부분적으로는 거의 에크피로시스 교의의 특징까지 받아들일 수 있는 관념이다.607)

---

604) Plautus, Rudens, prol. 9ff. ; E. Fraenkel, *Class Q* 36, 1942, 10-14; H. Windisch, *op. cit.*, 86: "이방인의 경건에 대한 가장 훌륭한 입증자료들 가운데 하나." 그리고 M. P. Nilsson, *GGR*² 2, 276을 보라.

605) Diod. 2, 30f., M. P. Nilsson, *loc. cit.* 를 보라.

606) 에녹 98, 6-8; 104, 7; *Jub.* 4, 6과 2. 에녹 19, 5와 비교하라.

607) 단 7:11; 에녹 10, 6; 18, 15; 21, 7; 90, 24. 26; 91, 9; 100, 7. 9; 102, 1. 더 상세한 예들에 대해서는 P. Volz, *op. cit.*, 314f., 318f., 323f., 335f. ; F. Lang, *TWNT* 6, 937을 보라. 이것의 배후에는 구약의 묘사들이 있다. 비교. 습 1:18; 3:8; 신 32:22 등과 F. Lang, *op. cit.*, 6, 935ff. 를 보라. 그러므로 우리는 이것이 페르시아의 오래된 관념들에 일반적으로 의존한 것은 아니며, 의존했다 할지라도 기껏해야 어느 정도 일반적인 영향을 받은 것으로 생각해야 한다. R. Mayer, *Die biblischen Vorstellungen vom Weltenbrand*, 1956, 19ff., 99ff., 114ff., 특히 125f. 그리고 135를 보라. 또한 비교 M. P. Nilsson, *GGR*² 2, 557f. 의 비평. 에녹 1, 5ff., 그리고 에센주의의 1QH 3. 29-36; 6. 17ff. ; *Jub.* 9, 15; Hippolyt, *Philos.* 9, 27, GCS Wendland 3, 260f. 는 에크퓌로시스

에녹1서 18,16과 21,6에 나타나는 일곱 별들이 받을 1만 년의 처벌을 담은 하나의 사본에서 나타나는 언급은 가령, 플라톤의 《파이드로스》(*Phaedros* 248e/249a)에 나타나는 피타고라스주의자들과 오르페우스주의자들(*Orphiker*)의 영혼의 소요(逍遙)에 관한 교의(*Seelenwanderungslehre*)를 따르는 1만 년의 회개기간을 상기시킨다. 7개의 별들은 "불 가운데에서 뒹굴 것인데," 이는 그 별들이 하나님의 계명을 어기고 정한 시간에 뜨지 않았기 때문이다. 이런 맥락에서 《파이드로스》는 "땅 밑에 있는 처벌 장소"를 말한다. 거기로 들어오는 자들은 "의로운 속죄"를 수행한다(εἰς τὰ ὑπὸ γῆς δικαιωτήρια ἐλθοῦσαι δίκην ἐκτίνουσιν). 이런 맥락을 처음으로 지적한 디터리히(A. Dieterich)는 헤라클리토스의 말을 인용한다. "(왜냐하면) 헬리오스(Helios)는 자신의 한계를 넘지 않으리라. 그렇지 않으면 정의의 해결사 에린니(Erinnyen)가 그를 찾아내리라"(fr. 94, Diels).[608] 또한 에녹1서 53ff.장의 비유들에서는 지하세계의 처벌에 대한 더욱 상세한 묘사가 발견된다. 여기서 재앙의 천사들이 타락한 "아사셀(Asasel)의 (천사) 무리들"과 "왕들과 땅의 권력자들"을 고문할 도구를 준비하고, "그것으로 그들을 진멸한다." 이 구절을 지적한 닐손(M. P. Nilsson)은 이것과 가장 유사한 언급들은 그리스 전승에서 지하세계의 처벌 장소를 묘사하는 구절들이라고 강조하였다. 여기에서는 타락한 거인들과 사악한 인간들을 처벌하는 것이 나란히 언급

(*Ekpyrosis*)라는 개념에 근접한다. 쿰란에서 불로 악을 전멸하는 것에 대해서는 1QS 4.13; 1QpHab 10.5, 12f.를 보라. 이 Ekpyrosis 모티브는 후대의 〈시빌서〉에서 더 강력하게 나타난다. 다음을 보라: GCS Wendland 2, 196ff., 252ff.(이란의 관념 가운데 불의 연단), 286ff.; 3, 80ff.; 4, 172ff. 등, P. Volz, *op. cit.*, 335; Bousset/Gressmann, 281f.를 보라. 제3부 각주 525를 보라.

608) A. Dieterich, *Nekyia*, 219f., 비교, 117ff. 또한 비교. E. Rohde, *Psyche* 22, 179 각수 3; T. F. Glasson, *op. cit.*, 27; Bousset/Gressmann, 244; 비교. 예. Virgil 6, 580ff.: 거인들은(*Titanen*) 타르타로스(Tartaros)의 가장 깊은 심연으로 내려간다.

> 되고 있다. "하지만 여기서 유감스럽게도 지옥이 그리스의 발명품이 라는 사실은 여전히 남는다."609)

그러므로 전체적으로 볼 때, 하시딤적·묵시적 지혜의 모티브는 인간 사후의 운명이라는 관점에서 이란이나 바빌로니아 신화는 물론, 그리스적이고 오르페우스주의적인 내세 관념들에서 강하게 영향을 받았다는 것이 분명하다. 여기에서 신정론이라는 강렬한 문제에 대한 새로운 답변이 모색된다. 그렇다고 이방의 관념들이 꼭 문헌적인 방법으로 도입되었다고 생각할 필요는 없고, 마치 후대 랍비들에게서 일어나듯이 대중적인 모티브들이 변형되어 나타난 것일 수도 있다(2권 p. 200f.를 보라). 이러한 모티브는 아마도 오르페우스라는 인물에 대한 관심에서 오르페우스주의의 모티브들을 받아들였던 이집트의 유대인 디아스포라를 통해서 도입되었을 수도 있다. 그러므로 샌더스(J. A. Sanders)는 제2번 쿰란동굴에서 나온 〈다윗의 시편〉(2QPsa 151)도 오르페우스주의의 모티브가 도입되어 기록되었을 가능성을 암시하였다.610)

이렇게 유대 팔레스타인에서 부활과 불멸, 심판에 관한 묵시적인 교의가 형성된 것은, 헬레니즘적인 신비제의들과 그 표현이 알렉산드리아 유대교와는 대조적으로 왜 팔레스타인에서 거의 영향을 끼치지 못했는가를 설명해준다.611) 다시 말해서, 묵시적·하시딤적 경건이

609) M. P. Nilsson, *GGR*² 2, 558, 비교. Lucretius, 3, 1012ff.에 나오는 시련의 묘사에 관해서는 550ff., 234, 242; Virgil, *Aen.* 6, 661ff., 비교. A. Dieterich, *op. cit.*, 195ff., 199ff.; M. Treu, *Hermes* 82, 1954, 42ff.

610) DJDJ IV, 54ff., 61ff.; 특별히 62ff., 또한 이전의 *ZAW* 75, 1963, 73-85와 비교하라. 이 책 제4부 각주 40과 M. Hengel(이 책 제1부 각주 86), 165를 보라.

611) 신비종교들의 영향에 대해서는 신 23:18과 논란이 되는 민 25:3의 《70인

개개인의 사후운명에 대해 탐구함으로써 인간존재의 기본적 질문에 답하게 되었다는 말이다. 이 질문은 헬레니즘시대에는 갑작스럽게 초보적인 방법으로 등장하여 기원전 2세기 이후 신비종교들의 발전을 촉진시켰다. 이렇게 팔레스타인 유대교가 종교적으로 발달하는 데는 다음과 같은 새로운 요소들이 영향을 주었다:

1. 경건의 형식을 개인화시키려는 경향은 이미 존재했지만, 초기 묵시사상에서는 매우 본질적으로 강화되었다: "종교적 개인주의는 내세 보응사상에서야 비로소 자신의 확고한 자리를 차지하고 간결하게 요약된다."612)

2. 종말론적 구원의 확실성에 대한 질문은 물론, 이와 더불어 하나님을 대적하는 죄와 죽음의 세력들로부터 인간을 구원하는 문제도 더욱 강하게 부각되었다.

3. 구원론 중심의 인간학에 대한 관심은 종말론적 전조(前兆) 하에서 역사를 보편적으로 보게 되었다: 인간은 왜 죄 아래 지배를 받고 있으며, 영원한 구원을 얻기 위해 어떠해야 하는가? 무엇보다도 에센주

경》 번역을 보라. 또한 시 105:28 《70인경》과 지혜 12:3f. ; 14:15, 22ff. ; 3마카 2,30과 비교하라. 그리고 N. A. Dahl, *Das Volk Gottes*, ²1963, 105 G. Bornkamm, *TWNT* 4, 814; O. S. Rankin, *Israel's Wisdom Literature*, 재판(再版) 1954, 209ff. 를 보라. 다소 편파적이지만 상세한 L. Cerfaux, *Le Muséon* 37, 1924, 28-88을 보라. 필로는 특히 후대에 이르러 신비에 관한 용어들을 상당하게 사용하였다. Wolfson, *Philo*, 1, 1948, 43ff. ; A. Wlosok, *Laktanz*, AAH 1960, 2, 74ff., 97ff. 를 보라. 그는 알렉산드리아의 유대인 공동체가 이러한 견해들을 가지고 있다고 추측하였다. PCM 5, 108ff. 는 모세가 이스라엘을 위해 하나님의 "신비들"을 받았다고 한다. 랍비 유대교조차 신비적인 종교제의를 알고 있었다는 것이 발견된다. S. Lieberman, *Hellenism in Jewish Palestine*, 1950, 119ff. J. Lebram, *VT* 15, 1965, 211f. 는 마르카(Marqah)에게서 "신비제의들에 연결된 언어"를 시작한다.

612) Bousset/Gressmann, 291, 비교. 298.

의는 이런 질문에 대답하기 위해 많은 노력을 하였다.

3) 계시를 통한 지혜

벤 시라는 예언적 '영감'(靈感)을 대단히 중요한 문제로 삼지는 않았지만, 자신은 이미 그것을 받아들였다(1권 p. 265f. 를 보라). 반면 묵시적 하시딤의 사상은 그들의 '지혜'가 신의 직접적인 계시라는 주장에 근거를 둔다. 비록 그 계시가 여전히 과거의 현자와 예언자들의 '입'을 통해서 전달되기는 하지만 말이다. 관찰하고 성찰하는 무미건조한 전통적인 현자의 이성은 역사에 대한 총괄적인 신의 계획이나 임박한 세상의 종말, 부활과 심판, 천사들과 죽은 자들의 왕국에 관해서는 거의 어떤 것도 말할 수 없었다. 그들은 다만 일반적 경험의 정도를 넘은 특별한 신적인 전달에 대해 언급할 따름이었다.[613)]

이는 **다니엘서**에서 집중된 형태로 처음 등장하는데, 여기서는 계시 형태와 초자연적 지식의 다양성이 발견된다. 다니엘은 소년이었지만 "모든 환상과 꿈을 깨달아 알았다"(1:17). '밤의 환상'에서 그는 느부갓네살의 꿈의 내용과 해석을 깨달았다(2:19, 비교. 4:16ff.). 5:24f. 에서 그는 벽에 기록된 신의 글을 읽을 수 있는 유일한 사람이었다. 7:1ff., 15에서는 실로 하늘여행을 전제로 하는데, 이는 꿈에 보인 환상의 내용과 그것을 해석하는 천사를 보도하며, 8:1, 15에서는 가브리엘 천사가 설명하는 환상이 나타난다. 9:1ff., 21에서 가브리엘은 참회기도와 금식을 하는 다니엘에게 나타나, 다니엘이 이해하지 못한 예레미야서

---

613) G. von Rad, *Theologie des Alten Testaments* 2, [4]1965, 319: 묵시사상은 "옛 지혜가 주장하는 것을 훨씬 넘어서" 그 근거를 "카리스마적으로 전권을 부여하는 것"에 둔다. P. Müller, "Mantische Weisheit und Apokalyptik," *Congress Volume*, *SVT* 22, 1972, 268-293과 비교하라.

25:11f. 와 29:10의 70년이 "칠십 이레"(*Jahrwoche*)에 해당됨을 해석해주며, 10:1ff. 에서는 한 천사가 전달한 마지막 환상을 본다. 이는 그가 깨어있는 상태에서 경험한 환상이었다. 이 모든 '계시'에서 거의 놀라운 방식으로 "교훈적 요소와 예언이 결합된다."614) 그러므로 다니엘은 묵시가인 동시에 현자로서, 구약의 초기 예언자보다 훨씬 더 뛰어난 인물로 나타난다. 여기서 그의 지혜가 갈대아의 학자보다 얼마나 월등한지를 의도적으로 강조되는데(2:1-13; 4:3f. ; 5:7f.), 이런 진술은 갈대아의 현자들과 점성술사들의 '범세계적'인 평판을 고려해 볼 때, 분명 논쟁적이고 호교론적인 목적을 가졌다고 볼 수 있다. 그리스어 '칼다이오이'(Χαλδαῖοι)처럼 여기서 '카샤다야'(כַּשְׂדָּיֵא)라는 명칭은 더 이상 지리적으로 중요하지 않으며, 이는 단지 "점성술사들"을 의미한다(다니엘 2:5, 10; 4:4; 5:7, 11). 그는 이방인에게서도 크게 칭찬을 받는다:

> 그는 '거룩한 신들(엘라힌 אֱלָהִין, 복수)의 영'이 있는 사람이니, '신들의 지혜와 같은 깨달음과 통찰과 지혜가 거하며'(5:11, 비교. 14) 능히 꿈과 비밀과 마법의 매듭(*Zauberknoten*, 키테린 קִטְרִין)을 풀 수 있는 자입니다(5:12, 16).

왕의 꿈을 계시해 주신 하나님께 감사하는 다니엘의 기도에서 보건데, 이 신적인 지혜는 하나님의 사유로운 선물임이 분명하다:

> 영원부터 영원까지 하나님의 이름을 찬송할 것은
> 지혜와 능력이 그에게 있음이로다. …
> 그는 현자에게 지혜를 주시고 총명한 자에게 지식을 주시도다.

614) A. Bentzen, *op. cit.*, 43.

그는 깊고 은밀한(일)을 나타내시고
어두운 데에 있는 것을 아시지만, 빛이 그와 함께 있도다.
나의 조상들의 하나님을 내가 찬양하오니
이는 당신이 내게 지혜와 능력을 주셨음이로다(다니엘 2:20-23).

후대의 쿰란 공동체에서 매우 중요한 '비밀'(רָז = μυστήριον) 이라는 용어가—벤 시라에게서 사용되는 일상적 용어 한 구절을 제외한다면[615] —이 문맥에서 처음으로 여러 번 나타나는 것은 우연이 아니다(2:18f., 27-30, 47): "그는 비밀을 계시하는 하늘의 하나님이며, 느부갓네살 왕에게 종말에 일어날 일들을 알리셨다."[616] 그러나 그런 계시를 받으며 그것들을 해석할 수 있는 자는 오직 그것을 위해 필요한 소양을 갖춘 자이다. 그래서 다니엘은 정한 음식만을 먹음으로 자신의 목숨이 위태로운 지경에도 예루살렘을 향해 하루 세 번 기도를 드린 '경건한 자'(*ḥāsîd*) 로 묘사된다(2권 p. 220을 보라). 그는 자신이 특별한 계시를 받을 자격을 갖추도록 금식하며 철저하게 기도했으며, 회개할 마음의 준비가 되었음을 보여준다(9:3; 10:2).

---

615) 시락 8:18; 함프(V. Hamp)에 의하면 12:11c에서는 《70인경》을 더 선호한다고 한다. 또한 H. P. Rüger, *Text und Textform*, 1970, 51 각주 28과 비교하라. 이란어에서 파생한 외래어 라즈(רָז = μυστήριον)는 다니엘서와 쿰란문헌을 제외하고는 오직 외경과 에녹1서의 그리스어로 기록된 본문에서만 나온다: 에녹 8,3; 16,3; 103,2; 104,12 그리고 토빗 12:7, 11; 유딧 2:2; 지혜 2:22; 6:22; 14:15, 23. 이 외래어의 출현은 헬레니즘시대의 지적인 상황이 변화하고 있음을 가리킨다. 쿰란에 대해서는 제3부 각주 725를 보라. 또한 G. Bornkamm, *TWNT* 4, 813ff. 와 비교하라.

616) 다니엘에서는 왕이 그의 직무를 위해 신의 계시를 받는다는 옛 사상이 나타난다. 창 41:1ff.; 단 4:2ff.; 5:5; Herodot 1, 34, 38f., 108, 209; 3, 30, 64; 7, 12-19; 유대고대사 17, 345ff.; Cicero, *De div.* 1, 23, 46과 비교하라, 또한 히타스페스(Hytaspes)의 신탁(2권 p. 242를 보라)과 비교하라. 유대교, 특히 쿰란의 꿈 해석에 대해서는 2권 p. 396을 보라.

이 상황은 에녹1서와 유사하다. 에녹은 완전히 태고시대의 경건한 현자의 원형으로 나타난다. 창세기 4:24(P)에서 그가 "하나님과" 동행했으며 하늘로 올라갔다는 에녹에 대한 짧은 주석은, 그가 하나님과 가장 가까웠던 사람임을 의미한다. 또한 이를 통해 그는 거의 천사의 특징을 지닌 자로 여겨진다. 또 태고시대의 바빌로니아 현자들의 특징 전체가 그의 모습으로 옮겨지는데, 이것은 아마도 바빌로니아의 태고 왕 엔메듀란키(Enmedeuranki)로 거슬러 올라가는 것이리라.617) 동시에 그는 심판의 예언자로서 홍수 이후의 세대와 타락한 파수꾼 천사들에게 하나님의 임박한 심판을 선언하였다. 그래서 에녹은 지금 임박한 두 번째의 마지막 심판 앞에서 회개를 촉구할 수 있었다.618) 더욱이 그는 반은 인간이지만, 반은 이미 신적인 영역에 속한 문화의 창시자로 여겨졌다. 이런 의미에서 익명의 사마리아인은 그를 프로메테우스의 형제인 거인 아틀라스와 동일시한다. 즉, 그가 그리스인에게 점성술을 전달하였다는 말이다(1권 p. 311을 보라). 에녹을 두 번이나 강조하여 언급한(시락 44:16; 49:14) 시락은 그를 '지식의 징표'(오트 다아트, אות דעת)로서 위대한 "지식의 귀감"이라 하였다.619) 그러므로 에녹전승은 묵시적·하시딤적 지혜교사들의 독점적인 소유물이 아니다. 도리어 세겜과 예루살렘의 그리스어사용 유대인이 에녹을 아틀라스와 동일시하여 자신들만의 에녹전승을 발전시켰을 가능성이 있다. 그렇지만 에녹은 하시딤의 '현자'들의 묵시적 사변에서 이상적인 '계시의 중재자'로 나타나는데, 이 땅 위에서나 하늘의 세계에서

617) O. Plöger, *RGG*³ 3, 22; 비교. P. Grelot, *RSR* 46, 1958, 15; D. S. Russell, *op. cit.*, 112.

618) H. L. Jansen, *op. cit.*, 22-81. 또한 B. Wacholder, *HUCA* 34, 1963, 95-99; P. Grelot, *op. cit.*, 5-26; 181-210과 비교하라.

619) P. Grelot, *op. cit.*, 180f.

동일한 방법으로 거주했다: 〈창세기 외경〉 2, 20f. 에 따르면 "그는 자신의 유업을 (천사들과 함께) 나누었고, 그들은 그에게 모든 것을 알려주었다"(비교. 희년서 4:21) 고 한다.

다니엘서에서처럼 우리는 에녹1서에서도 다양한 형태의 많은 계시를 발견한다.[620] 에녹은 결코 서로 분리될 수 없는 꿈들(13, 8; 14, 1; 85, 1) 과 환상들(1, 2; 37, 1; 83, 1f.; 93. 1f.) 을 통하여 자신의 지혜를 받는다. 그는 천사들의 인도로 하늘의 신비들을 경험하며(12, 4; 17-27장; 72-82장; 비교. 희년서 4, 21) 그곳으로 옮겨져 상세한 하늘여행을 경험하게 되는데, 죽은 자의 왕국과 징벌장소로 내려가는 여행으로 이어진다(12, 1 ἐλήμφθη; 17, 1과 12-36장; 71, 1ff.).

> 보라, 환상의 구름들이 나를 초청하며 안개가 나를 부르며, 별들의 운행과 번개가 나를 서두르게 재촉하고, 환상 속에서 바람의 날개를 주어 나를 위로 들어 올려 나를 하늘로 들어가게 하였다(14:8).

'비유담화'에서는 더 이상 인간 전체가 아니라 영(靈)이 하늘여행에 참여하는, 영적으로 승화된 형태가 발견된다.

> 그 후에 내 영이 숨겨졌고 하늘로 올라갔다(71, 1).
> (G. Beer의 번역: Kautzsch, *Apok.* 2, 277).

이 땅으로부터 들려 올라가는 것과 아울러 돌아오는 것도 언급된다. 에녹은 7명의 천사장에 의해 땅으로 돌아오고, 그의 집 문 앞에 내려앉는다(81, 5). 하늘여행과 연관된 하늘의 서판은 특별히 계시의

---

620) E. Sjöberg, *Der Menschensohn im äthiopischen Henochbuch*, 1946, 104ff. 와 비교하라.

중요한 근원이다(81, 1f.; 93, 2; 제3부 각주 564-567을 보라). 그 서판 위에는 역사의 진행이 새겨져 있다. 에녹은 이런 식으로 얻은 비의적(秘儀的)인 비밀지식을 그의 아들 메투살렘(Methusalem)에게 전한다(76, 14; 81, 5; 82, 1f.; 83, 1; 108, 1ff. 와 2권 p. 320을 보라). 반면 그는 그 세대의 모든 사람들에게 회개할 것을 명령하며 훈계한다(91, 1f.; 비교. 91-104장). 에녹과 마찬가지로 노아와 아브라함, 레위 같은 다른 조상들과 예언자들 역시 그런 계시의 전달자들이 될 수 있었다.[621]

하시딤이나 초기 에센파의 아람어로 기록된 〈열두 족장 유언서〉 '레위유언' 단편에는, 레위가 정결과 회개의 기도로 순비를 한 후 꿈속에서 하늘의 환상을 받는 방법을 묘사하는 장면이 나온다. 이차적 형태로만 우리에게 남아있는 유일한 그리스어 본문에 따르면, 환상은

621) 노아에 대해서는 에녹 6-11장; 65-69, 25; 106f. 의 〈외경 노아서〉의 단편들을 보라. *Jub.* 10, 13과 노아서의 단편들, 1Q19 DJD I, 84ff., 152와 비교하라. 아브라함에 대해서는 *Jub.* 21과 22장; M. R. James, *Anecdota apocrypha*, Texts and Studies II, 2, 1892가 편집하고 기독교적으로 개정한 〈아브라함의 유언서〉, 그리고 G. H. Maccurdy, *JBL* 61, 1942, 213-226과 비교하라. 〈레위 유언서〉에 대해서는 제3부 각주 623을 보라. 묵시적인 내용이 담겨있는 〈납달리 유언서〉에 관한 C. Burchard, *Bibliographie* 2, 334와 비교하라. 심지어는 아브라함의 아버지인 '아므람의 환상'의 단편들도 보존되었다. 묵시, 유언서, 그리고 〈희년서〉 같은 미드라쉬적 작품들을 장르적으로 분리하기는 거의 불가능하다. 묵시는 권면(*Paraense*)과 미드라쉬 같은 이야기체 형식의 내용을 담고 있는 반면, "예언적" 양식(제3부 각주 667을 보라)을 갖는 유언문학은 당연히 종말론적인 부분들을 담고 있다. 다른 한편, 미드라쉬 작업에서 더 작은 '유언'과 '묵시'가 들어가 있다. 쿰란의 단편들과 교부들의 기록을 근거로 본다면 이런 종류의 문헌의 범위와 다양성을 상상하는 것이 그렇게 충분할 수 없다. C. Burchard, *op. cit.*, 333-336, 요약적인 보고는 *RB* 63, 1956, 60f., 65f. 와 제3부 각주 818: 그것은 분명 넓은 독자층을 가졌으리라.

그를 또 다른 하늘로 이끈다. 아마도 에센적인 형태의 '레위 유언' 게니자(Geniza) 단편에는 그 밖에도 이와 유사한 환상들이 언급되고 있다.[622]

묵시문학이 처음부터 이렇게 선호했던 하늘여행이라는 모티브는, 우리가 임박한 종말기대라는 시간적인 측면 아래서 하늘여행이라는 관념을 일방적이고 배타적으로 볼 수는 없게 한다. 비록 시간적 측면이 그 모티브의 중심을 형성하고 있지만 말이다. 관찰자가 하늘의 환상이나 하늘을 여행하면서 본 가장 중요한 점은 하늘에 대한 공간적 관념이었는데, 이 또한 결정적 중요성을 갖는다. 이 관념은 헬레니즘적 신비주의 관념의 영역만큼이나 팔레스타인 유대인의 신비적인 세계상에도 속해 있다. 그러므로 공간적이고 시간적인 요소들은 서로 반목되는 요소가 아니다(3권 p. 316f. 를 보라).

1. 이 글들이 갖는 이른바 '고대성'은 그 요소들이 사실임을 입증한다. 우선 위경적 형태는 필연적으로 유대교 묵시문학의 확고한 규칙이 되었다. 왜냐하면 이제까지 들어보지 못했던 계시에 대한 묵시사상가들의 주장을 고대시대 특별한 능력을 지녔던 자들을 언급함으로써만 정당화할 수 있었기 때문이다.[623] 이렇게 위경을 선호하게 되는 경향

---

622) J. T. Milik, *RB* 62, 1955, 400, Cols. I과 II, 그리고 다음을 보라: R. H. Charles, *The Greek Versions*, 246 Col. a 10행(v. 7); *Test. Levi*, 2ff.; 더 나아가 묵시적인 내용을 갖는 '하늘여행'의 예로서는 D. S. Russell, *op. cit.*, 166을 보라. W. Bousset, *Die Himmelsreise der Seele*, 재판 1960, 7ff.; G. Bertram, *RAC* 6, 28-34(2권 p. 318f. 를 보라)와 비교하라.

623) 이에 대해서는 D. S. Russell, *op. cit.*, 127-139를 보라. 그러나 위명(僞名)의 특징은 종교적 내용을 지닌 대부분의 유대문헌과 관련되어 있고(2권 p. 27을 보라), 또한 헬레니즘적 환경의 점성술적이며 예언적인 계시문학에서도 동일하게 존재한다: 2권 p. 324를 보라.

은 시원(始原)의 시간과 종말의 시간을 일치시킴으로 증대된다. 하나님이 영적인 능력을 소유한 태고시대의 경건한자들에게 계시한 것과, 이들이 세속적인 눈으로는 보지 못하도록 비밀교의의 형태로 "봉인했거나" 혹은 단지 소수의 선택된 자들에게만 전달했던 것은,[624] 이제 마지막 시기 경건한 자들이 신앙을 강화하기 위해 알려진다. 그래서 이 '비밀교의들'의 전수자들로서 누구보다도 아담에서 모세에 이르는 조상들이 등장한다. 그들과 아울러 다니엘과 바룩이 나타나는데, 이는 심판의 상황과 성전제의의 중단, 유배라는 상황이 서로 비슷하며, 더욱이 흩어짐과 배교, 특별한 시험의 징후 아래 있는 이스라엘 역사의 마지막 시대가 시작되고 있기 때문이다. 반면 이스라엘에서 예언의 은사는 끝났다는 견해가 확고하게 되자, 에스라는 이제 최초의 '묵시적 예언자'가 된다. 이와는 대조적으로 '묵시의 위경적 특성'은 쿰란 공동체와 초대교회에서는 후퇴했다: 에센파 문헌에서 공동체의 '집단적 권위'의 근거는 공동체에서 영향을 미치는 영(靈)인 반면, 에베소의 요한이나 헤르마스(Hermas) 같은 기독교 묵시주의자들은 자신들의 이름으로 영적인 권위를 가지고 글을 쓸 수 있었다. 그러나 이 사실로부터 하시딤의 묵시사상가들이 자신들을 더 이상 '예언자들'이나 예언의 합법적인 계승자들로 간주하지 않았다고 결론을 내리는 것은 너무 성급하다. 제 3이사야서와 제 2스가랴서, 말라기서의 저자와 같은 마지막 예언적 저술가들은 자신들의 익명성을 유지했고, 이미 존재했던 예언모음집에 자신들의 글들을 첨가하였다.[625] 이렇게 후기의

624) 비교. 단 8:26; 12:4, 9; 에녹 104,10-13. 에녹1서에서는 대부분 그것을 장자에게 물려주었다. 2권 p.292와 제 3부 각주 679를 보라. 또한 *4.Ezra* 14, 38; 14, 42-47을 보라.

625) P. Vielhauer, in: *Hennecke-Schneemelcher-Wilson*, *op. cit.*, 595에 반대하는 D. S. Russell, *op. cit.*, 418f.와 비교하라.

묵시시대의 상황은 하나의 새로운 상태를 만들어 놓았는데, 이는 헬레니즘적 환경에서도 관측될 수 있는 것과 유사하다.

2. 이미 문헌적으로 고정되고 사실상 '정경적' 타당성을 획득한 현존하는 전승을 배제한 채, 영적인 능력이 자유롭게 영향을 미친다는 것은 이제 불가능하게 되었다. 이제부터 '예언자적 자의식'은 특히 이미 존재하는 예언서들에 대한 '영감받은' 해석으로부터 영향을 받는다. 이것은 '의의 교사'가 예언을 해설하는 것과 같이 다니엘서 9:2에서 예레미야의 70"년"을 성찰하는 다니엘에게서도 나타난다.[626] 여기에서도 묵시사상가들이 더 이상 자신들을 영적인 은사를 받지 않은 자로 생각했다고 말할 수는 없다. 그들은 단지 현재의 '영감'을 더 약한 것으로 생각하여, 영적으로 더 강력한 과거의 모형들을 언급하였을 뿐이다.[627] 하지만 다른 한편으로 그들은 자신들이 풀어낸 예언의 말들을, 이 말을 했던 사람들 자체보다 더 잘 이해하고 있다고 생각하였다. 왜냐하면 종말론적으로 성취에 근접해 있는 현재는 비로소 그들로 하여금 문서들을 더 심오한 의미로 바르게 해석할 수 있게 했기 때문이었다.[628]

3. 예언적 의식(意識)과 지혜의 학식은 이제 분리될 수 없이 서로 밀접하게 연관되었다. 현자는 예언자적 특징들을 얻었고, 예언자들은 영감 받은 현자가 되었다. 여기서 우리는 이 후기의 묵시시대에서 '지

---

626) K. Elliger, *Studien zum Habakkukkommentar*, 1953, 156f. ; O. Betz, *Offenbarung und Schriftforschung*, 1960, 80ff., 137; D. S. Russell, *op. cit.*, 187-194; R. Meyer, *TWNT* 6, 820f.와 비교하라.

627) 이와 유사한 경향이 헬레니즘 철학에서 나타난다: 기원전 1세기 초에 아스칼론의 플라톤주의 철학자 안티오코스는 "전문가를 따르라"(*veteres sequi*)를 자신의 표어로 삼는다. 그래서 전통주의적 절충주의의 기반을 놓는다(1권 p.305 각주 217/19를 보라).

628) 유사하지만 단지 "단계적인" 차이는 랍비의 입장에서는 예언자들과 "현자들" 간에도 존재한다. R. Meyer, *TWNT* 6, 816ff.를 보라.

혜'라는 용어는 '묵시사상'이라는 단어 못지않게 모호하며 일반적이어서 논쟁의 여지가 있음을 주목해야 한다.629) 지혜란 근본적으로 학교에서 양육받은 '지식'의 다양한 형태를 의미할 수 있다. 그것은 그리스어사용 유대인의 '그리스적 지혜'(חכמה יוונית, 1권 p. 276을 보라)에서부터, 《미쉬나》의 법적 기초를 놓았고 그 율법을 보호할 임무를 부여받은 서기관(*sôferîm*)의 결의론적 구별에 이르기까지 다양하다. '묵시적 지혜'는, 하나님의 특별한 계시에 근거하여서 단지 소수의 선택된 사람들에게만 주어진다는 사실로 다른 형태의 지혜와는 구별된다. 이 관점에서 '묵시적' 지혜개념은, 하늘에 숨겨졌고 인간이 통제할 수 없다는 지혜의 옛 관념과 밀접하게 관련된다.630) 지혜와 예언이 결합된 결과, 초기의 위인들은 아담과 에녹으로부터 마지막 예언자들에게 이르기까지 예언자인 동시에 현자로 간주되었다. 제 11번 쿰란동굴(11Q) 〈시편 두루마리〉에 나오는 다윗에 관한 주해에서, 다윗은 예언의 영으로 영감을 받고 특별한 통찰력(כאור שמש 비교. 단 12:3과 레위 유언

629) G. von Rad, *op. cit.*, 2, 315f, 330의 묵시라는 용어에 대한 비평적인 관찰. "지혜"에 대해서는 H. Gese, *RGG*³ 6, 1577을 보라: "… 고대 근동에서는 지혜에 대한 어떤 통일적인 용어가 없었다." 또 1578을 보라: "지혜(시)와 학문적 문학 사이의 경계는 분명히 정할 수 없다."

630) 2권 p. 140f. 와 각주 293, 301을 보라: 〈아히카르서〉(*Achikar*)의 감추어진 지혜. 에녹 84, 3과 원래는 지금의 위치에 있지 않았던 42장은 하나님에게 감추어진 지혜를 가리킨다. 또한 아람어로 된 〈레위 유언서〉에서 지혜의 찬양과 비교하라, R. H. Charles, *The Greek Versions*, 256, Col. c. - *Apocrypha and Pseudepigrapha* II, 366. 그것은 선택된 자에게는 종말론적인 선물이 되었다. 비교. 에녹 5, 8; 90, 10; 104, 12; 비교. 37, 4; 49, 1; 51, 3; 99, 10. 지혜의 묵시적 개념에 대해서는 U. Wilckens, *Weisheit und Torheit*, 1959, 65f., 160ff.; *TWNT* 7, 503f. 를 보라. 또한 세부적인 것은 A. Théocharis, *La sagesse dans le Judaïsme Palestinien de l'insurrection maccabéenne*, Strasbourg 1963, Diss. dact. 여러 곳; H. P. Müller(제 3부 각주 613), 280ff. 를 보라.

4:3) 을 타고난 '현자' (חכם) 와 '학식 있는 자' (סופר) 자로 묘사된다. 이와 매우 유사한 것이 '조상들에 대한 찬가'에 나오는 관념(시락 44:3-5; 비교. 39:1-8, 2권 p. 94f. 를 보라) 이다. 묵시를 지혜나 예언에서 한쪽으로부터 일방적으로 이끌어내야 한다는 오늘날의 주장은 벤 시라나 하시딤적 묵시주의자들에게는 거의 이해할 수 없는 것이리라.631)

4. 이러한 사실은 묵시문학이 그 문학적인 형태에도 불구하고 최소한 부분적으로 환상들과 황홀경 체험에서 유래했을 가능성을 전혀 배제하지 못한다. 헬레니즘시대에는 그런 비범한 경험들에 대한 관심이 다시 증가했다. 실제로 환상적인 경험을 하기 위해 금식과 끊임없는 기도와 같은 방법들이 발달되었다고 생각해야만 한다.632) 그러므로 환상들과 황홀경 체험은 참된 '예언적 현자'를 입증하는 기준이 되었다.633) 이것은 후기에서도 마찬가지였다. 유명한 《바라이타》(*Baraita*)

---

631) 이는 묵시사상이 어디서 유래했는가에 대한 다음과 같은 견해에 대립된다: G. von Rad, *op. cit.*, 2, 315-330은 "지혜"에서 연원되었다고 하며 H. H. Rowley, *The Relevance of Apocalyptic*, [3]1950, 11-50은 예언의 연장으로 본다. 후자의 의견에 대한 역사적인 관련성은 다음의 글들이 입증했다: O. Plöger, *Theokratie und Eschatologie*, 39ff.; 129와 여러 곳; G. Fohrer, *TLZ* 85, 1960, 401-420. 또한 D. S. Russell, *op. cit.*, 75-103과 비교하라. 그러나 역사적인 발전으로 묵시적 사고와 포로기 이전과 포로기 동안의 '전기 예언자들'의 사상 간에는 명백한 차이가 난다. 여기서 페르시아와 헬레니즘시대 사이에 존재하는 적어도 3/4백 년의 시차와 변화된 역사적, 문화적인 상황을 주목해야만 한다. 특별히 이 시기는 지혜문학이 점점 중요성을 가진 때라고 할 수 있다.

632) 단 9:3; 10:3, 또한 참회의 표현. 널리 퍼진 "황홀경 체험을 위한 금식"에 대해서는 P. R. Arbesmann, *Das Fasten*, RGVV 21, 1929, 97ff.; J. Behm, *TWNT* 4, 927f., 930을 보라. 비교. *4.Ezra* 5, 13, 19f. 등. *Syr. Bar.* 9, 2; 21, 1ff. 등. 또한 약을 암시할 수 있는 *4.Ezra* 14, 39ff. 의 '예언의 술'과 비교하라.

633) D. S. Russell, *op. cit.*, 164-173. 또한 에스겔과 비교하여 에녹의 "하늘여행"에 관한 G. Widengren, *Literai and Psychological Aspects*, UUA

'하기가'(Ḥagiga) 14b에 나오는 "4명의 랍비 벤 아자이(Ben 'Azzai)와 벤 조마(Ben Zômā), 아헤르('Ahḥēr), 아키바(R. 'Aqîbā)가 낙원에 들어갔다 … (ארבעה נכנסו בפרדס)"는 구절은 묵시적·영지주의적 사변이 아니라, 원래 황홀경 체험과 연관될 수 있는 것이었다. 전에 바리새인이었던 바울조차도 황홀경 체험의 은사를 기독교인이 되고서야 경험한 것은 아니다. 거룩한 자 호니(Ḥônî der Kreiszieher, 기원전 1세기 전반기)와 기적의 치유사(治癒士) 랍비 하니나 벤 도사(R. Ḥanînā b. Dôsā, 기원후 100년경) 같은 인물들도 초기 바리새주의에 하시딤적 묵시의 요소들이 있었음을 암시하는데, 이는 기원후 2세기 더 강력한 제도화를 통해서야 비로소 쇠퇴하였다. 에센파 운동 또한 사신들의 고유한 '예언자들'을 가지고 있었다.[634]

5. 초기 묵시사상가들의 '영감을 받은 학식'의 영향력은 광범위하였다. 다니엘서에서 이것이 역사의 발전과정들에 대한 정확한 지식과 동양적·헬레니즘적 신화의 표상으로 제한되었다면, 에녹전승에서는 지상과 하늘의 지리를 비롯하여 가시적·비가시적 세계로까지 확대되었다. 에녹전승은 바벨로니아적·헬레니즘적 천체종교는 받아들이지 않으면서도[635] 천문학과 점성술은 물론, 그것을 넘어 기상학과 의

1948, 10, 108ff. 를 비교하라. "예언적 지혜"에 대해서는 H. P. Müller, *op. cit.*, 275ff. 를 보라.

634) W. Bousset, *Himmelsreise*, 14ff.; Bousset/Gressmann, 356f., 398f.; Moore, *Judaism* 1, 413; R. Meyer, *TWNT* 6, 820을 보라. 에센파의 "예언자들"에 대해서는 438ff. 를 보라. 기원후 1~2세기의 "비밀교의"에 관련된 교리들의 "신비적" 경험에 대해서는 Bill. 1, 603f. 를 보라. 초기시대의 랍비들 가운데 기적술사들에 대해서는 A. Guttmann, *HUCA* 20, 1949, 363-406; Phinehas b. Jair: *jDemai* 21d/22a를 보라.

635) 비교. 에녹 17-36; *Jub.* 8, 11-9, 15; 10, 26-36; *Gen. Apoc.* 21. 또 Hölscher, *Drei Erdkarten*, SAH phil. hist. Kl. 34, 1944/48, 29, 33과 57-73을 보라. 여기에서 특히 <희년서>에 미친 그리스의 영향들이 지적되

학[636]에 이르는 헬레니즘시대의 더 큰 세계상을 포함하고 있다.[637] 물론 묵시의 이 '백과사전적인' 지혜는 결코 그 자체가 목적은 아니다. 에녹1서의 우주론적인 비밀들은 의인에 대한 하나님의 보상뿐만 아니라, 하나님이 천사들과 죄인들에게 내릴 심판의 공간에 대한 윤곽을 드러내기 때문에 분명히 종말론적인 방향성을 갖는다. 전 우주는 종말론적으로 규정된 구속사를 위해 존재한다. 이것과 밀접히 연결된 것이 죄베르그(E. Sjöberg)가 주목한 두 번째 특징이다: "모든 영광의 하나님을 알기 원한다면 이런 우주론의 비밀들도 알아야만 한다." 왜냐하면 "창조주 하나님의 영광은 그것들을 통하여 드러나기 때문이다."[638] 이것은 예를 들면, 하늘과 세계를 다니는 에녹의 첫 번째 긴 여행 끝에 나오는 찬양에서 볼 수 있다:

었다. 좀더 이른 바빌로니아 지혜전승에 대해서는 P. Grelot, *RQ* 1, 1958/59, 124ff.; *RB* 65, 1958, 33ff.를 보라. 예루살렘의 유대 지혜학파의 "지리학에 대한 가르침"에 대해서는 K. Galling, *Die Krisis der Aufklärung in Israel*, 1950, 10을 보라. J. T. Milik, *RB* 65, 1958, 70ff.이 발표한 제4번 쿰란동굴(4Q)의 에녹 30-32의 단편들에 의하면, 에녹은(아라비아 펠릭스와 인도?) 남쪽과 동쪽에서 양념을 생산하는 땅들과 에뤼테리안(Erythräische) 해(비교. *Gen. Apoc.* 21, 17ff.)를 넘어 동쪽의 낙원에 이르는 여행을 한다. 이 기록은 유대인들이 향료무역과 약재료의 원산지를 알고 있음을 보여주고, 헬레니즘적·유토피아적인 기행소설—이암불로스(Iambulos)와 유헤메로스(Euhemeros)—의 주제들을 사용하였다. K. Kerényi, *Die griechisch-orientalische Romanliteratur*, ²1962, 45ff.와 비교하라.

636) 점성학에 대해서는 2권 p. 386ff.를 보라. 성신(星辰)숭배의 종교를 받아들이지 않았던 것에 대해서는 *Jub.* 12, 16f.; 에녹 80, 7; 단 2:20ff.를 보라. A. Bentzen, *op. cit.*, 25를 보라.

637) 기상학에 대해서는 에녹 34, 36; *Jub.* 2, 2ff.; 약에 대해서는 2권 p. 397f.를 보라.

638) E. Sjöberg, *Der Menschensohn im äthoipischen Henochbuch*, 1946, 110.

> 내가 보았을 때, 나는 매번 영광의 주님을 찬양하였다. … 그는 천사들과 사람에게 그 업적의 위대함을 보이기 위해 위대하고 영광스러운 기적들을 행하시어 그들이 그의 업적과 그의 창조 전체를 찬양하게 하였다. …(번역은 E. Sjöberg, c행.).

6. 전체적으로 지혜를 묵시적으로 이해하기 위해서 다음과 같은 3단계를 말할 수 있겠다. 첫째 단계로는, 후대의 유대 '지혜'에서 비롯된 것으로, 오직 의인만이, 즉 율법의 실행자만이 지혜로울 수 있다는 기본사상이나: "악한 자는 아무것도 깨닫지 못하되 오직 지혜 있는 자는 깨달으리라"(단 12:10). 혹은 "지혜의 말을 받아들이는" 것은 "가장 높으신 자의 도를 지키며 그의 의로움을 따라 걸어가고 악한 자들과 더불어 죄를 짓지 않는 것이다"(에녹 99,10). "지혜로운 자들"(*maśkîlîm*, 단 11:33, 35; 12:10)은 우선 무엇보다 율법교사들이며, 에녹1서 92장 및 94-104장에서는 구체적인 순종과 관련되었다. 둘째 단계는, 이제 이 마지막 미혹의 때에 지금까지 감추어졌던 하나님의 옛 사람들과 예언자들의 계시들이 열린다는 사상이다. 그들은 역사의 의미와 목적, 그리고 하늘의 세계와 심판, 영원한 구원을 설명한다. 그러나 고통에 빠진 '경건한 자들'을 연단시키고, 그들이 알지 못하는 주변세계 위로 그들을 들어 올리는 이런 계시들조차도 단지 임시적이고 불완전할 뿐이다. 세 번째 단계로는, 완전한 지혜는 구원의 때에 내릴 종말론적 선물 가운데 하나(에녹 5:8; 32:3-6; 90:35; 91:10; 비교. 비유담화 48:1f.; 49:1f)라는 사상이다. 물론 이 3단계가 완전히 분리된 것은 아니다. 율법서와 예언서는 이미 심오한 의미를 지녔고, 그것을 발견하려면 '연구'(דרש 단 12:4b)해야 한다. 더 나아가 하나님의 계명들은 '경건한 자들'의 심난에서만 참으로 진지하게 받아들여졌고 엄격하게 준수되었다. 고통 받는 경건한 자들에게 마지막 시기 하늘의 비밀들

을 계시하는 것과, 아울러 구원의 때에 완전한 지혜를 전달하고 그 지혜를 미리 맛보는 것도 그와 마찬가지였다.[639)]

7. 폰 라드가 "심지어 혼종(混種)되었다 할 느낌을 주는 보편적인 영지(靈智)"[640)] 라고 표현했던 묵시문학의 지식에 대한 포괄적인 갈망은, 그것이 역사적인 배경을 고려할 때야 비로소 이해할 수 있다. 과도한 학식과 합리적 체계화, 종말론의 징조로 본 신중심의 역사관이 서로 연결되는 것은 유대인의 역사에서는 다소 새롭다. 슐라터(A. Schlatter)는 이 연관관계가 형성되었던 이유를 다니엘이라는 인물의 특징을 묘사하며 설명해주는데, 이는 일반적으로는 묵시사상의 선조들인 하시딤에게 이전해도 되는 특징이다:

> 그리스인은 지식을 인간의 가장 소중한 소유물로 칭송한다. 다니엘은 그들로부터, 지식을 창조하는 힘을 존경하는 태도를 물려받았다. 그래서 그는 미래를 보여주는 예언을 신적인 지식을 공유하는 것으로 묘사한다. 그러나 그리스인에게는 신의 뜻을 아는 지고한 지식이 부족하였다. 이것이 하나님이 다른 민족들 위에 높이신 이스라엘의 특권이다.[641)]

하시딤의 '현자'는 벤 시라보다 그리스적 지혜와의 논쟁에 더욱 치열하게 참여하였다. 기원전 175년 후에 예루살렘에 김나시온을 건립한 결과로 생긴 이 논쟁은 유대 종교전승이 존속하는 데 심각한 위협을

---

639) 에센파에서 시행된 후대의 "토라연구"에 대해서는 O. Betz, *Offenbarung*, 19-35. H. W. Kuhn, *Enderwartung und gegenwärtiges Heil*, 1966, 145-152를 보라. 그는 이런 지식의 형태들은 묵시와는 전혀 관련이 없다고 주장한다.

640) *Op. cit.*, 2, 318.

641) A. Schlatter, *GI*^{3}, 109f.

주었다. 그리스적인 정규교육(ἐγκύκλιος παιδεία)은 전 우주에 침투해 질서를 세우는, 그 자체의 논리적이고 체계적인 힘을 가지고 있었다. 이는 말 그대로 신적 '계시'에 기초해 있는 포괄적이고 '묵시적인' 세계관이나 역사관에 대립된다. 게다가 이는 어떤 그리스적 지혜보다 더 오래됐다고 주장할 수 있다. 비판적인 '계몽'은 기원전 3세기 헬레니즘 세계를 가득 채우고, 전도서가 보여주듯이 유대 지혜 가운데서 그 유사한 흐름과 부딪혀 상당시간 동안 유대 상류층에 영향을 끼쳤다. 이 운동은 무엇보다도 민족들 사이에서 이스라엘이 가야 할 특별한 길을 비판하는 것에 방향이 맞추어졌다. 유대 상류층이 보기에는 유대인이 이방민족들로부터 분리되는 것이 유대의 경제적·문화적 발달을 저해한다고 생각되었기 때문이었다(3권 p. 66f. 를 보라). 그런 경향을 가졌던 관습적인 종교제의와 율법중심의 경건은 저들의 비판에 충분하게 저항할 수 없었다. 하지만 하시딤의 현자들은 그와는 반대로 '계시를 통한 고등지혜'라는 합리적이고 전혀 허점이 없는 반명제를 통하여 율법에 충실한 열성적 세력들을 규합했다. 이들은 이스라엘의 선택이라는 근본적 토대 위에 서있되, 임박한 종말과 관련된 보편적인 세계관과 역사관을 창조했고, 이로써 팔레스타인 유대교가 계속적으로 지적인 발전을 할 수 있는 결정적인 기초를 놓게 되었다.

8. 만약 라그랑제(Lagrange)와 아벨(F. M. Abel)의 주장을 따라 에녹서의 세계관을 에라스토테네스(Erastothenes)와 히파르코스(Hipparchos, 역주. 기원전 190∼120년 그리스의 천문학자이자 지리학자) 시기의 시대착오라고 명시하거나, 혹은 부세(W. Bousset)와 같이 "여기서 등장하는 모든 지혜는 비전문가적 … 공상이다"라고 결론을 내린다면,[642] 그것은 학문 이전 단계에 있는 이 지혜의 특징을 간과하는

642) M. J. Lagrange, *Le Judaïsme*, 1931, 79; F. M. Abel, *HP* 1, 284; Bousset/Gressmann, 184.

것이리라. 더욱이 쿰란의 단편들이 보여주는 것은 〈레위 유언서〉처럼 에녹전승도 일부분이 손상된 형태로 보존되어 있으며, 아람어 원문이 더욱 광범위하고 더욱 정확하다는 것을 보여준다.[643] 에녹1서 가운데 지리학적 혹은 천문학적 내용을 담은 부분들과 〈희년서〉를 분석해 보면, '현자'들은 주로 바벨로니아적인 학문분야에 놀랄만큼 정통해 있다는 것을 알 수 있다(2권 p. 235f. 를 보라). 그리고 '역사철학'에 관한 한, 에녹1서가 가진 세계사적 도식은 그러한 문헌들에 다니엘서보다 더 영향을 끼치지는 않았다.[644]

마지막으로 다니엘서와 에녹 전집('천문학의 책'은 제외)과 같은 글들과 〈희년서〉와 〈레위 유언서〉와 같이, 에센파의 것으로 여겨지는 작품들은 디아스포라에서 나온 〈유대인 시빌서〉(들)처럼 더 광범위한 '경건한 자들' 집단을 위해 기록된 '대중적인 책들'이다. 이들은 세심하게 비밀을 지키는 가장 깊숙한 핵심문서들과는 대조적이다(제 3부 각주 626a를 보라). 그것들은 유대교 선교의 견인차 역할을 해야 했고, 그래서 헬레니즘시대 대중예언적인 형태를 띤 신탁문학을 모방하였다.[645] 거기서 나타나는 신비적 색채는 독자의 관심을 불러일으

---

643) J. T. Milik, *RB* 63, 1956, 60; *RB* 65, 1958, 75f. 와 비교하라: 여기서는 에녹의 여행을 묘사함에서 상세하고 조직적인 작업을 하고 있으며, 77, 3의 단편과 다른 단편들을 근거로 드러난 '천문학의 책'의 현존하는 단편들을 더 잘 이해할 수 있도록 정리해 내고 있다. *HTR* 64, 1971, 338ff., 343ff. 와 비교하라.

644) F. C. Burkitt, *Jewish and Christian Apocalypses*, 1914, 7: "다니엘서에는 보편적 역사에 대한 철학이 있다." 또한 K. Koch, *HZ* 193, 1961, 31과 비교하라 "세계사에서 처음으로 등장하는 보편적 역사의 개요."

645) 이 용어는 부세가 부정적 의미로 표현한 "평신도의 특징이 강한 비서기관적 문학"이라는 개념으로 이해될 수는 없다. *Die jüdische Apokalyptik*, 1903, 9를 보라. Bousset/Gressmann, 184, 211f.; 여전히 더 냉혹한 평가를 하는 그의 *ARW* 18, 1915, 151과 비교하라: "소종파주의(*Winkelsektentum*)의 특징을 강하게 드러내는 문학." "지식과 경건"의 결합

키기 위하여 의식적이며 기술적 도구로 사용한 문체이다. 이 글들은 우선 유대교의 임박한 종말론적인 대망이 바르 코흐바의 반란에 이르기까지 살아있도록 기여하였으며, 또한 천사들의 위계와 타락, 부활과 심판, 그리고 세계의 종말과 구원시기의 여명에 관한 하시딤적 견해들이 헬레니즘·로마시대 팔레스타인 유대교의 더 넓은 층에서 공통적으로 사용될 정신적 자료가 되는 데 공헌하였다.

9. 폰 라드를 비롯한 다른 학자들이 묵시사상에 대하여 내렸던 일반적인 평가는, 묵시사상의 역사적 자리를 너무 소홀하였기에 정당화되기는 어렵다. "근본적으로 비역사적 사고"라는 본질적 특성[646]은 묵시사상에는 해당되지 않는다. 그것은 도리어 묵시사상에 대립되는 헬레니즘시대의 세계관에 해당하는데, 운명(*Tyche*)의 독단적인 통치와 천체의 결정론으로 표현된다. 무엇보다도 '우주론적'이고 '역사철학적인' 사변(思辨) 전체는 이 지혜가 가진 '구원의 특징'(*Heilscharkter*)을 간과할 수는 없었다. 그러한 특징은 임박한 종말을 향하는데, 특히 다니엘의 마지막 환상과 더 후대의 에녹1서의 '경고의 담화'에서 강조되고 있다. 극도의 환난에서 "백성의 현자들이 많은 사람을 깨달음으로 인

은 헤롯 대왕의 시대에서만 일어나는 것이 아니라, 이미 헬레니즘의 영향에 대항하여 일어났던 마카베오 봉기 이전에도 발생한다. 묵시문학은 하시딤의 "현자들"(*sōperīm*)이 자신들의 더 넓은 독자층을 위해 기록한 작품이다. 이것의 가장 좋은 예가 다니엘서이나. 그들의 고풍스러운 스타일과 역사적이고 지리적인 지식, 그리스 신화에 대한 지식을 통해 보건대, 여러 종류의 〈유대인 시빌서〉 또한 이런 풍부한 지식을 가지고 있었음을 전제해야 한다. 필하우어(P. Vielhauer)가 *Hennecke-Schneemelcher-Wilson*, *op. cit.*, 600f.에서 〈유대인 시빌서〉에 관해 올바르게 말한 사항은, 묵시사상에 관해 서술하는 *op. cit.*, 594에서도 유효하게 고려해야 했다. 10주간의 소묵시록(제 3부 각주 459를 보라)은 예를 들면, 전단지에 적힌 글과 같은 특성을 지닌다.

646) G. von Rad, *op. cit.*, 2, 321.

도하였으며”(יָבִינוּ לָרַבִּים), 이 “깨달음”이 결코 단순히 사변적인 지식이 아니었음은 바로 그 직후에 나오는 12:3의 문장에서 보여준다: 이를 통하여 현자들은 “많은 사람을 의로”, 즉 그들을 율법에 헌신된 공동체로, 그래서 종말론적 구원으로 이끌었다. 다시 말하여, 그들은 “많은 사람을 의로 인도하는 자들”(מַצְדִּיקֵי הָרַבִּים; 마츠디케 하라빔)이었다. 묵시적 인식이 소유하는 이 ‘구원의 특징’은 얼마 후 에센파 가운데에서 더욱더 명확하게 나타났다.

보설(補說) 4. ‘계시를 통한 고등지혜’ : 후기고대 종교성의 특징

기원전 4세기와 3세기 폴리스의 전통적인 종교형태가 붕괴되고 파괴적인 회의주의의 물결이 지나간 후 일어난 경건에 대한 각성은 무엇보다도 개개인이 특정한 신에 인격적으로 결합되는 전형적인 특징을 보여준다. 그 결합은 초기보다 더욱 강하게 개인의 초자연적 경험과 꿈, 신의 현현, 치유, 하나님의 직접적인 지시 등을 통해서 일어났다. 이런 방법으로 신들을 믿는 자들과 매우 개인적인 관계를 형성함으로써 초기 헬레니즘시대에 영향력을 크게 미친 신들에는 아스클레피오스(Asklepios)와 세라피스, 이시스 같은 신들이 있었다. 하지만 그들이 결코 유일신들은 아니었다. 이들의 독특한 특징은 그리스 신들과는 대조적으로 자신들이 운명도 지배하였다는 점이다.[647] 이 신들은 특

647) 아스클레피오스에 대해서는 W. Fauth, *KP* 1, 644ff. ; M. P. Nilsson, *GGR*^{2} 2, 186, 188 각주 6, 223ff., 336f.를 보라. 하나님과 맺는 그런 아주 개인적인 관계는 예를 들어, 기원후 2세기의 아스클레피오스 신에 대한 아엘리우스 아리스티데스(Aelius Aristides)의 관계(*op. cit.*, 561f.)를 들 수 있다. 세라피스(와 이시스)에 대해서는 *op. cit.*, 2, 121ff., 124ff., 128ff., 224를 보라: 치유와 덕론. H. Bell, *JEA* 34, 1948, 87-94; A.

별히 꿈을 통하여 자신들의 경배자들에게 명령을 내리고 이 명령이 이행되는지를 살핀다. 또 신들은 질병으로 인간을 처벌하고, 계시를 통해 저주와 사후의 미래 등에 관한 비밀지식을 인간에게 전달한다. 이런 식으로 옛 시대에는 개별적인 현자들과 묵시가들(*Seher*), 왕들, 시인들에게나 있었던 계시적인 꿈이나 환상적이고 황홀한 체험에 대한 관심이 광범위한 평민층에게서도 높아졌다.648) 환상을 보는 능력

D. Nock, *Conversion*, 36ff., 49ff.를 비교하라. 제논이 보낸 조일로스 편지(*Zoilosbrief*)가 전형적인 예이다. PCZ 59034 = A Deissmann, *Licht von Osten*, [4]1923, 121ff. 운명의 주로시의 이시스와 세라피스에 대해서는 S. Morenz/D. Müller, *AAL* 52, 1, 1960, 30f.를 보라. 환상과 신탁을 통하여 신과 아주 개인적인 관계를 맺은 보기들로서 좀더 상세한 자료는 로마시대에 나온 것이기는 하지만, 누비아의 탈미스(Talmis in Nubien)에 있는 만둘리스-아이온(Mandulis-Aion) 신전에 기록된 비문들을 들 수 있다. A. D. Nock, *HTR* 27, 1934, 53-78; Festugière, *Révélation* 1, 46ff.을 보라. 막시무스(Maximus)의 환상은 전형적이다. A. D. Nock, *op. cit.*, 63의 9행: ἐνθεασάμενος ἀνε(παύσην): "나는 환상을 보았고 내 영혼의 안식을 찾았다." A. J. Festugière, *Personal Religion among the Greeks*, 1954, 53ff., 68ff., 85ff., 122ff.를 비교하고, 프톨레마이오스 제국에 대해서는 M. T. Lenger, *Proceedings of the Twelfth International Congress of Papyrologists*, 255ff.를 보라.

648) H. Gese, *RGG*[3] 6, 1575: 고대 동방의 지혜에서 "특별 계시들"은 예외다. 헬레니즘시대에서 "이러한 예외는 흔했다." 그 좋은 예는 멤피스의 세라페이온(Serapeion)의 카토코스(Katochos)가, 프톨레마이오스가 꾼 꿈을 일기형식으로 그렸던 이야기이다. 기원전 159년 6월 2일 프톨레마이오스의 요청으로 남쪽 신이 2명의 다른 신과 함께 그에게 나타났다. 또 한 번은 그가 이시스와 세라피스에게 자신에게 나타나 줄 것을 요청하자, 잠시 후에 선한 신 아가토스 크네프시스(Agathos Daimon-Knephis)가 나타나서, 그가 즉시 풀려날 것이라고 전했다. U. Wilcken, *UPZ* 1, 353f., Nr. 77, Col. 2, 22-31과 1, 360, Nr. 78, 11, 22-45를 보라. 또한 Festugière, *Révélation* 1, 51을 보라. 헬레니즘시대에 종교제의의 회복을 위해 (신이) 현현한다는 의미의 중요성에 대해서는 F. Pfister, *PW Suppl* 4, 295ff., 298ff.를 보라. 경험의 진정성 문제에 대해서는 316을 보라. 태몽(*Inkubationstraum*)을 통해 치유를 가져다주는 신들인 암피아라오스

이 없더라도, 이와 유사한 이른바 '비밀' 계시의 글을 읽음으로써, 어쨌든 이런 더 높은 지식을 공유할 수 있었다. 기원전 1세기에 신피타고라스주의가 다시 시작되고 신비종교들이 성공했던 이유는 이런 경향에 비추어 설명될 수 있다.

이런 종교적 발전은 이미 상당히 초기시대 그리스에서 널리 확산되었던 '계시문학'에 의해 예비되었다. 이것은 부분적으로 황홀경의 기적을 행하는 자들의 놀라운 경험들을 담고 있지만, 또한 적어도 고전시대 이후로 종종 하늘여행과 결합된 강림이야기(*Katabasis-Erzählungen*)도 포함한다.[649] 이는 세계관이 변함에 따라 죽은 자들의 왕국이 별로 가득한 천상으로 옮겨지는 경향이 점점 더 증가하였기 때문이었다. 호메로스의 《오디세이아》에서는 강림이라는 대중적인 모티브가 이미 많이 사용되었는데, 엠페도클레스(Empedokles)와 플라톤 혹은 그 이외의 사람들이 오르페우스와 피타고라스의 신화들, 그리고 이들과 연관된 영혼의 교리를 받아들였던 더 깊은 종교적·철학적 배경이 존재한다:[650]

(Amphiaraos)와 히기에이아(Hygieia)의 명령에 근거하여 아테네(Attika)의 오로포스(Oropos)의 모스키온(Moschion)의 아들 유대인 노예 모스코스(Moschos)가 해방된 것 역시 이 맥락에 속한다(기원전 3세기 전반). 이 책 제1부 각주 326을 보라. 태몽은 에피다우로스(Epidauros)와 같은 개별적인 성소가 있는 고전 그리스에서는 이미 매우 높게 간주되었다. E. Roos, *Opuscula atheniensia* 3, 1960, 55-97; E. R. Dodds, *The Greeks and the Irrational*, 1951, 110ff.를 보라.

649) Ganschinietz, *PW* 10, 2395-243Q. 또한 E. Rohde, *op. cit.*, 2, 90ff.와 비교하라.

650) M. P. Nilsson, *GGR*^{2} 1, 452ff., 688ff., 815-26; 2, 231ff.; 수정을 많이 한 W. Bousset, *Die Himmelsreise der Seele*, 재판 1960, 59ff. 또한 E. R. Dodds, *op. cit.*, 140ff.을 보라. 또 그 교의의 원래형태는 샤머니즘적인 문화에서 나왔다.

한 사람이 하늘여행을 떠난다는 모티브가 문학적으로 처음 묘사된 곳은 파르메니데스(Parmenides)가 지은 시의 서두였다.[651] 천마(天馬)에게 마구를 채우고 헬리아데스(Heliades)가 모는 불타는 태양전차를 타고 한 사람이 빛을 향해 나아간다. 디케(Dike. 역주. 그리스신화에 나오는 정의의 여신)는 그가 낮과 밤이 나뉘는 길옆의 문으로 들어가는 것을 허락한다. 거기에서 그는 '진리'의 여신(Alētheia)으로부터 계시를 받는다(fr. 1. Diels). 디터리히(A. Dieterich)는 이 웅장한 시적 환상을 오르페우스의 모델에서 왔다고 보고, 예거(W. Jaeger)는 그것이 보이오티아의(boiotische) 목동 헤시오도스(Hesiod)가 소명을 받는 환상(*Theogon.* 22ff.)을 의식적으로 사용하여 이깃을 능가하고 있다고 보았다. 그 환상에서 뮤즈의 신들은 헤시오도스에세 진리를 계시한다.[652] 두 경우 모두 구약과의 특정한 연관성을 생각나게 하는데, 파르메니데스에게서는 열왕기하서 2:11을, 헤시오도스에게서는 이것과 동시대의 아모스서 7:15를 떠오르게 한다. 여기서 후자는 "계시를 받은 사람들 자신들이 이야기하는 가장 오래된 2개의 환상이다."[653]

더 후대의 묘사들은 더 이상 이런 완벽한 형태를 지니고 있지는 않고, 오히려 널리 퍼진 교훈문학(*Unterhaltungsliteratur*)임을 보여준다:

그러므로 플라톤의 제자인 헤라클레이데스 폰티코스(Herakleides Pontikos, 기원전 390~310년)는 이른바 엠페도티모스(Empedotimos)의 경험을 묘사하는 데 있어 환상과 신들의 현현, 하늘여행에서 내려옴, 초월적 지혜의 계시라는 모티브들을 결합하였다. 플루토(Pluto)와 페르세포네(Persephone)는 어떤 고적한 곳에서 정오에 빛의 화관

651) A. Dieterich, *Eine Mithrasliturgie*, ed. O. Weinreich, [3]1923, 197.

652) *Op. cit.*, 197-200; W. Jaeger, *Die Theologie der frühen griechischen Denker*, 1953, 110ff. C. Bertram, *RAC* 6, 30f. 와 비교하라.

653) F. Pfister, *RAC* 4, 971.

> 을 쓰고 엠페도티모스에게 나타났다. 그는 들려 올리어져 은하수 길 위의 '하늘의' 하데스(Hades)와 죽은 자들을 위한 세 가지 문들을 보았다(2권 p. 275를 보라). 그 문들은 3개의 별모양으로 나누어져 하나는 '우주공간'(*Aithēr*)에 있는 신들을 향하고, 다른 하나는 타르타로스(Tartaros)에 있는 신들을 향하고 있는 것 같다. 저자의 다른 작품에서는 신화적인 북쪽의 상춘국(常春國)에서 온 히페르보레오스인(Hyperboräer)으로서 기적을 행하는 인물 아바리스(Abaris)는 피타고라스에게 하데스로 가는 여행에 관해 묻는다. 고대 그리스에서는 기적술사들(*Thaumaturgen*)이 많이 있었는데, 그들의 영혼은 적당한 준비를 한 후에 육체를 떠난다. 그들은 미래를 예언하고 병자를 치유하며 재앙을 물리친다. 그리고 그들의 '경험들'은 후대의 작가들에 의해 단편소설의 형태로 갈고 다듬어진다. 헬레니즘시대의 이런 환상의 효과는 상당했다. 엠페도티모스의 환상은 포세이도니오스와 바로(Varro)에게, 그리고 스키피오의 꿈(*Somnium Scipionis*)에 영향을 끼쳤던 것 같다. 알렉산드리아의 클레멘트는 '묵시가'의 목록에 조로아스터와 소크라테스와 나란히 그를 올렸다.[654]

그런 '초월적인 지혜'가 바로 그리스가 아닌, 비(非)그리스인 '철학자들'이나 동방세계에서 왔다면 효과가 각별할 것으로 보인다:

> 그러므로 가명의 플라톤의 저작 《악시오코스》(*Axiochos*, 기원전 1세기?)에서 페르시아의 마술사 고브리에스(Gobryes)는 별들로 이루어진 죽은 자들의 왕국을 묘사했는데, 이것을 청동으로 된 판에서 가

654) Wilamowitz-Moellendorf, *Der Glaube der Hellenen* 2, [3]1959, 524ff.; E. Rohde, *op. cit.*, 2, 94 각주 1; 그의 영향에 관해서는 2, 320 각주 1 그리고 Clem. Alex., *Strom.* 1, 133, 2, GCS 2, 82, Stählin- Früchtel를 보라. 또한 M. P. Nilsson, *GGR*[2] 2, 240f.; H. Lewy, *HTR* 31, 1939, 214f. 와 비교하라. 유사한 현상에 대해서는 Rohde, *op. cit.*, 2, 90ff.; Nilsson, *op. cit.*, 1, 615ff. 를 보라.

져왔다고 언급한다. 이는 계시에 관해 말할 때 선호되었던 모티브로서(2권 p. 403f. 를 보라), 태고적 상춘국 사람들이 살았다는 델로스(Delos)로부터 유래했다.[655] 가다라(Gadara)의 팔레스타인 사람 메닙포스(Menipp, 기원전 300년 후, 1권 p. 294f. 를 보라)는 진지한 주장을 하며 출현한 이 '계시문학'을 조롱하였는데, 그는 특히 하데스로 가는 여행과 하늘여행, '유언서들,' 신들의 편지를 썼다.[656] 그가 행한 네키아(*Nekyia*, 역주. 악령을 불러 미래에 대하여 묻는 주술제의)에서 그는 아마도 조로아스터의 제자들이며 추종자들인 '마술사들'(*Magoi*)을 통하여 바빌로니아에서 지하세계로 향한 문을 열어줄 가능성을 제공했을 것 같다. 여기서 네키아 주술의 형태는 후에 메닙포스를 의존한 루키아노스(Lukian)이 그의 저서 《네퀴오만테이아》(*Nekyomanteia*)에서 묘사한 바와 같다(6장. ed. A. M. Harma, LCL 4, 82f.).

페르시아의 마술사들 이외에도, 이집트의 제사장들 또한 신들의 비밀스러운 지식을 관리하는 자들로 여겨진다. 여기에 이란과 이집트의 지혜를 결합하면 당연히 가장 효과적이다:

기원후 1세기 페스투기에레(Festugière)에 의하면, 가명의 데모크리토스의 저서 《자연학》(*Physika*)에서 데모크리토스는 페르시아 마술사 오스타네스(Ostanes)로부터 마술과 연금술을 배우기 위해 이집트로 여행했다. 오스타네스가 예상보다 일찍 죽자 데모크리토스는 그의 선생이 비밀스러운 책들을 숨긴 장소를 알기 위해 옛 선생을 주문으로 불러낸다.[657] 가명의 클레멘티네스가 쓴 서론에 의하면 클레멘트

655) 2권 292와과 M. P. Nilsson, *GGR*² 2, 41f. 을 보라.

656) R. Helm, *PW* 15, 888-894.

657) Festugière, *op. cit.*, 1, 224, 228f.; Bidez/Cumont, *op. cit.*, 1, 198ff., 210f.; 2, 311-321, 특히 317 각주 6.

> 는 그가 사후에 영혼들에게 일어나는 일들에 관한 질문으로 불안해하며, 이집트로 갔다. 거기서 그는 '신비의식의 제사장들'(*Hierophanten*)과 '예언자들' 가운데 한 사람이 행하는 죽은 자들의 영혼을 불러내는 종교제의를 통하여 "과연 영혼은 불멸하는 것인가"를 경험하고자 했다.[658] 이것과 대응되는 유대교의 기록물은 *Paenitentia Ianne et Mambre*의 단편에 따르는 것인데, 여기서는 맘브레스(Mambres)가 주문을 외어 죽은 자를 불러내었다고 기록하고 있다.[659]

이러한 사례들을 통해서 약술된 배경은 헬레니즘시대에 중첩되고 있는 세 가지 정신적 경향을 보여준다: 1. 초자연적인 '계시들'에 의해서만 해명될 수 있는, 당시 널리 알려진 경향으로 불합리하고 신비스러운 것을 추구함. 2. 이런 식으로 인간 존재와 사후 영혼의 운명, 우주와 개인의 '교감'과 그 결과로서 생기는 숙명이라는 근본적인 질문들을 해명하려는 시도. 3. 비(非)그리스인들, 특히 동방사람들의 신비로운 태곳적 지혜에 대한 관심의 증대. 인도의 브라만인들(Brahmanen)과 페르시아의 '마술사들,' 바빌로니아의 '바빌로니아인들'과 이집트의 제사장들을 포함한 '동방의 현자들'은 특별한 종류의 '철학자들'과 고등지식의 전달자들로 간주되었다. 사람들은 그들로부터 합리적 사

---

658) Ps. Clem. *Hom.* 1, 5, GCS 1, 24, ed. Rehm. 또한 F. Boll, *ZNW* 17, 1916, 139-148과 비교하라. 그는 루키아노스(Lukian)와 테스살루스 편지(*Thessalosbrief*)의 유사점들을 지적한다(제3부 각주 620을 보라). Lukian, *Philopseudes* 33ff., LCL 3, 370ff.는 이집트의 비밀학(*Geheimwissenschaft*)에 대한 풍자를 제공한다.

659) M. Förster, *Archiv für das Studium der neueren Sprachen* 108, 1902, 15-28의 본문과, Riessler, *Altjüdische Schrifttum*, 496의 독일어 본문. 특히 헬레니즘시대에 번창했던 '망자교접마술'(*Nekromatie*, 역주. 죽은 사람과 교감하여 점을 치는 행위)에 대해서는 T. Hopfner, *PW* 16, 2218-2133을 보라.

고로는 여전히 접근할 수 없는 삶의 문제들에 대한 답변을 구했다.[660] 기원전 2세기 초에 보이기 시작하여 기원후 2세기와 3세기에 절정을 이룬 이런 정신적 변화는, 지배를 받고 있었던 동양세계의 정신적인 엘리트의 자의식을 강화시킬 수밖에 없었다. 종교적 특성을 지닌 그들의 더 오래된 '지혜'는 마침내 그리스 지배자들의 합리적이고 논리적이며 조직적인 사고보다 우월한 것으로 보였다. 그리스인들이 바로 이런 사고에 의해 영향을 받았는지, 받았다면 어디까지 받았는지는 깊이 논의할 문제는 아니다. 다만 유대교 묵시사상 또한 '과도한 그리스 영향'에 대한 일종의 저항운동이라는 더 광범위한 정신사적 맥락에 존재하며, 그 묵시사상만으로도 유대교는 헬레니즘시대의 열매를 맺었다고 할 수 있겠다.

그리스의 언어와 문화에 대항한 이런 방어적인 태도는, 예를 들면 아스클레피오스(Asklepios)가 암몬(Ammon) 왕에게 의뢰하는 한 신비로운 내용을 담은(*hermetetische*) 본문에서 나타난다:[661]

> 그는 그에게 전달된 지혜를 번역하는 일체의 행동을 금지시켜 "그리스인이 이 비밀들을 접하지 못하게 하였고, 그리스인들의 오만하고 무능력하고 치장된 말이 고결하며 간결하고 강력한 표현을 담은 말을 파괴시키지 못하도록 하였다. 왜냐하면 그리스인은 … 논쟁하는데(는) 효과적이지만 공허한 개념들을 갖고 있기 때문이다. 사실 그

660) Festugière, *op. cit.*, 1, 6-18: "합리주의의 쇠퇴". 그러나 이것은 카이사르시대와 함께 시작된 것이 아니라, 기원전 2세기에 시작되었다. Tarn/Griffith, *Hellenistic Civilization*, 351ff.와 비교하라: 운명의 문제는 사람들을 점성술로 몰고 갔다. 별이 정한 운명을 벗어나기 위한 것으로는 "… 영지주의와 마술, 동방의 신비종교라는 3개의 주요 흐름이 있다."

661) *CH* 16, 2, 비교. Festugière, *op. cit.*, 1, 26f. 또한 비교. Philo, Bybl., *FGrHist* 790 F 2, 10, 8(잘못된 번역으로 인하여 그리스 신의 이름들에서도 오류). 비교. C. Préaux, *ChrEg* 42, 1967, 369-383.

> 리스인의 철학은 '단어의 울림'(λόγων ψόφος)에 불과하기 때문이다. 물론 우리는 (단지) 단어들이 아닌, 영향력이 큰 소리들(φωναῖς μεσταῖς τῶν ἔργων)을 사용한다."

아마도 여기서 중요한 것은 번역을 금지시켰다는 사실이 아니다. 참으로 근본적인 중요성은 '그리스인들'이 동방세계의 지혜를 수용했다는 사실이다.

> 그러므로 이무테스 아스클레피오스(Imuthes Asklepios)의 덕론(德論)에서 반대로 신은 질병을 통한 징벌과 자신이 현현하기까지 하며, 번역의 엄청난 어려움을 두려워하는 나태한 번역가로 하여금 예언자처럼(προφητεύων 169행) 신적인 영감을 힘입어(πληρωθεὶς τῆς σῆς θε[ι]ότητος 164행) 그리스어 번역을 완성하도록 한다: "모든 그리스인들의 말로 너의 이야기를 하라. 그리하면 모든 그리스인이 프타(Ptah)의 아들 이무테스를 공경하리라"(198f. 행).[662]

더 나아가 이집트 신의 이러한 계시가 그리스의 언어와 철학, 종교보다도 절대적으로 우월하다는 것을 아는 것이 중요하다. 이와 유사한 방식으로 랍비들은 한편으로는, 창조와 천사들의 언어인 히브리어로 기록된 토라를 그리스어나 아람어로 번역하는 것을 저주한다. 하지만 그럼에도 불구하고 다른 한편으로는 그것을 장려하기도 한다. 이것의 전형적인 예가 요나단 벤 우지엘(Jônātān b. 'Uzzî'ēl, 테오도티온?)이 예언서들을 번역함에서 사용한 "밧 콜"(bat qôl)이다: "나의 비

---

662) POx II, 1381: 아스클레피오스-이무테스의 덕론: 본문은 Manteuffel, *op. cit.*, 86ff.에도 나온다. Festugière, *op. cit.*, 1, 52ff.; A. D. Nock, *Conversion*, 86ff.와 비교하라. 더 상세한 것은 SB 7470을 보고 헤르메티카에 관해서는 Iamblich, *De myst.* 8, 4를 보라.

밀을 인간들에게 누설한 자는 누구인가?" 그 대답은 하나님의 영광을 위해서 했다는 것이다.663)

"동방세계의 예언자들이 근본적으로 우월한 것"664)과 영감을 받은 지혜가 월등한 이유들은 페스투기에레가 설명하였다. 여기에서 그는 이집트 사원의 예언자들과 주요 제사장들의 거룩한 삶을 상세하게 보고하는 이집트 제사장과 스토아주의자 카이레몬(Chairmon. 기원후 1세기)을 언급하고 있다.665) 그는 지적하기를, 거기에서 언급된 것을 다소 수정한다면 유대 에센파와 치유주의자들(*Therapeuten*), 페르시아의 '마술사들'이나 인도의 브라만인들에게 적용할 수 있다고 한다. 그들은 부정한 세상과 분리되어 검소하고 제의적으로 순결한 음식을 통하여 금욕주의를 자유롭게 선택하여 완벽하게 절제된 삶을 영위하며, 기도와 하나님 찬양, 하늘의 관측, 철학과 거룩한 글들을 연구하는 데 온전히 전념한다:

> 왜냐하면 신적인 지식과 영감(θείᾳ γνώσει καὶ ἐπινοίᾳ)이 지속적으로 결합됨으로써, 모든 탐욕을 몰아내고 욕정을 완화시키며 삶을 지혜로 향하게 한다.666)

---

663) *Meg.* *3a. Traktat Soferim* 1, 7과 비교하라. 다른 한편 *Meg. 9a Bar.*, Bill. 4, 414v-x는 긍정적이다. 요나단 벤 우지엘(Jonathan b. Uzziel)과 테오도티온(Theodotion)에 대해서는 이 책 제2부 각주 349를 보라. 《탈굼》 예언서는 그에 속한다. 비합법적인 번역에 대한 처벌에 대해서는 Ps. Arist. 314f.와 비교하라.

664) Festugière, *op. cit.*, 1, 17-44: (Ch. 2) "동방의 예언," 비교. M. P. Nilsson, *GGR*[2] 2, 527ff.

665) *Op. cit.*, 1, 28ff.

666) *FGrHist* 618 F 6 = Porphyrios, *De abst.* 4, 6. Festugière, *REG* 50, 1937, 476ff.; A. Wlosok, *Laktanz*, AAR 1960, 2, 55f.와 비교하라.

이를테면 다니엘서의 저자처럼, 하시딤이 꾼 꿈 '경건의 이상' 역시 이런 태도에서 그렇게 멀리 떨어져 있지는 않았던 것 같다. 그러므로 파쉐르(E. Fascher)는 이집트의 후기 "예언자들"을 예언적 성향을 지닌 "서기관(들)과 현자(들), 마술사(들)"로 묘사했는데, 그는 이 "거짓 예언"(*Scheinprophetie*)과 "후기 묵시사상"과의 연관성을 지적하였다.[667] 헬레니즘시대에 종교적 경험과 사고의 형태들은 종교적이고 민족적인 한계를 넘어 서로 동화하였다는 인상을 받는다. 여기서 '동방세계의 예언자들'은 완전히 이집트에 속박되지는 않았다. 이란의 자료 또한 이와 비슷한 '계시유형'을 보여준다:

> 이미 언급한 히스타스페스의 신탁들은 대략 기원전 100년에서 기원후 100년 사이 로마제국의 동쪽 지역에서 이란 종교를 추종하는 한 헬레니즘적 유대인에 의해 기록된 것 같다. 이 신탁들은 메더(medisch) 왕 히스타스페스의 꿈으로 나타나는데, 그는 아마도 차라투스트라(Zarathustra)의 친구이며 후원자였던 것 같다. 그 꿈은 예언의 은사를 가진 어떤 소년이 해석하여 후세에 전해 내려오게 되었는데(*sub interpretaionae vaticinantis pueri ad memoriam posteris trasdidit*), 그 소년은 젊은 차라투스트라 자신을 암시하는 것 같다. 이 신탁은 구원자라는 인물이 나타날 것과 로마의 쇠퇴, 그리고 주피터에 의해 세계가 불에 타서 타락한 자들이 전멸될 것임을 언급하는데, 이들은 분명히 다니엘서와 많은 유사점이 있다.[668]

점성술 문학 또한 커다란 영향을 끼쳤는데, 후기 고대시대의 교육

---

667) E. Fascher, *PROFHTHS*, 1927, 94f.

668) Lactanz, *Divin. Inst.* 6, 15, 19, CSEL 19, 1, 634, ed. Brandt; H. Windisch, *op. cit.*, 46ff.; F. Altheim, *Weltgeschichte Asiens*, 2, 180f.를 보라. 묵시의 은사(*Sehergabe*)는 종종 청년들에게 주어진다. P. Courcelle, *RAC* 3, 1237, 1241f.를 보라.

받은 시민들의 세계관과 종교성에 결정적인 공헌을 하였다. 여기에서 먼저 언급해야 할 것은 대략 다니엘서의 저작시대 혹은 그보다 약간 후에 형성된 네케프소-페토시리스(Nechepso-Petosiris)의 기본적인 저작인데, 이 저작은 왕이 경험한 하늘여행으로 시작한다:

> 그는 태고시대 왕들과 통치자들이 어떻게 "이 세상을 뒤로 하고 하늘을 통과하여(οὐρανοβατεῖν) 불멸의 영혼들이나 신적인 거룩한 생각들을 경험하게 되었는가를 주목하였다. 그는 그 중에서도 특히 어떻게 자신이 밤에 열정적으로 기도한 후 하늘로 올라갔고, 또 하늘의 소리가 그에게 울려 퍼졌고(ἐξήχησεν οὐρανοῦ βοή), 마침내 망토로 몸을 숨긴 거인 같은 섬은 인물이 그에게 나타났는가를 묘사했다.[669] 프로클로스(Proklos)는 자신의 대화상대인 페토시리스(Petosiris)의 특징을 "다양한 계급의 신들과 천사들과 교제한" 에녹과 유사한 신실한 사람이라고 묘사하였다. 왕에게 보내는 한 편지에서 그는 이 사람에게 다음과 같이 훈계하였다: "그러나 그대는 신의 영감을 받은 그대의 지혜를 통하여(〈διὰ〉 θεοπνεύστου σου προνοίας) 내가 기록한 것을 돌보라."[670] 점성술에서도 이런 종류의 본문을 올바로 해석하기 위해서는 신의 영을 소유해야 한다는 것을 전제하고 있다.

여기에 묵시사상과 같은 "계시유형"이 존재하여 신비적인 점성술 문

669) E. Riess, *Phil. Suppl.* 6, 1891-93, 322 fr. 1 = Vettius Valens 6, 1의 단편들을 보라. 그리고 R. Reitzenstein, *Poimandres*, 1904, 4f. 의 재구성된 본문을 보라. *Mysterienreligionen*, 189f. ; W. Kroll, *PW* 16, 2160ff. 와 비교하라. 이 하늘여행의 유형에 대해서는 A. Wlosok, *Laktanz*, AAH 1960, 2, 34ff. 를 보라. 그는 이런 개념들이 필로에게 영향을 주었음을 지적한다. 또한 G. Bertram, *RAC* 6, 31과 비교하라.

670) E. Riess, *op. cit.*, 380 fr. 33: ἀνὴρ παντοίαις τάξεσι θεῶν καὶ ἀγγέλων συναλισθείς. 그리고 짐짐 악회되고 있는 Vettius Valens 6. 1, ed. Kroll 242, 17: τὰ θεῖα μοι προσπημιλεῖν.

학이 나타난다. 페스투지에레에 의하면 이것은 기원전 3세기 말이나 기원전 2세기 초로 거슬러 올라가며[671] 이집트의 신 헤르메스-토트의 계시라고 한다. 에라스토스테네스(Erastosthenes, 기원전 275~194년)는 이미 헤르메스가 상세하게 묘사한 하늘여행을 보도하였는데, 거기에서 그는 하늘과 땅에 대한 근대 과학적인 묘사와 옛 그리스의 천체무용담(*Sternsagen*)을 결합하였다고 한다.[672] 천문학자 마닐리우스(Manilius, 대략 기원전 1세기 말)는 그를 모든 거룩한 지혜의 창시자로 칭송하였다: Tu princeps auctorque sacri, Cyllenie(=Mercurius-Hermes) tanti(신성한 권위를 지닌 헤르메스여, 당신의 능력이 지고하도다!) 시인조차도 신의 비밀들을 이해하지 못했지만, 그는 하나님의 명령으로 그것들을 설명해야만 했다. 그렇지만 그 해석은 오직 하나님만이 할 수 있었다.[673] 더 후대(기원후 2/3세기)의 《헤르메스 문집》

---

671) *Op. cit.*, 1, 77. 가장 초기의 헤르메스의 점성학에 대한 증거는 POx 3, 126ff., Nr. 465에 보존된 Salmeshiniaka의 단편인데, 이것은 여전히 바빌로니아 문서들과 유사점이 있음을 보여준다. W. Kroll, *PW Suppl* 5, 843ff.; W. Gundel, *PW*, 2.R 3, 2424를 보라. 프톨레마이오스 왕조시대(기원전 2세기) 광범위한 점성술에 관한 헤르메스의 저술을 라틴어로 번역한 것을 편집한 책은 W. Gundel: *Neue astrologische Texte des Hermes Trismegistes*, AAM NF 12, 1936. 이것의 원본은 네케프소(Nechepso)의 저작보다 조금 앞선 것 같다. 또한 O. Neugebauer, *The Exact Sciences in Antiquity*, ²1957, 68f.; Festugière, *op. cit.*, 1, 112ff.를 보라.

672) Knaack, *PW* 6, 388, 다음을 보라: E. Hiller, *Erastosthenis carminum reliquiae*, 1872, 38-65, fr. 15-19; J. U. Powell, *Collectanea Alexandrina*, 1925, 61ff.; A. Wlosok, *op. cit.*, 36 각주 111. 그리고 Manilius 2, 115: '높임(*Erhähung*)을 통한 계시'와 비교하라.

673) *Astronomica*, ed. Wageningen, 1, 30, 비교. 4, 436-440: "sed mihi per carmen fatalia iura ferenti / et sacros caeli motus ad iussa loquendum est; / nec fingenda datur, tantum monstranda figura; / ostendisse deum nimis est, dabit ipse sibimet / pondera"(카르멘의 노래를 통해서 하늘의 법과 또한 하늘의 신성한 운동과 명을 받은 대로 전하

(*Corpus Hermeticum* = CH) 에 들어있는 '포이만드레스(Poimandres) 의 논설'의 하늘로 들어가는 환상은 훨씬 더 상세하기는 하지만, 네케프소의 환상을 모방하였다.[674] 네케프소와 CH 1, 4에서 하늘의 소리(βοή) 는 랍비 전승의 '밧 콜'(bat qôl) 을 연상하게 한다.[675] 여러 층의 하늘을 통과하여 하늘의 열린 문으로 들어가는 것과 같이 더욱 상세하게 묘사된 하늘여행은 묵시문학의 빈번한 모티브이기도 한데,[676] 그 문 뒤로는 신들의 세상이 펼쳐져 있고 그 안에서 마침내 헬리오스(Helios) 가 나타나 기다리던 계시를 전달한다. 이 내용은 거대한 마술 파피루스 파리(Pariser Zauberpapirus) 에 보관되어 있다. 아풀레이우스(Apuleius) 의 이시스 입회제의(Met. II, 23, 8) 역시 입회자가 하데스와 하늘로 여행하는 것과 관련되고 있다.[677]

는 것이 나의 임무이다. 어떤 거짓도 전하지 않을 것이다. 하늘의 형상이 보이는 대로 제시하리라. 신을 드러냈다는 주장은 과도한 말이다. 신께서 직접 그 자신에게 저울을 주실 것이다).

674) CH 1, 1, 비교. R. Reitzenstein, *Poimandres*, 1904, 12ff. ; Festugière, *op. cit.*, 1, 314. 이와 유사한 것으로는 에녹 12,1과 계 1:10; 4:2 등을 든다.

675) 이것에 대해서는 다음을 보라: R. Meyer, *TWNT* 6, 817f. ; 각주 242; Bill. 1, 125ff. 그것은 신의 현현을 들을 수 있도록 극단적으로 축소된 형태로 나타나는데, 그것의 출발점은 하늘의 성소이다. 그것은 예언적 영감의 부족을 보완하는 것을 의미한다: *T. Soṭa* 13, 2(318행), 또한 A. Guttmann, *HUCA* 20, 1947, 367ff. 와 비교하라.

676) PGM 4, 625, 비교. 에녹 14,15; 104,2; *T. Levi* 5, 1; 행 7:56; 계 4:1; 3마카 6,18; W. C. van Unnik, *Festschrift E. Haenchen*, BZNW 30, 1964, 269-280; F. Lentzen-Deis, *Bibl* 50, 1969, 301-327을 보라.

677) PGM 1, 88-98 Nr. 4, 475-750, 비교. Dieterich/Weinreich, *op. cit.*, 여러 곳; Festugière, *op. cit.*, 1, 315. 아풀레이우스(Apuleius) 에 대해서는 M. P. Nilsson, *GGR*[2] 2, 633ff. ; M. Dibelius, *Botschaft und Geschichte* 2, 1956, 48ff. 를 보라. *Gen. R.* 44, 12(창 15:5에 관한) 는 Platon, *Phaidros* 247b/c와 관련된 아브라함의 "하늘여행"을 점성학을 반대

코레 코스무(Korē Kosmū, 역주. 이시스와 동일시되는 '온 세계의 동정녀'에 관한 신화)에 나오는 헤르메스-토트와 에녹을 비교해보면 놀랍다. 신들로부터 '하늘의 비밀들을 통한 교감'(συμπάθεια τοῖς οὐρανοῦ μυστηρίοις)을 얻은 헤르메스-토트는 그가 깨달은 모든 것을 기록하였다. 그 중 일부분은 자기 아들인 타트(Tat)에게 가르쳐 주어 그의 후손들인 아스클레피오스와 헤파이스토스에게 전하게 하였고, 다른 부분은 숨겼다(2권 p. 403ff. 를 보라). 그는 이 작업을 끝마친 후 하늘로 올라가(ἀνέβαινεν εἰς ἄστρα, *CH* 23, 5), 거기서 신들의 "기록자"(ὑπομνηματόγραφος)로 일하였다(*CH* 23, 44). 이것이 에녹전승과 유사하다는 것은 명백하다. 때문에 중세 초기시대에 에녹과 헤르메스를 혼동한 것이 이해가 된다.[678] 계시된 지혜가 아버지에게서 아들로 전달되는 내용은 여기에서 본질적인 요소로 나타나는데, 이는 에녹과 전체 유언문학의 전형이 되었다.[679] 이집트 신이 '태고시대의' 바로

하는 근거를 마련하기 위해 랍비 요하난(R. Johanan, 기원후 3세기)의 전승으로 기록한다(이 책 제2부 각주 254를 보라). L. Baeck, *op. cit.*, 149f. 를 보라.

678) Festugière, *op. cit.*, 1, 334 각주 7, 비교. 137 각주 8: 에녹과 헤르메스 모두의 것으로 여겨지는 글, *De XV herbis lapidibus et figuris*와 F. Pfister, *PW* 19, 145; L. Thorndike, *A History of Magic* 1, 1923, 340f. 를 보라. 하늘여행의 수행자이며 대변자인 헤르메스와 비교하라, 제3부 각주 581을 보라.

679) 이것에 대해서는 Festugière, *op. cit.*, 1, 332ff.; *RB* 48, 1939, 52를 보라: 여기서 다루는 것은 은밀한 "파라도시스"(Paradosis)이다. 이것은 지혜전승의 가장 오래된 형태이며, 동시에 비의(秘儀)적 특성을 지닌다. 예를 들면, 〈아히카르서〉 ed. A. Cowley, *Aramaic Papyri*, 1923, 212, Col. I과 II에서 아히카르와 배은망덕한 양아들 나딘(Nadin)과 비교하라. 선사시대의 샤머니즘에 대해서는 D. Langen, *Archäische Ekstase*, 1963, 16f. 와 비교하라. *Jub.* 7, 38f. 와 *Test. Benj.* 10, 2-6은 전형적이다. 또한 L. Dürr, in: *Heilige Überlieferung*; *Festschrift* I. *Herwegen*, 1938, 1-20을 보라.

그 '현자'로서 독특하게 중요했다면, 왜 아르타파노스(Artapanos)가 그를 모세와 동일시했는지 이해가 된다(1권 p. 318, 각주 254를 보라): 이집트 제사장들은 모세가 "거룩한 책들을 해석하였기 때문에"(διὰ τὴν τῶν ἱερῶν γραμματῶν ἑρμηνείαν) 그를 "헤르메스"라고 불렀다.[680]

영감 받은 것으로 간주된 글을 해독(解讀)하여 보충하는 해석과 그에 따른 준비의 문제는 의사 테살로스(Thessalos)가 황제 클라우디스(Claudius)에게 보낸 편지에서 나타나는데, 여기에서 우리는 다니엘서 9:2, 24f.와 유사한 특징을 볼 수 있다.

> 그 후에 테살로스는 알렉산드리아에서 네케프소 왕의 점성술적 예언을 통한 치료의(*iatromantisch*) 글을 발견한다. 그것은 12전궁도의 조건에 부합하여 치유력을 갖는 식물과 돌에 관한 것이었으나, 그는 그것을 응용하는 데에는 실패하였다. 그래서 그에게는 그 글 자체가 "왕의 어리석고 공허한 망상"처럼 보였다. 그는 완전히 실망하여 반감을 품고서 "나는 하늘로 내 두 손을 끊임없이 들어 올려, 내가 (옳을 수 있다는) 가능성을 환상이나 신의 영감으로(δι' ὀνείρου φαντασίας ἢ διὰ πνεύματος θείου) 보여 달라고 신들에게 기도했다." 그가 테베(Thebe)로 가서 3일 동안 금식하자, 한 이집트 제사장은 아스클레피오스를 현현시켜 그를 만나게 하였다. 아스클레피오스는 그에게 네케프소의 정보가 불완전하다고 설명하였다. 식물을 채취하는 시간과 장소를 유념하는 것 이외에도 변화하는 별의 배열도 유념할 필요가 있다는 것이었다. 테살로스는 즉시 이 부가적인 "계시들"을 새로운 글에 기록하였고, 이것을 황제에게 보내는 편지에 제시하였다.[681]

---

680) *FGrHist* 726 F 3, 6 = Euseb. *Pr. Ev.*, 비교. Hekataios, *FGrHist* 264 F 25 = Diod. 1, 16, 1.

681) CCAG 8, 3, 1912, 134ff., 비교. Festugière, *RB* 48, 1939, 45-77; *Révélation*, 1, 56ff. 이 편지의 진정성은 의심된다. 우리는 R. Reitzenstein, *Mysterienreligionen*, ^{3}1927, 127ff.에는 반대하고, H. Diller, *PW*, 2.R

마지막으로 '영감을 받은 황홀경'을 통한 구두(口頭) 계시를 더 언급해야만 한다. 이것은 예를 들면, 도공의 신탁에서 발견되는데, 그 신탁에서 예언하는 도공은 황홀경에 빠지고(ἐξεστ[ηκότως] … τῶν φρενῶν fr. 1, 1. 14-15) 신의 영에 충만하여 왕에게 자신의 예언을 전달한다(θεοφόρου 1, 15; ἐξ[τοῦ] οὐρα[νοῦ] γνούς 1, 16). 안티스테네스가 묘사한 집정관 푸블리우스(Publius)의 예언들도 이와 유사하다: ἐμμανὴς γενόμενος καὶ παράφρων ἀποφθέγγεται πολλά τινα ἐνθουσιωδῶς(그는 열광하고 정신이 나가 영감으로 가득차서 많은 것들을 말했다).[682] 도공과 푸블리우스는 모두 신의 영감을 받아 죽음을 맞이한다. 죽어가는 상태(*statue moriendi*)에서 하는 그런류의 예언들은 유대의 유언문학을 상기시킨다.[683] 이와 유사한 것을 들라면, 역사적으로 기원후 70년 황홀경 속에서 재난을 예언했던 아나노스(Ananos)의 아들 예수(Jesus)의 운명이라 하겠다(유대전쟁사 6, 300-309). 〈유대인 시빌서〉조차 황홀경 속의 영감을 언급했다(3, 810: οἰστρομανής 비교. 3, 816. 818: μαινομένην). 그녀는 신적인 필요(ἀνάγκη 3, 296 비교. 고전 9:16)에 떠밀려 이렇게 예언을 했다:

6, 181f.; P. Nilsson, *GGR*^{2} 2, 532 각주 5의 견해에 동의하여, 그것이 위경이라고 생각해야 할 것 같다.

682) G. Manteuffel, *op. cit.*, 100; *FGrHist* 257 F 36 III, 6와 제3부 각주 525를 보라. 또한 F. Pfister, *RAC* 4, 97f.와 비교하라. 이것은 결코 전형적인 그리스 형태라고 할 수는 없다. 구약에서 이와 관련된 현상에 대해서는 G. Widengren, *UUA*, 1948, Nr. 10, 96, 113ff.를 보라. 예를 들어, 왕하 3:15; 9:11; 호 9:7; 렘 29:26과 비교하라. 제3부 각주 384를 보라. Ps. Longinus, *De sublim*. 13, 2; 16, 2는 그것을 연설가에게 전가한다.

683) 죽음(과 수면)의 때에 영혼은 육체로부터 분리되며, 인간은 특별한 통찰의 은사를 받는다. 포세이도니오스를 예증을 삼고 있는 Cicero, *De div*. 1, 30, 63f.를 보라. P. Courcelle, *RAC* 3, 1237과 비교하라. 이것이 "예언적" 유언문학의 역사적 배경이다. 또한 E. Stauffer, *RAC* 1, 30f.를 보라.

그리고 다시 신이 계시(φάτις) 하는 위대한 말씀이 내 가슴으로 들어와 나로 하여금 그 땅과 왕들의 미래를 예언하게 하였다(3, 296f., 비교. 490f., 162f.).

이런 형태의 계시 역시, '경고의 담화'의 시작에서 '예언자'로서 자기의 친척들을 호출하는 에녹전승과 다르지 않다:

왜냐하면 너희에게 영원히 일어날 모든 것을 보이기 위해 그의 말씀이 나를 불렀고, 그의 영이 내 위에 부어졌다(에녹 91, 1).

유대 묵시사상은 헬레니즘 세계의 '계시문학'과 함께 마침내 위경적 특성을 공유하였다. 이것은 시빌 문학과 비의적(祕儀的. *hermetisch*) 문학, 오르페우스의 문학, 그리고 히스타페스의 신탁, 위-플라톤의 《악시오코스》(*Axiochos*) 에서는 물론 네케프소-페토시리스의 글에서도 마찬가지이다. 기원전 3세기의 리코프론(Lycophron) 의 예언적인 시 〈알렉산드라〉(*Alexandra*) 는 〈카산드라(Kassandra) 의 예언〉으로 기록되었고(제 3부 각주 500을 보라), '생리학'과 멘데스(Mendes) 의 연금술사인 볼로스(Bolos, 기원전 200년경) 의 글들은 부분적으로 데모크리토스의 작품으로 출판되었고, 기원후 2세기의 오라쿨라 칼다이카(Oracula Chaldaica) 는 〈헤카테(Hekate) 의 계시〉로 저술되었다. 기원전 181년 로마에서 전설적인 두 번째 로마 왕 누마 포필리우스(Numa Popilius) 의 것이라고 주장하는 책들은 발견된 즉시 도시 치안관에 의해 불태워졌는데, 이는 아마도 그 책들의 내용이 피타고라스주의 외경을 담고 있었기 때문인 것으로 보인다.[684]

684) J. A. Sint, *Pseudonymität im Altertum*, 1960; K. Latte, *Römische Religionsgeschichte*, 1960, 269ff.; W. Speyer, *Die literarische Fälschung im Altertum*, 1971.

하늘여행 같은 개별요소들의 세부사항들을 상세히 추적하거나, 또 부세(W. Bousset)가 시도한 것처럼 "영혼이 하늘을 여행하는 것을 완결된 동방세계적인 관점으로 구성하는 것은 별 의미가 없다.[685] 그런 현상들은 서로 다른 장소에서 상호 독립적으로 나타났다는 것을 고려해야만 하고(2권 p. 294를 보라),[686] 따라서 그것들은 차라리 종교현상학과 종교심리학의 견지에서 해석되어야만 한다. 여기서 언급한 보기들과 유사한 예들이 언제나 헬레니즘적·동방세계적 환경이 초기의 유대 묵시사상에 직접적인 영향을 끼쳤다는 것을 보여주지는 않는다. 동일한 것이 분명히 존재하지만, 그것을 입증하려면 더욱더 세부적으로 연구해야 한다. 그러한 예들은 오히려 기원전 2세기 초부터 헬레니즘시대를 대표하는 동질(同質)적인 정신적 환경을 보여줄 뿐이다. 그것들의 공통의 기초는 "계시를 통한 고등지혜"라는 사상이다. 이러

685) *Die Himmelsreise der Seele*, 재판 1960, 67; 반면 Dietrich/Weinreieh, *op. cit.*, 186ff., 191ff. R. Reitzenstein, *Mysterienreligionen*, 223ff.의 정당한 비평과 비교하라. 그는 그것이 이란에서 나왔다고 주장한다. O. Eissfeldt, *Einl*^{3}, 841은 이집트 기원설을 주장한다. 그러나 이 현상은 한 편만으로 결론을 내리기에는 지리적으로 너무 광범위하게 퍼져있다. 제 3부 각주 686을 보라.

686) 묵시사상가들은 에녹 14,8과 70,2가 보여주듯이, 자신들은 겔 3:14; 8:3; 11:1 그리고 왕하 2:11f. 같은 구약의 모델들을 의존한다고 생각한다. G. Widengren, *op. cit.*, 102ff.을 보라. 하지만 그들은 하늘여행에 관한 모티브, 죽은 자들의 왕국과 낙원의 묘사, 심지어는 역사관에서조차 그들의 예언이 구약의 예언과 얼마나 다른지를 모르는 것 같다. "영감 받은 주석"은 옛 문서들을 새로운 의미로 읽을 수 있는 가능성을 제공한다. 물론, 하늘과 지하세계 여행이라는 현상 자체는 '예언적 황홀경'과 같이 매우 오래된 것으로, 그 기원은 선사시대까지 거슬러 올라갈 수 있겠다. D. Langen, *Archäische Ekstase*, 1963, 15ff., 23f., 65를 보라. 또한 E. R. Dodds, *op. cit.*, 140ff.와 비교하라. 제 3부 각주 650을 보라. 헬레니즘시대에 전형적이었던 것은 단지, 그런 경험들에 대한 관심이 유대교에서도 폭넓은 토대 위에서 자라났다는 사실이다.

한 특징은 동방세계의 종교들이 영향을 미치고 있었던 고대세계의 종교성을 갱신하였으며, 그리스의 합리주의와 종교적 회의주의를 위협하는 것이었다. 비록 새로운 형태의 ― 특히 그리스 정신과 조우한 결과로서 생긴 ― 종교적 경건이 상당한 정도로 합리성을 갖게 되었을지라도 말이다. 철학적 영역에서 이런 새로운 경향은 기원전 2세기 말부터 분명히 나타나는데(1권 p. 182f. 를 보라), 이는 시리아의 포세이도니오스와, 그와 동시대인이었던 아스칼론의 팔레스타인 철학자 안티오코스가 그리스의 아카데미아(Akademie) 내부에서 발생한 회의주의를 극복한 때였다. 이제 철학조차도 "학문적 연구에 의하여 그 지식을 얻으려하지 않고, 그 근거를 명확한 권위와 고등계시에 두며, 이들에 의해 보장된 것만을 확실한 것으로 보게 되었다.[687]

이런 전체의 정신적 운동 내에서 유대 묵시사상은 점성술과 나란히, 가장 초기의 정신적 세력이라는 분명한 윤곽을 보여준다. 그러므로 유대 묵시사상의 역사적 결과들을 무시해서는 안 된다. 왜냐하면 기독교 역시 필연코 이 맥락에 포함되며, 케제만에 따르면 "원시 기독교 신학의 진정한 시작은 묵시사상을 통하여 형성되었기" 때문이다.[688] 묵사시상은 이런 식으로 열매를 맺을 수 있었다. 왜냐하면 비록 새롭게 성장하는 헬레니즘적·동방세계적 종교성과 공통점을 갖는 특징들이 있다 할지라도, 묵시사상은 이스라엘에 대한 하나님의 인격적인 계시라는 특성을 결코 포기하지는 않았기 때문이다. 오히려 이 특성은 그 시대에 부응하지만 동시에 헬레니즘의 세계시민주의와 문화적 낙관주의에 대항하며, 급진적이며 새롭고 보편적 형태로 유지

687) P Wendland, *Die hellenistisch-römische Kultur*, 1912, 159ff. ; A. Wlosok, *op. cit.*, 53ff.

688) *Exegetische Versuche und Besinnung*, 1964, 2, 100, 비교. 130: "기독교 신학의 어머니로서 묵시사상."

되었기 때문이다: 이러한 헬레니즘적인 계시유형에 대하여 하나님은 여전히 우주와 역사, 그가 선택한 이스라엘 백성, 그리고 각 개인에 대한 주권을 가지신 주님으로 존재한다. 하나님의 심판의 때와 태초부터 그가 약속한 구원의 시기가 동터올 때가 임박했으며, 백성들이나 개개인들에게는 이제 마지막 집행유예의 기간이 주어졌다. 세계의 창조로부터 인류의 역사는 이 임박한 시기를 향하고 있었다. 전 우주와 세계의 민족들, 하나님의 백성들은 역사의 마지막 위기에 서 있다. 어느 누구도 이 결정된 사실에서 벗어날 수 없다. 인간은 하시딤의 '현자들'이 선포한 회개의 요청에 귀를 기울이고 토라가 제시한 하나님의 계명을 받아들일 수밖에 없다. 그렇지 않으면 구원에 참여하지 못하여 다가오고 있는 심판에서 자신들의 생명을 잃게 된다.[689] 하시딤 운동이 우주론적이고 '역사철학적' 사변을 진행함에서, 신적인 지식을 얻기 위한 환상들을 추구해야 한다는 자신들의 메시지에만 머물지 않은 것은 이해가 된다. 오히려 이 운동의 전적으로 종말론적인 출발점은 더 나아가, 이미 '전도자'와 벤 시라의 후기 지혜에서 추구되었던 하나의 질문에 대한 해답을 요구했다. 그 질문은 신적인 뜻을 향한 인간의 삶의 의미, 그리고 인간의 구원과 하나님의 영광에 관한 것이었다. 하시딤에서 나온 유대적 그룹인 에센파와 바리새파 양자 모두는 이 질문에 답하려고 했다.

---

689) P. Stuhlmacher, *Gerechtigkeit Gottes bei Paulus*, 1965, 147(비교. K. Koch, *HZ* 193, 1961, 31)의 훌륭한 표현을 보라: "만약 하나님이 역사의 근본이며 원인자(原因者)라면, 하나님의 신실함에 의지하는 인간은 역사의 목적이다."

제 7 장

초기 에센주의[690]

1. 초기 에센주의(*Essenismus*) 신학

초기 하시딤의 묵시문학은 보다 폭넓은 독자층을 가지고 있었고 이에 걸맞은 신화적이고 전설적인 요소가 다채롭게 포함되어 있었다. 그런가 하면 〈공동체 규율서〉나 〈공동체 찬양집〉 등과 같은 에센파의 "핵심문서"는[691] 에센파 공동체의 선택된 구성원들 가운데 더 작은 집단을 대상으로 하고 있어서, 부분적으로는 체계적·신학적 진술을 극히 집약된 형식으로 표현하고 있다. 이 문서들은 묵시적인 역사

690) 우리는 쿰란공동체가 에센파와 동일시된다는 거의 일반적으로 받아들여지는 가정에서 시작한다. 또한 P. Wernberg-Møller, *The Manual of Discipline*, 1957, 19 각주 2(Lit.); A. Dupont-Sommer, *The Essene Writings from Qumran*, 1961, 39-67; K. G. Kuhn, *RGG*^{3} 5, 745를 보라.

691) "핵심문서"로서는 1QS, 1QH와 1QM, "p^{e}šārîm," 그리고 1Q 27 같은 전형적인 용어로 기록된 일련의 단편들이 있을 수 있다(n. 711을 보라). 이것들의 근본사상은 아마도 장설자인 '의의 교사' 자신에게 거슬러 올라갈 것으로 생각된다. 비록 그 단편들 가운데 p^{e}šārîm같이 부분적으로는 후대에 생긴 것이 있기는 하다. 쿰란문헌에서 그것들이 자주 등장하고 있다는 것은 눈에 띈다. C. Burchard, *op. cit.*, 2, 337ff., 341을 보라. 1QM은 마카베오 시대의 하시딤의 묵시적 글을 에센파가 개정한 것 같다. 이 책 제1부 각주 101을 보라. 그 문제에 대해서는 제3부 각주 739를 보라.

적 사고가 어떻게 더 진전하는가를 설명해주는데, 한편으로는— 세상에서 악의 기원과 세력을 설명하는—신정론적인 방향으로, 다른 한편으로는 구원론적으로 결정된 인간론적인 방향으로 두드러지게 발전되고 있다. 여기서 우리가 에센파의 '신학' 전체를 언급하는 것은 불가능하므로 그것을 개관하는 것에 한정하되, 그 중에서도 신학적으로 잘 알려진 2개의 핵심 본문에서 시작하도록 하자.⑭ 첫 번째 본문은 제 1번 쿰란동굴의 〈공동체 규율서〉(1QS 3. 15-4. 26)에서 나오는데, 그 가운데 그 전반부를 4. 1까지 인용해 보자.⑮

> 15. 모든 존재와 사건(כל הוה ונהיה)은 지각(知覺. *Erkentnisse*)의 하나님(מאל הדעת)에게서 나온다. 그것들이 존재하기 이전에 하나님은 그 모든 계획을 확정했으며(לפני היותם הכין כל מחשבתם), 16. 또한 그것들이 자신들의 사명을 이루기 위하여 존재하게 되면, 하나님의 영광의 계획(כמחשבת כבודו)에 따라 그 과업을 성취하며, 결코 어떤 변화도 없다(ואין להשנות). 그는 그의 손으로, 17. 모든 것을 규정하시고(משפטי כל), 모든 필요를 공급하신다. 그는 땅을 다스리시기 위하여 인간을 창조하셨고, 18. 두 영(靈)을 인간에게 정하셨다. 인간은 자신의 시련의 때까지 이 영안에서 살아야 한다. 19. 그것은 진리와 악의 영이다. 빛의 샘에서는 진리가 나오지만, 흑암의 원천에서는 악이 형성되어 나온다. 20. 빛의 군주의 손에는 빛의 길을 걷는 정의의 아들들에 대한 통치권이 있고, 21. 흑암의 천사들의 손에는 흑암의 길을 걷는 모든 악의 후손들에 대한 통치권이 있다. 흑암의 천사를 통하여 모든 의의 자녀들이, 22. 시험에 빠지게 되며, 그들의 모든 죄악은… 그의 통치영역에서, 23. 하나님의 때까지 그의 비밀에 따라 일어난다. 그들의 모든 징벌과 환란의 때도 그가 적대시하는 통치권에 놓여 있다(משטמתו 희년서 참조). 24. 그리고 여기에 속한 모든 영들은 빛의 자녀들을 넘어뜨리려고 할 것이나, 이스라엘의 하나님과 그의 진리의 천사가, 25. 모든 빛의 자녀들을 도울 것이다. 그는 빛과 어두움의 영

> 들을 창조하셨고 그들 위에 모든 행위를 세웠고, 26. 그들의 (길) (위)에 (על דרכיהן) 모든 사역을 세웠다. ( ) 하나님은 그 한 사람을 영원토록 사랑하시고, 4. 1. 그의 모든 행위를 영원히 기뻐하신다. 그러나 하나님은 악한 영의 계획을 혐오하시고, 그 모든 길을 영원토록 미워하신다.[692]

베커(J. Becker)가 지적했듯이 이 본문은 하나의 교리문답에 관한 내용이다: "이것은 전반적인 신학적 견해를 교훈적 형식으로 발전시킨다. 그 형식은 내용적인 함축성과 일관된 논증으로 하나의 자체완결적인 신학적 구상을 전개하는데, 이 같은 구상은 유대교가 추구하는 내용이었다."[693] 여기서 특징적인 것은 추상적인 용어들이 축적되어 있다는 점이다. 전체적으로 이는 에센주의의 인간학적 용어들에 의해 영향을 받은 것처럼, '전도자'와 벤 시라의 후기 '지혜' 속에서 이미 준비되어 있었다.[694] 여기서 일찍이 히브리 사상에서는 아직 존재하지 않았던 실로 어떤 체계적, '철학적' 추상성(*Begrifflichkeit*)을 추구하는 특성까지도 볼 수 있겠는데, 이것은 이를 테면 그 밖의 에센파의 문헌에서도 여러 번 사용되었던 "존재와 사건"(הווה ונהי(י)ה)이라는 하나의 개념 쌍에서 볼 수 있다.[695] 캄라(E. Kamlah)가 여기서 "유

---

692) 본문에 관해서는 다음을 보라: E. Lohse, *Die Texte aus Qumran*, 1964, 11f.

693) J. Becker, *Das Heil Gottes*, 1964, 84.

694) 2권 p. 105f. 와 336f를 보라. 공동체 규율서의 지혜문학의 표현과의 관계에 대해서는 P. Wernberg-Møller, *The Manual of Discipline*, 1957, 16f. 를 보라. 벤 시라에 대해서는 M. R. Lehmann, *RQ* 3, 1961/62, 103-116; J. Carmignac, *RQ* 3, 1961/62, 209-218을 보라. 지금까지 쿰란에서 발견된 것은 전도서 단편 2개와 시락서 단편 1개이다. A. Muilenberg, *BASOR* 135, 1954, 20-28; C. Burchard, *op. cit.*, 2, 328f. 를 보라. 또한 J. Strugnell, *RB* 63, 1956, 57f. ; DJDJ III 75ff. (2Q 18)과 비교하라

695) 이 표현에 대해서는 Wernberg-Møller, *op. cit.*, 68 각주 48; 비교. 1QS 11. 4, 11; 1QM 17. 5, 또한 유사한 CD 2. 10. (ה)אהה는 단지 1QS 11. 5 그리

대교의 창조신앙"이 특히 "세계이해"와 논쟁했다는 것을 지적했다면, 사실을 올바르게 보고 있는 것이리라: 그것은 "존재와 됨(*Sein und Werden*)으로 추상화된, 그러니까 그리스적인 세계이해였는데, 이는 πάντα τὰ ὄντα καὶ τὰ γινόμενα(존재와 되어진 모든 것)이라는 …문장으로 표현할 수 있으리라."[696]

앞의 본문은 공동체 규율의 핵심적 교훈을 형성하고 있으며, 그 최고본들은 기원전 140~120년경의 사본들로부터 발견되므로,[697] 〈공동체 규율서〉의 원래 형태는 기원전 150~130년경에 형성되었다고 볼 수 있다. 이 본문이 다루는 문제는 참으로 '존재'와 '사건,' 즉 창조와 역사를 신학적 기초명제로부터 체계적인 형식을 통해 해석하려는 시도이다. 그 출발점은 창조에 관한 정확하고도 간결한 설명이다. 여기서는 전반적인 에센파의 문서들과 같이[698] 창조의 중재자로서 인

고 1QH 12.9에서만 나온다. נהי(י)ה(니팔. היה, 비교. נהיות = 사건들, 시락 42:18; 48:25): 1QS 10.5; 11.9; 1QM 17.5; 1QH 11.14; 13.12 등.

696) E. Kamlah, *Die Form der katalogischen Paränese im NT*, 1964, 44 각주 1.

697) 〈공동체 규율서〉의 12(11?)개의 단편적인 사본들이 알려졌다. C. Burchard, *op. cit.*, 2, 337f.를 보라. 이것에 대해서는 J. T. Milik, *RB* 63, 1956, 60f.; 67, 1960, 410-416; K. G. Kuhn, *TLZ* 85, 1960, 652를 보라. 다른 한편, 그것의 연대를 기원전 2세기 전반부로 설정하려는 Wernberg-Møller, *op. cit.*, 18, 20f.의 시도에서 판단하는 시기는 너무 이르다. Col. V(J. T. Milik, *op. cit.*, 412를 보라)를 제외하고는 기본적으로 전승된 이본(異本)들은 지금까지 발견되지 않았다. 그러므로 J. Becker, *op. cit.*, 59, 84처럼 교리문답서의 이원론을 단지 공동체의 창설자와 함께 들어간 교훈이라고 생각할 수 는 없다: 제3부 각주 739를 보라. J. Becker, *op. cit.*, 42의 연대 설정부터 이것에 대한 의문을 갖게 한다.

698) 이렇게 하나님을 여성으로 인격화하는 것은 너무 신화적인 것 같다. 그것은 에센주의 신학의 엄격한 원칙과 맞지 않는다. 1QS 3.15; 11.11의 지각(디아트, דעת)이 "창조의 중재자(여성)"라는 C. Colpe, *KP* 2, 832의 가설은 정당하지 못하다. "하나님의 지식"이 하나님으로부터 분리될 수 있는 독립적인 기능이 없다. 그것은 하나님의 선물로서, 구원의 공동체로 들어오라는

격화된 "호크마"에 관한 개념은 매우 결여되어 있다. 그 자리에 하나님 스스로가 소유하는 주권적이고 완전한 지각이 들어선다. 여기서 나타나는 "모든 지각"(אל הדעות)이라는 개념은 그 밖에서도 항상 예정 사상과 연관되어 사용된다.[699] 세계가 생겨나기 이전에 하나님은 그가 계획하신 생각 속에서(מחשבת/ה)[700] 창조와 역사의 모든 질서를 견고히 세우셨다. 인간 개개인의 삶을 포함하여 그 생각과 행위까지도, 이 모든 것은 태초부터 예정되어 있다.

"당신이 그들을 창조하시기 전에 당신은 항상 그들의 (보는) 행위를 아셨습니다. (왜냐하면 당신이 없이) 일어난 것은 (아무것도) 없으며, 당신의 뜻이 없이는 아무것도 알려지지 않았기 때문입니다."[701] 하나

요청과 더불어 결정적인 구원의 개념이 된다: 1QS 11.5-8.

699) 비교. 1QH 1.26; 12.10; fr. 4.15; 비교. 4QSl 40.24, 2, ed. J. Strugnell, *SVT* 7, 1960, 336. 또한 J. Becker, *op. cit.*, 85 각주 2를 보라. 시락 42:40은 이미 하나님이 모든 지각(דעת)을 소유한다고 말했다. 그러나 그는 최종적인 예정의 결과를 언급하지 않는다.

700) [마하쉐베트(מחשבת)] 마하샤바(מחשבה 생각)는 《70인경》에서 대게 "고심"(διαλογισμός 비교. 시락 13:26) 혹은 "생각"(λογισμός)으로 번역된다[사 55:9 "생각"(διανόημα); 55:7 "계획"(βουλή)]. 하나님이 창조 이전에 무엇을 계획하셨다는 의미에 대해서는 1QS 11.11, 19; 1QH 4.13; 11.7; 18.22, 비교. fr. 20; F. Nötscher, *Zur Terminologie der Qumrantexte*, 1956, 53을 보라. 시락 43:23에서 그것은 창조의 계획을 의미한다. 쿰란의 용어와 가까운 랍비의 용어에 헬레니즘이 분명한 영향을 주었다는 점에 대해서는 L. Wächter, *ZRGG* 14, 1962, 37ff. 를 보라.

701) 1QH 1.7f., 비교. 13.8-10; 15.13f., 17-19; 1QS 11.10f., 17f. 더 상세한 것은 1QM 13.14f.; CD 2.7f. 와 비교하라. 그리고 1QH 9.29f. (비교. 갈 1:15). בטרם בראתם 혹은 בטרם היותם의 형식은 전형적인 예정설의 사상이다. 1QH 1.10, 19, 28 그리고 J. M. Allegro, *ALUOS* 4, 1962/63, 3 Doc. 1, 2 = 4Q 180 1, 2(DJDJ V, 77). 또한 J. Strugnell, *RQ* 7, 1969, 171, 252를 보라. 이런 진술들을 단순한 예지(豫智)로 약화시켜서는 안 된다. 마치 F. Nötscher, *Vom Alten zum Neuen Testament*, 1962, 46f., 51ff. 와

님은 인간의 '운명'(גורל)을 미리 정하셨다. 즉, 태초로부터 인간을 두 영에 관계된 것, 즉 구원 아니면 저주에 속할 영역을 정하셨다. 하나님은 "의인과 불의한 자를 창조하셨다"(1QH 4.38).[702]

역사의 진로와 개개인의 운명은 예정되었다는 이 관점은 새로운 함축성을 가지고 있다. 물론 그것은 묵시적인 역사관뿐만 아니라, '전도자' 그리고 약화된 형식으로는 벤 시라를 통해서도 이미 표현되기는 했지만 말이다. 그러나 벤 시라의 경우는 후기 바리새파의 운동처럼, 인간의 의지적 자유의 불가피성과 명백한 보응교의를 서로 연관시키지 않고, 단지 예정관념 옆에 두었다.[703] 요세푸스가 신적인 "운명"이 작용하는 것에 대한 관점에서 에센파 사람과 바리새인들이 서로 상이한 견해를 갖는다고 언급한 사실은—그가 스토아주의적 용어를 사용한 것만 제외한다면—근본적으로 옳은 것이었다.[704]

Terminologie, 1 73ff.이 그리하였던 것처럼 말이다. 하나님의 전능함과 의로움은 근본적으로 "하나님께서 자신의 영광을 위하여 온 세계를 창조하신 하나님의 창조력을 입증하는 것"과 일치한다. P. Stuhlmacher, *Gerechtigkeit Gottes bei Paulus*, 1965, 166. 또한 2권 p.342ff.을 보라.

702) 1QS 2.2, 5; 3.24; 4.24, 26 등. 1QH 3.22, 27; 7.34; 1Q 34bis 3.1, 2 = DJD 1, 153; 1QSb 4.26 = *op. cit.*, I, 126과 비교하라. 또한 F. Nötscher, *op. cit.*, 169ff.를 보라. 그는 여기서 예정설의 의미를 약화시킨다.

703) 시락 18:6에서 좀더 약한 의미로 또 다시 언급된 전 3:14와 비교하라. 또한 시락 42:21을 보라. 자유의지에 대한 강조는 벤 시라에게서 본질적으로 더 강하며 그의 정신적 상황으로부터 설명될 수 있다. 2권 p.105f.를 보라. 바리새인들의 자료에 대해서는 Ps. Sol. 9.7-9(4.5) 그리고 R. Akiba in: *'Ab* 3, 15를 보라. 더 상세한 것은 Bill. 1, 583; 4, 7; Bousset/Gressmann, 405; R. Mach, *Der Zaddik in Talmud und Midrasch*, 1957. 41ff.를 보라.

704) 유대전쟁사 2, 1 62f.; 유대고대사 13, 171f. 이 자료는 아마도 다마스쿠스의 니콜라오스(Nicolaos)에 근거한 것 같다. 18, 12ff., 18. 또한 G. F. Moore, *HTR* 22, 1929, 371-89; G. Maier, *Mensch und freier*

그 두 영들이 단지 하나님의 계획을 실행하는 세력으로 설명되고는 있지만, 하나님과 인간 사이의 중재자로 나타난다. 그들은 역사적인 "통치영역"(ממשלה)[705] 을 결정하는데, 이 영역에서 인간의 윤리적이고 종교적인 실존이 실현된다. 여기서 그들의 영역은 부분적으로 중복되어, "빛의 아들들"의 모든 유혹과 죄, 그리고 역사 안에 나타나는 시련과 심판은 흑암의 천사와 그의 영들의 일로 간주될 수 있다.[706] 두 영들의 싸움은 인간들의 마음에까지 확장되어 인간은 빛과 어둠으로 나뉘는 존재로 표현된다.[707] 악까지도 포함된 하나님의 예정의 "비밀"에 따라 세계사가 지속하는 동안에, 이 끊임없는 싸움을 결성하신 하나님은 자신이 미리 결정한[708] 임박한 때에 전쟁을 끝내실 것이다.

〈전쟁문서〉에 의하면 하나님은 모든 우주가 포함된 이 종말론적인 싸움에서, 천사장 미카엘과 동일시되는 진리의 영에게 악의 영 벨리알을 완전히 물리치는 최후의 승리를 주심으로써 전쟁을 끝내신

Wille, 1971을 보라.

705) 이 용어는 '왕권'(מלכות) 으로 사용되었다. J. Becker, *op. cit.*, 79, 98f. 를 보라.

706) 1QS 3.21-24, 그리고 초심자의 의무들인, 1.17f., 23을 보라. 비교. 2.19.

707) 1QS 4.24-26을 보라. 이 개념 또한 쿰란의 12천궁도의 근거가 된다. 2권 p.387ff. 를 보라.

708) "하나님의 비밀(들)"이라는 개념은 무엇보다도 하나님이 역사 속에서 실현시키는 하나님의 예정된 계획과 관련되었다: 1QS 11.19의 예를 보라. 거기에 마지막 때에 악을 전멸시키는 "비밀"(1QS 4.18; 1QM 3.9 등)이 속하듯이, 어쩌면 하나님이 정하신 역사 속에서 악이 영향을 미치는 "비밀"도 속해 있으리라: 1QS 3.23; 1QM 16.11-16; 17.9; 비교. 14.9, 그리고 무엇보다도 1QH 5.36; F. Nötscher, *op. cit.*, 47은 이 구절에 대한 해석에서 그 의미를 왜곡시켰다. 하나님은 그의 예정의 "비밀" 속에서 죄인들의 범죄로 말미암아 "하나님의 역사"를 바꾸기로 하셨다(아마도 축제시기의 순서로 보이는데 단 7:25와 비교하라). 또한 '비밀'의 개념에 대해서는 E. Vogt, *Bibl* 37, 1956, 247-257; J. Hempel, *Die Texte von Qumran*, NGG 1961, Nr. 10, 363f. 를 보라. 제 3부 각주 615와 725를 비교하라.

다.[709] 그러므로 이 두 영을 전적으로 심리학적이고 인간론적으로만 해석할 근거는 없다.[710] 다만 두 "세력"의 대결의 절정과 결과가 인간에게서, 그리고 인간의 마음 안에서 발견된다는 것을 간과할 수는 없다. 그러한 묵시적 드라마는 우주적 측면이 상실되지 않으면서도 인간론에 집중되고 있다. 그리하여 제 1번 쿰란동굴 1QS 3. 15ff. 에 나오는 "역사관"을 연관된 자료에 의해 보완하면 다음과 같다.[711]

> 4. … 그리고 그들은 미래의 비밀을 깨닫지 못하며(רז נהיה 비교. 1QS 11, 3f), 과거사도 이해하지 못하고, 그들에게 무슨 일이 생길지도 모르며, 그들의 영혼이 미래의 비밀 속에서 어떻게 구원을 받을지도 모른다. 5. 이러한 일이 실현될 것임을 너희에게 알려주는 표적이 이것이니,[712] 악의 후손들 (혹은 출생으로 나온자?)이 사로잡힐 때, 6. 마

---

709) 두 영에 대해서는 1QS 3. 18ff. ; 4. 9, 21-29를 보라. 그들은 각각 빛과 어둠의 영들과 일치한다. 3. 25. 비교. 3. 20. 또한 비교. 1QM 13. 10-14; 17. 5ff. (미카엘) 그리고 CD 5. 18; 벨리알에 대해서는 1QS 1. 17f., 24; 2. 5, 19를 보라. 〈전쟁문서〉와 CD에서 발달된 천사론은 두 영의 교리와 밀접히 관련되었다. Y. Yadin, *The Seroll of the War*, 1962, 229-242; M. Mansoor, *The Thanksgiving Hymns*, 1961, 77-84를 보라. 2권 p. 369, 각주 786과 비교하라. 벨리알에 대해서는 또한 K. Galling, *RGG*^{3} 1, 1025f. 를 보라. 악에 대한 최종적인 승리에 대해서는 1QS 3. 18; 4. 18ff. ; 1QH 3. 19-36; 1QM 여러 곳. 그리고 M. Mansoor, *op. cit.*, 90f. 를 보라.

710) P. Wernberg-Møller, *RQ* 3, 1961/62, 413-441은 우주적이 배경이 없는 순전히 인간학적인 해석을 주장한다. 이에 대한 H. G. May, *JBL* 82, 1963, 1-14의 반대는 정당하다. 이전의 O. Betz, *Offenbarung*, 143ff. 와 비교하라.

711) 1Q 27; DJD 1, 103, Col. 1을 보라. A. Dupont-Sommer, *op. cit.*, 327; Hempel, *op. cit.*, 305와 비교하라. 본문의 번역은 다음의 것을 약간 수정했다: J. Becker, *op. cit.*, 94. J. M. Allegro, *op. cit*(제 3부 각주 701)가 출판한 묵시적 본문, 그리고 인간의 역사적 실패가 묘사된 DJD 1, 154, 1Q 34bis 3. 2의 단편들 역시 관련되었다.

712) 지하세계의 감금에 대해서는 또한 1QH 3. 17f. ; 1QS 4. 13; 2. 7f. 를 보라.

> 치 어둠이 빛 앞에서 사라지듯이 악은 의(義) 앞에서 영원히 사라지되, 마치 연기가 사라져 더 이상 없는 것과 같이 악은 영원히 사라질 것이다. 그러나 의는 해처럼 세계의 근본질서(תכון תבל)로 밝혀지고, 7. 놀라운 비밀을 막는 모든 자들은 더 이상 존재하지 않을 것이다. 지각이 땅을 채울 것이나 어리석음은 거기에 (더 이상) 존재하지 않으리라….

이 예언이 분명히 이루어질 것이라는 징조가 지금으로써는, 여전히 전 역사를 여전히 지배하는 모순 속에 존재한다:

> 8/9. 모든 민족이 악을 미워하지 않느냐? 그러나 악은 모든 손에 퍼져 있다. 10. 진리를 알림(שמע אמת?)이 모든 민족의 입에서 나오지 아니 하냐? 그러나 그것을 지키는 입술이나 혀가 있느냐? 어느 민족이 강한 자의 압제를 좋아하겠느냐? 누가, 11. 악한 자에게 자기 소유를 강탈당하는 것을 좋아하겠느냐? (그렇다고) 이웃 나라를 압박하지 않는 민족이 있느냐? 12. (다른 나라의) 소유를 강탈하지 않는 나라가 어디 있느냐?

그 다음 항목의 단편에서 우리는 신정론에 관한 옛 질문과 의로운 자와 타락한 자의 불공평한 운명, 이 세계의 불공평한 재산분배와 같은 일들이 계속해서 다루어질 것이라는 암시를 받을 수 있다.

이러한 묵시적 사관 배후에 욥기 이래로 포로기 이후의 지혜를 사로잡았던 질문이 존재한다. 벤 시라는 보응교의를 강조함으로써 그 질문을 직접적으로 해결하고자 했으나, 그것은 기원전 167년 이후 박해시기의 공포와 이어지는 수십 년에 걸친 전쟁의 고통 속에서 새롭게 일어난 근본적 질문이었다: 그것은 역사에서 악의 근원에 관한 문

에녹 22장과 2권 p. 275ff. 와 비교하라.

제, 악의 의미와 그 극복에 관한 문제였다. 기원전 164년에 불어 닥친 위기의 절정에 묵시적 하시딤의 그룹에서 나온 대답은 다니엘이 서술하는 역사관이 보여준다: 이제 성전 모독이 일어나고 토라에 충성을 다하는 자들에 대한 핍박이 가시화되면서 마지막 정화의 시간은 정점에 도달했고, 구원이 동터올 때가 임박했다(2권 p. 223f. 를 보라). 이러한 생각의 단초는 에센파 그룹에서 더 심화되었고, 역사관은 '역사철학'을 표현하는 체계적 특성을 띠며 발전되었다: 세계와 역사에 대한 하나님의 계획은, 그의 주권적인 뜻에 따라 역사 안에서 악의 영에게도 제한된 시간을 부여했는데, 자율적인 인간 이성으로는 헤아릴 수 없는 '비밀'로 남아 있다.

하나님은 모든 개인의 운명과 두 "영"의 영역, 그리고 역사 속에서 기한과 때를 주관하시는 주님이시다.[713] 인간은 자기의 운명에 대하여 하나님과 논쟁할 수 없으며, 다만 약하고 쇠잔한 피조물로 존재한다. 동시에 인간은 자신이 역사적 실존 속에서 만나는 모든 시험과 고통을 통과해야 하는 눈먼 죄인임을 받아들여야만 한다.[714] 여기에

---

713) 역사의 비밀에 대해서는 O. Betz, *Offenbarung*, 82-87을 보라. 케츠(끝, קץ) 에 대해서는 Nötscher, *Terminologie*, 167ff. 를 보라. 에트(시간, עת) 와 모에드(때, 적시, מועד) 역시 그것과 함께 나타난다.

714) 피조성(*Kreatürlichkeit*)에 대해서는 1QH 1. 21; 3. 23f. ; 10. 3-5; 11. 3; 12. 31f. ; 1QS 11. 21f. 를 보라. 이런 종류의 관념은 지혜로부터 왔다. Wernberg-Møller, *Manual*, 155, 비교. 욥 4:19; 10:9; 전 3:20; 시락 17:1; 지혜 7:1; 9:15; *'Ab* 3, 1을 보라. 그러나 인간의 피조성과 불가피하게 연관된 것은 죄로 인한 완전한 타락이다. Mansoor, *op. cit.*, 59-62의 풍부한 예들을 보라. 또한 K. G. Kuhn, *ZTK* 49, 1952, 200-222; O. Betz, *Offenbarung*, 120-6; J. Becker, *op. cit.*, 109-114와 137-148과 비교하라. 바울에서와 같이 피조성과 죄성이 결합된 사실은 바샤르(육체, בָּשָׂר) 라는 용어에서 나타난다. *op. cit.*, 112를 보라: "모든 사람은 죄인이다. 왜냐하면 그들은 바샤르(בָּשָׂר) 이기 때문이다." 또한 J. Hempel, *op. cit.*, 357ff. 와 비교하라.

서 에센파의 역사관과 인간관은 벤 시라와 후기 바리새파의 낙관적이고 단순히 논리적인 태도보다 더 깊이 들어간다. 그 태도는 보응도식의 합리성에 확고히 서지만(2권 p. 111ff. 를 보라), 그렇다고 전도서의 숙명론이라는 막다른 골목에 도달하는 것도 아니다. 이와 관련하여 흥미로운 것은 벤 시라와 전도서가 쿰란의 도서관에서 발견되었다는 점이다(제 2부 각주 60과 제 3부 각주 694를 보라⑯). 도리어 하나님의 의와 구원의 뜻은 다음과 같은 사실에서 입증된다: 악의 영이 그 절정에 도달하는 시점에서 악은 끝날 것이고 그래서 '의'가 '세계의 근본질서'가 된다. 민족들이 그들의 의지와 행위에 있어 불화를 일으키는 것은 바로 이것을 위함이다. 악의 기원에 관한 오래된, 하지만 여전히 새로운 질문은—죄 많은 인간에게는 숨겨져 있는—역사에 대한 구원의 성취의 문제로 변하고, 이와 함께 흑암의 영이 지배하는 세계로부터 종말론적으로 해방되는 문제로 변한다는 점이다. 초기 하시딤의 개념보다 더 강하게 이원론적 특성을 가진 이 에센파의 역사관은 마지막 단계에서는 다시 이원론을 극복하는 형태로 표현된다. 그것은 〈공동체 규율서〉와 수많은 〈공동체 찬양집〉, "페샤림,"⑰ 그리고 단편적으로 보존되어 있는 과거와 미래 모두로 향하는 다양한 "묵시적 역사관" 속에서 표현된다. 아마 공동체의 좀더 넓은 그룹을 위해 기록되었을 〈다마스쿠스 문서〉와 〈희년서〉는 그러한 역사관에 깊이 영향을 받았을 것으로 보인다.715)

이 역사관은 에센파의 신학과 그 후의 종교적 발전에 가장 큰 중요성을 지녔고, 또 지각(*Erkenntnis*)과 시식(*Wissen*), 지혜(דעת, דעה, שכל,

715) 〈다마스쿠스 문서〉에 대해서는 K. G. Kuhn, *TLZ* 85, 1960, 652; *RGG*[3] 5, 749: "지역에 흩어진 개별적인 공동체들을 형성하는…'세계의' 평신도 공동체에 대한 규칙." 〈희년서〉에 대해서는 CD 16.3f. 에 언급된 것을 보라: 기원이 에센파와 비슷하다. 제 3부 각주 460을 보라.

בינה, חכמה, ערמה 등)와 이들과 관련된 동사들(ידע, שכל, בין)을 포괄하는 개념들의 중심적인 의미를 설명해준다. 비록 지혜에 관련된 용어들(חכמה와 חכם)이 분명히 지각(דעת)과 지식(שכל)에 관한 용어들 배후로 사라지기는 했지만, 초기의 지혜전통이 여기에 강력한 영향을 미쳤을 것으로 보인다.[716] 모든 인간적인 인식(*Erkennen*)이 "진리"[717] (אמת)와 일치하는 한, 그것은 지각의 원천(מקור דעת)[718]으로서 하나님의 지각에 기초를 둔다. 보다 깊은 창조와 역사의 연관성에 관한 지식, 인간의 위대성과 불행에 관한 지식은 오직 하나님에게서만 나오고, 현명한 사람은 오직 하나님이 그의 영을 통해 그의 지식의 비밀을 밝혀준 사람을 말한다.

---

716) F. Nötscher, *Terminologie*, 38-79는 그 용어들을 연구했다. 찬송에 대해서는 특히 M. Mansoor, *op. cit.*, 65-74를 보라. דעה/דעת는 가장 빈번하여 62번이나 나온다. 그 다음에는 שכל이 27번; בינה이 25번 나온다. 이에 반해 호크마(חכמה)는 단지 13번 사용되었다. K. G. Kuhn, *Konkordanz*, 그리고 개별적인 용어들에 대한 *RQ* 4, 1963/64, 175-234의 부록을 보라. 용어사용에서의 전승층의 변화는 인식론을 반영하는 더 큰 지식의 출현과 연관되었으리라고 생각된다. "지혜"라는 옛 용어는 계시된 "지각"에 대한 더 확실한 구별을 더 이상 정당하지 못하게 한다. 공동체 찬송시의 "인식"에 대해서는 H. W. Kuhn, *Enderwartung*, 154ff.을 보라.

717) 예를 들어, 1QS 9.17: "참된 지각(知覺)" 그리고 1QH 9.10; 10.20, 29와 비교하라. 에메트(אמת, 이 용어는 용어색인과 부록에서 133번 나온다)에서 윤리적이고 실제적인 의미나 하나님과의 연관성이 두드러지게 나타난다. F. Nötscher, Vom Alten zum Neuen Testament, 112-25; O. Betz, Offenbarung, 53-59; 특별히 〈공동체 찬양집〉을 언급하는 J. Becker, *op. cit.*, 155-60과 비교하라. 에센파 신학의 중심인 이 단어는 신적 계시의 모든 영역을 포괄한다: 하나님이 행하시고 알리시고 요구하는 것이 에메트(אמת)이다.

718) 1QS 10.12; 11.3; 1QH 2.18; 비교. 1QH 5.26; 8.6; 하나님은 '의의 교사'에게 자신의 마음속에 있는 지식의 근원을 주셨다.

> 왜냐하면 그가 자신의 지각의 근원으로부터 그의 빛을 보여주셨으며, 그래서 내 눈이 그의 놀라운 일들을 보았으며 … 내 마음의 빛이 미래의 역사와 영원한 존재의 비밀(בר[ז] נהיה הווא עלם)을 보았기 때문이다. … 내 눈이 영원한 존재(בהווא עלם)를 보았고, 인간들에게 감춰진 나의 깊은 통찰(*Einsicht*), 인간의 자녀들 앞에서는 (숨겨진) 지각과 현명한 사상이 그 존재를 보았도다.[719]

전형적인 예로써 공동체에 들어오는 초심자에 대한 축복은 그 공동체 구성원들에게 — 기본적으로는 구원론적으로 이해된 — "존재의 지각"이라는 의미를 부여하고 있음을 보여준다.

> 그가 너를 모든 좋은 것으로 축복하기를 원하며, 모든 악에서 너를 보호해 주시기를 원하노라. 삶에 대한 통찰로 너의 마음을 밝혀주시며, 영원한 지각으로(בדעת עלמים) 너를 축복하기를 원하노라(1QS 2. 2f).

해마다 공동체의 구성원들은 "그들의 지각(知覺)의 정도와 품행의 완성도에 따라서"[720] 분류된다. 또한 이와 반대로, 오해와 어리석음의 표현으로써 악과 사악함이 항상 나타난다.[721] 마지막으로 "영원한 존재"와 "영원한 인식"과 같은 개념들은 에센파의 신학적 개념이 그리스적 모델에 기초하여 형성되었음을 알게 해준다.

오직 공동체만이 진리의 영이 지배하는 곳으로 개인을 옮겨 줄 수 있고, '구원하는 지각'(知覺)으로 들어가는 길을 열어준다. 이 공동체

---

719) 1QS 11. 3f., 5f.; 비교. 1QH 1. 21 23, 26-28; 3 20-23; 4. 27f., 30 등.

720) 1QS 5. 20-24: 이것과 더불어 "완전한 행동" 또한 시험한다. 비교. 1QSa 1. 17.

721) 1QS 4. 10, 24; 10. 22; 1QH 1. 37. 또한 1Q 34bis 3, 2 in: DJD I, 154와 비교하라: 인간의 이해하지 못함. 이에 관해서는 F. Nötscher, *Terminologie*, 51f. 를 보라

에서 토라와 예언은 역사에 대한 하나님의 비밀과 그의 계명에 대한 완전한 성취의 관점에 서 있다. 카리스마적인 방법으로 해석되어 보다 깊은 뜻으로 밝혀지는데,[722] "완벽주의적인" 토라 이해라는 측면에 비추어 볼 때, 우리는 "종말론적으로 급진화된 … 성화운동"[723]을 거론할 수 있을 것이다. 그러나 이것은 그 공동체의 한 측면에 지나지 않는다. 율법적인 본문들에서 '계시'는 토라와 예언의 해석에 더 강하게 연결되는 반면, 찬송시들에서는 보다 직접적인 영감의 형식으로 나타난다. 물론 이 양자가 반드시 대립되는 것은 아니다. 다만 그 차이는 문학적 진술의 다양성으로 형태에서 드러난다. 성서 속에 있는 하나님의 계시의 비밀들을 알 수 있기 위해서도 인간에게는 신적인 조명이 필요하다.[724] 그래서 "지각"과 "지식"이라는 개념과 함께 "계시하다," "조명하다," "나타나다" — 반대로 "감추다"도 — 그리고 무엇보다도 "비밀"(רז)과 비밀스러운 신의 뜻(סוד)과 같은 필요한 표현들이 나타난다.[725]

---

722) O. Betz, *Offenbarung*, 6ff., 16ff., 54, 73ff., 155-82. 예를 들면, 찬송시 1QM 10.10ff. 은 율법을 가르치는 것과 직접 계시 사이의 연관을 보여준다.

723) C. Burchard, *KP* 2, 378. 또한 P. Seidensticker, *Studii bibliei Francisei, Liber annuus* 9, 1958-59, 158ff., 167ff. 와 비교하라.

724) O. Betz, *Offenbarung*, 110-149; 특히 1QH 12.11b-13과 비교하라. 그리고 그것에 관해서는, *op. cit.*, 119f. 를 보라.

725) '계시하다'(גלה)에 대해서는, *op. cit.*, 6ff. 를 보라. 특히 니팔형 과거분사 נגל 혹은 נגלות가 〈공동체 규율서〉에 나온다. 다른 한편으로, 찬송시들에서 우리는 주로 부정동사를 발견한다. 1QH 1.21; 6-4; 11.17 등. 또한 '찬양하다'(הודיע)는 1QH 4.27; 7.27; 1QpHab 7.4 등을, "계몽하다"(האיר)에 대해서는 1QS 2.3; 4.2; 1QH 3.3; 4.5, 27 등을, 더 밝게 하다, "나타나다"(הופיע)에 대해서는 1QH 4.6, 23; 9.31 등을 보라. "비밀"(רז)은 이미 다니엘서처럼(제3부 각주 615를 보라) 핵심적 중요성을 갖는다: 그것은 55번 나오는 반면, "신의 뜻"(סוד)은 43번 나오며, 그 중 23번은 찬송시에서 나온다; F. Nötscher, *Terminologie*. 71-77, 제3부 각주 708을 보라.

특히 찬송시들은 하나님의 이해할 수 없는 구원계시의 기적을 늘 새롭고 다양하게 묘사해준다. 그러한 기적은 인간이 자신의 절대적인 허무성과 완전한 죄성을 깨닫고 회개하게 해준다(제 3부 각주 714를 보라). 그리하여 마지막 때에 배역한 이스라엘의 '타락한 무리'(*massa perditionis*)로 부터 벗어나 이제 스스로를 세계의 민족들로부터 분리하게 한다. 더 나아가 구원계시의 기적은 "빛의 자녀들"인 이 공동체를 하나님 백성의 거룩한 남은자의 대열에 들어가게 한다.[726] 여기에서 이스라엘의 죄는 도말되고,[727] "지식은 하나님의 계명의 진리에 의해서 성화되고,"[728] 그의 행실은 지속적인 순종의 연습으로 완전하게 된다. 왜냐하면 오직 그 공동체 속에서만이 하나님의 토라를 참으로 해석할 수 있고, 그 요구를 충족할 수 있기 때문이다.[729] 이렇게 하

이것과 나란히 우리는 다음의 동사들을 발견한다. חבא: 1QS 4.6; 1QH 5.11-25; 9.24; סתר: 주로 부정동사로 1QS 11.6; 1QH 5.26 등. 일부분은 과거분사 니팔형 נסתרות: 1QS 5.11; 1QH fr. 55.1; CD 3.14. 이 "깨달아 알게 함"(*Erleuchtungsverständnisses*)과 필로의 용어 사이에 존재하는 유사성에 대해서는 A. Wlosok, *Laktanz*, AAH 1960, 2, 110f.와 각주 113을 보라.

726) 이 공동체의 회원자격에 대해서는 1QS 1.1-2.18, 신입회원을 위한 "대"예배. 또한 5.7ff., 6.20-24를 보라. 입교를 위한 "기꺼운 마음"(*Willigkeit*)이 무엇보다도 נדב נדיבו와 같은 어휘로 나타나고, 슈브(שוב)와 같은 어군으로 빈번하게 사용되는 돌이킴(*Umkehr*)으로 표현되었다(제 3부 각주 484를 보라). 남은자로서의 공동체에 대해서는 1QH 6.8; 1QM 13.8; 14.8f.를 보라. J. Becker, *op. cit.*, 62f.를 보라. "타락한 무리"(*massa perditionis*)로부터의 분리에 대해서는 1QS 1.26-3.6과 5.11-20을 보라.

727) 공동체에서 죄의 용서에 대해서는 1QS 3.7-9; 11.14f.; 1QH 4.37; 7.29ff.; 11.10f.를 보라. 특히 성령을 통한 죄의 용서 16.12와 fr. 2.13과 비교하라. 동사 "씻다"(כפר)와 "깨끗하다"(טהר)가 중요하다.

728) 1QS 1.12. 또한 O. Betz, *Offenbarung*, 58, 133f.를 보라.

729) *Op. cit.*, 54: "이 파에 속한 회원들은 스스로를 '진리의 사람들'이라 불렀다. 왜냐하면 그들은 1QpHab 7.10-12에 관한 '토라의 준행자들'이기 때문이

여 인간은 진리의 영이 지배하는 세계로 옮겨진다. 물론 그가 "흑암의 한 부분"에 의해 여전히 공격당하기는 하지만 말이다. 즉, "이스라엘의 하나님과 그의 진리의 천사가 모든 빛의 자녀들을 도와준다."[730]

이렇게 그 공동체는 이스라엘의 민족적 연합에는 아직은 단지 외적이고 느슨하게만 연결되어 있는 "종말론적인 구원공동체," 다시 말하자면 '교회'가 된다. 하지만 하나님의 영에 의한 인간의 완전한 "정화"는 악의 세력이 전멸한 후 종말에서야 비로소 일어난다.[731] 율법에 대한 준엄한 복종은 "빛의 아들들"이 드리는 일상적인 하나님 찬양에서 절정에 달한다. 찬양은 그 속에서 모든 만물의 완전한 조화가 드러나는데, 왜냐하면 그것은 무엇보다도 계절의 순환과 뭇 별의 운행에서 표현되기 때문이다.[732] 더구나 그들은 하나님과 천사들과의 교제로

다." 율법의 엄격한 실행에 대해서는 1QS 1.5, 8, 15를 보라. 또한 5.8ff.의 입교서약과 비교하라. 어떤 율법위반이라도 엄격하게 다루어지며 심지어는 완전히 추방된다. 완전을 추구함은 다음과 같은 형식에서 발견된다: תמים דרך 혹은 הלך תמים, 혹은 이와 유사한 1QS 1.8, 13; 2.2; 5.24; 8.10, 18, 21; 11.2, 11 등을 보라. 이것은 그리스어 "완전한"(τέλειος)과 일치한다. 시락 44:17의 M.과 G.를 보라.

730) 1QS 3.22f., 비교. 11.12ff.; 1QH 1.32; 4.30f.

731) 1QS 4.20-23. 또한 O. Betz, *Offenbarung*, 131ff.를 보라. 이런 식으로 인간은 '아담의 영광'(כבוד אדם)을 되돌려 받는다. 시락 49:16과 각주 531 2권 p.344에서 "아담의 영광"을 보라. 어둠의 아들들의 전멸에 대해서는 '완전한 파멸'(כלה) 개념을 보라. 1QS 2.15; 5.13; 1QH 6.19; 1QM 1.5, 10 등과 비교하라. 지혜세계의 감금이나 불의 심판에 관한 관념 역시 종종 나타난다. 제3부 각주 607을 보라.

732) 끊임없는 하나님 찬양과 별들의 조화로운 운행에 대해서는 1QS 10.1-17, 23을 보라. 태양과 관련된 1QH 12.1-12와도 비교하라. 이것이 오해의 소지가 있는 구절 유대전쟁사 2, 128(역주. 동틀 때 기도를 드린다는 에센파의 경건생활을 묘사하는 내용)의 구체적인 배경인 것 같다. 2권 p.386을 보라. 1QH 1.27-31에 대해서 Bergmeier/Pabst, *RQ* 5, 1964-65, 435-439는 Col. 1의 창조찬송의 일부는 공동체가 하나님을 찬양하기 위한 언

들어가게 된다.[733] 왜냐하면 송영에서 세계와 역사는 그들을 목적지, 즉 하나님의 영광(כָּבוֹד)을 찬양하는 곳에 도달하게 하기 때문이다. 창조와 구원의 계시는 결국 하나님의 영광을 위해서만 일어났다.[734] 하늘의 종교제의나 천상의 예루살렘에 대한 묘사들은 종말론적 구원이 지금 여기서 성취되어 나타나고 있다는 표현이다. 하나님을 찬양하는

어의 창조와 연결되어 있음을 입증했다. 또한 1QH 11.4, 33을 보라. 이전의 O. Betz, *Offenbarung*, 83 각주 5와 비교하라.

733) 하나님의 천사들과 이루는 공동체에 대해서는 1QS 11.7f.; 1QH 3.19-23; 6.12-14; 11.10-14; fr. 2, 10; 1QSb 4.26 그리고 1Q 36.1, 3 = DJD I, 126, 138을 보라. 〈전쟁문서〉에서 공동체에 임한 천사들이 깊이 각인되어 있다. 특히 1QM 10.10; 12.1-4를 보라. 그리고 Y. Yadin, *op. cit.*, 240ff.를 보라. 종종 찬송시의 구원대망에서 전형적인 것은, 그것의 본문이 현재를 언급하는지 아니면 미래를 언급하는지 말할 수 없다. 또한 A. Dupont-Sommer, *op. cit.*, 102 각주 2를 보라: "지상의 공동체는 천사와 하늘의 세계 전체와 연결된다." H. W. Kuhn, *Enderwartung*, 66-73과 비교하라.

734) 하나님의 영광(כבוד)에 관한 진술들은 많고 다양하다: (a) 하나님의 계획이나 창조와 관련된 것은 1QS 3.16; 1QM 14.14; 1QH 1.9f.; 7.24; 9.26; 10.12; 18.22; fr. 2.4f.; 비교. 2.16(이미 사 43:7과 그 후에 *'Ab* 6, 11을 보라). (b) 하나님의 심판에 관한 것은 1QH 2.24f., 비교. 1QS 4.18; 1QM 4.6, 8; 12.7, 10. (c) 하나님의 구원 계시는 그분의 "영광"을 위하여 일어난다는 1QH 6.14; 7.15; 4QDibHam 3-4, 아마도 하시딤으로 거슬러 올라갈 것으로 추측되는 송영(제3부 각주 483을 보라), M. Baillet, *RB* 69, 1961, 202; 1Q 34bis 3.1, 6f. = DJD 1, 153을 보라: "우리는 당신의 이름을 영원히 찬양합니다… 왜냐하면 당신은 이것을 위해 우리를 지으셨습니다." 또한 1QS 10.9ff.; 1QH 3.23; 10.10f.; 11.4-6과 비교하라: 끊임없는 하나님 찬양. 전체의 문제에 대해서는 J. Becker, *op. cit.*, 126-137: "하나님으로 인한 찬양"(*gottgewirktes Lob*)을 보라. 그러나 매일의 공동체 예배가 찬송으로 구성된다는 그의 명제에 대해서는 C. H. Hunzinger, *TLZ* 85, 1960, 152가 언급한 것을 근거로 한 E. Cothenet, *RQ* 5, 1964/65, 272의 비평적인 반론을 비교하라. 우리는 예전적인 자료와 공동체의 예배를 너무 과대평가해서는 안 된다. 또한 J. Hempel, *op. cit.*, 315; P. Stuhlmacher, *op. cit.*, 160ff.와 비교하라.

가운데 구원공동체의 구성원들을 위해 하늘이 열린다.[735]

이러한 현재적 구원은 미래적인 임박한 종말기대를 배제하지 않는다: 이제 곧 악이 최후에 전멸되며, 제사장적·다윗적인 메시아가 오며, 인간은 영생을 누리게 될 것이다(2권 p. 277f. 를 보라). 종말론적인 구원의 은사들은 비록 불완전하기는 하나 이미 공동체에 존재하고 있다.[736] 미래에 대한 심판과 구원의 광경들이 묘사될 때 나타나는 특징은 일종의 "억제"이다. 그래서 "'영원한 기쁨'(1QH 18. 15)과 '영원한 평화,'(1QS 2. 4) … 또는 '영원한 빛'(1QS 4. 8; M. 17. 6; H12. 15?), '생명의 빛'(1QS 3. 7)과 같은" 축약된 주제들이 부각되고 있다.[737] 경건한 자들은 "아담의 완전한 영광"(1QS 4. 23; 1QH 17. 15; CD 3. 20)을 함께 나눌 것이다.

그러므로 전체적으로 보아 개인적인 구원론과 공동체론은 '구원사적·인간론적 이원론'에 기초하고 있음을 알 수 있다. 그러나 구원을 위해서 인간에게, 인간을 통해서 일어나는 어떤 것도 그 자신의 공적(功績)에 의존하지 않는다. 태초부터 인간은 의롭거나 아니면 심판 받기로 결정되기 때문에, 공동체에 들어감으로써 생기는 "구원"은 전적으로 하나님의 자유로운 선택에 의존한다.[738]

---

735) 예를 들면, 스트루그넬(J. Strugnell)이 *SVT* 7, 1960, 322f., 336f. 에서 발표한 천사의 예배들, 혹은 하늘의 예루살렘의 묘사, 1Q 32 = DJD I, 134f.; 2Q 24 = DJDJ III, 84-89; 5Q 15, *op. cit.*, 184-193. 또한 G. Jeremias, *Der Lehrer der Gerehtigkeit*, 1963, 245ff.; J. Hempel, *op. cit.*, 324f. 를 보라. 비교. 또한 하시딤 전통을 갖는 에센파 이전의(?) '노아의 책' 에녹 69, 24: 모든 천연적인 "음식들"의 존재이유는 하나님을 찬양하는 것에 있다. H. W. Kuhn, *Enderwartung*, 여러 곳을 보라.

736) 또한 F. Nötscher, *Terminologie*, 149-167; M. Mansoor, *op. cit.*, 84-92를 보라.

737) J. Hempel, *op. cit.*, 361f.

738) 이것은 이미 예정교리를 따른다. J. Becker, *op. cit.*, 70f.: '의의 교사'의 개

그러므로 〈공동체 규율서〉와 〈공동체 찬양집〉, 몇 가지 묵시적인 단편들과 〈전쟁문서〉의 일부분에서 발견되는 바와 같이,[739] 초기 에

인적인 찬송; 122f. : 〈공동체 규율서〉의 마무리 찬송; 1QS 11.2, 11-13; 149ff.와 비교하라. "공동체 찬송"에 대해서는 또한 P. Stuhlmacher, *Gerechtigkeit Gottes*, 162와 비교하라. 의미심장하게도 하나님의 관점에서 보상에 대한 개념들은 거의 완전하게 빠져 있다. "선택"에 대한 동사 בחר와 명사 בחיר는 극히 중요하다. 1QS 4.22; 8.6; 9.14; 11.7, 16; 1QH 2.13; 14.15; 15.23 등. H. Braun, *Spätjüdisch-häretischer Radikalismus* 1, 1957, 41-47은 잘못된 결론을 내렸는데, 이는 그가 〈공동체 찬양집〉(*Hodajot*)을 인용하지 않았기 때문이다. 그것은 "인간이 … 스스로 순종한다"와 같은 것은 아니다(47). 인간이 행하는 모든 것이 하나님의 일이며 선물이다. 초기의 에센파의 글들은 — 요세푸스가 이미 바리새주의와는 반대로 강조하듯이 — 신인협력설을 포함하지 않고 있다.

739) 비록 우리가 여기에서 "전승사"를 보여주는 본문들을 어느 정도는 다루고 있지만, 이들은 초기시대의 에센파의 기본적인 가르침의 전형적인 것이라고 간주할 수 있다. 공동체의 엄격한 규율과 폐쇄적인 성격으로 서로 모순되는 다른 "신학들"을 의도적으로 병치시키는 일은 매우 부적절하다. 1QS, 1QM 그리고 1QH, *op. cit.*, 39-59의 분석을 토대로 이것을 주장하려는 베커(J. Becker와 이와 유사하게 H. W. Kuhn)의 노력은 설득력이 없다. 〈공동체 규율서〉나 〈전쟁문서〉조차도 명백히 어느 정도의 문학적인 발달을 보여주며, 이것들은 찬송과 교리문답의 교훈, 예배형식 혹은 법적 진술들로 구성되었다. 그러나 그러한 것들은 예정론이나 이원론 같은 주제들에 대해 다르게 강조하고 있기에, 이러한 관점들은 후에나 공동체 안으로 들어갔고, 그렇기 때문에 '의의 교사'는 아직 그런 가르침들을 공유하지 않았을 것이라는 잘못된 가정을 하게 만든다(*op. cit.*, 59ff., 74, 84, 189, 제 3부 각주 756). 예정론과 이원론은 1세기 전반기에서 생긴 〈다마스구스 문서〉에서 또 다시(!) 약화된다(*op. cit.*, 181f.). 이른바 신학적 차이점들은 주로 개개의 문헌적 단위들의 형태가 다르기 때문에 생겨났다. 할라카의 법규정으로 역사신학을 진술한다거나, 기의 "전기적인" 특성을 지닌 개별적인 찬송으로 세계창조와 세계완성 등에 대한 진술을 기대할 수는 없다. 이런 차이점들이 부각되어 상호 대립된다고 생각하면 잘못이다. 〈공동체 규율서〉 1QSa와 Sb 그리고 1세기 전반기에서 유래한 "p^{e}šārîm"에 첨가된 〈다마스구스 문서〉가 공동체에서 어떤 교리적 발달을 암시하는 것은 사실이다. 그래서 그것들은 그렇게 주목을 받지 못했다. 다른 한편,

센파의 "신학"을 "신구약 중간기"의 유대교가 생산했던 가장 인상적인 신학적 공헌으로 간주할 수 있으리라.[740] 아리스토불로스의 '창조 존재론'과 그 이후 랍비들의 "토라 존재론"과는 대조적으로 에센파의 가르침은 확연히 나뉘는 2개의 중심점에 집중되어 있었다. 그러나 이 둘은 실제로는 서로 밀접하게 연합되고 있었고, 뿐만 아니라 서로 의존되어 있었다. 첫째는 이제 종말 바로 직전, 결정적인 위기에 직면하는 역사에 대한 묵시적이고 이원론적 해석이다. 둘째는 개인의 구원으로 지향하는 인간론과 교회론인데, 이것에 의하면 하나님은 인간이 자신의 상황을 진정으로 자각하여 에센파 '공동체'의 살아 있는 공동생활(*vita communis*) 속으로 안내하신다. 여기서는 오직 토라만이 성취되기에, 공동체밖에는 구원이 없다(*extra ecclesiam nulla salus*).

2. '의의 교사'와 헬레니즘적 개혁으로 일어난 위기

에센파 운동이 발생한 역사적 원인을 더 파고 들어간다면, 우리는 그 창시자인 '의의 교사'(*Leher der Gerechtigkeit*)라는 걸출한 인물을 만나게 된다. 아마 이제야 명확하게 설명되겠지만, 그는 마카베오 가문의 대제사장 요나단 시대인 기원전 152년 가을과 143년 사이 — 추측컨대, 요나단이 대제사장으로 임명된 지 얼마 지나지 않아 — 자신의 공동체를 예루살렘 성전으로부터 종국적으로 분리시켰으리라.⑱ 그 과정에는 약간의 준비기간이 필요했다. 그래서 그의 활동의 시작은 160년에서 150년 사이의 10년으로 거슬러 올라간다.[741] 그는 예언자

여기에서는 '의의 교사'에 대한 회상이 특별한 역할을 한다.

740) P. Stuhlmacher, *op. cit.*, 148: "후대 유대교의 묵시적 신학의 심장부."

741) 또한 G. Jeremias, *op. cit.*, 63ff., 68-71, 74ff., 161ff.를 보라. 요나단

적 카리스마와 그 생애의 압도적인 권위742)를 통하여 율법에 각별히 충성했으며, 성직자의 이념에 밝았던 일단의 하시딤의 지도자가 되었을 것으로 생각된다. 엄격한 게급체제를 가진 에센파 운동의 지도적 집단으로서 "사독의 아들들"을 여러 번 강조하는 것으로 보아서, 그는 사독계열의 성직자 귀족에 속한 인물이었다고 추론할 수 있을 것 같다.743) 또한 대략 기원전 150년경 에센파가 분립되었을 당시에

은 이방인들이 살해한 유일한 대제사장이다. 특히 4QpPs 37.4, 10(H. Stegemann, *RQ* 4, 1963, 245; E. Lohse, *op. cit.*, 274)를 보라. 또한 1QpHab 9.1ff., 10ff.와 비교하라. 이 '의의 교사'는 에센파공동체의 창설자이다. *op. cit.*, 65f., 141ff., 165f., 무엇보다도 4QpPs. 37.2, 16; CD 1.10f.를 보라. 또한 J. Hempel, *op. cit.*, 338f. 제 3부 각주 691을 보라. 연대 설정에 대해서는 J. T. Milik, *Ten Years of Discovery*, 1957, 67ff.; 의견이 같은 K. G. Kuhn, *RGG*³ 5, 745f.; W. Grundmann, *UU* 1, 234ff., 248f.를 보라. 고고학과 고문서의 증거 또한 이 연대를 지지한다. R. de Vaux, *L'archéologie et les manuscrits de la mer morte*, 1961, 4, 90을 보라. 또한 H. Bardtke, *Die Sekte von Qumran*, 184-198; *TR* 29, 1963, 269ff.와 비교하라: 안티오코스 3, 4세 그리고 7세의 통치기간 중 모두 5개의 셀레우코스 동전들이 발견되었다. 이 시대의 연대에 대해서는 R. Hanhart, *Zur Zeitrechnung*, BZAW 88, 1964, 59ff., 94f.를 보라: 유다 마카베오는 기원전 160년 4/5월에 살해당했고, 기원전 163년 안티오코스 5세 유파토르(Eupator)가 이미 임명한(이 책 제 4부 각주 142를 보라) 대제사장 알키모스(Alkimos)는 159년 5월에 죽었다. 157년에 박키데스(Bacchides)는 새로운 공격을 감행했지만 곧 휴전했다. 예루살렘은 아직 적의 손에 남아있었고 요나단은 미흐마스(Michmas)에서 "사사"로 살았다: 1마카 9:70-73. 그는 152년 9월 장막절 때 난생처음 대제사장 역할을 했다. H. Stegemann(n. 481), 242ff.; J. Starcky, *RB* 70, 1963, 481ff.; 1마카 10:1-21과 비교하라.

742) '의의 교사'의 예언자적 카리스마에 대해서는 G. Jeremias, *op. cit.*, 81, 141 등을 보라. O. Betz, *Offenbarung*, 88-92, 98f.와 비교하라.

743) 1QS 5.2, 9; 1QSa 1.2, 24; 2.3; Sb 3.22; 4Qflor 1.17; J. M. Allegro, *JBL* 77, 1957, 354; E. Lohse, *Die Schriften*, 258과 비교하라. 또한 R. Meyer, *TWNT* 7, 39f.와 비교하라. 제사장으로서 '의의 교사'에 대해서는 4QpPs 37 ed. H. Stegemann, *RQ* 4, 1963, 250, 252 =

그가 젊었을 리는 없었기 때문에, 우리는 그의 출생을 기원전 180년 이후보다는 그 이전으로 잡는 것이 좋을 듯하다. 이것은 젊었을 때 그가 사독계였던 야손이 일으킨 헬레니즘적 개혁의 시도를 경험했다는 것을 의미한다. 그는 또한 제사장 귀족 출신의 한 청년 성직자로서 어느 정도의 그리스식 교육을 이수했다고 추측할 수 있다. 최후의 합법적 대제사장의 아들인 오니아스 4세는 기원전 160년에 이집트의 레온토폴리스에 성전을 가진 유대 군사식민지를 창설했는데, 그는 사독계 지도자들이 받은 높은 수준의 헬레니즘적 교육을 이수했던 전형적인 인물이었다(1권 p. 267f. 와 3권 82f. 를 보라). '의의 교사'의 것으로 추정되는 〈찬양집〉 1QS 5. 5-19 속에서 드러나는 여러 가지 지표들은, 그가 얼마 동안은 비유대인들과 함께 살았으며, 거기에서 생명의 위협에 처했었다는 것을 암시하고 있다. 그는 한동안 포로나 인질로 넘겨져 셀레우코스에게 잡혀있었던 것으로 보인다. 그 시간은 그에게 자신의 다음 행보를 위한 근본적인 깨달음을 제공했으리라.744) 그의 것으로 추정되는 또 다른 개인적인 고백은 예루살렘에

---

2. 19; 3. 15; E. Lohse, *op. cit.*, 270, 272를 보라. G. Jeremias, *op. cit.*, 147f. 를 보라. 사독의 제사장 귀족가문이 헬레니즘으로 치우쳤던 것에 대해서는 G. Molin, *Saeculum* 6, 1955, 273을 보라.

744) 5. 5에서는 עם에 נכרי를 보충하고 있는데, 그 아래 부분은 사진에서도 분명히 식별가능하다. Dupont-Sommer, *op. cit.*, 214; G. Jeremias, *op. cit.*, 218 각주 2와 비교하라. 더 상세한 것은 8행의 "이방인 거주지(במגור)에서 많은 어부들과 함께 … 그리고 악인의 아들들을 쫓는 많은 사냥꾼들과"를 보라. 이는 마카베오 가문에 대항한 유대의 셀레우코스 적대자들을 암시한 언급이리라. 예. 아크라(Akra)의 수비대; 비교. 그들에 대한 1마카 1:36의 묘사. 1QH 5. 17은 역시 중요하다: "민족들 가운데 악한 자들(רשעי עמים)이 나를 괴롭혀 대적하도다." 이 기간 동안 '의의 교사'가 계시를 지각(知覺)하고 있음에 계시인식에 대해서는 5. 9, 11을 보라: 압제자들(이방인 아니면 유대교의 변절자)은 그의 가르침의 의미를 깨닫지 못했다. 유대인으로 사로잡힌 자들에 대해서는 1마카 1:32; 2마카 5:24를 보라. 그리고 특히

서의 헬레니즘적 개혁기간 동안의 사태를 설명해 주고 있다:

왜냐하면 내가 내 죄를 깨닫고,
내 조상들의 불충도 알기 때문이다.
악한 자들이 그분의 거룩한 언약에 대항하고,
파렴치한 자들이 그분의 말씀을 거역했을 때에
(בקום רשעים על בריתך ונלכאים על דברכה),
나는 내 죄 중에 말했다.
"나는 주의 거룩한 언약으로부터 버림을 받았다."
그러나 당신의 크신 자비와 당신의 강력한 손을 명심할 때에
나는 일어나 설 수 있었으며,
내 영혼은 고통을 직면하며 견고하게 서 있었다.745)

우리는 여기서 악한 자들이 친(親)그리스적 개혁그룹이 아니었는지, 또 그 조상들이 사독계의 성직자 귀족들은 아니었는가를 물을 수 있으리라. 이들은 유대귀족 대부분이 그랬던 것처럼 처음에는 친(親)그리스적인 사람들과 우선적으로 협력했을 것이다(3권 p. 82f. 를 보라). 어떠하든지 '의의 교사'는 자신의 경험을 통해서 헬레니즘적 문

기원전 157년, 아크라의 수비대는 저명한 유대인 가문의 자녀들을 인질로 삼았다가 기원전 152년에서야 그들을 돌려보냈다: 1마카 9:53과 10:6, 9. 그들의 추방에 대해서는 또한 J. T. Milik, *op. cit.*, 53; J. Carmignac, *RQ* 2, 1959/60, 209와 비교하라.

745) 1QH 4. 34-36. "언약"의 언어사용에 대해서는 단 11:30, 32 그리고 1마카 1:15, 63; 2:20, 27, 50, Jub. 23, 19, 3권 p. 167과 제 4부 각주 292를 보라. "괴로움"(נגע) 이라는 용어는 에센파 문헌에서는 하나님의 특별한 벌로 표현된다: 1QS 3. 14, 22; 4. 12; 1QH 1. 18, 32f.; 9. 10, 12; 11. 8 등. 예루살렘의 귀족가문에 속했던 많은 구성원들은 175년 이후의 박해의 시기에 자신들의 체면이 손상했다: 앞서 말한 사독계 말기모스에 대해서는 2마카 14:3; 그러므로 이익을 탐지 않는 태도는 특별한 업적으로 여겨진다(14:38). 3권 p. 121f. 를 보라.

명의 본질과 또한 그것이 유대 종교공동체를 지속하는 데 위협이 되고 있음을 알았다고 가정할 수 있다. 이 타락한 생활태도와의 결별을 요구했던 그의 급진적이고 엄격한 가르침이 형성되고, 군대식 규율로 외부에 대하여 단절적인 수도원적 공동체를 창설했던 정황을 이해하기 위해서는, 기원전 175년 이후에 유대인들 사이에 팽배했던 심각한 내부의 위기와, 이로 인하여 다음 시대 그들이 가야 할 길을 정하지 않으면 안 되었던 급박한 배경을 전제해야 한다.

〈다마스쿠스 문서〉의 기원 역시 안티오코스 4세의 통치하에서 "분노의 시대"에 형성되고 있었던 하시딤의 회개운동과 '의의 교사'의 출현을 연결해준다. 그리고 다른 에센파의 문서들은 후기의 〈나훔 주석서〉와 〈희년서〉, 〈레위 유언서〉처럼 그 질곡의 시대의 왕들이나 사건들을 언급하고 있다.[746] 〈하박국 주석서〉에 의하면 새로운 대제사장 요나단은 "하나님께 반역한 폭도들"의 재산을 몰수했는데, 이들은 아크라(Akra)에 피난처를 구해왔던 개혁당파에 속한 유대인들이었을 것으로 생각된다. 왜냐하면 그들은 조상들의 신앙에 신실하지 않았기 때문이었다(3권 p. 122f. 를 보라). 중요한 것은 이 사건 직후에 타락한 그 (대) 제사장 자신이 "반역자"로 낙인찍혔다는 것이었다. 즉, 유대공동체의 눈으로 볼 때, 그의 죄는 배교자들의 죄보다 결코 적지 않았다.[747]

---

746) CD 1. 1-10; 진노의 때에 대해서는 5행을 보라. 이 표현에 대해서는 G. Jeremias, *op. cit.*, 159f. 를 보라. 1마카 1:64; 3:8과 2마카 8:5; 또한 1QH 3. 28과 fr. 5행을 비교하라. 그것은 종말의 시작이다. 더 상세한 것은 4QpNah 1. 5b. E. Lohse, *op. cit.*, 262; T. Levi 14-16장; Jub. 3, 31; 15, 33; 23, 19f. ; 30, 7ff. 와 비교하라. 빌가(Bilga) 사건이 그 사례이다. 3권 p. 88f. 와 100f. 를 보라. 더 상세한 예들은 H. H. Rowley, *Jewish Apocalyptic and the Dead Sea Scrolls*, 1957, 30, 각주 49를 보라.

747) 1QpHab 8. 11, 비교. 16. 그것은 어쩌면 이방인들에 관한 사항이었으리라는 G. Jeremias, *op. cit.*, 40f. 의 추측은 정당하지 않다. 왜냐하면 그 이후에

요나단은 사독계가 아니었으며 이방 지배자인 알렉산드로스 발라스로부터 대제사장직을 불법적으로 획득했고, 더 나아가 명예와 지위도 받았다. 그의 대제사상직의 "기반은 야손이나 메넬라오스보다 나을 것이 없었다."[748] 이런 활동가에게는 정치적 · 군사적 성공이 율법을 엄격히 준수하는 것보다 더 중요했다. 그는 '의의 교사'의 예언적 계시와 요구들을 단지 어렵사리 얻은 자신의 권력에 대한 위협으로 볼 수밖에 없었다. 그와 그의 부하들은 수년간의 게릴라전과 셀레우코스의 압제가 지난 후에, 이제는 추방되고 지위가 박탈되었던 토비아스 가문과 그의 추종자들에 못지않게 당대에 부와 권력을 향해 야심적으로 투쟁했던 것으로 보인다.[749]

"백성들의 부"를 따로 언급하기 때문이다. 사악한 제사장들은 이것들도 자신들의 것으로 사유화했다. "반항하다"(בגד) 라는 개념에 대해서는 유대고대사 22, 16. 18f. 29, 그리고 단 9:5, 9와 비교하라. 이들은 무엇보다도 재산이 많은 상류층의 유대인 배교자들이며, 주로 마카베오1서에서는 "패역자들"(ἄνομοι) 혹은 "불경한 자들"(ἀσεβεῖς) 로 불렸다. 비교. 예. 2:44; 3:5f.; 7:5 등, 3권 p. 118ff. 를 보라. 그 질문에 대해서는 또한 10:7-14, 61을 보라.

748) M. Smith in: Fiseher-Weltgeschichte 6, *Der Hellenismus*, ed. P. Grimal, 1965, 266. 그가 그의 통치 초기에 미흐마스(Michmas, 기원전 157~152년)에서 "사사"라는 직함을 가졌다는 것은 올바르다(1마카 9:73을 보라): "그러나 그가 이스라엘을 통치하기 시작했을 때"(1QpHab 8.8-10), 즉 152년 가을에 대제사장이 되었을 때(1마카 10:15-21), "그는 자신을 높였고 하나님을 버렸다." 알렉산드로스 발라스는 그를 "왕의 친구"로 만들었고 나중에는 "최고 수장과 장군"(*Meridiarch*와 *Strategos*) 이 되었다(10:59-65). 즉, 그는 셀레우코스 관료로 고관이 되었으며, 또한 다른 방법으로 성공했다(10:20, 64, 88). 로마와 스파르타의 대사가 된 것(1마카 12:1-24) 도 이 같은 맥락에서였다. 여기에서 중요한 것은 아브라함을 통하여 스파르타인과 맺은 "혈연"이 강조되었다는 점이다(12:10, 21). 이것은 예루살렘에서 그리스인 동료를 꾸며낸 것으로 거슬러 올라간다(1권 p. 263ff. 를 보라). E. Bickermann, *GM*, 87f. 의 간단하고 적절한 성격묘사와 비교하라.

반면에 '의의 교사'가 보기에, 마카베오를 해방자처럼 환호했던 백성들은 하나님의 무서운 심판과 성전이 폐허가 된 공포, 박해의 시기, 전쟁에 따른 고초로부터 유일하고도 올바른 열매인 진지한 회개를 이끌어내지 못했다. 이렇게 그들은 그 시대의 위협적인 징조를 깨닫지 못했고, 그 결과 참으로 구원의 시기가 다가오는 것을 지연시켰다. 다니엘서에 나타나는 짐승들의 환상과 '주간묵시'는 하시딤이 임박한 구원의 시기가 동터오기를 고대했음을 보여준다. 그러나 그 시간이 지연되고 전쟁의 고난이 한없이 이어지며, 또한 백성들의 카리스마적인 지도자였던 마카베오가 이제 임기응변에 능한 현실정치가와 폭력적인 용병대장으로 변해버리자 백성들은 커다란 실망을 하였음에 틀림없었으리라. 이에 대한 해명은 이렇다: 백성들은 전체적으로 구원의 여명시기를 맞이하기에는 부족했고, 그래서 그들은 더 많은 심판으로 정화되어야 했다.

이제 그 자리에 "남은 자", 즉 에센파의 구원공동체가 들어서게 되었다.[750] 〈희년서〉 23, 21ff. 는 아마도 성공적인 마카베오의 봉기와 연관되었을 짧은 설명 후에, 그 백성들이 걸어갔던 패역의 길을 이렇게 강조했다:

그리고 구원받은 자들은 그들의 악에서 돌이켜 진리의 길로 오지 않

---

749) 1QpHab 8. 10ff. ; 12. 9. 일반적으로는 하스몬 가문이 공격을 받았다 (9. 4ff.). 또한 비교. Jub. 23, 21. 사악한 제사장의 이른바 방종에 대해서는 1QpHab. 11. 13f. 를 보라. C. Schneider, in: *Qumran-Probleme*, ed, H. Bardtke, 1963, 303은 여기에서 "헬레니즘적인 독재자 모델"을 보는데, 이는 옳지 않은 것 같다. 일반적인 사악한 제사장에 대해서는 G. Jeremias, *op. cit.*, 36-77을 보라.

750) 이는 가설로 남아있기는 하지만, 가장 근접한 가설이다. 이와 유사한 후대의 상황에 대해서는 다음을 보라: M. Hengel, *op. cit.*, 127-132.

> 고, 모두가 속임과 부에 몰두하여 누구나가 이웃의 (재물을) 취하고, 그 큰 이름을 진리나 의로움으로 부르지 않게 될 것이니, 가장 거룩한 이가 그들의 부정으로 그들을 더럽힐 것이다. … 그리고 이 세대의 행실에 대하여 그의 징벌이 내릴 것이다. … 그는 그들에 대항하여 이방 죄인들을 불러일으키실 것이니, 이들은 자비심이나 은혜도 없는 자들이라[751] (E. Littemann의 번역).

뿐만 아니라 변절한 유대인들이 이방인 군대와 함께 예루살렘의 아크라 요새와 베트 주르(Beth Zur)를 포위하자 잠재적인 위협이 드리워졌다. 시몬은 기원전 141년에야 비로소 그들에게 항복을 받아냈는데(1마카 13:49-53), 이는 셀레우코스의 사령관 트리포스(Tryphos)가 요나단을 죽인 지 2년 뒤의 일이었다. 그러나 안티오코스 7세 시데테스(Sidetes)가 기원전 135/134년에 예루살렘을 성공적으로 공략한 것이 보여주듯이, 그 후로도 셀레우코스의 위험은 결코 끝나지 않았다.[752] 전체적으로, '의의 교사'는 이렇게 마카베오 가문이나 하스모니아 왕조의 진로를 정확히 예언했다. 그들의 현실적인 정치와 권력은 율법을 준엄하게 복종하는 것으로부터 그들을 멀리 있게 하였고, 그들과 지도층을 다시 한번 저 헬레니즘 문화에 노출시켰다.[753] 보수

751) 23:16은 포로기 이후의 실패와 부합한다: 에녹 91:9. *Jub.* 23, 19f.는 마카베오 봉기를 언급하고, 그 후에 마카베오 가문의 실패를 시사한다. M. Testuz, *Jubilés*, 167; 23:21ff.를 보라

752) 유대고대사 13, 236-248; 유대전쟁사 1, 61ff., Diod. 34 fr. 1 = *FGrHist* 87 F 109(Reinach 56ff.)에 의한 포세이도니오스, 또한 *Schürer* 1, 259ff.를 보라. 유대고대사 13, 249f.에 따르면 안티오코스 7세는 유대인들을 군사로 강제징집하여 파르티아인(人)들과 싸우게 했다.

753) 통치자 가문 하스몬의 헬레니즘화에 대해서는 1권 p.276 그리고 M. Smith, *op. cit.*, 265f.를 보라. 시몬이 자신이 형제들과 부모를 기리기 위해 모데인(Modein)에 세운 묘비들과 기념비들의 형태는 완전히 헬레니즘의 영향을 받았다(1마카 13:25-30; 유대고대사 13, 211f.); Watzinger,

적인 종교성과 정치적 민족주의, 그리고 헬레니즘의 문화적 영향에 대하여 개방적인 태도 사이에서 분명하게 드러나는 이 모순적인 결합은 새로이 형성되고 있었던 사두개파 귀족의 기본적인 입장이 되었다. 그들은 새로이 형성되고 있었던 하스모니아 왕조에 충성을 바쳤고, 전쟁과 약탈을 통하여 부유하게 되었던 자들이었다.[754] 유대 성직자이며 역사가인 에우폴레모스는 그 전형적인 대변인이라고 하겠다(1권 p. 321f. 를 보라). 그는 '의의 교사'와 동시대인이었다. 정치권력 지향적인 세속적인 추세는 대략 요한 히르카노스와 그의 아들이 다스렸던 기원전 2세기 말에 더욱 강화되어, 하시딤의 한 분파까지도 마카베오 왕조와 관계를 끊고 가장 무서운 적대자가 될 정도였다. 그 분파에서 바리새파의 사람들이 파생되었는데, 이들은 민족주의적 이유로 마카베오에게 충성을 다했고, 분파주의라는 이유로 '의의 교사'를 거세게 공격했다.[755] 기원전 63년 초에 다마스쿠스의 폼페이우스 앞에서 2

DP 2, 22f. ; F. M. Abel, *Macc.*, 239ff. 를 보라.

754) 사두개인에 대해서는 R. Meyer, *TWNT* 7, 43ff. 를 보라. 그러나 그는 보수적인 측면을 너무 강조한 반면, 사회 · 문화적인 측면은 너무 소홀했다. 유대고대사 13, 171-173에서 요세푸스는 유대교의 3개 종파가 출연한 때를 요나단시기로 잡는다. 초기 사두개주의의 귀족의 정치적이고 헬레니즘화된 환경을 보여주는 전형적인 예는 알렉산드로스 얀나이스(Alexander Jannais) 시대의 야손의 무덤이다. 이 책 제 2부 각주 17을 보라.

755) '의의 교사'의 적대자들 가운데에는 그의 원래 하시딤 진영에서 온 사람들도 있다(1QH 2. 31ff. ; 4. 6ff. ; 5. 22ff. ; 6. 19, 21f. ; 1QpHab 5. 9-12: 압살롬의 집). 그러나 그들이 그와 함께 하시딤을 탈퇴하는 길을 가려했던 것은 아니다. 바리새주의 운동도 아마 하시딤에게서 시작되었던 것 같다. F. M. Cross, *The Ancient Library of Qumran*, 1958, 107 각주 66을 보라. 또한 J. Carmignac, *RQ* 2, 1959/60, 220f. ; W. Grundmann, *UU* 1, 244f. 와 비교하라. 바리새인이 요한 히르카노스를 배반한 것(CD), 그리고 "p^{e}šārîm"에서 후대의 에센파가 바리새인을 비평한 것에 대해서는 R. Meyer, *Tradition und Neuschöpfung*, BAL 110, 2, 1965, 44f., 61ff. 를 보라. 이에 반대하는 G. Jeremias, *op. cit.*, 79-126을 보라.

백 명의 바리새파의 대표자들이 터트렸던 고소는 근본적으로는 그보다 약 90년 이전에 '의의 교사'가 갔던 행보를 확인하는 것이었다. 그들의 말은 마카베오2서에 나오는 야손과 메넬라오스를 향한 비난같이 들렸다. 즉, 하스몬 가문의 지도자들은 "조상들의 율법을 저버렸고(καταλελεκότας τοὺς πατρίους νόμους) 불법적으로 시민들을 노예로 만들었다"(Diod. 40 fr. 2; Reinach 76f.)는 것이다.

반대로, 보다 자유로운 생활태도에 개방적이었던 사두개파의 귀족들은 그들의 "공식적인" 신학적 견해에서는 아주 보수적인 상태에 머물러 있었다. 그들은 에센파 사람들과 바리새인들이 비유대적 견해를 수용하여 '과도하게 이방화'되었다고 비난했다. '헬레니즘의 영향'이라는 관점에서 본 유대교 내부 전선(戰線)의 모습은 마카베오 봉기 이후에도 독특하게 균열되어 있었다.

초기 에센파 공동체의 근본견해는 그들의 정신적 지도자인 '의의 교사'의 관점과 분리될 수 없었다. 하나의 추상적 개념형성을 통해 규정된 그들의 신학뿐만 아니라, 특유의 주석형식과 수도원 같은 사막 공동체, 엄격한 수도승적·군사적 조직 모두 '의의 교사'에게서 시작되었으리라.[756] 그의 가르침 역시 유대교의 심각한 위기의 결과물이

756) '의의 교사'의 가르침은 틀림없이 1QH의 개인적인 고백찬송(G. Jeremias, *op. cit.*, 168-244; J. Becker, *op. cit.*, 50ff., 58ff.)에 국한되거나, 그것들의 예정실파 이원론을 부정한 것은 아니다. 베커는 이미 선택의 원리와 찬송에 대한 해석에 근거해서 자신의 주장을 펼쳤기 때문에, 사실상 그의 주장은 순환논법에 빠지고 있다. 벨리알이 곧 "악"이나 인격을 지닌 인물(4.10, 12f.; 5.38f.; 6.21; 7.3 등)을 의미하는 것이 아니며, 또한 3.19-36과 특히 4.29-5.4 부분의 개인적인 찬송들의 저자가 '의의 교사'임을 부정해서도 안 된다(Becker, 52, 54). 4.27과 5.36의 "하나님의 비밀들" 혹은 "죄"는 하나님이 "조언"과 "계획"(4.13)이나 "운명"(6.13f., 또한 비교. 4.38)처럼 이미 예정되었다. 왜 '의의 교사'가 — 문체를 바꾸어서 —

라고 볼 수 있는데, 그 위기는 안티오코스 4세의 치세 이후 유대민족의 구조를 심장부까지 흔들어버리고 말았으며, 마카베오 지도자들의 헬레니즘적 개혁의 노력과 세속화의 결과이기도 했다. '의의 교사'와 그 추종자들이 볼 때 유대민족의 재앙을 초래했던 이 변화는 이제 그들에게, 거룩한 남은자요 참 이스라엘이라는 소수로 자신들이 분리될 가능성만을 남겨두었을 뿐이었다.757)

또한 이 상황은 '의의 교사'와 이 공동체가 토라에 얼마나 전적으로 집착했는가를 설명해준다. 예루살렘에 있는 그리스어사용 유대인이 예루살렘의 권력을 빼앗고, 그후 마카베오가 율법에 대한 전적인 복종을 거부했기에, 이 새로운 공동체는 엄정하게 해석된 율법의 요구를 더욱 견지해야 했다. 에센파 공동체와 그 창건자들은 개인과 민족들의 역사에서 매우 강력한 악의 세력이 전통적인 형식을 파괴하는 것과, 그 악이 이스라엘에서조차 창궐하여 많은 사람들을 미혹하는 것을 경험하고, 아울러 통렬한 예언자적인 회개와 구원을 체험하게 되었다.758) 이러한 경험은 그들에게 역사와 인간에 대한 자신들의 묵시적 역사관에 하나의 토대를 제공하였다. 이 역사관에 대하여 우리는 위에서 그저 그 시대의 요청에 대한 신학적 해답이라는 의미에서 매우 단편적인 방법으로만 개관했다.

창조찬송과 공동체의 찬송을 작곡하지 않았는지는 알 수 없다. 전체의 문제에 대해서는 또한 2권 p.344와 각주 739를 보라.

757) 예루살렘과의 갑작스러운 단절(1QpHab 11.4ff.를 보라)은 후에 완화된 것 같다. 유대고대사 18, 18f.; 유대전쟁사 5, 145; 생애(요세푸스) 10을 보라.

758) 비교. 1QH 2.6ff; 3.3ff, 19ff; 4.34ff; 5.8ff(2권 p.348을 보라).

3. 에센파 교의의 새로운 발전과 이방적인 영향

이런 상황에서, 에센파의 가르침 안에서도 유대교적인 전통이나 구약과 대조적으로 보이는 새로운 특징들이 발견된다는 사실은 특이하게 보인다. '의의 교사'와 그를 추종하는 자들은 그들의 이원론적 역사관에 부합하게 모든 "불의의 아들들"로부터의 엄격한 분리를 주장하였는데, 그 안에 자신들의 민족 안에 있는 공동체의 모든 적대자들뿐만 아니라, 한층 더 비유대인들까지 포함했다. 이것으로 볼 때 에센파 사람들은 분명 모든 헬레니즘의 영향을 가장 신랄하게 저항하는 자들이었다. 기원전 175년에 있었던 유대 개혁운동은 유대인들이 비유대인들로부터 분리되어야 한다는 주장을 철회하라는 구호 아래 시작되었다.[759] 대제사장 요나단은 타락한 셀레우코스 왕조와 다시금 밀접한 관계를 가지려 했다. 이에 대항하여 에센파 사람들은 모든 타락한 존재들로부터 엄정하게 분리되는 것만이 임박한 구원의 시기에 합당하다는 행동이 될 수 있다는 견해를 가졌다.[760] 아마 그들이 가졌던 "사막의 이상"도 이런 의미에서 이해해야 할 것으로 보인다.[761] 이렇게 어떤 의미에서 에센주의의 유대교 "개혁운동"은 헬레니즘적

---

759) 1마카 1:11, 1권 p. 267f. 와 3권 p. 86ff. 를 보라.

760) '의의 교사'는 이방인으로부터 "분리"되기 위한 하나님의 도구였다(1QH 7. 12). 이 분리는 "불의한 자들"과 유대인, 그리고 무엇보다도 이방인들 모두에게 해당한다. 특히 동사 ldb를 보라(1QS 5. 1, 10, 18; 8. 13; 9. 14, 20; 1Q34bis 3, 2, 6, DJD 1, 154; CD 6. 14 등). 모든 비유대인에 대하여 그토록 배타적인 태도를 보이는 것은 특히 〈전쟁문서〉와 그보다 더 큰 집단을 위해 기록된 〈희년서〉에서 나타난다.

761) 예를 들면, 1QS 8. 13f. ; 9. 20의 사 40:3의 해석과 비교하라. 또한 4QpPs 37. 3, 1(ed. E. Lohse, *op. cit.*, 272) : 1QM 1, 2 그리고 M. Hengel, *op. cit.*, 255ff. 와 비교하라.

개혁시도에 대립하고 있었다. 이미 하시딤에게서도 이러한 태도는 그랬지만, 에센주의는 단지 더 급진적이었다고 하겠다. 이것은 예컨대, 다음과 같은 사실에서 나타난다: 에센파 공동체는 키르벳 쿰란(Kirbet Qumran)의 시설에서 모든 헬레니즘적 건축요소들을 기피했다.[762] 더 나아가 순수한 성서 히브리어를 모든 외래어로부터 가능한 한 영향을 받지 않게 보존하려 장려했고, 또 그것을 천사와 "창조의 언어"로 간주했다.[763] 이와 비슷한 사실은 쿰란의 거대한 도서관에도 적용되는데, 이는 거기에 보존된 5백 개 이상의 두루마리 유물들과 함께 팔레스타인 유대교의 정신적 중심을 형성한다. 이 두루마리 중에서 제 4번 쿰란동굴에서만 나온 381개의 필사본들이 있는데, 원래는 그보다 훨씬 더 많았을 것이라 추정된다. 이 중에 몇몇은 기원전 3세기 말이나 2세기 초 중반으로 거슬러 올라가기 때문에, 그 도서관은 매우 일찍

762) R. de Vaux, *L'archéologie et les manuscrits*, 1961, 또한 P. W. Lapp, *Palestinien Ceramic Chronology*, 1961, 229와 비교하라: 쿰란에서 이방인의 도자기는 발견되지 않았다. 다른 한편, 모데인(Modein)의 마카베오 가문의 헬레니즘적 무덤을 보라(제 3부 각주 753을 보라).

763) *Jub*. 12, 25, 비교. 3, 28과 히브리어로 기록된 *Test. Napht*. 8, 4-6, ed. Charles, *Greek Versions*, 242f., 그리고 오래된 *Hag*. 16a. *Bar*. 비교. S. Segert, "Die Sprachenfrage in der Qumrangemeinschaft," in: *Qumranprobleme*, ed. H. Bardtke, 1963, 316ff., 328f.: 이것에 의하면, 성서 히브리어는 종교제의와 교의, 모든 공동체의 공적인 글에 사용되었고 그리스어나 아람어 차용어로 기록된 글들은 거의 없었다. 소수의 그리스어 《70인경》 사본들은(1권 p. 228) 아마도 그리스어를 사용하는 아스포라에서 나온 것으로, 초심자들에 대한 개인적인 교화를 위해 사용된 것 같다. 아람어 문헌들 상당수는 에센파에서 온 것이 아니다(2권 p. 214f). 아람어의 영향을 피할 수는 없지만, 이는 구문과 발음에만 제한되었다. 하지만 이것조차도 제한하기 위하여 모음부호를 사용했다. 세게르(Segert, 329)의 주장과는 달리, 에센파는 고전적인 성서 히브리어를 보존하는 데 관심을 기울인 것 같다. 그러나 그들이 현대의 문학적인 방법을 사용했을 것이라고 상상할 수는 없다.

세워졌던 것으로 볼 수 있다.[764] 좀 과장하여 말한다면, 그것은 유대교의 '아티카주의'(*Attizismus*. 역주. 코이네 이전의 고전주의 그리스어 문체로 표현된 방식) 내지는 유대인의 '박물관'(*Museion*)이라 하겠다.

더욱 놀라운 것은 새로운 사상적 발전과 이방의 영향인데, 이에 대하여는 단지 개괄적으로만 다룰 수 있겠다:

1. 가장 먼저는 지식과 지각, 계시, 비밀이라는 개념 그룹들의 탁월한 의미를 통해 영향을 받은 "경건의 지성화"를 언급할 수 있겠다.[765] 이것의 뿌리는 이미 하시딤적·묵시적 지혜전승에 있다. 이 전승 안에서 "현자들"은 역사에 대한 하나님의 비밀스런 계획과 죽음이후 인간의 운명에 대한 통찰을 얻는다. 이리한 하시딤적 '지혜'가 에센주의 안에서는 인간론적·구원론적 경향 때문에 섬섬 너 '구원의 지식'(*Heilswissen*)이 되었다.

여기에 왜 에센파 문헌들이 때로는 "영지주의적" 성격을 갖는다고 했던가에 대한 이유가 있다.[766] 이것이 정당한 것인가, 그렇지 못한가

---

764) F. M. Cross, *op. cit.*, 32f. ; *JBL* 74, 1955, 147-172, esp. 1 63ff. 또한 비교. R. de Vaux, *op. cit.*, 75ff. ; P. W. Skehan, *BA* 28, 1965, 87-100; H. Bardtke, *TR* 30, 1964, 303ff. 쿰란의 도서관 시설에 대해서는 K. G. Pedley, *RQ* 2, 1959/60, 21-41을 보라. 또한 전체 시기에 대해서는 M. Smith, *op. cit.* (제 3부 각주 748), 269와 비교하라: "이 모든 문헌들에서 특징적인 것은 고전주의이다."

765) J. Hempel, *op. cit.*, 349. 지혜로부터 시작된 이 과정은 랍비들에게서 계속된다. K. H. Rengstorf, *TWNT* 4, 405ff.를 보라. 그는 거기에서 그리스 영향이 미치고 있음을 발견한다.

766) K. G. Kuhn, *ZTK* 47, 1950, 203-235; K. Schubert, *TLZ* 78, 1953, 502, 506; *Die Gemeinde vom Toten Meer*, 1958, 65ff. ; H. Bardtke, *Die Handschriftenfunde*, 1953, 114, 166; H. J. Schoeps, *ZRGG* 6, 1954, 276-9; H. Grasser, *TR* 30, 1964, 176, 또한 각주 3의 개관을 보라. 에센파의 신학을 "영지주의적" 혹은 "영지주의"로 너무 성급하게 부르는 것에 반대한 Bo Reicke, *NTS* 1, 1954/55, 137-141; F. Nötscher,

하는 것은 애매한 방식으로 사용되는 이 영지주의의 개념정의에 관한 문제에서 비롯된다. 만일 영지주의라는 개념을 후대의 기독교 영지주의를 척도로 삼는 것에서 시작한다면, 에센파 문헌들을 "영지주의적"이라고 칭하는 것은 분명 부적절하다. 그것은 내용적으로는 아직도 여전히 영지주의를 가장 정당하게 규정하기는 하지만, 창조의 가치를 전적으로 경시하며 천상의 구원자를 통해 영혼의 존재론적 정체성에 대한 신화를 사용하고 있다. 그러므로 에센파의 신학적 성격이 역사적 상황과 임박한 종말을 대망한다는 관점에서 우리는 그것을 "묵시적"이라고 규정하는 것이 가장 최선이라 할 수 있다.[767] 여기서 에센파의 "묵시사상"의 특징이 강력한 인간론적·구원론적 구성요소를 포함하고 있기 때문에, "묵시적"이라는 에센파의 개념은 초창기 하시딤의 묵시사상에 비하여 확장된다. 그래서 에센파의 "지각(知覺)의 개념들"은 공동체와 개개인을 위해 필요한 "종말론적 구원인식"을 의미한다.

이렇게 하여 에센파는 앞에서 "계시를 통한 지혜"라는 표제어로 표현했던 헬레니즘시대의 종교적 흐름 안에 보다 견고히 서 있게 된다.

Terminologie, 39ff. ; M. Burrows, *The Dead Sea Serolls*, 1956, 252-260; M. Mansoor, *op. cit.*, 66f. ; J. Hempel, *op. cit.*, 315의 정당한 비평을 보라. "전(*prä*) 영지주의적"이라는 지칭은 이원론이 아닌 주로 인식개념에 가장 잘 부합된다. 제3부 각주 769-770을 보라.

767) 그러나 묵시사상과 인간학을 서로 화해할 수 없는 대립관계로 설정하고 묵시사상을 "묵시적인 역사계획을 입증하는 것이나, 천문학 등으로 축소시킬 수는 없다"(H. Conzelmann, *NTS* 12, 1966, 233을 보라). 마찬가지로 유대교가 처한 심각한 위기 속에서 생긴 〈에스라4서〉(*4.Ezra*)에서 인류학적인 사고와 묵시적인 사고 사이의 밀접한 관계가 다시 나타난다. "묵시사상"이라는 용어에 대해서는 E. Käsemann, *Exegetische Versuche u. Besinnungen*, 1964, 2, 105 각주 1을 보라. "영지사상"이라는 용어에 대해서는 K. Wegenast, *KP* 2, 831과 C. Colpe, *RGG*[3] 2, 1648ff.를 보라.

하나님은 마지막 때에 그의 영을 통해서 "구원공동체" 안에서 자신이 선택한 자들에게만 그의 행동과 의지의 비밀을 보여주신다.768) 이러한 의미에서 쿤(K. G. Kuhn)과 같이 "영지주의 문서들 이전 수세기 동안에 … 유대교의 율법종교와 … 묵시사상에 이식되었던 영지주의적인 사고의 예비적 형식"에 관해 말할 수 있으리라.769) 지각(知覺)에 대한 에센파의 묵시적인 관념은 근본적으로 영지주의의 기본적인 특징들을 미리 앞서 보여주고 있다:

> "그리스 전통에서 '안다'(γινώσκειν)라는 것은 이성(νοῦς)이나 로고스(λόγος)로 훈련된 방법론적 능력 안에서 —다시 말해서 학문, 그 중에서도 특별히 철학 안에서 실행되는 데 반해서— 영지주의자들의 '지식'(γνῶσις)은 (그것의 실행은 물론 그 결과로써) … 하나님이 인간에게 선물로 주시는 '은사'(χάρισμα)이다. 그러므로 이 지식은 이성적인 사고와는 구별되는 '비추임'(*Erleuchtung*)이다. 왜냐하면 하나님은 그와 같은 이성적인 인간에게는 가까이 하기가 어렵기 때문이다. 그러나 하나님은 인간들(혹은 경건한 자들)을 알고 있으며 그들에게 자신을 계시하신다."770) 불트만이 정의한 이 영지주의적인 인식은 몇

---

768) 우리가 이미 벤 시라와 하시딤, 아리스토불로스(2권 p. 91ff.를 보라)에게서 만났던 영감사상은 에센파 사람들에게서는 묵시적 전조(前兆)로 발전된다. 고대 이스라엘에서 영(靈)을 받은 자들처럼(1QS 8.16; CD 2.12; 6.1; 7.17; *Jub.* 15,14 등) '의의 교사'와 그의 공동체 또한 영을 받았다(1QH 12.11-13; 13.18f.; 14.13). H. W. Kuhn, *Enderwartung*, 136ff.를 보라.

769) K. G. Kuhn, *ZT*, K 47, 1950, 204; 비교. 203: "영지주의적 '지식개념'이 여기에 제시된다." 제3부 각주 725의 H. W. Kuhn, *op. cit.*, 142ff.를 보라.

770) R. Bultmann, *TWNT* 1, 693. 비교: R. Reitzenstein, *Hellenistische Mysterienreligionen*[3], 68f.의 유사하지만 엄밀하지는 않은 정의와 H. Gressmann, *ZKG* 41, 1922, 179; "영지(*Gnosis*)는 묵시의 가장 깊은 본질(이다.)"

가지 개념들을 바꾸면 글자 그대로 에센주의(와 유대 묵시사상)에 적용될 수도 있을 것 같다.

이미 벤 시라에게서 그랬던 것처럼 에센주의가 대중철학적인 사상들이나 개념들과 접촉했을 개연성이 있는 반면, 에센파의 주요 문서들이 어떤 '영지주의적 · 헬레니즘적' 자료들의 영향을 받았다는 것은 연대기적 근거만 본다 해도 불가능하다. 왜냐하면 기원전 150년경에 이루어진 에센파 공동체의 형성시기가 이 주장에 맞추기에는 너무 이르며, 게다가 에센파의 형성은 하시딤은 물론 초기 묵시사상과 직접적으로 관련이 있기 때문이다. 그러나 오히려 그 반대의 영향은 훨씬 더 가능성이 있다. 이를테면, 기원전 1세기의 알렉산드리아에서 나온 〈솔로몬의 지혜서〉와 필로의 저작에서처럼, 팔레스타인의 묵시적인 전통이 디아스포라 세계 안에서 플라톤 사상과 만났던 경우를 들 수 있다. 그러므로 우리는 유대 묵시사상이 — 특히 그 에센적인 형태에서 — 후대의 유대기독교적 영지주의 형성에 영향을 주었다는 사실을 고려해야만 한다.[771]

2. 어쩌면 구약의 틀을 넘어서는 또 다른 에센주의의 관점은 이원론, 그리고 이중예정을 통해 이원론을 제한하는 것이다. 그리하여 이원론은 우주론적 이원론에서 출발하지만, 결과적으로는 구속사적 · 인간론적인 경향을 갖게 된다. 여기서 원칙적으로 자연과 역사 안에 있는 하나님의 주권적이고도 무제한적인 전능에 관한 전형적인 구약의 틀은 그대로 유지된다.[772] 그렇지만 이원론적인 '이영(二靈) 교의'는

771) 〈지혜서〉의 저작시기와 장소에 대해서는 Eissfeldt, *Einl.*[3], 815를 보라. 플라톤의 영향에 대해서는 I. Heinemann, *Poseidonios' metaphysische Schriften* 1, 1921, 139ff.를 보라. 초기 영지주의의 유대적 배경에 대해서는 이 책 제4부 각주 313을 보라.

772) 예를 들면, 삼상 19:9; 왕상 22:20ff.; 암 3:3-8; 사 45:7과 비교하라.

'천사론'의 기본적인 부분으로서 수용되었다. 왜냐하면 악은 개인의 삶과 당대 유대역사 안에서 집중적이고 계획적으로 영향을 주는 세력으로 경험되었고, 또 동시에 신징론에 대한 관심으로 인해 하나님을 악의 직접적인 원인으로부터 분리시키려 했기 때문이었다. 여기서 하나님의 의와 구원의지는 그가 "악한 영의 길들을 미워하시고" 가까운 미래에 "진리의 영"에게 최후의 승리를 수여하신다는 사실을 통해서 표현되었다.[773]

이 관념이 이란에서 기원한다는 것은 이미 쿤(K. G. Kuhn)의 기본적인 논문들이 나온 후 입증되었다. 하지만 그는 이원론의 유대적 고유성, 즉 창조주 신앙이 결합된 점과 인간론적인 방향을 강조했다.[774] 물론 이란의 영향들이 과연 개입될 수 있었는가라는 문제는 여전히 남아 있다. 미쇼(H. Michaud)와 캄라(E. Kamlah)는 이와 유사한 이원론적이고 이란적인 전통들이 필로와 플루타르코스에게서 나타난 것처럼 헬레니즘 세계에서도 나타난다는 것을 보여주었다.[775] 여기서

---

773) 1QS 4.1; 비교. 1QH 14.25; 15.19; 17.24. 이것으로부터 모든 "흑암의 아들들"을 미워하라는 계명이 생겨났다(1QS 1.10; 비교. 10.20f.). 하나님이 두 "종"을 통해 악의 직접적인 책임을 완화시키려는 경향은 Philo, *Quaest, in Ex.*, 1, 23, tr. R. Marcus, LCL, *Philo, Suppl.* 2, 32ff.의 이원론적인 본문을 통해 나타나는데, 그것은 1QS 3.13-4.26과 연관이 있다.

774) K. G. Kuhn, *ZTK* 49, 1952, 296-313; Dupont-Sommer, *Nouveaux aperçus*, 1953, 157-172; J. Becker, *op. cit.*, 96ff P. v. d. Osten-Sacken(이 책 제1부 각주 101을 보라), 130f.

775) Philo, *loc. cit.* (제3부 각주 773); Plutarch, *Is. et Os.* 47(369f-370c). 또한 다음을 보라: H. Michaud, *VT* 5, 1955, 137-147; E. Kamlah, *Die Form der katalogischen Paränese*, 1964, 39ff., 50ff., 57ff., 163ff.; 비교. J. Duchesne-Guillemin, *Indo-Iranian Journal* 1, 1957, 96-99; RAC 4, 344-6; A. Wlosok, *AAH* 1960, 2, 107 111. 플루타르코스에 대해서는 Bidez/Cumont, *op. cit.*, 2, 7-8; T. Hopfner, *Über Isis und Osiris* 2, 1940f., 201-211을 보라. 더 상세한 것은 E. Kamlah, *op. cit.*,

플루타르코스는 이를테면, 테오폼푸스(Theopomp)와 로도의 에우데모스(Eudemos von Rhodos)와 같은 기원전 4세기 초기 헬레니즘시대의 신뢰할 만한 자료로 거슬러 올라가는 것처럼 보인다. 우리는 이미 헤로도토스와 플라톤 이래로 그리스인들에게서 이란 종교에 대한 관심이 강력하게 일어났으며, 또 페르시아 통치가 끝난 후로부터 에센파 공동체에 이르는 현저한 시간간격을 고려해야 한다. 그렇다면 지금까지도 증명할 수 없는 바빌로니아의 영향 대신 차라리 알렉산드리아·유대자료들이 영향을 주지 않았는지 고려해 볼 수 있겠다.[776] 이는

57의 각주 1과 59의 각주 4를 보라. 필로에게서 그가 페르시아의 마법사를 알고 그들과 에센파를 비교했다는 것은 중요하다. *Quod omnis* 74(M. 2, 456). J. Schoeps, *ZRGG* 6, 1954, 277은 Ps. Clem., *Hom.* 15, 7, 4, ed. Rehm, GCS, 215의 더 나아간 이원론적 본문에 주의를 기울인다. 그러나 이란의 유형을 따라 그것이 두 "왕국들" 중에 자유로운 선택을 하게 했다는 점에서 1QS 3. 16ff. 와 다르다.

776) 이란의 세계 시간에 대한 도식과 악(하데스)의 극복, 그리고 구원의 때에 관한 플루타르코스의 결론부분은 플라톤의 친구인 크니도스의 에우독소스(Eudoxos von Knidos)에게 의존하는 테오폼푸스에게서 나왔다(R. Laqueur, *PW*, 2R. 3, 2213을 보라). 또한 *FGrHist* F65와 64를 보라. 제3부 각주 574와 비교하라. 기원전 4세기 이란의 교훈에 관심을 가진 초기 헬레니즘의 작가들에 대해서는 E. Meyer, *UAC* 2, 69ff. 를 보라. 그는 로도스 섬의 에우데모스(Eudemos)의 작품을 플루타르코스의 두 번째 자료로 추측하고 있다(기원전 4세기 후반기). 또한 2, 73, 83, 91, Diogenes Laertius, c. 8, 9의 서언과 Damascius, *De prim. princ.* 125, 본문은 Bidez/Cumont, *op. cit.*, 2, 69를, 그리고 그것에 관해서는 *op. cit.*, 1, 18ff., 62ff. 를 보라. 초기 아카데미아와 아리스토텔레스에 대해서는 W. Jaeger, *Aristoteles*, ²1955, 133-138, 438; Bidez/Cumont, *op. cit.*, 1, nff. 와 비교하라. 1QS의 '이영교리'에 대한 유대 알렉산드리아의 자료에 관해서는 다음과 같은 이유가 제시될 수 있다: (a) 1QS 3. 19와 플루타르코스에서 — E. Kamlah, *op. cit.*, 58f. 가 관찰했듯이 — 두 세력은 각기 빛과 어두움에서 생긴다. 반면에 Bundahishn 1, 21f. (tr. E. W. West, *Pahlawi Texts* 1, 8)에 의하면 그것들은 시작도 없다. (b) 플루타르코스나 1QS에서도 바빌로니아이나 소아시아의 혼합적인 중간단계가 입

특히 알렉산드리아의 유대교 역시 외관상으로는 헬레니즘화되었던 차라투스트라의 전승을 알고 있었기 때문이다.[777]

증되지 않는다. 그렇지 않고 이란에서 나온 관념이 매개된 경우라 할지라도 마찬가지이다. Michaud, *op. cit.*, 143과 비교하라. 또한 Bousset/Gressmann, 481을 보라. 또한 추어반주의적인(*zervanistisch*) 영향은 찾을 수 없다. 그리하여 E. Kamlah, *op. cit.*, 55의 각주 3과 70은 Michaud, *op. cit.*, 144f.과 Duchesne-Guillemin, *op. cit.*, 96ff.의 주장을 반대하고 있다. 추어반주의〔*Zervanismus*, 역주. 페르시아와 파르티아의 후예인 사산 왕조시대(기원후 3~7세기)에 페르시아에서 나타난 조로아스터교의 수성형태〕는 기원후 3세기에야 비로소 확실하게 입증될 수 있는데, 이는 에우데모스의 다마스키우스(Damascius) 인용이 명확하지 않기 때문이다. R. C. Zaehner, *Zurvan*, 1955, 20ff.를 보라. (c) Kamlah, *op. cit.*, 167에 의하면, '이영(二靈)교의'에서 우리는 "인간학이 우주론적 신화를 전수한 초기단계"를 발견한다. 그것은 필로에게서 나타나는 것과 같은 좀더 후대 형태와 플루타르코스의 기록 사이로 자리매김 될 수 있다. 이 기록은 기원전 4세기의 그리스어로 기록되어 훌륭한 정보를 제공하는 이란의 원시적 형태와 근접한 자료들로 거슬러 올라간다. 1QS는—인간 자신이 결정할 수 있는 자유를 강조하는 이란적 형태의 교의와는 달리—인간의 완전한 독립성을 자신의 결정을 묵인하는 것에 결합시킨다. (d) 1QS 3.13-4.24는 분명히 추상적 형태여서, 이를 비교적 쉽게 그리스어로 번역할 수 있다는 것은 인상적이다. C. Schneider, *op. cit.*, 301을 보라. 그리고 E. Kamlah, *op. cit.*, 44 각주 1과 비교하라. Philo, *Quaest.* in *Ex.* 1, 23은 1QS 3.13ff.에서 더욱 발달된 인류학적이고 우주적인 형태의 유대·알렉산드리아의 자료들을 포함하는 것 같은데, 이 자료는 다시금 이란 종교에 관한 4세기의 그리스어 기록에 의존하고 있다. (e) 마지막으로, Kamlah, *op. cit.*, 211f.에 의하면 원래 이란의 이원론(1QS와는 반대)에 더욱 근접한 *Barn.* 18의 "두 길 교의"(*2-Wege-Lehre*)라는 형태는—〈바르나바서〉(*Barnabas*)처럼 대체로 알렉산드리아에서 나왔다고 하는 것이 가장 옳고, 좀더 오래된 판본으로 소급된다. 또한 악마를 "어둠의 자식"(*der Schwarze*)으로 부르는 것에서 알 수 있는 것처럼—"구속사적이며 윤리적인 이원론"이라는 독자적이고, 헬레니즘적·유대교적 형태를 가져왔다(비교. *Barn.* 4, 9; 20, 1).

777) 예를 들면, Clem. Alex. *Strom.* 1, 15, 70, 1이 차라투스트라-차라토스(Zarathustra-Zaratos)를 에스겔과 동일시하는 것과 Bidez/Cumont, 2,

기원전 200년경 "소요학파의 철학자" 헤르밉포스(Hermippos)에 따르면, 그 당시 알렉산드리아의 도서관에는 차라투스트라의 것으로 추론할 수 있는, 이른바 2백 만 줄이 넘는 문서들이 있었다고 하는데, 이를 계산하면 8백 개의 두루마리가 된다. 비록 이 기록이 과장된 것이기는 하지만, 이는 초기 헬레니즘시대의 이란 종교에 대한 관심을 보여주고 있다.[778]

3. 이원론적 경향과 대조적으로 하나님의 전능함을 분명히 표현하기 위해서, 이미 천지창조 이전에 하나님은 그가 "의도하시는 생각"에 세계의 질서와 그 안에서 일어나는 사건들을 엄격한 결정론적 방식으로 확정하였다고 생각했다. 슈베르트(K. Schubert)는 여기에서 "플라톤의 영향이 명백"하다고 추측했지만,[779] 그러나 이렇게 철학적으로 낙인을 찍는 것에는 신중해야 한다. 슈나이더(C. Schneider)가 에센파

36을 보라. 이 기록은 알렉산드로스 폴리히스토르에게까지 거슬러 올라갈 것으로 생각된다(기원전 1세기 전반부). *op. cit.*, 1, 42를 보라. 그러나 F. Jacoby, *FGrHist* IIIa, 273 F 94에 대한 주석(294-298)은 클레멘트가 첨가했다는 것을 회의적으로 본다. 차라투스트라에 대한 유대인의 관심은 피타고라스에 대한 관심과 결합되는데, 피타고라스가 그의 제자라고 여기고, 심지어 아리스토불로스에 따르면(2권 p. 279f.를 보라) 피타고라스가 유대인에게 배우러 갔다고 한다(제 3부 각주 877을 비교하라). 또한 차라투스트라를 니므롯(Nimrod)과 동일시하는 것에 대해서는 Ps. Clem, *Hom.* 9, 4f., GCS, Rehm 133; H. J. Schoeps, *Aus frühchristlicher Zeit*, 1950, 19-24, 32, 132를 보라. 그리고 유대인 전승으로 거슬러 올라가는 보물 동굴에 대해서는 Bidez/Cumont, *op. cit.*, 1, 43ff.; 2, 50ff., 121; 차라투스트라-빌레암(Zarathustra-Bileam), 차라투스트라-바룩(Zarathustra- Baruch) 혹은 차라투스트라-다니엘에 관해서는 *op. cit.*, 1, 47ff.; 2, 129-135를 보라. 이것들은 단지 시리아 자료에서만 발견된다. J. Neusner, *Numen* 12, 1965, 66-69와 비교하라.

778) Bidez-Cumont, *op. cit.*, 1, 85ff. (87); 2, 9 fr. B 2.

779) K. Schubert, *Die Religion des nachbiblischen Judentums*, 1955, 17f.; 그 외에도 그는 스토아적인 주제들을 전제한다.

의 창조의 찬송과 클레안테스(Kleanthes)의 제우스 찬가의 유사성을 제시한 것은 매우 정당한 것이었다.[780] 그러나 여기에서도 어떤 종속적 관계를 생각해서는 안 된다. 오히려 에센파의 찬송에서 나타나는 창조주 하나님에 대한 진술에서는 우리가 이미 벤 시라와 아리스토불로스에게서 발견한 비슷한 경향이 작용하고 있다(2권 p. 114ff.를 보라): "모든 존재와 사건"을 태고의 시간에 고정하는 것은 시간의 영적인 특성에 따라 하나님의 절대적인 세계 초월성과 숭고함, 그리고 동시에 그의 돌보심을 표명한다.

에센파 신학은 창조사건의 더 이성적인 표현양식을 추구하려는 데서 — 일반적으로 팔레스타인과 알렉산드리아의 후기지혜 전체가 그랬던 것처럼 — 그리스 철학사상과 접촉했던 관념들을 받아들였다. 여기서 그것이 실제적인 '헬레니즘의 영향'인지, 아니면 오히려 그와 유사한 일종의 사상적 발전인지는 결정하기 어렵다. 하나님의 의도하시는 생각이 그렇게 세계의 질서에만 연관된 것이 아니라, 오히려 무엇

---

780) C. Schneider, *op. cit.*, 310f.는 가령 1QH 10.8f.에서 표현되듯이, 쿰란 공동체가 하나님을 묘사함에서 "구약성서에 대한 스토아적인 보완"을 가했다고 생각한다. 클레안테스(Kleanthes) 찬송에 대해서는 많은 유사한 본문들이 있는데, Von Arnim, *SVF* 1, 121f. Nr. 537을 보면, 성좌와 자연의 힘의 관점에서 본 확고한 창조질서(11.8-14, 비교. 1QH 1.9ff.; 12.5ff.), 하나님 없이는 아무것도 발생할 수 없다는 사상(16f행. 비교. 1QH 1.20; 12.10f., 1QS 11.11, 18), 하나님은 언어를 주셨다는 관념(1.5, 비교. 1QH 1.27ff.), 인류에 관한 부정적 판결(11.23ff., 비교. 1QH 1.26f.), 인간의 악함에서 인간을 해방함(33ff. 행, 1QH 1.31ff.) 등을 들 수 있다. 그러나 18행에서 — 에센주의와는 대조적으로 — "타락한 자들이 그들의 망상으로 부셔버린 것"을 하나님에게서 유래한 것에서 배제하는 것은 특이하다. 그러나 전반적으로 그들의 기본적인 차이에도 불구하고, 그리스인의 철학적 유일신론과 유내의 창조신앙이 — 상호 의존했다고 말할 수는 없지만 — 서로에게 근접하고 있다는 사실이 나타난다. 제3부 각주 260을 보라.

보다 역사의 정해진 목표를 향한 행로와 연관되어 있다는 사실은 그리스적인 것은 아니다. 에센파 신학이 이렇게 역사를 개입시키고 있는 것은 하나님의 '지식' 내지 '세계계획'을 토라와 동일시하지 못하게 한다. 물론 그것은 스토아주의적 사고에 더 부합하는 방법을 말하는데, 이미 벤 시라에게서 시행되었고, 또 좀더 후대에는 바리새주의와 랍비사상을 결정했다. 에센파의 급격한 결정론 역시 스토아의 관점과 — 어떤 종속성을 말할 수 없지만 — 확실한 유사성을 갖는다. 크리시포스는 "신의 뜻이 이루어졌다"(Διὸς δ' ἐτελείτο βουλή)는 호메로스의 말을 변경할 수 없는 '운명'의 지배 혹은, 외적인 세계질서뿐만 아니라 인간의 행위도 결정하는 신의 "예지"(*Pronoia*)로 해석했다. 인간은 이성적인 존재로서 선택의 자유를 가지고 있음에도 불구하고, 그에게 관계된 모든 사건은 기본적으로 운명에 의해 규정되어 있다.[781] 쿰란에서도 인간의 의지에 대한 호소가 있지만, 동시에 모든 "완전한 삶의 변화"는 하나님의 자유로운 선물이라는 사실을 언급하기도 했다(1QS 11.10f.; 제3부 각주 673을 보라). 결론적으로 스토아와 비슷하게, 에센파 사람들의 유효한 계명이란, 비록 고통이나 아픔이 기다리고 있다 할지라도 하나님께서 그들에 대하여 결정한 것을 하려는 것뿐이었다.[782] 그렇다고 양자의 근본적인 차이를 간과해서는 안 된

781) 스토아학파의 결정론에 대해서는 M. Pohlenz, *Stoa* 1, ³1964, 103-106과 2, 58ff.를 보라. 호메로스 인용에 대해서는 Chrysipp, *SVF* 2, 269, 각주 937을 보라. 또한 Manilius, *Astron.* 4, 14와 비교하라: 후대의 천문학 번역본에 나타나는 "Pata regunt orbem certa stant omnia lege"(불확실한 것은 운명이 지배하는 영역이요, 확실한 것은 인간이 관할하는 영역이다).

782) 1QS 9.23b-26: "그(즉, 하나님)를 통해 이루어진 모든 것에서 기쁨을 발견하라"(24); 비교. 10.12f., 15f.; 유대고대사 13, 172와 18, 18; 더 상세한 것은 Philo, *Quod omnis* 84(M. 2, 458): 하나님은 오직 선을 일으키시고, 악은 그에게서 나오지 않는다. 이것은 하나님의 뜻에 대한 완전한 복종이라고 이해해야 한다. 스토아주의 철학자들은 이와 유사하게 피할 수

다. 즉, 세계에서 일어나는 사건은 비록 그것이 예정론적으로 확정되었음에도 불구하고 (역주. 스토아처럼) 비인격적인 운명에 의존하고 있는 것은 아니다. 운명은 근본적으로 일원론적으로 이해되는 세계구조 안에서 엄격한 인과론을 표현할 뿐만 아니라,[783] 인격적이며 세계를 초월하는 힘을 자유로이 세우시는 하나님의 계획에 의존한다.

4. 천사론은 우리들에게 아주 신화론적인 형태로 보임에도 불구하고, 근본적으로 하나님 형상을 이성화(理性化)하는 데 기여한다. 그것은 엄격하게 계층적으로 분류된 체계 안에서 이루어졌다. 에센파의 신학에서 천사론의 의미는 요세푸스가 기록하는 "천사들의 이름들을 조심스럽게 보존하는" 공동체 구성원들의 서약의무에 나타나고 있다.[784] 그렇지만 그것에 관한 개별적인 관념들 대부분은 하시딤 진승들로부터 받아들였다. 이 사실은 다니엘서에서 가브리엘과 미카엘(2권 p. 247f. 와 289f. 를 보라) 같은 몇몇 천사들이 등장하는 것과 에녹

없는 운명 속에서 목적 있는 신의 예지(豫智. *pronoia*)를 인지하고 그것을 확인한다. M. Pohlenz, *op. cit.*, 1, 1oof., 106; 2, 56f., 61f., 그리고 에픽테투스(Epictetus)를 통해 전해진 클레안테스의 멋진 표현 *SVF* 1, 118 Nr. 527을 보라.

783) M. Pohlenz, *op. cit.*, 1, 101f.; 2, 58, Chrysipp, *SVF* 2, 293 Nr. 1000이 'heimarmenē'의 정의와, 또한 어원적인 해석 *SVF* 2, 265 Nr. 918을 보라.

784) 유대전쟁사 2, 142와 Michel/Bauernfeind, *op. cit.*, 1, 436 각주 66을 보라. 에녹1서 이외에도 천사들의 이름들은 특히 1QM 9.15f; 17.6f.에 등장한다. 또한 천사들의 예전(cd. J. Strugnell, *SVT* 7, 1960, 336)과 비교하라. 그러나 여기서는 특이하게 일곱 천사장의 이름들이 언급되지 않는데, 이는 하나님의 이름을 언급하는 것을 회피하는 것처럼 천사들의 거룩한 이름을 언급함에도 그런 경향이 있는 것 같다. 왜냐하면 이런 이름 거명은 마술에서 오용될 수 있기 때문이다. 분명히 에센파의 작품이라 할 수 있는 '천문학의 책'의 결론은 천사들의 이름만으로도 그들을 알 수 있도록 천사들의 이름은 풍부하게 언급된다. 에녹 82, 10-20은 틀림없이 에센파의 작품이다(제 3부 각주 460과 806을 보라).

1서의 가장 오래된 전승 안에 존재하는 천사들에 관한 교리를 통해서 입증된다. 이와 동일한 천사들의 이름들과 비슷한 관념들이 랍비전승에서 다시 나타나고 있다는 사실은 에센파가 하시딤과 공통의 뿌리를 가지고 있음을 보여준다.[785)]

이제 보다 강력하게 인간론으로 향하게 된 '이영(二靈) 교의'(*Zwei-Geister-Lehre*)는 전승으로부터 이어받은 "선과 악의 천사들"에 관한 교의에 의해서 보충되었고, 이 둘은 하나의 '체계'로 결합되었다. "빛의 군주"는 모든 천사들 중에서 첫째에 해당하는 미카엘과 같은 인물이었을 것으로 생각된다. 그는 이스라엘에게 신뢰를 받고 있으며 명확한 구원론적 특징을 가지고 있다. 반면에 "어둠의 천사" 또는 "악의 영"은 타락한 천사의 우두머리와 악의 세력들 모두로 표현된다.[786)] 지상의 악한 세력들의 영향으로 발생된 "원(原) 역사의 위기"는

785) 다니엘서와 에녹1서에 대해서는 2권 p. 245ff. 를 보라. 랍비의 천사론에 대해서는 Bill. 3, 412-416, 437ff., 581-583, 818-820; 묵시사상을 포함한 것으로는 H. Bietenhard, *Die himmlische Welt im Urchristentum und Spätjudentum*, 1951, 101-142; J. Michl, *RAC* 5, 60-97(비교. 201ff., 243-258)을 보라. 랍비와 에센파의 공통성에 대해서는 Y. Yadin, *op. cit.*, 229-42, 그리고 특별히 237ff. 를 보라. 에센파의 천사론에 대해서는 O. Betz, *Der Paraklet*, 1963, 51ff., 60ff., 66ff., 113ff.; M. Mansoor, *op. cit.*, 77-84를 보라. 천사론의 풍부한 어휘에 대해서는 J. Strugnell, *SVT* 7, 1960, 331ff. 를 보라.

786) 다니엘과 에녹1서의 초기 전승부분에 나오는 미카엘의 역할에 대해서는 2권 p. 250을 보라. 쿰란에서(제 3부 각주 709) 미카엘의 "구원론적" 역할은 1QM 17. 6f. 에 나온다. Y. Yadin, *op. cit.*, 235f.; O. Betz, *op. cit.*, 60-69와 비교하라. 또한 A. S. van der Woude, *OTS* 14, 1965, 354-373을 보라. "진리의 영"(1QS 3. 19), "빛의 군주"(1QS 3. 20; 비교. CD 5. 18), "이 진리의 천사"(1QS 3. 24)는 미카엘을 대치할 수 있는 이름일 것이다. "사악함의 영"(3. 19; 4. 9), "어둠의 천사"(3. 20f.), 벨리알(K. G. Kuhn, *Konkordanz*; *Jub.* 1, 20; 15, 33을 보라)과 마스테마(Mastema, *Jub.* 10, 8; 11, 5, 11; 17, 16 등. 비교. 1QS 3. 24)도 마찬가지이다. 여기

창세기 6:1-4에 따르면, 이미 여러 번 언급된 "수호천사들"의 타락으로 일어났다.[787] 그와 반대로 "선한 천사들"의 군대는 마지막 때 구원공동체에 대응하는 하늘의 표상으로서, 이 공동체와 가장 밀접하게 연관되었다(2권 p. 341f. 를 보라). 동시에 천사들은 하나님의 뜻에 따라 모든 자연의 사건들이 방해받지 않고 운행할 책임을 졌다. 자연의 개별적인 현상들은 여러 천사들의 다양한 활동으로 설명되었다. "너는 모든 것 위에 천사가 앉아 있음을 보고 있다"[788]는 후대의 랍비의 기본원칙은 이미 에센파의 천사에 관한 사변(思辨)에 근본적으로 부합된다.[789] 여기서 최하위의 천사계급은 의인화된 자연의 세력을 설명하는 것 외에 다름 아니다. 우주질서에 단 한 번의 혼란을 일으킨 존재는 천상의 "파수꾼들"의 타락이있는데, 이들은 자신들을 성신(星辰)이라고 하기도 했다. 특별히 그들은 천체를 숭배하도록 인간을 유혹하여 전반적으로 우상숭배에 빠지게 했다. 악의 기원은 "존재론적으로" 설명되는데, 예정론과 결합된 '이영교리'는 이를 위해 사용된다. 그뿐 아니라 악의 기원은 "역사적으로"도 충분하게 설명된다. 지상의 악마는 사람의 아내들과 "파수꾼들"이 결합하여 생겨난 거인

에서도 "접근방법의 다양성"이 있다. 제 3부 각주 493을 보라. J. T. Milik, *RB* 79, 1972, 77ff. 와 비교하라.

787) 이런 교리는 에녹1서와 〈희년서〉에서는 마치 전체를 구성하는 씨줄처럼 관통되고 있다. 비교. 하시딤의(제 3부 각주 465를 보라) 천사론적인 에녹 6-36장과 54f., 64, 68f., 86-88장 등. *Jub.* 4, 22; 5, 1ff.; 7, 21ff.; 8, 3ff.; 10, 1ff.; 11, 5ff.; 16, 3ff.; 18, 9ff.; 등. *Gen. Apoc.* 2, 4ff.; 1QM 14. 15; CD 2. 1ff.; J. M. Allegro, *ALUOS* 4, 1962/63, 3f. Doc. I로 출판된 본문 = 4Q 180(DJDJ IV, 77ff.). 또한 Michl, *op. cit.*, 805와 비교하라.

788) Bill. 3, 818; *Midr. Teh.* 시 104 §3, 220b, ed. Buber. 또한 비교. *2.Hen.* 19, 4f., 특히 판본 B, R. H. Charles, *Apocrypha and Pseudepigrapha* 2, 441.

789) *Jub.* 2, 2; 에녹 60, 12-21(노아단편); 75장과 80장(천문학서).

들의 영으로 간주했다.790)

세계의 연대구분에 관한 바빌로니아적인 관념의 잔재는(2권 p. 256f. 를 보라) 세상의 끝날, 즉 "죄악의 날들에" 다시금 하늘의 질서가 교란되어 달과 몇몇 "별의 군주들"이 하나님이 정하여 준 그들의 본연의 질서에서 벗어났다는 사상에 영향을 주었는지도 모른다. 하지만 에센파 사람들은 그와 같은 방식으로 자신들이 사용하는 태양력의 항성년(恒星年)과 태음력의 편차를 원인론적으로 설명하려고 했다는 주장이 더 설득력이 있다(2권 p. 380f. 를 보라). 에센파 사람들 역시 지상과 하늘의 사건들 사이에서 일어나는 어떤 '조화'라는 확장된 개념을 묵시사상과 헬레니즘적인 주변세계 전체와 공유했다. 전체적으로 보면, 하시딤과 에센파의 천사교의는 세계와 역사에 대한 완결된 설명을 할 수 있는 토대를 이루었다.

군사적인 느낌을 주는 위계질서와 수많은 비밀스런 천사들의 이름을 가진 이와 같은 체계적인 천사론의 기원은 종교사적으로 야웨의 궁정국가에 관한 구약의 관념이 그 출발점이 되었으리라.791) 하지만

---

790) 에녹 18, 13ff. ; 21, 6ff. ; 86-88장; 90, 21. 타락한 천사들은 별이다. 말세에 대해서는 에녹 102, 2, 그리고 무엇보다도 80, 4-6을 보라. 그러나 이 본문은 부분적으로 손상되었다. R. H. Charles, *Apocrypha and Pseudepigrapha* 2, 245, ad loc. 를 보라. 또한 O. Betz, *op. cit.*, 47f. 를 보라. 악령들에 대해서는 에녹 15, 8ff. ; 16, 1; *Jub.* 10, 1ff. 5를 보라. 하늘의 존재로서 별에 대해서는 이미 언급한 삿 5:20; 욥 38:7을 보라. 성신숭배의 위험성에 대해서는 신 4:19; 17:3; 렘 8:2; 19:13 등을 보라. 천사론과 악령론에 대한 인간학적인 해석에 대해서는, 아마도 하시딤 전승으로 거슬러 올라갈 초기의 *Baraita Ḥag*, 16a를 보라.

791) 에녹 75장 그리고 에센파의 '천문학의 책'에서 유래한 82, 4ff. 이런 견해들이 끼친 지속적인 영향에 대해서는 H. J. Schoeps, *Aus frühchristlicher Zeit*, 1950, 38-81을 보라. 악령론에 관한 56ff. 와 비교하라. 유대 묵시주의적인 견해와 헬레니즘적·혼합주의적인 견해 간의 밀접한 관련이 Pseudo-Clementines에서 특별히 분명해진다. 랍비들의 관념 중에서 천사들이 군

페르시아와 헬레니즘시대에 갑작스럽게 천사론이 널리 유포된 이유는 아직까지도 해결되지 않는 오랜 수수께끼로 남아 있다. 그런 딜레마에 대한 해결책으로 제시된, 이른바 "이란" 기원설은 어떤 설명도 해주지 못했다.[792] 오래전부터 고대 동방과 그리스 세계에 확산되었던 천체를 살아있는 존재로 여기던 관념(이 책 제3부 각주 748을 보라)과 특별히 쿰란에서 천사들의 명칭 엘림(אלים, אלוהים)을,[793] 그토록

사적 서열을 가지고 있다는 것에 대해서는 Res (Simeon b.) Laqis, *Ber.* 32b(기원 후 3세기)를 보라.

792) 구약에 등장하는 야웨의 궁정국가에 대해서는 C. Cooke, *ZAW* 76, 1964, 22-47을 보라. 그것이 이란에서 기원했다는 주장에 대해서는 Bousset /Gressmann, 320ff.를 보라. D. S. Russell, *op. cit.*, 258ff.와 비교하라. 개별적으로는 토빗 3:8처럼 바빌로니아와 초기의 페르시아의 영향이 가능하지만, 이것이 결정적으로 중요하지는 않다. J. Michl, *RAC* 5, 64, 77f.를 보라. 이스라엘인들이 바빌로니아에서 천사들의 이름을 가져왔다는 후대 전승 R. Simeon b. Laqis(기원후 3세기), *jRH* 56d, 56ff.는 역사적인 가치가 없다. F. Cumont, *RHR* 72, 1915, 163f.에 의하면 천사론은 유대교는 물론 "셈족 이교주의"(*paganisme sémitique*)에도 속한 동일한 현상으로 볼 수 있다. 그러나 유대의 천사론은 가장 강력한 영향력을 가지고 있었다.

793) 1QM 1.10f.; 14.15(타락한 천사들에 대해서); 15.14; 17.7; 4QMa 13(H. Hunzinger, *ZAW* 69, 1957, 135를 보라); 1QH 7.28; 10.8; 19.3; fr. 1.3, 10; 1Q 22.41 = DJD 1, 95; 5Q 13.1, 6 = DJDJ III, 182; 2개의 천사론 본문들 4QSl 39 I, 1.18, 21, 26(J. Strugnell, *SVT* 7, 1960, 322) 그리고 4QSl 40.2(*op. cit.*, 336); van der Woude, *OTS* 14, 1965, 358.10행: 복수 무시의 אלוהים = 천사들, 또한 비교. 14행. in: 4QpHos 2.6 = J. M. Allegro, *JBL* 78, 1959, 146, 다른 한편, אלים는 "신들"을 의미한다. 이 개념은 구약에서 비교적 드물다. 아래의 신들에 대한 비교를 보라. 출 15:11; 시 29:1; 89:7. 그 밖에도 쿰란 문서에서 사용된 단 11:36과 함께 위에서 언급된 본문에서 인용된 시 82:1b, 또한 J. Strugnell, *op. cit.*, 331f.와 비교하라. Philo, Bybl., *FGrHist* 790 F 2, 10, 20에 의하면 페니키아의 '엘의 동맹자들'〔σύμμαχοι Ἤλου, 즉 엘 크로노스(El-Kronos)〕는 '엘로에임'('Ελωείμ)으로 불린다. 천사들의 열등성은 그들이 창조 첫째 날에

선호했다는 사실은 천사들이 근본적으로 무력화된 신들이었다는 관념이 중요하게 부각되었다는 추측을 하게 한다. 사람들은 이런 식으로 가나안 대중종교의 사상이 받아들여지고 변형되며 체계화되었을 것이라고들 생각한다. 왜냐하면 몇몇 특정한 천사 이름들은 다니엘서에서와 하시딤의 경건에 근접하는 토비트서(12:15)에서야 비로소 나타나기 때문이다. 스가랴서는 단지 해석하는 천사(*angelus interpres*)로서 "야웨의 천사"만을 언급하고 있고(1:11, 13; 3:1-10; 비교. 2:2, 7; 4:1 등), 욥기와 시락서 역시 어떤 천사의 이름도 언급하지 않는다. 따라서 천사들의 이름이 형성되는 것은 묵시적·하시딤적인 집단에서 특별한 사상적 발전이 이루어졌다는 사실을 의미한다. 사람들은 하나님 자체를 아예 절대적인 "신들의 군주(שר אלים)와 존경받는 왕, 모든 영들의 주"로서 설명함으로써 다신론적인 오해의 위험에서 벗어날 수 있다고 믿었다. 마지막에 언급된 천사이름(רוחות/רוחים)은 천사들에 대한 관념이 헬레니즘시기에 전형적으로 "영성화된 형태"였음을 암시한다. 또한 그 칭호는 시편 104:4에서 나온 것으로 추정된다. 그리고 그 칭호는 특별히 주로 〈전쟁문서〉 안에서 벨리알의 군대를 의미한다(삼상 16:14).[794]

천사론 전체는 근본적으로 하나님의 형상이 이 세계로부터 멀어졌고, 천사가 하나님과 그분의 창조와 인간들 사이의 중재자로서 요청

지음 받았다 것에서 표현된다. *Jub.* 2, 21을 보라. 이미 언급한 욥 38:7과 비교하라. 후대의 묵시(*Sl. Enoch* 39, Charles, 2, 447을 보라)와 랍비 전승(*Targ. Jer.* 창 1:26 그 밖에도 Bill. 4, 1085c, 1128p를 보라)은 천사들의 창조가 둘째 날에 일어났다고 순서를 바꾼다. 이외에도 천사들의 "지속적 창조"(*creatio continua*)가 Bill. 1, 977 = *Gen.* 1R. 78, 1에 나타난다. 이것은 천사들이 어느 정도는 무력화되었다는 배경을 보여준다.

794) 비교. 1QS 3.24f.; 1QM 10.12; 13.2, 4, 10f.; 14.10; 15.14; 1QH 1.10f.; 3.22f. רוחות דעת; 8.12; 13.8; 14.11. 비교. J. Strugnell, *op. cit.*, 332f. 더 상세한 보기들은 Bousset/Gressmann, 321 각주 13을 보라.

되었다는 사실을 표현하는 것이었다. 이제 천사들은 인류를 향한 하나님의 계시의 전달자요, 관찰자이며 보호자이자 벌하는 자가 되었다.[795] 이렇게 엄격한 질서 위에 세워져 피라미드식 등급으로 이루어진 체계는 그 시대의 일반적인 종교적 요구에 부합했을 것으로 보인다. 왜냐하면 그러한 체계는 그 시대에 깊은 영향을 주었고, 그리스어를 사용하는 디아스포라 유대인들과 초기 기독교인들에게뿐만 아니라, 이들의 중재를 통해서 영지주의, 그리고는 고대 후기의 대중종교 전반에 영향을 주었을 것으로 보이기 때문이다. 이러한 사실은 마술에서 천사론이 갖는 중요성이 입증해주는 바와 같다.[796] 신플라톤주의조차 이러한 영향을 벗어날 수 없었다.[797]

이런 종류의 영향이 가능할 수 있었던 것은 오직, 그리스 지역에서 그와 유사한 경향이 오래전부터 영향을 미치고 있었기 때문이었다. 글래손(T. F. Glasson)은 다니엘서와 에녹1서에 나오는 "파수 천사들"을 헤시오도스가 묘사한 것과 대조해 보면서 다음과 같이 강조했다.[798]

> 제우스는 인간들을 위해서 지상 위에서 그들을 부양하는 3만 명의 불사의 파수꾼들(ἀθάνατοι φύλακες)을 데리고 있다. 그들은 법을 정하

---

795) J. Michl, *RAC* 5, 71f. ; 2권 p. 145를 보라.

796) *Op. cit.*, 5, 102ff. 와 필로에 관한 82f. 를, 또한 F. Cumont, *RHR* 72, 1915, 167f. 와 비교하라. 마술에 관련된 본문들에 대해서는 또한 M. O. Nilsson, *opuscula selecta* 3, 136ff.

797) J. Michl, *RAC* 5, 57ff. ; F. Cumont, *op. cit.*, 170ff. 를 보라. "해로운 천사들"(*nocentes angeli*)을 언급하는 Asclep. 25와 비교하라.

798) 파수꾼에 대해서는 단 4:10, 14, 20(עירין) : 에녹 1,5; 12,2. 3; 20,1 (ἐγρήγοροι). 타락한 천사들도 이렇게 묘사되었다: 에녹 10,9. 15 등; *Jub.* 4,22 등. Bousset/Gressmann, 322 각주 21을 보라. 또한 CD 2.18; *Gen. Apoc.* 2, 1. 16과 비교하라. J. T. Milik, *RB* 79, 1972, 77ff. 와 비교하라.

> 는 것과 파멸의 행동을 관찰하고, 공기로 옷을 입고 땅 전체를 돌아다닌다.[799]
>
> 에녹1서와 〈희년서〉에 나오는 천사들의 기능도 매우 유사하다. 즉, "우리는 주님 앞에 와서 모든 죄를 알린다.… 그 죄는 천상과 지상, 빛과 어두움 어느 곳에서든지 일어난다"(희년서 4:6). 바빌로니아 시대로부터 유래하는 병행구들은 이미 제시하였다(제3부 각주 606/7을 보라). 그 이외에도 우리는 천상의 파수꾼에게 산쿠니아톤(Sanchuniaton)⑲의 신의 계보나 비블리오스의 필로(Philos von Byblos)의 작품에 나오는 조이아 노에라(ζῶια νοερά), 즉 하늘의 지배자들(οὐρανοῦ κατόπται)로 불리는 조파제민(Ζοφασημίν)을 들 수 있겠다.[800]

여인들과 타락한 천사들이 결혼하여 악령들이 태어났다는 설명 역시 유대교적 특성을 띠고 있지는 않다. 헤시오도스(Hesiod)에 의하면 황금시대의 인간의 영들은 "제우스의 의지"에 따라 선한 "신적인 존재"와 "죽을 운명을 가진 인간들의 파수꾼"이 되었다고 한다.[801] 소크라테스는 그리스 민속신앙으로부터 형성된 악령을 또 다르게 정의(定義)하기를, "그들은 님프(Nymphe) 또는 다른 요정들에게서 태어난 신들의 자녀들"이라 했다(《변명》 27d).[802] 플라톤의 제자인 크세노크라테스(2권 p.169를 보라)는 저급한 형태의 종교적 수행과 악을 책임지고 있었던 그런 반(半)"신적인 존재"(*Daimones*)가 항성의 영역과 지상 사이의 공간을 채우고 있다고 보았다. 우리는 그에게서 마치 묵시사상과 에센주의에서 주목을 끌었던 것과 유사한, 민속신앙의 형

---

799) Hesiod, *Erga* 252f. ; T. F. Glasson, *op. cit.*, 69f.를 보라.

800) Philo, Byblius, *FGrHist* 790 F 2, 2 = Euseb. *Pr. Ev.* 1, 10, 2; Bousset/Gressmann, *loc. cit.*의 겔 10:12에 대한 언급을 보라.

801) Hesiod, *Erga* 122f. ; 비교. T. F. Glasson, *op. cit.*, 59.

802) *Op. cit.*, 58ff. 글라슨(Glasson) 또한 천사들의 타락과 거인족 몰락의 유사점을 지적한다. 이에 대해서는 제3부 각주 540을 보라.

태를 체계화하려는 노력을 발견할 수 있다. 빌라모비츠(Wilamowitz)에 따르면, 크세노크라테스는 "헬레니즘적인 정령과 악령의 진정한 아버지"803)였다. 크리시포스는 이 견해들을 스토아주의적 가르침으로 수용했고, 포세이도니오스(Poseidonios)는 그것들을 더욱 확장했다. 예를 들어, 크세노크라테스는 이 영적인 존재들이 불의 형태를 가졌다고 주장했는데, 이는 유대교에서도 분명하게 존재했던 관점이었다. 그는 "대기의 영역에 수많은 영들이 불의 형태를 가진 … 원시적 영의 작은 파편들로 거하고 있다"고 생각했다. 따라서 그는 최고의 신성(神性) 이외에도 하나님의 종이요 인간을 돕는 사로서, 하나님과 덧없는 세계 사이를 연결하는 더 낮은 지위의 신적인 존재를 받아들였다.804) 유대교의 천사론이 헤시오도스나 크세노크라테스에 '종속되었다'고 말할 수는 없다. 오히려 그리스와 소아시아의 민속신앙 사이에는 헬레니즘시기의 혼합을 촉진했던 유사성이 존재한다. 여기서 유대교적인 견해와 헬레니즘적인 견해가 얼마나 쉽게 결합될 수 있었던가를 보여주는 것은, 예를 들어 필로가 그의 저작 〈거인들에 대하여〉(Gig. 6ff. ; M. 1, 263)에서 창세기 6:1-4의 천사들의 타락을 해석하는 부분이다.

5. 천사론과 매우 밀착되어 있는 세계를 이성적으로 이해하는 또 다른 실례는 천체의 관찰, 여기서는 다시금 특히 태양의 관찰이다. 이

---

803) U. von Wilamowitz-Moellendorf, *Platon*, [5]1959, 579, 또한 R. Heinze, *Xenokrates*, 1892, 78 123과 비교하라. 또한 M. P. Nilsson, *GGR*[2] 2, 254f., 259f. ; Andreas, *PW Suppl* 3, 296을 보라. 특히 포세이도니오스에 관해서는 *op. cit.*, 298; K. Reinhardt, *PW* 22, 647ff. (권력의 체계)를 보라. 그리고 영혼의 사후존재의 문제와 관련된 악령론에 대해서는 779ff. ; M. Pohlenz, *op. cit.*, 1, 96, 230f. ; 2, 54, 116f.를 보라. F. Cumont, *op. cit.*, 167f.는 이미 후대의 헬레니즘의 혼합주의의 천사론에 대한 포세이도니오스의 강한 영향을 주장했다.

804) M. Pohlenz, *op. cit.*, 1, 230.

것은 전통적 지혜의 창조교의에서 발견되는 사상들로 소급되는데, 벤 시라는 이미 헬레니즘적 자유사상가들과 논쟁을 벌이면서 이 교의를 강조했을 것이다.[805] 천체가 인격적인 존재로 표현된다고 할지라도 하나님에 의해 규정된 행로를 정확하게 따르며, 천체의 운동법칙을 정확히 지키는 것은 하나님의 창조의 비밀에 해당한다.[806] 왜냐하면 이 비밀은 하나님이 정한 천체의 운행질서와 전환점을 통해서 거룩한 절기와—이 절기축제는 물론 하늘에서 거행되고—파종, 수확으로 사계절을 조절할 뿐만 아니라, 동시에 희년과 '이레'(*Jahrwoche*)에 따른 분할을 통해서 체계화된 역사시대도 통제하기 때문이다.

천체는 역사의 질서정연한 진행을 표현하는데, 역사는 하나님의 계획에 의해 결정된 천체의 목적을 향해간다.[807] 만일 하나님의 계획으로 정해진 천사의 타락에 의해 혼란이 초래되고 우주의 종말론적 요동이 일어나는 것을 제외한다면,[808] 천체는 인간들과는 반대로 하나

---

805) 시 19:1-7; 시락 16:26ff. ; 42:15ff. ; 43:1-10; 바룩 3:34f. 등과 비교하라.

806) 1QS 10. 1ff(개별적인 상세한 것은 해석하기 어렵다) ; 1QH 1. 9-12: מאורות לרזיהם(11). 이것에 관해서는 F. Nötscher, *Terminologie*, 73과 1QH 12. 4-11을 보라. 그리고 무엇보다도 '천문학의 책' 에녹 72-82장은 아람어로 기록된 광범위한 단편들 4개가 제 4번 쿰란동굴에서 발견되었다. J. T. Milik, *Ten Years of Discovery*, 33을 보라. 그 중 하나는 *RB* 65, 1958, 76에서 발표되었다. 기원전 150년 후대로 잡을 수 없는 연대에 대해서는 O. Eissfeldt, *Einl.*[3], 839를 보라. 이것에 의하면 별들은 군사적인 서열에서 천사장 우리엘 밑에 위치한다: 72, 1; 74, 2; 75, 1. 3; 82, 4. 7. 10f. 등. 또한 Y. Yadin, *op. cit.*, 239f. 와 비교하라. 또한 H. Bietenhard, *op. cit.*, 25를 보라: "에녹1서 가운데 이 장들은 후기 유대교에서 우리가 천문학의 가르침에 대하여 아는 것들 중 가장 학문적이고 정확한 자료일 것이다."

807) 1QS 10. 3-8; 1QH 1. 24; 12. 5; 1QM 10. 15; *Jub.* 2, 9; 에녹 82, 15ff. 또한 *Jub.* 서론; 1, 26. 29; 4, 30과 비교하라, 또한 이 책 제 4부 각주 536을 보라.

808) 에녹 9, 4-11과 "하나님이 만드셨던 모든 시기에 관한 페쉐르("pēšer)"를

님이 그들에게 부여한 "법칙들"을 결코 위반하지 않는다.[809] 이런 방식으로 별들은 "하나님의 입으로부터 나와서 그가 존재한다는 확실한 증거"(1QH 12.9: תכון נאמנה מפי אל ותעודת הויה)를 표현하고 있다. 그 같은 사상이 얼마나 스토아주의적 관념과 결합되어 뿌리내렸는가 하는 것은 〈클레멘트1서〉 1:20에서 묘사하는 천체들, 아니 우주 전체의 복종에서 나타난다. 비텐하르트(H. Bietenhard)는 묵시사상과 시편 104편과 같이 보다 오래된 문서들과 쿰란문서와의 차이점을 이미 인식하고 있었다:

> "묵시사상에서 자연의 관찰은 어떤 의미에서는 보다 이성적이고, 모든 환상에도 불구하고 보다 학문적이고 초월적으로 되었다." 그는 이 같은 연관성 속에서 "그리스 자연신학이 후기 유대교로 유입"되었다고 추측했다.[810]

태양은 빛의 근원으로서, 그리고 빛의 신적 영역을 상징하는 독보

보라. Ed. J. M. Allegro, *ALUOS* 4, 1962/63, 3f.: "하나님이 그것들을 창조하기 이전에 당신의 일들을 확정하셨다." 그리고 천사들의 타락을 이야기한다. *Jub.* 1,29; 6,35 등과 비교하라.

809) 1Q 34bis 3, 2, 2(DJD 1, 154); 에녹 41,5ff.; 43,2 그리고 *Test. Napht.* 3, 2; 이미 언급한 시 148:6; 시락 16:28; 43:9f.; *Ps.Sol.* 18, 10을 비교하라. 호크(חוק)를 "자연법"으로 보는 것에 대해서는 1QS 10.1, 6; 1QH 1.10; 12.5; 1QM 10.12 등을 보라. 비교. 에녹 72,3; 73,1; 82,9. "질서"를 의미하는 다콘(תכון)은 이와 유사한 중요성을 갖고 있다: 1QS 10.5, 6f. (חוק תכונים); 1QH 12.5, 8f.; 1QpHab 7.13; 1Q 27.1, I, 6(DJD 1, 103). 여기에서 또한 지혜의 창조사상이 그 배경이 되고 있다. 렘 31:36; 욥 38:33(חֻקּוֹת שָׁמַיִם)을 보라. 초기 지혜와의 차이는—"천문학 책"이 보여주듯이—에세파는 그들이 신의 계시를 근거로 별들의 움직임에서 "율법"과 "질서"를 들여다 볼 수 있다는 사실에 있다.

810) H. Bietenhard, *op. cit.*, 270. 비교. M. Limbeck(제 3부 각주 425를 보라), 여러 곳.

적인 의미를 지닌다. 태양의 행로는 달의 행로와는 반대로 영원토록 완전하다.[811] 태양에 대한 이러한 높은 평가는 364일이라는 에센파 태양력이 중요한 의미를 갖는 것과 매우 밀접한 관련이 있다. 에센파 공동체는 유대교가 공식적으로 사용했던 태음력 대신에 태양력에 맞추어 생활했다. 공동체 안에서 안식일과 절기는 항상 연중 같은 날에 거행되었다. 이로써 태음력과는 반대로 해를 분할하는 것이 분명해졌고, 무엇보다도 안식일 휴식과 주요 명절에 드려야 할 희생제사 사이에 존재하는 계명들간의 충돌을 제거되었다. 사실 이것은 힐렐에 이르기까지 바리새파의 할라카에서 수많은 골칫거리를 제공했다.[812]

추측하건대, 태양력은 윤일(閏日)이 삽입됨으로써 기능이 유지되었으리라. 또한 우리는 에센파 공동체 안에서 이것이 폐기되었다는 어떤 증거도 찾을 수 없다. 오히려 확실한 에센파 달력의 파편들은 쿰란 안에서 사계절이 대단히 정확하게 계산되었음을 보여준다. 또한 그 달력은 에센주의의 이성적인 경향을 증명해준다. 이는 어느 정도 "정통"(正統)의 진위를 '가름하는 기준'(*Schibboleth*)이 되었는데, 그 핵심적인 의미는 다음과 같은 관념에서 나온다: 창조의 법과 역사의 과정에 일치하여, 토라를 따라 사는 삶이란 오직 하나님에 의해 계시된

---

811) 1QS 10.1ff.; 1QH 8.22; 1QH 12.41f. 변화된 의미에 대해서는 1QS 11.3f.; 1QSb 4.27f.; 1QH 4.5,23; 1Q 27.1, I, 6f. (DJD 1, 103)를 보라. *Jub.* 2,9; 4,21; 에녹 72; 73,3-8과 비교하라. 특히 72,35를 보라: "영원에서 영원에 이르는 태양이라고 불리는 큰 빛"; 72:37의 "그것은 떠오르듯이 그렇게 지며, 빠지지도 쉬지도 않고 수레를 타고 낮과 밤을 달리며, 그 빛은 달보다 7배나 밝다"(G. Beer의 번역을 따름. Kautzsch, *Apoc.* 2, 280). F. M. Cross, *The Ancient Library*, 77 각주 123은 일출에 드리는 드러나지 않은 기도를 암시한다. 유대전쟁사 2, 128에 따르는 이른바 태양숭배에 대해서는 제3부 각주 821을 보라. 달의 평가절하에 대해서는 *Jub.* 6,36 그리고 에녹 74,12ff.와 비교하라.

812) Moore, *Judaism* 2, 78f.

시간을 올바르게 계산함으로만 가능하다. 그러나 태양력을 도입한다는 것은 예루살렘과 민족공동체의 공식적인 제사에서 자신들이 단절되는 것을 의미하기에, 이 달력이 에센파 이전의 하시딤에서 유래되었다고 볼 수는 없다. 〈희년서〉와 에녹1서 72-82장이 에센파에서 유래된 반면, 다니엘서와 에녹1서에 나오는 짐승환상이 하시딤에서 유래했다는 암시는 어디에서도 찾을 수 없다.

추측하건대, 이 달력은 프톨레마이오스 왕조시대 이집트에서 나왔을 것이다.[813] 왜냐하면 그 달력을 따라서 일 년을 사계절로 나누는

---

813) 비교. 1QS 10.3-8; 1.14ff.; CD 6.18ff.; *Jub.* 6,32ff.; 에녹 78-80 그리고 DJDJ IV, 92, Col. 27(아래를 보라). 이에 대한 토론과 문헌의 양은 거의 엄청나다. 간략한 연구를 위해서는 H. Cazelles, *Bibl* 43, 1962, 202-212를 보라. A. Jaubert, *Le Date de la Cène*, 1957, 13-75, 142-149; 이것을 교정하는 *NTS* 7, 1960/61, 1-22; 이 논의를 따르는 J. T. Milik, *Ten Years of Discouery*, 107-113(또한 거기서 달력의 재구성을 보라)에 의하면 이 달력의 기원은 포로기까지 거슬러 올라간다고 한다. 이것은 성전을 위하여 우선은 헬레니즘적 당파에 의해 폐지되었고, 세속적인 태양/음력(*lunisolaren*)으로 대치되었다고 한다. 그러나 이 주장은 대단히 불확실하다. E. Kutsch, *VT* II, 1961, 39-47을 보라. K. G. Kuhn, *TLZ* 85, 1960, 654-658; *ZNW* 52, 1961, 65-73은 이 달력은 제대로 기능할 수 없었으며, 후에 폐지됐다고 주장한다. 다른 한편 E. Kutsch, *op. cit.* 와 A. Strobel은 그것이 효력을 미쳤음을 설득력 있게 주장하며, 헬레니즘시대의 이집트 기원설을 주장한다. *ZNW* 51, 1960, 87-95; *TLZ* 86, 1961, 179-184; *RQ* 3, 1961/62, 395-412 그리고 539-543을 보라. "에센파가 발전시킨 태양력은 너 오래되고 더욱 널리 펴져 있던 헬레니즘시대 이집트의 전승을 단지 특별하세 표현하는 것이다"(405). G. Molin, *TLZ* 78, 1953, 654와 비교하라. 알렉산드리아의 아리스토불로스는 이 달력에 관한 전승을 알고 있었다: A. Strobel, *ZNW* 51, 1960, 92; *RQ* 3, 1961/62, 410(제3부 각주 391을 보라). "에센파의 달력과 전통적인 달력 사이의 대조표를 지닌 4Q의 "mišmārôt" 단편은(J. T. Milik, *SVT* 4, 1957, 24ff.; E. Vogt, *Bibl* 39, 1958, 72 77이 발표함) 그들이 그것을 사용하고 있었음을 선세헌다. 이런 사실은 동일한 방식으로 에센파의 달력에 의존하는 마사다의 안식일 제사를 위한 에센파의 찬송 두루마리를 새롭

것은 — 구약의 두 계절 구분법과는 반대로 — 이집트와 헬레니즘적 모델을 따르는 것이기 때문이다.[814] 사계절은 각 계절이 13주 91일로 이루어져 있으며, 축제로 시작되는 윤일(閏日)을 통해 시작된다. 반면 테스투츠(M. Testuz)가 에센파의 숫자에 대한 사고를 근거로 추측하는 것처럼, 사계절이 직접적으로 피타고라스주의에서 비롯되었다는 주장은 개연성이 적다.[815] 365일로 된 태양력은 이미 프톨레마이오스

게 발견함으로 확인되었다. Y. Yadin, *IEJ* 15, 1965, 105-108을 보라. 그 문제에 대해서는 또한 A. R. C. Leaney, *op. cit.*, 80-107을 보라. 〈희년서〉의 달력(즉, 에센파의 달력) 계산의 합리적인 특징에 대해서는 이미 언급한 E. Bickermann, *From Ezra*, 62f.를 보라: 이것을 창시했던 사람은 "합리주의를 애호하는 그리스의 유혹에 굴복했다." 11Q DavComp = DJDJ IV, 92, Col. 27, 6도 이런 달력이 있다는 사실을 전제하기에, 거기에서는 더욱 오래된 하시딤의 시편 두루마리에 대한 에센파의 첨가가 진행되었을 것이다. M. Limbeck(제3부 각주 425), 134ff.와 비교하라.

814) 에녹 75,1에 의하면 각 계절에 시작되는 네 번의 윤일은 12달의 한 해 계산에서 30일에 포함되지 않는다. *Jub.* 6,29f.와 비교하라, 또한 J. T. Milik, *Ten Years of Discovery*, 107ff.; A. Strobel, *RQ* 3, 1961/62, 406ff.를 보라. 에녹 72,12ff.는 다르다: 일 년의 네 번째 분기의 월말은 31일로 표기한다. 이집트의 일 년의 시작과 마찬가지로 에센파의 일 년은 수요일 춘분에서 시작된다. 에센파의 교리에 의하면, 그날은 별들과 그것에 의해 이루어지는 시간의 질서가 창조된 날이다. 365일로 구성된 이집트의 일 년도 윤일인 Epagomenen은 일 년에 포함되지 않는다. 에녹 75에 의하면, 네 번의 윤일의 자리는 특별히 "천부장"(*Chiliarchen*)이 차지하는 반면, 헬레니즘시대 이집트에서 다섯 번의 윤일은 5명의 주요 이집트 신들의 생일로 간주된다. A. Strobel, *op. cit.*, 408 각주 47; Dittenberger, *PW* 5, 2671을 보라. 일 년을 계수하는 것에 대해서는 또한 A. DupontSommer, *RHPR* 35, 1955, 89를 보라. 적대자들이 태음/태양력을 토대로 "이방인의 축제"를 거행한다는 비난(4QpHos 2.15)은 본질적으로 에센파 구성원 자신들에게도 사실이었다. J. M. Allegro, *JBL* 78, 1959, 146을 보라. 비교. *Jub.* 6,35.

815) M. Testuz, *Les idées religieuses*, 1960, 134ff., 또한 A. R. C. Leaney, *op. cit.*, 88f.와 2권 p.411ff.를 비교하라.

왕조가 통치하는 동안 유대지역의 헬레니즘적 그룹들 안으로 들어왔다는 것이 발견되고 있으며, 하시딤과 에센파 사람들에 의해서 364일로 축소되어 유지되었을 가능성이 있다. 왜냐하면 이는 철저한 안식일 준수에 부합했기 때문이었다. 기원전 2세기 초 유대 팔레스타인 지역에서 태양력에 대한 그 같은 지식은, 이미 예루살렘의 친헬레니즘적 유대인들(*Griechenfreunde*)이 태양이 극점에 도달한 날을 기념했던 절기 '소스티티움'(*Sostitium*)과 하누카 축제가 연결된다는 사실로도 추론할 수 있다(3권 p. 151과 166을 보라).

철학적이고 종교적인 근거에서 천상의 질서에 대한 규칙성과 완전함에 대한 신앙을 갖는 것은 헬레니즘 세계의 통념이었다. 게다가 그것의 뿌리는 바빌로니아의 점성술에 있었으리라(2권 p. 256을 보라). 그렇지만 일찍이 그리스인들이 그들의 종교성과 철학적 사고의 근본적인 요소를 만들어 내기 위해 그와 같은 사상에 그렇게 열광했다고 보기는 거의 불가능하다. 그러한 사상은 이미 피타고라스에게서, 더 후에는 플라톤에게서 그리고 그의 친구 크니도스의 에우독소스(Eudoxos von Knidos)와 아리스토텔레스에게서 발견된다. 그것은 무엇보다도 "바빌로니아인들"의 점성술과 융합됨으로써 스토아주의 안에서 가장 중요한 의미가 주어졌다. 즉, 천체의 질서정연한 움직임, 특히 항성의 하늘의 움직임은 신적인 완전함의 표현이었고, 천체 자체는 신적인 존재였다.[816] 필로에게서 그들은 "영혼이요… 범접할 수 없는 것일 뿐 아니라 신들"(ψυχαί… ἀκήρατοί τε καὶ θεαί)이었다(〈거인들에 관하여〉 8M. 1, 263). 이러한 관념은 헬레니즘 전승과 발

---

816) M. P. Nilsson, *GGR*^{2} 1, 839-843; 2, 268ff.; 스토아학파에 대해서는 M. Pohlenz, *op. cit.*, 1, 82f., 96; 2, 48을 보라. 고전 그리스시대의 천문학과 그것의 종교적 의미를 강조하는 것에 대해서는 W. Burkert, *Weisheit und Wissenschaft*, 1962, 278ff.를 보라. 천체음악(*Sphärenmusik*)에 대해서는 328ff.를, 별의 불멸성에 대해서는 335ff.를, 또한 358f.를 보라.

레스타인의 묵시사상 모두와 부합했다.

> 그리스인들의 모든 철학적인 저작들 가운데, 철학적 유일신론으로 유대교의 하나님 신앙과 가장 근접했던 위(僞)-아리스토텔레스의 〈세상에 관하여〉(*de mundo*)에서는, 천체의 완전한 신적인 질서는 일종의 신에 대한 증명이라고 귀결된다.[817] 키케로는 유대교의 지혜로 새겨진 에센파의 창조시편의 관념에 가까운 방식으로, 그 당시 일반적으로 통용되던 견해를 피력한 적이 있다: "nulla igitur in caelo nec fortuna nec temeritas nec erratio nec vanitas inest contraque omnis ordo veritas ratio Constantia"(〈신의 본성에 관하여〉= de nat. deor. II 56. "그러므로 하늘에는 요행도 우연도, 오류도 허사도 없으며, 그 반대로 질서, 진리, 이성, 일치가 있다").[818]

헬레니즘적 "점성신학"은 "태양신학"에서 완성되는데, 이는 스토아주의적으로 세계를 해명하는 것에 의존했던 "학문적 산물"이었다.[819] 클레안테스(Kleanthes)에 따르면, 태양은 이미 우주를 지도하는 것(τὸ ἡγεμονικὸν τοῦ κόσμου)이었으며, 그의 에크퓌로시스(Ekpyrosis) 교의에서는 별들 스스로가 태양으로 녹아들려 한다고 했다. 시리아인 포세이도니오스는 태양을 "하늘의 심장"으로 여겼고 제우스와 동일했다.[820] 여기서 특히 훗날 헬리오스(Helios)와 결합되었던 시리아인들

---

817) Ps.-Aristotles, *De mundo* 391b, 10ff.; 392a, 5ff.; 397a, 5ff.; 399a, 18ff.; 이 글에 대해서는 이 책 제4부 각주 36을 보라. 전적으로 유대적 음조를 갖는 CH 5, 3-7과 비교하라.

818) Boll/Gundel, *Sternglaube und Sterndeutung*, [4]1931, 89f., 비교. 19ff.

819) M. P. Nilsson, *GGR*[2] 2, 510, 비교. 273, F. Cumont, *Die orientalische Religionen*, [4]1959(1f. 판과 동일), 122ff.는 그는 갈대아·시리아 기원설을 받아들이지 않는다.

820) Kleanthes, *SVF* 1, 112 Nr. 499; 1, 114 각주 510. 포세이도니오스에 대해서는 K. Reinhardt, *PW* 22, 692-696, 779f.를 보라. 또한 M. Pohlenz,

의 천신(天神)에 대한 관념이 그 배경이 되었을 가능성을 보여 준다. 에센파 사람들이 태양을 결코 "신적인 것"으로 숭배하지는 않았음에도 불구하고, 요세푸스(유대전쟁사 2, 128ff)가 보도하는 그들의 이른바 태양숭배는 — 이는 사실상 일출 전 "쉐마 기도"와 관련되는데— 많은 논란거리가 된다. 이 보도는 에센파에서 있었던 태양의 상징적 의미가 최소한 유대교 외부의 사람들에게는 오해를 불러일으켰다는 것을 의미한다. 어쨌든 그렇게 태양숭배를 높이 평가한 것은 그 시대, 바로 유대교 밖의 정신적인 흐름에 부합한다.821)

6. 점성신학과 태양신학은 헬레니즘시대에 점성학이 꽃을 피우지

---

op. cit., 1, 162, 223f., 229와 비교하라. 태양종교의 기원과 발달에 대해서는 M. P. Nilsson, *GGR*[2] 2, 273, 507ff.; *opuscula selecta* 2, 1952, 462-504를 보라. 그러나 태양력은 그의 생각보다 더 오래되었다. 태양종교의 중심지는 이집트와 시리아이며 태양력이 이 종교의 확산을 촉진했다. 필로 역시 태양을 로고스의 형상이며 하나님의 상징으로 대단히 중요하게 생각했다. A. Wlosok, *Laktanz*, 89-93을 보라. 빛의 상징에 관해서는 제3부 각주 388과 424를 보라.

821) 인도인과 플리니우스에 관해서는 유대전쟁사 2, 148; Lukian, *Salt.* 13(LCL 5, 23)를, 마술에 관해서는 *Hist. Nat.* 28, 69와 비교하라. 치유주의자(*die Therapeuten*)에 대해서는 Philo, *Vit. cont.* 89(M. 2, 530)와 27(M. 2, 475)을 보라. 초기의 *Mishnah Sukk.* 5, 4d(비교. 겔 8:16)에 의하면, 랍비들은 떠오르는 태양을 향해 기도하는 것을 불쾌하게 생각했다. A. R. C. Leaney, *op. cit.*, 75ff.를 보라. 몸짓으로 태양을 맞이하는 행동은 그 당시의 널리 퍼진 관습이나. M. P. Nilsson, *op. cit.*, 465를 보라. 이미 언급한 Plato, *Apol.* 26d; *Symp.* 220d; *Lasas* 10, 887e와 비교하라. 역사적인 문제에 대해서는 또한 Michel/Bauernfeind, *op. cit.*, 1, 432 각주 44; A. R. C. Leaney, 77ff.를 보라. 에센파의 태양숭배를 수상한 Dupont-Sommer, *RHPR* 35, 1955, 87f.의 해석은 받아들일 수 없다. 이것을 반대하는 P. Seidensticker, *Studii biblici Francisci Liber annuus* 9, 1958/59, 155를 보라. 비교. *Ber.* 9b *Bar.* 시작이 아닌 성전이 있는 동쪽을 향한 에센파의 기도는 여전히 논란만하다. 그러나 단 6:11을 보라.

못했다면 결코 그 같은 의의를 가지지 못했을지도 모른다. 그것은 기원전 3~2세기로 넘어가는 전환기의 지식인을 점점 더 압도하는 정신적 힘이 되었다. 기원전 5세기와 4세기 초에 고대 그리스 종교가 붕괴되고(2권 p. 55ff. 를 보라), 이제 순박한 운명에 대한 신앙이 대중을 사로잡게 되고 결국은 점성술적 신앙으로 접어들었다. 왜냐하면 외관상으로 보면, 이곳에서 수수께끼 같은 운명의 활동에 대한 통찰력을 얻을 가능성이 제공되었기 때문이었다.

> 가장 오래된 독자적인 별점(*Horoskope*)⑳은 바빌로니아부터 나왔다. 그 중에서 가장 초기의 것은 기원전 409년 4월 29일, 가장 후기의 것은 기원전 68년에 관한 내용을 담고 있다.[822] 그런데 스트라본의 증언에 의하면(16, 1. 6〔739〕) 이 같은 별점은 상대적으로 드물었으며 바빌로니아의 많은 점성술가들과 수학자들의 학파는 점성술의 길흉(吉凶) 제의(*Ominapraxis*)에 대해서 회의적인 입장을 가졌지만, 그럼에도 불구하고 점성술은 동부 지중해의 헬레니즘 세계, 또한 로마에서도 특별한 중요성을 가지고 있었다고 한다. 이에 대해서 가장 잘 아는 노이게바우어(O. Neugebauer)는 다음과 같은 결론에 이르고 있다: "점성술 이론의 주요 구조는 의심할 여지없이 헬레니즘적이다."[823]

그 같은 관념이 발전했던 중심지는 모든 새로운 정신적 운동에 개방적이었던 프톨레마이오스 왕조하의 알렉산드리아였다.[824] 이집트의

---

822) A. Sachs, *JCS* 2, 1948, 271-290, 그리고 특히 6, 1952, 49-75: 언급된 기간의 19개의 별점. 아라비아시대까지 내려가면서 발견되는 모든 별점의 연대 설정에 대해서는 O. Neugebauer/H, B. van Hoesen, *Greek Horoscopes*, 1956, 161ff. 를 보라. 또한 205ff., Lit. 를 보라. 더 상세한 것은 W./H. G. Gundel, *Astrologoumena*, *Sudhoffs Archiv, Bh.* 6, 1966, 366, 색인 Horoskope와 비교하라.

823) O. Neugebauer, *The Exact Sciences in Antiquity*, ²1957, 170f.

가장 이른 점성술에 관한 기록들은 3세기 말엽부터 나타난다. 파피루스에 기록된 가장 이른 별점은 기원전 1세기가 시작될 때부터 나타난다. 알렉산드리아의 지식인들의 관습이 평민들과 "작은 마을"(*Chōra*)에 유포되기까지는 어느 정도의 시간이 필요했을 것으로 추측된다. 로마에서 최초의 "갈대아인들"(*Chaldaei*)에 대한 자료는 2세기 중엽에 나타났다. 기원전 150년 이전 알렉산드리아에서 헤르메스-토트(Hermes-Thot)와 네케프소-페토시리스(Nechepso-Petosiris)의 이름으로 기록된 점성술에 관한 기록들은 가장 중요한 의미가 있다.825)

에센파 공동체 역시 이 새로운 '학문'의 매혹적인 영향에서 벗어날 수 없었다는 사실은 의미심장하다. 이 구원공동체는 이방의 영향에 대항하여 엄격하게 스스로를 고립시켰기 때문에, 점성술에 관한 지식을 받아들였다면 그 시점은 오히려 공동체가 세워진 당시였지, 그 이후는 아니었을 것으로 보인다. 무엇보다도 네 번째 쿰란동굴에서는 많은 점성술에 관련된 파편들이 발견되었다. 알레그로(J. M. Allegro)는 이들 가운데서 그리스어 문자를 포함한 비밀문서로 편집된 것 하나를 출판했다.826)

---

824) 전체에 대해서는 M. P. Nilsson, *GGR*[2] 2, 268ff. (Lit.); *opuscula selecta* 3, 552-562를 보라. 헬레니즘시대 이집트의 점성술의 중요성에 대해서는 Boll/Gundel, *op. cit.*, 23ff.; Tarn/Griffith, *Hellenistic Cioilization*, 346; F. Cumont, *L'Egypte des astrologues*, 1937, 13ff.와 여러 곳을 보라. 그리스의 가장 초기 증서는 기원전 6/5세기까지 거슬러 올라간다. W. Capelle, *Hermes* 60, 1925, 373-395; B. L. v. d. Waerden, *AfO* 16, 1952/53, 225ff.를 보라. W./H. G. Gundel, *op. cit.*, 9ff., 75ff.와 비교하라.

825) 이집트 점성술에 관한 가장 초기의 증거에 대해서는 제3부 각주 671을 보라. 이탈리아와 로마에 대해서는 K. Latte, *Römische Religionsgeschichte*, 1960, 275를 보라.

826) J. M. Allegro, *JSS* 9, 1964, 291-294. 또한 J. Carmignac, *RQ* 5, 1964/65, 199-206; J. Licht, *Tarbiz* 35, 1965, 18-26을 보라. 미간행된

Col. II 5-9행 : … 또한 그의 다리는 길고 가늘며, 그의 발가락은 가늘고 길다. 그는 둘째 기둥에 속한다. 그의 영은 여섯(부분)으로 되어 있는 빛의 집과 세 (부분)으로 된 어둠의 집에 있다. 이것은 그가 태어난 출생의 별자리(המולד)로 "황소"(ברגל השור)의 발 안에 있다. 그는 가난하게 될 것이다. 그리고 이것이 그의 짐승, 즉 (그) 황소이다.

Col. III 2-6행 : 또한 그의 머리 … 그의 볼(?)은 살이 올라있으며 … 그의 이빨들은 솟아나 있다. 그의 손들의 손가락들은 두툼하고, 그의 다리는 뚱뚱하고 털투성이며, 그의 발가락은 두껍고 짧다. 그의 영은 여덟(부분)으로 나뉜 (어두움의) 집에 있으며 빛으로 이루어진 집의 한 (부분)에 있다 … .

J. 스타르키(Starcky)에 의해 출판된 아람어 사본은 1세기 말에 나온 문서형식을 따르는데,827) 이 사본은 미래를 고대하는 붉은색 털을 가진 인물을 위에서 언급한 것과 유사한 외관을 가진 것으로 묘사한다. 여기서 여러 가지의 눈에 띄는 특징들은 몸의 반점들과 고른 치아 등이다. 그는 청년시절 동안 지식이 없는 "사자와 같았다" … "세 권의 책에 대한 지각(知覺)의 비밀의 시기까지." 그래서 그의 지혜는 측량할 수 없다: "그는 모든 살아 있는 것들의 비밀을 알 것이고, 그를 대적하는 모든 계획은 끝나게 되며, 모든 생명체들(에 대한) 지배는 점점 더 커지게 될 것이다. … 왜냐하면 하나님은 그의 출생(의 시간)을 선택했으며 … ," 또는 "그는 하나님의 선택을 받은 자이기에 그의 탄생과 그의 호흡의 영(靈)은(완전하기?) 때문이다."

이것을 편집하고 더 깊이 연구했던 카밍낙(J. Carmignac)은 마지막

본문들에 대해서는 또한 J. Allegro, *The Dead Sea Scrolls*, [2]1964, 126f.를 보라.

827) J. Starcky, in : *Mémorial du Cinquantenaire*, 1964, 51-66. 또한 Carmignac, *op. cit.*, 206-217 ; J. Licht, *op. cit.*를 보라. 연대 설정에 대해서는 J. Starcky, *op. cit.*, 54 각주 1을 보라. 그는 F. M. Cross. J. A. Fitzmyer, *CBQ* 27, 1965, 348-372의 주장을 따라 노아에 관한 본문(*Noah-Text*)을 추측한다.

본문이 메시아의 인물, 추측하건대 다윗가문 출신의 "공동체의 군주"의 "별점"에 관한 것이라고 추측한다. 이것은 스타르키가 강조한 대로 에녹1서 가운데 '비유담화'(*Bilderreden*)에 나오는 메시아상(像)과 분명한 연관성을 갖는다.[828] 두 본문의 공통점은 외형적 인상을 그리고 있는 것과 점성술 자료들이 서로 조화를 이루고 있다는 점이다. 전자는 리히트(J. Licht)가 정확하게 지적한 바와 같이, 예지(*Mantik*)의 영역에 속한다. 몸과 얼굴형으로(μορφοσκοπία, φυσιογνωμία), 아니면 몸에 난 점(ἐλαία)으로 한 사람의 미래나 그의 특성과 관련된 것을 추론하는 것은 동방세계의 형태와 연관되어, 헬레니즘시대에 널리 퍼져 있었다.[829] 금욕적인 외모가 더 나은 "영적"인 상태에도 부합한다는 에센파 사람들의 해석은 놀랍다.[830] 하지만 이 사실은 점성술적 진술이 사람의 인상에 대한 진술보다도 의미가 덜하다는 것을 의미하지는

828) J. Starcky, *op. cit.*, 51, 6of., 64ff.; J. Carmignac, *op. cit.*, 217.

829) J. Licht, *op. cit.*, 21ff.; T. Hopfner, *PW* 14, 1287f.; J. Schmidt, *PW* 20, 1064ff.를 보라. 그리스인은 소피스트 이래로 인상의 특징에 관한(*physiognomisch*) 연구에 몰두했는데, 이것은 특별히 스토아주의에서 더욱 발전되었다. *op. cit.*, 1070ff. 또한 M. Pohlenz, 1, 226f.; 2, 113f.를 보라. 그래서 대중적인 차원에서 점성술과 예지(*Mantik*)가 연결되었다: J. Schmidt, *PW* 20, 1066. 인상학적 조짐들은 이미 바빌로니아에서 알려졌다. F. R. Kraus, *Die physiognomischen Omina der Babylonier*, MVÄG 40, 1935, H. 2를 보라. 그러나 그러한 특징보다는 미래를 예견하는 것과 더 관계되어 있다. 다른 한편, 우리가 여기에 가지고 있는 짧고 간명한 형태의 본문들은 비교적 그러한 조짐들에 더 가깝다. *op. cit.*, 61ff.의 본문검토를 보라. 다른 한편, '몸에 난 점'(ἐλαία)에 대한 빈번한 언급(J. Starcky, *op. cit.*, 52를 보라. 1, 1, 2에서는 긍정적인 의미로, 1, 2, 2에서는 부정적 의미)은 프톨레마이오스 시대의 점성술가 멜람포스(Melampos)를 통해서 "몸의 점들에 관해서"(περὶ ἐλαίων τοῦ σώματος)라는 글에서 설명된 것과 같이 예지적 해석임을 암시한다. Raeder, *PW* 15, 399를 보라.

830) J. M. Allegro, *The Dead Sea Scrolls*, ²1964, 127.

않는다. 단지 사본들이 조각이 나 있어서 점성술에 관한 자료들이 많이 보존되어 있지 않다는 것일 뿐이다. 아람어 본문에서 맨 끝에 나오는 출생(מולדה)은 아마도 미래의 통치자의 탄생일에 대한 점성술 운세를 암시하는 것 같다.831) 묘사된 외모와 운명은 별점에 의해서만 추측할 수 있을 뿐이다. 당시 고대하고 있었던 미래의 현명한 "세상의 통치자"에 관한 별점은 바로 고대 점성술의 가장 중요한 "산물"에 속하였다.832) 그래서 편집인 스타르키는 점성술의 기술에 널리 사용되던 얼굴과 체형, 출생의 별자리가 상호 부합됨을 지적했는데, 그 기술에는 "몸에 난 점"(*Elaia*)조차 포함될 수 있었다.833)

앞의 첫째 사본(Col. 2, 5-9번째 행)에는 12천궁도(天宮圖. *Tierkreis*)의 점성술적 의미에 대한 지식을 전제한다.834) 즉, 해당되는 사람이 태어

---

831) J. Carmignac, *op. cit.*, 214f. ; 첫 본문인 Col. 2, 8의 히브리어 המזל 역시 이와 유사하게 이해되어야 한다(*op. cit.*, 203). J. Starcky, *op. cit.*, 60ff.와 비교하라. 그는 이에 상응하는 그리스어 "기원"(γένεσις)의 점성술적 의미를 지적한다. *op. cit.*, 62 각주 2.

832) W. Gundel, *Neue astrologische Texte*, AAM NF 12, 1936, 84의 31행: "et ipsos reges ostendit cosmocratores"(그것은 왕들 자신이 우주의 통치자임을 입증해준다) ; 33f행: "et ipse sapiens fit in sermone et sapientia et gloria mirabilis"〔현자는 그 자신이 말(설교)과 지혜와 영광 안에서 경이로움으로 드러난다.〕; 비교. 73의 22f.행과 75의 19ff.와 41행: 미래의 하나님-왕: 프톨레마이오스시대의 알렉산드리아 출신의 한 연금술사의 작품에 의하면, "ostendunt et ipsum regem deum existentem hominem humanitatis particem"(그들은 통치자로 존재하는 하나님 자신과 인간성을 지닌 사람의 모습을 공유하는 분임을 증명한다). 또한 *op. cit.*, 353(Lit.)을 비교하라. 로마제국에서 황제의 가족들에 대한 별점을 예측하는 것은 정치적인 이유로 엄격히 금지되었다. A. Bouché-Leclercq, *L'Astrologie Grecque*, 1899, 560f.와 T. Mommsen, *Römisches Strafrecht*, 1899, 584f.를 보라. 신약 마태복음 2장도 이런 배경으로 이해되어야 한다.

833) J. Starcky, *op. cit.*, 65, 비교. CCAG 12, 1936, 173ff., 혹은 Hippolyt, *Philos.* 4, 6, 15-26 GCS, ed. Wendland 3, 39, 48ff. : 다양한 별자리에서 태어난 자들의 육체의 형태에 대한 규정.

났을 때 황도 위에 있는 태양은 어떤 별자리에 서는데, 그것은 바로 "황소의 발"이라고 불렀던 별이다. 이것은 아마도 기원전 3세기의 에라토스테네스에 의해 증명되었던 별자리 가운데 "무릎"이나 "발톱" 모양의 별들과 일치하는 것으로 보인다.[835] 12천궁도는 그 사람의 별의 운세와 신체적인 특징을 예지적(豫智的)으로 해석함으로써 그의 미래를 읽어내었고, 더 나아가 — 첫째 사본에 따르면 — 내적인 본성의 결정은 결정론적 · 이원론적인 '이영교의'에 의해 이루어진다. 〈공동체 규율서〉(1QS 4. 15f.)는 이미 빛의 영에 있는 인간과 어둠의 영에 있는 인간의 몫이 다르다는 것과, 이 두 영이 사람들의 마음속에서 서로 싸우고 있다고 말한다. 에센파 공동체에서 12천궁도의 의미는 네 번째 쿰란동굴에서 나온, 출간되지 않은 단편을 통해서 확실해지

834) 12천궁도에 대해서는 B. L. v. d. Waerden, *AfO* 16, 1953, 216-230; O. Neugebauer, *op. cit.*, 140f. 의 수정을 보라. 그것의 바빌로니아 기원설은 지금은 분명히 입증되었으며, 기원전 약 400년경에 확립되었으리라고 추측된다. 기원전 548~545년 아낙시만데르(Anaximander)가 제 58회 올림피아드에서 12천궁도를 그리스로 도입했다는 것은 전설적인 이야기이다. 기원전 4세기 중반에 크니도스의 에우독소스(Eudoxos v. Knidos)는 — 비록 다소 변경된 형태이지만 — 그것을 잘 알고 있었다. 이집트에서는 초기 헬레니즘시대에 12천궁도가 도입되었다. 덴데라(Dendera)의 유명한 표현은 바빌로니아의 요소와 그리스 요소가 혼합되어 있다(*op. cit.*, 228ff.). 기원전 2세기 초부터 연금술사들이 점성술을 다룰 때 일반적으로 12천궁도에 대한 지식을 가지고 있었다고 말할 수 있다.

835) 황소 별자리에 대해서는 Bouché-Leclerq, *op. cit.*, 132ff.; W. Gundel, AAM NF 12, 1936, 53. 20행, 182ff. 그리고 *PW*, 2. R., 5, 53ff. 를 보라. 기원전 3세기 에라스토테네스(Erastothenes)에 대해서는 Catasterismorum reliquiae, ed. C. Robert, 1913, 112를 보라. 또한 Aratus, *Phain.* 515와 Virgil, *Georg.* 1, 217과 비교하라. 그것은 원래 춘분의 징조였지만 그의 위치를 양자리에게 넘겨줘야만 했다. B. L. v. d. Waerden, *op. cit.*, 221. 황소 별자리의 징조하에서 태어난 자들의 특징에 대해서는 예를 들면, CCAG 12, 1936, 175f. 를 보라.

는데, 이는 특정 달의 어떤 날들과 관련이 있다.

> "13장과 14장은 게자리(해좌)에 관한 내용을 담고 있다." 이어진 예언들은 천둥에 대한 점성술적 해석에 근거해서 추론할 수 있다. 즉, "쌍둥이자리의 징조를 보게 되면, 다른 나라와… 에 공포와 불안이 일어나게 된다." 여기에서도 프톨레마이오스 왕조시대의 점성술과 유사한 것들이 명백하게 드러난다. 그것은 바로 베를린에 있는 헤르메스 트리스메기스토스〔Hermes Trismegistos. 역주. 그리스의 신 헤르메스(Hermes)와 이집트의 신 트로트(Troth)가 혼합된 신〕의 브론토로기온(Brontologion) ①이다. 하시딤과는 반대로 에센파 사람들에게 정치적 사건에 대한 점성술적·묵시적 예언은 서로 결합되어 있었다.[836)]

12천궁도는 에센파의 '천문학의 책'(에녹 72,13. 19; 75,3)과 그 밖에 이집트에서 유래하는 〈제 2에녹서〉(30,6; 2차적인 구절인 20,6과 30,3을 참조)에서 중요한 역할을 한다. 그러므로 기원후 3~6세기의 랍비단과 회당에서 12천궁도에 대한 지식을 가지고 있었고 그것을 이용했다는 것은 명백하다.[837)] 쿰란에서 과연 이 비의적·점성술적 교의에 어떤

---

836) J. T. Milik, *Ten Years of Discovery*, 42; J. M. Allegro, *op. cit.*, 126. 또한 CCAG 7, 1908, 226ff.; 네케프소-페토시리스(Nechepso- Petosiris)의 단편들, *op. cit.*, 132ff.와 비교하라. 제3부 각주 520을 보라.

837) 구약 왕하 23:5에 따르면, 므낫세는 이미 마발로트(מַזָּלוֹת), 즉 특별한 별자리(*Ber.* 32b와 *Shab.* 75a에 따르면 황소별자리) 혹은 행성을 경배한 것으로 알려졌다. 후기의 유대 지혜는 별자리에 관해 이미 많은 것을 알고 있었다. 이는 욥기 9:9(이는 아마도 후대의 주해일 것이다. G. Hölscher, *Das Buch Hiob*, ²1952, 28을 보라), 38:31ff.의 엘리후의 연설에서 보인다. 38:32에서 탈굼은 마바로트(מַזָּרוֹת)를 '12천궁도의 징조'(שטרי מזליא)로 번역한다. 다른 한편 Hölscher, *op. cit.*, 95는 "Hyades"(황소별자리)를 제안한다. 12천궁도에 대한 후기의 지식에 대해서는 유대전쟁사 5, 214, 217; Philo, *Spec. Leg*, 1, 87(M. 2, 87); *Vit. Mos.* 2, 123(M. 2, 153) 등을 보라. 랍비에 대해서는

의미를 부여하는가는 이러한 교의가 부분적으로 비밀문서에 기록되어 있다는 사실에서 나타난다. 그런 단편은 "여명의 모든 아들들에게 주시는 훈계자의(말씀들)"이라는 제목을, 또 다른 것은 "모세의 말씀들에 대한 미드라쉬"[838] 라는 제목을 가지고 있다. 구약에는 낯선, 이런 종류의 점성술적 비밀교의 역시 모세에게로 소급된다고 한다. 이것은 플리니우스(Plinius)와 아풀레이우스(Apuleius), 켈수스(Celsus)와 다른 사람들에게 모세가 위대한 마술가로도 나타날 수 있었다는 것을 떠올리게 한다.[839]

그 같은 견해들이 헬레니즘적 환경으로부터 다름 아닌 에센파 공동체에 밀어닥쳤다는 것은 기이한 일이다. 하지만 여기서 이미 여러 번 언급했던 에센파 신학의 특징을 기억해야 한다. 에센파의 신학은 하시딤의 경우처럼 헬레니즘적 '계몽'과 혼합주의적인 사조, 낙후된 보수주의와 투쟁하면서 점점 더 새로운 사고의 형식들을 사용할 수 있었다. 점성술은 모든 순수 '학문들'의 최고봉으로 간주되었고, 스토아주의자들은 예지(豫智. *Mantik*)와 함께 그것을 옹호했다. 무엇보다도 이 둘은 모두 스토아주의적인 결정론에 부합되었는데, 이는 그것이 당시 대우주와 소우주, 세계와 사람의 "교감"(*Sympathie*)이라는 사상을 탁월하게 표현해 주었기 때문이었다.[840] 더욱이 점성술과 예지(豫

Bill. 4, 1046, 1048f. 를 보라. 회당과 유대교 일반에 대해서는 Goodenough, *Symbols*, Index 1, 298, 그리고 더 넓은 역사적 맥락인 8, 167ff., 195ff., 207ff. 를 보라. 그러나 그가 이끌어낸 결론은 옳지 못했다. 구약의 별자리에 대해서는 M. A. Beek, *BHHWB* 3, 1867, Lit. 를 보라.

838) J. T. Milik, *RB* 63, 1956, 61; 비교. Dupont-Sommer, *The Essene Writings*, 338.

839) *Hist. Nat.* 30, 1, 11(Reinach 282); Trogus Pompeius = Justin, *Epit.* 36, 2(Reinach 253) 그리고 Numenius(Reinach 175) = Euseb, *Pr. Ev.* 9, 8. 더 상세한 것은 제 3부 각주 851을 보라.

840) "한때 인간의 기질에 대한 점성술의 강제력은 그것의 학문적 성격에 기인

智)는 알렉산드로스 대제 이후의 시대에 번창했던 회의주의로부터, 다시 깨어나고 있는 새로운 종교성으로 점점 변화하고 있었던 당시의 정신적 상황을 드러내어준다. 점성술은 '학문적'인 요구를 가지고 있음에도 불구하고 가장 심오한 존재의 비밀을 표한하고 있다. 즉, 역사와 인간의 운명에 대한 비밀은 계산적인 이성의 개입으로는 자유롭게 접근할 수는 없으며, 오히려 경우에 따라서는 '신적인' 천체의 경로에 방향을 맞춘 '더 높은' 지식을 통해 추론되어야만 한다는 관념을 대변한다.

하시딤과 에센파의 '현자들'이 그와 같은 사상들과 논쟁하고 있었고, 그것을 방어함에서 그러한 사상들 자체로부터 벗어날 수 없었다는 사실은, 그들이 이미 에녹전승에서 바빌로니아의 천문학과 점성술적 관념들을 받아들였다는 사실에서 나타난다. 하지만 이 사상들은 그 와중에서 강하게 변형되었다. 여기서 '별들이 정한 운명'(*Sternenzwang*)에 대한 관념이 에센파 사상에서 빠져 있다는 사실이야말로 역사이해에서 헬레니즘적 환경과 초기 유대 묵시사상의 본질적인 차별성을 보여준다(2권 p. 260ff. 을 보라). 추측하건대 점성술에

한다." M. P. Nilsson, *GGR*² 2, 276-281(278). 또한 F. Cumont, *Die orientalische Religionen*, 153ff., 157ff. 를 보라. 스토아학파에서의 점성술의 중요성에 대해서는 A. BouchéLeclerq, *op. cit.*, 28-34를 보라. 또한 예지(*Mantik*)와의 연관성에 대하여는 M. Pohlenz, *op. cit.*, 1, 106ff., 171f. 를 보라. 처음에 점성술은 유일한 철학파로서 예지에 대하여 긍정적으로 보고 있었다. 크리시포스는 상대적으로 보면 원시적인 "갈대인"의 예술을 여전히 자신의 가르침을 보좌하는 것으로 간주했다(*op. cit.*, 2, 62, *SVF* 2, 277 Nr. 954, 15-20). 카르네아데스(Karneades)의 영향을 받은 파나이티오스(Panaitios)가 점성술을 받아들이지 않은 것은 예외이다. 포세이도니오스는 그것을 더욱 타당하게 만들었다. K. Reinhardt, *PW* 22, 653ff., 691, 792ff.; *Kosmos und Sympathie*, 1926을 보라. 색인 '점성술'과 '예지'(豫智), 그리고 H. G. Gundel(n. 822 above), 102f. 를 보라.

대한 관심은 그들의 적대자들, 즉 헬레니즘적 교육을 받은 예루살렘의 동료들에게서 더 강하게 나타났을 것이다. 익명의 사마리아 작가와 이집트에 살던 유대인 아르타파노스가 이것을 증명해 주고 있다. 그들은 에녹-아틀라스 내지 아브라함을 점성술적인 비밀지식을 고안해 전파했던 인물들로 만들었다(1권 p. 319를 보라). 〈희년서〉 12, 16-18은 에센파 사람들이 점성술적 관념들을 적용하는 것에 반대하는 논증을 만들어낼 수 있었음을 보여준다.

> 〈희년서〉 12:16-18에 따르면 아브라함은 다가올 해(!)에 비가 올 것인지를 알아내기 위해 하늘을 관찰했다. "그리고 한 말씀이 그의 마음에 다가왔다. '별들의 모든 징조들과 달과 태양의 징조들 모두는 주님의 손 안에 있다. 그런데 무엇 때문에 나는 그것을 연구하는 것인가? 만일 그가 원하신다면, 그는 비가 오도록 하실 것이다. … 그리고 만일 그가 원하신다면 (비를) 멈추게 하실 것이다. 모든 만물들은 다 그의 손에 있기 때문이다'"(E. Littmann 역).

이러한 내용과 어울리는 것은, 타락한 천사들이 인간에게 누설한 비밀은 분명히 모든 종류의 점성술에 관한 지식이 포함되어 있다는 점이다.[841] 하지만 점성술에 관한 단편적 자료들이 보여주듯이 에센파 사람들은 갈등 속에 있었고, 〈희년서〉 12장에서 나타나고 있는 통찰력은 유지되지 않았다. 이렇듯 시대에 적합한 "학문성"에 대한 갈구는 심오한 신학적 깨달음을 추구하는 것보다 더 강력했다.[842] 랍비

841) 에녹 8, 3, ἀστρολογίας; τὰ σημειωτικά; ἀστεροσκοπίαν; σεληναγωγίας. (천문학, 징조들, 별자리 관측, 달의 인도).

842) 이미 언급한 사 47:13; 단 2:19 23 그리고 *Sib.* 3, 221, 227ff. 를 보라. 2권 p. 263ff. 와 3권 162f 를 비교하라. 유대의 천문학 위경들에 대해서는 Gundel(제 3부 각주 822), 51ff. 를 보라.

단에서 이와 같은 갈등이 계속되었다는 것은, 2세기와 3세기의 교사들의 격렬한 논쟁 속에서 나타나는데, 그것은 바로 이스라엘이 '별이 정한 운명'하에 지배를 받고 있는가 하는 문제였다(Šab. 156a/b).

7. 새롭게 발견된 점성술에 대한 증거들은 에센파의 예지(豫智)와 마술을 암시하는 보고서들을 통해서 보완되었다. 〈나보니도스의 기도서〉는 에센파 이전 시대의 것이고 다니엘서의 이야기에 가깝기에 하시딤 전승으로 볼 수 있는데, 여기에는 바빌로니아 왕이 유대인 "마술사"(גזר)[843]에 의해서 치료를 받는 기록이 나온다. 그리고 〈창세기 외경〉(20, 25-30)에는 아브라함이 안수와 기도를 통해 파라오를 치료한 이야기가 나온다. 율법을 엄격히 준수하는 다니엘은 거부감 없이 "바빌로니아의 모든 현자들보다 높은 최고의 관직"을 받았다(다니엘 2:48; 2권 p. 289f.를 보라). 물론 이 그룹에는 각종 마술사들, 그리고 별과 꿈을 해석하는 자들이 포함되어 있었다. 시락서 34(G. 31):1-8의 회의적인 태도는 이것과 어느 정도는 반대가 된다. 우리는 요세푸스의 보도를 통해서 에센파 사람들을 알게 된다:

> 그들 가운데는 미래에 관한 것을 미리 알고 있다고 주장하는 사람들이 있다. 게다가 그들은 거룩한 책들과 여러 가지의 정결의식들, 예언자의 말씀들에 대한 훈련을 받았는데, 그들의 예언이 빗나가는 일은—확신하건대—거의 일어나지 않는다(유대전쟁사 2, 159).

이 보도는 에센파 사람들의 "예언"(*Prophetie*)이 구약의 예언에 의존하고 있음을 보여준다. 그들에게서 미래를 예견하는 은사는 아마도

---

843) Text in: J. T. Milik, *RB* 63, 1956, 408; "gāzer" 개념에 대해서는 R. Meyer, *Das Gebet des Nabonid*, BAL 107, 3, 1962, 24f.를 보라. 그것은 "운명을 결정짓는 자", 즉 점성술가 혹은 점쟁이(단 2:27; 4:4; 5:7, 11)라는 의미가 있다.

예언의 영을 소유했다는 표지였으리라.[844] 그러나 그들의 예언의 문체는 주석 그리고 정결의식들과 결합됨으로써 구약의 모델과는 구별된다. 또한 '거룩한 책들'은 토라와 예언서들로만 한정되지 않고, 묵시적 문서와 점성술적 예지(豫智) 성격을 띠는 문서들도 포함했던 것으로 보인다. 이와 같이 요세푸스가 우리들에게 보여주었던 에센파의 '미래통찰'(*Zukunftsschau*)에 관한 다양한 예들은 헬레니즘적인 예지와 꿈 해석에 근접하는 경향이 있었다. 물론 그것들은 베츠(O. Betz)가 보여주었듯이 구약으로부터 형성된 것이지만 말이다. 그래서 "예지가"(豫智家 μαίντις)였던 에센파 사람 유나(Judas)는 하스모니아 왕조의 안티고노스가 죽게 될 정확한 장소와 날짜를 미리 말했다. 후에 그의 동료가 된 므나헴(Menahem)은 자신의 삶은 세자 헤롯이 장차 유대인의 왕이 될 것이라고 믿고 환대했으나, 나중에 헤롯 왕이 자신이 언제까지 통치할 것인가를 묻자 불분명한 답변만 해주었다.[845] 그리고 에센파 사람 시몬은 헤롯 아르켈라오스가 곧 추방될 것이라고 그의 꿈을 해석해주었는데, 그는 여기서 아르테미도로스(Artemidoros)

844) Michel/Bauernfeind, *op. cit.*, 1, 439 각주 83; 세부적인 것은 O. Betz, Offenbarung, 99-108을 보라.

845) Judas: 유대전쟁사 1, 78-80 = 유대고대사 13, 311-313; O. Betz, *op. cit.*, 99ff.를 보라. 그가 죽을 날짜를 예고하는 것이나, 정확하지만 잘못 해석된 장소를 언급하는 것은 구약과 많은 유사성을 찾을 수 없다. 가장 유사한 것은 렘 28:16f.와 겔 11:13인 것 같다(또한 G. Fohrer, *ZAW* 78, 1966, 36f.를 보라. 그는 마술적인 배경을 가리킨다). 므나헴(Menahem): 유대고대사 15, 372-379; *op. cit.*, 102ff.를 보라. 삼상 16:1ff.와 삼하 7:14의 언급을 보라. 헤롯이 후에 자기 통치의 기간을 므나헴에게 물어보았다는 것은, 헤롯이 그를 일종의 점쟁이로 보았다는 것을 말해준다. 또한 아그립바 1세가 포로가 될 것이라는 한 게르만인(人)의 예언은 유대고대사 18, 195-202, 그리고 요세푸스 자신의 예언의 은사는 유대전쟁사 3, 35 1ff.; 399-408; 생애, 208ff.와 비교하라: 그의 은사는 성서와 제사장의 기원에 관한 지식에 의존한다.

의 〈꿈의 책〉(*Traumbuch*) 을 연상시키는 방법을 사용했다.[846] 예언자 아가보(Agabos)는 이와 같은 에센파의 예견자들과 비교될 수 있는 초기 기독교의 인물이라 하겠다(행 11:28; 21:10).

보다 확장된 기록들은 에센파 안에 예지적·마술적 의학이 존재했음을 보여주고 있다:

> 그런데 그들은 고문서 연구에 극도의 노력을 기울이는데, 특히 영혼과 육신의 건강을 증진하는 것들을 선별해 낸다. 그들은 이 문서들에서 질병치료를 위한 약효를 지닌 뿌리와 돌의 (신비한) 속성(ἰδιότητης)을 탐구한다(유대전쟁사 2, 136).[847]

---

846) 유대전쟁사 2, 111f. = 유대고대사 17, 345-8, 그리고 *op. cit.*, 104ff. 를 보라. 여기서 창 41:17-24의 요셉 이야기는 그 분명한 예이다. 그러나 꿈의 해석 역시 고대의 해석방법의 주제들과 연관된다. 아르테미도로스(Artemidoros)의 황소에 관한 해석에 관하여는 Oneirocrit., ed. R. A. Pack, 1963, 1, 39(p. 46); 2, 12(p. 121)와 재난을 암시하는 잘려 나간 이삭의 관한 해석 5, 81(p. 322)을 보라. 꿈을 해석하는 것은 기원전 3세기 프톨레마이오스 시대 이집트에서는 고대 이집트의 전승과 연결된 이미 확립된 기술(技術)이었다. A. Volten, *Demotische Traumdeutung*, 1942, 43ff. 를 보라: "통속적인 지혜의 책에서 마술과 신유, 꿈의 해석은 함께 나오고 있다. 이 세 가지 예술은 모두 신에게서 비롯되었다"(43). 특히 세라피스 종교제의에서 꿈의 해석은 확립된 기술이었다. 제 3부 각주 647-648을 보라. H. Bell, *JEA* 34, 1948, 95f. 와 비교하라. 우리는 이것을 이미 제논 파피루스 PCZ 59034, 59426; PSI 435에서 발견한다. 팔레스타인에서는 하시딤 그룹이 그것을 특별히 좋아했다. 단 1:17; 2장; 3:31-4:34; 2마카 15:11-16; *Zus. zu Esth.* 1, 1aff.; 10, 3aff. (《70인경》)를 보라. 여기에서 환상의 경계는 유동적이다. 꿈을 비평한 것에 대해서는 시락 34:1ff. 를 보라. 그리고 랍비들 가운데에서는(R. Me'îr) A. Oepke, *TWNT* 5, 233f. 를 보라. 그러나 심지어 후자의 경우에서도 — 고대세계의 어느 곳에서처럼 — 꿈의 해석은 중요한 역할을 했다. E. Ehrlich, *ZNW* 47, 1956, 133-145를 보라. 이것이 하나의 공통적인(헬레니즘적이고 이집트적인?) 자료라는 가정에 대해서는 143ff. 를 보라.

847) 마술적인 해석에 대해서는 E. Zeller, *PhGr*[5] III, 2, 333f.; A. Dieterich,

〈희년서〉 10, 1f., 12f. 는 이 에센파의 의학이 어떻게 이해될 수 있는가를 설명한다:

> 사탄이 일으키는 질병 때문에 노아의 자손들이 죽어가는 것을 막기 위해 그들을 대면하는 천사들이 노아에게 "그들의 질병을 치료하는 방법을 유혹(의 기술)과 함께 알려주었다. 이것은 노아가 땅의 나무들(식물들)로 그들을 치료하도록 하기 위함이었다. 그리고 우리가 그에게 (그것을) 가르쳤던 것과 같이, 노아는 모든 종류의 치료법에 관한 내용을 한 권의 책에 모두 기록했다." 그후 그는 그의 아들 셈에게 이 문서를 넘겨주었다.

질병 중에는 사탄과 마술에서 유래한 병이 있기 때문에 그들은 단지 선한 천사들로부터 배웠던 '백색의 저항마술'이라는 방식으로 효과적으로 싸울 수 있었다. 반대로, 에녹1서 8, 3에 따르면(추측하건대, 이것은 '노아외경'으로부터 나온 것으로 보인다) 타락한 천사들의 수장인 셈자사(Semjasa)는 "검은 마술"이라는 의미로 "뿌리를 자르고 주문을 외우는 행동"을 사람들에게 가르쳤다. "뿌리"와 "식물들," "돌의 속성들"은 고대세계에서 마술적이고 의학적·예언적 의미의 전문용어로 사용되었는데,[848] 여기에 종종 점성술적 의미를 추가하여 사용했다.

Abraxas, 1891, 145; A. Dupont-Sommer, *SVT* 7, 1960, 246-61을 보라. "cotte médecine essénienne était tout imprégnée de magie…" (246), 또한 Tarn/ Griffith, *Hellenistic Civilization*, 353(유대전쟁사 2, 142); G. Vermes, *RQ* 2, 1959/60, 440ff.; D. Flusser, *IEJ* 7, 1957, 107ff.와 비교하라. J. P. M. v. d. Ploeg, *Festgabe K. G. Kuhn*, 1971, 128ff.의 재앙을 막아주는 시편들을 보라.

848) 의학적·점성술적인 경향을 지닌 식물과 돌에 대한 고대의 미신도 간과할 수 없는 분야이다: T. Hopfner, "Lithika," *PW* 13, 747-768; W. Kroll, "Kyraniden," *PW* 12, 127-134; E. Pfister, "Pflanzenaberglaube," *PW* 19, 1446-1456. 게다가 네케프소-페트로시리스(Nechepso-Petrosiris)에

그렇기 때문에 "노아의 책"은 네케프소(Nechepso)의 작품과 같이 의사 테살로스(Thessalos)가 알렉산드리아에서 발견한 것과 같은 종류의 책이라고 생각할 수 있는데, 여기에는 "12천궁도에 따라서 돌과 식물로 몸 전체와 모든 고통을 치유하는 치료제"에 관한 정보를 담고 있었다. 유사한 작품이 랍비들에게도 알려져 있다.[849] 왜냐하면 페쉬타(Pes. 4, 9a)에서 에체키아스(Hiskia)는 "치료제의 책"(ספר רפואות)을 숨겼다고 칭송을 받았기 때문이다. 수이다스(Suidas)와 마이모니데스(Maimonides)에 따르면 그것은 솔로몬의 저작이었는데, 요세푸스에 따르면 솔로몬은 그것과 상당히 유사한 문헌들을 집필했다고 전해진다: "하나님은 인간들을 치료하고 유익을 주기 위해 그가 악령을

게서 중요한 역할을 했던 (제3부 각주 669-81을 보라) "Iatromathēmatikē" 가운데 점성술에서 영향을 받은 치유예술도 있다. E. Riess, *op. cit.*, 378-380, frs. 27-32; W. Kroll, *PW* 9, 802-804와 비교하라. 또한 Bouché-Leclerq, *op. cit.*, 518-534; Bell/Gundel, 139ff. 를 보라. 전체 문제에 대해서는 Festugière, *op. cit.*, 123-185; Bidez/Cumont, *op. cit.*, 1, 188-198을 보라. 이런 종류의 글들은 부분적으로는 헤르메스, 데모크리토스(Democrit), 페르시아의 오스타네스(Ostanes), 그리고 심지어는 솔로몬(비교. 지혜 7:20; 유대고대사 8, 44ff.; Ganschinietz, *PW Suppl* 8, 664, 2권 p. 79와 각주 175/6을 보라)의 이름으로 통용된다. "Sympathie"(공감)를 토대로 한 이런 마술적·의학적 문헌을 만들어낸 장본인은 기원전 250년에서 150년 사이 알렉산드리아의 멘데스 출신인 "신피타고라스주의자" 볼로스(데모크리투스)이다. J. M. Wellmann, *PW* 3, 676f.; *Die* ***ΦΥΣΙΚΑ*** *des Bolos Demokritos*, AAB 1928, 각주 7; Festugière, *op. cit.*, 1, 224-238을 보라. J. H. Waszink, *RAC* 2, 502-508, 또한 비교. F. Jacoby, *FGrHist* IIIa, 263, Komm. 24ff.; W. Kroll, *Hermes* 69, 1934, 228-232의 비평은 근거가 충분하다. 특별히 에센파와 볼로스의 직접적인 의존관계를 증명하고 그것을 신피타고라스학파로 규정하려는 Wellmann, *op. cit.*, 6, 9f. 의 시도는 전혀 설득력이 없다. 2권 p. 413f. 를 보라.

849) CCAG VIII, 3, 1912, 135 l. 13, 비교. 1권 p. 267f., A. J. Festugière, *RB* 48, 1939, 69ff., 식물 수집시 "세계의 주께"라고 기도하는 것은 유대교의 영향이 있었음을 보여준다. 랍비문헌에 대해서는 제3부 각주 441을 보라.

대항하는 기술을 배우도록 허락했다." 이어서 그는 한 유대인 축귀사(逐鬼士)가 어떻게 악령을 축출했는가를 묘사하고 있는데, 그는 베스파시아누스가 오기 전에 "솔로몬이 처방한 뿌리"가 든 반지와 그가 작성한 주문(ἐπῳδάς 비교. 〈열왕기3서〉 5, 12 ᾠδαί)으로 솔로몬의 면전에서 악령을 내쫓았다고 한다.[850)]

이렇게 에센주의 역시 고대의 유대교 마술수행에 한 몫을 했을 것이다. 그들이 "공동체의 책들과 천사의 이름들"을 누설하는 것을 금시했던 것은, 자신들의 "비밀지식"이 마술적으로 오용되는 것을 막기 위함 이었다고 한다(유대전쟁사 2, 142). 유대교의 마술은 비유대인들이 가장 큰 관심을 가졌던 유대교의 현상이었다. 이것은 1세기 이후 많은 고대 작가들을 통해서 우리에게 전해지고 있으며,[851)] 초기 영지

850) 유대고대사 8, 46-49. "치유의 책"에 대해서는 A. Wünsche, *Aus Israels Lehrhallen* 3, 201-212; *Schürer* 3, 419f.를 보라. Ganschinietz, *PW Suppl* 8, 665f.와 비교하라.

851) 비교. 행 8:9, 11; 13:6, 8; 19:13ff.; 비교. 트로구스 폼페이우스(Trogus Pompeius, 기원전 1세기 = Justin, *Epit.* 36, 2(Reinach 253); Plin., *Hist. Nat.* 30, 10f. (Reinach 282)는 그것이 이집트의 마술에서 유래된 것으로 본다. M. Wellmann, AAB 1928, Nr. 7, 64; Juvenal 6, 542(Reinach 291f.); Apuleius, *Apol.* 90(Reinach 335f.); Lukian, *Tragopodagra* 173(Reinach 159), 또한 비교. *Philopseudes* 16; Celsus, in: Origen, *c. Cels.* 1, 26(비교. 5, 6); GCS 1, 77; 2, 5f. ed. Koetschau; Justin, *Dial. c. Tr.* 85, 3; Iren., *Haer.* 2, 6, 2; 그것에 관해서는 *Schürer*, 3, 407-420; O. Eissfeldt, *Kleine Schriften* 1, 150-171을 보라. S. Baron, *A Social and Religious History of the Jews*, [2]1960, 15-23; L. Thorndike, *A History of Magic* 1, 348-358; Goodenough, *Symbols* 2, 155-195; M. Simon, *Verus Israel*, 1948, 394-429와 비교하라. 더 상세한 것은, 제 3부 각주 441과 IV. 각주 22를 보라. 팔레스타인의 마술에 대해서는 153ff.를 보라. 2. Makk 12:40의 부적들과 비교하라. K. Galling, *BRL* 29를 보라. 유대교의 악령축출에 대해서는 Bill. 4, 533ff. h를 보라. 예를 들면 Shab. 67a와 비교하라. 유대교의 영향을 받은

주의 역시 이 영향에서 자유롭다고 볼 수 없다.[852] 마술의 기원은 기독교 이전의 헬레니즘시대로 거슬러 올라간다. 이는 마술에 관한 '솔로몬-문학'[853]과 유대교의 순회기적술사들에게도 해당된다. 추측하건대 솔리의 클레아르코스(Klearch von Soli, 기원전 3세기 초 중반)가 이미 그들 중에 한 사람이었을 것으로 보인다.[854] 200년경 알렉산드리아에서 살고 있었던 연금술과 마술문학의 아버지인 멘데스의 볼로스(Bolos von Mendes) 역시 유대교 마술을 알고 있었던 것으로 보인다.[855] 마태복음 12:27(=눅 11:19Q)은 바리새인들 역시 축귀사로서 활동했다는 사실을 보여준다. 유대교 마술의 형성과 확장은 근본적으로 유대종교의 우월한 자의식의 또 다른 표현이다. 그들은 특별히 하나님의 거룩한 이름과 연관되어(제 3부 각주 20을 보라) 그들의 종교가

마술에 사용하는 보석들에 대해서는 C. Bonner, *Studies in Magical Amulets*, 1950, 26ff.를 보라.

852) Thorndike, *op. cit.*, 1, 360-84; M. Wellmann, *op. cit.*, 54-62. 또한 비교. J. H. Waszink, *RA* C 2, 507f. 예를 들면, 다음과 비교하라: 시몬의 추종자들에 대한 묘사 Hippolyt, *Philos.* 6.20, GCS 3, 148, ed. Wendland와 시몬 마구스에 관한 허구적인 기록, Ps.Klem., *Hom.* 2, 32f.; 5, 4; GCS, ed. Rehm 49, 94; 그것에 관한 H. J. Schoeps, *Aus frühchristlicher Zeit*, 1950, 249-254; 더 상세한 것은 영지주의의 마르쿠스에 관한 Irenaeus, *Haer.* 1, 13.

853) Festugière 1, 339f.; Ganschinietz, *PW Suppl* 8, 663ff.

854) 아피온 반박 s, 176-183; 그것에 관해서는 H. Lewy, *HTR* 31, 1938, 209ff., 222ff 3권 p.18f.를 보라.

855) M. Wellmann, *op. cit.*, 9, 12ff. 볼로스는 유대인 마술사 다르다노스(Dardanos)에게 호소한 것으로 알려졌다(3.Kge. 5,11 《70인경》; 특별히 유대고대사 8, 43을 보라. Plin., *Hist. Nat*, 30, 9; Apuleius, *Apol.* 90과 비교하라); R. Reitzenstein, *Poimandres*, 163 각주 a; Festugière, *op. cit.*, 1, 317 각주 3; 더욱 유보적인 입장을 취하는 W. Kroll, *PW Suppl* 6, 25f.; A. Herrmann, *RAC* 3, 593f.; Bidez/Cumont, *op. cit.*, 2, 13 각주 20과 비교하라.

"더 높은" 능력을 부여받았다고 믿었다.[856]

보설(補說) 5. 태고시기에서 유래한 비밀교의

에센파는 비록 외관적으로 그토록 엄격한 분리주의적인 성향을 띠고 있었다 할지라도, 헬레니즘적 영향을 받은 주변세계와 논증적이고 호교론적인 대결을 하고 있었다. 그리고 이러한 문맥에서 점성술과 예지(豫智), 마술과 같이 우리에게는 정말 낯설게만 보이는 분야들이 그들에게는 이해될 수 있었다. 이러한 사실들은 그들이 팔레스타인 유대교로까지 유입되고 있었던 폭넓게 떠도는 전설들을 새롭게 해석하고 있다는 점에서도 나타난다. 헬레니즘·로마시대에 가장 선호되었던 "계시유형들"에 속하는 것으로는 태곳적부터 내려오던 두루마리나 비문, 또는 석주비문을 발견해 내는 것이 있었다. 이같이 빈번히 나타나는 모티브가 확산되었다는 사실은 비밀스러운 이집트의 상형문자 비문뿐만 아니라, 바빌로니아의 설형문자가 새겨진 기념물들도 뒷받침한다.[857] 아마도 최초로 베로소스(Berossos)에서 발견된 이본

---

856) G. Fohrer, *ZAW* 78, 1966, 25-47은 어느 정도 마술적이고 점성술적인 구약 예언자들의 특징을 지적한다. 그러나 신 18:9ff.; 레 20:6에도 불구하고 마술적 요소들은 헬레니즘시대의 유대교에 더욱 강하게 나타난다. 랍비이 아령축출에 대해서는 Bill. 4, 534f.를 보라. 초기 랍비시대의 기적술사들에 대해서는 A. Guttmann, *HUCA* 20, 1947, 374-388을 보라. 예를 들면, 기적 행위자였던 랍비 피느하스 벤 야이르(R. Phinehas b. Jair)는 마술적 관습을 사용했다(j. Demai 22a. 기원후 약 200년경). 비유대인들이 모세를 마법사로 본 것에 대해서는 J. G. Gager(이 책 제4부 각주 2를 보라), 134-161을 보라.

857) Festugière, 1, 319-324, 비교. 211f.와 230 각주 6; RB 68, 1939, 46. 또한 Bidez/Cumont, *op. cit.*, 1, 285, "Stèles"의 항목의 색인을 보라. 악시오코스(Axiochos)에 대해서는 제3부 각주 655를 보라. 페니키아에

(異本) 은 특별한 형태 가운데 하나인데, 선사시대의 지혜가 대홍수 이후에도 존속했다는 사실을 보여준다:

> 그에 따라 벨-크로노스(Bel-Kronos)는 키수트로스(Xisuthros)에게 명령하여 홍수 이전에 태양의 도시 안에 있는—설형문자로 기록된—작품들을 모두 감추도록 했다. 그리고 홍수 이후에 그것들을 다시 파내어 "인류에게 넘겨주도록"[858] 했다.

유사한 방법으로 좀더 후기에 위(僞)-마네토(Ps. Manetho)는 헤르메스-토트(Hermes-Thot)가 기둥들 위에 상형문자로 자신의 지혜를 새겼고, 바로 그 지혜가 그렇게 홍수를 견뎌내었다는 것처럼 보도한다. 우리는 유대 팔레스타인 전통 안에서도 이러한 모티브를 만나게 되는데, 《아담과 하와의 생애》(*Vita Adae et Evae*)와 《후기 하가다 전집》,[859]

대해서는 S. A. Cook, *The Religion of Ancient Palestine*, 1925, 161ff.; Philo Byblius, *FGrHist* 790 F 1.26; E. Amélineau, *RHR* 21, 1890, 285를 보라.

858) *FGrHist* 680 F 4, 14f., 비교. Abydenos, *FGrHist* 685 F 3; H. L. Jansen, *Die Henochgestalt*, 28ff.를 보라. 또한 W. Bousset, *ZNW* 3, 1902, 44; Bousset/Gressmann, 492f.; S. A. Cook, *op. cit.*, 163과 비교하라. 그 주제에 대해서는 W. Speyer, *Bücherfunde*, 111ff.를 보라.

859) Ps. Manetho, *FGrHist* 609 F 25, 또한 Zosimus b. Syncellus 1, 23, ed. Dindorf.와 비교하라. 이에 관해서는 Reitzenstein, *Poimandres*, 1904, 139를 보라. 점성술사 키라니데스(Kyranides)는 이집트와 바빌로니아의 점성술적인 전승간의 관련을 가지고 있다. M. Wellmann, "Marcellus v. Side," *Phil. Suppl* 27, 2, 1934, 14를 보라. 그는 이 "고전적인 책"(ἀρχαϊκὴ Βίβλος)의 기원은 유프라데스 강변에 세워진 "시리아의" 돌기둥에서 유래했다고 주장한다. 더 상세한 유사점에 대해서는 *Korē Kosmū*, CH 23, 67(결말) '공중의 악령들로부터의 보호를 위하여'라는 표현을 보라. 유대교 하가다의 유사점들에 대해서는 M. J. bin Gorion, *Die Sagen der Juden, Von der Urzeit*, 1913, 155ff., 356을 보라.

요세푸스의 《유대고대사》 1, 69-71에서 나타난다.

> 점성술의 발견자들인 셋의 아들들은 "인류가 점성술의 발견을 잃어버리지 않도록 … 2개의 기둥을 세웠는데, 하나는 기와, 다른 하나는 돌로 만들었다. 왜냐하면 아담은 만물의 멸망에 대해서 한 번은 불의 능력으로, 그 다음으로는 거대한 힘과 양을 가진 물로 예언했기 때문이다(제 3부 각주 553을 보라). 이렇게 하여 만일 기와로 만들어진 기둥이 홍수로 무너지게 되면, 돌로 만든 기둥을 남겨 사람들에게 그 비문을 알려주도록 했다."

똑같은 전설이 〈희년서〉 8, 1f. 에서 — 에센파의 형식으로 — 그 반대의 암시만을 가진 채 나타나고 있다:

> 자신의 아버지 아르박삿(Arpachsad)에게 글 쓰는 것을 배운 노아의 손자 카이남(Kainam)은 "조상들이 바위에 새겨 놓은 문자를 찾았고, 그 위에 놓여 있는 것을 읽어가며 옮겨 적었다. 그는 거기에 파수꾼의 가르침이 있다는 사실을 알았다. 이 가르침을 통해서 그들은 하늘의 모든 징조 중에서 태양과 달, 별들에 대한 마술교의를 만들었다. 그리고 그는 이 가르침을 적었으나, 노아가 진노할까봐 그것에 관해서는 말하지 않았다"(E. Littmann의 번역 in: Kautzsch, Apok. 2, 45f.).

요세푸스의 《유대고대사》 1, 144에 따르면, 이 본문의 해석에서 아르박삿이 바빌로니아인의 조상으로 등장하고 있음에 주목할 수 있다. 카이남이 발견했던 "지혜"는 바빌로니아인의 성신숭배 제의나 길흉(吉凶) 제의, 마술의 기초가 되었으리라 생각된다. 에녹1서에 나오는 '노아단편'에 따르면, 이 "파수꾼의 가르침"에는 점성술 이외에도(2권 p. 387ff. 를 보라) 식물과 화장품, 색조를 만드는 데 사용되는 영양소에 관한 예지의학적인 지식이 포함되었다. 그 배후에는 마술적 의미로 이해될 수 있는 연금술이 있었을 것이다.[860] 이밖에도 또 다른 구절에서는 파피루스 위에 적힌 글과 다양한 종류의 마술이 포함되어 있다.[861]

에센파 공동체는 다른 유대집단이 셋(Seth)으로부터 전해 내려오는 긍정적인 지혜전통이라고 간주했던 것을, 악령적인 지식이라 하여 거절했다. 왜냐하면 타락한 천사들이 신적인 비밀들(에녹 16:3)을 누설함으로써 나왔다고 생각했기 때문이었다. 우리는 여기에서 그러한 지식은 근본적으로 이방인들의 모든 지혜와 헬레니즘시대의 세련된 문화를 포괄하였다고 가정할 수 있으리라. 이 부정적 '계시'를 무력화하기 위해 하나님은 에녹과 노아(제 3부 각주 580을 보라), 아브라함에게 글과 언어, 천체의 운행, 치료, 축제 등에 관한 이른바 "대립적 계시"(*Gegenoffenbarungen*)를 주었다는 것이다.[862]

---

860) 이에 대해서는 Festugière, *op. cit.*, 1, 223을 보라. 에녹 8에서 "금속"과 "παντοίους λίθους καὶ τὰ βάφικα"(다양한 돌들과 철을 연금한 것들)의 언급한 것은 옛 연금술 문헌에 나오는 유사한 목록들과 일치한다. 그러나 Festugière이 추측했듯이 멘데스의 볼로스(Bolos von Mendes)의 βάφικα가 에녹1서에 끼친 영향은 불확실하다. 그러나 역으로 고대 연금술사들은 에녹문헌들 일부와 천사들의 타락교의를 알고 있었던 것 같다. Festugière, 1, 255ff.를 보라. 천사들의 지혜(*Engelweisheit*)가 가지고 있었던 마술적 특징은 Ps. Clem., *Hom.* 8, 14, 2와 에녹1서를 의존한 Rehm GCS 127 "μαγευθεῖσιν λίθοις"(마술화된 돌들을로)를 해석하는 것에서 또 다시 발견된다. 연금술의 이집트 기원에 대해서는 Bidez/Cumont, *op. cit.*, 1, 198ff.를 보라.

861) 에녹 7장과 8장; 69:8-12. 비교 Ps. Philo, 25:10ff. (1권 p. 341의 Kisch).

862) *Jub.* 4, 17ff. 21ff.; 10, 12; 12, 22ff. 27ff.; 21, 10과 비교하라, 또한 P. Grelot, *RSR* 46, 1958, 15f.와 비교하라. Ps. Clem., *Hom.* 8, 14, Rehm GCS 127은 직접적으로 에녹1서와 〈희년서〉에 의존했다. H. J. Schoeps, *op. cit.*, 13f. (Lit.)을 보라. 점성학과 마술이 타락한 천사에게서 비롯되었다는 견해는 초기의 교회에 영향을 끼쳤다. Bell/Gundel, 104f.를 보라. 예를 들어 Tertull. *De idoll.* 9와 비교하라. 여기서의 반응

역사 속에서 이 같은 이원론적인 대립은 계시와 지혜라는 2개의 상반된 흐름이 존재하는 것과도 연관이 있다. 에센파 사람들이 점성술과 예지의학을 다루게 되었을 때, 이것은 공동체 밖에서 다루어지는 점성술이나 의학과는 근본적으로 다른 것으로 보였다. 그들은 이미 하시딤 유산으로부터 구원론적·인간론적 사고를 가져왔고, 이와 더불어 '백과사전적' 지혜에도 관심을 가지고 눈을 뜨게 되었다. 그들은 우주와 역사를 포함하는 좀더 포괄적인 지혜, 즉 천사들의 배신이 아닌 계시에 기초한 참된 지혜를 '악마의' 지혜와 갈대아의 지혜, 혹은 이집트적이고 헬레니즘적인 지혜에 대립시키려 했다. 그러므로 인식과 이해의 개념들이 까닭 없이 에센파 신학의 중심에 서게 된 것은 아니었다. 이런 의미에서 지혜서 7:17ff. 에서 그런 사고방법과 관련하여 솔로몬이 언급한 것과 같이, 하시딤과 에센파의 '영지'(靈智)에 대해 서로 이렇게 말할 수 있으리라: 하나님은 그에게 "존재하는 것 중에 참된 지식을"(τῶν ὄντων γνῶσιν ἀψευδῆ) 주셨다.[863] 즉, "나는 감추어진 것과 드러난 것 모두를 깨달았다"(ὅσα τέ ἐστιν κρυπτὰ καὶ ἐμφανῆ ἔγνων 7:21).

은 에센파와는 대조적으로 주로 부정적이다. Bouché-Leclerq, *op. cit.*, 614ff., W. Gundel, *RAC* 1, 828f.; W. Gundel/H. G. Gundel (제 3부 각주 822를 보라), 318ff., 332ff. 와 비교하라.

863) 또한 이 모든 것을 포괄하는 지혜에 대한 요하난 벤 자카이(Johanan b. Zakkai)의 묘사와 비교하라. 그 지혜 자체에는 "섬기는 천사들과 악령들의 대화"가 담겨있다: *Sukka* 28a *Bar.*, Bill. 4, 535. 우리는 이 같은 것을 이미 Hillel, *Tractate Soperim* 16, 9에서 발견했었다.

4. 에센파 공동체의 형태와 피타고라스주의의 영향에 관한 문제

에센파 공동체는 수도원적인 형태를 취한 쿰란의 핵심적 공동체이든, 아니면 유대의 도시에 거주했던 에센파의 "제 3의"(*Tertiarier*) 그룹이든 관계없이, 그 형태는 새로운 것이었고 구약 유대 전통에서 파생될 수 없는 것이었다.[864] 모턴 스미스(Morton Smith)가 암시하는 느헤미야시대의 "추방된 자들"(*gôlāh*)과 "그 땅의 사람들"(*'am hā'āreṣ*) 사이의 대립도, 엘리야와 엘리사의 영향을 중심으로 형성된 예언자 그룹과 레갑 가문(*die Rechabiten*), 그리고 제사장 가문과 레위 가문도 이 에센파의 형성을 설명하는 충분한 유사점을 주지는 못한다.[865] 이 공동체의 형성은 가족의 모든 인연조차 끊고 구원의 공동체로 향해야 했던 개개인의 결연한 돌이킴(*conversio*)을 요구하는, 새로운 시대의 정신에서만 이해할 수 있을 뿐이다.

---

864) 〈다마스쿠스 문서〉는 아마도 그들에게 향하고 있는 것 같다. 제 3부 각주 715를 보라. 또한 유대전쟁사 2, 100f. 와 비교하라: "ἕτερον Ἐσσηνῶν τάγμα"(에센파 사람들의 또 다른 진영)은 결혼을 포기하지는 않는다. 유대 도시에서 에센파의 거주에 대해서는 다음을 보라: 유대전쟁사 2, 124; Philo, *Hypoth.* 11, 1(M. 2, 632), 또한 비교. Michel/Bauemfeind, 1, 432 각주 40, 그리고 다음의 숫자의 세부적인 것: 유대고대사 18, 20 그리고 Philo, *Quod omnis* 75(M. 2, 457): 4000 혹은 4000 이상의 구성원들. 그들은 아마 같은 자료로 거슬러 올라가는 것 같다.

865) "*Gôlāh*"에 대해서는 M. Smith, *NTS* 7, 1960/61, 347-360을 보라. 집단 예언자들과 제사장 집안에 대해서는 L. Rost, *TLZ* 80, 1955, 1-8을 보라. 레갑 족속에 대해서는 이미 언급한 안키라의 닐로스(Nilos von Ankyra)와 수이다스 사전(Suidas-Lexikon), A. Adam, *Antike Berichte über die Essener*, Kleine Texte 182, 1961, 57, 59 그리고 H. J. Schoeps, *Theologie und Geschichte des Judenchristentums*, 1949, 235f., 247ff.를 보라.

그래서 바르트케(H. Bardtke)와 슈나이더(C. Schneider)가 각각 다르게 보여 준 것같이, 에센파 공동체와 가장 유사한 형태는 헬레니즘 시대의 협회규약(*Vereinsrecht*)에서나 찾아볼 수 있다. 즉, 그 외적인 형태와 조직은 사적(私的)이고 종교적인 협회의 전형적 성격인 법적 특징을 가지고 있는데, 이러한 유형은 구약이나 유대교의 법에서는 찾아볼 수 없는 것이었다.[866] 이러한 사실은 돔브로브스키(B. W. Dombrowski)의 증명에 의해 확인되었고 보충되었는데, 그는 에센파 공동체를 지칭하는 명칭인 하야하드(היחד)를 기본적으로 그리스 협회규약의 용어인 공동체(τὸ κοινόν)에서 차용된 것으로 설명하고 있다. 여기서 그는 피레우스(Piräus 기원전 96년?)의 이중언어 비문에서 시돈인(Sidonier) 공동체(κοινόν)와, 엄격한 제자도를 가진 이집트의 후기 프톨레마이오스 왕조에서 유래한 제우스 힙시스토스(Zeus Hypsistos) 숭배자들의 공동체를 제시한다.

사람들이 한편으로는 동향적(同鄕的)이고 다른 한편으로는 종교적인 그 같은 종류의 연합체들에 소속하는 것은 헬레니즘시대에는 하나의 전형적인 삶의 형태였다.[867] 디아스포라 유대인 회당공동체들은 그 자체로 법적인 형태를 가지고 있어서, 그러한 삶의 형태는 유대인

---

866) H. Bardtke, *TLZ* 86, 1961, 93-104; C. Schneider, *Qumranprobleme*, ed. H. Bardtke, 1963, 305-309. E. Koffmann, *Bibl* 42, 1961, 433-442; 44, 1963, 46-61에서 그는 이 사항을 인정해야만 한다. 이런 의미로 구약이 알지 못하는 용어 'יחד'에 관해서는 434ff.를 보라. 이 용어는 아마도 11QPsa 154 = DJDJ IV, 64, Col. 18, 1에서 이러한 의미로 처음 나온다. 2권 p.215를 보라. M. Delcor, *RQ* 6, 1967/69, 401-425와 비교하라.

867) *HTR* 59, 1966, 293-307; KAI 60; Roberts/Skeat/Nock, *HTR* 29, 1936, 39-88, 마레아토스(Mareatos)의 κοινόν, P. M. Fraser, *JEA* 15, 1964, 85 Nr. 14, 6, 창설자의 이름을 따라 명명되었다. 더 상세한 예들은 Tcherikover, *CPJ* 1, 6f.를 보라.

들에게 낯선 것이 아니었음을 기억해야 한다. 특별히 상부 이집트에 속하는 알렉산드리아와 프톨레마이스를 제외하고는 그리스적 형태를 따르던 도시들(*Poleis*)이 없었던 프톨레마이오스 왕조시대의 이집트에서, 그러한 협회조직은 여러 곳으로 흩어져 살았던 그리스인들 가운데에서 애국심과 종교심을 증진시키는 데 도움이 되었고, 유대인들은 이 연합의 형태를 모방했다.[868]

그래서 에센파 공동체는 유대 팔레스타인 안에서 우리에게 알려진 가장 오래된 사적인 규약을 갖는 '협회'(*Verein*)로 나타난다. 그들의 뿌리였던 하시딤은 아마 그들이 연합한 이후에도(2권 p. 210ff. 를 보라) 아직은 에센파처럼 그렇게 엄격하게 조직화되며 폐쇄된 동맹(2권 p. 214f. 를 보라)을 형성한 상태는 아니었을 것이다. 또한 동일한 법적인 토대를 가지고 있었던 좀더 후대의 바리새파의 "하부로트"(*ḥabûrôt*)라는 조직조차도 에센파와 많은 유사성을 가지고 있는 것 같아 보이지만, 그 같은 엄격한 위계조직을 가지지는 못했을 것 같다.[869] 추측해 보면, 오니아스 가문의 대제사장 야손에 의해 세워진 자치체(*Politeuma*)는 최후의 단계에서는 좀더 공적인 성격을 띠지만,

868) CIJ 2, 366f. Nr. 1440, 프톨레마이오스 3세 때의 알렉산드리아 근처에 있는 쉐디아(Schedia)의 회당비문; 같은 시대의 *CPJ* 3, 164 Nr. 1532a 아르지노에(Arsinoe)에서; *CPJ* 1, 248 Nr. 134; *CPJ* 1, 239ff. Nr. 129: 기원전 129년 파윰의 유대인 회당에 대한 최초의 언급, 또한 *Schürer* 3, 97ff.; Tcherikover, *HC*, 296-332; *CPJ* 1, 6-10과 비교하라. 또한 다음을 보라: Ps. Aristeas 310: 알렉산드리아의 유대인 자치제; CIG 3, 5361 = *SEG* 16, 931: 베레니케(Berenike)의 유대인 자치제; 카리아 니사(Carian Nysa)에서 유대인 공동체를 "synhodos"로 지칭: L. Robert, *Hellenica* 11/12, 1960, 261f.: 멤피스의 이두매아인의 자치제(OGIS 737).

869) H. Bardtke, *op. cit.*, 95 각주 12. E. Ziebarth, *Das griechische Vereinswesen*, 1896, 130. 그는 필로와 관련하여 에센파를 그리스 협회로 보았다.

이미 그런 협회적인 형태를 가지고 있었을 것이라 생각된다. 그 공동체는 예루살렘을 헬레니즘적 도시로 탈바꿈할 준비를 했고 김나지움을 법적으로 지원했다.[870)]

헬레니즘시대의 협회규약과 에센파 공동체의 형성을 연관시킬 개별적인 증거들을 더 이상 상세하게 제시할 필요는 없으리라. 이것에 관해서는 바르트케와 슈나이더가 신빙성 있게 입증해주었는데, 이를 테면, 공동체의 창건자에게 돌리는 특별한 명예로부터 시작해서, 공동체의 의장과 관료들, 모든 결정이 내려지는 중요한 총회에서 법을 확정하는 것, 입회자격에 대한 검증과 서약의 의무, 공동식사, 모든 사람이 재산을 내놓고 그 관리에 참여하는 것, 윤리적인 규정들, 그리고 더 나아가 내부의 '협회재판'을 통한 징벌과 출교, 공동의 매장장소에까지 다양하다. 특별히 "공동체 규율에 의거해 구성원들이 참여하여 형성되는 총회의 법적 위상은 헬레니즘에서의 협회의 지위와 철저하게 부합한다." 전체적으로 우리는 여기서 "헬레니즘적인 협회의 사고가 기원전 2세기의 유대정신을 통해 법적 토대를 갖는 최종결과물까지 만들어내는 뚜렷한 예를 발견한다."[871)] 다른 한편으로 에센파의 임박한 종말에 대한 기대와 자신들이 참 이스라엘을 대변하고 있다는 확신은 헬레니즘 세계에서는 결코 그 유비를 찾아볼 수 없는 자의식을 창출했다. 에센파의 구원공동체는 하나님께서 조상들과 맺으셨던 "영원한 언약을 단일화"(יחד ברית עולם) 하는 적법하고도 유일한 계승자들이며, 그들과 그 "언약"은 근본적으로 동일시된다.[872)] 그렇

870) 2마카 4:9ff., 1마카 1:14; H. Bardtke, *op. cit.*, 96; E. Ziebarth, *op. cit.*, 110f., 112와 비교하라. 1권 p. 267ff. 와 3권 p. 86ff. 를 보라.

871) H. Bardtke, *op. cit.*, 102, 104.

872) 1QS 5. 5f.; 비교. 1. 8, 16; 2. 10, 12; 3. 11f.; 5. 7f., 18ff. 그리고 종종 A. Jaubert, *La notion d'alliance*, 211ff.; W. Grundmann, in: *UU* 1, 254f. 를 보라.

기 때문에 우리는 이 공동체의 창건자와 구성원이 자신들의 공동체적 삶에서 의식적으로 구약에 근거하지 않은 형태를 선택했다고 생각할 수는 없다. 그러나 그렇게 낯선 조직형태를 당연하게 받아들일 수 있었던 사실은 헬레니즘적인 법이나 그것과 연결된 헬레니즘적인 사고방식들이 팔레스타인의 유대교로 얼마나 강력하게 침입했던가를 보여준다.

에센파 공동체와 어느 정도 부합했던 엄격한 조직과 높은 차원의 자의식을 가진 유일한 종교적·철학적 운동은 피타고라스주의였다. 비록 이 운동이 초기 헬레니즘시대에 속하며, 신플라톤주의가 꽃을 피우기도 전에 이미 어떤 거대한 영향에서 벗어나 개별적인 비밀집회 안에만 존재했기는 하지만 말이다.[873] 이미 요세푸스, 혹은 아마도 그가 사용한 자료라고 추측되는 다마스쿠스의 니콜라오스(Nikolaos von Damaskus)는 《유대고대사》 15, 371에서 에센파를 그리스의 피타고라스주의자들에 상응하는 유대교 철학파로써 이렇게 묘사했다: "이들은 후에 상술하게 될 그리스인들 가운데 어떤 한 피타고라스주의 철학자에 의해 사용된 삶의 방식을 가진 후손들이다"(γένος δὲ τοῦτ' ἔστιν διαίτῃ χρώμενον τῇ παρ' Ἕλλησιν ὑπὸ Πυθαγόρου καταδεδειγμένῃ). 이 두 그룹간의 밀접한 유사성은 요세푸스와 필로, 플리니우스의 전승에 기초하여 18~19세기에 이미 인정되었다. 특히 바우어(F. C. Bauer)와 슈트라우스(D. F. Strauß), 그리고 특히 철학자 젤러(E. Zeller)가 이를 강력히 주장했다. 그에 반대하여 힐겐펠트

873) K. von Fritz, *PW* 24, 218f., 267f., 269: 피타고라스학파 운동은 기원전 250~기원후 50년 사이의 헬레니즘시대에는 거의 중요하게 생각되지 않았다. 그것은 특히 문학, 혹은 소규모의 비밀제의집회에서 존재했던 것으로 보인다. 이 운동이 유대교에 끼친 영향에 대해서는 제3부 각주 877을 보라. H. Thesleff, *An Introduction to the Pythagorean Writings*, 1961과 비교하라.

(A. Hilgenfeld)는 에센파가 유대 묵시사상과 연관성을 가지고 있으며, 에센파 사상의 출처는 페르시아라고 강력하게 주장했다.[874] 그러나 이 시대에서도 주목할 만한 학자 쉬러(E. Schürer)와 퀴몽(F. Cumont), 라그랑제(M. J. Lagrange) 역시 에센파에 대한 피타고라스주의의 영향을 가정했다. 르비(I. Lévi)가 피타고라스주의와 유대교와의 관계성에 대해서 쓴 저서만도 두 권이었다.[875] 이전의 모든 견해들을 산산이 부숴버렸던 쿰란문서들의 발굴 이후에는 특별히 듀퐁과 좀머(Dupont-Sommer), 글라손(T. F. Glasson)이 매우 조심스럽게 이 피타고라스주의 연관가설을 다시 한번 주장했다.[876]

2세기 초 알렉산드리아 유대교가 피타고라스주의와 디오니소스 숭배자들의 교의를 알고 있었으며, 그들에 대한 긍정적인 견해를 가지고 있었다는 사실을 우리는 아리스토불로스에게서 발견한다. 그에 따르면, 피타고라스와 오르페우스는 모세의 율법의 가르침을 받았으며, 숫자 7에 대한 사변을 통해서 팔레스타인과 피타고라스주의 전통을 결합했다고 한다(2권 p. 179ff. 을 보라). 이미 주전 3세기에 헬레니즘 시대의 문필가 헤르밉포스는 그의 저서《피타고라스의 생애》(*Pythagorasvita*)에서, 그리스 철학자들과 유대인들을 연결시켰다.[877]

---

874) S. Wagner, *Die Essener in der unssenschaftliche Diskussion*, 1960, 156ff., 162ff., 165ff. 젤러(E. Zeller)에 대해서는 PhGr5 III, 2, 308-377을 보라.

875) S. Wagner, *op. cit.*, 226; A. Dupont-Sommer, *RHPR* 35, 1955, 76f.의 개관. 상세한 사항들에 대해서는 *Schürer* 2, 670, 678; F. Cumont, *CRAI* 1930, 99 112; M. J. Lagrange, *Le Judaisme*, 1931, 326; I. Lévy, *La Légende de Pythagore*, 1927, 264-293; id., *Recherches esséniennes et pythagoriciennes*, 1965, 57ff.; M. Wellmann, *op. cit.*, 5ff.를 보라. 볼로스의 데모크리토스 연관된 것은 제 3부 각주 848을 보라.

876) A. Dupont-Sommer, *Nouveaux Aperçus*, 1953, 1541f.; *RHR* 35, 1955, 75-92; T. F. Glasson, *Greek Influence*, 49ff., 또한 M. Hadas, *HCu*, 194f.와 비교하라.

그래서 에센파 공동체의 창건자가 피타고라스주의 교의들을 알고 있었다는 이론을 가능하게 했다. 그럼에도 불구하고 양자의 직접적인 연관성은 성립될 수 없다. 에센파 공동체는 단지 토라와 예언서들의 진정한 의도를 찾아내기 원했으며, 모든 이방적인 영향들에 대항할 자신들의 유대적 유산을 고수하기를 원했기 때문이다. 그래서 이방의 영향들은 단지 무의식적이거나, 혹은 논쟁적이고 변증적인 상황에서 수용되었다고 볼 수 있다(역주. 이러한 주장은 이 책 전체를 일관되게 관통하는 저자의 명제임을 유의). 이는 이른바 피타고라스주의의 특징에 대해서도 마찬가지였다. 이에 따라 듀퐁과 좀머가 피타고라스주의의 영향이라고 인용했던 근거들도 더 자세한 검증을 요한다. 에센파와 치유주의자들(*Therapeuten*)이 매일 행했던 아침과 저녁기도는

877) 아피온 반박 1, 163ff. 비교. Origen, *c. Cels.* 1, 15(Reinach 39와 40 각주 2). 또한 *Schürer* 3, 625를 보라. 아피온 반박에 따르면, 유대인들과 트라케인들로부터 빌려 온 견해들은 매우 독특한데, 마치 희극에서 나온 풍자와 같다고 한다. R. Rohde, *RheinMus* 26, 1871, 562를 보라. 그러나 전체의 전승은 더 오래된 것 같아서 압데라(Abdera)의 헤카타이오스(Hekataios)에게로 거슬러 올라간다. Isocrates, *Busiris* II는 피타고라스가 자신의 철학의 토대를 이집트에서 가져왔다고 기록했다; 이것은 헤로도토스시대에 점점 더 선호하게 되었던 주제와 부합한다: T. Hopfner, *Orientalische und Griechische Philosophie*, *BhAO* 4, 1925, 11 각주 2와 12f.; J. Kerschensteiner, *Platon und die Orient*, 1945, 1ff.; 역사적 배경에 대한 K. von Fritz, *PW* 24, 186, 198f.를 보라. 심지어 루키아노스(기원후 2세기)보다 앞서 글을 쓴 장편소설 작가 안토니우스 디오게네스(Antonius Diogenes)는 이집트인과 아라비아인, 바빌로니아인, 히브리인들의 꿈과 마술의 해석을 배우는 피타고라스에 대하여 묘사한다(Reinach 159). 여기서 아리스토텔레스의 제자 아리스토크세노스(Aristoxenos) 때부터 피타고라스와 조로아스터가 관련되고 있는 것은 흥미롭다. Bidez/Curnont, *op. cit.*, 1, 33ff.를 보라. 1, 103ff.; 2, 35ff. fr. B 25-27; W. Burkert, *op. cit.*, 127f. 각주 18과 비교하라. 이곳은 이란적·이원론적인 개념들이 서방의 헬레니즘 속으로 들어간 장소들 중의 하나일 수 있다.

태양 종교제의를 행하는 것이 아니라, 창조의 주이며 역사의 근원이 되는 하나님을 찬양하는 것이었다. 그들이 가지고 있었던 태양에 대한 관심은 의심할 여지없이 — 이원론적 근거에서 요청되었던 — 빛의 상징적 의미에 의존하고 있었다.[878] 제 1번 쿰란동굴(1QS 10.4)에 산발적으로 존재하던 알파벳 "Nûn"을 피타고라스주의자들의 거룩한 숫자 50과 연관시켜 해석했던 것은 오류였다. 왜냐하면 이것은 — 이 규칙에 대한 다른 필사본이 보여주듯이 — 필사(筆寫) 과정의 오류로 판명되었기 때문이다.[879]

젤러와 그 밖의 학자들이 전형적인 피타고라스주의라고 밝힌 특징들 상당부분은 에센파 공동체가 제사장적인 정결을 통하여 완전한 삶에서 추구했다는 사실을 통해 설명할 수 있으며, 나머시 부분들은 헬레니즘의 종교적 협회의 법적 형태를 받아들인 결과라고 할 수 있다. 다른 것들, 이를테면 비밀교육(*Arkandisziplin*)과 같은 특징은 폭넓게 퍼져 나갔다.[880] 더 나아가 우리는 이 두 "교단창설"이 동기는 모두

878) 유대전쟁사 2, 128에 대해서는 2권 p.386을 보라. 저녁과 아침기도에 대해서는 1QS 10.10을 보라. 그리고 치유주의자들에 대해서는 Philo, *Vit. cont.* 37(M. 2, 475)을 보라.

879) Dupont-Sommer, *op. cit.*, 89; 다른 한편 E. Lohse, *op. cit.*, 각주 36. e. 그리고 이문(異文)들 4QSb + D in: J. T. Milik, *RB* 67, 1960, 415와 비교하라.

880) E. Zeller, *op. cit.*, 365ff.: 여기에서 드러난 "금욕생활을 통해 더 차원 높은 거룩함을 얻는" 에센파의 노력은 제사장과 레위인의 정결이상과, 천상의 세계와의 합일을 요구하는 것과 관련되었다. 비교. 예. 1QM 7.6f. 비밀유율은 동방세계적인 지혜의 특성이다. 비교. 예 O. Neugebauer, *Astronomical Cuneiform Texts* 1, 1955, 12, Nr. 135(N)와 진부한 방식의 180(S): "지식 있는 자는 그것을 지식 있는 자에게 보여줄 것이며, 지식 없는 자는 그것을 볼 수 없나. 그것은 아누(Anu), 엔릴(Enlil) … 의 금지된 것에(속한다)." 혹은 〈아히카르서〉 Col. 7, 96-99 등, ed. Cowley, *Aramaic Papyri*, 215. 전체의 문제에 대해서는 또한 다음의 비평적인 논평

엄격한 시대 비판적 개혁운동을 자임하고 있으며, 의지력이 강한 창건자의 인품에 의해 깊이 영향을 받고 있음을 간과해서는 안 된다. 에센파가 부와 사치를 비판하며 물건을 통용하고 돈을 거절하는 태도는 이른바 부(富)를 "사냥함"에 대한 거부감에서 나왔다.[881] 이러한 태도는 이를테면 하시딤이 "이상적 청빈"을 급진적으로 실행했던 것에서, 그리고 마카베오 봉기시기 전후에 신·구 귀족들 모두를 지배할 만큼 유행했었다. 동시에 이것은 종말론적인 구원의 시기를 앞당겨 살았던 삶의 태도로 이해할 수 있으리라.

이미 인용된 예들을 통해서 볼 때, 에센파가 이미 하시딤처럼 바빌로니아와 이란뿐만 아니라, 프톨레마이오스 왕조의 이집트로부터[882] 상당한 정도로 헬레니즘적 이방세계의 영향을 받아들여 발전되었다는 사실을 더 이상 반박하기는 거의 어렵다. 그들은 전형적인 피타고라스주의자들은 아니었다. 영혼의 불멸에 대한 교의조차 당시의 헬레니즘적 환경 속에서 폭넓게 자리 잡은 종교적 사상과 공감대를 같이 하고 있을 뿐이다(2권 p. 269f. 를 보라). 슈나이더의 추론에도 불구하

을 보라: G. Molin, *Saeculum* 6, 1953, 280; R. de Vaux, *VT* 9, 1959, 404f.; P. Grelot, *RQ* 1, 1958/59, 127; 세부적으로는 P. Seidensticker, *op. cit.*, 150-175.

881) 에센파의 공동재산에 대해서는 유대전쟁사 2, 122, 127; 유대고대사 18, 20, 22; Philo, *Quod omnis* 76f. (M. 2, 457); Plin. *Hist. nat*, 5, 73 (Reinach 272); 1QS 1. 11-13; 6. 19를 보라. 스스로의 표지로 사용한 אביונים(가난한 자들)에 대해서는 K. G. Kuhn, *Konkordanz*, 1을 보라. 고대세계의 관심을 불러일으킨 것은 바로 이 재산의 공유이다. 왜냐하면 이상국가나 황금시대에 대한 어떤 철학적 교리들에 대한 영향이 여기서 발견되기 때문이다. 다음을 보라: W. Bauer, *PW Suppl* 4, 410ff. Michel/Bauernfeind, *op. cit.*, 1, 432 각주 38. 그는 겔 44:28과 *Test. Levi* 2, 12를 강조한다. 이것에 의하면 제사장들은 하나님 자신이 그들의 "기업"이며 "재산"이므로 그들은 "재산"이나 "기업"을 가질 수 없다.

882) 이집트에 대해서는 G. Molin, *TLZ* 78, 1953, 653-656을 보라.

고 단순한 알레고리를 아는 그들의 성서해석이 과연, 그리고 어느 정도 알렉산드리아에 영향을 받았는가는, 의문점으로 남는다. 스토아 학파에서 호메로스를 알레고리가 해석하기 위해 폭넓게 퍼져 있기는 했으나, 사실 알레고리는 이미 고대 이집트에 존재하고 있었다. 고대 이집트의 민용(民用) 문자로 된 《연대기》는 그 전형적인 예이며, 팔레스타인에 있는 묵시적 성서해석에서도 알레고리를 찾아볼 수 있다. 영감으로 기록된 성서를 현재의 구체적인 상황에서 해석해 내고자 하는 소망은 어쩔 수 없이 알레고리로 나아가게 되었다.[883)]

에센파에서 수행된 학문연마의 출발점은 기원전 2세기 초반에 팔레스타인·하시딤적인 지혜학파였다. 이 학파는—벤 시라에게서도 그랬듯이—대중철학적이고 민속적인 관점이라는 의미에서 '그리스적 지혜'에 대한 확고한 지식을 소유했다고 할 수 있다. '의의 교사'와 에센파 공동체의 지식층은 공동체를 창립할 시기부터 어느 정도는 '그리스식 교양교육'을 공동체에 도입했고, 그 후에는 호교론적인 목적으로 사용하였을 것이다. 그래서 예를 들면, 매년마다 공동체 구성원들을 이들이 치렀던 시험과 "그들의 지식과 행함의 완전함"(1QS 5. 23f.)에 따라 분류하였다는 사실은 그리스의 '경쟁적' 교육이상을 암시한다(1권 p. 248을 보라). 어쨌든 여기서 깊은 경건과 의미심장한 신학적 인간학, 교회론이 얼마나 (거의 '백과사전적' 특징을 갖는) 확고

883) C. Schneider, *op. cit.*, 305. 또한 M. Smith, *BJRL* 40, 1957/58, 483과 비교하라. 비유에 대해서는 O. Betz, *Offenbarung*, 176ff.를 보라. E. Zeller, *op. cit.*, 327ff.와 비교하라. 고대 이집트의 비유에 대해서는 H. Gressmann, *Die Umwandlung der orientalischen Religionen*, Vorträge d. Bibl. Warburg, 1924/25, 193; F. Daumas, *Mémorial Gélin*, 1961, 203-211을 보라. 이런 산난한 종류의 비유는 에센파 이전의 제사장의 주석에서 이미 사용되고 있었다. G. Mayer, *RAC* 6, 1209와 이어서 K. Elliger, *Studien zum Habbakkukkomentar*, 1953, 126이 이 점을 강조한다.

한 이성적 지식의 추구로 이어질 수 있었는지는 분명히 밝혀질 수 있다. 물론 그러한 이성은 거의 '백과사전적' 지식탐구를 목표로 하는데, 그러한 탐구노력은 점성술과 천문학에 대한 관심과, 엄격하고 조직적이며 결정론적으로 역사의 진행을 구분하는 경향에서 발견된다. 여기서 부분적으로는 서로 다른 구조를 가진 다양한 신학적인 틀이 나란히 놓여 있다는 점[884]은 인상적이다. 비록 공동체 구성원들이 이를 인식하고 있었는지는 의문이지만 말이다. 에센파의 사고가 하나님의 영광이 드러나는 징후하에서 우주와 역사, 그리고 인간의 폐쇄된 신학적인 '체계'를 제공하고 있다는 인상을 남겼다면 그러한 경향은 더 강력했으리라 생각된다. 외관상의 모든 단절과 불일치에도 불구하고 그들에게서 하나의 체계적인 전체적 조망이 시작된다는 것은 의심할 여지가 없다.

만일 우리가 이 공동체가 마주대하는 주변세계의 관점에서 생각해 본다면, 에센파에게 본질적인 것은 이른바 그들이 '피타고라스주의'의 영향을 받은 점이 아니라, 오히려 요세푸스 또는 다마스쿠스의 나콜라오스와 같은 헬레니즘적 사상가들이 에센주의에서 유대적 '피타고라스주의'를 만들어 낼 수 있었다는 사실이다. 더욱이 그렐로(P. Grelot)는 에센파와 피타고라스주의의 종말론을 비교하는 관점에서, 양자의 연관성은 "남아 있는 유사성들을 제외한 채 의존적으로 세운 가설"[885]이라고 주장한다. 필로(Philo)와 대(大) 플리니우스(Plinius d. Ä), 솔리누스(Solinus), 포르피리오스(Porphyrios), 그리고 누구보다도

884) 이런 긴장은 특별히 에센파가 한편으로는 역사와 천사의 타락교의 등에 관한 하시딤의 견해 전체를 받아들인 반면, 다른 한편으로 창설자의 신학적 견해들과 부분적으로 연결되지 않음으로 일어날 수 있다. 우리는 여기에서 어떤 현대적인 체계적 척도를 주입해서는 안 된다.

885) *RQ* 1, 1958/59, 127.

디오 크리소스톰(Dio Chrysostomos)과 같은 고대 사상가들은 에센파를 하나님과 지혜, 인간의 사랑을 깨닫기 위하여 사해 사막에서 금욕적 삶을 살았던 "철학자들"의 공동체로 묘사했다.[886] 그래서 그들은 광범위한 종교적 기초 위에 세워진 저 '지혜의 이상(理想)'에 속한 자들이었고, 그 이상은 페스티기에르(Festugière)에 따르면 "동방의 예언자들"(제 3부 각주 610을 보라)에게 전형적인 것이었다. 다양한 고대 작가들이 내린 에센파라는 종단(宗團)에 대한 '헬레니즘화되는' 해석이 아주 부당한 것은 아니다. 왜냐하면 이것은 바로 에센주의에서 유대교는 팔레스타인의 좁은 틀을 넘어가고 있음을 입증하기 때문이다. 그들의 사막 은둔생활은 초기 기독교와 요르단 동쪽의 세례운동, 초기 영지주의에 이르는 거대한 종교사적 영향의 물꼬를 터놓았다. 치유주의자들을 설명함에서도, 이들이 이집트의 디아스포라 안에서 에센파를 모방했다고 보는 것이 최선이 된다.[887] 이원론적인 '이영교의'와 결정론, 위계적 천사론, 점성술, 예지나 마술과 같이 우리에게는 낯설고 혼란스러운 특징들은 그들의 '사변적이고 학문적인' 성격을 통해서 팔레스타인 내부와 외부의 관심을 불러일으켰다. 그리고 그러한 특징들은 공동체의 금욕적 삶과 연결되어 다음과 같은 추정을 유발시켰다: 에센파 사람들은 팔레스타인 지평에서 일어난 유대교의 신적인 인간들(θεῖοι ἄνδρες)이었다.[888]

---

886) 본문들은 다음에서 수집되었다: A. Adam, *op. cit.*; Philo, 1ff.; Josephus, 26ff.; Plinius와 Dio 38f.; Hippolyt 41ff. 또한 Suidas 59와 비교하라. 솔리누스(Solinus)와 포르피리오스(Porphyrios)에 대해서는 Reinach 205, 341을 보라.

887) 그들의 이름은 'Εσσαῖοι의 어원을 잘못 설명함으로써 생겨난 "*ās(s)ajjā* = θεραπευταί, "치유주의자"와 "기적술사"라는 아람어의 "번역"에서 나왔다. G. Vermes, *RQ* 2, 1959/60, 435-443; Jastrow, *Dictionary*, 93과 비교하라.

888) 예를 들어, Festugière, *REG* 50, 1937, 476ff.와 비교하라. 여기서의 관

심은 카이레몬(Chairemon)의 이집트 제사장들에 관한 피타고라스학파식의 기록(제 3부 각주 666)과 Philostratus, *Vit. Apoll.3*, 10-80의 힌두교의 묘사, 그리고 페르시아 제사장과 에센파 간의 유사점들에 관심이 집중해 있다 "theios anēr"(神人)에 대해서는 R. Reitzenstein, *Mysterienreligionen*, [3]1927, 25ff., 237ff., 298; L. Bieler, *ΘΕΙΟΣ ΑΝΗΡ*, 2. vols., 1935f.를 보라. 그는 2, 1-36의 구약의 현상들을 논의했다. 왕상 17:18, 24; 20:28; 왕하 1:9ff.; 4:7 등의 "이쉬 엘로힘"(אִישׁ אֱלֹהִים)은 구약의 대응어이다. *op. cit.*, 2, 24f.를 보라. R. Bultmann, *Das Evangelium des Johannes*, [11]1950, 71 각주 4는 에센파의 예언적 은사(*Prophetengabe*)와 "theios anthropos"의 유형을 구별하려고 했다. 그러나 에센파 가운데에는 예언자들만 있는 것이 아니라 꿈의 해석가와 치료자, 점성술가들도 있다. 그들은 금욕주의자들이며 계시의 해석자(*Erleuchtete*)이며 동시에 천사들과 하늘의 세계와 접촉하는 자들이다. 로마인들이 가한 고문의 고통에 대한 그들의 초인간적인 행동(유대전쟁사 2, 152f.) 또한 이 맥락에 속한다. *Mart. Isa.* 5, 14; M. Hengel, *op. cit.*, 274와 비교하라. 바깥으로 드러나는 형태에서가 아니라, 신학적인 해석에서 차이가 난다. 유대교는 카리스마적 권위를 지닌 자 자신이 신격화되는 것에 대한 지식은 가지고 있지 않았다. M. Hengel, *Nachfolge und Charisma*, 30을 보라.

제 8 장

요약: 헬레니즘에 대한 수용과 저항 사이의 팔레스타인의 유대교

1. & 2. 페르시아 아케메네스 왕조시대가 막을 내리고 헬레니즘적 통치가 시작되는 시대에 유대교의 정신적 상황에서 특이한 섬은, 이토록 작은 민족공동체 내부에서 그토록 풍부한 정신적 삶을 보여주는 유대교 문학은 놀랍도록 다양하다는 사실이다. 이러한 문학적 활동의 중심에 아마 '지혜학파'가 존재했을 것이다. 이 학파 안에는 참으로 다양한 흐름이 표출되고 있었다. 이 가운데서 가장 강력했던 그룹은 범세계적인 지혜전승과 전통적인 경건을 융합하는 것에 관심을 가졌다. 그러한 태도는 대략 잠언 1-9장에 나타나는데, 시편 119장이나 시락서 지혜와 율법이 동일시되는 사상에서 출발하여 발전되고 있다. 그렇지만 그 밖에도 우리는 욥기와 전도서에서 보편적이고 비평적인 경향을 갖는 두 번째 흐름을 발견하게 된다. 또 다른 세 번째 흐름에서는 후대에 하시딤과 초기 묵시문학이 발전되어 나왔던 경향이 존재하는데, 이는 무엇보다도 예언전승의 유산에서 나왔다.

그러나 이러한 설명으로도 저 헬레니즘시대의 정신적 다양성에 대한 뚜렷한 윤곽이 아직 다 그려진 것은 결코 아니다. 그러한 다양성은 어떤 하나의 통일된 공통분모하에 묶어 둘 수 없을 만큼 본실적인 차이점들을 내포하는 것으로 보인다. 앞서 언급한 세 가지 주요 흐름들에는 공통적으로 강력한 이성적인 사고가 존재한다. 이 사고는 특별히 추상적 개념형성을 선호한다는 사실에서 드러난다. 또 그것은 체계화의 맹아단계, 그리고 자연과 역사, 인간존재의 법칙성을 확립하려는 초기단계를 보여준다. 이러한 의미에서 유대교의 후기지혜가 '철학 이전의' 단계였다고 할 수 있겠는데, 이 단계에서는 그리스 대중철학에 대한 친화성, 특히 셈어적인 정신적 토양에 영향을 받은 스토아주의에 대한 친화성이 나타난다. 이는 좀더 후대에 일어날 본격적 접촉물의 예비단계였다. 그러므로 우선 초기 헬레니즘시대에는 유대교의 정신적 삶이 발전하는 데 어떤 뚜렷한 단절이 발생하지는 않았고, 도리어 마카베오시대에 이르기까지는 연속적인 발전이 있었다고 말할 수 있겠다. 물론 그 발전단계에 어느 정도의 편차는 있었지만 말이다. 우리는 기원전 3세기 중반부터 유대지역에서도 그리스 언어와 문화의 영향을 찾을 수 있다. 또 이 시대로부터 친(親)그리스적 집단과 보수적 집단 간의 간격이 더 커지기 시작했으리라 생각된다. 그러나 전체적으로 기원전 3세기에는 분명 율법을 엄정하게 준수했던 집단조차도 이방의 영향에 대해 여전히 개방적이었던 것처럼 보인다. 왜냐하면 그래야만 기원전 2세기 초반에 강력한 혼합주의적 요소로 뒤섞인 하시딤의 묵시사상의 출현이 가능하기 때문이다. 헬레니즘 초기 시대에 그리스인들이 유대인을 긍정적으로 평가했던 것은, 당시 아직은 개방적이었던 유대인들의 태도와 부합한다.

3. 대략 기원전 3세기 중반경, '전도자'는 전통적인 학파지혜의 정신적·종교적 토대와 비판적인 논쟁을 벌이고 있었다: 의(義) 자체는 물론, 신이 그것으로 세계를 지배한다는 의미도 인간에게는 결코 분명해 보이지 않는다. 인간은 어찌할 수 없이, '숙명'에 던져져 있다. 숙명은 자신으로서는 이해될 수 없고 하나님에 의해 결정되어 있으며, 때로는 부당해 보이기도 하는데, 무엇보다 죽음을 통해서 그 전제적

(專制的)인 속성을 드러낸다. 죽음 앞에서 모든 인간적 가치는 회의적이다. 하나님과의 개인적인 관계는 하나님이 자신에게 할당해 주신 "몫"을 순종적으로 받아들이는 것으로 축소된다. 기도와 종교제의는 공허하고도 전통적인 형식이 된다. '전도자'가 그리스 사상에 참으로 의존하고 있다고 증명할 수는 없다 하더라도, 우리는 그의 회의주의에 나타난 차디찬 체념의 분위기로 보건대 그의 사상에는 기원전 5세기 후반 이래 그리스 세계에서 일어나기 시작한 전통종교에 대한 비판이 표현되고 있다고 파악할 수 있다. 이는 기원전 4~3세기에 운명에 대한 신앙에서 절정에 이르렀다. 전도서에 암시되어 있는 최초의 '요약자'는 '전도자'가 결국 하나의 학파를 창설하게 되었다는 사실을 보여준다. 그러나 이에 대한 전승사적 발전과정을 보여주는 자료가 없기에, 과연 이 학파가 조상들의 신앙을 더욱 날카롭게 비판하고 헬레니즘적인 사상을 강력하게 받아들이는 방향으로 발전되었는가는 여전히 의문으로 남아 있다.

4. 벤 시라가 서있었던 시기는 유대교가 헬레니즘 문명과 만나, 양측 모두에게 아마 상당히 긍정적으로 평가되었을 첫 번째 시기의 끝지점이자, 동시에 비판적인 저항이 시작되는 새로운 시대였다. 그는 대략 기원전 180~175년, 즉 예루살렘에서 헬레니즘적 개혁이 시도되기 직전에 예루살렘 상류층과의 대결에 휩싸이게 되었다. 이는 자신이 원하지도 않았고, 또 이상적인 서기관('sôfēr') 상(像)과도 모순되었을 것이다. 그들은 이방문화에 동화한 결과 조상의 신앙에서 점차 멀어져가고 있었다. 벤 시라가 볼 때 그들은 율법을 배교한 자들이었고, 하나님이 인간 개개인에게 요구하시는 행함이란 이 세계에서 의미 있는 것도 아니고, 또 그것이 무엇인지 아는 것도 불가능하다고 믿는 자들이었다. 그는 이러한 사람들을 향해 정당한 신적 보응이 분명히 존재한다고 항변한다. 즉, 인간은 자유로운 동시에 자신에게 부과

된 대가를 받는다는 것이다. 이와 함께 그는 대중철학적인 영향하에서, 창조로부터 유래한 신정론(神正論)을 입증하려는 시도를 한다. 하나님은 인간을 위하여, 또 인간이 인식할 수 있는 심오한 목적과 조화로 세계를 창조하였다. 그렇지만 인류의 중심은 여전히, 하나님이 인도하시는 유일하고 놀라운 역사를 가진 이스라엘이다. 이스라엘에게는 하나님의 지혜가 위임되었는데, 그것은 모세의 율법 안에서 창조 전체에 질서를 부여하는 능력이었다. 그 위태한 예루살렘의 분위기에서 벤 시라는 예언자들이 이스라엘에 요구했던 바를 거의 그대로 대변한다. 그래서 그는 옛 예언자들의 표현을 빌려 대제사장 시몬의 아들들의 불화를 꾸짖고, 압제당하는 가난한 자들을 옹호하며, 이스라엘의 민족적이고 종말론적 구원이 도래하기를 탄원한다.

5. 더 후대의 유대 '지혜'가 가져온 가장 유익하고 풍부한 사상적 결과는 아마도 인격화된 '호크마'(ḥŏkmāh)에 대한 관념이었을 것이다. 이 관념은 프톨레마이오스시기의 여신 이시스(Isis)와 동일시되는 가나안의 아스타르테(Astarte)에 대한 하나의 대립상(對立像)으로 발전되었을 것이다. 호크마는 '계시를 전달하는 여인'으로 이해되었지만, 동시에 창조 안에서 빚어지고 형성되는 능력이었다(2권 p. 136ff.를 보라). 벤 시라는 유대 지혜의 '민족주의화' 과정에서 '지혜'를 모세의 토라와 동일시한다. 여기서 스토아주의적인 '세계법'이든 아니면 플라톤적인 '세계영혼'이든, 지혜가 철학적인 관념과 친화성을 갖는다는 것은 매우 분명해진다. 팔레스타인의 지혜와 그리스 철학 사이의 이런 밀접한 연결은 알렉산드리아의 유대 지혜학파에서 나타난다. 여기서는 벤 시라 직후의 시대에 활동했던 아리스토불로스를 거명할 수 있는데(2권 p. 170ff.를 보라), 그는 그리스의 위대한 철학자들이 모세에 의존하고 있다고 주장한 최초의 인물이다. 그는 유대인과 피타고라스 모두에게 숫자 '7'은 거룩했다는 사실을 통해 '지혜'와 '로고스'

가 세계의 영적인 질서원리가 되고, 동시에 개인의 지각(知覺)과 도덕적 의지의 토대가 된다고 생각한다. 여기서 중요한 것은 알렉산드리아의 유대 지혜전승에서 — 벤 시라까지 발전된 팔레스타인의 지혜와 유사하게 — 역사에 대한 문제는 후퇴되는 반면, 그 중심에 우주론적이고 개개의 인간학적 관심이 놓인다는 점이다. 토라가 신적인 '지혜'와 동일시되는 것에 근거하여 이제 '우주적인' 성격을 갖게 되는데, 이로써 팔레스타인 · 바리새주의적 전통에서 모든 것을 포괄하는 존재론적 의미가 토라에 부여된다(2권 190ff.를 보라). 따라서 토라는 모든 랍비적인 삶과 사고의 중심과 목적이 된다. 이러한 '토라 존재론'이 가져온 하나의 결과는 — 알렉산드리아에서와 유사하게 — 역사의식을 상실하는 것이었다. 그럼에도 불구하고 알렉산드리아의 특성과 유대적인 특성을 갖는 이 '종교철학'은 자신의 선교적 과제를 확고히 하였고, 근본적으로는 헬레니즘적인 환경에 자신을 개방한 반면, 랍비 유대교는 특히 기원후 70년 이후 외부와 점점 더 결별하게 되었다.

6. 마카베오 봉기시대 초기에 우리는 상대적으로 폐쇄된 그룹이었던 하시딤을 만난다. 이들은 헬레니즘적 개혁의 영향 아래 '회개운동'으로 자신들을 더 긴밀하게 결집시켰을 것이다. 무엇보다 예언자들의 유산을 지켜 나가려 했던 이 집단 안에서 우리는 유대교 묵시사상의 근원을 찾을 수 있다. 다니엘서, 그리고 에녹1서의 가장 오래된 전승에서 분명하게 드러나는 '하시딤적인' 묵시사상의 전형적인 요소는 세계사에 대한 통일적 관점이다. 이 세계사의 중심에 바로 선택받은 백성 이스라엘의 여정이 존재하는데, 이것은 하나님의 계획에 따른 임박한 종말로 치닫는다. 여기서 현재, 즉 마지막 시기에 인간의 교만과 배교는 정점에 다다른다. 이러한 역사관으로 묵시사상은 근본적으로 헬레니즘의 신탁문학이나 점성술에 기초한 '세계순환론'과 구별된다. 물론 이들의 개별적인 특징들을 유대교 묵시사상이 받아들이기는 하

지만 말이다. 한편, 유대교의 후기 지혜가 물꼬를 터놓은 신정론의 문제는 이제 사후나 종말에서 거론되는 부활과 불멸, 보응에 관한 교의를 통해 그 해결책을 찾는다. 이런 개개의 관념들이 아직은 그 경계가 명확하게 나누어지지 않는다. 묵시사상의 인식론적인 토대는 특별한 신적인 '지혜'가 역사와 우주, 천상의 세계, 그리고 종말 때의 개인의 운명까지도 '계시'한다는 사상이다. 인간의 이성으로는 이 계시를 알 수 없다. 비록 이 사상 자체는 유대교의 후기 지혜가 갖는 '백과사전적인' 지식의 욕구에 의해 강하게 영향을 받았지만, 학파전승도 그렇거니와 관찰이나 경험에 기초하는 전통적인 지혜와도 결정적으로 구별된다. 지혜와 예언은 여기서 서로 합류된다: 예언자는 현자요, 현자는 예언자이다. 지혜와 계시를 이해함에서 나타나는 이러한 사상적 발전은 그리스적인 합리주의에 대한 동방세계 종교들의 대응이라는 배경에서 이해해야 한다. 유대교의 묵시사상은 점성술과 함께 자료를 통해서 입증될 수 있는 최초의 저항운동을 이끌었는데, 이를 '계시를 통한 고등지식의 추구'라고 부를 수 있겠다. 예루살렘의 헬레니즘적 개혁과 그에 따른 마카베오 봉기를 통해 드러난 유대민족의 깊은 위기감은 그러한 저항운동을 완성하는 동기가 되었을 것이다. 다른 한편으로, 어떠한 유대적인 사고의 경향도 묵시사상만큼 동방세계적 · 헬레니즘적인 환경으로부터 그토록 강력한 영향을 받지는 않았다. 여기서 개개의 모티브가 어디서 나왔는가를 밝혀내는 것은 어렵고, 또한 그것이 이방적인 관념들로부터 우연히 유추된 것인지, 아니면 실제로 이들에 의존했는지를 결정하는 데는 종종 어려움을 겪는다. 그렇지만 대체로 말하자면, 이방의 '영향들'은 묵시적 세계관과 역사관보다도 전체적으로 더 세부적인 것에서 이루어진다. 하지만 이 역사관의 밑그림은 근본적으로 구약의 구속사적인 기본관념에 기초해 있다.

7. 이러한 사상적 발전의 끝자락에 에센파 공동체가 존재한다. 이

들은 대략 기원전 150년 정도에 '하시딤'에서 분리되었다. 이때는 마카베오 가문의 요나단이 예루살렘의 대제사장직에 앉자, '의의 교사'가 그 동료들과 예루살렘의 제의중심적인 공동체를 떠나 엄격한 규율과 높은 정신적 요구를 받아들이는 수도승적인 종단을 설립하였을 때였다. 그들은 스스로를 종말론적인 구원공동체요, 이스라엘의 거룩한 남은자라고 여겼다. 이 사건은 하시딤적인 묵시사상과 후기 지혜와 비교해 볼 때 한 단계의 신학적인 진보를 보여주었는데, '두 영(靈)'에 관한 결정론적이고 이원론적인 교의를 통해 묵시적인 역사관에 체계적인 토대를 부여하려 했다는 점에서 그러하다. 다른 한편으로는, 지혜전승에 담긴 인간학적인 요소가 구원론을 위한 인간학으로 요약되었다는 의미에서도 그것은 하나의 진보를 보여주는 사건이었다. 이 인간학에서는 버려져 희망이 없는 인간의 상태가 드러난다. 인간이 율법을 완전히 준수하고 천상적인 세계와의 교제로 들어가는 길은 오직 회개와 구원공동체로 들어가는 것이라고 안내한다.

여기서 이 모든 구원과정은 하나님이 대가 없이 주시는 선물이라고 이해될 수 있다. 그러므로 에센파 교의의 중심에 있는 지각과 지식의 개념들은, 일차적으로는 '구원의 지각'(*Heilserkenntnis*)이라는 의미로 이해된다. 다른 한편으로, 그러한 앎은 인간학적이고 구원론적인 영역에 제한되지는 않는다. 앎 그 자체 내에는 하나의 욕구가 내포되어 있는데, 이는 천상의 세계를 포함하여 하나님이 일으키시는 '존재와 사건'(2권 p. 329를 보라) 전체를 파악하고, 더 나아가 신비한 세계관이 가진 '학문적' 수단들로 역사와 인간의 운명에 관한 비밀을 파악하려는 욕구라 하겠다. 이를 위해 '영감을 받아' 토라와 예언을 해석하는 것 이외에도 천문학과 예지(豫智), 꿈의 해석이 사용된다. 우주의 질서는 하시딤적·묵시적인 천사론과 연결되어 천사들간의 위계적인 질서로 설명된다.

더 나아가 에센파 공동체는 바빌로니아와 이집트의 영향하에서 독자적인 천문학 체계를 형성하였다. 이것은 태양력을 사용한 시간계산에 근거하는데, 그들은 인물이나 미래를 점치는 점성술적인 지식이나 예지의학적인 치료술에 대한 지식도 잘 알고 있었다. 하나님의 계시에 근거한 공동체 자신의 지각은 무익한 세계에 속한 악령의 지혜에 대립되는데, 이 지혜는 타락한 천사들이 반역함으로써 나왔다고 설명된다. 그러므로 그들의 심연에서 나오는 신학적 성찰과, 가시적·비가시적 세계를 포괄하는 '파우스트적·영지주의적인' 지각(知覺)에 대한 갈망은 공존한다. 특히 이 마지막 관점에서 헬레니즘적이고 혼합주의적인 관념들의 영향은 분명하다.

대략 기원전 3~2세기 말까지 팔레스타인에서 헬레니즘시대의 정신과 대결했던 유대적 사고의 발전을 개관하려는 이러한 시도에는 필연적으로 어떤 결핍이 존재한다. 하지만 그러한 발전의 원동력과 다양함을 그저 대략적으로나마 그려볼 수 있다면, 다음과 같은 결론으로 요약할 수 있으리라:

1) 우리가 이미 출발점부터 관찰했던 다양성은 당시 더욱 강화되었다는 사실이 분명해진다. 헬레니즘적 환경에 완전하게 동화하고자 압력을 가했던, 저 영향력 있는 유대집단들은 마카베오 봉기가 승리로 귀결되면서 팔레스타인에서 물러나게 되었다. 또 기원전 2세기 말에 이르기까지 형성되고 있었던 유대교의 '당파들' 사이에서 토라의 유효성에는 이론(異論)의 여지가 없었다. 그럼에도 불구하고 유대민족은 마카베오 독립전쟁의 승리가 가져다 준 유대교적인 통일성 안에서, 자신들을 하나의 통일체로 결합하는 일에는 성공하지 못했다. 근본적으로 토라를 비평하게 되는 운동은 이제 팔레스타인에서 좌절된다는 사실이 판명되기는 했지만, 토라를 권위 있게 해석하려는 문제는 지속적으로 격렬한 논쟁을 유발시켰다.[889] 헬레니즘적 영향을 과도하게

강화하려는 시도에 저항하며 타올랐던 종교적 엄정주의는 기원후 1세기 젤롯의 운동에 이르기까지 순조롭지 못한 영향을 미쳤다. 그러므로 기원전 200~기원후 70년 동안의 팔레스타인 유대교를 더 후기의 랍비적인 율법이해의 관점하에서 결코 하나의 통일적인 실체로 간주해서는 안 된다. 왜냐하면 무엇보다도 가장 강력한 당파, 즉 바리새인들의 당파 자체가 그 안에서 분열되었기 때문이다.[890] 이들은 야브네학파와 기원후 2세기의 '배움의 집'이 준 영향을 통하여 심각한 어려움을 겪고서야 비로소 하나의 실제적인 통일체가 되었다.

2) 다음으로 이방적인 '지혜'를 가장 통렬히 거부하였던 곳에서조차 헬레니즘적 · 동방세계적인 영향이 일어났다는 사실 또한 우리의 이목을 끈다. 이 영향은 하시딤적인 묵시사상과 에센파 사람들에게서, 그리고 약하기는 하지만 바리새인들에게서도 나타난다. 이러한 의미에서 이 책의 제 2부 결론부에서 이미 관찰했던 바, 팔레스타인 유대교 역시 '헬레니즘적 유대교'라고 명명해야 한다는 사실은 다시 한번 확증된다.[891] 그것과 디아스포라 유대교와의 경계 역시 유동적이어서, 어

889) R. Meyer, *Tradition und Neuschöpfung*, BAL 110, 2, 1965, 60ff. 는 바리새인들이 율법을 "약화시켰고 해체시켰기에 에센파 사람들이 바리새인들을 비판하였다고 한다. 유전(遺傳)된 율법의 유효성에 대한 바리새인들과 사두개인들 사이의 차이에 대해서는 유대고대사 13, 294ff. ; 18, 16; R. Meyer, *TWNT* 7, 49ff. ; 8, 28ff. 를 보라.

890) Bousset/Gressmann (40ff.) 과 G. F. Moore, *Judaism*의 고대 유대교의 서술에서 나타나는 차이점에서 쿰란 텍스트는 Bousset/Gressmann의 견해로 기우는 것 같아 보인다. 이것은 랍비 전통의 중요성을 축소하는 것이 아니라, 상당한 '검렬'의 받아야 한다는 것을 의식해야 하는 것이었다. M. Smith, *BJRL* 40, 1957/58, 487. 바리새인들이 힐렐과 샴마이학파로 나뉜 것에 대해서는 M. Hengel, *Zeloten*, 206ff., 비교. 89ff. 를 보라.

891) 비교. E. Grässer, TR 30, 1964, 176: "대안으로서의 '헬레니즘적 · 팔레스타인적'이라는 표현은 종국적으로는 완전히 빗나간 것으로 입증되었다." 또한 각주 4를, 전체적인 것에 대해서는 1권 p. 357ff. 를 보라.

떤 반듯한 선이 그어질 수는 없다. 양자(兩者) 서로간의 호환현상은 신학적이고 지적인 영역에서조차도 대단히 생동적으로 일어났다. 이는 무엇보다도 기원전 2세기 이래로 하스몬 가문과 헤롯이 취한 의도적인 정책을 통하여 예루살렘이 그 어느 때보다도 더욱더 세계 유대교의 종교적·정신적인 중심으로 자리 잡았기 때문이었다. 헬레니즘·로마시대의 예루살렘은 전 세계의 디아스포라를 대변하는 사람들이 서로 만났던 하나의 '국제도시'였다(1권 p. 227을 보라). 최초로 아리스토불로스에게서 발견되는 알렉산드리아의 '지혜사변(思辨)'은 분명히 팔레스타인에 기원을 두고 있으며, 이는 후대의 랍비들의 '토라 존재론'에서 유사성을 찾을 수 있다. 반대로 임박한 종말을 대망하는 것과 묵시사상의 영향은 결코 팔레스타인으로만 축소될 수는 없다. 묵시사상은 디아스포라에서도 매우 중대한 역할을 했음에 틀림없다.

3) 또 다른 본질적인 사항은, '전도자'로부터 에센파에게까지 추구되었던 사상에는 강력한 합리적 요소가 존재한다는 사실인데, 이는 지혜문학적 사고의 근본을 결정짓는다. 그럼에도 불구하고 이 사상적 발전에는 역시 어느 정도의 '편차'가 있었음을 볼 수 있다. '전도자'의 '지혜'는 전적으로 경험적인 지식과 아울러, 자신이 비판적으로 논쟁하는 데에 사용한 전통적인 지혜전승에 터하고 있다. 반면 벤 시라에게서는 이것 외에도 토라와 예언적 문서에 권위를 부여하는 태도가 보인다. 다른 한편, 하시딤적인 묵시사상의 중심에서는 초자연적인 계시가 수용된다. 이 계시는 '원(原)계시'와 경험적 지식에서 얻은 전통적 지혜[892]를 능가하고, 또한 그리스인들의 합리적인 사고를 능가한다. 드디어 에센파 사람들에게 와서 이 지식은 엄밀한 의미에서 '계시'를 통한 '구원의 지식'이 된다. 여기서 결정적인 원천은 '영감을 받은

892) H. Gese, *RGG*³ 6, 1575: 이것은 욥 4:12-21과 같은 개인적인 "특별계시"를 배제하는 것은 아니다. "비록 여기서도 예외는 있지만 말이다."

주석'이다. 이러한 사상적 발전에는 종교적 지각(知覺)의 발전과 아울러, 헬레니즘적인 환경에서 초자연적인 계시를 추구하는 것과 맥을 같이하는 경향이 존재한다. 여기서 후자는 후에 로마시대에 영지주의와 신비종교들로 확장되면서 그 절정에 다다른다. 유대 묵시사상에서 '계시'와 '비밀,' '지각'과 같은 개념들은 근본적으로 헬레니즘시대의 종교적 '공통어'(*Koinē*)라는 유사 개념들에 의해 구별될 수 없다.

4) 마지막으로 매우 개연적으로 보이는 것은, 마카베오의 봉기와 예루살렘의 멸망 사이의 시기에 팔레스타인 유대교가 가진 경건이 묵시적인 종말대망에 의해 상당히 깊은 영향을 받았다는 사실이다. 물론 그렇더라도, 그러한 대망을 하나의 통일적인 실체로 보고 도식적으로 이해해서는 안 되며, 그 관점은 여러 가지 미묘한 차이가 내포되어 있다고 해야 한다. 그러므로 유대교의 경건에서 현재와 미래의 구원을 대망하는 것은 상호 배타적인 대립쌍을 형성하지 않을 뿐더러, 시간적인 미래에 대한 희망과 공간적인 하늘에 대한 관념 역시 그러하다. 이 사실은 대략 바울의 서신들 혹은 히브리서의 해석에서 잘 관찰될 수 있다. 묵시사상의 중요성은 그것이 헬레니즘의 신비주의와 신비종교에 대한 유대교적 대응쌍을 이룬다는 사실이다. 물론 그것은 구약의 역사적 사고에 기초하고 있다. 또한 초기 바리새파의 운동에서도 유대 묵시사상은 무의미한 역할을 하지는 않았으리라. 비록 우리는 그 운동에 대하여 아쉽게도 많은 지식을 갖지 못하고 있지만 말이다.

이에 부합하는 증거들은 다음과 같다: 우선 바리새파의 운동이 하시딤에서 유래했다는 사실과(2권 p. 212를 보라), 요세푸스의 《유대고대사》 17, 43ff. 에 나오는 중요한 보도, 바리새파가 알렉산드로스 얀나이오스와 벌인 격렬한 투쟁 — 우리는 그들의 지도자 시므온 벤

> 쉐타(Šim'ôn b. Šeṭaḥ)를 학자로 보는 것만큼이나 예언자적인 인물로도 볼 수 있으리라 생각된다[893] —또 초기 유대교의 기도문과 《예루살렘 탈굼 I》(*Targum Jeruschalmi I*)[894]에 나오는 수많은 메시아적·종말론적 구절들, 또한 샴마이학파의 좌파가 젤롯 운동에 대하여 적극적인 태도를 보이는 것 등이다.[895] 결국 이러한 방법으로 설명하는 것이, 왜 후대의 랍비 전통에는 초창기 묵시적 전통에 대한 기록이 그토록 거의 전무한가에 대한 최상의 대답일 것이다: 바리새파의 사람들은 고통스런 경험에 의존했던 메시아 대망사상에 대하여 허무주의적인 관점을 가졌던 후대의 교사들을 반박했기 때문에 이들에 관한 기록이 통제되었으리라. 이 바리새파의 종말론은 초기 하시딤의 색채보다 오히려 더 강력한 정치적·민족적인 색채를 갖게 되었을 것이다. 대략 〈솔로몬의 시편〉 17장과 같은 의미에서 말이다.

더 나아가 팔레스타인의 묵시사상 역시 멀리 디아스포라에까지 영향을 주었던 것으로 보인다: 〈유대인 시빌서〉(기원전 140년 이후)와 〈슬라브어 에녹서〉는 이것을 보여주는 분명한 증거이다. 또한 기독교적인 관점에서 개정되어 내려오는 많은 작품들, 혹은 최소한 교부

---

893) 유대고대사 13, 288-299, 372-383, 400ff. 시므온 벤 쉐타에 대해서는 *Schürer* 1, 279f., 289f.를, 랍비들의 전설은 K. Schlesinger, *Die Gesetzeslehrer*, 1936, 39-62를 보라. 그에게 있어서 가능한 〈다마스쿠스 문서〉의 "거짓 예언자"(비교. CD 1.14f.; 8.13; 19.26; 20.15)에 대하여는 R. Meyer, *Tradition*, 63f.를 보라.

894) 유대교의 기도: P. Volz, *op. cit.*, 51ff. 팔레스타인 탈굼은 *Targ. Jer.* I 창 29:11은 = Bill. 4, 877; 출 4:13; 6:18; 40:9-11과 민 25:12에 관하여는 Bill. 4, 463; 민 24:17은 = Bill. 3, 383c. 또한 비교 M. Hengel, *Zeloten*, 167을 보라.

895) M. Hengel, *op. cit.*, 89ff., 204-211, 293, 340f. K. Schubert, *WZKM* 58, 1952, 259f.가 바리새인들에게서 종말에 대한 묵시적 기대가 중요했음을 의심하는 것은 옳지 않다. 반면 R. Meyer, *op. cit.*, 55ft, 69는 옳다. 또한 M. Hengel, *Nachfolge und Charisma*, 27, 62f.를 비교하라.

들에게서 인용됨으로써 알려진 작품들 모두가 반드시 팔레스타인에서 집필되어야 하지는 않았다. 이들 가운데 선택해서만 말한다면, 〈바룩의 묵시록〉이나 〈에스라의 묵시록〉, 〈아브라함의 묵시록〉, 〈엘리야의 묵시록〉, 〈모세의 묵시록〉, 〈사드락의 묵시록〉, 〈스가랴의 묵시록〉, 〈스바냐의 묵시록〉와 같은 다양한 묵시서들, 그리고 〈아담의 유언서〉와 〈아브라함의 유언서〉, 〈이삭의 유언서〉, 〈욥의 유언서〉, 그리고 〈요셉의 기도〉, 〈얀네스와 얌브레스의 기도〉, 〈엘닷과 모닷의 기도〉를 들 수 있다.[896] 비록 이 작품들이 본래적으로 히브리어·아람어로 기록되었다 할지라도, 이들을 디아스포라로 확산시키는 일에 관심이 없었다면 이 작품들과 또 다른 묵시서들을 번역하는 수고는 거의 하지 않았을 것으로 보인다. 그런 묵시적 경향이 없었다면 초기 기독교의 선교적인 성향의 설교 역시 디아스포라로 확산되기는 불가능했으리라. 이미 기원후 73년 키레나이카에서 메시아적 소요가 일어나고, 5개의 도시연맹(*Pentapolis*)을 제외한 이집트와 키프로스, 다시 말해 옛 프톨레마이오스가 지배했던 영역에 사는 전 유대인 공동체가 가담했던 기원후 114~117년의 거대한 봉기에서, 유대인들은 자신들이 따르던 유사(類似) 메시아(*Pseudo-Messias*)적인 인물 안드레아스 루쿠아스(Andreas Lukuas)의 지도하에 집결하여 로마인을 심각한 곤경에 처하게 되었다.[897] 우리는 전적으로 로마제국의 호의를 받고 있었던 요세푸스와 당대 유대 최고 귀족의 형제였던 필로에게서, 종말론적 요소가—비록 아주 없지는 않음에도—감추어져 있다는 사실 때문에 잘못 판단하지 말아야 하겠다.[898] 임박한 종말에 대한 기대는

896) *Schürer* 3, 357-369; P. Volz, *op. cit.*, 50f.; D. S. Russell, *op. cit.*, 66.

897) *Schürer* 1, 662-6; V. Tcherikover, *CPJ* 1, 86-92, 파피루스 본문들은 *Schürer* 2, 225-260.

898) Philo, *De virt.* 77(M. 2,388); *Praem. et poen.* 여러 곳, 특히 95ff.,

무엇보다도 사회적으로 불안정한 존재로서 어려움을 지고 살아가는 하층민들과 관계된 일이었다. 유대 묵시문학이 그리스어로 표현되는 준비과정이 없었다면, 더 후대에 기독교 묵시문학이 형성되는 것도 거의 상상할 수 없었다.

그러한 강력한 종말론적 희망과 그에 부합하는 역사관이 초기 바리새주의와 그리스어를 사용하는 디아스포라에 그리 낯선 것은 아니었다. 이 사실은 결국 바울사상의 묵시적 토대까지도 해명해줄지 모른다. 오늘날 자주 토론되는 바울과 에센파 간에 드러나는 문헌적 유사성에 관한 문제는,[899] 에센주의와 바리새주의가 심각하게 상호적대적인 성향을 갖지만 도리어 신학적인 관점에서는 상당히 많은 부분 근접해 있다는 사실로 소급될 수 있다. 물론 두 사상은 하시딤이라는 동일한 뿌리로 거슬러 올라간다. 헬레니즘적 개혁에 대한 저항과 마카베오 봉기가 만들어 놓은 상황은 근본적으로 신약시대의 팔레스타인의 종교적 상황을 규정함은 물론, 디아스포라에도 상당한 영향을 주었다.

164ff(M. 2, 423f., 435f.); *Vit. Mos.* 2, 288(M. 2, 179). 요세푸스에 대해서는 M. Hengel, *Zeloten*, 245. A. Wlosok, *Laktanz* 2, AAH, 1960, 111은 이원론적이고 "특히 유대적 전통" 역시 필로에게서 더욱 강하게 부각되는데, "여기서 그는 공동체 이해로 되돌아간다."

899) 풍부한 문헌 가운데 예를 들면, K. G. Kuhn, *ZTK* 49, 1952, 200-222; P. Stuhlmacher, *Gerechtigkeit Gottes*, 1965, 145ff., 217ff., 228ff.; J. Becker, *Das Heil Gottes*, 1964, 여러 곳, 특히 238-279. R. Bultmann는 슈바이처(A. Schweitzer, *The Mystik des Apostels Paulus*, 1930)를 언급하며 그의 용어 "종말론적 영지"(*op. cit.*, 75)를 적절하게 평가한다(DLZ, 3.F. 2, 1931, 155). 또 이 용어가 이미 "에센주의 신학"으로 이전되었다는 것 역시 정당한데, 그것은 정말 다니엘 시대로부터 하시딤의 묵시사상으로 전이되었다. 다니엘서 11장의 "마스킬림"은 이미 종말의 심판의 관점에서 구원하는 지식과 연관되었다.

〔역주〕

제 1 장

① 그리스 신화에 의하면 그는 제우스의 장래 비밀을 밝혀주지 않음으로써 코카서스의 바위에 쇠사슬로 포박되어 날마다 독수리의 공격받아야 했다고 한다.

제 2 장

② "히브리어 에스더서에는 없으나, 70인경의 에스더에는 포함되어 있는 6단락을 모아 놓은 것. 교부 제롬은 에스더서를 라틴어로 번역하면서 70인경 에스더서에 들어 있는 첨가부분을 분리시켜 본문 맨 뒤에 부록(11-16장)으로 모아 놓았다." 김창선, 《유대교와 헬레니즘》, 114.

③ "본래의 히브리어 다니엘서 본문(1장과 8-12장)과 아람어 본문(2-7장)에 없는 여러 내용이 고대 그리스어 번역(또한 라틴어 번역)에는 첨가되어 있다." 이 첨가문들을 모은 것이 〈다니엘서 부록〉인데, 여기에서 중요한 첨가문은 '아자이야의 기도와 세 젊은이의 노래'(다니엘 3:23과 24절 사이)와 '수산나'(그리스어본의 13장), '벨과 뱀'(그리스어 본 14장)을 들 수 있다. 이들의 생성연대는 대략 기원전 2~1세기로 본다. 김창선, 《유대교와 헬레니즘》, 118f.

제 3 장

④ 그리스 종교에서 지하세계의 왕. 혹은 하데스가 다스리는 지하세계의 왕국으로 구약에서 죽은 자들이 있는 "쉐올"로 번역할 때도 쓰였다.

제 4 장

⑤ 이 책 부록 13 참조.

⑥ 프로타고라스, 소크라테스와 동시대인으로서(기원전 465 혹은 450~399년) 그리스 인문학자요, 초기 소피스트. 그의 이 우화는 미덕과 악덕의 여신 사이에서 고뇌하는 헤라클레스가 등장한다.

제 5 장

⑦ 이것이 저자의 핵심적 관점이다.

⑧ 그리스 신화에 나오는 아폴로의 아들로, 리노스는 오르페우스에게 음악을 가르쳐주었으나 음악경연에서 아폴로에게 살해당했다 한다.

⑨ 에이콘(형상) 개념이란 지혜로서의 로고스와 원형적 인간(*Typos*)에 관한 연결고리로서 작용하는 것이라고 할 수 있다.

⑩ 이 책 부록 5 참조.

제 6 장

⑪ 하지만 '동물묵시'(*Tiersymbolapokalypse*)와 같이 묵시문학서의 개별적인 묵시단편을 가리키는 경우에는 'Apokalyse'를 '묵시'로 번역하였다. 한편 'ἀποκαλυπτικός'라는 형용사는 '묵시적'으로 번역하겠다. 다만 문맥에 따라서 가끔 '묵시문학적'이라고 번역될 수도 있음을 알려둔다. 스미스(M. Smith)는 '묵시문학'이라는 문학적 장르를 'ἀποκαλυπτικός'라는 그리스어에서 파생된 형용사 'apocalyptic'으로 표현하는 것을 반대한다. 왜냐하면 묵시문학이라는 용어를 사용하기 시작하였던 1세기 말과 2세기 초의 기독교 문헌에는 'ἀποκαλυπτικός'(apocalyptic)라는 형용사는 발견되지 않고, 단지 'ἀποκαλυψις"('the apocalypse')라는 명사형만이 발견되기 때문이라고 한다. Morton Smith, "On the History of ΑΠΟΚΑΛΥΠΤΩΣ and ΑΠΟΚΑΛΥΨΙΣ," in: David Hellholm, Apocalypticism in the Mediterranean World and the Near East(Tübingen: J. C. B. Mohr, 1989), 9. 코흐 역시 묵시현상을 묵시사상(*Apokalyptik*)과 그 표현양식으로서의 묵시문학(*Apokalypse*)으로 구별할 것을 제안하였다. K. Koch/M. Kohl(tr.), *The Rediscovery of Apocalyptic*(London: SCM, 1972), 18-35.

⑫ 이 책 전체에서 저자는 유대사상이 이방세계로부터 단지 유래된 것이 아니라, 매개되었다는 것을 지속적으로 강조함에 유의해야 한다.

⑬ 모든 혜성들이 주기적으로 그 출발점에서 일직선으로 만난다는 개념으로서 고대 바빌로니아 사람들에 의해 전승되었는데, 세상은 대략 25,920년을 하나의 주기(週期)로 하여 새롭게 갱신되어 간다는 뜻에서 이런 말이 생겨났다. 탁월한 종교학자 '미르치아 엘리아데'는 이 대년의 개념에서 힌트를 얻어 《영원회귀의 신화》란 책을 쓰기도 했다.

제 7 장

⑭ 쿰란문서의 우리말 번역으로는 M. Martinez/강성렬 역, 《사해문서》 1-4(나남, 2008)를 참조하라.

⑮ 이 책 부록 11, 12 참조.

⑯ 이 책 부록 13 참조.

⑰ 주석서라는 뜻으로, 이는 에센파 사람들이 구약을 인용하고 주석을 시작할

때 "페쉐르"라는 말로 시작하기에 붙여진 용어이다.

⑱ 이 책 부록 6 참조.

⑲ 우리에게 알려진 최초의 페니키아의 역사학자로 그에 관한 모든 정보는 비블리오스의 필로(기원후 1세기 페니키아의 역사학자)의 기록에 의존하고 있다.

⑳ "어떤 일정한 시각에서 천체의 위치나 배치에 따라 개인의 운세를 점치는 점성술을 숙명점성술이라고 한다. 이것은 천하나 국가의 사상(事象)을 점치는 천변점성술과는 전혀 다른 것이다. 그 대표적인 것이 생탄시(또는 수태시)에서의 황도(黃道) 12궁(宮)의 일(日), 월(月), 5혹성의 위치관계를 적은 별점(*horoscope*)에 의한 점성술이다. … 별점을 그리는 데는 3개의 요소 즉, ① 생탄시의 12위(位), ② 황도 12궁(宮), ③ 해와 달 등 혹성의 위치가 있다." 두산백과사전, "숙명점성술." Britanica, "horoscope."

① 쿰란의 월력 텍스트(*calendar text*) 가운데 4Q 3. 18에 있는 예지(豫智)에 관한 본문(*divination text*)을 담은 사본을 말함.

부 록

1. 축약용어 목록
2. 알렉산드로스 대왕과 그 후계자들의 제국
3. 헬레니즘·하스모니아 시대의 팔레스타인
4. 예루살렘 평면도
5. 헬레니즘 통치하의 팔레스타인 연대표
6. 하스몬 왕조 가계도
7. 제논 파피루스에 따른 팔레스타인과 페니키아 지역의 발굴소
8. 팔레스타인에서 출토된 초기 헬레니즘시대의 동전
9. 쿰란유적지
10. 정결예식
11. 공동체 규율서
12. 회중규율집
13. 전도서 사본

1. 축약용어 목록

AAB	Abhandlungen der königlich Preußischen (seit 1945/46 Deutschen) Akademie der Wissenschaften zu Berlin (Philos. histor. Klasse)
AAH	Abhandlungen der Heidelberger Akademie der Wissenschaften
AAL	Abhandlungen der Sächsischen Akademie der Wissenschaften in Leipzig
AAM	Abhandlungen der Bayerischen Akademie der Wissenschaften, München
AAMz	Abhandlungen der Akademie der Wissenschaften …, Mainz
(A) *ASOR*	(*Annual of the*) *American Schools of Oriental Research*
'Ab.	Pirqe Abot, Talmudtraktat
Abb.	Abbildung
Abel/Starcky	Les Livres des Maccabees … 문헌목록 III을 보라.
'AbRN	Abot de Rabbi Natan, außerkanonischer Talmudtraktat
ADAJ	*Annual of the Department of Antiquities of Jordan*
Aeg	*Aegyptus, Rivista Italiana di Egittologia e di Papirologia*
AfO	*Archiv für Orientforschung.*
AGG	Abhandlungen der Gesellschaft der Wissenschaften, Göttingen
AGSU	Arbeiten zur Geschichte des Spätjudentums und Urchristentums
AJA	*American Journal of Archaeology*
AJPh	*American Journal of Philology*
AIPHOS	*Annuaire de l'Institut de Philologie et d'Histoire Orientales et Slaves*
AJSL	*American Journal of Semitic Languages and Literatures*
AJT	*American Journal of Theology*
ALUOS	*Annual of the Leeds University Oriental Society*
AmHistRev	*American Historical Revue*
ANET2	*Ancient Near Eastern Texts …. ed. J. B. Prltchard*
Ant.	Josephus, *Antiquitates Judaicae* (=유대고대사)

Anth. Gr. *Anthologia Graeca*
AO Der Alte Orient, Gemeinverstand
AOB2 *H. Greßmann, Altoriental. Bilder*
AOT2 *H. Greßmann, Altoriental. Texte, s. Lit. Verz. S. 590*
APF *Archiv für Papyrusforschung*
ARW *Archiv für Religionswissenschaft*
Asc. Jes. *Ascensio Jesajae*
Ass. Mos. *Assumptio Mosis*
ASTI *Annual of the Swedish Theological Institute in Jerusalem*
ATD Das Alte Testament Deutsch
Athen. Athenaios
ATR *Anglican Theological Review*
AZ Aboda Zara, talmudtraktat

BA *The Biblical Archaeologist*
BAL Berichte über die Verhandlungen der Sächsichen Akademie … zu Leipzig
Bar. Baraita
BASOR *Bulletin of the American Schools of Oriental Research*
BB Baba Batra, Talmudtraktat
BBB Bonner Biblische Beiträge
Bd. Band
Bell. Josephus, *De bello Judaico*(=유대전쟁사)
Ber. Berakhot, Talmudtraktat
BFCT Beiträge zur Förderung Christlicher Theologie
BGU Ägyptische Urkunden aus den königlichen Museen zu Berlin: Griechisch. Urkunden I VIII(1895 1933)
Bh Beiheft
BhAO Beiheft zu Der Alte Orient, Gemeinverständliche Darstellungen
BHHWB Reicke Rost, *Biblisch Hist. Handwörterbuch*
BHT Beiträge zur historischen Theologie

Bibl	Biblica
BIES	*Bulletin of the Israel Exploration Society*
Bill.	*Strack Billerbeck, Kommentar z. NT.*
BJPES	*Bulletin of the Jewish Palestine Exploration Society*
BJRL	*Bulletin of the John Rylands Library*
BKAT	Biblischer Kommentar, Altes Testamen t
BMB	*Bulletin du Musee de Beyrouth*
BQ	Baba Qamma, Talmudtraktat
BRL	*K. Galling, Bib. Reallexikon*
BSt	*Biblische Studien*
BWA(N)T	Beiträge zur Wissenschaft vom Alten(und Neuen) Testament
BZ	*Biblische Zeitschrift*
BZAW	Beihefte zur Zeitschrift für die Alttestamentliche Wissenschaft
BZNW	Beihefte zur Zeitschrift für die Neutestamentliche Wissenschaft
CAF	Comicorum Atticorum Fragmenta ed Kock
CAH	*The Cambridge Ancient History*
Cant. R.	Canticum Rabba
c. Ap.	Josephus, *Contra Apionem*(=아피온 반박)
CBQ	*Catholic Biblical Quarterly*
CCAG	Catalogus codicum Astrologorum Graecorum
CD	*Damskusschrift*, E. Loshe.
CH	Corpus Hermeticum ed. Nock/Festugiere
CharlesApoc.	R. H. Charles, *Apocrypha and Pseudupigrapha*
ChrEg	*Chronique d'Egypte*
ChrW	*Christliche Welt*
CIJ	Corpus Inscriptionum Judaicarum
CIS	Corpus Inscriptionum Semiticarum
ClassPhil	*Classical Philology*
ClassQ	*Classical Quarterly*
Col.	Columne

CPJ V. A. Tcherikover u. A. FUKS, Corpus Pap. Jud.
CRAI *Comptes Rendus de l' Academie des Inscriptions et BellesLettres*
CSEL Corpus Scriptorum Ecclescasticorum Latinorum

DAW Denkschriften der Kaiserlichen Akademie der Wissenschaften in Wien
DJD(J) Discoveries in the Judaean Desert(of Jordan)
DP C. Watzinger, *Denkmäler Palästinas*

EJ *Encyclopaedia Judaica*
ET English translation
ETL *Ephemerides Theologicae Leuamenses*
EvT *Evangelische Theologie*
Exp. T. *Expository Times*

FF *Forschungen und Fortschritte*
FGrHist Fragmente der Griechischen Historiker, ed. F. Jacoby
FHG Fragmenta Historicorum Graecorum, ed. C. Müller
FRLANT Forschungen zur Religion und Literatur des Alten und Neuen Testaments

G. Greek text
GCS Die Griechischen Christlichen Schriftsteller der ersten 3 Jahrhunderte
GG3 H. Bengtson, *Griechische Geschichte*
GGL6 W. Schmid / O. Stählin, *Geschichte der Griechischen Literatur*
GGM Geographi Graeci Minores, ed. C. Müller
GGMS *B. Niese, Geschichte der griechischen und makedonischen Staaten*
GGR2 M. P. Nilsson, *Geschichte der Griechischen Religion*
GI3 A. Schlatter, *Geschichte Israels*
GM E. Bickermann, *Der Gott der Makkabäer*

HAT	Handbuch zum Alten Testament
HAW	Handbuch der Altertumswissenschaft
HC	V. Tcherikover, *Hellenistic Civilization and the Jews*
HCu	M. Hadas, *Hellenistic Culture*
HNT	Handbuch zum Neuen Testament
HP	F. M. Abel, *Histoire de la Palestine*
HTR	*Harvard Theological Review*
HUCA	*Hebrew Union College Annual*
HW	M. Rostovtzeff, *The Social and Economic History of the Hellenistic World*
HZ	*Historische Zeitschrift*
IEJ	*Israel Exploration Journal*
IG	Inscriptiones Graecae
IGLS	Inscriptions Grecques et Latines de la Syrie, ed. L. Jalabert and E. Mouterde
Inst.	E. Bickerman(n), *Institutions des Seleucides*
JAOS	*Journal of the American Oriental Society*
JBL	*Journal of Biblical Literature*
JbPhil	Jahrbücher für classische Philologie
JCS	*Journal of Guneiform Studies*
JE	*The Jewish Encyclopedia*
JEA	*Joumal of Egyptian Archaeology*
JewSocSt	*Jewish Social Studies*
JHS	*Joumal of Hellenic Studies*
JJS	*Journal of Jewish Studies*
JJurPap	*Journal ofJuristic Papyrology*
JPOS	*Joumal of the Palestine Oriental Society*
JQR	*Jewish Quarterly Review*
JR	*Journal of Religion*

JSS *Journal of Semitic Studies*
JTS *Journal of Theological Studies*

KAI H. Donner and W. Röllig, Kanaanitische und aramäische Inschriften
KAT Kommentar zum Alten Testament
KEKNT Kritisch exegetischer Kommentar über das Neue Testament
KP *Der Kleine Pauly*

LCL Loeb Classical Library
LuA Lunds Universitets Arsskrift

M. Hebrew text
MBPAR Münchener Beiträge zur Papyrusforschung und antiken Rechtsgeschichte
MGWJ *Monatsschrift für Geschichte und Wissenschaft des Judentums*
MUB = MUSJ *Melanges de (la Faculte Orientale de) l'Universite Saint Joseph, Beyrouth*
MusHelv *Museum Helveticum*
MVÄG Mitteilungen der Vorderasiatisch (Ägyptisch) en Gesellschaft

NBGAW Neue Beiträge zur Geschichte der Alten Welt
NClio *La Nouvelle Clio*
NF (NS) Neue Folge (new series)
NGG Nachrichten von der Gesellschaft der Wissenschaften zu Göttingen
NJWJ *Neue Jahrbücher für Wissenschaft und Jugendbildung*
NoctRom *Noctes Romanae*
NovTest *Novum Testamentum*
NTS *New Testament Studies*

OA *OriensAntiquus*
OGIS W. Dittenberger, Orientis Graeci Inscriptiones Seleetae

OLZ *Orientalische Literaturzeitung*
OTL Old Testament Library
OTS *Oudtestamentische Studien*

P (CZ; Corn; Ox; See bibliography on papyrus collections Si; etc.)
PAAJR *Proceedings of the American Academy for Jewish Research*
ParPass *La Parola del Passato*
PEFA *Palestine Exploration Fund Annual*
PEQ *Palestine Exploration Quarterly*
PG J. P. Migne, Patrologia, *Series Graeca*
PGM Papyri Graecae Magicae
PhGr6 E. Zeller, *Philosophie der Griechen*
Phil Philologus
PJB *Palästinajahrbuch*
PL Migne, Patrologia, *Series Latina*
PW *Paulys Realencyclopädie der classischen Altertumswissenschaft*
PW, 2R Second row, beginning with letter R
PW Suppl Supplementary volumes

QDAP *Quarterly of the Department of Antiquities in Palestine*
QFAGG Quellen und Forschungen zur Alten Geschichte und Geographie

RAC *Reallexikon für Antike und Christentum*
RAO *Revue d'Assyriologie et d'Archeologie Orientale*
RB *Revue Biblique*
RBPH *Revue Belge de Philologie et d'Histoire*
RE *Realencyklopädie für protestantische Theologie und Kirche*
REG *Revue des Etudes Grecques*
REJ *Revue des Etudes Juives*
RES Repertoire d'epigraphie semitique
RevArch *Revue Archeologique*

RevPhil *Revue Philologique*
RGG3 *Die Religion in Geschichte und Gegenwart*
RGVV Religionsgeschichtliche Versuche und Vorarbeiten
RheinMus *Rheinisches Museum für Philologie*
RHPR *Revue d'Historie et de Philosophie Religieuses*
RHR *Revue de l' Histoire des Religions*
RIDA *Revue Internationale des Droits de l'Antiquite*
RivBibl *Rivista Biblica*
RQ *Revue de Qumran*
RSR *Recherehes de Science Religieuse*

SAB Sitzungsberichte der Deutschen(Preußischen) Akademie der Wissenschaften zu Berlin
SAH Sitzungsberichte der Heidelberger Akademie der Wissenschaften
SAW Sitzungsberichte der Österreichischer Akademie der Wissenschaften in Wien
SB Sammelbuch griechischer Urkunden aus Ägypten, ed. F. Preisigke, F. Bilabel and E. Kiessling
SBT Studies in Biblical Theology
SC Sources Chretiennes
ScrHieros *Scripta Hierosolymitana*
SEG Supplementum epigraphicum Graecum
StT Studia Theologica cura ordinum theologorum Scandinavicorum edita
SUNT Studien zur Umwelt des Neuen Testaments
SVF Stoicorum veterum fragmenta
SVT Supplements to Vetus Testarnentum
Syr. Syriac text

T Tosephta, ed. M. S. Zuckermandel
TAPA *Transactions and Proceedings of the American Philological Association*

TWNT *Theologisches Wörterbuch zum Neun Testament*
TLZ *Theologische Literaturzeitung*
TR *Theologische Rundschau*
TStKr *Theologische Studien und Kritiken*
TU Texte und Untersuchungen zur Geschichte der altchristlichen Literatur
TZ *Theologische Zeitschrift*

UAC E. Meyer, Ursprung und Anfänge des Christentums
UUA Uppsala Universitets Arsskrift
UU *J. Leipoldt and W. Grundmann, Umwelt des Urchristentums*
UPZ *U. Wilcken, Urkunden der Ptolemäerzeit Vetus Testamenzum*

VT *Vetus Testamentum*

WM *Wörterbuch der Mythologie*, ed. H. W. Haussig
WMANT Wissenschaftliche Monographien zum Alten und Neuen Testament
WUNT Wissenschaftliche Untersuchungen zum Neuen Testament
WZKM *Wiener Zeitschrift für die Kunde des Morgenlandes*

YCS Yale Classical Studies

ZAW *Zeitschrift für die Alttestamentliche Wissenschaft*
ZÄS *Zeitschrift für Ägyptische Sprache und Altertumskunde*
ZDMG *Zeitschrift der Deutschen Morgenländischen Gesellschaft*
ZDPV *Zeitschrift des Deutschen Palästina Vereins*
ZNW *Zeitschrift für die Neutestamentliche Wissenschaft*
ZPapEp *Zeitschrift für Papyrologie und Epigraphik*
ZRGG *Zeitschrift für Religions und Geistesgeschichte*
ZTK *Zeitschrift für Theologie und Kirche*

2. 알렉산드로스 대왕과 그 후계자들의 제국

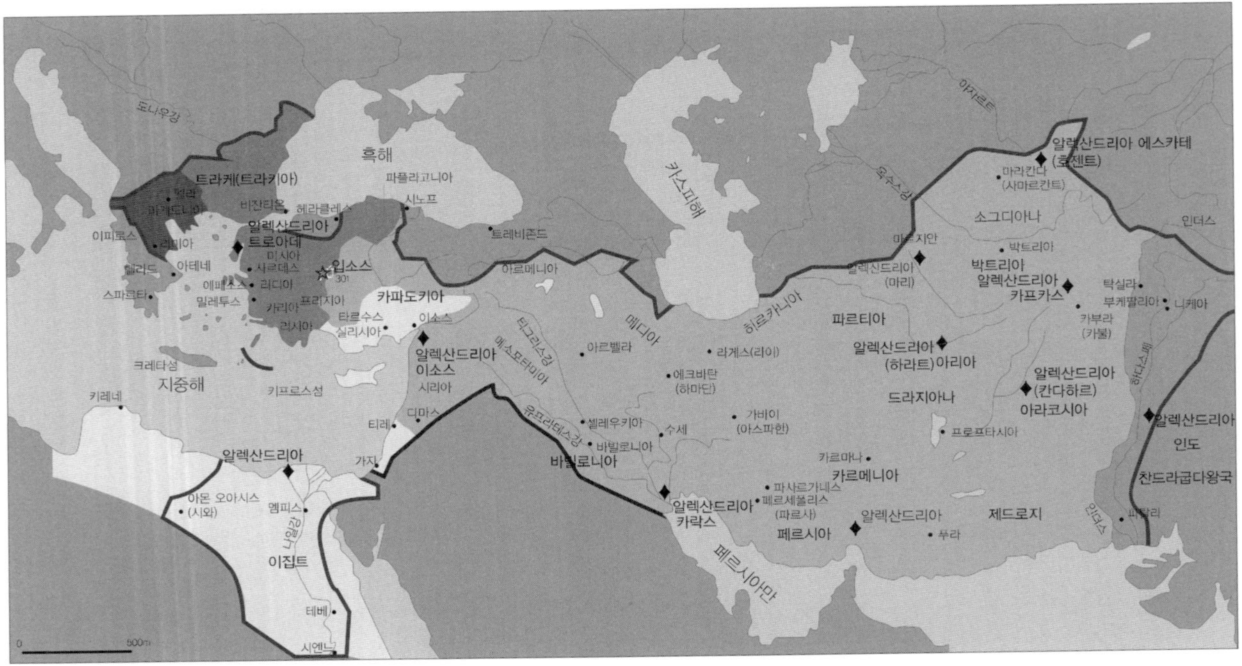

알렉산드로스 제국 경계

알렉산드로스가 건설한 도시

입소스 전투 후 알렉산드로스 제국의 분열(BC 301)

셀레우코스

카산드로스

리시아코스

프톨레마이오스

3. 헬레니즘·하스모니아 시대의 팔레스타인

출처: George W. E. Nickelsbug, *Jewish Literature between the Bible and the Mischana*(Minneapolis: Fortress Press, 2005).

4. 예루살렘 평면도

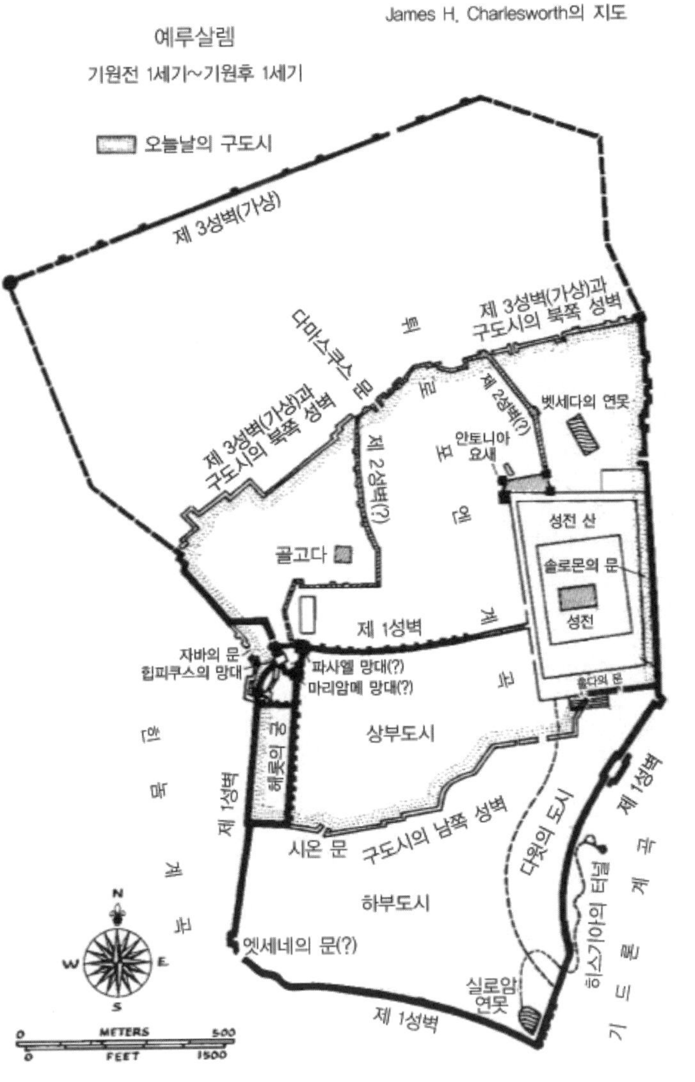

출처: James H. Charlesworth(ed.), *Jesus and the Aecheology*(Grand Rapids/Cambridge: Eerdmans, 2006).

5. 헬레니즘 통치하의 팔레스타인 연대표(연대는 모두 기원전)

<table>
<tr><td colspan="3">알렉산드로스 대왕(336~323)과 '디아도코이'(계승자들)의 투쟁(323~)</td></tr>
<tr><td>프톨레마이오스 왕조</td><td>셀레우코스 왕조</td><td>오니아스 가문</td></tr>
<tr><td>약 301~200(팔레스타인 지배)</td><td></td><td></td></tr>
<tr><td>305~283/2 프톨레마이스 1세 소테르
283~246 프톨레마이스 2세 필라델포스
274~271 제1차 시리아전쟁
260~253 제2차 시리아전쟁
259~258 제논의 여행
246~221 프톨레마이오스 3세 에우에르게테스
246~241 제3차 시리아 전쟁
221~204 프톨레마이오스 4세 필로파토르
221~217 제4차 시리아전쟁
217 라피아 전투
204~180 프톨레마이스 5세 에피파네스
201~200 제5차 시리아전쟁
200 파네이온 전투</td><td>223~187 안티오코스 3세
약 200~64(팔레스타인 지배)</td><td>4세기 말 오니아스 1세
3세기 전반 시몬 1세
3세기 후반 오니아스 2세
(약 240~218 총징세감독관 토아이스 가문 요셉)
약 200 시몬 2세
2세기 전반 오니아스 3세</td></tr>
<tr><td></td><td></td><td>그리스어사용 유대인</td></tr>
<tr><td>180~145 프톨레마이오스 6세 필로메토르
170 제6차 시리아전쟁</td><td>197 마케도니아 왕 필립 5세에 대한 로마의 승리
190 마그네시아 전투
188 아파메아 조약
187~175 셀레우코스 4세 필로파토르
175~164 안티오코스 4세 에피파네스
168 제2차 이집트원정(원로원의 최후통첩)</td><td>약 175~172 야손
약 172~163 메넬라오스
169 예루살렘 약탈
(168 토비아스 가문 히르카노스 사망)
167 예루살렘 점령(12.6).
"제우스 올림피오스"에 봉헌</td></tr>
</table>

(계 속)

셀레우코스 왕조	그리스어사용 유대인	마카베오/ 하스모니아 왕조
164 부(副)섭정관 리시아스 163~162 안티오코스 5세 에우파토르 162~150 데메트리오스 1세 소테르 150~145 알렉산드로스 발라스 145~140 데메트리오스 2세 138~129 안티오코스 7세 시데테스 129~126 안티오코스 8세 그리포스 111~95 안티오코스 9세 키치케노스 95~87 데메트리오스 3세 에우카이로스	163~160 알키모스 약 163 오니아스 4세 이집트 망명	167 마카베오 봉기발발 166~161 유다 165 리시아스 격파 164(12. 14) 성전 재봉헌 약 161 로마와 화친조약 161 니카노르 격파 161 박키데스 패배 153 요나난 대제사장 즉위 142~135/34 요한 히르카노스 1세 104~103 아리스토불로스 1세 103~76 알렉산드로스 얀나이오스 76~67 알렉산드라 살로메 67~63 아리스토불로스 2세
로마	헤롯 가문	
64 폼페이우스의 점령과 셀레우코스 왕조종식 49 이탈리아에서 내전발발 47 시리아의 카이사르 44 시리아의 카시우스 42~ 안토니우스 對 옥타비아누스 40 파르티아의 침입 31 악티움 전투 31~14 아우구스투스	이두매아: 안티파트로스 유대아: 파사엘 갈릴래아: 헤롯 40~4 헤롯 대왕 치세 37 예루살렘 점령 30 옥타비아누스의 헤롯 왕위재가	63 로마의 예루살렘 점령 63~40 히르카노스 2세 가비니우스의 재기 카아시르 포고 40~37 맛타티아스 안티고노스 36 아리스토불로스의 시해 31 히르카노스 시해 20 마리암메 처형 28 알렉산드라 처형 7 알렉산드로스, 아리스토불로스 처형 4 안티파트로스 처형

출처: Peter Schaefer, *The History of the Jews in the Graeco-Roman World*, London/New York, 2003(rev, ed.), 232ff(Chronological Table).

6. 하스몬 왕조 가계도(연도는 기원전, * 주요 인물, ✝ 사망, … 결혼)

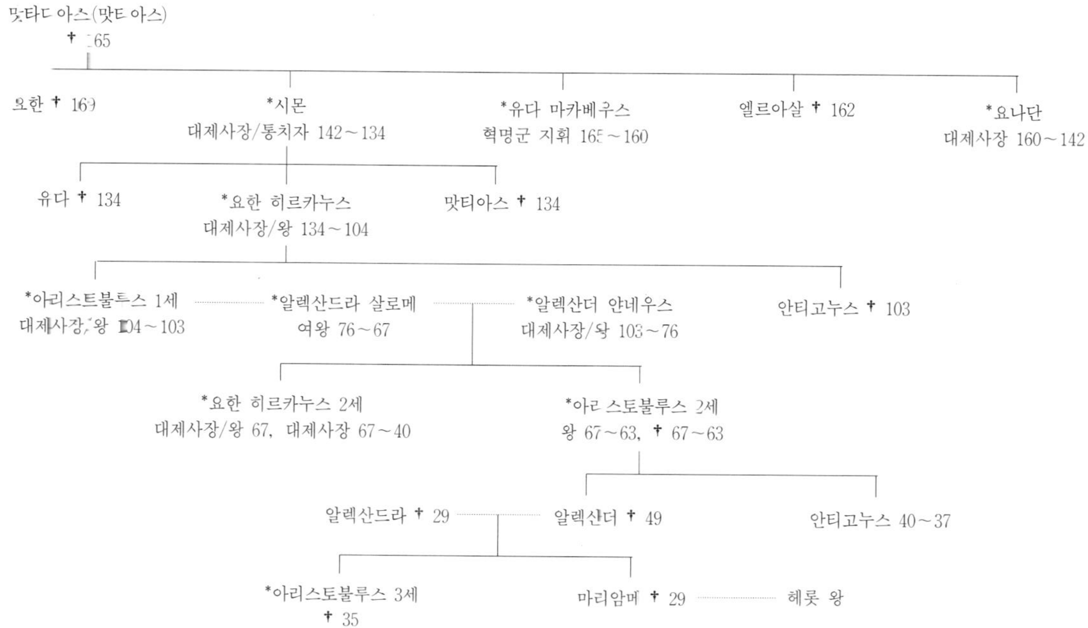

7. 제논 파피루스에 따른 팔레스타인과 페니키아 지역의 발굴소

(J. Herz, PJB 24, 1928, 98ff.를 보라)

	PCZ	PSI	PColZen 기타
가자(Gaza)/5	(59001 Gazaios) 59009/93 59537	322-616	
Gazaiōn limēn/4 (스트라보 759)	59006/59813	863g (602)	2
스케나이(Skēnai)/2			2, 6 PLond 1930, 34
아스켈론(Askalon)/2	59012(?) 59010		
욥바(Iopē)/3	59011/93	406	
페가이(Pēgai)/I			406
Stratonos Pyrgos/I	59004		
프톨레마이스/12	59004/8 59689(?) 11, 25행	366/403 406/495 612/616	PLond inv. 2358b, 2 PLond 1931
티레/3	59011/59093 59558 59666 Hendylos 티레人 Dion의 子		
시돈/7	59010/59093 59672/59281		2 PZenMich 3 (PRyl, 554 Abdemoun Sidōnios)
트리폴리스/1		495	
헤라클레아(페니키아)	59088 L. H. Vincent, RB 29, 1920, 178을 보라		
마시아스 평야/1	59093		
이두매아/1	59015		
마리사/3	59006/15 59537		
아도레오스/1(Adora)	59006		
히에로솔리마/2	59004/5		
에리코(Ericho)/1	59004		

(계 속)

	PCZ	PSI	PColZen 기타
갈릴라(Galila)/1		2	
Bait(i)anata/4	59004/11	594(554)	PLond 1948
키디소소(Kydisos)/1	59004		
〔나바태아(Nabataioi)〕	406		
〔모압(Moabitēs)〕	59009는 4권 p. 285		
암몬(Ammanitis)/1	59003		
라바트암몬(Rabbat-ammana)/2		406(?) : ἐξ Ἀμμάνων 616	
비르타/2(토비아스)	59003		
아벨라/2(Abila)	59004		PLond 1930, 171
수라비트/2(Surabitt)	59004		PLond 1930, 175f.
라카사(Lakasa)	59004		
Noē	59004		
에이투이(Eitoui)	59004		
하우란(Hauran)	59008	406	
다마스쿠스	59006 디오니시오스(D.)		
시리아	59672	648 노예	PZenMich 2
		324/5 곡물	PCorn I
			PCol Zen 66, 2. 11

8. 팔레스타인에서 출토된 초기 헬레니즘시대의 동전(제 1부 각주 341을 보라)

	1	2	3	4	5	6	7	8	9	10	
	사마리아 1908/10	사마리아 1931/33	벳-추르 1931+57	스키토폴리스 1921/23	세겜	텔 에드두웨이르	텔 엔나스베	엔게디	라마트 라헬	텔 엘-풀	총합
알렉산드로스 이전	1		}10		1	5	1				}24
알렉산드로스 대왕	1				1	4					
합	2		10		2	9	1				24
프톨레마이오스 1세 305~285(3)	17	4	6	1	12	1					41
프톨레마이오스 2세 285(3)~246	31	48	35	20	30	6	4	2	1	3	180
프톨레마이오스 3세 246~221	3	}6	5		1						22
프톨레마이오스 4세 221~204	1		1		3	2					
프톨레마이오스 5세 204~200(181)	1		2		11						14
프톨레마이오스 6세 181~145											
확정불가 (거의 프. 2세)	12	22	10			7					51
합	65	80	59	21	57	14	4	2	1		308
셀레우코스 (200년 이전)	1(안. 1세금화)					1/1(셀/안 1세)					3
안티오코스 3세 221/0~187	20	18	10		7	6	I	1	2		65
셀레우코스 4세 187~175	1		2								3
안티오코스 4세 175~164	46	34	110		3	3	I				197
안티오코스 3 혹은 4세			14								14
합	68	52	136		10	11	2	1	2		282
기타	1(208년 아라도스)					1(300년 시데테스)			2(소파이네 소아르메니아)		4
합	1					1			2		4

9. 쿰란유적지

출처: 임미영 · 송창현 · 민경식 · 김성 공저, 《사해사본과 그리스도교의 기원》(익슬란, 2007), 38.

10. 정결예식

정결 의식이 행해졌던 미크베

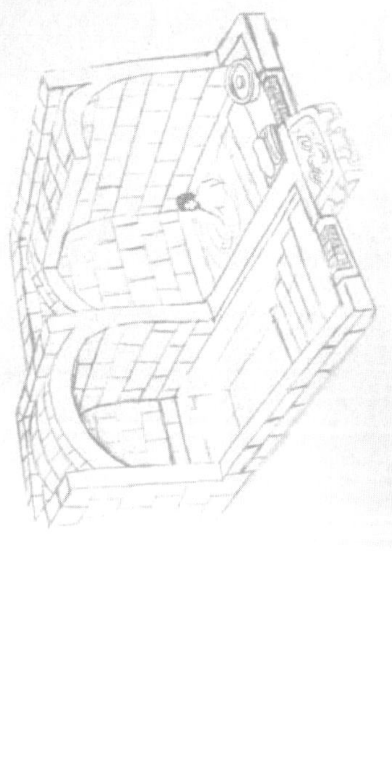

출처: 앞의 책, 43.

11. 공동체 규율서

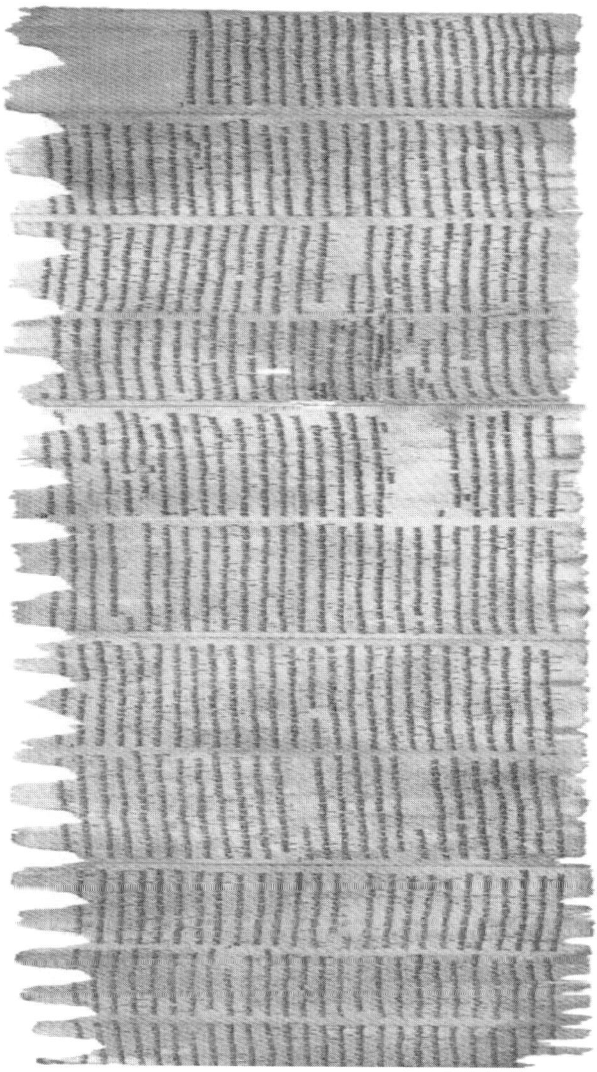

출처: 앞의 책, 22.

12. 회중규율집

출처: 앞의 책, 24.

13. 전도서 사본

출처: 앞의 책, 26.

―지은이 약력―

마르틴 헹엘(Martin Hengel, 1926~2009)

1926년 독일의 로이틀링겐(Reutlingen)에서 섬유직물업을 하는 가정에서 태어났다. 신약성서와 고대유대교, 헬레니즘 연구에 커다란 영향력을 남겼던 저명한 역사학자요 신학자이다. 루터파 경건주의적 전통에서 자라난 그는 군인으로서 제2차 세계대전을 경험한 후, 신학연구에 삶을 헌신하였다. 1947년부터 하이델베르크와 튀빙엔에서 프로테스탄트 신학을 시작했다. 어려운 환경에서도 가업에 종사하며 일이 끝나면 늦은 저녁까지 연구에 몰두해 튀빙엔대학 신학부에서 1961년에 박사학위논문으로 *Die Zeloten*을, 그리고 1969년에는 자신을 세계적인 석학의 자리로 인도한 이 책 *Judentum und Hellenismus*을 발표하게 된다. 그후 1968년부터는 에어랑엔대학에서, 1972년부터는 튀빙엔대학에서 교수생활을 하였고, 2009년 사망하기까지 튀빙엔대학 명예교수로서 수많은 고대유대교와 초기기독교에 대한 저서를 연구 발표하였다. 특히 오랫동안 그가 편집을 맡았던 WUNT(*Wissenschaftliche Untersuchungen zum Neuen Testament*, Tübingen: Mohr Siebeck) 시리즈는 지금까지 신약성서와 고대유대교, 헬레니즘 연구의 밑거름이 되고 있다.

―옮긴이 약력―

박정수

서울대에서 건축학을 공부하던 중 기독교와 역사의 문제를 고민하며 신학을 접하게 되었다. 그후 불트만(R. Bultmann)으로 대변되는 20세기 실존주의적 신학을 나름대로 극복하고자, 성서학연구를 통해서 예수와 초기기독교 역사연구에 매진하게 되었다. 서울신학대 신학대학원을 졸업한 후(M. Div.) 독일로 유학하여 하이델베르크대학에서 사회학적 성서연구방법론을 개척한 게르트 타이센(Gerd Theißen) 교수에게서 박사학위를 마쳤다(Dr. theol.). 현재 성결대 교수(신약학)로 재직하고 있다.
주요 저술로는《기독교신학의 뿌리》(대한기독교서회, 2008),《성서로 본 통일신학》(성서학연구소, 2010), 역서로는《유대전쟁사 1, 2권》(나남, 2008)(공역),《마태공동체의 예수이야기》(대한기독교서회, 2002) 등이 있다.